CAHIERS

DES

PAROISSES DU BAILLIAGE D'AUXERRE

POUR LES ÉTATS-GÉNÉRAUX DE 1789

TEXTE COMPLET, D'APRÈS LES ORIGINAUX, AVEC UNE INTRODUCTION

PAR

C. DEMAY

ARCHIVISTE DE LA SOCIÉTÉ DES SCIENCES HISTORIQUES ET NATURELLES
DE L'YONNE

AUXERRE
SECRÉTARIAT DE LA SOCIÉTÉ DES SCIENCES

PARIS
CLAUDIN, LIBRAIRE, RUE GUÉNEGAUD

—

1885

CAHIERS DES PAROISSES DU BAILLIAGE D'AUXERRE

POUR LES ÉTATS-GÉNÉRAUX DE 1789

Extrait du *Bulletin de la Société des Sciences historiques et naturelles de l'Yonne,*
1er et 2e semestres 1884 et 1er semestre 1885.

CAHIERS

DES

PAROISSES DU BAILLIAGE D'AUXERRE

POUR LES ÉTATS-GÉNÉRAUX DE 1789

TEXTE COMPLET, D'APRÈS LES ORIGINAUX, AVEC UNE INTRODUCTION

PAR

G. DEMAY

ARCHIVISTE DE LA SOCIÉTÉ DES SCIENCES HISTORIQUES ET NATURELLES
DE L'YONNE

AUXERRE
SECRÉTARIAT DE LA SOCIÉTÉ DES SCIENCES
PARIS
CLAUDIN, LIBRAIRE, RUE GUÉNEGAUD
—
1885

CAHIERS

DES

PAROISSES DU BAILLIAGE D'AUXERRE

POUR LES ÉTATS-GÉNÉRAUX DE 1789

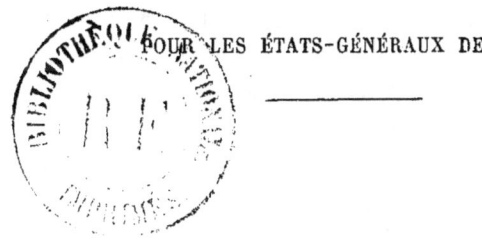

INTRODUCTION

Par une heureuse fortune dont nous sommes redevables à notre savant vice-président, M. Quantin, la Société des Sciences possède depuis assez longtemps une collection très intéressante et très précieuse ; c'est celle des cahiers de doléances des paroisses du bailliage d'Auxerre pour les États-Généraux de 1789.

Sous le rapport du style, de l'orthographe, de l'écriture même, ces cahiers laissent souvent bien à désirer, mais ces défauts sont amplement rachetés par la vigueur de la pensée, l'énergie de l'expression et la naïveté des sentiments. On y sent profondément gravée, au milieu des colères et des passions de l'époque, l'empreinte de cet immense élan vers une rénovation sociale que le peuple des campagnes, naguère courbé sous le joug féodal, commençait à ressentir.

Malgré les folies de la Régence, dont le souvenir était encore vivace, les fautes du règne précédent, ses guerres désastreuses, suivies de la perte de nos colonies, la dilapidation des finances de la France pour payer des services inavouables et enrichir des Pompadour et des du Barry ; malgré le spectacle de toutes les hontes montées sur le trône, le peuple conservait profondément enraciné dans son cœur un vif amour pour la royauté.

Les maux sous le poids desquels il est accablé, il est loin de les imputer au roi. « Si les plaintes et les désirs des sujets de Sa Majesté eussent été portés jusqu'au trône, il y a longtemps que les paroisses ne gémiraient plus sous des vexations multipliées. » (Pourrain). Les habitants de Fleury regardent « comme un premier devoir de leur part de rendre de nouveaux hommages aux vertus de l'Auguste Monarque, qui, depuis son avènement au trône, s'est déclaré le Dieu tutélaire de la Nation. » Ils ajoutent que « les malheurs de l'État, dont la source est étrangère à son règne, ne nuisent point à l'admiration qu'exigent les vertus d'un si grand Roi. » Irancy se fait remarquer par ses plaintes respectueuses : « Ce sont des sujets affligés, mais fidèles ; c'est une paroisse qui sent tout le poids de ses maux, mais qui les compte finis dès que Sa Majesté veut bien l'écouter. » Elle termine son cahier en relatant le siège qu'elle soutint, le 7 février 1568, contre les Ligueurs (*sic*), et dont la conséquence fut le pillage horrible de leur bourg. On peut dire qu'à cette époque le Tiers-État était peut-être plus dévoué à la monarchie que les deux autres ordres de la nation. Robespierre et Marat étaient aussi royalistes (1).

Ce qui donne un charme particulier à la lecture de ces cahiers, c'est qu'on sent dans les plaintes qui y sont consignées l'accent de la vérité, se faisant jour en dehors de toute pression et de toute influence. Réunis le plus souvent dans l'auditoire de la justice, quelques fois, comme à Perrigny-la-Rose ou à Givry, devant la porte de l'église, ou dans l'église même comme à Héry, où l'auditoire s'était trouvé trop petit, par devant le bailli ou un de ses officiers, les habitants ne paraissent nullement intimidés par la

---

(1) Michelet. Louis XV et Louis XVI.

Marat écrivait encore, en 1790, dans son numéro du 19 février de l'*Ami du Peuple*, à propos d'une prétendue conspiration de la noblesse et du clergé pour enlever le roi lorsqu'il serait à la chasse :

« Je ne me possède plus en réfléchissant que ces énergumènes désespérés oseraient, sans doute, porter leurs mains sanglantes sur la personne sacrée du plus grand, du plus juste, du plus sensible des rois, qui a signalé son amour pour son peuple, en se déclarant lui-même dans l'Assemblée nationale le chef de la nouvelle constitution française.

« Ah ! quels seraient nos regrets ! ô comble de douleur ! ô désespoir ! ô chagrins inconsolables ! ô perte irréparable ! Nos larmes éternelles, ô mon roi, vous rendraient-elles à vos sujets fidèles si justement désolés !

« Ah ! prince adoré, puisque l'amour de votre peuple est si cher à votre cœur sensible, n'exposez point vos jours, restez dans votre capitale, recueillez chaque jour les hommages des généreux Parisiens, qui verseront jusqu'à la dernière goutte de leur sang pour défendre votre existence auguste, qui leur est si précieuse. »

présence de leurs magistrats. Devant eux ils s'élèvent contre les vices de la justice seigneuriale, dont ils sont les ministres. Ils ne se gênent pas pour stigmatiser son ignorance, sa rapacité, sa tendance à éterniser les procès, son manque de dignité : « Pour une affaire de 11 sols de principal, il s'est fait pour 120 livres de frais; un procès très clair n'a été jugé qu'après cinq ans, et pendant ce temps il s'est fait 500 livres de frais (Bessy). A Cravant, « il n'y a pas d'auditoire digne du lieu, c'est une chambre très étroite, où il n'y a ni cheminée, ni même de poêle, ce qui rend l'administration de la justice extrêmement dure pendant l'hiver, encore cette chambre est-elle dans un état de délabrement affreux, et menace une ruine prochaine. A Gurgy, à défaut d'auditoire convenable, et de l'éloignement des juges, il n'y a que trois audiences par an. A Charmoy, c'est bien pis : « Le chapitre d'Auxerre, seigneur haut justicier de cette paroisse, n'a point d'auditoire; le juge tient son audience dans un cabaret, et depuis 1754 il n'y a point de procureur fiscal résidant à Charmoy, il demeure à une lieue et demie, le lieutenant à deux lieues, le bailli à trois, de sorte qu'avant de se pouvoir faire rendre justice, il faut faire plus de six lieues. »

Cette déplorable situation des justices seigneuriales, qui provoquait les plaintes de toutes les paroisses du bailliage et en faisait demander la suppression, existait depuis longtemps. Un jurisconsulte du milieu du dernier siècle disait notamment que les anciennes ordonnances et l'édit de 1693, qui obligeaient le juge nommé par le seigneur à prêter serment et à se faire recevoir aux justices royales n'étaient pas exécutées, de sorte que le seigneur choisissait souvent des juges à sa dévotion et sans capacité. Quant à l'efficacité de ces justices je me contenterai de citer le passage suivant : « L'impunité n'est nulle part plus grande que dans les justices seigneuriales. Les seigneurs, dans la crainte de fournir aux frais d'un procès criminel; leurs juges, dans celle de faire des procédures dont ils ne seront pas payés, ne font aucune recherche des crimes les plus atroces, et si les coupables sont amenés dans leurs prisons, ils trouvent bientôt le moyen de s'en sauver, soit par la connivence des officiers du seigneur, soit parce que les prisons ne sont pas sûres (1). Ce qui ne contribuait pas peu à rendre très difficile l'action de la justice était la multiplicité de ces petits tri-

---

(1) Renauldon. Traité historique et pratique des droits seigneuriaux.

bunaux, dont les limites étaient très restreintes et très mal définies ; certaines justices ne comprenaient que la moitié d'un village, d'autres un hameau de quelques maisons ; on en a cité même qui n'avaient pas de justiciables (1).

Les plaintes les plus vives s'élèvent contre les impôts indirects, connus alors sous le nom d'aides, et aussi contre celui sur le sel ou la gabelle. Les commis aux aides avaient, ainsi que ceux des gabelles, droit de recherche à toute heure du jour ; ils ne se faisaient pas faute d'en user. Toujours à la piste de la fraude, « leur seul aspect fait trembler les peuples, » dit le cahier de Bazarnes Tout le monde sait, porte le cahier de Sery, « combien les commis se rendent redoutables partout, qu'ils ne courent de villages en villages que pour trouver des délinquants. » Le cahier de Bessy traduit les mêmes pensées en termes bien plus énergiques ; après avoir rappelé des faits qui se sont passés dans la paroisse, il s'écrie : « Tous ces faits de notoriété publique ne sont-ils pas des faits de voleurs et de pirates, d'écumeurs de mer ; que l'on nous délivre en grâce de ces honnêtes gens. Hélas ! pendant que les épaules du pauvre israélite sont courbées sous le poids de la tuile et du mortier, le dur égyptien se désaltère de sa sueur et s'engraisse de ses dépouilles. » Non moins vives sont les protestations contre le droit qui était appelé *gros manquant* ou *trop bu*. « Le droit le plus infâme, disent les habitants de Gy-l'Évêque, est le gros manquant ou trop bu. » « Le droit le plus odieux dans les aides, porte le cahier d'Irancy, est celui de consommation ou de trop bu. » Jussy s'exprime aussi dans les mêmes termes.

Aussi peut-on difficilement se figurer l'allégresse dont furent transportées les populations du comté d'Auxerre, quel soulagement elles éprouvèrent lorsqu'elles apprirent la nouvelle du rachat des droits d'aides par la province de Bourgogne (1786). Ce ne fut partout que fêtes, que réjouissances accompagnées de *Te Deum*. Auxerre, dans l'expression de sa joie, fit graver sur une table de marbre, religieusement conservée jusqu'à nos jours comme une précieuse relique de son histoire, les noms des inspirateurs de ce traité de libération (2). C'était, en effet, un véritable traité et à titre très

(1) Albert Babeau. Le Village sous l'ancien régime.
(2) Voici le texte de l'inscription placée dans l'une des salles de l'Hôtel-de-Ville : L'an 1786, sous le règne de Louis XVI, le ministère de M. de Calonne, par la médiation de S. A. R. monseigneur le prince de Condé et

onéreux, car il ne coûtait pas moins de six millions à la province, sur lesquels le comte d'Auxerre devait payer pour sa part 2,114,964 livres, mais le bien-être qu'on allait en éprouver faisait oublier l'énormité de la dette.

L'impôt du sel était un autre impôt très vexatoire et très onéreux. On distinguait les pays de grosse gabelle, où les droits étaient les plus élevés, et ceux de petite gabelle, où ils étaient modérés. L'Auxerrois faisait partie des premiers; le sel y était à un prix exorbitant. Par une sentence du tribunal du grenier à sel d'Auxerre, du 3 août 1783, il avait été ainsi fixé : le minot (1), 59 livres 8 sols 6 deniers; le quart, 14 livres; le demi-quart, 7 livres 8 sols 9 deniers; la livre, 12 sols 6 deniers. Mais ces prix étaient encore supérieurs dans les campagnes; à Crain, il valait 14 sols 6 deniers; à Sougères, 15 sols. Dans les pays de grosse gabelle, l'habitant n'avait pas même la liberté de restreindre sa consommation : chaque chef de famille était taxé pour une certaine quantité (2). La fraude était de tous côtés. Elle était exercée par les fermiers et leurs commis, que l'on accusait de mettre dans le sel du sable ou autres matières étrangères, et qui mesuraient cette substance déjà si chère en la faisant passer à travers une trémie grillée pour frauder de quelques livres par minot; souvent même la ferme ne se contentait pas d'une seule grille : « ci-devant, porte le cahier de Billy, elle se contentait de mettre deux grilles dans la trémie d'où elle fait tomber le sel qu'elle livre au public, aujourd'hui elle en met quatre pour le faire tomber plus légèrement afin qu'il s'affaisse moins dans le boisseau ; » elle était aussi

---

par les soins de Anne-Louis-Henri de La Fare, abbé commandataire de l'abbaye royale de Laignes, doyen et chanoine de la Sainte-Chapelle de Dijon, vicaire général du même diocèse :

Henri-Georges César, comte de Chastellux, chanoine héréditaire de l'église cathédrale d'Auxerre, chevalier d'honneur de madame Victoire, tante du roi ; brigadier des armées du roi, mestre de camp, commandant du régiment de Beaujolais ;

François Moirot, maire de la ville de Chalons-sur-Marne, élus généraux des États de Bourgogne ;

Les droits d'aides ont été rachetés dans les comtés de Bar-sur-Seine et d'Auxerre.

Edme-Germain Villetard, écuyer, seigneur de Vincelles, échevin et député.

(1) Le minot pesait 100 livres.
(2) C'est ce qu'on appelait le *sel de devoir*.

chez les habitants, qui achetaient beaucoup aux faux-saulniers, auxquels l'appât d'un gain considérable faisait braver les plus grands dangers, souvent les galères.

A l'égard des droits de contrôle des actes des notaires, on les trouve trop forts et surtout trop obscurs et mal définis; aucune plainte ne s'élève contre les agents chargés de les percevoir. « Ces droits sont si obscurs, porte le cahier de Pourrain, que chaque préposé est obligé de les interpréter à son gré, et pour le droit le plus fort, si on suit l'interprétation de la ferme; » d'où il arrive souvent que le citoyen qui se croit tranquille est encore obligé de payer une seconde fois sur les recherches et interprétations d'un vérificateur. Le contrôleur, malgré sa probité et son désintéressement, est forcé en recette (1).

L'exploitation des bois communaux provoque de grands mécontentements. Les paroisses qui, jusqu'au commencement du XVIIe siècle, avaient eu la libre disposition de leurs bois virent leurs droits singulièrement restreints par l'institution des maîtrises des eaux et forêts, et surtout par l'ordonnance de 1667. Le quart des bois était mis en réserve et les trois autres quarts soumis à des coupes réglées. Ce que les paroisses perdaient en indépendance, elles le regagnaient en sécurité, car elles n'avaient plus à redouter les usurpations des seigneurs. Ce pouvoir tutélaire exercé par les maîtrises dégénéra par la suite en oppression. Les maîtrises se passaient du concours des paroisses et agissaient en véritables propriétaires, retenant les produits des coupes malgré les réclamations des habitants, qui signalent cet abus dans leurs cahiers.

L'impôt des tailles, réparti seulement sur le Tiers-État, est l'objet de nombreuses réclamations. La taille réelle, c'est-à-dire assise sur les biens-fonds, était mal établie. On ne tenait pas compte assez de la valeur différente des terrains. Le cadastre des paroisses était mal fait, d'où il résultait que certaines paroisses étaient plus chargées que d'autres. La taille personnelle, basée sur les revenus présumés de la personne, était fixée arbitraire-

---

(1) Le ministre Necker, dans son rapport au roi, de janvier 1781, s'exprimait ainsi : « C'est ainsi que le code du contrôle et de l'insinuation des actes s'est tellement accru et multiplié que les contribuables ne peuvent le plus souvent payer avec connaissance de ce qu'ils doivent payer, et les employés des domaines ne le savent eux-mêmes qu'après de longues études (*Archives parlementaires*, tome 1).

ment par des asséeurs obéissant souvent à des sentiments de haine ou de vengeance.

Ce qui blesse le plus les habitants, c'est l'inégalité qui existe dans la répartition des charges publiques. Ils comprennent très bien que l'État a besoin de revenus et que ces revenus ne peuvent provenir que de l'impôt, mais ils voudraient voir cet impôt mieux réparti et chacun frappé en proportion de ses moyens. L'inégalité régnait alors partout : entre les différentes provinces du royaume comme entre les villages. « Jussy, dit le cahier de cette paroisse, est enclavé dans le comté d'Auxerre, qui est réuni aux États de Bourgogne, et néanmoins Jussy est de la généralité de Paris. Or il est universellement reconnu que de tous les pays du royaume il n'y en a pas dont les fonds soient aussi grevés que ceux de cette généralité (1) ». La Bourgogne, pays d'États, était, en effet, mieux administrée que les pays d'élection. Les plaintes pouvaient s'y faire entendre, les réclamations y être écoutées malgré les volontés tyranniques de l'Intendant, contre lequel les États étaient souvent en lutte. Là où l'inégalité apparaissait avec un caractère plus odieux, c'était dans certaines paroisses qui se trouvaient partie en Bourgogne, partie en pays d'élection, comme par exemple Monéteau, assis sur les deux rives de l'Yonne; la partie, sur la rive droite, appelée Monéteau-le-Petit, était de Bourgogne; l'autre, sur la rive gauche, dite Monéteau-le-Grand, dépendait de la généralité de Paris, élection de Tonnerre. Cette distinction devait influer sur la prépondérance d'une partie sur l'autre. Chitry était dans le même cas. Les deux tiers du pays, l'église et le presbytère étaient en Bourgogne, l'autre tiers, séparé par une rue, était de la généralité de Paris, élection de Tonnerre. La Bourgogne étant exemptée des droits d'aides, les habitants de la généralité de Paris gardaient leurs vins dans des caves situées dans cette province, en face leurs demeures. Qu'en résultait-il aussi, « des procès sans nombre entre les deux parties, des inimitiés presqu'irréconciliables, puisque ces deux parties faisant des alliances ensemble, il se trouvait que les père et mère étaient forcés de plaider contre leurs enfants, et les enfants contre leurs père et mère.

(1) D'après les évaluations de Necker dans son livre intitulé : *De l'Administration des Finances de la France*, l'habitant de la Bourgogne payait 19 livres 3 sols d'impôt ; celui de la généralité de Paris, 64 livres. (Albert Babeau. Le Village sous l'ancien régime.)

Cette inégalité n'était pas moindre entre les différentes classes de la population. Le clergé et la noblesse étaient pour ainsi dire exempts d'impôts. Tous les droits assis sur les biens, comme les tailles, les vingtièmes, la taxe des chemins, etc., ne frappaient pas les biens du clergé et ceux de la noblesse. Le clergé ne payait que le don gratuit perçu directement par lui au moyen d'un impôt nommé décime, atteignant principalement le clergé de second ordre. La noblesse était assujettie à une sorte de taille nommée capitation. En réalité, les charges qui pesaient sur les deux ordres privilégiés n'étaient rien à côté de celles sous lesquelles était écrasé le Tiers-État. Les immenses et magnifiques domaines du clergé surtout, excitaient l'envie des paysans. « Ces religieux, disent les habitants de Joux-la-Ville, en parlant des moines de Reigny, si riches et si puissants, ne paient pas une obole sur les rôles de Joux. (Ils y possédaient 600 arpents des meilleures terres et 300 arpents de bois). Tant en tailles royales qu'en vingtièmes, le tout est toujours supporté par les malheureux habitants. « Que paient-ils à raison de leurs immenses propriétés, porte le cahier d'Escamps, pas le cinquantième intégral de leurs revenus, qui sont produits par les sueurs des misérables, dont les ancêtres les leurs ont libéralement prodiguées ».

Pourquoi donc cette différence entre des hommes qui sont les mêmes et qui, dans l'origine, étaient égaux ? Le cahier de Précy-le-Sec émet les mêmes idées dans un langage d'une singulière désinvolture : « Les moines, cette troupe légère et fainéante, engraissés dans la mollesse, dont les revenus sont immenses, qui, pour l'ordinaire, ont plus pour un seul individu que tout un village, qui possèdent tous leurs biens sans presque rien payer, ne sont-ils pas dans le cas de fournir comme tous les autres aux besoins de l'État. » Tous les cahiers font entendre les mêmes plaintes, tous ils demandent l'imposition des biens du clergé. Seulement les protestations les plus vives partent des paroisses en contact plus immédiat avec les propriétés des grandes abbayes ou des riches chapitres.

Ces plaintes, il faut en convenir, étaient bien fondées. Le haut clergé, absorbé dans le soin de ses intérêts matériels, plus occupé de la gestion de ses biens et des moyens d'en améliorer les revenus que de l'exercice de son ministère spirituel, avait perdu de vue, au milieu d'une société corrompue, le but de son institution. Les ordres monastiques étaient en pleine décadence. Ces monastères, qui, au moyen-âge, avaient été des foyers de sciences, des pépinières d'hommes instruits et laborieux, entraînant par leur exemple les populations à défricher d'immenses terrains incultes, avaient été remplacés par de somptueuses demeures où le relâchement qu'engendrent les richesses s'était introduit. Les abbés commandataires mangeaient gaiment les revenus de leurs opulentes abbayes, où végétaient encore quelques moines réduits à une misérable portion. Si l'antique abbaye de Pontigny faisait encore parler d'elle, ce n'était plus par l'austérité de sa règle et la ferveur de ses religieux, mais par les fêtes galantes qu'y donnait son joyeux abbé dom Chamlatte, fêtes où l'on voyait accourir tout ce que Paris renfermait de femmes aimables et frivoles et dont l'écho retentissait douloureusement jusqu'au fond des chaumières de ses pauvres vassaux : cruel contraste entre une misère extrême et une prodigalité sans frein.

Grâce à l'extrême obligeance de notre excellent collègue M. Molard, archiviste du département de l'Yonne, il m'a été facile de connaitre l'état du revenu du haut clergé du diocèse d'Auxerre ainsi que des grandes abbayes qui s'y trouvaient. Je n'ai eu qu'à consulter le pouillé de 1781. Il y a toutefois une remarque à faire, c'est que ce pouillé ayant été dressé pour la répartition des décimes, il y a lieu de croire que les chiffres qui y sont indiqués sont probablement inférieurs à la réalité.

Le revenu de l'évêché était de 32,274 livres.

Celui du chapitre cathédral, composé de 49 chanoines prébendés, non compris 8 dignitaires, et de 12 chanoines semi-prébendés, était 120,000 livres.

Il se décomposait ainsi qu'il suit :

En argent...............	81,073 livres.
En blé froment...........	4,375 bichets.
En avoine...............	722 bichets.
En vin..................	740 feuillettes.

Le chapitre possédait la ville de Cravant.

Il était seigneur d'Accolay, Égleny, Beauvoir, Venoy en partie, Charmoy, Charmeau, Cheny, Chemilly, Chichery, Corsain, Lindry, Saint-Martin-sur-Ocre, Merry-la-Vallée, Monéteau, Montigny-la-Coudre, Oisy, Parly, Pourrain, Préhy, Sacy en partie, Villemer et Villiers-les-Hauts.

ABBAYES D'HOMMES.

Saint-Germain d'Auxerre, manse abbatiale, 14,848 l.; manse conventuelle, 8,219 l. En 1789, cette abbaye ne possédait plus que 11 religieux et un novice. Ce novice était l'illustre Fourier.

Saint-Marien, manse abbatiale, 6,008 l.; manse conventuelle, 3,925 l.

Reigny, manse abbatiale, 13,658 l.; manse conventuelle, 8,620 l.

Les Roches, manse abbatiale, 8,000 l.; manse conventuelle, 5,405 l.

Basseville, 9,198 l.

Bouras, manse abbatiale, 3,025 l.; manse conventuelle, 2,740 l.

Pontigny, 35,294 l., 15 religieux et l'abbé dom Depaquy.

Notre-Dame-de-la-Charité-sur-Loire, manse abbatiale, 28,627 l.; manse conventuelle, 14,403 l.

Prieuré de Saint-Eusèbe d'Auxerre, 1,400 l. 3 religieux.

Les Dominicains d'Auxerre, 2,026 l. 4 religieux.

ABBAYES ET COUVENTS DE FEMMES.

Abbaye de Saint-Julien d'Auxerre, 14,886 l.

    Id.   des Isles près Auxerre, 3,909 l.

    Id.   de Crisenon, 4,605 l.

Les Visitandines d'Auxerre, 5,149 l. Il s'y trouvait, en 1789, 38 religieuses, 7 converses et 3 tourières.

Les Ursulines d'Auxerre, 5,964 l., avec 25 religieuses et 4 novices.

En 1789, le couvent des Augustins d'Auxerre ne possédait plus qu'un seul moine depuis dix ans, avec 1,008 livres de revenu.

Mais il ne suffit pas de signaler le mal, il faut indiquer les moyens de le corriger; c'est le but que cherchent à atteindre nombre de cahiers. Presque tous demandent la suppression de tous les impôts existants et leur remplacement par un impôt unique territorial frappant sur les biens-fonds de tous, sans exception, payable en argent selon les uns, en nature selon les autres. Villemer demande l'établissement de la dîme royale telle que la proposait Vauban, « dont la perception serait faite par les municipalités, ou qui serait adjugée chacun an à des personnes solvables. » Saint-Maurice-Thizouailles poursuit la même idée en remplaçant le nom de dîme par celui de subvention royale. Le cahier de Lucy-sur-Cure trace en trois grandes pages un plan complet d'impositions « dont l'effet, s'il est adopté par les États-généraux, sera de répandre dans le royaume un torrent de délices et d'élever Louis XVI au-dessus de Louis XII et de Henri IV. Le peuple sera soulagé, le trône élevé à un point de prospérité, de puissance et de gloire qui frappera l'Europe entière, et l'on verra au grand jour que les ressources de la France sont inépuisables. »

L'objet qui éveille surtout les préoccupations des rédacteurs des cahiers, est l'emploi qu'on devra faire des biens du clergé. Il leur semble que la nation en est déjà propriétaire et qu'elle peut en disposer librement. Les uns proposent de convertir les abbayes et les couvents en hôpitaux ou en ateliers de charité, les autres de les faire simplement entrer dans le domaine de l'État afin d'éteindre ses dettes. Mailly-le-Château demande que, pour éviter le scandale de voir plusieurs bénéfices réunis sur la même tête, abus dont on avait toujours demandé la suppression, on contienne dans une limite invariable le revenu de tous les membres du clergé. Cette limite, il la fixe ainsi :

Pour un archevêque............	50,000 livres.
Un évêque....................	40,000 —
Abbés de grandes abbayes.......	10,000 —
Abbesses de grandes abbayes....	5,000 —
Prieurs......................	3,000 —
Religieux....................	1,000 —
Religieuse...................	500 —

Curés de ville où il y a un bailliage royal, 2,000 livres.
Curé de petite ville sans bailliage, 1,500 livres.
Curé de campagne dans la campagne au-dessus de 200 feux, 1,200 livres, et au-dessous, 900 livres.
Vicaires dans les villes, 450 livres; dans la campagne, 400 livres.
On voit que les habitants de Mailly-le-Château faisaient largement les choses.

Une des sources les plus importantes des revenus du clergé était la dîme, aussi avilissante pour celui qui la perçoit que vexatoire à l'égard de celui qui la paye. Tous les cahiers en demandent la suppression; « qu'on ne voie plus, lit-on encore dans le cahier de Mailly-le-Château, le curé quitter sa chasuble avec précipitation pour venir tourmenter le pauvre cultivateur. N'est-il pas ridicule de voir un curé entrer dans une bergerie pour y choisir à titre de dîme le plus bel agneau du troupeau. » « Ces hommes, porte le cahier de Joux-la-Ville, qui tous les jours, du matin au soir, gémissent dans le travail, sont courbés sous la charrue, ne tirant de la terre qu'un pain noir et grossier, sont obligés de céder aux autres la substance et la fleur de leurs grains. » Quoiqu'en ait dit Vauban dans sa *Dîme royale*, cet impôt était très onéreux et très difficile à percevoir. Il n'avait rien de fixe et variait de pays à pays. Ici on percevait la 21e gerbe, à côté la 14e ou la 12e. Le cultivateur devait attendre le ban pour rentrer ses foins, vendanger ou moissonner; il ne pouvait relever aucune gerbe avant que le dîmeur ait passé avec sa voiture. De là des procès sans nombre et souvent des rixes sérieuses. « Que la dîme soit supprimée, dit le cahier de Moulins, nous aimerions mieux payer tant par arpent de terre, cette redevance étant jointe aux contributions ordinaires; que l'État assure un revenu honnête à nos curés, ils soulageront ceux de nous qui souffrent le plus. » Faut-il, écrivent dans leur cahier les habitants de Chemilly, que les pasteurs, les consolateurs de l'humanité, les vrais amis du peuple, soient obligés à vivre de nos larmes? Qu'on fasse une distribution plus exacte des biens immenses du clergé, les curés et paroisses en seront mieux.

Car si le peuple des campagnes s'élevait avec tant de vivacité contre la monstrueuse inégalité existant entre sa condition précaire et misérable et l'opulence du haut clergé et des grandes abbayes, il témoignait, au contraire, la plus grande déférence à ses curés, écoutait leurs paroles et suivait leurs conseils avec empressement. Il blâmait les abus sans être irréligieux. Les habitants de Gurgy, après avoir dit que la présence d'un second prêtre était indispensable dans leur paroisse, à cause des hameaux éloignés qui en dépendent, ajoutent en terminant « que cela les mettrait à même d'assister attentivement aux instructions de leur pasteur, si nécessaires pour maintenir le bon ordre dans leurs familles, pour contenir les enfants dans leurs devoirs, et si utiles pour resserrer les liens de la société. » Tous les cahiers, à l'exception de celui de Branches, où le curé était en même temps seigneur du village et profitait de ce titre pour vexer les habitants, exhalent leurs plaintes sur la déplorable situation qui est faite par les gros décimateurs à leurs curés, auxquels il n'était abandonné qu'un faible revenu appelé portion congrue.

Pour arrêter la rapacité des gros décimateurs, l'État fut obligé de régler le minimum de cette portion congrue. Il fut fixé à 120 livres sous Charles IX, à 300 sous Louis XIII, à 500 en 1768, et enfin à 700 en 1786 (1). Cette somme était, comme en témoignent les cahiers, insuffisante pour les faire vivre. « Qu'on veuille bien jeter les yeux, est-il dit dans le cahier de Villeneuve-Saint-Salve, sur l'indigence de leurs curés, auxquels 700 livres ne suffisent pas relativement à l'augmentation des denrées, et qu'on les dote de manière à être en état de soulager les pauvres de la paroisse. » Gurgy se plaint aussi « de ce que les curés qui, quoique les plus utiles à la religion et à l'État, sont les moins bien partagés; la majeure partie ayant à peine de quoi vivre. » « Encore si notre pasteur pouvait nous soulager, disent les habitants de Crain, mais il reçoit à peine de quoi subsister. Nous plaignons son sort, comme il gémit sur le nôtre. Il voit avec nous la majeure partie de la dîme de notre paroisse enlevée par le premier pasteur du diocèse et par les chapitres voisins, qui jamais ne viennent à son secours. » Héry demande « qu'on tire du nombre des pauvres ceux qui sont les vrais pères des pauvres. » Les cahiers sont unanimes pour demander que les traitements des curés soient fixés à 1,200 francs.

Une autre protestation, qui n'est pas la moins vive, parce qu'elle avait pour objet non la destruction d'un abus, comme il y en avait beaucoup, mais la suppression des derniers vestiges d'une institution jadis redoutable, est celle contre les droits seigneuriaux. Ces droits se distinguaient en droits honorifiques et droits utiles ou pécuniaires. Les premiers consistaient en certaines prééminences à l'église : droit de banc dans le chœur, de préséance aux processions et aux assemblées de la paroisse, de prières nominales, de l'eau bénite par distinction, du pain bénit par préférence, de l'encens, de la sépulture dans le chœur, de litre et ceintures funèbres, etc. Ces droits, vaine satisfaction accordée à la vanité par le clergé, ne gênaient pas beaucoup nos honnêtes villageois. Ils semblent en faire bon marché, aucun cri ne s'élève pour en demander la suppression. Il n'en est pas de même des droits utiles, tels que ceux de champart, de cens, de taille, de lods et ventes, de banalité pour le moulin, le four, le pressoir, de ban vin, de corvées, de guet et garde, et de toutes

(1) Albert Babeau. Le Village sous l'ancien régime.

les autres servitudes, dont la liste serait trop longue à énumérer. Écoutons le cahier de Courson : « Nous sommes de vrais esclaves par les droits plus que géminés que le seigneur est en possession de nous faire payer : four, pressoirs banaux, moulin banal, quoiqu'il soit huit mois de l'année sans une goutte d'eau. » Vermenton, après s'être livré à une sortie virulente contre la féodalité, demande « qu'il soit décidé que toutes servitudes personnelles et droits de main-morte soient abolis en France comme étant des usurpations sur des citoyens libres. » Le cahier de Parly est plus violent : « Nous ignorons les actes qui leur ont transmis ces droits. Le tiers opprimé n'a jamais osé leur contester cette possession ; *il faut à ce moment un coup d'autorité pour les anéantir.* » Ce cri de colère ne semble-t-il pas le présage des tempêtes qui allaient éclater ? L'origine de ces droits seigneuriaux, en effet, se perdait dans la nuit des temps. Ils avaient été établis comme conditions, ou d'anciens affranchissements, ou de l'abandon aux habitants d'immenses terrains incultes. Très souvent ils provenaient d'usurpations. Quant au droit de guet et garde, il n'avait plus de raison d'être depuis que l'implacable Richelieu avait fait raser la plus grande partie de ces châteaux féodaux, où le manant avait trouvé protection pendant les guerres sanglantes du moyen-âge. Le temps avait jeté son voile d'oubli sur ces origines reculées.

Sous le souffle des idées libérales que les philosophes et les économistes du xviiie siècle avaient fait éclore et qui s'étaient répandues plus qu'on ne le croit dans toutes les classes de la population, les esprits avaient travaillé, la nation avait mûri. Elle ne pouvait plus supporter ces droits, blessant à la fois la raison et la dignité humaine, et en réclamait l'anéantissement au nom de la liberté et de l'égalité, qui allaient être les deux grands leviers de la Révolution. Le vassal était devenu citoyen.

Le fléau des campagnes est la milice, répètent en chœur tous les cahiers. Elle enlève à l'agriculture des bras précieux en prenant les citoyens les plus robustes, entraîne de fortes dépenses, occasionne de sanglantes disputes et favorise la débauche. A tous ces titres, ils en demandent la suppression. Créée par Louvois par ordonnance du 29 novembre 1688, la milice fut toujours employée comme auxiliaire des troupes réglées. Ces dernières se recrutaient par engagements volontaires, la milice était formée par voie de recrutement. Son organisation définitive, son fonctionnement régulier ne datent que de l'ordonnance de 1726. Elle se levait par régions, était constituée en bataillons en temps de paix, en régiments en temps de guerre ; elle était commandée par des officiers nommés par le roi, que l'on choisissait parmi les bas officiers réformés des troupes réglées domiciliées dans la région. La durée du service était de six ans et la libération s'opérait chaque année par sixièmes.

La levée annuelle était ordinairement de 15,000 hommes ; elle avait lieu dans toutes les provinces, excepté dans les provinces frontières ou maritimes. Elle atteignait tous les garçons de 20 à 40 ans. Mais il s'en fallait de beaucoup que la règle fût générale. Les exemptions, laissées dans l'application aux caprices de l'intendant, étaient si nombreuses, que l'on pouvait dire que les miliciables composaient une infime minorité. La milice ne pesait que sur les habitants des campagnes et les petits artisans des villes. Paris en était exempt ; il tira cependant une seule année, en 1743. « Le faix de la milice, écrivait Bourgelas en 1760, est un fléau d'autant plus terrible pour les cultivateurs qu'il ne porte pas à beaucoup près sur le quarantième de la nation (1).

L'inégalité existait aussi dans la proportion entre le nombre de miliciens et le chiffre de miliciables. Cette proportion variait de province à province, et souvent entre deux subdélégations de la même généralité. Ainsi, la communauté de Jonsac donnait 1 milicien sur 11 miliciables, et, à Saint-Amand-de-Nouère, on demandait 1 milicien seulement sur 126 miliciables (2). Le tirage au sort, substitué à l'élection par les habitants en vertu de l'ordonnance de 1726, avait lieu au chef-lieu de l'élection, par les soins du subdélégué seul. Il se faisait très primitivement : on mettait dans un chapeau autant de billets qu'il y avait de miliciables ; les billets blancs étaient bons, les billets noirs mauvais. Chaque miliciable tirait à son tour dans le chapeau élevé au-dessus de la tête. Les miliciables étaient conduits au lieu du tirage par le syndic de la paroisse, les parents et amis les escortaient. Tout ce monde dépensait en joyeuses libations, en festins, en débauches de tous genres, le fruit de leurs économies. Ces

---

(1) Jacques Gebelin. Histoire des milices provinciales sous l'ancien régime.
(2) Idem.

dépenses étaient encore augmentées par la cotisation à la bourse offerte à celui d'entre eux que le sort n'avait pas favorisé. Cette cotisation était variable, 6 liv. 1 d., souvent 24 livres.

A la fin du xviii° siècle, l'institution de la milice n'avait plus qu'une existence nominale; en effet, le dernier tirage remontait à l'année 1771. En 1789, le roi, touché de la misère qui sévissait dans les campagnes par suite du terrible hiver de 1788, avait renoncé à le faire exécuter. Quelle pouvait donc être la cause de cet effroi que le seul nom de milice répandait partout? Il ne faut pas la chercher ailleurs que dans le souvenir des iniquités sans nombre qui, depuis plus d'un siècle, avaient été commises par les dépositaires de l'autorité. L'institution des milices provinciales aurait certainement donné de bons résultats si elle eût été appliquée avec justice; ces résultats ne pouvaient être que détestables avec l'arbitraire et l'inégalité qui s'étaient introduits dans la répartition du contingent comme dans le recrutement.

Je n'ai point encore parlé des vœux se rapportant aux modifications à introduire dans la constitution de l'Etat, vœux qui étaient dans les villes l'objet d'ardentes discussions. Ils sont très importants, mais peu nombreux. Portés plutôt à s'étendre sur ce qui les touchait de plus près, à signaler les nombreux abus dont ils étaient victimes, nos villageois se montrent assez timides quand il s'agit d'aborder les questions politiques. On voit qu'ils ne sentent pas le terrain ferme sous leurs pas, que les connaissances leur font défaut. « Leurs lumières, disent les habitants d'Argenou (1) (en parlant de ces vœux), ne leur permettent pas d'entrer dans de plus grands détails, ils s'en rapportent sur tous les points au zèle éclairé de leurs représentants aux États-généraux et à la bonté du roi. » Tous les cahiers demandent le maintien et l'affermissement de l'autorité royale, avec des États-généraux appelés tous les cinq ans, et le vote des impôts par les États. Ils désirent voir établir dans chaque province des États particuliers sur le modèle des États-généraux pour la répartition de l'impôt, enfin le vote par tête dans ces deux sortes d'assemblées. Toujours attachés comme leurs pères à la monarchie avec laquelle ils ont lutté à travers les siècles contre la féodilité, qui avait usurpé tous les

---

(1) Argenou, aujourd'hui commune du canton de Saint-Amand (Nièvre), mais qui faisait alors partie du bailliage d'Auxerre.

droits de l'État et en avait ébranlé les fondements, ils rappellent au roi que c'est de cette union indissoluble qu'est sortie la France avec son unité si laborieusement conquise. « Ce n'est, dit le cahier de Vermenton, qu'à mesure que le peuple s'est formé en communes et associations pour secouer le joug tyrannique des seigneurs féodaux et qu'il a commencé à rentrer dans ses droits, que les rois ont recouvré leur autorité. C'est dans le Tiers-État que nos rois ont trouvé le plus ferme appui de leur trône et les plus grandes ressources dans la guerre. »

Dans peu d'années, un siècle se sera écoulé depuis la confection de ces cahiers, que bien peu de personnes connaissent, parce qu'ils n'ont jamais été publiés. Leur existence toutefois a déjà été signalée. Le Bulletin de la Société des Sciences de l'Yonne, année 1850, contient un travail très complet de M. Courtaut. Dans ce travail, l'auteur a groupé avec beaucoup de soin les principaux vœux émis par les paroisses et a fait ressortir la satisfaction qui leur avait été donnée par la suite. Quant au cahier général du bailliage d'Auxerre, il a été imprimé à l'époque ainsi que ceux du clergé et de la noblesse.

Aussi la Société a-t-elle pensé (et j'avoue que j'ai fait mon possible pour l'entraîner dans cette voie) qu'il était temps, à la veille de l'anniversaire séculaire de la confection de ces cahiers, de les faire connaître, afin de permettre à ceux qu'intéresse l'étude des questions économiques et sociales, d'apprécier le progrès qui s'était opéré dans la situation de nos campagne depuis l'époque où Vauban écrivait sa remarquable *Etude statistique de l'élection de Vézelay* (1696) (1) et celui bien autrement considérable qui s'est accompli de 1789 à nos jours (2).

(1) *Annuaire de l'Yonne*, année 1846, p. 234.
(2) L'importance de ces cahiers n'a pas échappé aux savantes recherches de notre regretté président, M. Challe : « Les préjugés erronés, les erreurs économiques et l'inexpérience administrative s'y révèlent sans doute, mais ces cahiers n'en sont pas moins dignes d'attention par la gravité, par la droiture et le bon sens de la plupart des vœux émis pour remédier au mal, par la justesse et la modération des réclamations qui y sont consignées. On y trouve toutes les améliorations que la législation et l'administration françaises ont opérées successivement pendant les quatre-vingt ans qui ont suivi cette grande époque. — (*Histoire de l'Auxerrois*, p. 608.)

Ces cahiers sont au nombre de 140. La collection en est incomplète, car il manque tous ceux des paroisses dépendant de la baronnie de Donzy. Par le réglement de loi de 1738, le Donziois bien que faisant partie du bailliage d'Auxerre, fut attaché à la duché-pairie de Nevers pour la nomination des députés aux Etats. Dans tous les cas, ils suffisent pour nous montrer de quel esprit étaient animées les populations de nos contrées et quelles préoccupations les agitaient.

Longtemps avant la réception de la lettre de convocation qu'adressa à chaque paroisse, le 3 mars 1789, le grand bailli d'épée messire François-Marie d'Avigneau, et aussitôt que fut connu le résultat de l'arrêt du Conseil du 5 juillet 1788, qui décidait qu'aucune détermination ne serait prise sur la forme des États-généraux avant de connaître les vœux des Français, des écrits, des lettres, des avis, parurent de toutes parts. Chacun énonçant ses idées, critiquant celles des autres, souvent avec acrimonie. Ce fut un véritable feu croisé de papiers de tous genres, qui circulaient partout en remuant la population. Dijon adressa ses vœux au roi dans les derniers mois de 1788. Le 31 décembre de la même année, Auxerre l'imitait. Le 25 janvier 1789, Cravant se ralliait au vœu émis par les villes de Dijon et d'Auxerre. Ces vœux, colportés de paroisses en paroisses, développaient le mouvement et réveillaient de leur torpeur les habitants des campagnes.

Le 3 mars 1789 les esprits étaient donc préparés, aussi la rédaction des cahiers fut-elle promptement terminée. Le 23 du même mois eut lieu la réunion générale de tous les députés des paroisses porteurs de leurs cahiers. De la délibération sortit le cahier général du Tiers-État du bailliage, un de ceux qui se recommandent le plus par sa modération, la justesse de ses vues et sa fermeté. Il débute par ce vœu remarquable « qu'aucun décret ne pourra être arrêté qu'à la pluralité; et dans le cas où les deux autres ordres, ou l'un d'eux, ne voudraient pas opérer de cette manière, ou se retireraient, les députés du Tiers-État demeureront assemblés et délibéreront sur les matières qui font l'objet de la convocation, nonobstant les protestations que pourraient faire tout ou partie des députés des deux autres ordres; *attendu que le Tiers-État constitue essentiellement la nation.* »

Quelques mois plus tard, l'événement justifiait les prévisions du cahier du bailliage d'Auxerre et les réalisait au gré de ses désirs. Les deux ordres privilégiés, qui n'avaient pas voulu délibérer avec le Tiers, se retiraient, laissant ce dernier dans l'isolement. Les élus du Tiers se constituaient en Assemblée nationale. C'est à cette illustre assemblée, une des plus remarquables que la nation ait jamais possédées, qu'était réservé l'insigne honneur d'asseoir sur une base indestructible les fondements de notre droit moderne et des libertés françaises.

Liste des villes, paroisses et communautés dont les **cahiers** *seront publiés.*

Accolay.
Annay (Nièvre).
Andryes.
Appoigny.
Arcy-sur-Cure.
Argenou (Nièvre).
Arquian (Nièvre).
Asnières.
Augy.
Asquins-sous-Vézelay.
Auxerre.
Avigneau.
Bailly.
Bassou.
Beaumont.
Bazarnes.
Beauvoir.
Bessy.
Billy (Nièvre).
Bitry (Nièvre).
Blannay.
Bleigny.
Bouy.
Branches.
Brosses.
Breugnon (Nièvre).
Chamoux.
Champlemy (Nièvre).
Champs-sur-Yonne.
Charbuy.
Charentenay

Charmoy.
Chassy.
Châtel-Censoir.
Chastenay-le-Bas (Nièvre).
Chevannes.
Chemilly.
Chichery-la-Ville.
Chitry (les deux parties).
Coulanges-les-Vineuses.
Coulanges-sur-Yonne.
Coulangeron.
Courson.
Crain.
Cravant.
Dampierre (Nièvre).
Diges.
Dracy.
Druyes.
Egleny.
Entrains.
Epineau-les-Voves.
Escamps.
Escolives.
Etais.
Festigny.
Fleury.
Fontaines.
Fontenailles.
Fontenay-sous-Fouronnes.
Fontenoy.
Fouronnes.

Givay.
Gurgy.
Gy-l'Évêque.
Héry.
Irancy.
Joux-la-Ville.
Jussy.
La Chapelle-Saint-André (Nièvre).
Lain.
Lainsecq.
Lalande.
La Villotte.
Levis.
Leugny.
Lindry.
Lucy-sur-Cure.
Lucy-sur-Yonne.
Mailly-le-Château.
Mailly-la-Ville.
Menestreau (Nièvre).
Menou (Nièvre).
Merry-la-Vallée.
Merry-Sec.
Merry-sur-Yonne.
Migé.
Molesmes.
Monéteau-le-Petit.
Monéteau-le-Grand.
Montigny-le-Roi.
Montillot.
Mouffy.
Moulins.
Oisy (Nièvre).
Ouainne.
Parly.
Perrigny-la-Rose (Nièvre).
Poilly.
Pourrain.
Précy-le-Sec.

Prégilbert.
Quennes.
Rouvray.
Sacy.
Saint-Andelain (Nièvre).
Saint-Cyr-les-Colons.
Saint-Cyr-les-Entrains (Nièvre).
Sainte-Colombe-en-Puisaye.
Saint-Bris-ès-Goix.
Saint-Georges.
Sainpuits.
Saints-en-Puisaye.
Saint-Martin-du-Pré (Nièvre).
Saint-Maurice-sur-Ocres (Nièvre).
Saint-Maurice-le-Viel.
Saint-Maurice-Thisouaille.
Saint-Moré.
Saint-Père-sous-Vézelay.
Saint-Sauveur.
Sementron.
Sery.
Sougères.
Thury.
Tingy.
Toucy.
Trucy-sur-Yonne.
Treigny.
Val-de-Mercy.
Vaux.
Venoy.
Vermenton.
Vézelay.
Villefargeau.
Villemer.
Villiers-le-Sec.
Villeneuve-Saint-Salve.
Vincelles.
Vincelottes.
Voutenay.

ACCOLAY.

Cahier *de doléances, instructions et pouvoirs qui seront donnés et remis aux députés de la paroisse d'Accolay, pour être représentés et insérés dans ceux des assemblées générales du bailliage d'Auxerre, qui se tiendront le 25 du présent mois, pour proposer, remontrer, aviser et consentir tout ce qui peut concerner les besoins de l'État, la réforme des abus, l'établissement d'un ordre fixe et durable dans toutes les parties de l'administration, la prospérité générale du royaume et le bien de tous et un chacun des sujets de Sa Majesté.*

Les habitants dudit Accolay chargent les députés qui seront nommés de requérir et faire insérer dans le cahier des doléances de l'assemblée du Tiers-État d'Auxerre pour les États généraux :

Que le Tiers-État y sera représenté ainsi qu'en toutes les assemblées nationales et provinciales, par un nombre de représentants librement choisis par ses pairs, égal à celui des deux autres ordres du clergé et de la noblesse, et que les voix et opinions s'y prendront par tête et non par ordre ou chambre ;

Qu'il sera établi un seul et même impôt librement consenti par la nation, dans les États généraux, lequel sera assis sur les biens-fonds, sur les propriétés des trois ordres, et par un seul et même rôle, qui sera fait dans la paroisse par un nombre d'habitants librement choisis et à la pluralité des voix, et au surplus ainsi et de la manière qu'il sera réglé par les États généraux ;

Qu'il sera néanmoins établi une taille industrielles sur les commerçants et les manœuvres, qui n'ont point de bien, sans quoi la culture des terres seroit bientôt abandonnée ; laquelle imposition sera aussi répartie et réglée ainsi qu'il sera statué et réglé par lesdits États généraux ;

Que les droits d'aides et de gabelle, et tous les impôts qui demandent l'exercice des commis, sources d'abus et d'exactions désastreuses, seront supprimés ;

Que tous les droits de rivière, péages, écu du pont de Joigny (1)

---

(1) *L'écu du Pont* de Joigny était un droit domanial qui se percevait sur les vins passant dessus et dessous le pont de cette ville. Il avait été établi par édit du roi de novembre 1640 pour décharger du sol pour livre les élections d'Auxerre, de Macon, de Bar-sur-Seine et de Vézelay. Par une déclaration du roi du 5 juillet 1656, ce droit fut fixé à 20 sols du muid ; c'était, dit Davin, un des plus beaux droits du royaume. Il a produit des ânnées jusqu'à 300,000 livres. — Davin, Mémoires manuscrits pour servir à l'histoire de la ville et du comté de Joigny.

et entrée de Paris sur les vins seront supprimés, attendu que ces entrées, en augmentant le prix du vin à Paris souvent de plus du double et du triple de son achat principal sur le lieu, diminuent d'autant le prix primitif du vin pour le propriétaire de vignes ; ce qui ruine les provinces vignobles et particulièrement cette paroisse ;

Que la dépopulation si sensible dans les campagnes de ces environs a pour cause principale l'ignorance des sages-femmes et des chirurgiens. Il sera établi dans les villes principales des cours gratuits d'accouchement et de chirurgie ;

Qu'on établira aussi de cinq lieues en cinq lieues des hôpitaux, faute desquels, et par l'éloignement de ceux établis et par leur insuffisance, les pauvres malades de la campagne périssent par des accidents et des maladies dont ils trouveraient facilement la guérison dans les hôpitaux ;

Qu'il sera aussi établi des écoles gratuites pour l'entretien de la jeunesse dans chaque paroisse ;

Que lesdits habitants sont surchargés de droits et de servitudes, comme taille seigneuriale, dixme sur les vins ; demandent à cet égard qu'elle soit prise au pied de la vigne (1).

Prient les habitants les États-généraux de procéder à l'examen et de faire effectuer la réforme des longueurs et frais de procédure, s'en rapportant à leur prudence de statuer sur ces objets ce qui sera convenable.

Fait et arrêté en l'assemblée générale dudit Accolay, cejourd'huy 19 mars 1789.

> **Signé** : Regnard. — E. Momon. — L. Momon. — Nicolas Soitage. H. Beugon. — L. Ferlet. — Et. Aubry. — Edme Regnard. — S. Momon. — Louis Hollier. — Léonard Suriau. — Jacques Farcy. — Edme Mallet. — P. Chareau. — N. Robin. — Momon. — Bourdillat. — J. Suriau. — Mutelle. — Aubry. — Amyot. — Edme Mallet. — Regnard. — Et. Perrin. — L. Regnard (syndic). — Maujot. — Chareantagneau. — Thouverier. — F. Chareau (député). — Avizeau (député). Mignot (greffier).

(1) Le chapitre cathédral était seigneur d'Accolay par la donation que lui fit de cette terre Geoffroy de Champaleman, évêque d'Auxerre, mort en 1076. Cette donation fut confirmée par le vénérable Humbaud, son successeur immédiat, mort en 1114, qui y ajouta des dîmes.

D'après le pouillé du diocèse de 1781, déjà cité, la dîme de blé rappor-

ANNAY (Nièvre).

Cahier *de doléances et pétitions des habitants composant le Tiers-État de la paroisse d'Annay, diocèse et bailliage d'Auxerre, élection de Gien et généralité d'Orléans.*

Lesdits habitants observent qu'ils gémissent depuis longues années sous le poids des impositions et voient tous les ans, avec douleur, le fruit de leurs travaux suffire à peine au payement des subsides dont ils sont accablés;

Qu'ils déposent avec confiance leurs peines dans le sein du roi, leur père commun, et qu'il n'est rien qu'ils ne soient disposés à faire dans la crise actuelle pour subvenir aux besoins de l'État et parvenir à la liquidation de la dette nationale, dans l'espérance où ils sont de jouir un jour des soulagements promis par Sa Majesté et dus au zèle et à la fidélité qu'ils montreront pour sa personne sacrée;

Que le seul moyen d'obtenir l'ordre désiré dans toutes les parties de l'administration et la réforme des abus, la cessation des privilèges, est une répartition exacte et proportionnelle d'impôts sur chaque individu;

Que pour y parvenir ils demandent:

La suppression des aides et gabelles;

Qu'il ne soit reconnu d'autres barrières de droits que celles du royaume;

Que les charges de magistrature ne soient plus vénales;

Que la forme de la procédure soit simplifiée et les frais de la plaidoirie fixés;

Qu'il soit formé des arrondissements de justice seigneuriales de trois à quatre lieues de distance; en former le chef-lieu dans les principaux endroits, tels que ceux où il y a bureaux de contrôle, où la justice serait rendue et administrée par des officiers qui seraient tenus d'y résider;

Que Sa Majesté rentre dans les droits domaniaux qu'elle a aliénés, et particulièrement celui des quatre deniers pour livre aux jurés-priseurs, dont l'exercice des fonctions pèse singulièrement sur la classe indigente de l'Etat;

Que les droits de contrôle soient modérés et que la perception en soit faite sans distinction des sommes qui l'opèrent;

tait, année moyenne, 70 bichets, celle d'avoine 16, celle de vin 20 feuillettes. Le chapitre tirait en totalité de cette paroisse un revenu de 1,024 livres.

Que les roturiers comme les nobles puissent parvenir, par leurs vertus, leur courage et leurs talents, aux grandes charges de l'église, de l'armée et de la magistrature ;

Qu'il soit assuré une existence aisée aux pasteurs des églises et établi plus d'uniformité dans leurs revenus ;

Que les communautés rentées et trop nombreuses soient réduites ; que les individus de tous les ordres monastiques soient réunis en grand nombre et autant que chaque maison en pourra tenir, et que le superflu des revenus soit employé à la liquidation des dettes de l'État ;

Que tous les ordres mendiants soient supprimés comme à charge au peuple ;

Qu'on prenne les moyens de faire disparaître les entraves mises à l'industrie en abolissant les maîtrises et priviléges ;

Qu'on détruise tous les priviléges exclusifs du commerce et qu'on emploie tous les moyens de le favoriser, comme diminution de droits d'entrée et de sortie aux bornes du royaume, primes accordées à quelques branches de commerce ;

Que tous les impôts quelconques soient réduits à un seul ;

Que cet impôt soit réparti également sur la noblesse, le clergé et le Tiers-État, sans qu'aucun privilége ou exemption puisse en affranchir qui que ce soit ; le tout relativement aux facultés de chaque individu des trois ordres ;

Que l'impôt puisse être réductible suivant que les dettes de l'État diminueront ; que la nation seule ait le droit d'accorder et d'augmenter les subsides ;

Que l'on cherche la forme d'imposition et de perception la moins coûteuse et celle qui laissera parvenir au Trésor royal l'argent des subsides en en absorbant le moins possible ;

Que les recouvrements soient faits par l'administration provinciale, qui elle-même aura réparti les impositions ;

Qu'en conséquence, les administrations provinciales ou États provinciaux soient confirmés et que tous les membres en soient choisis et nommés par les municipalités sans que le gouvernement y ait aucune influence ;

Que des sommes, qui seront fournies par les communautés pour l'entretien des routes et chemins, si l'impôt de la corvée est continué, il en soit attribué à chaque communauté une portion suffisante pour l'entretien et l'amélioration de ses chemins, pour communiquer d'un endroit à un autre et successivement aux grandes routes ;

Que les États généraux soient autorisés à s'assembler tous les cinq ans et qu'ils aient toujours une commission intermédiaire en exercice avec laquelle correspondront tous les États provinciaux ou assemblées provinciales, et qu'auxdits États généraux les opinions se donnent par tête et non par ordre.

Enfin, observent lesdits habitants, que l'insuffisance de leurs lumières ne leur permettant pas d'entrer dans de plus grands détails, ils s'en rapportent sur tous les points au zèle éclairé de leurs représentants aux États généraux et à la bonté du roi.

Signé : Boisseau. — Bailly. — Charbonnier. — Dauve.

ANDRYES.

Cahier *de doléances, plaintes et remontrances de la communauté d'Andryes.*

1° Elle désire, comme citoyens, qu'il soit statué dans la prochaine assemblée des État généraux tout ce qu'exigent le bon ordre et le bien public; qu'elle y adhère par avance, et qu'elle consent à payer les mêmes impôts dans la même proportion et sous les mêmes formes que les autres citoyens ;

2° Que la dette nationale soit répartie sur les provinces et que les provinces seules soient chargées de la manutention des revenus de l'État, qui seront destinés à l'acquittement de cette dette ;

3° Que l'administration intérieure des provinces soit confiée aux États provinciaux à établir dans chaque généralité, suivant les principes consignés dans les règlements qui ont été donnés pour l'établissement des assemblées provinciales et des assemblées secondaires ;

4° Que la taille, les corvées et les milices forcées soient entièrement abolies ;

5° Que les aides et gabelles soient converties en d'autres impositions moins sujettes à la vexation comme la taille l'a été, et à l'injustice jusqu'à présent ;

6° Qu'il soit pris les mesures les plus promptes et les plus efficaces pour diminuer les longueurs et les frais de justice. Que les juridictions des eaux et forêts, des élections, des greniers à sel et autres soient réunies aux juridictions royales pour n'en faire qu'un seul tribunal dans chaque pays ;

7° Que les officiers des justices seigneuriales soient inamovibles pour empêcher que les juges ne se laissent désormais plus gagner par les seigneurs, par la crainte des destitutions ;

8° Que les huissiers-priseurs n'exercent que dans le lieu de leur résidence, attendu l'incommodité de les appeler dans leur arrondissement éloigné de leur résidence; attendu aussi les injustices criantes qu'ils commettent envers les parties intéressées; sauf à faire percevoir au roi les 4 d. par livre qui leur sont attribués par l'édit de leur création (1), si on ne juge pas à propos de les supprimer aussi;

9° Qu'il soit permis aussi de lier, comme par le passé, les gerbes avec des liens de bois, contre la défense qu'en a faite la maîtrise des eaux et forêts d'Auxerre par un arrêt confirmé à la Table de Marbre, sous le vain prétexte d'exempter de maladies ceux qui les font, comme s'ils n'étaient pas intéressés eux-mêmes à ne pas se surcharger;

10° Qu'il soit avisé au moyen de faire rentrer aux communautés le reliquat du produit de leurs bois après que l'emploi en a été fait, ce que l'on n'a jamais pu obtenir de la maîtrise des eaux et forêts;

11° Qu'il soit avisé aux moyens de faire diminuer aux paroisses, dont les terres ne peuvent au plus produire que vingt ou vingt-deux gerbes par arpent, la dîme desdites paroisses, qui se trouve être de dix;

12° Qu'il soit dorénavant statué, lorsqu'il y aura des réparations publiques à faire dans les communautés, que l'adjudication en sera faite sur les lieux et sera donnée préférablement à ceux desdites communautés bons et solvables, et expérimentés dans l'art de la bâtisse, préférablement à des étrangers errants, dont les ouvrages sont reconnus par expérience mal faits et sujets à être réparés peu d'années après la confection d'iceux;

13° Enfin que l'impôt qui sera mis sur les terres pour remplacer ceux qui subsistent actuellement sous telles dénominations que ce soit, et qui seront supprimés, soit perçu en nature dans les champs lors des récoltes, et non en argent, comme étant l'impôt en nature que celui qui pourrait être mis pour être perçu en argent. Telles précautions que l'on pourrait prendre pour évaluer les revenus, il y aurait toujours des inégalités et par conséquent de l'injustice.

Telles sont les doléances de la paroisse d'Andryes que les habitants du Tiers-État ont signées, ce 15 mars 1789.

Signé : Jean Perreve. — Étienne Fourneau. — Javoy. — — Simonnet. — Jean Meunier. — Claude Bertheau. — Sarreste. — Leron. — Charles Boullié. — Charles Feuilly. — M. Surugue. — C. Maillaux. — Lepiat. C. Rousseau (greffier).

(1) **Edit** de février 1771.

Paraphé *ne varietur* par nous, juge et greffier susdits, ce 15 mars 1789.

Signé : Sarreste.

C. Rousseau, greffier.

APPOIGNY

BAILLIAGE D'AUXERRE, GÉNÉRALITÉ DE PARIS, ÉLECTION DE TONNERRE.

PLAINTES *et doléances des habitants d'Appoigni arrêtées en l'assemblée tenue devant M. le Lieutenant au bailliage du dit Appoigni le dix-neuf mars mil sept cent quatre-vingt-neuf.*

La paroisse d'Appoigni composée de deux cent-trente habitants demande qu'à l'assemblée des États généraux les voix soient comptées par tête et non par ordre ;

2° La suppression entière et générale des aydes, et la réduction de tous les impôts à un seul ; et simplifier autant qu'il est possible la perception de cet unique impôt ;

3° Que dans cet unique impôt soient compris tous les biens des ecclésiastiques et des nobles ;

4° Qu'il soit fait un tarif plus clair et plus juste que celui de 1722 pour la perception des droits de contrôle et d'insinuation ;

5° Que le sel soit marchand, ou que le prix en soit modéré, et dans ce dernier cas, permis aux habitants de le prendre où bon leur semblera ;

6° Que les charges d'huissier priseur et vendeur soient supprimées, attendu qu'elles absorbent presque entièrement le mobilier des mineurs ;

7° Que les droits attribués aux commissaires à terrier soient réduits (1) ;

8° Que les lois civiles et criminelles soient refondues et réformées, la procédure abrégée, les honoraires et taxes des frais de justice réglés, et que dans les affaires criminelles les procédures soient communiquées à l'accusé, et qu'il lui soit permis d'avoir un conseil ;

9° Que les colombiers et volières soient fermés pendant le temps des semailles et de la grenaison, conformément aux règlements ;

---

(1) On sait que l'on appelait terrier l'acte de reconnaissance par les vassaux envers leur seigneur de tous les droits et censives qu'ils pouvaient lui devoir. Ces actes, aux frais des habitants, étaient reçus par un notaire, qui prenait alors le titre de Commissaire à terrier.

10° Qu'il soit pris des mesures pour parer au dommage causé par le gibier;

11° Que les entrepreneurs de l'entretien des grands chemins soient tenus d'avertir le particulier, dans les terres duquel ils prennent du sable, et de lui payer le dommage du terrain qu'ils lui enlèvent;

12° Qu'il soit fait attention que la rivière et le grand chemin font un tort considérable à cette paroisse, tant pour le terrain qu'absorbe la grande route bordée de gros arbres, que par les dégradations que cause la rivière;

13° Que depuis longtemps la paroisse est surchargée et accablée d'impôts; elle en supporte actuellement, tant tailles qu'accessoires, vingtièmes et corvée, dix mille deux cent-soixante-deux livres (10,262 l. 8 s.), non compris les droits d'aides, qui sont multipliés, exorbitants, et inconnus;

Et enfin ces habitants n'ont d'autres intentions dans leurs plaintes et représentations que de se conformer au vœu général de l'assemblée des États généraux, et à la volonté de sa Majesté.

Fait et arrêté en ladite assemblée, devant nous Jean-Marc-Antoine Bercier, lieutenant au bailliage d'Appoigni; et avons signé avec ceux des dits habitants qui savent signer, et avec les dits députés.

Signé: Gallereux,. — Colleret. — François Cornu. — Étienne Delorme. — Pierre Delorme. — Vachet. — Lamontagne. — Vinot. — Mutèle. — Debriat. — Delécolle. — F. Purorge. — Ét. Guillot. — Étienne Saffroy. — Bavoi. — Boudé. — Duboué. — C. Ravin. — J. Jauné. — Vachet. — Girard. — Durville. — Devillio. — Bercier. — Simonneau.

ARCY-SUR-CURE.

Plaintes *et doléances des habitants de la paroisse et communauté d'Arcy-sur-Cure, généralité de Dijon, bailliage d'Auxerre.*

Sa Majesté sera très humblement suppliée d'ordonner:

1° Que tous les impôts actuellement existants soient réunis en un seul, qui sera supporté tant par la noblesse et le clergé que par le tiers-état, en proportion des facultés, propriétés et industries de chaque contribuable;

2° Que le Tiers État aura autant de représentants par lui librement choisis, soit aux États généraux du royaume, soit aux états particuliers de la province que les deux autres ordres réunis, et que les voix se recueilleront par tête et non par ordre ;

3° Qu'il ne sera nommé aux archevêchés et évêchés, abbayes des deux sexes qu'après trois ans de vacance, pendant lequel temps, les revenus de ces bénéfices seront employés à l'acquittement des dettes de l'État.

4° Toutes les pensions congrues des curés seront fixées à douze cents livres, à la charge par les dits curés de faire leurs fonctions gratuitement.

5° Toutes les abbayes d'hommes rentées qui existent dans les campagnes, composées de moins de vingt religieux, seront supprimées, et il leur sera substitué autant d'hôpitaux pour les malades infirmes et les vieillards.

6° Tout commerce sera permis dans l'intérieur du royaume, à l'effet de quoi toutes barrières seront transférées sur les frontières.

7° Les gabelles seront supprimées, et le sel rendu marchand, les habitants de la campagne ne pouvant élever de bestiaux sans ce secours.

8° Toutes les justices seigneuriales seront supprimées ; les officiers des seigneurs sont autant de sangsues, qui n'acceptent ces places que pour s'enrichir promptement par toutes sortes de voies ; et il sera établi dans chaque paroisse un officier instruit qui sera chargé de veiller à la police et de juger sans frais jusqu'à 10 livres.

9° Les maîtrises des eaux et forêts, les élections, juridictions consulaires et autres tribunaux d'exception seront supprimés : on ne peut se faire une idée des déprédations de ces tribunaux, et particulièrement des maîtrises. Ce sont autant de gouffres dans lesquels se perdent entièrement les deniers provenant des ventes de bois.

10° Attribuer à MM. les officiers du bailliage d'Auxerre la connaissance de toutes les affaires dans lesquelles les communautés seraient intéressées.

11° Ordonner que les droits de contrôle, insinuation et centième denier seront convertis en un droit uniforme et unique sur les sommes, ou sur l'évaluation, qui sera faite des objets par les parties ;

12° Que dans chaque bourg ou village composé de deux cents feux, il sera établi un médecin, un chirurgien, une sage-femme et un vétérinaire expérimentés, et qui seront tenus de prêter leurs ministères autant qu'il sera possible, aux bourgs ou villages moins considérables.

13° Ordonner la suppression des jurés-priseurs dont l'établissement n'a d'autre utilité que leur propre intérêt, et ruinent les familles dont la propriété consiste en mobilier.

14° Celle des commissaires à terrier ; leurs droits sont devenus un impôt arbitraire, dont ils abusent.

15° Que les droits de banalité des fours, pressoirs, moulins et autres objets, ceux de ban de vendanges, dîmes de toutes espèces, droits de retenues, soient supprimés ; les seigneurs abusent de ces priviléges pour exercer contre leurs vassaux les plus cruelles vexations ; et attribuer à MM. les officiers d'Auxerre seuls le pouvoir de permettre d'ouvrir les récoltes sur le rapport de quatre experts.

16° D'ordonner que le comté d'Auxerre jouira à perpétuité de la franchise des aides qui lui a déjà été accordée.

17° Que tous les chemins finéreaux seront libres, sans qu'il soit permis aux seigneurs de les interdire, ni de les détourner.

Observent les habitants d'Arcy-sur-Cure qu'ils ont quantité de sujets de plaintes contre le seigneur du lieu (1). Il abuse de ses pouvoirs et de ses priviléges pour tenir ses vassaux dans la plus rigoureuse servitude ; il les vexe de toutes les manières ; point de liberté pour les récoltes ; et s'approprie les biens communaux. Il rompt les chemins et les détourne lorsqu'il peut en tirer quelque utilité. Les officiers de sa justice ne sont pas plus humains. *Ils n'ont pas rougi de refuser aux soussignés la satisfaction de rédiger leurs doléances.* Ils espèrent de la bonté et de la justice de Sa Majesté qu'elle daignera les écouter favorablement, et leur accorder la liberté à laquelle tout Français a droit de prétendre sous un roi sensible et toujours prêt à soulager ses sujets.

Signé : J. Cantin. — J. Beurnot. — E. Groux. — Mussot (ancien syndic). — M. Paillard. — P. Bargeot. — M. Jou-blin. — M. Labbé. — Eloy Hude. — Boivin. — Jou-blin. — Martin Robina. — Garache. — Amiot. — E. Joublin. — A.-G. Bonnet. — Boudat. — F. Guillot. — J. Boivin. — Brisdoux. — P. Robin. — J. Boivin. — M. Labbé. — E. Labbé. — G. Joublin. — P. Joublin. — Macadoux (syndic). — Pélerin Joublin. — Fizizot. B. Huot. — C. Labbé. — Martin Huot. — Vincent

(1) Alexandre-Jean-Baptiste-Gabriel de Culon, comte d'Arcy, baron de Digogne, seigneur de Leudes, Saint-Fald, et autres lieux, lieutenant-colonel d'infanterie, capitaine exempt des suisses de la garde ordinaire de Monsieur.

Il fut nommé député-adjoint par la noblesse du bailliage d'Auxerre.

Cougnot. — Bréchat. — Jérôme Guillot. — P. Picard.
— Jean Picard. — L. Macadoux. — Joseph Cantin. —
J. Bréchat. — V. Beurnot. — Trémeau. — F. Groux.
— M. Poilly. — A. Joublin. — E. Fointiat. — Étienne
Préau.

ARGENOU (Nièvre).

Cahier *de doléances et pétitions des habitants composant le Tiers-État de la paroisse d'Argenou, diocèse et bailliage d'Auxerre, élection de Gien, généralité d'Orléans.*

Lesdits habitants observent qu'il y a longtemps qu'ils gémissent sous le poids des impositions, et qu'ils voient tous les ans avec douleur le fruit de leurs travaux suffire à peine à payer les subsides dont ils sont surchargés ;

Qu'ils croiraient manquer à la confiance que leur marque Sa Majesté s'ils gardaient le silence sur les maux dont ils sont accablés ;

Qu'ils saisissent avec empressement la circonstance présente pour déposer leurs peines dans le sein du roi, leur père commun ;

Que dans l'espérance où ils sont de jouir un jour des soulagements promis par sa Majesté, et pour lui donner des preuves de la fidélité qu'ils montreront toujours pour sa personne sacrée, il n'est rien qu'ils ne soient disposés à faire pour subvenir aux besoins de l'État, et à la liquidation des dettes nationales ;

Que le seul moyen d'établir un ordre fixe et durable dans toutes les parties de l'administration est la réforme des abus, la cessation des priviléges et une répartition exacte et proportionnée d'impôts.

Que pour y parvenir ils demandent :

La suppression des aides et gabelles ;

Qu'il ne soit reconnu d'autres barrières de droit que celles du royaume ;

Que les charges de magistrature ne soient plus vénales. Que la forme de la procédure soit simplifiée, et les plaidoiries fixées ;

Que la jurisprudence criminelle soit réformée ;

Qu'il soit formé des arrondissements de justices seigneuriales en nombre assez considérable pour comprendre dix à douze paroisses, et qu'il soit fixé un chef-lieu, où la justice seroit rendue et administrée par des officiers qui résideroient dans le chef-lieu ;

Que les roturiers comme les nobles puissent parvenir aux grandes charges de l'église, de l'armée et de la magistrature ;

Que les communautés rentées et trop nombreuses soient réduites, et le superflu de leurs revenus employé à l'acquittement des dettes de l'État;

Qu'il soit assuré une existence aisée aux pasteurs des églises et établi en ce genre plus d'uniformité;

Qu'on prenne les moyens de faire disparoitre les entraves mises à l'industrie, en abolissant les priviléges et maitrises;

Qu'on détruise tous les priviléges exclusifs du commerce, et qu'on emploie tous les moyens de le favoriser; comme diminution de droits d'entrée et de sortie aux bornes du royaume, primes accordées à quelques branches du commerce;

Que tous les impôts, de quelque nom qu'on les décore, soient réduits à un seul sous une dénomination quelconque, excepté celle de taille, peu convenable au droit naturel à l'homme, à sa liberté civile et individuelle;

Que cet impôt soit réparti également sur les trois ordres, également membres de l'État sans qu'aucun privilége ou exemption puisse en affranchir qui que ce soit; le tout relativement aux facultés de chaque individu;

Que l'on cherche la forme d'imposition et de perception la moins coûteuse, celle qui laissera parvenir au trésor royal l'argent des subsides en en absorbant le moins possible;

Que l'impôt puisse être réductible suivant que les dettes de l'État diminueront, et que la nation seule ait le droit d'accorder et d'augmenter les subsides;

Que les recouvrements soient faits par l'administration provinciale, qui elle-même aura réparti les impositions;

Qu'en conséquence les administrations provinciales ou états provinciaux soient confirmés, et que tous les membres en soient choisis et nommés par les municipalités, sans que le gouvernement y ait aucune influence;

Que des sommes fournies par les communautés pour l'entretien des routes et chemins, il en soit attribué à chaque communauté une portion suffisante pour l'entretien et l'amélioration de ses chemins;

Que Sa Majesté rentre dans les droits domaniaux de la couronne et particulièrement dans celui des quatre deniers pour livre aliénés aux jurés-priseurs, dont l'exercice des fonctions pèse sur la classe indigente de l'État;

Que les États généraux soient autorisés à s'assembler tous les cinq ans, et qu'ils aient toujours une commission intermédiaire en exercice, avec laquelle correspondront tous les États ou Assemblées provinciales. Qu'aux dits États généraux les opinions se donnent par tête et non par ordre.

Leurs lumières ne leur permettant pas d'entrer dans de plus grands détails, ils s'en rapportent sur tous les points au zèle éclairé de leurs représentants aux États généraux et à la bonté du roi.

Fait et arrêté en l'assemblée générale ce 3 mars 1789.

Signé : Frottier (syndic). — Laurent. — Bourguignon. — Chagereau. — Frottier. — Renaud. — Louis Theureau. — Renault. — Damois. — Dubois. — Jean Desmerget. — Pichon. — Bethou.

Ne varietur
(paraphe).

ARQUIAN (Nièvre).

CAHIER *des demandes et doléances faites et arrêtées dans l'assemblée générale des habitants de la paroisse d'Arquian ce jourd'hui onze mars mil sept cent quatre-vingt-neuf, pour être remis aux députés de ladite paroisse à l'assemblée du bailliage d'Auxerre, qui se tiendra le lundi vingt-trois dudit mois, convoqué, en vertu de l'ordonnance de M. le Grand Bailli d'épée d'Auxerre, du trois également dudit mois, avec pouvoirs auxdits députés de les faire valoir dans ladite assemblée.*

La communauté de la paroisse d'Arquian charge expressément ses députés, avant que de rien présenter sur l'administration des finances et de la justice, et manifester sa façon de penser sur l'autorité royale, et son intérest à la soutenir, elle croit qu'il est de l'intérest de tous les ordres du royaume qu'il n'y ait qu'un maitre ; cet intérest est encore plus fort pour le Tiers-État, qui n'a rien tant à craindre que les pouvoirs intermédiaires, qui s'établissant nécessairement dans un grand royaume, ont une pente naturelle à abuser contre le peuple ; cette pente a toujours été proportionnée à l'indépendance qu'ils acquièrent ou qu'ils prétendent. Les vexations auxquelles seroit exposé le peuple seroient sans exemple s'il n'y avoit pas un recours assuré au Roy, et si Sa Majesté n'avoit pas l'autorité de corriger les abus, de contenir, d'arrêter, de dissoudre ces pouvoirs intermédiaires.

En conséquence elle charge ses députés de reconnoitre à l'assemblée, et de soutenir de son vœu que le Roy est le suprême et souverain législateur de son royaume, pour garantir à ses sujets leurs droits et leurs propriétés ; que sa puissance souveraine est indivisible et inaliénable de sa nature ; que toute espèce d'autorité qu'il a pu conférer soit à quelques particuliers, soit à quelques corps ne peut être regardée que comme portion de la sienne qu'il peut retirer à lui quand il le croit nécessaire ; qu'aucun corps, par un long usage de ce pouvoir, qui lui a été confié, ne peut prétendre un pouvoir à lui propre.

La communauté charge ensuite ses députés de faire agréer à l'assemblée, et en son nom, la solidité des articles ci-après :

Art. Ier.

L'assemblée des États généraux de cinq ans en cinq ans, à moins qu'il ne plaise au Roi de les assembler plus tôt.

Art. II.

La délibération aux États par tête.

Art. III.

Les États provinciaux.

Art. IV.

Qu'il soit établi comme loi fondamentale quaucun impôt ne puisse être perçu que du consentement des États généraux.

Art. V.

Que la nation n'est responsable d'aucun emprunt à l'avenir, à moins qu'il n'ait été fait soit par les États généraux, ou soit par les États provinciaux.

Art. VI.

Que les États soit généraux, soit particuliers, ne peuvent jamais consentir que des impôts limités à un temps.

Art. VII.

Le support de l'impôt par la noblesse et le clergé concurremment avec le tiers-état.

Art. VIII.

Le support de la corvée, en conséquence, par les trois ordres.

Art. IX.

Que les dettes énormes qu'a ci-devant contractées le Gouvernement ne peuvent devenir dettes de l'État qu'autant que les créanciers de ces dettes en portent les charges comme les autres citoyens du royaume.

Art. X.

Que tous les différents impôts du royaume soient réunis en un seul, et qu'il soit, par les assemblées provinciales, distrait d'iceluy une portion raisonnable pour être rejetée sur les habitants des villes, qui n'ont point de propriétés, et autres cas semblables, et ce à la décharge des terres.

Art. XI.

Un nouveau régime dans la perception des impôts ; suppression des vexations actuelles et des abus qui les accompagnent ; moyens de faire arriver sans frais et sans peine l'argent des contribuables au trésor du Roi.

Art. xii.

Un frein à la multiplicité des banqueroutes ; en conséquence, une commission établie dans chaque bailliage royal pour connoître les cas où il sera juste d'accorder des lettres soit de surséance, soit de cession de biens, qui ne seront scellées que sur le rapport de la commission. Le procès fait dans la rigueur de ceux qui s'en seront trouvés indignes soit par la fraude soit par l'inconduite.

Art. xiii.

Suppression des Aides et Gabelles, et que pour le soulagement des peuples de la campagne le commerce du sel et du tabac soient permis.

Art. xiv.

Suppression des charges de jurés-priseurs, comme étant un funeste fléau au peuple de la campagne.

Art. xv.

Qu'il soit annuellement distrait de l'impôt de la corvée une somme assez raisonnable pour la réparation des chemins qu communiquent dans les campagnes d'une paroisse à l'autre, et qui sont presque partout impraticables.

Art. xvi.

Restrictions aux immenses revenus des évêques, et qu'ils soient tenus chacun à la résidence dans leur diocèse, qu'ils visiteront annuellement.

Art. xvii.

Suppression des abbés commendataires, religieux soit rentés ou soit mendiants, pour les biens de ces premiers appartenant au Roy.

Art. xviii.

Suppression des dîmes ecclésiastiques.

Art. xix.

Revenu fixe pour tous les curés en considération du nombre des communiants soit dans les villes ou soit dans les campagnes. Établissement d'un fond destiné à cet effet par chaque État provincial dans son arrondissement.

Art. xx.

L'administration de tous sacrements, sépultures par les curés gratuite.

Art. xxi.

Abolition de tout droit pascal, et de Passion, que les curés de la campagne se font payer.

Art. XXII.

Suppression de toutes espèces de confréries que les curés de la campagne établissent à leur profit.

Art. XXIII.

Restriction aux curés de leurs droits aux obits et fondations.

Art. XXIV.

Code général pour la conduite de tous les curés du royaume

Art. XXV.

Établissement dans chaque paroisse d'un bureau des pauvres, qui ne pourra être administré à l'égard de celles de la campagne que par quatre habitants choisis à cet effet, et dont la probité sera reconnue.

Art. XXVI

Un nouveau code de justice tant pour le civil que pour les crimes, à l'effet qu'elle soit rendue avec moins de frais.

Art. XXVII.

Que les seigneurs hauts justiciers soient tenus de n'avoir pour baillis et procureurs fiscaux que des avocats, et que dans les paroisses de campagne où différents seigneurs le sont de la même, la justice soit entièrement réunie à celui qui sera le seigneur de l'église.

Art. XXVIII.

Que le seigneur, qui a la justice sur plusieurs paroisses limitrophes, elle soit réunie en une seule, et sur le principal lieu ; qu'ils soient également tenus d'avoir dans chacun du lieu où se rend la justice des auditoires et des prisons ; enfin que le nombre des praticiens, qui postulent dans ces justices soit limité en la raison de son étendue et du nombre des justiciables.

Art. XXIX.

Qu'il soit fixé dans chaque justice soit royale ou soit seigneuriale une somme à laquelle les juges jugeront souverainement et sans appel.

Art. XXX.

Que dans les paroisses ou à raison du petit nombre des habitants qui les composent, il n'y a point d'officiers de justice y demeurant, il y ait en chacune un homme, soit le syndic ou un autre choisi à cet effet, qui après avoir prêté serment en justice, veillera et maintiendra l'ordre public.

Fait et arrêté à Arquian les jour et an que dessus.

Signé : Lherbé, chirurgien. — Lherbé, barbier. — Pic, bourgeois. — Guiblain, cabaretier. — Guiblain, boulanger. — Rat, maréchal. — Barbier, syndic. — Gui-

blain, drapier. — Lherré. — E. Pierre, manœuvre.
— Claude Guiblain, député.

Ne varietur
Moreau,
Président de l'assemblée d'Arquian.

ASNIÈRES.

La Communauté d'Asnières pénétrée des bontés de son auguste monarque, désirant répondre à ses vues de bienfaisance et d'égalité, a chargé les députés de sa paroisse de faire parvenir aux États généraux les doléances, observations et remontrances suivantes :

Il résulte de la comparaison la plus simple et de celle du rôle des tailles de la paroisse d'Asnières, généralité de Paris avec les rôles des paroisses voisines dépendant d'autres généralités, que l'habitant d'Asnières, celui qui n'a pour vivre que le travail de ses mains, est autant chargé que le propriétaire aisé dans les généralités voisines.

Cette différence entre des contribuables soumis à un même gouvernement serait seule plus que suffisante pour demander une réforme générale dans la répartition. Or, il y a plus, cette différence devient plus onéreuse toutes les fois qu'il est question de mettre de nouvelles taxes, attendu qu'elles s'imposent toujours au marc la livre de la première. On sera étonné d'apprendre que cette communauté, l'une des plus pauvres du royaume paie pour les corvées presque un dixième de la taille qu'elle supporte.

Cette paroisse est donc chargée en taille. On ne discutera pas si cette quotité est dans un rapport exact avec celles de toutes les paroisses de la généralité ; ce n'est pas ici le lieu d'une pareille comparaison, mais on observera que la communauté d'Asnières est éloignée des villes et des grandes routes, et sans aucun commerce, que les productions du sol ne suffisent pas à beaucoup près pour la subsistance des habitants. Enfin, que la moitié des terres cultivées, même avec soin, ne dédommage jamais entièrement des frais d'exploitation non-seulement dans une partie du finage du dit Asnières.

1° La communauté paie dans le finage d'Asnières la dîme de treize l'une, et dans le finage d'Aurigny, qui est hameau du dit Asnières, paye de douze gerbes l'une. Et en outre la gerbe au journal pour le curé, et l'autre dixme appartenant aux seigneurs de ladite paroisse.

2° De la rareté de l'argent les différences de recevoir l'impôt, et de là, nécessité d'y employer la force ; savoir cette espèce d'hommes que l'on nomme garnisaires, qui sont la ruine et la désolation des peuples; on ajoutera que dans la supposition où la totalité de la taille serait en rapport avec la valeur des fonds de la communauté, il y aurait toujours, attendu que le rôle ne comprend pas tous les propriétaires, un vice impardonnable dans la répartition ; une partie des propriétaires demeure dans d'autres paroisses, ou est engagée dans les ordres sacrés, et l'autre partie est noble ou militaire, de sorte qu'il est démontré que plus de la moitié des fonds est dans les mains des étrangers ou des privilégiés, et que les contribuables paient au moins le double de ce qu'ils supporteroient si l'ordre et l'équité avaient présidé à l'assiette de la taille.

C'est cependant sur le peuple que porte la surcharge, elle porte sur la classe des citoyens les plus utiles et les plus malheureux. L'on dit les plus utiles parce que, en effet, sans cette classe, il n'y auroit ni arts ni métiers exercés, ni terres cultivées, et, par conséquent, point de gouvernement. La plus malheureuse, elle supporte tout le poids du travail et ne mange souvent les choses les plus nécessaires à la vie.

3° La communauté d'Asnières est persuadée que les plaintes qu'elle vient de former particulièrement lui seront communes avec la majeure partie des paroisses de toutes les généralités; de sorte qu'après considérés, la situation et les besoins présents de l'Etat, ainsi que les causes qui ont nécessité les besoins, elle a pensé que, pour rétablir l'ordre et le maintenir, et faire que par la suite les mêmes circonstances ne se présentent plus, il falloit s'attacher essentiellement à détruire les abus dans l'administration des finances, dans les emplois, charges ou commissions dans la répartition des impôts, dans les priviléges exclusifs, surtout enfin sur les récompenses accordées sans clause sous le titre de pension ou autrement; pour remplir cet objet, et pour d'autres considérations qu'on croit intéressant pour l'état de la communauté d'Asnières.

4° La communauté avait droit de faire pacager tous leurs bestiaux dans une pièce de pré de contenance d'environ 20 arpents après que la première herbe était enlevée, au lieu dit les prés d'Asnières, où il y avoit plusieurs particuliers de la paroisse qui avoient des portions dans ladite pièce. Ces particuliers les ont vendues, et le seigneur d'Aurigny, qui étoit le comte de Briqueville, les a retenues, et qu'il a retenu ladite pièce de pré à lui seul et en a exclu les bestiaux dudit pacage de ladite communauté, il y a environ trente-deux ans. La communauté désirerait avoir les mêmes priviléges que ci-devant pour le pacage des bestiaux.

5° La communauté avait environ une pièce de terrain commune à l'usage à faire pacager leurs bestiaux pour leur substance, en deux pièces, savoir : 9 arpents ou environ au lieu dit Vélorien, et l'autre de pareille quantité de 9 arpents au lieudit les Côtes-Chantemerle. M. le comte de Briqueville, ci-devant seigneur d'Aurigny et d'Asnières en partie, ou son agent d'affaires, s'en sont emparés desquelles pièces de terre. L'agent dudit seigneur les a détaillées par morceaux et les a données à bail et à rente à plusieurs particuliers de la paroisse, et en retire les revenus tous les ans.

6° Que les bois et chaumes, qui ont été vendus par des particuliers, ledit seigneur de Briqueville ou son agent les a retenus par retrait féodal (1), à la réserve de quelques morceaux. Et ont été englantées toutes les terres et chaumes voisines des bois dudit seigneur, ce qui cause un grand détriment à ladite paroisse et la met en désert.

7° Que depuis environ soixante ans qu'il se trouve environ neuf domaines ou métairies détruites et réduites en bois dans les hameaux de ladite paroisse, lesquels domaines ou métairies composoient environ quarante charrues, et actuellement ladite paroisse se trouve réduite à dix seulement, dont une partie ne laboure que pour eux-mêmes, et le peu de charrues et de bestiaux qui restent ont grand'peine à trouver du pacage pour l'abstance de leurs bestiaux à cause de la trop grande abondance de bois dudit seigneur, et une partie des terres reste sans cultivateurs à cause de la rareté des laboureurs.

8° Que le tribunal sous le nom des Eaux et forêts, regardé généralement comme inutile. Il retient entre ses mains l'argent des communautés et ne veut point qu'il soit employé en réparations de ladite communauté, malgré qu'elle en ait le plus grand besoin.

---

(1) Le retrait féodal était le droit que possédait le seigneur du fief dominant de racheter, dans un délai fixé, tout fief de sa mouvance qui venait d'être vendu, en indemnisant complètement l'acquéreur.

Ce droit avait été introduit, dit Denisart (Collection de jurisprudence), pour la commodité des seigneurs, et pour empêcher qu'on ne leur donne, malgré eux, des vassaux fâcheux et désagréables.

Presque toutes les coutumes admettaient le retrait féodal (voir coutumes d'Auxerre, titre des fiefs, art. 49).

9° Que les droits d'aides et gabelles soient supprimés, lesquels droits entraînent à leur suite une foule d'abus; que l'on supprime les charges et les emplois qui mettent des entraves dans le commerce.

La communauté d'Asnières désireroit de jouir, comme elle a fait ci-devant, du pâturage des prés d'Asnières pour le pacage de leurs bestiaux après la première herbe enlevée, ainsi que des terres qu'il est expliqué ci-dessus en les articles 4 et 5 du présent cahier.

Qui sont toutes les remontrances et qui sont de la connoissance de ladite communauté qu'elle fait à Sa Majesté et par devant nous, Godefroy Gandouard, bailli du bailliage d'Asnières et celle d'Aurigny, à la part de M. le marquis de Langeron, et pour l'absence de M. le bailli de Vézelay pour la partie de M. l'abbé d'Argenteuil, seigneur en partie dudit Asnières.

Fait et délibéré et arrêté en présence des habitants de ladite paroisse.

Le 15 mars 1789, et remis le présent cahier de doléances à Noël Tenin et à Jacques Forestier, députés pour ladite communauté par l'acte d'assemblée dudit jour 15 mars présent mois, qui ont signé avec nous, ceux qui le savent.

Signé : N. Tenin. — J. Forestier. — E. Gourdon. — J. Dupont. Laboureau. — J. Guerraut. — Dufour. — Hannequin. — J. Duffourd. — Forestier. — Gaudouard (Bailli d'Asnières pour M. le marquis de Langeron.)

ASQUINS-SOUS-VÉZELAY.

Cahier *de doléances des habitants d'Asquins.*

Le village d'Asquins, distant de la ville de Vézelay d'un quart de lieue, de dix lieues d'Auxerre, où est établi le bailliage royal et la juridiction consulaire dont il ressort, n'a pour territoire que des coteaux arides et incapables en partie de recevoir aucune espèce de culture. Le produit onéreux des vignes est la seule ressource des habitants, duquel produit nous payons la seizième partie à nos seigneurs de tous nos biens en général.

Les meilleures terres, les prés, les bois appartiennent à nos seigneurs chapitre de Vézelay, et qui partagent dans l'oisiveté le revenu des plus riches propriétés. De là l'inégalité dans la répartition des impôts, de la surcharge indicible sur les habitants contribuables, qui payent seuls les impositions.

Sans aucune espèce de route parfaite pour arriver et communiquer aux villes voisines, et ce village n'a aucun commerce.

L'exportation des vins, la seule ressource des habitants, est très dispendieuse, ne se fait qu'avec beaucoup de difficultés par rapport aux droits multipliés des aydes, et est souvent impossible dans les saisons les plus favorables à la vente par rapport au défaut de route. De là l'impossibilité de faire les recouvrements, les frais énormes et multipliés pour parvenir à la perception définitive.

Dans cette position, les habitants d'Asquins ont délibéré unanimement que Sa Majesté seroit très humblement suppliée de vouloir bien étendre jusqu'à eux ses bontés paternelles et ordonner :

1° Que les impositions de toutes espèces, même les corvées, soient supportées par tous les sujets de toutes les classes indistinctement et sans exception dans la plus juste proportion ;

2° Que les impositions de toute nature, telles que taille, capitation, industrie, vingtièmes et autres soient réunies sous une seule dénomination et ne forment qu'un seul impôt ;

3° Que la répartition, perception et recouvrement des impositions dont la communauté sera responsable, soit faite et versée par elle, sans frais, directement dans le Trésor royal tous les trois mois ; ce qui augmenteroit de plus d'un tiers le revenu de Sa Majesté ;

4° Que, pour faciliter la liberté du commerce des vins, leur importation libre dans tout le royaume, les droits d'aides soient supprimés et que cette partie des revenus de Sa Majesté soit réunie à l'impôt unique demandé par les habitants, répartie avec une égale proportion sur tous les ordres et versée directement dans ses coffres, ce qui augmenteroit de moitié les revenus de Sa Majesté dans cette partie ;

5° Que l'impôt du sel, que la bonté de Sa Majesté a promis de supprimer lorsque la position de ses finances le permettroit, soit réduit à moitié en attendant cette suppression ;

6° Que les inconvénients multipliés qui résultent de la création des charges de jurés-priseurs, les frais onéreux qui en sont la suite, la ruine des malheureux et orphelins qu'elle entraîne, exigent de la tendresse paternelle du roi la suppression et anéantissement de ces charges inutiles et désastreuses ;

7° Qu'éloignés du bailliage royal et de la juridiction consulaire, les habitants sont forcés de subir trois degrés de juridiction avant d'obtenir un jugement définitif, ce qui augmente les frais.

Il est donc nécessaire de supprimer la justice seigneuriale et de la réunir à celle de Vézelay, chef-lieu de l'élection, où Sa Majesté est très humblement suppliée d'établir un bailliage royal, qui connoîtra de toutes les matières tant au civil, criminel et de police, commerce, impositions; ce qui diminuera les frais énormes qu'entraînent toutes ces matières;

8° Qu'il sera établi dans les paroisses un syndic ou commissaire électif chaque année, assimilé au commissaire de police, pour maintenir le bon ordre, apposer les scellés sans frais trop dispendieux et rendre compte au bailliage de Vézelay des abus et malversations pour y être pourvu;

9° Que depuis deux cents ans le chapitre de Vézelay s'est emparé de deux cents arpents de bois appartenant à la communauté et qui seroit un produit annuel très avantageux à la communauté, quoique les habitants aient la faculté d'y rentrer, et ils n'ont pu y parvenir par les cabales du chapitre, qui arrêtent et empêchent les autorisations nécessaires. Sa Majesté est donc très humblement suppliée d'ordonner que les deux cents arpents de bois seront rendus à la communauté, aux offres qu'elle fait au chapitre de Vézelay de payer le droit qui lui dû;

Que nosdits seigneurs chapitre de Vézelay jouissent du revenu d'une chapelle appelée *Saint-Jean*, située au village d'Asquins, et que cette chapelle produit des revenus considérables, et que nos dits seigneurs ont laissé tomber ladite chapelle, et les habitants supplient très humblement Sa Majesté d'y faire droit;

10° Que depuis trois années les habitants ont payé une somme de huit cents livres, réimposée au département des tailles de 1785, 1786, 1787 et 1788; que cette somme, destinée à la confection d'une route de communication, n'a pas été employée, et la route n'est pas commencée. En conséquence, que cette somme sera représentée à la municipalité par le receveur particulier des finances pour être employée à la destination première;

11° Que les frais d'arpentage du territoire, qui sera fait pour parvenir à une juste répartition de l'impôt unique demandé, sera supporté par tous les sujets de tous les ordres indistinctement sans aucune exception, au lieu de n'être supporté que par le Tiers-État, comme il a été pratiqué ci-devant dans les villages voisins, ce qui est une injustice intolérable;

12° Que les habitants supplient très humblement Sa Majesté de ne les point distraire de la généralité de Paris ou province de l'Isle de France, dont ils ont jusqu'ici fait partie;

13° Enfin que les habitants offrent de payer à Sa Majesté les dettes de l'État proportionnellement jusqu'à leur entière liquidation;

14° Et finalement que lesdits habitants débitant vin payent des octrois à la ville de Vézelay, ne participant pas aux revenus de ladite ville; ils supplient très humblement Sa Majesté d'ordonner que lesdits octrois demeureront à ladite communauté pour subvenir aux charges d'icelle.

Fait et arrêté le 15 mars 1789. Et ont ceux dès habitants signé, le sachant faire.

> Signé : Rafiot. — Magny. — Fauleau. — N. Levreau. — N. David. — H. Ferrand. — E. Collas. — C. Gallot. — P. Gourlet. — N. Havotte. — J. Guillot. — H.-C. Boulin. — Jean Mercier. — E. Collas. — Philippe Moulte. — Théveneau. — D. Barbérin. — Edme Gourlet. — C. Lairot. — Jean Dubey. — Cullin. — N. Laïrot. — F. Lairot. — Joseph Chatbard. — Gabriel Bouffiou. — G. Gourlet. — J. Bouffiou. — Ténoin. — Moreau. — Etienne. — F. Gourlet. — G. Morlot. — E. Collas. — P. Leurot. — Le Bierrg. — Claude Mercier. — Munier. — N. Mélime. — Méré. — Bazarne. — E. Rapin. — N. Mercier. — D. Collas. — J. Gourlet. — Fèvre. — Perreau (syndic).

Cotté et paraphé par nous, Nicolas Magny, procureur de la prévôté d'Asquins, faisant fonction de juge en cette partie pour l'absence de M. le juge prévôt d'Asquins, au désir de l'acte d'assemblée des habitants dudit Asquins de cejourd'hui. Fait ce 15 mars 1789, approuvé *ne varietur*.

Signé : MAGNY.

AUGY.

Plaise au Roi et à nos Seigneurs de son Conseil regarder d'un œil favorable les doléances des habitants d'Augy.

La paroisse n'est composée que de soixante-treize feux, tous pauvres, ne possédant que très peu de biens, et la plus grande partie rien.

La paroisse d'Augy ne gagne son pain que par la force de son travail de bras; étant tous au service des bourgeois de la ville d'Auxerre, qui possèdent la plus grande partie du finage d'Augy.

Ceux d'entre les habitants d'Augy qui possèdent quelque héritage ou quelques maisons, en sont chargés de grosses rentes envers les bourgeois de la ville d'Auxerre.

Les héritages, pour la plus grande partie d'iceux sont dans une situation à être ravagés et ravinés annuellement par les eaux; ce qui arrive souvent.

Le village d'Augy est situé de manière que les maisons sont assez souvent submergées par les eaux.

Ce village est chargé de neuf cent vingt-six livres de taille, et de cent cinquante-six livres de capitation.

Il y a un abus considérable dans la répartition, de manière que ceux qui possèdent les meilleures terres sont ceux qui paient le moins.

Indépendamment de ceci, que plusieurs habitants d'Augy possèdent quelques héritages sur le finage de Champs, leur voisin et généralité de Paris, on leur impose des tailles pour raison de ces héritages, quoi qu'ils soient imposés d'ailleurs aux rôles des impositions de Bourgogne.

Ils sont encore obligés de payer les ponts, les chemins et leur entretien.

La pauvreté est si grande à Augy que depuis peu six à sept habitants viennent de s'expatrier.

Signé : Duru. — Gagneux. — Duru. — Edme-François Buffé. — Bonnard. — Edme Fouard. — Renaudin. — Étienne Pourcelle. — B. Chapotain. — M. Thévenin. — M. Buffé. — Edme Digouine. — Montassier. — Theunier. — Petit.

Paraphé *ne varietur*

Duché de Gurgy.

Procès-verbal de nomination de députés.

Aujourd'hui dix-huitième jour du mois de mars mil sept cent quatre-vingt-neuf, en l'assemblée des habitants de la paroisse et communauté d'Augy, convoquée au son de la cloche en la manière accoutumée, en la place publique dudit Augy, lieu accoutumé à tenir les assemblées dudit lieu.

Par devant nous Pierre-Nicolas Duché de Gurgy, avocat en parlement, ancien praticien au bailliage d'Augy, pour l'absence de Messieurs les Bailly et Lieutenant, assisté du sieur Germain Petit, recteur d'école, demeurant à Augy, nommé par les habitants pour secrétaire de la présente assemblée et dans laquelle sont comparus : Maurice Chevrier, syndic en exercice de ladite paroisse et Léon Dumez, Jérôme Gagneur* (1), Étienne Duru, Edme Digouine*, Prix Ramouillet, Jean Renaudin, Edme Fouard*, François Duru,

---

(1) Les noms accompagnés d'un astérisque sont ceux des personnes ayant signé le présent procès-verbal.

Charles Ramouillet, Rolat, Étienne Courcelle, Nicolas Boillard, Jean Lesage, Michel Buffé*, André Picard, Barthélemy Chapotin, Edme Duru, Edme Renaudin, Jean Gagneux, Thomas Duru, Nicolas Thévenin*, François Buffé, Mathias Bersan, Edme Gueutin*, Philibert Chapotin, François Buffé* et Pierre Montassier*.

Tous nés François, âgés de 25 ans, compris dans les rôles des impositions, et tous habitants de ladite paroisse et communauté d'Augy, composée de soixante-treize feux. Lesquels pour obéir aux ordres de Sa Majesté portés par les lettres données à Versailles le 7 février 1789 pour la convocation et tenue des États généraux de ce royaume, et satisfaire aux dispositions du règlement y annexé, ainsi qu'à l'ordonnance de M. le bailly d'Auxerre, dont ils nous ont déclaré avoir une parfaite connaissance, tant par la lecture qui vient de leur en être faite que par la lecture et publication ci-devant faites au prône de la messe de ladite paroisse par M. le prieur curé, le dimanche 15 du présent mois, et par la lecture, publication et affiche pareillement faites le même jour à l'issue de la messe paroissiale, au devant de la principale porte de l'église; nous ont déclaré qu'ils alloient d'abord s'occuper de la rédaction de leur cahier de doléances, plaintes et remontrances. Et à cet effet y ayant vaqué, ils nous ont représenté ledit cahier, qui a été signé par ceux desdits habitants qui le savent et par nous après l'avoir coté par première et dernière page, et paraphé *ne varietur* au bas d'icelle.

Et de suite lesdits habitants, après avoir mûrement délibéré sur le choix des députés qu'ils sont tenus de nommer, en conformité desdites lettres du Roy, et règlement y annexé, et les voix ayant été par nous recueillies en la manière accoutumée, la pluralité des voix et des suffrages s'est réunie en faveur des sieurs Germain Petit, recteur d'écoles, et d'Edme Renaudin, habitants d'Augy, qui ont accepté ladite commission et promis de s'en acquitter fidèlement.

Ladite nomination de députés ainsi faite, les habitants ont en notre présence remis auxdits sieurs Germain Petit et Edme Renaudin, leurs députés, le cahier, afin de le porter à l'assemblée, qui se tiendra le lundy vingt-trois mars, présent mois, devant M. le Bailly d'Auxerre ou son Lieutenant; et leur ont donné tous pouvoirs requis et nécessaires à l'effet de les représenter en ladite assemblée, pour toutes les opérations prescrites par l'ordonnance susdite de M. le Bailly d'Auxerre.

Comme aussi de donner pouvoirs généraux et suffisants de proposer, remontrer, aviser et consentir tout ce qui peut concerner les besoins de l'État, la réforme des abus, l'établissement d'un ordre fixe et durable dans toutes les parties de l'administration, la prospérité générale du royaume, et le bien de tous et de chacun des sujets de Sa Majesté.

Et de leur part lesdits députés se sont présentement chargés du cahier de doléances de ladite paroisse et communauté d'Augy, et ont promis de le porter à la dite assemblée, et de se conformer à tout ce qui est prescrit et ordonné par lesdites lettres du Roi et le règlement y annexé et ordonnance susdite.

Desquelles nomination de députés, remise de cahier et déclarations nous avons à tous les susdits comparants donné acte, et avons signé avec ceux qui savent signer, et avec les députés notre procès-verbal ainsi que le duplicata que nous avons présentement remis auxdits députés pour constater leurs pouvoirs. Et le présent sera porté à l'assemblée d'Auxerre le 23 du présent mois.

Fait et arrêté en l'assemblée à Augy, lesdits jour et an que dessus.

(Suivent les signatures des habitants).

Signé : Duché de Gurgy, et Petit, secrétaire.

AUXERRE.

Cahier *du Tiers-État de la ville d'Auxerre.*

Les habitants de la ville d'Auxerre rassemblés en leur hôtel commun par les députés des différents corps et corporations qui composent le Tiers-État de la dite ville ;

Pleins de confiance dans les vues bienfaisantes du Roi, dans l'amour tendre qu'il porte à ses sujets, et dont il vient de donner une marque si touchante en leur déclarant qu'il veut les consulter comme ses conseils et ses amis ;

Ont arrêté entre eux à la pluralité de présenter très respectueusement à Sa Majesté, et aux États-généraux assemblés, les plaintes, remontrances, avis, propositions et doléances qui suivent :

Articles préliminaires.

Les députés feront en pleins États, lors de la vérification des pouvoirs de ceux du Nivernois, si aucuns s'y présentent, toutes protestations conservatoires contre l'entreprise des gens d'affaires de M. le duc de Nivernois, qui contre tout droit, ont fait comprendre dans l'État annexé au règlement du 24 janvier dernier la baronnie du Donziois dans la duché-pairie de Nevers, tandis que le Donziois est une baronnie mouvante de l'évêché d'Auxerre, ce qui lui ôte tout caractère de pairie.

Ils ne pourront voter sur aucune proposition que l'assemblée ne soit composée de membres tous élus librement.

Ce point vérifié, ils demanderont qu'il soit arrêté et érigé en loi fondamentale par les États généraux, de l'autorité du Roi, qu'en toutes assemblées nationales le Tiers-État aura autant de représentants que les deux autres ordres réunis; que les voix seront comptées par tête et non pas par ordre, et qu'aucun décret ne pourra être arrêté qu'à la pluralité. Que dans le cas où les deux autres ordres ne voudroient opiner de cette manière, les députés du Tiers demeureront assemblés. Que dans le cas où l'on seroit obligé de s'occuper d'abord des impositions qu'il ne sera obtenu de secours qu'après avoir obtenu la parole sacrée du Roi que les États ne seront dissous qu'après qu'ils auront délibéré sur tous les objets des doléances;

Que la Nation ne pourra être soumise à aucunes lois, chargée d'aucuns impôts, ni obligée à aucuns emprunts, qu'elle ne les ait consentis, les États généraux régulièrement assemblés, et dont l'enregistrement et publications seront faites ainsi qu'il sera réglé par les États généraux;

Que le retour périodique des États-généraux sera fixé par eux-mêmes de cinq ans en cinq ans, et que jamais et sous aucun prétexte, les impôts accordés par une précédente assemblée ne pourront être prorogés ni augmentés que du consentement de l'assemblée qui suivra;

Que cependant, pour pourvoir aux besoins extraordinaires et urgents, il sera établi une commission intermédiaire, composée d'un nombre certain de personnes, autant du Tiers-État que des deux autres ordres ensemble, qui se rendront auprès de Sa Majesté; de laquelle commission la composition et les pouvoirs seront fixés et limités par les États généraux;

Que tous les impôts et charges publiques seront répartis également sur tous les citoyens sans distinction d'ordres, dans la juste proportion de leurs propriétés et facultés, et dans la même forme et sur le même rôle;

Qu'à l'ouverture de tous États généraux, il sera présenté par le Ministre des finances un tableau général de l'état des finances du royaume, auquel il joindra le compte détaillé des dépenses qui auront été faites dans chaque département;

Que la liberté individuelle des citoyens sera inviolable, et l'usage des lettres de cachet aboli, sauf dans le cas où il serait indispensablement nécessaire de s'assurer de quelqu'un, à le remettre dans les 24 heures à ses juges naturels;

Que le Tiers-État ne pourra être soumis à aucun usage distinctif et humiliant;

Ce sacrifice de la nation établit de plus en plus la nécessité d'assujettir les ordres privilégiés à tous les impôts indistinctement, parce que ces ordres sont les principaux créanciers de l'État.

DETTE NATIONALE.

Lesdits députés demeurent autorisés à reconnoître que la Nation est chargée des dettes actuelles de l'État.

POSTES.

Lesdits députés demanderont qu'il soit établi une sûreté inviolable dans le secret des postes.

NOBLESSE.

Lesdits députés demanderont que tous offices qui confèrent la noblesse héréditaire ne donnent plus que celle personnelle, que l'on ne connoisse plus en France le moyen de se la procurer avec de l'argent, pour s'introduire dans un ordre respectable, en en quittant un qui devroit être cher à celui qui s'y est enrichi ; sauf à Sa Majesté à accorder des lettres de noblesse aux citoyens qui se seront rendus recommandables par d'importants services.

SERVICE MILITAIRE.

Lesdits députés demanderont que les ordonnances qui n'admettent que les nobles aux grades militaires (1), et celles qui en excluent le soldat, même après que par de longs services et une vie sans reproches il les a méritées, soient abolies comme humiliantes, destructives de toute émulation, et contraires à l'ordonnance de 1751, dont on a reconnu les bons effets.

ÉTATS PROVINCIAUX DE BOURGOGNE.

Lesdits députés demanderont que les États particuliers de la province de Bourgogne soient réformés sur le modèle des États généraux ; qu'en conséquence le Tiers-État y ait un nombre de représentants élus librement, égal à celui des deux autres ordres pris ensemble, et y opinent par tête et non par ordre.

Les vices de l'administration de cette province et de la Commission intermédiaire feroient la matière d'un grand nombre d'articles de doléances ; mais on convient, pour abréger, de s'en référer à ce qui a été demandé par le Tiers-État de la ville de Dijon, qui plus voisin des ressorts de l'administration, est plus à portée de les faire connoître et d'en indiquer les remèdes.

Que la Commission intermédiaire desdits États provinciaux soit

---

(1) Il s'agit de l'ordonnance rendue le 1er décembre 1781 sur la proposition du comte de Ségur, ministre de la guerre.

par eux composée d'autant de membres du Tiers-État que de la Noblesse et du Clergé ensemble, et sans aucun adjoint étranger.

LÉGISLATION.

Lesdits députés demanderont que les lois civiles et criminelles, et les procédures qu'elles prescrivent soient réformées.

Que les peines soient uniformes pour les mêmes crimes et pour toutes personnes de quelque ordre qu'elles soient.

Que la confiscation au profit du Roi ou des Seigneurs n'ait plus lieu, comme punissant plus la famille du coupable que le coupable lui-même.

Que les greffiers criminels n'envoient plus dans les Cours les grosses des procès; qu'ils soient, au contraire, salariés pour leurs assistances avec le juge, et tenus d'envoyer gratuitement des copies correctes et lisibles des procédures.

Que la connoissance des délis commis par les gens de guerre dans les lieux de leurs marche, séjour et garnison soit attribuée aux juges ordinaires, en exceptant seulement les délits purement militaires, dans lesquels ne seront pas compris les duels,

Que l'exécution des ordonnances concernant les banqueroutes frauduleuses soit remise en vigueur suivant toute leur sévérité; elles se multiplient tous les jours par l'impunité. Que les substituts des procureurs généraux soient tenus de poursuivre les coupables.

Qu'aucunes lettres de répi, arrêts de surséance et sauf-conduits ne soient accordés; et qu'elles seront adressées aux juges royaux des lieux, pour n'être par eux enthérinés qu'en connoissance de cause, et les créanciers appelés; qu'après avoir pris l'avis des chambres de commerce ou juridictions consulaires;

Que les juridictions royales soient tellement arrondies et déterminées que les justiciables soient rapprochés de leurs juges;

Que l'attribution du siège en dernier ressort établi par l'édit de 1769 soit porté jusqu'à la somme de 100 livres pour juger les causes pures personnelles, procédant de contrats passés sous le scel royal, comme sous tous autres. Ce siège étant le recours de la classe la plus indigente, et où il ne se fait pas le vingtième des frais qui se font dans les autres tribunaux ;

Que, quels que soient les règlements qui pourroient intervenir, pour les Parlements, Bailliages et Sénéchaussées, le bailliage d'Auxerre ne puisse, en aucun cas, être distrait du ressort du Parlement de Paris, l'Auxerrois l'ayant obtenu à titre onéreux et à cette condition dès 1371 ;

Qu'il ne soit plus à l'avenir érigé aucune terre en pairie. Ces érections qui s'accordent à des seigneurs puissants pouvant produire le retour du régime féodal, dont nos souverains ont eu tant de peine à délivrer leurs peuples et eux-mêmes ;

Que les justiciables des Pairies dont l'établissement est consommé ne puissent, dans aucun cas, être privés des avantages de la présidialité ;

Que le *droit de Committimus*, attaché à certains offices de la maison du Roi ou résultant des priviléges accordés à des suppôts des universités, et de l'exercice de quelques charges, ou de l'habitation dans quelques grandes villes, soit supprimé ; ce droit étant cruel dans ses effets (1) ;

Que le scel attributif de juridiction au Châtelet de Paris et autres, qui n'est pas moins funeste aux provinces, soit également supprimé ;

Que les offices des jurés-priseurs, qui privent les propriétaires de meubles de la faculté d'en user à leur gré, soient aussi supprimés ; les titulaires les exercent avec tant de rigueur, que souvent le prix des meubles qu'ils vendent ne suffit pas pour payer leurs droits et vacations ; qu'il sera pourvu à leur remboursement ;

DROITS SEIGNEURIAUX.

Lesdits députés demanderont que la déclaration du 20 août 1786 concernant les droits et vacations des commissaires à terrier, soit retirée. Depuis sa promulgation, elle établit un impôt écrasant sur les propriétaires de fonds. Les terriers sont devenus une tâche universelle entreprise sur tout le royaume par des commissaires avides, pour qui cet ouvrage est une source infaillible de fortune ;

Que la corvée seigneuriale soit abolie ;

Que le droit de chasse soit exercé de manière que la vie et la fortune des citoyens soient à l'abri des vexations des gardes ;

Que les amendes contre les chasseurs soient réduites à 50 livres, sauf aux juges à les modérer suivant les circonstances ;

Que celle de 20 livres par tête de bestiaux pris dans les taillis

---

(1) Le droit de committimus était un privilège accordé par les rois à certaines personnes, par le moyen duquel elles pouvaient porter leurs causes personnelles, possessoires ou mixtes, aux requêtes de l'Hôtel ou du Palais, soit en demandant, soit en défendant.

Ceux qui jouissaient de ce privilège avaient ainsi la faculté d'échapper à la juridiction des juges naturels. Il arrivait alors que leurs adversaires, dans la crainte de se trouver engagés dans un procès très coûteux, et entraînés à faire de longs voyages, faisaient abandon de leurs droits, au détriment de la justice et de leurs intérêts.

soit réduite à 10 livres, sauf également aux juges à les modérer aussi suivant les circonstances;

Et que l'exécution des anciennes ordonnances qui portent défense aux gardes-chasse de porter des armes à feu soit assurée.

ADMINISTRATION.

Lesdits députés demanderont que, pour faciliter la circulation des espèces et pour le bien du commerce, la loi qui défend de retirer intérêt de l'argent sans aliénation du principal soit abrogée;

Qu'il soit désormais permis, même aux hôpitaux et fabriques, de placer leur argent soit par billets ou obligations, soit à constitution au taux de l'ordonnance;

Que pour faire cesser les procès infinis qu'occasionnent les rentes perpétuelles, et créées non rachetables, faculté soit accordée de les rembourser en payant en sus la moitié du capital (c'est-à-dire pour 4 livres on remboursera 120 livres); que celles devenues non rachetables par la prescription soient à toujours rachetables au taux fixé par les contrats, sauf celles en grain, qui ne pourront l'être qu'au taux de leur valeur tirée des dix dernières années sur les mercuriales;

Que le mauvais état des finances étant bien connu, Sa Majesté soit suppliée de mettre la plus grande économie dans les dépenses de sa maison et des différents départements;

Qu'il soit fait une révision exacte de toutes les grâces et pensions qui ont été accordées; qu'à cet effet il soit nommé par les États-généraux une commission composée de membres des trois ordres, dont la moitié sera tirée du Tiers-État, pour examiner lesdites grâces et pensions, leurs causes, leurs mesures et les motifs qui ont pu les faire passer aux veuves, enfants et petits enfants; ce qui sera répété à l'ouverture de chacun des États-généraux;

Qu'il soit nommé des commissaires à l'effet de faire la révision des aliénations et échanges qui ont été faits des domaines de la couronne, surtout depuis quarante années, pour parvenir à la révocation de ceux qui sont contraires à ses intérêts;

Qu'il soit sollicité de la bonté paternelle de Sa Majesté la plus efficace protection pour les hôpitaux, dont les revenus, le plus souvent, ne suffisent pas aux besoins locaux, et lorsque les revenus desdits hôpitaux seront reconnus insuffisants, qu'il y soit réuni ceux des bénéfices simples, qui alors se trouveront employés à leur vraie destination, ou des pensions sur le superflu des abbayes et monastères. Tous les ordres doivent s'empresser de protéger ces établissements qui leur sont communs;

Les biens du clergé, destinés avant tout au soulagement des pauvres, doivent procurer sans difficulté de quoi soulager les malheureux et empêcher que des prêtres et des religieux, dont le caractère est respectable, continuent de tendre honteusement la main pour obtenir ce qui est nécessaire à la conservation de leur existence;

Que les loteries, même celles particulières, dont l'influence, comme les jeux de hasard, est très préjudiciable aux mœurs, soient supprimées;

Que tous les moyens propres à encourager l'agriculture soient soigneusement employés; ce qui est d'autant plus nécessaire qu'aujourd'hui les laboureurs se trouvent trop souvent forcés d'abandonner leurs charrues et leurs fermes par la surcharge des impôts sur les exploitations.

ÉDUCATION.

Lesdits députés demanderont que l'éducation de la jeunesse de tous les ordres soit prise en considération. Les mœurs, les talents et les services en dépendent; en conséquence, qu'il soit fait un plan d'étude par des savants, lequel sera commun à tous les collèges et universités, et qu'il soit établi dans les villes et dans les paroisses de campagne des maîtres et maîtresses d'école appointés par les communautés et qui vaqueront journellement et *gratuitement* à l'instruction des pauvres enfants;

Que réforme soit faite des études de droit, de médecine et de chirurgie, qui sont si peu surveillées qu'il en résulte les plus grands inconvénients;

Que les statuts des chirurgiens soient réformés en ce qui touche l'examen des récipiendaires destinés à exercer dans les campagnes, et qu'ils soient assujettis à en subir au moins trois;

Que les communautés desdits chirurgiens soient tenues de donner par l'un d'entre eux des leçons publiques et gratuites d'accouchement pour l'instruction des femmes de la campagne qui se destinent à exercer cet art, dont l'ignorance occasionne la mort de beaucoup de femmes et d'enfants, et qu'il soit pourvu aux dépenses de la subsistance de ces femmes par le gouvernement.

CLERGÉ.

Lesdits députés demanderont la suppression définitive de toute maison religieuse qui ne pourra être composée du nombre de religieux fixé par le dernier règlement. On reconnoitra la nécessité de cette réforme, en considérant que les maisons de moines, qui ont été construites pour contenir un grand nombre d'individus, ne sont souvent occupées que par le plus petit nombre;

Que les églises et presbytères soient désormais entretenus, même reconstruits par les gros décimateurs, parce que les habitants et propriétaires ne peuvent plus fournir à ces dépenses devenues trop considérables et trop fréquentes, et qu'en cas d'insuffisance de la dixme, il y soit pourvu sur le revenu de bénéfices simples mis en économats, ou sur ceux des monastères qui seront dans le cas d'être supprimés à défaut du nombre de religieux;

Que l'exécution des canons et règlements concernant la nécessité de la résidence des évêques et des curés soit suffisamment assurée; que pour y parvenir et à la réformation des mœurs, devenue aujourd'hui si nécessaire, il soit statué que tous les ans il sera tenu dans chaque diocèse un synode où assistera au moins la moitié des curés, et auquel synode pourront les habitants des villes et campagnes envoyer des députés pour y faire les plaintes qu'il écherra, et que tous les cinq ans il sera tenu des conciles provinciaux où assisteront des députés, des curés et des abbayes et monastères, et où les habitants de chaque diocèse pourront pareillement envoyer des députés pour y porter leurs plaintes sur l'inexécution du règlement pour la résidence, visites des évêques et instructions par les curés et mœurs ecclésiastiques;

Qu'un même individu ne puisse être titulaire de deux bénéfices;

Que les portions congrues assignées aux curés et vicaires par la déclaration de 1786 soient portées à 1,200 livres pour les curés et moitié pour les vicaires; suppression du casuel pour les fonctions nécessaires au ministère, qu'à cet effet il soit fait des unions de bénéfices; que le clergé soit tenu à pourvoir honnêtement à la subsistance des curés qui ne peuvent plus faire leurs fonctions pour cause de vieillesse ou infirmités;

Que l'usage de demander des dispenses en cour de Rome soit aboli; qu'il soit statué que les évêques les accorderont comme ils en ont le droit et sans frais;

Que les annates, ou premiers fruits des bénéfices consistoriaux, cessent d'être versés dans les coffres d'une cour étrangère.

COMMERCE.

Que tous les priviléges exclusifs en matière de commerce soient supprimés, excepté pour les grandes entreprises maritimes, comme celle de la Compagnie des Indes, ou dans le cas d'une invention nouvelle ou étrangère qui demanderoit des facilités ou encouragements;

Que les péages, banlieues, droits sur les routes, ponts et rivières, ceux locaux à l'entrée des villes soient supprimés.

IMPÔTS.

Un des points fondamentaux du cahier du Tiers-État de la ville d'Auxerre étant l'abolition de tout impôt distinctif des trois ordres, il doit suffire d'indiquer les contributions qui sont de cette espèce et d'ajouter à chacune d'elles, avec toute la précision qui est recommandée, la principale réflexion qui doit la faire proscrire.

Les députés demanderont donc la suppression de la taille, de la capitation, de l'usage observé pour le logement des gens de guerre, de la corvée, du droit de franc-fief, de l'industrie, du centième-denier sur les offices de la milice, et généralement de toute contribution qui, dans l'état présent, feroit l'objet d'un privilége ou d'une exemption pour quelque Français que ce soit.

La taille est de tous les impôts le plus désastreux, celui à qui on doit imputer principalement la ruine du peuple.

La capitation est pour le plus grand nombre l'accessoire de la taille et participe à tous les maux qu'elle produit. Elle est arbitraire, et sous ce point de vue les nobles même ont à s'en plaindre; ils en connoissent l'injuste répartition.

Le logement des hommes de guerre. Dans l'état des choses, le Tiers-État seul en a la charge. Que toute personne, suivant sa condition, la supporte; c'est-à-dire que le citoyen considérable ou riche des trois États loge les officiers; que le peuple reçoive le soldat et qu'un ordre inviolable soit observé dans le tour de chacun; on n'entendra plus de plainte à ce sujet.

La corvée. Il ne faut pas attrister le cœur de Sa Majesté en lui disant les larmes que cette charge a fait verser, mais lui représenter que le surcroit de taille établi pour remplacer la corvée personnelle n'est pas moins rigoureux. Cet accessoire doit disparaître avec la taille, l'entretien des chemins être rendu commun à tous; et si chacun n'y contribuait qu'à proportion de son intérêt, le Tiers-État n'y entreroit que pour une légère part.

Le franc-fief. Ce droit établit entre le noble et celui qui ne l'est pas une distinction humiliante et sans nécessité. Les mutations qu'il empêche produiraient plus au fisc qu'il ne produit lui-même. Il force souvent des nobles à conserver des fiefs contre leurs intérêts ou à les vendre au-dessous de leur valeur, parce que les roturiers craignent de les acquérir (1).

L'industrie. Cet impôt pèse uniquement sur le commerce et sur

---

(1) Le droit de franc-fief se percevait sur tout roturier acquéreur d'un fief.

les arts et métiers. Outre qu'il est distinctif, il est singulièrement arbitraire et réparti avec une inégalité très onéreuse aux moindres commerçants et surtout aux ouvriers.

Le centième-denier est spécialement affecté aux propriétaires de charges, à tous ceux qui possèdent des offices et même aux maîtrises de perruquier, dont on a fait des charges et qui payent cette contribution annuelle, qui ne les regarde pas plus que les autres arts et métiers, sans être pour cela dispensés de l'industrie.

Enfin *la milice*. On ne peut se dispenser de la regarder comme un impôt. Elle donne lieu à des frais et à une perte de temps qui, bien appréciée, monte plus haut qu'on ne pense. C'est d'ailleurs une contribution personnelle attachée au Tiers-État, une manière de le décimer pour le contraindre à porter les armes, souvent au grand préjudice des familles. On doit demander, le devoir de défendre la patrie étant obligatoire pour tous, que tous contribuent aux dépenses nécessaires pour former les corps militaires.

Lesdits députés demanderont que Sa Majesté soit suppliée de ne souffrir aucun impôt sur les bleds et de se rappeler qu'à son sacre Elle en a fait le serment;

Ils demanderont l'abolition des droits sur les cuirs, les amidons, fers et papiers, les différents octrois qui ont été établis pour le compte de la ferme et même des 10 sols pour livre, qui sont perçus en sus des octrois municipaux. La marque des cuirs, en particulier, est aujourd'hui assujettie à une telle inquisition, que les tanneurs abandonnent leurs ateliers ou sont forcés de ne livrer dans le commerce que des marchandises de la plus mauvaise qualité;

Qu'il soit fait un tarif clair et précis applicable à tous les cas pour tous les droits du domaine, qui sont devenus arbitraires;

Qu'il soit ordonné qu'au cas où il s'élèveroit quelque difficulté, la connoissance continuera d'être attribuée aux tribunaux établis pour connoître des droits du roi;

Que les fermiers ou régisseurs ne pourront faire aucune recherche en cette partie au-delà de trois années;

Que les employés seront tenus de se faire accompagner chez les notaires par un officier public lorsqu'ils voudront voir leurs minutes, et que lesdits notaires ne pourront être contraints qu'à la représentation de leurs répertoires, au cas où ils se présenteroient sans juges;

Que la suppression soit ordonnée des barrières établies dans l'intérieur du royaume, qui rendent des provinces sujettes d'un même prince étrangères entre elles; l'intérêt des aides des gabelles, de la ferme du tabac, ont donné lieu à cet établissement.

De ces trois impôts qui intéressent le royaume entier, il n'en est que deux qui touchent particulièrement le comté d'Auxerre par le rachat fait des aides par la province. On ne peut pas se taire sur ces deux impôts, à cause des abus énormes qui en résultent.

Le tabac n'est point une consommation de nécessité, et le prix, quoiqu'excessif, auquel il est monté, peut subsister, attendu les besoins urgents de l'État. Cependant les fermiers ou régisseurs de cette partie ne doivent pas continuer d'être autorisés à envoyer le tabac râpé dans les provinces. Il contracte dans les tonnes une odeur désagréable et malfaisante.

A l'égard du sel, il est désirable que le prix en soit diminué; il est souvent nécessaire et il seroit toujours utile de l'employer pour les bestiaux, et si l'usage leur en étoit fréquent, ils acquerroient une qualité exquise.

On est persuadé que si le sel étoit partout à un prix modéré, le fisc n'en souffriroit pas, parce que la consommation en seroit beaucoup plus considérable.

La Nation doit mettre toute sa confiance dans les bontés vraiment paternelles de Sa Majesté. Toutes les économies dont les différentes parties de l'administration seront susceptibles étant opérées, l'universalité des fonds du royaume étant imposée à une contribution égale et proportionnée à la valeur de chacun desdits fonds, ceux consacrés au plaisir et à l'ornement contribuant comme les autres, la diminution immense qui peut se faire sur les frais de perception étant consommée, les François peuvent penser que l'équilibre se rétablira entre la recette et les dépenses du gouvernement et qu'un jour ils pourront aspirer à goûter complétement les douceurs du repos sous la sauvegarde des lois et de la liberté.

Cependant, si toutes ces améliorations ne suffisoient pas encore pour acquitter la dette nationale, Sa Majesté sera très humblement suppliée d'observer que les fonds ne pouvant tout supporter, il conviendroit, plutôt que de les surcharger et d'en décourager la culture, de mettre des impôts sur les marchandises de luxe et d'assujettir à une forte contribution les voitures et les laquais. L'usage trop répandu de ces voitures souvent inutiles détourne une quantité d'hommes de leur véritable destination et occupe un nombre incroyable de chevaux dont l'emploi devroit être consacré à l'agriculture, au commerce et à la guerre.

Que peut craindre le roi en attaquant le luxe dans ses principales sources? Si il diminue quelques branches d'industrie, il rend à ses sujets le goût des choses solides, il épure les mœurs et acquiert la gloire due à celui qui a substitué au règne des modes et des frivolités l'empire de la raison et de la justice.

Fait et arrêté dans la grande salle de l'Hôtel-de-Ville à Auxerre, le 21 mars 1789.

Signé : Scurrat. — Marie de Laforge. — Ducros A. — Petit. — Duché. — Boursin. — Petit de Flacy. — Guerou. — Maure. — Borda. — Toupry. — Lefebure. — Guiard. — Robin. — Mérat. — Massot. — Ducrot. — François. — Guillaume. — Prudot. — Roux. — Gendo. — Lesséré. — Dorange. — Defrance. — Duban. — Gagneau. — Bourdeaux. — Barat. — Metral. — Piffoux. — Bonfilliout. — Morillion. — Recolin. — Dehertogh. — Laroche l'ainé. — Morisset. — Hay de Lucy. — Tenaille de Millery. — Thienot. — Legueux ainé. — Le Blanc. — Le Blanc fils. — Desœuvres. — Ferrand. — De Berry. — Imbert. — Beaudesson. — Faultrier.

Paraphé *ne varietur* par nous, Charles-Thomas-François Thienot de Jafford, avocat en Parlement, premier échevin de la ville d'Auxerre, pour l'empêchement de M. le maire, noble, au désir de notre procès-verbal de cejourd'hui 21 mars 1789.

Signé : Thienot.

AVIGNEAU.

Doléances *d'Avigneau, bailliage d'Auxerre, généralité de Paris, élection de Tonnerre.*

Cejourd'hui 18 mars 1789, heure de 10 du matin, étant au lieu à rendre la justice, pardevant nous Jean-Hubert Esclavy, lieutenant et juge ordinaire du bailliage d'Avigneau, ressort du bailliage d'Auxerre, assisté de notre greffier commis ordinaire, du[quel] nous avons pris et reçu le serment, au cas requis est comparu le sieur Pierre-Edme-Tétrice Puissant, syndic de la municipalité dudit Avigneau, lequel nous a dit qu'en exécution du règlement de Sa Majesté du 24 janvier dernier, de la lettre du roi et arrêt de son conseil d'Etat du 7 février ensuivant, par lesquels Sa Majesté a ordonné la convocation des Etats généraux du royaume pour être tenue à Versailles le 27 avril prochain, et la conséquence de l'ordonnance de M. le grand bailly d'épée au bailliage d'Auxerre du 3 mars présent mois, ensuite de laquelle est la notification qui en a été faite audit syndic municipal par Rousel, huissier, le 13 du présent mois de mars, en vertu de laquelle la publication a été faite des arrêts et ordonnances ci-dessus au prosne de la messe de la paroisse d'Escamps, dont la communauté dépend pour le spirituel, le dimanche 15 du présent mois, à l'issue de laquelle messe paroissiale ledit syndic municipal a convoqué une assemblée au son de la cloche au-devant de la principale porte de l'église dudit Escamps, à laquelle lecture a été faite par ledit syndic, à haute voix, tant de la lettre du roi que du règlement-arrêt du conseil d'Etat, ordonnance de mondit sieur le grand bailly d'Auxerre, et de la notification susdatée, avec indication à cejourd'hui et heure auxdits habitants par-devant nous pour délibérer sur les observations, plaintes et doléances qu'ils ont à faire et présenter tant pour le bien de l'Etat que pour le soulagement des peuples, d'après lesquelles pétitions et observations lesdits habitants seront tenus de nommer deux d'entre eux pour, en leur nom, présenter ledit cahier de doléances à l'assemblée générale du bailliage d'Auxerre, qui sera tenue le 23 mars présent mois, pour procéder à la nomination des députés qui représenteront le Tiers-Etat aux Etats généraux du royaume.

A quoi sont comparus : les sieurs Tetrice Bellot l'aîné, Edme Bellot, aussi l'aîné, Jean Robert, notables de ladite municipalité ; François Bellot, Guillaume Bourotte, Jean Valençon, adjoints ensemble ; François Goudard, Louis Mérat, Pierre Briffard, Thomas Godard, Jean Bougé, Edme Briffard, Jacques Guérin, Jean Goudard, Etienne Rapin, Edme Guérin, Jean Naudin, Edme Jaudé, Jean Bourotte, Lazare Robert, Gabriel Viot, François Tarjot, Etienne Germain, Edme Bourotte, Claude Bousselier et autres, tous représentant la plus saine et majeure partie des habitants de la communauté, laquelle est composée de quatre-vingt-onze feux effectifs et domiciliés.

Tous lesquels syndic, notables, adjoints et habitants nous ont requis de faire rédiger en notre présence, par notre greffier, le cahier de leurs plaintes, doléances et observations et très humbles remontrances à MM. les députés des Etats généraux, qui en feront la libre représentation au roi et à son conseil.

Pourquoi lesdits habitants exposent :

1° Que la disette et la pauvreté des campagnes, qui se dévastent à proportion que les grandes villes s'augmentent ; que ce n'est pas de cette classe de sujets qu'on doit espérer des secours extraordinaires aux besoins de l'Etat, mais bien sur les deux premières classes, qui en possèdent la majeure partie, et notamment sur le haut clergé, qui possède des revenus immenses et qui, par une exacte récapitulation, ne paye pas seulement en deniers l'équipollent de ceux de leur exemption, tels que celles des gabelles, aides, entretien des routes et autres; de manière que leurs immenses revenus sont affranchis de toutes impositions. Pourquoi l'Etat devroit exiger d'eux une réforme générale dans l'imposition de leurs deniers, qui devroit leur être imposé intégralement sur leurs revenus, et pour le soulagement qu'ils en ont reçu de tous les temps leur imposer de gros dons gratuits pour les secours de l'Etat.

L'état de la noblesse est aussi susceptible de quelques réformes, en observant que ceux d'entre eux qui exigent des droits onéreux de leurs vassaux devroient être réduits, et que ceux d'entre ladite noblesse qui ont rendu service à l'Etat et qui ont des familles à soutenir méritent des égards.

Il est une branche du Tiers-Etat que l'on devroit bien contraindre à soutenir l'Etat; l'on veut dire un nombre considérable de gros négociants des grandes et même petites villes, qui font du trafic et des bénéfices considérables et qui ne payent d'impôt qu'à raison de leurs propriétés, tandis que, sans gêner leur commerce, ils pourroient fournir par chacun d'eux autant de subsides à l'Etat qu'une pauvre paroisse entière fournit d'impôts en tous genres.

Une réforme essentielle à faire, c'est un nombre de milliers de domestiques qu'il faut ou renvoyer travailler à la terre, ou imposer de grosses taxes aux maîtres de tous les états sur tout ce qui excède le nombre nécessaire à leurs conditions.

Le vœu de ladite communauté aspirerait, ainsi que la majeure partie du Tiers-État, à un impôt unique, qui seroit fixé de manière que les pauvres de campagne ne fussent fixés qu'à raison du mérite du sol de leur bien, en sorte qu'en y travaillant ils puissent manger du pain.

Si ce projet est accueilli, il faudrait en déterminer les payements de manière à ce qu'ils fussent portés au bureau général du bailliage royal, et sans frais, duquel il seroit porté directement au Trésor royal.

Combien cette pratique épargnerait-elle d'argent perdu, et combien cet impôt unique supprimeroit-il des milliers de commis qui ruinent les provinces par leurs vexations.

Les jurés-priseurs ruinent absolument les pauvres mineurs et débiteurs par leurs inventaires, ventes de meubles, voyages, séjour, retour et procès-verbaux; jamais réforme ne peut être plus nécessaire à l'Etat.

Il en est de même des commissaires à terrier, qui ruinent pareillement les vassaux des seigneurs à la charge desquels les terriers devroient être faits, puisqu'ils en retirent les bénéfices.

Une autre suppression, gabelle et aides. Le sel, qui est un présent de la nature et non de l'industrie, devroit rester au compte du roi, qui le feroit distribuer aux marais salants à raison de 25 livres le cent pesant, pour toute l'étendue du royaume, et Sa Majesté en retirerait beaucoup plus de bénéfice.

Fait et arrêté les jour et an que dessus, et ont lesdits syndic municipal, adjoint et habitants, signé avec nous et notre greffier, à réserve de ceux qui ont déclaré ne le savoir.

Signé : Puissant (syndic). — F. Godard. — Robert. — Bellot. Bellot. — J. Naudin. — Jean Bourotte. — F. Bellot. Claude Bousselier. — Esclavy (juge). — Patouillat (greffier commis).

BAILLY.

Très humbles et respectueuses et doléances de la paroisse et communauté de Bailly arrêtées en leur assemblée générale des habitants en exécution des règlements faits par le Roy les 24 janvier et 7 février 1789, et ordonnances de M. le Grand Bailly le 5 du présent mois.

Bailly étant partie des États de Bourgogne et de la généralité de Paris, ceux de la généralité de Paris adhèrent à tout ce qui peut être proposé par les communautés de ladite généralité, surtout pour la suppression des aides, dont les droits sur cette dénomination sont injustes, arbitraires et abusifs.

De suite les habitants de ladite généralité de Paris se réunissent au gros de ladite communauté de Bailly, et tous ensemble déclarent qu'ils persistent dans l'entière adhésion au vœu de la ville d'Auxerre et à la délibération et requête du Tiers-État de Dijon des 30 décembre et 18 janvier dernier.

2° En conséquence requièrent la réforme des États de la province, d'après le plan proposé par ces deux actes, tant pour leur nouvelle constitution et organisation que pour celle de la Commission intermédiaire qui fait la matière de l'article suivant ;

3° L'établissement d'une assemblée de département et bureau intermédiaire dans la ville d'Auxerre pour le comté, à l'instar de ceux établis dans les autres provinces, correspondant aux États de la province de Bourgogne pour parvenir dans le district à une plus juste répartition des impôts, qui n'ont eu jusqu'à présent aucune proportion avec l'étendue et propriétés du terrain de chaque ville, bourg, village ou paroisse dudit comté, et avec les facultés de chaque habitant, faute de connoissances suffisantes; de sorte que cette répartition faite par les sous-ordres n'a jamais été qu'arbitraire, sans principe et sans règle;

4° Qu'il soit pourvu à l'abréviation des procédures civiles et criminelles, et à la modération des droits des instrumenteurs, trop libéralement augmentés par les sièges supérieurs;

5° Qu'aucun citoyen ne puisse être traduit ailleurs que par-devant son juge naturel, en conséquence la suppression de tout *committimus* et priviléges qui transportent les droits, les intérêts et la personne des citoyens à cent lieues de leurs foyers;

6° La suppression des offices de jurés-priseurs, dont la finance est si inférieure à l'immensité des droits qui leur sont attribués, sauf à prendre sur lui par des moyens qui seront convenus aux États généraux, le remboursement desdits offices;

7° L'abrogation des lois odieuses pour la chasse;

8° La suppression de la gabelle si désirée par le Roy et le royaume;

9° La refonte générale de tous les impôts en deux seuls tels qu'ils puissent suffire aux besoins de l'État. L'un territorial sur toutes les propriétés du royaume sans aucune exception de rang, de naissance, de charges, professions et priviléges, de manière que tous les ordres y soient indistinctement soumis, et l'autre personnel;

10° Que les opinions aux États généraux soient prises et recueillies par tête, soit que les ordres délibèrent conjointement ou séparément, en sorte que les voix des individus de chaque ordre sur chaque objet de délibération soient rapportées et comptées;

11° Que l'impôt en remplacement de la corvée, s'il reste, soit supporté proportionnellement par tous les ordres de l'État;

12° Qu'il soit fait dans cette province un fonds pour des ateliers de charité, qui auront pour objet des travaux publics dans chaque paroisse, comme la réparation et entretien des chemins de communication d'une paroisse à une autre, et de ceux déblaviers;

13° Observent les habitants de Bailly qu'ils ne sont composés que de trente feux; qu'ils portent d'impôts près de deux mille livres; que pour l'acquit de leur subsistance ils n'ont que quelques carrières souterraines, où ils travaillent au risque de leur vie, et quelques arpents de vignes grevés de rentes, ne possèdent aucunes terres labourables, aucuns prés, aucuns bois, aucuns pacages, de manière qu'ils ne peuvent avoir aucuns bestiaux pour leur subsistance.

Signé : Nouby. — Georges Deschaintres. — Bouchert. — Tulout. — Jacques Tulout. — Edme Deschaintres. — Deschaintres (le jeune). — Georges Duchamp. — Perreux. — Pierre Bouché. — Charles Bardout. — Jacques Courtier. — Edme Tulout. — J. Bardout.

Paraphé *Ne varietur* au désir de l'ordonnance de M. le Bailly d'Auxerre.

Signé : Beau. — F. Duché, commis-greffier de M. le Bailly.

BASSOU.

Cahier *de doléances, plaintes et remontrances de la paroisse et communauté de Bassou.*

Les habitants réunis déclarent qu'il est peu de pays dans le royaume plus soumis à son souverain et à son illustre famille qu'ils l'ont toujours été, quoique depuis plusieurs siècles ils aient toujours marché courbés sous le poids des impôts et de la misère ;

Qu'ils ont eu dans tous les temps la plus grande vénération pour leurs pasteurs et leurs seigneurs, mais comme il paroît que Sa Majesté veut mettre le Tiers-État à son aise, et veut bien lui permettre sa réclamation tant pour les impositions à payer que pour la destruction des abus, ils osent, en s'appuyant sur la bonté de leur souverain, porter la parole au pied du trône et disent que les ecclésiastiques et les seigneurs n'étant pas d'un autre métal que les autres doivent en proportion de leurs bénéfices, propriétés et jouissances, contribuer au payement des dettes de l'État, comme étant tous tant que nous sommes issus d'un père commun ; pourquoi demandent très respectueusement à Sa Majesté :

1° Que les justices seigneuriales soient supprimées, comme onéreuses aux peuples, tant par la non-résidence des officiers sur les lieux, le défaut de lumières d'aucuns d'eux, les écarts multipliés et les longueurs qu'ils apportent à rendre justice ;

2° Qu'il soit établi à leur place un commissaire à l'instar de ceux au Châtelet de Paris, qui réuniroit en sa personne les fonctions de la justice de la police, et juge souverain jusqu'à une certaine somme, sans ministère de procureur, soit par les parties rapportant des titres analogues à leur contestation, ou à défaut de ce rapport entendre les parties sur leurs différends, en dresser procès-verbal, et de suite rendre sommairement en l'audience son jugement ;

3° Que ce même commissaire sera à la nomination des seigneurs justiciers et agréé par les municipalités (ou par elles refusé), susceptibles dans le dernier cas de reconnoître l'insuffisance ou le défaut de conduite du sujet, qui résidera dans la paroisse ou dans la plus voisine;

4° L'établissement de prévotés royales distantes de trois à quatre lieues les unes des autres, pour décider souverainement des affaires jusqu'à 500 livres, plus ou moins;

5° Le droit de chasse accordé à toutes personnes dans un certain temps de l'année seulement; le tout pour diminur la trop grande quantité du gibier qui dévaste la récolte des cultivateurs;

6° La suppression des censives dues aux seigneurs comme étant un reste de servitude, notamment dans notre coutume, qui est allodiale (1). Que dans le cas où ils seroient maintenus, qu'ils ne puissent faire leurs terriers que tous les cent ans, sinon à leurs frais, attendu que les lettres patentes du mois d'août 1786 accordent des prix exorbitants aux commissaires à terrier; ce qui épuise absolument les vassaux et censitaires. Sa Majesté est suppliée de vouloir bien les diminuer;

7° Que les presbytères fournis par les paroisses à leur pasteur soient en tout à leur charge; que défense leur soit faite d'exiger arbitrairement des sommes quelconques pour les mariages, sépultures, ainsi qu'ils le pratiquent;

8° Que les péages et banalités soient abolis; rien de plus contraire à la branche du commerce si intéressant dans le royaume;

9° La suppression de *l'écu du pont de Joigni*, qui avec les 10 sols pour livre, font 4 livres 10 sols à payer par chaque muids de vin, soit en passant dessus ou dessous; ce qui fait qu'il en résulte des inconvénients sans nombre et des accidents multipliés aux voituriers, qui pour se parer de ce droit dispendieux leur fait prendre des routes impraticables, les expose à passer au gué la rivière d'Yonne. Souvent ils perdent leur vie et celle de leurs chevaux, ce droit ne se payant que sur la route de Paris à Lyon, celle de Tonnerre en étant exempte. Il est donc très à-propos que ce droit soit supprimé, ou du moins qu'il soit réparti également pour moitié sur l'une et l'autre de ces routes;

10° L'abolition et suppression des aydes et gabelles; il n'est

---

(1) Bassou était régi par la coutume d'Auxerre. On sait que cette coutume était allodiale, c'est-à-dire que toute terre était réputée libre et de franc-aleu, et que le seigneur ne pouvait y percevoir de cens s'il ne prouvait son droit par titres.

point d'être qui ne le demande, nous en exceptons cependant les fermiers généraux qui à l'aide de leurs commis subalternes, pour un délit souvent supposé, réduisent des familles entières à la mendicité. Il seroit bien plus doux de payer un impôt sur chaque arpent de vigne; et dans le cas ou cette demande seroit rejetée, que cette source intarissable de droits soit diminuée et supportée également par les trois ordres de l'État ;

11° L'abolition générale des garnisaires pour le recouvrement des tailles, vingtièmes et autres droits réunis, avec la liberté entière aux collecteurs, sous l'inspection toutefois des municipalités, de saisir ceux des contribuables qui seroient en retard ou refuseraient de payer ;

12° L'établissement de l'impôt territorial sur toutes espèces de possessions foncières ;

13° La suppression des jurés-priseurs, vendeurs de biens meubles. Celui établi en la ville d'Auxerre entraîne la majeure partie des successions de la campagne, tant pour frais de transport qu'il se fait payer 15 sols par livre et autant pour son retour; ensemble 20 sols par heure qu'il est employé à faire la prisée et vente des meubles, non compris les 4 sols pour livre du prix de la vente, les attributions de son crieur, et sa grosse, etc. Tout cela doit fixer l'attention du Souverain ; et dans le cas où il lui plairoit de les conserver, que tous les habitants du bailliage et ressort de ladite ville d'Auxerre soient autorisés à lui rembourser sa quittance de finance ;

14° Une augmentation sur toutes les choses de luxe, comme cartes à jouer, liqueurs, café, vins étrangers ;

15° Un encouragement à l'agriculture et aux manufactures nationales avec des distinctions pour ceux qui y excelleront;

16° La suppression des receveurs particuliers des finances ;

17° La suppression de tous les priviléges exclusifs;

18° Que défenses soient faites sous les plus rigoureuses peines, à tous domiciliés d'aller boire aux cabarets dans leur paroisse, et aux taverniers de leur donner à boire, sous les mêmes peines. On empêchera par là les débauches, les mauvais traitements que font la plupart des hommes à leurs femmes, la perdition des jeunes gens, qui quelquefois pillent et volent leurs père et mère pour former entre eux des cabales et assemblées illicites, en jouant des jeux de hasard, qui entraînent après eux des juremens infâmes, quelquefois même des batailles des plus sanglantes. Le ministère public est souvent exposé à ne pouvoir les contenir ;

19° La suppression des colombiers; les pigeons étant nourris par les emblures des cultivateurs, et dans le cas où les seigneurs y seroient maintenus, que le nombre des pigeons qu'ils auront soit limité, et tenus de les renfermer lors des semailles et lorsque les bleds entrent en grain. Que défenses soient faites à tous particuliers de quelque qualité ou condition qu'ils soient d'en avoir ;

20° Enfin, que le suffrage aux États généraux se fasse par tête et non par ordre.

Fait et arrêté en l'assemblée des habitants et communauté de Bassou, tenue cejourd'hui jeudi 19 mars 1789 ; après avoir été le présent cahier coté et paraphé par première et dernière page, de la main de M. Philippe-Auguste Bonnerot, juge, devant lequel ladite assemblée a été tenue, et de lui paraphé *ne varietur* au bas d'icelui.

Et ont, ceux desdits habitants qui savent signer, signé avec les députés de ladite assemblée.

Coté et paraphé *ne varietur* au désir de l'ordonnance de M. le Grand Bailly d'épée d'Auxerre en date du 3 du présent mois et de l'acte de l'assemblée de cejourd'hui.

Signé : Bonnerot (juge).

Ont signé : Chambon. — E.-L. Durand. — Henry Camut. — E. Guibert. — Mocquot, — E. Bonnerot. — F. Bonnerot. — J. Mausi. — Marin Delahaye. — F. Guibert. — F. Aubergée. — J.-B. Brin. — Paul-Nicolas André. — Charles Paulvé. — F.-Paul Auberger. — Perrin Auberger. — C. Barbot. — Delente. — Benard. — J. Auberger. — C. Callé. — Jean Thomas. — Milleriot. — Pierre Delahaye. — Lesseré. — Carré (greffier).

BAZARNE.

Cahier *de doléances et pétitions pour la paroisse et communauté de Bazarne du 22 mars 1789.*

Les habitants de ladite paroisse et communauté de Bazarne chargent les députés qui vont être nommés pour assister à l'assemblée du bailliage d'Auxerre relative à la tenue prochaine des États généraux du royaume, de faire insérer dans le cahier particulier qui sera fait pour le Tiers-État dudit bailliage, de prier et charger les députés dudit bailliage aux États généraux, de requérir et faire statuer et arrêter par la loi constitutionnelle, et supplie Sa Majesté de sanctionner :

1° Que les députés aux États généraux soient admis à opiner par tête et non par ordre ;

2° Qu'il soit établi un seul et unique impôt, assis sur tous les biens généralement des trois ordres sans distinction de qualité;

3° Que l'impôt désastreux des aides et gabelles soit supprimé, et tous autres impôts qui demandent l'exercice des commis, dont le seul aspect fait trembler les peuples;

4° Que les offices de jurés-priseurs vendeurs de meubles soient supprimés; les droits exorbitants qu'ils perçoivent amenant la ruine des mineurs et pauvres débiteurs;

5° Que les maîtrises des eaux et forêts qui, sous prétexte d'être les pères des communautés, en sont au contraire les oppresseurs, en s'emparant des fonds provenant des biens communaux, sans en rendre compte, et dont les frais de visite, martelage, délivrance et récolement de bois absorbent souvent la moitié des revenus, soient également supprimées, et que l'administration desdits biens soit du ressort de la justice des lieux, qui connoîtra de tous les délits, ainsi que de l'emploi des deniers qui ne seront confiés qu'à un receveur bon et solvable, qui sera choisi par les habitants de chaque communauté;

6° Que les Élections et les Commissaires qui s'attribuent le droit de faire les rôles des tailles et autres impositions sans la participation des contribuables et aux frais des collecteurs, ce qui occasionne une infinité d'abus, soient également supprimés, et que la répartition de l'impôt qui sera créé soit faite par les communautés;

7° Que toutes espèces de servitudes envers les seigneurs, comme banalité, droit de retenues, etc., soient aussi supprimés, et que les quantités innombrables de pigeons qui ravagent les campagnes, soit dans le temps des semailles, soit dans celui des récoltes soient fixés, ou plutôt que les propriétaires desdits pigeons soient tenus de les renfermer dans lesdits temps;

8° Qu'il soit établi des États provinciaux, où l'ordre du Tiers-État sera admis en nombre égal aux deux premiers ordres, et à opiner par tête ainsi que dans les États généraux du royaume;

9° Qu'il soit établi dans les principales villes du royaume un cours d'accouchement gratuit, où chaque paroisse de campagne pourra faire instruire une femme, et éviter par là la dépopulation qui résulte du défaut de sages-femmes, ou de leur ignorance;

10° Qu'il soit aussi établi de cinq lieues en cinq lieues des hôpitaux où les malades qui n'ont pas le moyen de se faire soigner chez eux trouvent les secours nécessaires pour rétablir leur santé;

11° Qu'il soit aussi établi des écoles gratuites dans toutes les paroisses;

12° Qu'il soit établi un seul poids et une mesure pour tout le royaume, et que le sel et le tabac soient marchands.

Signé : Nioré. — Avizeau. — Frelou. — Grandjean. — Edme Melou. — P. Durand. — Ferlet. — Edme Avizeau.— Girardot. — P. Durand. — Amatre Huot. — F. Monin. — Cheveneau. — Mathias. — Jean Milon. — Edme Baudoier. — Paul Frelou. — Philippe Berault. Sourdeau. — Sonnié-Moret.

BEAUMONT.

Doléances des habitants de la communauté de Beaumont, paroisse de Chemilly, bailliage d'Auxerre, conformément à la letre du Roi pour la convocation des États généraux en date du 7 février 1789.

Les habitants de la communauté de Beaumont soussignés ont l'honneur de représenter :

1° Qu'il existe un abus dans le tribunal de leur justice ; c'est la lenteur avec laquelle on y termine les affaires, quoique la plupart ne soient pas d'une grande conséquence ; qu'il paroit que c'est une adresse de MM. les officiers et procureurs de multiplier les audiences pour multiplier les frais, que par là ils les consument en dépenses et leur font perdre un temps précieux qu'ils emploieroient à la culture de leurs terres.

Nous trouvons que c'est aussi un grand inconvénient qu'il y ait autant de tribunaux qu'il se rencontre des affaires d'une nature différenfe. La justice est une, il ne devroit donc y avoir qu'un tribunal par chaque endroit. Il résulte de cette variété de juridictions qu'on ne sait pas souvent à quel tribunal il faut s'adresser pour avoir raison d'une injustice, ou qu'on nous a fait dès frais avant qu'on ait eu le temps de se pourvoir et de se consulter pour savoir si telle affaire était de la compétence d'un tel tribunal.

Il nous paroit qu'il existe un grand abus dans la juridiction consulaire. Ce sont les sentences par corps que les juges-consuls n'omettent jamais dans leurs décrets, en sorte qu'il faut ou payer sur le champ, ou subir la contrainte par corps, à moins qu'on n'en appelle au Parlement. Est-ce que nous, habitants des campagnes, nous sommes en état d'aller plaider au Parlement? Quand nous vendrions le peu que nous avons, nous ne serions jamais en état d'aller à la poursuite d'une affaire devant le Parlement. On peut donc commettre impunément des injustices à notre égard. C'est pourquoi nous demandons : 1° qu'il nous soit rendu une justice plus prompte et moins coûteuse ; 2° qu'un même tribunal pouvant connoître de toutes sortes d'affaires auroit moins d'inconvénients pour les habitants des campagnes surtout, qui ne seroient pas obligés de sortir de leurs pays pour obtenir la justice.

3° Que si l'on laisse subsister la juridiction consulaire, elle soit soumise à des tribunaux moins éloignés que les Parlements, et plus à portée de nous rendre une prompte justice et moins dispendieuse.

Nous sçavons que tout sujet doit un tribut à son souverain. C'est une chose indispensable. Le Roy est non seulement notre maitre, mais aussi notre père, notre tuteur et notre défenseur. Mais notre Roy n'est-il pas aussi celui du Clergé et de la Noblesse, et nous savons que ces deux ordres là ne payent ni tailles ni capitations ? Pourquoi sont-ils exempts ? Ne sont-ils pas sujets comme nous ? Ainsi nous pensons que s'ils étoient sujets aux mêmes impôts que nous, ils payeroient pour nous ce que nous payons pour eux. On ne sauroit croire combien cette petite communauté est accablée d'impôts. Nous payons la dime ecclésiastique au vingt-quatre et la tierce au seigneur de douze gerbes l'une; ce qui réduit la dime totale au huitième, et un bichet de bled par chaque arpent de terre sur les climats non chargés du droit de tierce. Elle se perçoit sur le bled, le vin, la laine, les agneaux, le chanvre, les pois et haricots, jusque sur nos raves. Nous payons, outre ce, des tailles et des vingtièmes exorbitants. Nous payons pour un maître d'école, pour les sonneurs de la paroisse, pour les incendiés, etc., etc. Il est inconcevable tout ce que nous payons en différents genres, quoique nous ne possédions en propre tout au plus que deux cents arpents de terre ou environ. Nous payons encore au seigneur par chaque feu trois boisseaux d'avoine, cinq sols, une poule, et trois livres pour chaque cheval ou jument. Outre ces droits excessifs, le seigneur possède encore sur notre finage beaucoup de terres labourables, et environ trois cents arpents de bois, en sorte qu'il perçoit au moins les deux tiers du revenu de cette petite communauté. Il nous reste donc peu de chose pour nous faire vivre, pour nous défrayer de notre travail et des dépenses que nous sommes obligés de faire pour nos charrues, pour l'achat et l'entretien de nos chevaux et de leurs harnois. En considération de tant de charges qui nous sont imposées nous demandons que, s'il plait au Roy et à la Nation de changer la nature de l'impôt pour le réduire à un seul et le fixer sur les biens fonds, ledit seigneur soit imposé à notre décharge sur son droit de tierce, s'il ne lui plait pas de nous le modérer ;

Que tous les biens soient assujettis à l'imposition sans aucune distinction.

Outre tous ces droits dont le seigneur jouit sur nos biens, il y en a un qui nous est très onéreux, c'est le gibier que nous sommes obligés de nourrir et qui nous cause beaucoup de dégâts, sans que nous osions nous en plaindre et nous y opposer. Si un particulier osait attenter à la vie d'une pièce de gibier, quel orage ne se formerait-il pas pour punir son audace. Que de procès souvent injustes et ruineux ne causent pas les gardes par leurs rapports. Devroient-ils être crus sur leurs paroles? Que d'accidents causés par le port des armes à feu? On diroit qu'un seigneur fait continuellement la guerre à ses vassaux, en voyant tant de gardes toujours armés de fusils, dont ils font souvent un très mauvais usage. Pourquoi, nous demandons qu'il soit permis de détruire le gibier quand il occasionnera de trop grands dégâts, et qu'il soit enjoint aux gardes de la plaine et des bois de se conformer aux ordonnances qui leur défendent le port des armes à feu.

Faut-il que les gens de la campagne soient les seuls à ne pas profiter des grandes routes ; c'est cependant ce peuple qui les a faites, sera-t-il le seul à n'en pas profiter? On ne peut pas sortir des villages les trois quarts de l'année avec une voiture pour aller rejoindre la grande route à moins qu'on ne veuille s'exposer à casser des voitures, à ruiner des bêtes de trait et briser leurs harnois. Il est important de rendre les chemins finéraux praticables, et ceux qu'on appelle chemins de déblave. Par ce moyen les denrées circuleroient plus librement, les villes et les campagnes y gagneroient. Nous croyons donc devoir demander que nos peines ne soient pas perdues pour nous seuls ; qu'il soit pris sur l'argent destiné aux routes de quoi nous faire un chemin solide pour arriver à la route qui conduit d'Auxerre à Seignelay, et pour laquelle nous avons versé tant de sueurs.

On ne nous parle jamais que de payer ; encore si les droits n'étoient pas si considérables, on ne s'en plaindroit pas. Dirait-on que le sel, qui coûte si peu, nous soit vendu si cher. N'y auroit-il pas un moyen pour en modérer le prix sans diminuer le revenu de l'État? Pourquoi tant d'hommes employés à la distribution d'une denrée si nécessaire, et que le peuple nourrit? Pourquoi ne pas le rendre marchand comme les autres denrées, et percevoir les droits du Roy directement sur les salines.

Quoi, toujours des impôts, jusque sur notre trépas ! Ne payons-nous pas la dîme pour qu'on nous donne au moins gratis les sacrements. Nous savons que nos pasteurs, qui supportent le poids du jour, qui ont tout le fardeau du Ministère, ne sont pas ceux qui sont les mieux récompensés. Qu'on leur retranche le casuel, et qu'on leur donne nos dîmes, nos curés en seront mieux et les pauvres aussi.

Notre communauté, composée d'environ soixante habitants, est distante d'une demi-lieue de la paroisse, elle en forme seule plus de la moitié, et cependant les habitants sont obligés d'aller fêtes et dimanches à Chemilly pour y assister au service divin. Il arrive de cet éloignement que les femmes chargées de petits enfants, que les vieillards, les infirmes et les personnes d'une santé délicate, et dans la mauvaise saison presqu'aucun habitant ne peut se rendre à la paroisse pour y remplir ses devoirs de religion. Pour remédier à cet inconvénient nous demandons qu'il nous soit donné un prêtre à l'effet d'y exercer les fonctions du saint ministère; ce qui peut se faire d'autant plus facilement qu'il y a dans notre village une chapelle capable de contenir tous les habitants, et qu'elle a un revenu suffisant pour son entretien.

On sçait que l'ignorance réside dans les campagnes, que ses habitants ne savent la plupart ni lire ni écrire ; ce qui est la source d'une infinité d'inconvénients. Ils deviennent par ce moyen souvent la dupe des gens de mauvaise foi. Tout cela ne vient que par le défaut d'un bon maître d'école, et ce défaut d'un bon maître ne vient que parce qu'on n'a pas de quoi l'entretenir. Il seroit donc important que le Gouvernement s'occupât de subvenir à l'entretien d'un maître sans nous en faire un nouvel impôt. Nous savons que les grandes sciences ne sont pas faites pour nous, mais nous savons aussi qu'il nous seroit utile de savoir quelque chose ;

Qui ne plaindroit pas notre sort pour peu qu'il aimât les hommes ! Nous n'avons dans ce village pas seulement une sage-femme instruite. Ce défaut occasionne souvent de grands accidents pour l'humanité. Nous espérons qu'un Gouvernement bienfaisant étendra ses vues jusqu'à nous, et qu'on veillera de près à la conservation de l'espèce humaine. Si on trouvait le moyen d'établir dans les campagnes un chirurgien habile, qui seroit obligé de donner ses soins au peuple, sans lui en faire un impôt que d'avantages n'en recevroit pas l'humanité !

Ne pourroit-on pas dire que les seigneurs devroient avoir honte, après avoir perçu tant de droits sur nos biens, de nous faire un impôt de la confection de leurs terriers. S'ils veulent conserver leurs titres et leurs priviléges sur nous, est-ce à nous de les payer ? Ne retirent-ils pas annuellement la meilleure portion de nos sueurs, et dans les mutations n'ont-ils pas les lods et ventes déjà trop exorbitants ? Ne devroient-ils pas se croire assez dédommagés par là ? Encore si ces droits étaient peu conséquents, on payeroit sans murmurer, parce que nous sommes si accoutumés à payer que nous savons que l'on ne nous y fera pas grâce d'une syllabe. Nous attendons de la bonté de nos seigneurs qu'ils écouteront avec bienveillance les plaintes de leurs vassaux, et qu'ils seront les premiers à modérer les taxes de leurs commissaires, et à faire retirer cet arrêt qui leur donne tant de pouvoir pour nous tyranniser ; ce qui leur facilite les moyens de s'enrichir de notre misère.

Le peuple n'étoit sans doute pas assez foulé, il falloit encore appauvrir sa misère en établissant des jurés-priseurs. Quelles sangsues que ces gens-là, qui s'engraissent de la substance d'autrui ! Ils mangent la portion de la veuve, de l'orphelin et du mineur. Ils mettent, disent-ils, leurs biens en sûreté ; ils ont raison en cela, car ils ont soin d'emporter le meilleur des successions pour ne laisser que les dettes. Sous un gouvernement sage et éclairé, dans un temps où l'on veut, dit-on, travailler au bonheur des peuples, on a droit d'espérer qu'on nous délivrera de tous ces tyrans.

Les habitants de Beaumont exposent encore pour pétition, particulière à leur communauté, que leur terre ayant toujours appartenu à de grands seigneurs qui ont employé leur autorité et leur crédit à les dépouiller de beaucoup de droits qui leur étoient accordés autrefois, ces habitants avoient le droit de pacage et d'usage dans les bois de leur seigneurie, ce qui se confirme par une transaction faite entre le seigneur et les habitants le dernier avril 1494, où il est dit : qu'en considération du droit de pacage que leur accorde le seigneur, ils lui payeront trois boisseaux d'avoine, une poule et cinq sols, comme il est dit ci-devant, article 2. Le seigneur perçoit les trois boisseaux d'avoine et le reste, et prive les vassaux du droit qui leur est dû. Encore si le seigneur n'étoit point si puissant, ils pourroient se pourvoir juridiquement contre lui, mais la comparaison de leur pauvreté à sa grandeur les arrête (1). Ils lui ont adressé à ce sujet plusieurs placets, qui n'ont produit aucun effet. Il n'y a donc qu'une autorité supérieure qui puisse le forcer à leur rendre la justice qui leur est due à si juste titre.

Signé : A. Guillé. — Boucquin. — Edme Guillé. — L. Joinon. — Louis Bonne. — Bonne. — Edme Guillé. — Edme Savier. — Edme Blain. — C.-P. Linard. — G. Mathias. — Grange. — Cornu. — Henry Letord. —

---

(1) La terre de Beaumont dépendait du marquisat de Seignelay possédé par la maison de Montmorency.

Jacques Gailliard. — E. Harpé. — Augustin Gal, secrétaire-greffier.

Paraphé *ne varietur* au désir du règlement.

LORIFERNE,
Juge pour manque et absence d'officiers.

BEAUVOIR.

CAHIER *de doléances, plaintes et remontrances que font très humblement les habitants de la paroisse de Beauvoir Auxerrois, Généralité de Paris et Élection de Tonnerre, membres de l'ordre du Tiers-État, pour obéir aux ordres de Sa Majesté pour la convocation et tenue des États généraux du royaume, indiqués au 27 avril 1789.*

ART. 1er.

La paroisse des plaignants est une des moindres qu'il y ait peut-être dans la généralité de Paris; elle ne compte que 80 habitants, dont les deux tiers sont de pauvres manœuvres qui n'ont presqu'aucune propriété. Le territoire très peu étendu et de mauvaise qualité, qui ne produit que par l'industrie des citoyens. La meilleure et la principale partie de leurs revenus consiste en fruits des châtaigniers, des noix, des poires, des prunes et du vin. La grande rigueur de la gelée de cet hiver dernier a gelé presque tous ces arbres au point qu'il faut les arracher; ce qui fait un tort très considérable pour les plaignants,

Ce sont les chanoines du chapitre de l'église cathédrale de Saint-Étienne d'Auxerre qui sont seigneurs de cette paroisse, sont gros décimateurs, outre ce, sont propriétaires de la majeure partie des meilleurs fonds et de beaucoup de rentes. Ils retirent, année commune, au moins dix-huit cents à deux mille livres (1). La

---

(1) Voici quel était, d'après le pouillé du diocèse d'Auxerre de 1731, le revenu que percevait le chapitre cathédral sur sa seigneurie de Beauvoir :

Taille bourgeoise	45 liv.	
Rentes	69	15 sols.
La recette : 116 arpents de terre et 10 arpents de pré, amodiés en 1763, 189 liv., valant aujourd'hui 1781 fr.	236	» »
6 bichets	24	» »
Dîme de blé, année commune, 30 bichets, et 10 bichets d'avoine, évalué le tout.	336 ·	» »
	710 liv. 15 sols.	

paroisse des plaignants est extrêmement chargée d'impôts. Il n'y en a peut-être point dans la généralité qui le soit plus, quoique très petite et d'un mauvais sol, de sorte qu'il faut que tout le fruit des travaux des citoyens tourne à faire l'acquittement annuel de ses impôts, ce sont des cotes de tailles, de capitation, autres accessoires des vingtièmes, des corvées, etc., etc. Il seroit donc à désirer, et bien intéressant pour tous les peuples, que ces impôts fussent à l'avenir réunis en une seule masse, et par suite à une seule cote par chaque particulier. Mais il seroit bien juste que le Tiers-État ait pour associés, pour l'acquittement de cet impôt, à telle somme fût-il porté, le Clergé et la Noblesse, car ces deux ordres sont au moins propriétaires des deux tiers des meilleurs biens du royaume. Si corporellement ces deux ordres ne sont point comparables avec le troisième, leurs biens doivent, avec ceux de ce dernier, supporter les mêmes charges, et qui ne produisent en tous genres que par les talents, les peines, les mouvements de ce Tiers-État.

Les plaignants ont aussi à se plaindre que depuis plusieurs années ces impôts ont été très mal répartis, tant par le classement des héritages, que par la répartition qui en a été faite par les Commissions. Cet inconvénient pourroit être évité à l'avenir. Il n'est pas de paroisse qui ne fut dans le cas, par ses collecteurs assistés d'un ou deux députés de s'imposer par elle-même. Il n'y en a point où il ne soit personne capable d'écrire le rôle, soit le greffier de la municipalité, ou tout autre.

Art. ii.

Un autre impôt encore bien à charge, ce sont les droits sur les vins. Ces droits gênent extrêmement le commerce tant par leur régularité que par les employés qui loin d'être avantageux à l'État lui sont à charge, et sont même dangereux dans la perception d'aucuns de ces droits. Pourquoi les plaignants désireroient que ces droits, si les États généraux n'en opèrent pas la suppression, qu'ils fussent donc perçus de manière à ne point gêner le commerce, et qu'il fut donc loisible à un chacun de disposer de sa récolte à son gré.

Art. iii.

Sa Majesté a établi dans les bailliages et sénéchaussées des charges d'huissiers jurés-priseurs, vendeurs de biens, meubles. Ces établissements sont extrêmement préjudiciables. On ne cesse de se plaindre de la conduite de ces huissiers, tant par leurs grands frais, qui souvent absorbent la valeur des meubles qui les ont occupés, qui pour l'ordinaire appartiennent à des mineurs, ou à de pauvres débiteurs sur lesquels ils avoient été saisis que par la retenue qu'ils font des deniers provenant desdites ventes ; pourquoi il seroit aussi à désirer que ces charges fussent supprimées.

Il a aussi dans un temps été ordonné qu'il seroit payé à Sa Majesté des droits sur les contrats, biens échangés. Ces droits gênent aussi extrêmement les personnes qui auroient intention d'échanger, surtout à l'égard des petits objets qui par ces droits et ceux du notaire équivaudroient à peu près à la valeur de l'héritage que l'un des échangeurs auroit donné à ce titre; et ce considéré, ils estiment ne pouvoir échanger. Pourquoi il seroit donc aussi à désirer que ces droits fussent supprimés, sauf à Sa Majesté à rembourser aucuns des seigneurs auxquels a été vendu parcelle desdits droits.

Art. iv.

Les plaignants ont encore à remontrer que quoiqu'ils soient imposés à une certaine somme assez considérable pour l'entretien des ponts et chaussées et routes, ils ne sont point pour cela dispensés de la corvée pour l'entretien des chemins de leur paroisse, qui souvent leur font un tort considérable parce que ces travaux sont ordinairement commandés dans les temps les plus précieux. Pourquoi il seroit donc juste que cet impôt fut supprimé ou diminué, qu'il leur fut donc remis par l'administration une certaine somme pour les indemniser de leur temps qu'ils employent à ces corvées.

Signé : J. Joly. — Girard. — C. Joly. — E. Boulmeau. — Durville. — Roché. — E. Viel. — Servin. — Massot. — Ravin.

Paraphé *ne varietur* au désir de notre procès-verbal de ce jour.

Signé : L. Gau.

BESSY.

Mémoire *des plaintes et doléances que nous, habitants de la paroisse de Bessy faisons contre les commis aux aides.*

Nos lecteurs jugeront par l'exposé suivant de quelques faits les plus récents et notoires méritant d'être connus des États généraux :

1° Un nommé Jean Lasnier père, pour avoir fait son vin dans la cuve de son père et soupçonné d'en avoir caché une feuillette, lui ont fait un procès, enlevé une partie de ses meubles et habits, qui ont été vendus à Vermenton, conduit en prison à Auxerre, jusqu'au jour qu'il leur donna 150 livres ;

2° Pour avoir trouvé chez la veuve Hugues Carnais, femme infirme, environ 5 ou 6 pintes de vin gâté dans une feuillette, procès et condamnée en 150 livres d'amende. Il fallut vendre vaches, brebis et sa récolte ;

3° La veuve Pierre Rousseau, femme simple, gardant la maison de son fils nommé Edme, pendant son absence ; y ont entré, et d'une voix menaçante, lui ont demandé le compte de son vin. Saisie de peur, en déclare six feuillettes, et oublie un quart qui étoit en vidange depuis longtemps : procès, et son fils condamné à 100 livres. Il a fallu tout vendre pour faire ladite somme ;

4° Un nommé Thomas Bouvier, pour n'avoir déclaré au bureau environ 10 ou 12 pintes d'eau-de-vie, et voulant faire connoitre que l'eau-de-vie ne devoit rien : procès, tous ses meubles enlevés, vendus, lui conduit en prison à Auxerre et condamné à 500 livres; comme si c'était un crime de vouloir faire connoitre la vérité. Leurs procès, sur lesquels n'y a ni appel ni opposition ; ils sont juges et partie ;

5° Voici deux faits incroyables à ceux qui n'en ont pas été les témoins oculaires. Le premier regarde un nommé Edme Lechat. Ces infâmes rats-de-caves, le jour de la fête de Saint-Nicolas ayant eu dispute avec quelques particuliers, dressent un procès-verbal, et y enveloppent ledit Edme Lechat pendant qu'il étoit dans son lit. Il est assigné à Tonnerre sans en savoir la raison ; il est arrêté et conduit aux prisons d'Auxerre, les fers aux pieds ; et ensuite condamné en 300 livres, à payer les frais, malgré que plusieurs honnêtes gens certifient son innocence ;

6° L'autre fait regarde Jean Bureau. Cet homme, un jour de dimanche, cinq commis, à l'entrée de la nuit frappent à sa porte. Cet homme, après à se coucher, demande qui frappe. Ces drôles ne lui répondent que par un coup de fusil et à coups de bûches contre sa porte, qu'ils brisèrent, et entrent comme des furieux, après sortent et lui font un procès de rébellion, supposant sans doute qu'il vendoit son vin, car il n'a jamais sçu ce que c'étoit que ce procès. Assigné à Tonnerre, il est condamné à 500 livres sans les frais, et par surcroit de malheur, ses deux petits garçons, l'un de l'âge de neuf ans, l'autre de six environ, que leur mère venoit de coucher, prirent une si grande peur qu'ils sont morts tous deux quelque temps après en langueur, en quatre jours de temps.

Tous ces faits de notoriété publique ne sont-ils pas des faits de voleurs, de pirates, écumeurs de mer. Que l'on nous délivre, en grâce, de ces honnêtes gens, et que chaque paroisse soit chargée de la répartition des impôts, selon le bien que chacun possède ; d'en percevoir les deniers, de les verser directement dans les coffres royaux. Par ce simple moyen le déficit dans les finances disparaitroit bientôt.

Que de millions sous une infinité de prétextes illusoires ! à qui... Dieu le sçait..... Hélas, pendant que les épaules du pauvre Israëlite sont courbées sous le poids de la tuile et du mortier, le dur Égyptien se désaltère de ses sueurs et s'engraisse de ses dépouilles par ses injustices.

Enfin nous demandons aussi une réforme dans l'administration de la justice, car on aime mieux se laisser voler et égorger que de l'employer, puisque pour une affaire de 11 sols de principal, il s'est fait pour 120 livres de frais. Un procès très clair n'a été jugé qu'après cinq ans, et pendant ce temps il s'est fait 500 livres de frais. Il s'est fait une vente par justice avec l'huissier-priseur, qui n'a duré qu'une demi-journée, qui a produit environ 200 livres qui ont été englouties par la justice. De sorte que la veuve, chargée de trois petits enfants, n'a rien eu, ni les deniers du Roi payés, ni les frais funéraux, ni les services n'ont point été payés.

Nous passons sous le silence bien des choses indignes et honteuses pour des membres de justice.

Signé : Edme Tremeau. — J. Tremeau. — P. Tremeau. — Thomas Bouvier. — B. Grégoire. — Bureau. — Tremeau (syndic). — Tremeau. — P. Prévot. — Dauthereau. — Bureau. — C. Gillot. — Jean Lanier. — P. Bureau. — Gandor.

Paraphé *ne varietur*.

(Paraphe sans signature).

Sur la première feuille :

Cotté première page.
Louvrier,
(Procureur fiscal).

BILLY (Nièvre).

Cahier *des plaintes et doléances de la paroisse de Billy, dressé dans leur assemblée du 15 mars 1789, pour être portées à celles du bailliage d'Auxerre le 25 dudit mois.*

Sire, la bonté avec laquelle Votre Majesté nous demande nos plaintes et doléances sur nos besoins particuliers, et ceux de l'État en général, et la promesse que Votre Majesté daigne nous faire d'y avoir tous les égards possibles, sont une preuve bien convaincante de la ferme résolution où est votre Majesté de travailler efficacement au bonheur de votre peuple, et de chacun de nous en particulier. Pénétrés de la plus vive reconnaissance nous allons donc, Sire, présenter à vos yeux le tableau de nos misères, et nous le faisons avec la même confiance que nous remarquons dans nos enfants dans les doléances qu'ils nous adressent.

La vérité, Sire, nous force de vous dire que toutes vos provinces sont extrêmement chargées d'impôts, que plusieurs le sont excessivement et au point d'y rendre les peuples très malheureux, mais que la province de l'Orléanois, dont nous faisons partie, est une des plus maltraitées. C'est d'après les faits dont nous sommes les témoins et les victimes que nous osons vous l'attester. Grand nombre d'entre nous qui n'ont aucune espèce de possessions, aucuns métiers ni commerce, qui n'ont que leurs seules journées qui à peine leur produisent 10 sols pour nourrir leurs femmes et leurs enfants, se voient néanmoins chargés de 15 ou 18 livres de taille. Il suffit à un de nous de posséder un petit bien de 5 à 600 livres pour en payer 24 et 30, ce qui fait tout le revenu de son fond, et il ne lui reste que la peine de sa culture. Tous nos voisins conprovinciaux sont dans le même cas; en sorte qu'il arrive souvent que nos malheureux habitants, pour se délivrer du collecteur, sont réduits à se priver de pain. De là, Sire, les maladies, fruits d'une extrême misère, l'abandon d'un travail dont on ne retire plus de fruits, la mendicité avec ses suites funestes, et une multitude de bras inutiles, autant de nouvelles charges pour l'État. Tous ces maux, Sire, prennent leurs sources :

1° Dans les exemptions de tous les privilégiés. Le Clergé, la Noblesse et les autres privilégiés qui forment comme un troisième ordre de nobles, possèdent de grands biens dans nos paroisses. Dans les départements, l'imposition sur chaque communauté se fait à raison de l'étendue de son territoire, sans aucun égard aux possessions des privilégiés, ni à celles des forains, qui par adresse et sous l'appui des Élections, trouvent le secret de s'approprier l'exemption; qu'il arrive nécessairement de là que les malheureux habitants sont forcés de courber la tête sous le joug et de payer pour les autres. Nous ne sortirons pas de chez nous, Sire, pour en donner à Votre Majesté un exemple bien frappant : notre paroisse est composée de 172 habitants tenant feux, 32 sont laboureurs, et le surplus gens de journée ; or, des 32 laboureurs, 3 seulement labourent chez eux, tout le reste exploite sous des nobles ou des forains exempts. Il y a donc près de la moitié des terres labourables de la paroisse avec tous les autres objets ; prés, vignes, enclos, etc., dépendant des privilégiés et forains qui restent à la charge des seuls habitants du Tiers-ordre. Notre communauté est imposée au rôle à une somme totale de 5,109 livres, c'est par conséquent au moins la moitié de cette somme à la décharge des privilégiés, et dont le Tiers-ordre se trouve surchargé. Toutes les autres paroisses se trouvent dans le même cas, plus ou moins. Il est aisé par là, Sire, de juger combien cette dernière classe de vos sujets souffre des priviléges accordés à la Noblesse aussi bien qu'au Clergé et autres qui jouissent des mêmes exemptions. Il est démontré mille fois que ces priviléges pécuniaires sont la prétention la plus injuste. Il est de droit que quiconque veut participer aux bénéfices d'une société quelconque doit porter sa part des charges et des dépenses de cette société à raison de l'avantage qu'il en retire. Le Clergé et la Noblesse y possédant communément de grands biens, sont ceux qui retirent le plus de fruits du Gouvernement. A quel titre pourroient-ils donc se dispenser d'y prendre part?

La seconde source de nos maux, Sire, est la déclaration de 1728, qui autorise les habitants des villes qui ont des possessions territoriales dans les paroisses de la campagne à ne payer la taille qu'au lieu de leur domicile, en les obligeant, pour cet effet, de déclarer au greffe de leur Élection, les qualités et valeur desdits biens, et de signifier au syndic du lieu où ils sont situés et aux municipalités des villes de leur domicile la déclaration qu'ils en auront faite au greffe. L'intention de cette loi est qu'à diligence des municipalités du domicile, ces possessions puissent y être imposées à raison de leur valeur, et que sur une requête du syndic du lieu où elles sont assises, la communauté fut déchargée d'autant. Ces dispositions annoncent la sagesse et la droiture du législateur, mais l'événement prouve les dangers de la surprise et la perversité de ceux qui en abusent, peut-être même de ceux qui ont sollicité cette loi. On a omis d'ordonner dans le dispositif qu'il seroit mis dans la signification au syndic *sauf le recours des habitants contre la municipalité de la résidence.* Ensuite on a tenu cette loi dans le secret, elle n'a jamais été publiée dans les campagnes, où elle est parfaitement ignorée. Celui qui veut se faire décharger fait sa déclaration à l'Élection et la fait signifier au syndic du lieu où le bien est situé, avec défense aux habitants de le comprendre au rôle de leurs tailles. Il se dispense en même temps de faire sa déclaration au corps municipal, parce qu'il ne veut pas y être imposé; Telle est sa marche, n'est-il pas imposé ; le voilà exempt. Est-il imposé, il se pourvoit en restitution et ne manque jamais d'obtenir une sentence favorable parce que tous les juges sont dans le même cas. Ainsi, quoiqu'il arrive, le voilà parvenu à l'exemption qu'il désiroit. Ce que nous avons l'honneur, Sire, de vous exposer ici, est une découverte que nous venons de faire au moyen d'un procès que nous sommes forcés de suivre actuellement en votre Cour des Aides. Jusqu'à ce jour nous avons été comme toutes les autres paroisses, victimes de notre ignorance et de l'abus que l'on fait journellement de cette loi, dont nous nous plaignons.

Nos malheurs, Sire, tirent encore leur origine de l'injuste répartition des tailles de province à province. Nous avons exposé à Votre Majesté, que parmi nous, la dernière classe de citoyens qui ne possède absolument que ses bras, est chargée depuis 15 jusqu'à 18 livres de taille; que ceux qui possèdent au plus 4 à 500 livres de biens en paient depuis 24 jusqu'à 30 et plus, ce qui absorbe précisément le revenu de leurs biens-fonds; nous ajouterons ici que comme limitrophes d'une généralité et d'une province qui est administrée par des États, nous connoissons dans l'une et dans l'autre des paroisses où sur des possessions de quarante à cinquante mille livres, on ne paie communément que depuis 18 jusqu'à 24 livres de taille, tandis que chez nous et dans notre généralité, sur des fortunes bien au-dessous de celles-là, on paye 100 et jusqu'à 120 livres. Un simple laboureur qui exploite pour autrui paie depuis 100 jusqu'à 150 livres. Une si prodigieuse différence de taux qui met les plus riches d'une province au niveau des plus pauvres de celle-ci, ne peut être que l'effet d'une injuste répartition entr'elles.

4° Autres sources de nos maux, Sire, dans les tribunaux d'Élections qui rendent la voix du peuple nulle et purement passive, souvent même jusque dans l'assiette de l'impôt de particuliers à particuliers, qui font tout à l'arbitraire, et ne manquent jamais dans les assemblées de département de favoriser les paroisses où leurs possessions sont situées : tribunaux, Sire, que votre Majesté avait supprimés ci-devant comme onéreux et inutiles, et qui le deviendront encore plus par la nouvelle administration que votre bonté paternelle jugera à propos d'établir dans tout son royaume.

5° Nous osons, Sire, placer encore parmi les sources de nos misères l'administration du clergé, aussi vicieuse, et peut-être plus, que celle de l'État. Il est vrai que nous n'avons pas l'honneur d'être de ce corps, mais quand la tête est malade tous les membres en ressentent nécessairement la douleur; et si le Clergé employait en acquittement d'impôts tout ce qu'il dépense en frais d'assemblées, de perception, de régie, d'arrérages, etc., notre fardeau seroit allégé en proportion. D'ailleurs, Sire, si le Clergé, dans la suite, paye l'impôt relativement à ses possessions, et en proportion avec tous les citoyens (et comment pourroit-il s'en dispenser), il faudra nécessairement, pour que la proportion soit gardée, qu'il paie dans les lieux où ses possessions sont situées. A quoi lui serviroit alors une administration particulière; elle ne seroit capable que de ruiner les moindres bénéficiers sans être d'aucune utilité au corps de l'État. Nous nous persuadons que le paiement de l'impôt conjointement avec le Tiers-État, et en proportion avec ses membres, bien loin d'avilir l'ordre du Clergé ni celui de la Noblesse, sera au contraire regardé par tous les gens sensés comme un moyen de leur faire honneur et en même temps de cimenter pour toujours l'union la plus étroite entre les différents ordres de votre Royaume; chose si désirable pour le bien de tous.

Enfin, Sire, la source la plus funeste de nos maux c'est la ferme, cet hydre à soixante mille têtes, qui nous dévore, qui nous ronge en tout temps, en tous lieux et en mille manières. Votre Majesté, Sire, veut bien nous demander nos avis avec nos doléances. Elle ne s'offensera donc pas quand nous oserons lui dire que si ce monstre destructeur n'est étouffé pour toujours, c'en est fait du Royaume et de l'État entier. S'il faut s'en tenir à des calculs faits depuis quelques années que nous avons vérifiés, et que nous avons trouvés inférieurs à l'état actuel des choses, la ferme, en trois articles seulement, les aides, le sel et le tabac, enlève annuellement à la France trois cent cinquante millions en espèces, et beaucoup plus en anéantissement de commerce, pour verser dans votre trésor quatre-vingt-dix millions seulement. C'est donc plus de six cents millions en pure perte. Mais que ne pourrions-nous pas dire à Votre Majesté des vexations de tous genres qu'elle exerce contre votre peuple, de la ruine d'une infinité de familles par des procès-verbaux aussi injustes qu'odieux? De l'esclavage honteux dans lequel elle nous réduit par ses variations perpétuelles, et les fraudes qui se commettent dans les marchandises qu'elle nous fournit? Tantôt c'est du sel qui sale trop à son gré, et dont le débit n'est pas assez considérable; elle en fait venir d'autre, qui sale moins, et nous le vend plus cher. Ci-devant elle se contentait de mettre deux grilles dans la trémie d'où elle fait tomber le sel qu'elle vend au public, aujourd'hui elle en met quatre pour le faire tomber plus légèrement, afin qu'il s'affaisse moins dans le boisseau. On nous donnait autrefois du tabac en bille, et défense aux débitants d'en distribuer d'autre; ensuite on leur a permis de le râper eux-mêmes. Aujourd'hui la ferme nous force de le prendre tel qu'on juge à propos de le préparer à Paris. Il est pourri, il incommode. Il est peut-être funeste. Plusieurs personnes sont obligées de se retrancher. N'importe, il faut s'en contenter. On s'est saisi des moulins des débitants, et défense à eux d'en avoir d'autres. Telle est, Sire, la rigueur, l'injustice et la cruauté avec laquelle la ferme traite votre peuple, et elle ose se parer de votre nom et de votre autorité. Mais ce qu'il y a de plus affligeant encore, c'est l'influence d'une telle conduite sur les mœurs publiques. Rien, Sire, n'est plus capable de pervertir la Nation que les injustices de ceux qui semblent agir en votre nom. On se voit volé, dépouillé par mille moyens. Les gens peu délicats se croient en droit d'user de représailles. On vole d'abord le voleur, et bientôt l'iniquité se répand partout.

Nous venons, Sire, de vous exposer nos maux et leurs sources. Ils ne viennent pas de vous. Nous savons trop qu'ils existoient longtemps avant Votre Majesté, mais il vous étoit réservé d'y mettre fin, et c'est là notre consolation. Vous avez formé le dessein d'accomplir ce grand œuvre, digne d'éterniser à jamais votre nom. Votre sagesse, Sire, celle du digne ministre que vous avez su associer à vos travaux, le zèle et les lumières réunies de vos États l'éléveront à son comble, et, pour y prendre part autant qu'il est en nous, nous allons vous présenter nos vœux tels que nous les croyons capables de concourir à une fin si heureuse.

Nous vous supplions donc, Sire, de nous accorder et à tout votre royaume les points ci-après détaillés :

1° L'extinction entière de la Ferme générale, et par là de tous les frais de perception et autres, qui en sont les suites nécessaires, aussi bien que de toutes les vexations et les injustices que ces frais entraînent après eux. Par cette seule suppression, Sire, Votre Majesté épargnera à son peuple une somme de six cent vingt millions, tant en déboursés qu'en anéantissement de commerce, qu'elle perd annuellement jusqu'à ce jour. Elle fera rentrer dans le commerce une branche essentielle, le sel et le tabac, qui pourront occuper et mettre à leur aise grand nombre de particuliers;

2° La suppression des emprunts du clergé, la fixation d'un temps pour acquitter sa dette pendant lequel seulement, son administration pourra subsister, pour demeurer éteinte immédiatement après l'acquittement fait, et en attendant se conformera à un régime légal le moins dispendieux possible, dont tous les bénéficiers pourront prendre connoissance par des députés de leur classe respective. Ou pour le mieux encore que Votre Majesté veuille bien se charger de l'acquitter elle-même, cette dette, par les moyens que vos États généraux pourront vous en fournir. Au moyen de quoi cette administration seroit éteinte dès ce moment.

3° La simplification de tous les impôts, et leur réduction en un seul, si cela se peut, ou au moins en moindre nombre possible, qui ne portent point sur les objets de première nécessité, qui n'altèrent point le commerce, et qui soient proportionnels aux besoins présents, tant ordinaires qu'extraordinaires, pour être réduits à l'ordinaire aussitôt après l'acquittement de la dette nationale ;

4° Que tous les impôts qu'on sera obligé d'établir soient réduits en telle nature qu'ils puissent être compris dans un même rôle et levés par les mêmes préposés ou collecteurs, qui, à chaque collecte qu'ils feront, en verseront le produit dans la caisse du bureau de la Commission intermédiaire de leur district, et qui, à des époques fixées, seront tenus d'aller en nombre suffisant et à tour de rôle porter la recette totale au plus prochain bureau sur la route de la capitale de la province, qui, à son tour et par la même voie, le fera passer au second bureau et à celui de la capitale s'il se trouve le plus près ;

5° Que tous les membres de l'État, sans distinction de privilégiés ou non privilégiés, d'exempts ou non exempts, de quelqu'ordre qu'ils puissent être, soient assujettis à l'impôt qui va être établi, chacun en proportion avec tous ses concitoyens et relativement à ses possessions, rentes, charges, commerces, industrie et autres revenus quelconques. Laquelle prestation sera payée, savoir : pour les possessions-ès-lieux où elles seront assises, pour éviter toutes fraudes, lésions des communautés, difficultés de perception et autres inconvénients; et pour les autres revenus au lieu du domicile de chaque contribuable ;

6° La fixation du retour périodique de l'assemblée des États généraux, dans le cas où il n'y auroit pas de raisons extraordinaires de les convoquer plus tôt. Que leur convocation soit faite non par bailliages mais par provinces, les ordres adressés au Président de l'Assemblée provinciale, qui aura été librement élu, et les Assemblées préparatoires faites par devant ledit Président ou son substitut, et non par devant aucun magistrat;

7° Qu'il soit statué d'une manière fixe et invariable dans la prochaine Assemblée desdits États généraux et préalablement à toutes autres délibérations que, dans celle-ci comme dans toutes les subséquentes, les suffrages seront pris par tête et non par corps ou ordre, puisqu'autrement il y auroit dans toutes les délibérations deux suffrages contre un, et l'un des trois ordres perdroit nécessairement son influence;

8° L'attribution du droit de faire l'assiette générale de tous les impôts accordée pour toujours à l'Assemblée générale des dits États, qui sont seuls à portée de la faire équitablement, par la connoissance qu'ils ont de l'état, étendue et population de leurs provinces, droit que ladite Assemblée générale exécutera dès qu'il aura été statué sur la somme totale des impositions à faire;

9° L'établissement d'une nouvelle administration des finances, uniforme dans toutes les provinces du Royaume, en choisissant entre les États du Dauphiné et les Assemblées provinciales nouvellement établies celle qui sera trouvée la plus avantageuse et en même temps la moins dispendieuse, à laquelle administration sera attribuée la connoissance de toutes les contestations qui s'élèveront au sujet de l'impôt, sauf l'appel des plaignants à la Cour des Aides ou au Parlement; laquelle administration sera aussi chargée de verser dans le trésor de Votre Majesté tous les impôts qui lui auront été remis par les différents bureaux de district. Elle sera chargée aussi de faire la répartition du dit impôt par district, et ceux-ci de la faire de paroisse à paroisse;

10° La suppression de tous les receveurs généraux et particuliers des finances, ainsi que des tribunaux d'Aides, Gabelles, Élections et autres qui ne seroient plus qu'inutiles et à charge pour ce nouvel ordre d'administration;

11° La réunion de la juridiction des eaux et forêts à celle des bailliages et de l'administration des deniers communaux provenant de ventes de bois aux administrations provinciales, qui l'exerceront par les commissions intermédiaires de département conjointement avec les municipalités de paroisse intéressées, de sorte que les adjudications des bois soient faites par devant lesdites commissions intermédiaires et municipalités, que les deniers en soient versés dans une caisse destinée à cet usage, entre les mains de ladite commission; que les ouvrages à faire ou à reconstruire soient exécutés par économie et jamais par adjudication, conduits et surveillés par la municipalité et un architecte choisi à cet effet, lequel ne pourra, en aucun cas, ni sous aucun prétexte, entreprendre aucune partie ou totalité desdits ouvrages, mais se renfermera uniquement dans la conduite et inspection. Par ce moyen les communautés épargneront des frais énormes d'adjudication, de dépôts, etc., s'assureront du restant des deniers, après les ouvrages faits, dont les receveurs des Domaines ne rendent jamais de compte, et elles éviteront le désagrément d'avoir fait des ouvrages inutiles et mal exécutés, désagrément qui ne manque jamais d'arriver dans ceux qui sont faits par adjudication;

12° L'obligation indispensable à tous citoyens privilégiés ou non de payer l'impôt sur les possessions territoriales dans tous les lieux où elles se trouveront assises, et injonction aux habitants des paroisses de l'assiette desdits biens de les comprendre dans leur rôle, avec suppression de toutes loix, usages et ordonnances, coutumes à ce contraires, notamment de l'ordonnance de 1727 dont il est fait mention au second article de nos plaintes;

13° L'union invariable et pour toujours telle qu'elle l'a été de tous temps de l'Élection de Clamecy à la généralité ou province d'Orléans, tant pour les secours en tous genres que nous en avons reçus dans nos malheurs, et que nous avons lieu d'en espérer par la suite, qu'à raison de la facilité et sûreté des chemins, qui ne sont que routes, et des commerces établis entre Orléans et Clamecy, qui tire toutes ses marchandises de cette capitale, ce qui assurera d'autant mieux le transport de nos recettes; tous avantages que nous perdrions en allant à Moulins ou même à Nevers, où nous ne trouverions que des bois, de très mauvais chemins et point de commerce ni de relations établies ;

14° La suppression du droit de contrôle actuel, exorbitant en lui-même, secret, impénétrable pour le peuple, tellement diffus qu'en bien des occasions les contrôleurs n'y connoissent rien eux-mêmes, et que pour la conservation des titres de propriété il en soit établi un nouveau, confié à l'administration provinciale, qui l'exercera par les municipalités, sous l'inspection des commissions intermédiaires, au moyen d'un tarif clair et précis, et en même temps le plus modique possible, dont le produit sera affecté aux officiers des dits corps de l'administration en la proportion qu'il plaira à Votre Majesté et à l'Assemblée générale de l'ordonner;

15° La suppression des huissiers-priseurs, qui ruinent les malheureux orphelins par les frais successifs qu'ils occasionnent dans les inventaires et ventes de meubles après la mort de leurs parents ;

16° Que le cultivateur et surtout celui qui cultive le bien d'autrui soit ménagé autant que possible dans l'imposition, puisque c'est lui qui fait vivre le reste du peuple, et qu'il ne puisse être imposé qu'à raison de sa part au produit de son exploitation, déduction faite des frais de culture, l'autre part devant être à la charge du propriétaire;

17° L'abréviation des procédures, qui entrainent les parties dans des frais excessifs, et où les causes deviennent d'autant plus obscures qu'on emploie plus de temps et d'écritures pour les éclaircir. Cet abus, ruineux pour les parties et par conséquent à la société entière, ne l'est pas moins pour les mœurs et pour la religion, par les haines, les vengeances et souvent les malheurs plus grands encore qu'il entraine après lui.

Tels sont, Sire, les vœux que nous osons porter au pied de votre trône, ils n'expriment que ceux de la Nation entière, qui sent, comme nous, que de là dépend son bonheur. Votre Majesté, qui l'a senti avant nous tous, nous accordera donc nos très humbles demandes. Vos États assemblés y souscriront avec applaudissement, et votre nom, ainsi que votre règne, deviendront glorieux à jamais.

Et en même temps s'est présenté M. Jean-Chrysostôme Babou, prêtre-curé de ce lieu, qui a dit : qu'ayant ci-devant adhéré par sa souscription à une délibération de MM. les curés de la ville et diocèse d'Orléans, qui demandent à payer le même impôt, dans la même proportion et la même forme que les autres citoyens, et craignant que cet engagement de sa part ne parvienne point jusqu'à Sa Majesté, et pour se rendre plus authentique, il vient dans cette assemblée offrir à ses habitants de faire corps avec eux en tout ce qui concerne l'impôt devant se payer conjointement avec eux, dans la même proportion et sur le même rôle ; ce qui ayant été accepté unanimement et *par acclamation*, ledit sieur curé a dit : que son intention dans cette démarche est de s'acquitter d'un devoir dont il se croit tenu envers le Roi et envers la patrie de donner à ses paroissiens l'exemple qu'il leur doit de payer à César ce qui est à César et à Dieu ce qui est à Dieu, et de *cimenter de plus en plus l'union et la confiance qui doivent régner entr'eux et lui ;* qu'à l'effet de ce que dessus, il approuve toutes leur plaintes, doléances, demandes et supplications, et prie le Seigneur de leur donner tout le succès désirable pour la gloire de Sa Majesté et le bonheur de l'État.

Fait les jour et an que dessus, et ont signé tous ceux de ladite assemblée qui ont sçu signer.

Signé : Lautra. — J. Nicolle. — Léger Beaufils. — Claude Gournau. — Oudry. — Louzon. — Thomas Simon. — E. Bonhomme. — Pautrat. — N. Nicolle. — Pierre Caillat (pour mon père). — Oudry. — Jacques Estienne. — Berrier. — C. Pechery. — Desnoyers. — Louis Dufour. — François Dufour. — Caillat. — Cerçeau. — Tripot. — E. Logé. — Babou, curé.

Paraphé *ne varietur* par nous juge de la chatellenie de Billy, au désir de notre procès-verbal de ce jourd'huy, 15 mars 1789.

Signé : Charmois.

BITRY (Nièvre).

CAHIER *des doléances et pétitions des habitants composant le Tiers-État de la paroisse de Bitry, diocèse et bailliage d'Auxerre, élection de Gien, généralité d'Orléans.*

Lesdits habitants observent qu'il y a longtemps qu'ils gémissent sous le poids des impositions, et qu'ils voient tous les ans avec douleur le fruit de leurs travaux suffire à peine à payer les subsides dont ils sont surchargés.

Qu'ils croiroient manquer à la confiance que leur marque Sa Majesté s'ils gardoient le silence sur les maux dont ils sont accablés ;

Qu'ils saisissent avec empressement la circonstance présente pour déposer leurs peines dans le sein du Roi, leur père commun ;

Que dans l'espérance où ils sont de jouir un jour des soulagements promis par Sa Majesté, et pour lui donner des preuves de la fidélité qu'ils montreront toujours pour sa personne sacrée, il n'est rien qu'ils ne soient disposés à faire pour subvenir aux besoins de l'État et à la liquidation des dettes nationales ;

Que le seul moyen d'établir un ordre fixé et durable dans toutes les parties de l'administration est la réforme des abus, la cessation des privilèges, et une répartition exacte et proportionnelle d'impôts ;

Que pour y parvenir ils demandent :

La suppression des aides et gabelles ;

Qu'il ne soit reconnu d'autres barrières de droits que celles du Royaume ;

Que les charges de magistrature ne soient plus vénales. Que la forme de la procédure soit simplifiée et les frais de plaidoirie fixés ;

Que la jurisprudence criminelle soit réformée ;

Qu'il soit formé des arrondissements de justices seigneuriales, en nombre assez considérable pour comprendre dix à douze paroisses, et qu'il soit fixé un chef-lieu où la justice seroit rendue et administrée par des officiers, qui résideroient dans le chef-lieu ;

Que les roturiers comme les nobles puissent, par leurs vertus, leur courage et leurs talents, parvenir aux grandes charges de l'église, de l'armée et de la magistrature ;

Que les communautés rentées ou trop nombreuses soient réduites, et le superflu de leurs revenus employé à la liquidation des dettes de l'État ;

Qu'il soit assuré une existence aisée aux pasteurs des églises, et établi en ce genre plus d'uniformité ;

Qu'on prenne les moyens de faire disparoître les entraves mises à l'industrie en abolissant les privilèges et maitrises ;

Qu'on détruise tous les privilèges exclusifs du commerce, et qu'on emploie tous les moyens de le favoriser, comme diminution de droits d'entrée et de sortie aux bornes du Royaume, primes accordées à quelques branches de commerce ;

Que tous les impôts, de quelque nom qu'on les décore, soient réduits à un seul sous une dénomination quelconque, excepté celle de Taille, peu convenable au droit naturel à l'homme, à sa liberté civile et individuelle ;

Que cet impôt soit réparti également sur les trois ordres, également membres de l'État, sans qu'aucun privilège ou exemption puisse en affranchir qui que ce soit. Le tout relativement aux facultés de chaque individu ;

Que l'on cherche la forme d'impositions et de perception la moins coûteuse, celle qui laissera parvenir au Trésor royal l'argent des subsides en en absorbant le moins possible ;

Que l'impôt puisse être réductible suivant que les dettes de l'État diminueront, et que la Nation seule ait le droit d'accorder et augmenter les subsides ;

Que les recouvrements soient faits par l'administration provinciale, qu'elle même aura réparti les impositions ;

Qu'en conséquence, les administrations provinciales ou États provinciaux soient confirmés, et que tous les membres en soient choisis et nommés par les municipalités sans que le Gouvernement y ait aucune influence ;

Que des sommes fournies par les communautés pour l'entretien des routes et chemins, il en soit attribué à chaque communauté une portion suffisante pour l'entretien et l'amélioration de ses chemins ;

Que Sa Majesté rentre dans les droits domaniaux, particulièrement dans celui des quatre deniers pour livre aliénés aux jurés-priseurs, dont l'exercice des fonctions pèse sur la classe indigente de l'État ;

Que les États généraux soient autorisés à s'assembler tous les cinq ans, et qu'ils aient toujours une commission intermédiaire en exercice avec laquelle correspondront tous les États provinciaux ou Assemblées provinciales. Qu'aux dits États généraux les opinions se donnent par tête et non par ordre.

Leurs lumières ne leur permettant pas d'entrer dans de plus grands détails, ils déclarent s'en rapporter sur tous les points au zèle éclairé de leurs représentants aux États généraux et à la bonté du Roi.

Signé : Sevin. — J. Sevin. — Jean Babise. — A. Lemaine. — V. Prêtre, syndic. — Rocher. — Bessiou. — A. Goudrain. — Gueullet. — A. Joudrain. — Edme Devaux. — Jean Pinet. — Pichon, commis greffier.

Ne varietur
Paraphe

BLANNAY.

Cahier de doléances. — *Les habitants de la paroisse de Blannay donnent, en exécution des lettres de Sa Majesté et du règlement y joint, en date du 27 avril 1789, leur cahier de doléances ainsi qu'il suit :*

Art. 1.

Les habitants de la paroisse de Blannay observeront que le terrain sur lequel ils sont situés est très aride, ne produisant que très peu de grain, n'étant point cultivé, n'y ayant pour laboureurs que quatre qui sont attelés de vaches et bêtes asines; la pâture pour les bestiaux y étant fort rare ainsi que le bois qui y est fort cher.

Art. 2.

Que la communauté de Blannay ne jouit d'aucun revenu, de quelque nature qu'il puisse être.

Art. 3.

Que les habitants de la communauté de Blannay sont obligés de s'expatrier à plus de 50 lieues aux environs pour gagner leur vie et celles de leurs femme et enfants.

Art. 4.

Que cette communauté de Blannay se trouve séparée d'un pays beaucoup meilleur par une rivière appelée la Cure; que si, sur cette rivière, il y avoit un pont, cela donneroit une communication bien plus aisée; ce qui rendroit le pays beaucoup plus florissant; ce qui pourroit se faire sans grande dépense, attendu la proximité de la pierre, chaux, sable et autres matériaux.

Art. 5.

Le communauté de Blannay désireroit la suppression des corvées ainsi que des droits seigneuriaux.

Art. 6.

Que les tailles de Blannay se font ordinairement par des commissaires nommés de la part de M. l'intendant, lesquels, après avoir pris des déclarations à la hâte, se font payer pour le rôle, par des gens collecteurs très pauvres, une somme de 18 à 20 livres pour les cotes qui ne leur sont jamais remises, et souvent les impositions sont mal distribuées.

Art. 7.

La communauté de Blannay demande que les hommes de garnison institués par M. l'intendant, à qui il faut donner, par jour, une somme de 3 livres, pour faire rentrer les deniers de Sa

Majesté, soient supprimés, attendu que ces frais-là sont sur ladite communauté entière, en sus de la taille; ils ne peuvent pas les payer plus longtemps.

ART. 8.

Qu'il y a un an que la paroisse de Blannay a éprouvé un incendie général, ce qui fait que, depuis ce temps, la misère y a été et y sera toujours, attendu qu'elle n'a jamais eu aucun secours de l'Etat.

ART. 9.

La suppression des aides et gabelles.

ART. 10.

Que le Tiers-Etat soit dans le cas de voter par tête et non par corporation.

ART. 11.

La suppression des dixmes et autres casualités qui se payent à l'église, souvent sans titres, soit pour les mariages et enterrements.

Signé : Bourgeois. — Lenoble (greffier de la municipalité). — E. Bourgeois. — P. Cartaut. — Joseph Giviau. — J. Massé. — C. Bourgeois. — De Blannay.

Goureau (syndic de la municipalité de Blannay).

Ne varietur.

Paraphe.

BLEIGNY.

Cahier *des plaintes, doléances et remontrances des habitants de la paroisse de Bleigny, généralité de Paris, élection de Tonnerre, bailliage et coutume d'Auxerre.*

Rédigé en vertu de la lettre du roi et règlement pour la convocation des Etats généraux à Versailles, le 27 avril 1789, et en conséquence de l'ordonnance de M. le bailly d'Auxerre, en l'assemblée générale du Tiers-Etat de la paroisse, convoquée ainsi qu'il est prescrit, publié, affiché et annoncé au prosne de la messe paroissiale dudit Bleigny.

Premièrement, les habitants de Bleigny se plaignent des impôts des aides et gabelles, qui est impôt tyrannique et ruineux pour les habitants, et que même des personnes qui auroient quelques feuillettes de vin à transporter d'une place à autre et par innocence ne prendroient pas un congé de remuage seroient dans le cas d'être condamnées à des amendes exhorbitantes, et que même si quelque personne qui en auroit dans sa cave quelques pièces et viendroit à les perdre, il faut qu'il en paye le trop bu comme si il en faisoit usage pour son utilité.

Lesdits habitants désireroient être exempts de ces impositions, être semblables à la Bourgogne comme y étant enclavés de toutes parts.

Lesdits habitants représentent que le finage de Bleigny est très étroit et que les terres y sont très ingrates, étant en coteaux que la moindre inondation d'eau les ravine tellement qu'il n'y reste que la rocaille, et que, partie d'iceux, sont tellement ravinés qu'elles sont en fossés prodigieux et que l'autre partie ne rapporte que très peu, et que les impôts excèdent la valeur du produit, et même que, pour faire le recouvrement de la taille, les collecteurs sont obligés de porter les deniers de la paroisse au receveur général des finances à Tonnerre, qui est distant de six lieues dudit Bleigny, et qui, avec beaucoup de peine, sont très en danger d'être volés et même de périr, et que le finage étant étroit et d'une si petite partie que partie des biens que les particuliers possèdent sont situés sur les finages circonvoisins et même qu'ils y sont surchargés aux impositions qu'ils en payent pour leur paroisse dans la généralité et leurs facultés, qui est un double emploi, et ils prient qu'il leur soit accordé une modération qu'ils ne peuvent se procurer auprès de M. l'Intendant de leur généralité, quelques demandes qu'ils en fassent, qui ne sont très rarement écoutées et accueillies.

Lesdits habitants désireroient que le sel soit commerciable ou marchand et que le prix en soit diminué.

Lesdits habitants se plaignent qu'ils sont surchargés aux impositions des vingtièmes qui sont exhorbitants sur les biens qu'ils possèdent, outre qu'il a beaucoup de cotes doubles qui deviennent encore plus fâcheuses par la solidité qui est attachée.

Lesdits habitants observent qu'ils désireroient que toutes impositions fussent payées et réparties aussi sur les privilégiés et qu'elles fussent réunies par toute la France sans aucune distinction de rôle, et que les deniers fussent tout de suite rendus et transportés aux coffres royaux de Sa Majesté.

Lesdits habitants se plaignent aussi d'un huissier-priseur qui se transporte dans les pays à l'effet d'y faire les inventaires et de procéder à la vente des effets mobiliers provenant des successions, et que lesdits effets ne suffisent pas seulement pour ses salaires et vacations.

Les habitants observent qu'ils se plaignent que dans le temps des semailles les pigeons colombines ramassent toutes les semences et désireraient que, pendant ledit temps des semailles, ils fussent retenus et enfermés.

Fait et arrêté en ladite assemblée générale desdits habitants du Tiers-Etat de la paroisse de Bleigny, tenue et convoquée par nous, M° Edme Demeaux, syndic de ladite communauté, assisté de Simon Truchy, greffier de ladite municipalité, en présence des autres officiers municipaux et des habitants, cejourd'hui 15 mars 1789. Et ont, lesdits habitants présents, déclaré ne savoir signer, de ce interpellés à la réserve des soussignés.

Signé : E. Demeaux. — E. Massé. — Francille. — Etienne Francille. — Jean Chauchon. — B. Lhôte. — G. Berger. — F. Berger. — Bergé. — Jean Potherat. — Bergé. — G. Paulvé. — Bernard. — P. Massé. — P. Truchy. — G. Massé. — B. Chané. — P. Leubrey. — Truchy (greffier).

BOUY (Nièvre).

CAHIER *des demandes, plaintes et doléances faites et arrêtées dans l'assemblée générale des habitants de la paroisse de Bouy, cejourd'hui 10 mars 1789, pour être remis aux députés de ladite paroisse à l'assemblée du bailliage d'Auxerre, qui se tiendra le lundi 23 de ce dit mois, convoquée en vertu de l'ordonnance de M. le grand bailly d'épée d'Auxerre du 5 également de cedit mois, avec pouvoirs auxdits députés de les faire valoir dans ladite assemblée.*

La communauté de la paroisse de Bouy charge expressément ses députés, avant que de rien présenter sur l'administration de la finance et de la justice, de manifester sa façon de penser sur l'autorité royale et son intérest à la soutenir. Elle croit qu'il est de l'intérest de tous les ordres du royaume qu'il n'y aye qu'un maitre. Cet intérest est encore plus fort pour le Tiers-Etat, qui n'a rien tant à craindre que les pouvoirs intermédiaires qui s'établissent nécessairement dans un grand royaume. Ces pouvoirs intermédiaires ont une pente naturelle à abuser contre le peuple; cette pente a toujours été proportionnée à l'indépendance qu'ils acquièrent ou qu'ils prétendent. Les vexations auxquelles seroit exposé le peuple iroient sans cesse en augmentant s'il n'y avoit pas un recours assuré au roi, et si Sa Majesté n'avoit pas l'autorité de corriger les abus, de contenir, d'arrêter, de dissoudre ces pouvoirs intermédiaires.

En conséquence, elle charge ses députés de reconnoitre à l'assemblée et de soutenir de son vote que le roy est le suprême et le souverain législateur de son royaume pour garantir à ses sujets leurs droits et leurs propriétés; que sa puissance est souveraine, est indivisible, immuable de sa nature; que toutes espèces d'autorités qu'il a pu conférer, soit à quelques particuliers, soit à quelques corps, ne peut être regardée que comme portion de la sienne qu'il peut retirer à lui, quand il le croit nécessaire; qu'aucun corps, par un long usage de ce pouvoir qui lui a été confié, ne peut prétendre à un pouvoir à lui propre.

La communauté charge ensuite ses députés de faire agréer à l'assemblée et en son nom la validité des articles ci-après :

Art. 1er.

L'assemblée des États généraux de cinq ans en cinq ans, à moins qu'il ne plaise au roy de les assembler plus tôt.

Art. 2.

La délibération aux États généraux par tête.

Art. 3.

Les États provinciaux.

Art. 4.

Qu'il soit établi comme loy fondamentale qu'aucuns impôts ne puissent être perçus que du consentement des États généraux.

Art. 5.

Que la nation n'est responsable d'aucuns emprunts. Et à l'avenir, a moins qu'ils n'aient été faits soit par les États généraux, ou soit par les États provinciaux.

Art. 6.

Que les États soit généraux, ou soit particuliers, ne peuvent jamais consentir que des impôts limités à un temps.

Art. 7.

Le support des impôts par la noblesse et le clergé concurremment avec le Tiers-État.

Art. 8.

Le support de la corvée en conséquence par les trois ordres.

Art. 9.

Que les dettes énormes qu'a ci-devant contractées le gouvernement ne peuvent devenir dettes de l'État qu'autant que les créanciers de ces dettes en portent les charges comme les autres citoyens du royaume.

Art. 10.

Que tous les différents impôts du royaume soient réunis en un seul, et qu'il soit, par les assemblées provinciales, distrait d'icelui une portion raisonnable pour être rejetée sur les habitants des villes qui n'ont point de propriétés, et ce à la décharge des terres.

Art. 11.

Un nouveau régime dans la perception des impôts, suppression des vexations actuelles et des abus qui les accompagnent, moyen de faire arriver sans frais et sans peine l'argent des contribuables au Trésor du roy.

Art. 12.

Un frein à la multiplicité des banqueroutes. En conséquence, une commission établie dans chaque bailliage royal pour connoitre les cas où il sera juste d'accorder des lettres soit de surséance, ou soit de cession de biens, qui ne seront scellées que sur le rapport de la commission. Le procès fait dans la rigueur de ceux qui s'en seront trouvés indignes, soit par la fraude ou soit par l'inconduite.

Art. 13.

Suppression des aydes et gabelles, et que, pour le soulagement des peuples de la campagne, le commerce du sel et du tabac soit permis.

Art. 14.

Suppression des charges de jurés-priseurs comme étant un funeste fléau au peuple de la campagne.

Art. 15.

Qu'il soit annuellement distrait de l'impôt de la corvée une somme assez raisonnable pour la réparation des chemins qui communiquent dans les campagnes d'une paroisse à l'autre et qui sont presque partout impraticables.

Art. 16.

Restriction aux immenses revenus des évêques, et qu'ils soient tenus à la résidence dans leur diocèse qu'ils visiteront annuellement.

Art. 17.

Suppression des abbés commandataires religieux soit rentés ou soit mendiants, pour les biens de ces premiers appartenir au roy.

Art. 18.

Suppression des dixmes ecclésiastiques.

Art. 19.

Revenu fixe pour tous les curés en considération du nombre de communiants soit dans les villes ou soit dans les campagnes; établissement d'un fonds destiné à cet effet par chaque État provincial dans son arrondissement.

Art. 20.

L'administration de tous les sacrements, sépulture, etc., etc., par les curés, gratuitement.

Art. 21.

Abolition de tout droit pascal et de passion que les curés de campagne se font payer.

Art. 22.

Restriction aux curés de leurs droits d'obits et fondations.

Art. 23.

Suppression de toutes espèces de confréries que les curés de la campagne établissent à leur profit.

Art. 24.

Code général pour la conduite de tous les curés du royaume.

Art. 25.

Établissement dans chaque paroisse d'un bureau des pauvres, qui ne pourra être administré à l'égard de celles de la campagne que par quatre habitants choisis à cet effet et dont la probité sera reconnue.

Art. 26.

Un nouveau code de justice tant pour le civil que pour le criminel, à l'effet qu'elle soit rendue avec moins de frais.

Art. 27.

Que les seigneurs hauts justiciers soient tenus de n'avoir pour baillis et procureurs fiscaux que des avocats, et que dans les paroisses de campagne où différents seigneurs le sont de la même, la justice soit entièrement réunie à celui qui sera le seigneur de l'église.

Art. 28.

Que le seigneur qui a la justice sur plusieurs paroisses limitrophes, elles seront réunies en une seule, et sur le principal lieu; qu'ils soient également tenus d'avoir, dans chacun du lieu où se rend la justice, des auditoires et des prisons; enfin que le nombre des praticiens qui postulent dans ces justices soit limité à raison de son étendue et du nombre de justiciables.

Art. 29.

Qu'il soit fixé dans chaque justice, soit royale ou soit seigneuriale, une somme à laquelle les juges jugeront souverainement et sans appel.

Art. 20.

Que dans les paroisses où, a raison du petit nombre des habitants qui les composent, il n'y a point d'officiers de justice y demeurant, il y ait en chacune un homme, soit le syndic ou autre choisi à cet effet, qui, après avoir prêté serment en justice, veillera et maintiendra l'ordre public.

Fait et arrêté à Bouy les jour et an que dessus.

Signé : Bertheau (syndic). — Lenfant de la Brosse Bourgois. — Moreau (procureur fiscal). — Lenfant (procureur). — Morisset. — Magny. — Bert. — Girault. — Bert. — Carré. — Babis. — Bonnard. — Pouillot. — Bonnard. — Rimbault. — Lefebvre. — Tercy. — Tercy. — Pautrat (bailly).

BRANCHES.

CAHIER de doléances de la paroisse de Branches, diocèse de Sens, généralité de Paris, élection de Joigny.

Exposent les habitants de la paroisse qu'il existe une quantité prodigieuse de lapins et autres gibiers sur environ 150 arpents de bois taillis appartenant à différents particuliers, et autant de friches situées sur le territoire de Branches aux confins du midi, sur la directe et seigneurie du prieuré dudit lieu. Que ces lapins et lièvres mangent et ravagent les bois taillis et détruisent les récoltes des terres et vignes qui les environnent;

Qu'une autre très grande contenance de bois taillis située aux confins des territoires de Guerchy, Neuilly et Branches, côté d'occident, appartenant à deux seigneurs voisins, renferme également un nombre prodigieux de lièvres et de lapins qui dévastent les récoltes sur plus de 100 arpents d'héritages appartenant aux habitants de cette paroisse;

Qu'un autre canton servant de carrière, situé sur le territoire d'Appoigny, sur les confins de ce lieu de Branches, côté d'Orient, renferme pareillement un nombre considérable de lapins, renards et blaireaux, qui ravagent et détruisent plus de cents arpents tant terres que vignes, appartenant aux habitants particuliers de Branches, Chichery et Appoigny;

Que les gardes-chasse ne respectent aucune ordonnance ni saisons pour chasser dans les vignes et dans les bleds ensemencés, et que, par ce moyen, ils causent, tant par eux que par leurs chiens, un dommage considérable dans les bleds en tuyau et dans les vignes depuis le bourgeon jusqu'aux récoltes finies;

Que ces droits de chasse sur le territoire de ladite paroisse appartiennent au moins pour les deux tiers au prieur-curé de Branches, qui est également seigneur haut justicier, ce qui opère une source intarissable de divisions entre lui et ses paroissiens. Tel habitant voit le fruit de ses travaux perdu par le gibier ; il voit les lièvres pendant l'hiver jusqu'à son foyer manger les choux et les légumes de son jardin ; il n'a pas le droit de les prendre ni de les tuer sans s'exposer à essuyer un procès de la part du seigneur ecclésiastique, car, dans le cas où il échapperoit à la vigilance du garde, les débiteurs du seigneur, ou autres personnes à lui affidées, ne manquent pas de lui en donner avis et de lui décliner les noms des prétendus violateurs de ses droits, soit en lui rapportant que tel a pris un levreau, que l'autre a détruit un nid de perdrix, qu'un autre a un chien qui poursuit le gibier. Alors le seigneur pasteur menace ou fait menacer le quidam, il le prend en aversion, et le paroissien, molesté de toutes parts, se fâche et ne voit plus son seigneur curé que comme son tyran.

Les prieurs de Branches sont aussi gros décimateurs en vertu d'un concordat fait en 1379 entre eux et les habitants, qui étaient lors main-mortables et serfs des prieurs. Les habitants ont consenti de payer la dixme des grains, vins, chanvres et potager qui se mettent en lieu, à raison du seizième. Cette dixme s'est perçue pendant près de 400 ans sans murmurer et sans innovations sur les grains, vins et chanvres seulement, sans avoir jamais payé de dixme pendant ce laps de temps sur des légumes tels que haricots, lentilles, pois verts, non plus que sur les prés artificiels tels que vesces et luzerne. Mais depuis environ vingt-huit ans, les fermiers se sont avisés de percevoir et exiger la dixme du seizième de toutes ces productions, quoique les paroisses voisines n'en payent aucunement sur ces sortes de denrées.

Enfin les prieurs de Branches, et notamment celui qui existe croit qu'avec cette triple qualité de seigneur, prieur et curé, il a le droit de molester les paroissiens au gré de son désir. Il ne fait que répéter sans cesse qu'il est le maître et qu'il entend que ses volontés bien ou mal fondées soient exécutées sans réplique. Avec cette opinion présomptueuse, il tranche sur tout. Il s'est permis de son autorité de supprimer plusieur fêtes, ainsi que les offices qui se célébraient d'ancienneté, de faire murer une porte de l'église à laquelle était joint un tambour en bois, de faire défaire un confessionnal élevé sur des gradins en planches de bois de chêne et de s'en approprier les débris, même d'emporter deux statues des saints de ladite église pour les placer dans son jardin, de s'emparer d'un banc de cinq places dans la nef de l'église pour y placer ses domestiques sans aucune rétribution au profit de la fabrique, tandis que ous les paroissiens payent chacun les places qu'ils veulent occuper ; qu'il ne fait jamais aucune remise sur les droits de lods et ventes des biens qui font mutation sur sa directe, malgré l'exemple que lui en donnent tous les seigneurs voisins, quoique son bénéfice lui produise annuellement 3,600 livres au moins de revenu.

Qu'il s'est permis d'interdire un sentier par des fossés profonds, traversant entre les murs de l'église et les terres de son prieuré, et d'empêcher qu'on y passe à pied, quoique ce sentier ait une suite de l'un et de l'autre bout et qu'il soit de toute antiquité.

Qu'il s'est encore permis d'interrompre par un fossé et d'enclaver dans son héritage un chemin de déblave faisant limite entre sa justice et celle de Prunières. Que son prédécesseur a encore enclavé un autre chemin appelé le chemin de Mailly, dans une pièce de pré à lui appartenant, pour faire passer ce même chemin sur les héritages des particuliers en les séparant par de larges et profonds fossés qu'on rafraîchit d'années à autres et toujours du côté des terres des habitants ;

Que le prieur actuel ne fait jamais les prières du prosne, ni la lecture et publication de l'édit de Henri second, roi de France, au sujet des femmes et filles grosses (1).

Que dans plusieurs circonstances, et toutes les fois que les paroissiens résistent à l'exécution de ses projets mal fondés, il les menace de ne point faire faire la première communion aux enfants. Il leur a fait sentir à diverses fois, et tout récemment, l'effet de sa mauvaise humeur en disant des messes basses les fêtes et dimanches et en psalmodiant les vêpres à voix basse.

PIGEONS.

Observent lesdits habitants qu'il existe dans cette paroisse cinq colombiers, contenant en total plus de 2,000 pigeons qui mangent les grains de toutes espèces lors des semences, et depuis qu'ils commencent à être en maturité jusqu'à la récolte faite.

---

(1) L'édit donné par Henri II, en février 1556, dont la lecture devait être faite tous les trois mois par le curé au prône de la messe paroissiale, à peine de saisie de son temporel, était ainsi conçu : « Toute femme qui se « trouvera convaincue d'avoir celé, couvert et occulté tant sa grossesse « que son enfantement, sans avoir déclaré l'un ou l'autre, et pris de l'un « ou l'autre témoignage suffisant, même de la vie ou mort de son enfant « lors de l'issue de son ventre, et qu'après l'enfant se trouve avoir été « privé du baptême et sépulture, telle femme sera réputée avoir homicidé « son enfant, et pour réparation punie de mort, et de telle rigueur que la « qualité particulière du cas méritera. »

DROITS D'AIDES.

Observent lesdits habitants que les droits d'aides sont un fardeau accablant pour les habitants et notamment par la manière dont la perception s'en exige. Cette paroisse étant séparée des grandes routes et de la rivière par des montagnes escarpées et de mauvais chemins, les marchands n'y paroissent que rarement, et tel qui vend son vin 30 ou 40 livres le muids est forcé d'en payer les droits sur le pied de 40 et 50 livres et quelquefois plus, sous prétexte, leur dit le buraliste, que les commis de la ferme ont fixé le vin à tel prix et qu'il a ordre de ne point délivrer de congés au-dessous de cette fixation, de sorte que le propriétaire pressé est obligé de donner son vin à vil prix et d'en payer les droits au gré des commis.

Il résulte encore de ces droits d'aides un autre droit connu sous le nom de gros manquant ou trop bu, qui est odieux par sa nature et encore plus par sa perception arbitraire qui s'en fait. Sa Majesté, jusqu'à l'époque de l'arrêt de son conseil du 19 février 1787, avait accordé en franchise à chaque laboureur trois muids de vin par charrue, pour sa consommation, outre les déductions pour les lies et les coulages.

Qu'arrive-t-il journellement? qu'aucun particulier ou très rarement profite du bénéfice de cette loi. Les commis refusent dans les extraits des inventaires de donner la qualité de laboureurs afin que tous les propriétaires, indistinctement, se trouvent compris en contrainte pour le payement de ces droits imaginaires.

Cette contrainte étant publiée aux portes des églises des campagnes, l'on voit au bout de quelque temps arriver des huissiers et leurs satellites accompagnés de deux ou trois commis de la ferme, sabre à la main, faire des saisies-exécutions de meubles pour le payement des droits de trop bu de cinq à six années précédentes. Ces redevables sont ordinairement compris dans la contrainte pour la totalité des vins trouvés lors des inventaires, à la déduction des premiers trois muids. Le particulier expose qu'il en a vendu en gros ou en détail, qu'il en a fait sa déclaration au bureau et qu'il en a perdu les quittances. Dans ce cas, à défaut de représentation de ces quittances, il faut payer tout ce qu'il plaist au commis d'exiger.

IMPOSITIONS ORDINAIRES.

Depuis plusieurs années les rôles des tailles sont faits ou censés être faits par des commissaires généraux ou particuliers de M. l'Intendant de la généralité de Paris. Il leur est ordonné de se transporter dans chaque paroisse pour y recevoir les déclarations des biens des contribuables. Ils s'y transportent en effet, ou dans des paroisses éloignées, ou ils font venir devant eux les paroisses voisines. Mais comme ces commissaires ont des appointements fixes à raison de 15 livres par paroisse, il est de leur intérêt d'accélérer leur travail le plus rapidement possible, et au lieu de rester trois jours pour bien faire les opérations d'une paroisse, ils n'y restent que trois heures au plus.

Il résulte encore quantité d'inconvénients de la forme de répartition adoptée depuis 1776, d'imposer les contribuables sur tous les rôles de paroisse où ils ont des héritages : 1° une dépense du triple pour la façon du rôle ; 2° un temps considérable employé par les collecteurs pour faire la collecte dans dix ou douze paroisses quelquefois très éloignées ; 3° ces collecteurs, absents de leurs domiciles, sont obligés de vivre à gros frais dans les cabarets, où souvent ils s'enivrent et s'exposent à être volés ou assassinés en chemin pour retourner chez eux.

Cette division d'imposition est encore une surcharge pour les contribuables qui sont imposés sur quantités de rôles, étant obligés, s'ils veulent éviter les frais de garnison, de se transporter dans sept ou huit paroisses plus ou moins, et souvent à de très modiques sommes qui ne méritent pas leur attention, et alors les frais qui leur sont faits surpassent le principal ; de sorte qu'il seroit à désirer que les syndics ou membres des municipalités fussent chargés de recevoir les déclarations des contribuables et d'asseoir l'imposition de chaque particulier sur le rôle de la paroisse de son domicile, pour raison de toutes ses facultés et possessions en général, et d'écrire ou faire écrire leurs rôles par qui bon leur sembleroit.

VINGTIÈMES.

Par l'art. 5 de l'édit du roi du mois de may 1749, les maisons des paroisses de la campagne occupées par les propriétaires et ne produisant aucun revenu n'étoient point assujetties à l'imposition du vingtième. Aujourd'hui, depuis 1776 que les rôles se font d'après les minutes des rôles des tailles, notamment dans l'élection de Joigny, on voit toutes les maisons ou chaumières des vignerons et mercenaires imposées au rôle des vingtièmes sur des estimations arbitraires, tandis que les châteaux, les maisons bourgeoises en sont exemptés, ce qui est une extension à la loi et un abus intolérable.

MENDICITÉ.

Les habitants de cette paroisse sont vexés journellement par une quantité prodigieuse de mendiants et gens sans aveu qui mendient en toutes saisons avec insolence, de manière que de pauvres particuliers sont forcés par la crainte de leur donner l'aumône au préjudice de leurs besoins. Ces sortes de mendiants n'ont aucun frein qui puisse les intimider dans cette paroisse. On ne peut se saisir de leurs personnes puisqu'il n'y a point de prison pour les enfermer.

CHIRURGIENS ET SAGES-FEMMES.

Cette paroisse est privée depuis longtemps de chirurgiens et de sages-femmes, la plupart des habitants meurent jeunes ou demeurent estropiés faute de secours.

Les femmes qui se mêlent d'accoucher les autres n'ont aucuns principes. Très fréquemment leur ineptie occasionne la mort aux enfants et souvent aux mères. Il seroit donc très intéressant pour l'humanité que le gouvernement donnât des ordres pour que chaque communauté fût obligée de se pourvoir au moins d'une sage-femme instruite, laquelle seroit obligée de prêter serment devant les juges du lieu, et que défenses fussent faites à toutes autres personnes de s'immiscer à la pratique de cet art.

JURÉS-PRISEURS.

Représentent lesdits habitants que, depuis quelques années, le pourvu de l'office de juré-priseur est un nouveau fléau pour les campagnes, ils absorbent régulièrement le quart au moins du produit des ventes des meubles des mineurs. On a sous les yeux des quittances de 70 et 80 livres de frais de vacations pour des ventes de 250 et 300 livres. Il seroit à désirer que ces offices fussent supprimés, sauf à payer les 4 deniers pour livre des ventes aux bureaux des contrôles, comme par le passé.

RÉSUMÉ.

D'après cet exposé, les habitants de la paroisse de Branches supplient très humblement Sa Majesté d'ordonner que le gibier sera détruit, que les ecclésiastiques ne pourront en même temps être curés et seigneurs des paroisses; cette dernière qualité étant absolument incompatible avec les fonctions attachées à leur ministère; que les propriétaires des colombiers et voliers seront obligés de tenir leurs pigeons enfermés dans les temps de semences, et depuis le mois de juin jusqu'après la récolte, sinon permis à tous les cultivateurs de les tuer sur leurs héritages; que les droits d'aides, gros manquant, péages sur les ponts et rivières, seront supprimés et remplacés par d'autres droits moins onéreux au public et sujets à moins d'entraves pour le commerce; que les contribuables seront imposés pour toutes leurs facultés dans le lieu de leurs domiciles ; que les maisons occupées par les propriétaires ne produisant aucun revenu ne seront plus assujetties à l'imposition des vingtièmes ; qu'il sera établi des chirurgiens ou au moins des sages-femmes dans chaque paroisse ; que les charges de jurés-priseurs seront supprimées à cause des vexations exercées par les pourvus desdits offices, et que tous les abus des personnes titrées et qualifiées seront supprimés.

Fait et arrêté à Branches dans l'assemblée générale des habitants tenue à cet effet cejourd'hui 19 mars 1789 ; et ont lesdits habitants déclaré ne savoir signer à la réserve des soussignés.

Signé : Robinet de Malleville (syndic). — C. Breton. — F. Couche. — P. Houchot. — G. Moutard. — Burat l'aîné. — H. Bouquin. — F. Breton. — Vachery, — N. Burat. — Breton. — Girodon. — C. Bouquin. — F. Breton G.-G.-G. — Brechot. — Canand. — J. Houchot. — Rousseau. — E. Couche. — J.-M. Pechenot. — M. Vachery. — E. Houchot. — C. Hournon. — Guibert. — Louis Jannet. — E. Martin. — Jean Bertin. — P. Blin. — C. Burat. — Edme Houchot. — Legeode. — Vachery. — F. Guerin.

Paraphé *ne varietur* au désir de notre procès-verbal de nomination de députés à l'assemblée du bailliage d'Auxerre de cejourd'hui 19 mars 1789.

Signé : F. GUERIN (ancien praticien).

BROSSE.

CAHIER *des doléances de la communauté de Brosse.*

La communauté de Brosse, pour satisfaire aux vœux de Sa Majesté, qui sont que ses fidèles sujets peuvent en toute confiance proposer tout ce qu'ils croient pouvoir être utile pour le bien général du royaume, est d'avis que les députés qui représenteront le Tiers-État à l'assemblée générale des trois ordres du royaume fixé au 27 avril prochain, demandent :

1° Qu'ayant connu, depuis l'établissement de l'administration provinciale, l'utilité qui en peut résulter, elle soit établie d'une manière fixe et durable ; qu'elle n'ait à répondre qu'au Roy de sa gestion ; qu'en conséquence les intendants des généralités soient supprimés comme n'étant plus nécessaires et étant très coûteux à l'État ;

2° Que l'administration provinciale se charge à l'avenir des recouvrements des impôts, et les verse sans frais au trésor royal ; qu'en conséquence les receveurs généraux et particuliers soient supprimés; ce qui diminuera les charges de l'État;

3° La suppression des aides et gabelles ; les aides comme gênant le commerce et accablant continuellement les sujets de Sa Majesté d'une infinité de vexations ; les gabelles comme mettant des entraves à la nourriture et entretien des bestiaux par la cherté du sel, que les gens de campagne ne peuvent leur procurer, n'ayant pas la plupart du temps la faculté d'en acheter pour leurs propres besoins ;

4° La suppression des huissiers-priseurs, établissement de nouvelle date, qui est trop ruineux pour les successions, vu la multiplicité des droits qui y sont annexés ;

5° La suppression de tous les droits exclusifs, en conséquence que l'impôt territorial soit établi, que la perception se fasse en argent, celle en nature ne pouvant se faire qu'à grands frais ; ce qui seroit autant de perdu pour le bien général du royaume, et que la prestation en argent pour les corvées soit également répartie sur tous les propriétaires, sans que personne en puisse être exempté à quelque titre que ce soit ;

6° L'amélioration des portions congrues des curés, qui, quoique les plus utiles pour la religion, sont les moins bien partagés; la majeure partie ayant à peine de quoi subsister ;

7° La suppression d'une grande partie des formalités de justice qui, en apparence ont été mises en usage pour bien éclaircir les affaires, et qui au fond ne servent qu'à enrichir les suppôts de la justice et ruiner les parties ;

8° Qu'il soit établi une règle fixe pour l'administration de la justice; que le temps que doit durer chaque procès soit limité, et d'en rendre responsable les juges ; car la cause la plus ordinaire de la ruine des parties vient de la longueur interminable que les avocats et procureurs mettent à terminer par les ressorts secrets de leur art ;

9° Que pour y parvenir plus efficacement il soit établi une seule et même coutume partout le royaume, afin que chacun sache à quoi s'en tenir pour la décision des affaires, car il est souverainement ridicule que pour un même objet on gagne ici une affaire dans une coutume et on la perde dans une autre.

10° La communauté de Brosse, en conséquence, charge les députés qu'elle nommera pour l'assemblée du bailliage d'Auxerre de présenter le présent cahier, de consentir à tout ce qui peut être utile pour le bien du royaume proposé par les députés des autres paroisses et communautés, et d'avoir attention de s'opposer à tout ce qui pourroit y être contraire.

Signé : Guinout. — Picon. — Carillon. — F. Brisedoux. — Brisdoux. — Simon Sautereau. — Guilmard. — J. Carillon. — P. Goursot. — Cambuzat (greffier). — Delaloge d'Aursin. — Badin d'Hurtebise.

E. DEFERT,
Ancien praticien, pour l'absence de M. le Bailly.

BREUGNON (Nièvre)

CAHIER *de plaintes, doléances et remontrances de la paroisse et communauté de Breugnon.*

1° La paroisse et communauté de Breugnon donne mandat aux députés qu'elle va nommer de la représenter dans l'assemblée des trois États du bailliage d'Auxerre ;

2° Elle charge spécialement ses députés au bailliage de faire insérer dans le cahier dudit bailliage une protestation expresse et formelle contre toute entreprise ou tentative tendant à distraire ladite paroisse et communauté du ressort du bailliage d'Auxerre, ou de l'Élection de Clamecy, ou de la Généralité d'Orléans, auxquels cette paroisse entend demeurer inséparablement unie (1) ;

3° Elle charge spécialement ses députés de demander que, parmi les sujets qui seront envoyés aux États généraux, deux au moins soient pris dans l'Élection de Clamecy, savoir: un dans le Clergé ou la Noblesse et un dans le Tiers-État ;

4° Que les trois ordres délibèrent et qu'ils élisent ensemble, et que les suffrages soient comptés par tête ;

5° Que les trois ordres consentent à payer les mêmes impôts, dans les mêmes proportions et sous les mêmes formes ;

6° Que la dette nationale soit répartie sur les provinces, et que les provinces soient seules chargées de la manutention des revenus de l'État destinés à l'acquittement de cette dette ;

7° Que l'administration intérieure des provinces soit confiée aux États provinciaux à établir dans chaque généralité, suivant les principes consignés dans les règlements qui ont été donnés pour l'établissement des assemblées provinciales et des assemblées secondaires ;

---

(1) Cette demande avait été projetée pour l'assemblée de Nevers (Note en marge du cahier).

8° Que les droits de gabelle soient supprimés ou au moins modérés ;

9° Les droits d'aides sans exception supprimés également, ou du moins convertis en un impôt perceptible dans les lieux seulement où les aides ont cours ;

10° La taille et la corvée abolies ou remplacées par une imposition assise suivant le vœu de l'art. 5 ci-dessus ;

Que dans le cas où l'impôt territorial en nature seroit consenti sous les conditions néanmoins portées en l'article qui suit, il soit établi sans aucune classification de terres, et en général sans aucune modification qui pût donner lieu à des exceptions ou des interprétations de faveur ;

11° (1) Que les impôts dont l'octroi serait jugé indispensable par les États généraux ne soient consentis qu'après la liquidation exacte de la dette nationale, après la réalisation de tous les retranchements économiques dont les revenus de l'État seront reconnus susceptibles après la fixation de la qualité et du terme de chaque impôt, après toutes les précautions et les formalités nécessaires pour l'extinction infaillible et de la dette, et des impositions qui la représenteront, et enfin après le redressement solennel de tous les abus qui seront dénoncés au Roi et à la Nation assemblés, après la sanction de tous les nouveaux établissements, dont la prompte nécessité seroit jugée par les États généraux ;

12° Que les milices forcées soient abrogées ou remplacées par des régiments provinciaux formés et recrutés volontairement ;

13° Qu'il soit pris les mesures les plus promptes et les plus efficaces pour diminuer et les frais et les lenteurs de la justice, notamment dans les tribunaux inférieurs ;

14° Que les juridictions des eaux et forêts, des Élections, des greniers à sel et autres soient réunies aux juridictions royales ordinaires, et pour ne former qu'un même tribunal dans chaque pays, et pour ménager des frais aux justiciables qui payent les épices et vacations, et à l'État qui paye les gages ;

15° L'assemblée déclare, au surplus, qu'elle adhère par avance aux demandes qui pourront être faites par toutes les communautés, villes et provinces du royaume, et dont l'objet auroit une nécessité ou utilité reconnues ; s'en rapportant d'ailleurs à l'honneur et à la conscience de ses députés au bailliage, et des députés aux États généraux sur tout ce qui ne sera pas contraire au mandat ci-dessus ;

(1) Bon pour les États généraux qui suivent ceux de 1789. (Note en marge).

16° Et s'il pouvoit arriver qu'ils contrevinssent à ce même mandat, l'assemblée déclare les désavouer et leur retirer ses pouvoirs.

Signé: Girault (syndic). — Cordonnier. — J.-B. Paillard. — J.-B. Girault. — Louis Girault. — C. Gaudeau. — B.-C. Massé. — Cornu. — Girault. — Louis Millot. — M. Gaudeau. — François Picha. — Edme Rollin. — Cornu. — Pierre Testard. — Claude Flamant. — C. Gaudry. — Paillard. — Louis Girault. — Edme Billault. — Claude Renard. — J. Testard. — Laurent Giraut. — Joseph Paillard. — Du Pin.

CHAMOUX.

Cahier *des plaintes, doléances et remontrances des habitants composant le Tiers-État de la paroisse de Chamoux, annexe d'Asnières.*

Lesdits habitants prennent la liberté de supplier très respectueusement Sa Majesté de considérer qu'ils sont trop imposés dans toutes les contributions royales par rapport à la mauvaise qualité de leurs terres, dont la culture est d'ailleurs très dispendieuse, et partie non cultivée ; d'ordonner que toutes leurs impositions, sous différentes dénominations soient réunies en une seule, et fixées, autant que lesdites facultés de l'État pourront le permettre, au dixième de leurs revenus ;

Que les ecclésiastiques et nobles contribuent comme les roturiers et taillables à toutes les charges et contributions de l'État;

Que le prix du sel soit réduit à moitié, et les droits d'aides supprimés ;

Qu'une place de terrain d'environ un boisseau de semences usurpée par le sieur Clemendot, précédemment curé dudit Chamoux, et actuellement en la possession de M. le curé actuel, situé audit Chamoux, tenant au cimetière et au grand chemin de Vézelay audit Chamoux leur sera rendue pour y faire construire un collège qui servira en même temps de lieu public pour les assemblées ;

Qu'il leur sera pareillement rendu environ un arpent de terrain situé en Breuillard, finage dudit Chamoux, tenant à la terre labourable des héritiers Seguinot de Lille, et de toutes autres parties à la communauté, où étoit auparavant le grand chemin de Chamoux à Cray et celui du domaine de Breuillard usurpé par ledit sieur Clemendot, lorsqu'il étoit curé dudit Chamoux en l'année 1770 ;

lequel l'a vendu au sieur Tenaille de Champetout, et étoit ci-devant un commun de leur paroisse, en leur possession, et dont le titre est en même temps celui de leurs bois communaux ;

Qu'ils ont une somme de huit ou neuf mille livres entre les mains du receveur des domaines et bois à Paris, depuis trois ans, dont il n'y a point de destination actuellement projetée ; et en conséquence demandent qu'il en soit fait emploi sur Sa Majesté ou sur quelque pays d'État, pour le revenu servir à l'acquittement desdites charges de leur communauté, d'environ 695 livres, qui d'ailleurs n'a aucun revenu ;

Que pour la construction dudit collége servant pour les assemblées publiques, ainsi que pour l'achat d'une cloche, dont ils ont besoin, ils ont pour ressource une réserve de 25 arpents de bois âgée de 30 ans, appelée Breuillard, et ils se pourvoient incessamment pour en obtenir la coupe ;

Qu'au surplus ils requièrent et adhèrent généralement à toutes autres plaintes, doléances et remontrances des autres paroisses et sujets de Sa Majesté qui doivent tendre à la satisfaction de Sa Majesté et à la prospérité du royaume, et au bonheur général et particulier de tout un chacun de ses sujets.

Signé : C. Cambuzat. — M. Cambuzat. — Safigot. — Loup Galliot. -- J. Guéroud. — F. Chenne. — F. Saligot. — Charles Monet.

GANDOUARD,
Bailly d'Asnières.

CHAMPLEMY.

Cahier *des doléances, vœux, remontrances et demandes de la communauté du bourg et paroisse de Champlemi.*

Champlemi, bourg situé dans la province du Nivernois, de la généralité d'Orléans, élection de Clamecy, coutume et bailliage d'Auxerre, est actuellement composé de 180 feux avec ses hameaux, excepté celui de Thoury, de 40 feux, qui est du ressort de Saint-Pierre-le-Moutiers ; il est éloigné de la rivière de Loire de sept grandes lieues, et sans aucune grande route dans toutes les parties qui l'avoisinent.

Les terres labourables y sont généralement médiocres, les prés peu abondants et de mauvaise qualité, suffisant à peine pour la nourriture des bestiaux nécessaires à la culture ; n'ayant point de pâtures. Ces terres et prés, ainsi que les autres héritages, dont la majeure partie est grevée envers le seigneur de Champlemi de directes bordelières, et d'autres rentes censives considérables tant en argent que grain et poules, ont toujours été et sont encore journellement gâtés par l'extraction de la mine de fer qu'on y fait pour l'entretien d'un fourneau qui est dans la paroisse et d'autres circonvoisines, dont la rétribution trop modique ne récupère pas, à beaucoup près les propriétaires du tort que leur occasionnent l'extraction et l'enlèvement de ces mines.

Cette paroisse, dans l'étendue de laquelle il n'y a point de vignes était anciennement une fois plus considérable qu'elle n'est actuellement ; ce qui fait qu'elle est aujourd'hui surchargée de tailles qui, loin d'avoir été diminuées relativement à la dépopulation, ont été progressivement augmentées.

En conséquence, les habitants de la paroisse de Champlémi supplient très humblement Sa Majesté et demandent :

De laisser réunie à la généralité d'Orléans l'élection de Clamecy, dont ils font partie, et d'ériger ladite généralité en États provinciaux ;

Que le Tiers-État soit aux États généraux égal en nombre aux deux autres ordres de la noblesse et du clergé ; que leurs voix y soient comptées par tête et non par ordre, supplient M. le directeur général des finances de vouloir bien présider auxdits États généraux pour le Tiers-État ;

Que le clergé, la noblesse et les privilégiés contribuent à toutes les impositions présentes et à venir par proportion égale à leurs propriétés respectives ;

Que le Roy, ayant aboli dans ses domaines la servitude, est supplié d'abolir également les bordelages (1), qui sont une servitude réelle infiniment préjudiciable à la liberté des citoyens, et de les convertir en redevances censuelles ; d'abolir aussi les corvées qui pourroient être dues aux seigneurs, ainsi que les droits de ménage dus sur les grains vendus dans les marchés et foires ; ces droits étant préjudiciables à l'abondance qui régneroit dans lesdits marchés et foires ; ce qui est prouvé par celle qui règne dans les marchés et foires des lieux où ces droits ne sont point perçus ;

Que la liberté soit accordée à tous les propriétaires de rembour-

---

(1) Le bordelage, du vieux mot français borde (petite exploitation agricole), était un droit seigneurial très connu dans le Nivernais. Il consistait en une redevance en argent, grains et poules, à payer par celui à qui l'héritage avait été donné à bail.

Le bordelage était la charge la plus onéreuse de toutes celles pesant sur l'agriculture.

Voir la coutume du Nivernais, chapitre 6.

ser aux seigneurs et particuliers qui ont des droits féodaux toutes les rentes en grain, poules et argent, au prix qu'il plaira aux représentants de la nation arbitrer, pour servir d'indemnité aux dits seigneurs féodaux; et pour ce qui est de celles dues aux seigneurs de main-morte, que les remboursements qui leur seront faits desdits droits féodaux soient déposés entre les mains d'un trésorier nommé à cet effet dans chaque État provincial, qui en payera l'intérêt aux dits gens de main-morte pendant la vie des titulaires actuels seulement, pour, après leurs décès, retourner au profit de Sa Majesté;

Que pour subvenir aux besoins pressants de l'État, le Roy fasse couper à son profit tous les bois de réserve quelconques des ecclésiastiques séculiers et réguliers, et des gens de main-morte pour les premières coupes prochaines seulement, et après lesquelles coupes faites lesdits bois continueront d'appartenir aux dites communautés et ecclésiastiques;

Qu'il plaise à Sa Majesté de fixer irrévocablement les droits dans la partie des domaines, et d'y établir une perception moins arbitraire, et que tous les droits bursaux ou arrêts du Conseil, rendus en conséquence, n'aient d'effet qu'autant qu'ils seront enregistrés au Parlement;

De rendre le sel marchand, ou au moins d'en diminuer considérablement le prix, qui est exorbitant dans cette province, et de supprimer les priviléges de franc-salé;

De laisser la liberté de commercer à tous les citoyens, sans déroger à la noblesse ni aux privilèges; que les ordonnances civiles et criminelles et les procédures soient réformées et diminuées, et qu'il n'y ait qu'un seul usage et manière de procéder dans tous les tribunaux du Royaume;

Que les lettres-patentes du mois d'août 1786 concernant les droits attribués aux commissaires à terrier soient abolies, et les dits droits fixés tels qu'ils l'étoient avant lesdites lettres-patentes;

Qu'il ne soit à l'avenir accordé aucunes lettres de sursis ou de cession de biens qu'en justifiant par ceux qui les demanderont du consentement de leurs créanciers, et de supprimer toutes maisons servant de retraites soit aux banqueroutiers, soit aux cessionnaires de biens;

De réformer les charges d'huissier-priseur vendeur, qui ne servent qu'à multiplier les frais et enlever la majeure partie des deniers des mineurs;

Que la taille soit abolie comme impôt odieux par l'arbitraire qui règne dans sa répartition, et pour en tenir lieu établir une capitation sur chaque classe des citoyens qui seroit faite, et chaque individu devant être classé suivant son état et sa profession, et eu égard au lieu de son domicile;

Que les vingtièmes soient convertis en un seul impôt territorial perçu en nature sur tous les biens, excepté sur les bois, prés, usines, fourneaux, moulins et maisons, qui seront imposés en argent;

Enfin le retour des Assemblées nationales à époques fixes.

Fait et arrêté par nous, habitants dudit bourg et paroisse de Champlemi, en notre assemblée générale, ce jourd'huy dimanche 15 mars 1789.

Signé : Midou. — Gesrat. — Morin. — Moriau. — Mallet. — Guerin. — Fourneron. — Archambault. — Millet. — Millet. — Bouger. — Pluvinet. — Millet. — Thumereau. — Millet le jeune. — Gaulon. — Moriaux. — Dameron. — Archambault. — Bussière. — Mouquot. — Millet. — Gaucher.

Romieu, syndic.

CHAMPS-SUR-YONNE.

CAHIER *des doléances de la communauté de Champs-sur-Yonne arrêtées dans l'assemblée des habitants le dimanche 15 mars 1789.*

ART. 1. — Supplier Sa Majesté d'établir d'une manière fixe et invariable la constitution des États généraux, et demander leur retour périodique à époque déterminée, et d'ordonner que les représentants du Tiers-Ordre soient en nombre égal à celui du clergé et de la noblesse pris ensemble.

ART. 2. — Que dans les délibérations, et sur la forme de voter sur les matières qui y seront portées, les voix soient prises par tête et non par ordre.

ART. 3. — Qu'il ne soit consenti de la part du Tiers-État aucunes délibérations jusqu'à ce que les articles ci-dessus aient été décidés d'une manière favorable au Tiers-Ordre.

ART. 4. — Qu'il soit irrévocablement statué qu'aucune loi ne pourra être portée que du consentement de la nation assemblée.

ART. 5. — Que les impôts qui seront établis ou continués pour subvenir aux besoins de l'État ne le soient qu'à temps, et pour cinq années au plus; qu'avant l'expiration de ces cinq années, les États de la nation soient assemblés, pour, sur le vu de l'état actuel, être avisés à la continuation, diminution ou autres changements à faire dans les impôts, et que dans l'intervalle d'une assemblée à l'autre, il ne puisse être jamais établi aucuns impôts, sauf à avancer la convocation des États généraux dans le cas où il faudrait de prompts secours.

Art. 6. — Demander qu'à l'avenir tous les impôts, de quelle nature qu'ils soient établis ou conservés, seront supportés en commun par les trois ordres de l'État, sans aucune affectation particulière à un seul ou à deux d'entr'eux, de sorte que tous les individus de l'État, dans quelqu'ordre qu'ils soient placés, y seront assujettis en proportion de leurs propriétés et facultés, et sans aucune distinction personnelle.

Art. 7. — Demander l'abolition et extinction totale des droits d'aides, et dans le cas où il ne seroit pas possible d'y parvenir dans le moment, qu'à raison de la situation de ladite communauté de Champs, qui se trouve enclavée de toutes parts par des villes, bourgs et villages du comté d'Auxerre, tels que la ville d'Auxerre elle-même, Saint-Bris, Augi, Bailly et Escolives qui tiennent à cette communauté et l'enveloppent absolument, soit réunie audit comté d'Auxerre, offrant, lesdits habitants de contribuer à toutes les charges auxquelles les habitants dudit comté d'Auxerre sont assujétis, et pu'ils supportent ou devront supporter par la suite, pour raison de la suppression des aides qui s'est opérée en faveur dudit comté d'Auxerre par les lettres-patentes du Roy du 27 octobre 1786.

Art. 8. — Demander l'abolition, s'il est possible, des gabelles, la suppression du sel d'impôt et la modération dans le prix, de manière qu'il n'excède jamais quatre ou cinq sols la livre, avec offre de présenter une compensation équivalente et suffisante pour l'État.

Art. 9. — Demander une loi sévère qui rappelle et ramène irrévocablement l'exécution des ordonnances concernant les banqueroutes frauduleuses.

Art. 10. — Demander la suppression des jurés-priseurs, vendeurs de meubles, qui ravagent et épuisent toutes les successions, surtout dans les campagnes.

Art. 11. — Dans le cas où Sa Majesté jugeroit à propos de laisser subsister les tailles, demander que la perception en soit faite à moins de frais, soit par la suppression des receveurs particuliers et généraux, soit en abolissant ce que l'on appelle garnisaires, que l'on envoie s'établir chez les domiciliés de campagne, où pour des reliquats très modiques de cote ils mettent tout à contribution, enlevant impitoyablement aux habitants les ustensiles les plus nécessaires de leur ménage.

Art. 12. — Solliciter la suppression générale des contrôles, ou, s'il n'est pas possible, un tarif modéré fixe et invariable, de manière que les traitans ne puissent s'en écarter, sous quelque prétexte que ce soit.

Art. 13. — Demander la conservation des justices seigneuriales, même une augmentation de leur compétence, s'il est possible, de manière que les habitants des campagnes y trouvent l'avantage d'y être jugés en dernier ressort pour des sommes infiniment modiques, et afin de n'être plus exposés à des appels dispendieux pour des sujets dont la valeur n'excède pas souvent plus de 30 sols.

Fait et arrêté audit Champs en ladite assemblée les an et jour que dessus.

Signé : Campenon, syndic. — Courtet. — Frémy. — Ét. Raveneau. — C. Raveneau. — Courtet. — E. Courtet. — Bertheau. — F. Dauthereau. — Edme Raveneau. — C. Raveneau. — Simon Raveneau. — P. Butté. — Navara. — Piat. — Edme Letourneau. — P. Blandet. — Blandet. — Dauthereau, greffier municipal.

Paraphé ne varietur
Leclerc.

CHARBUY.

Cahier *des doléances, plaintes et remontrances formant le vœu des manants de Charbuy, bailliage d'Auxerre, généralité de Paris, élection et département de Tonnerre, pour les États généraux indiqués par le Roy en sa ville de Versailles le 27 auril prochain, que les sieurs députés de la paroisse de Charbuy représenteront à l'assemblée générale du bailliage d'Auxerre, indiquée par l'ordonnance de Monsieur le Bailly au 25 mars présent mois.*

La lecture de la lettre du Roy pour la convocation des États généraux annonce un dérangement dans les finances qui donne une juste inquiétude à ses sujets pour trouver les ressources d'y remédier, et qui les mettroit en consternation s'ils n'espéroient de la bonté et de l'équité du Roy, de l'intégrité de son ministre des finances, et des lumières des députés aux États généraux qu'il sera avisé au remède qui pourra diminuer les charges de l'État, et le bonifier sans augmenter les impositions.

L'impôt est local, mais il deviendroit bien intéressant de le rendre avec plus d'uniformité quoique proportionnel au produit des biens fonds et au commerce de chaque lieu. Nous sommes tous frères, nous devons à notre Roy par proportion à nos facultés comme celles occasionnées par les secours que nous trouvons dans l'industrie du commerce.

Tous les individus sont égaux, le Clergé, la Noblesse et le Tiers-État ne forment qu'une famille. Ces deux ordres possèdent plus des deux tiers des propriétés du Royaume (quoique dans cette paroisse ils n'aient pas cet équivalent de propriétés). Le premier paie un impôt qu'ils appellent le don gratuit; le second, les vingtièmes et la capitation, et ni l'un ni l'autre ne contribuent par proportion au Tiers-État, qui se trouve écrasé. Il est de la justice de tous les ordres de contribuer avec la même égalité.

Le clergé nommé par le Roy reçoit de sa bonté des biens immenses; encore ce don gratuit, dont le diocèse est chargé, est malheureusement réparti sur la classe subalterne qui, seule, sent le fardeau du travail, et le haut clergé se trouve presqu'affranchi de l'impôt, jouit d'un revenu quadruple à celui que ses membres auroient dans la société. Les religieux rentés des deux sexes, chanoines, etc., ont des propriétés infinies et ne contribuent point aux impositions. Une vie douce et tranquille, une chère abondante font la majeure partie de leurs occupations, tandis qu'un malheureux père de famille essuie le poids du jour et que ses travaux ne peuvent suffire à fournir de pain son ménage, et que souvent il faut qu'il se retranche pour payer ses impositions. Le sentiment de la reconnaissance seroit-il éteint dans les âmes des êtres qui reçoivent des richesses immenses de la bonté du Roy? Résisteroient-ils à venir au secours de l'État? Oublieroient-ils leurs devoirs sacrés? La charité, qui fut dans les premiers siècles une vertu qui les rendoit respectables, est-elle absolument anéantie? Elle le seroit s'ils ne viennent en aide à des malheureux en partageant légalement avec le Tiers-État les charges auxquelles il est imposé, et n'y sont-ils pas même obligés, les biens dont ils sont usufruitiers sortent des deux autres ordres. Ou qu'ils les restituent et qu'ils passent dans le commerce de la société, ou qu'ils contribuent à ses charges.

La noblesse paie avec nous les vingtièmes et la capitation. Ils sont ménagés dans ces impositions sous le prétexte du service auquel leur naissance les destine. Mais ceux qui servent sont suffisamment stipendiés dès qu'ils sont payés de leur service, eux et à *forciory* ceux qui ne servent pas. Ils doivent donc contribuer aux impôts proportionnels. Le sang distingué qui coule dans leurs veines seroit dénaturé s'ils y répugnoient, et il faudroit que les sentiments de justice et d'équité s'en fussent séparés. Ils sentent qu'un privilège ne peut être pour eux qu'un acte d'injustice, puisqu'il vient au détriment de leurs concitoyens de la dernière classe, c'est-à-dire du Tiers-État.

Nous faisons partie de cette classe honnête et indigente, elle est la plus considérable, elle fait, au moins, vingt-neuf trentièmes de l'État entier et ne possède pas le tiers des propriétés du royaume, et elle paye presque toutes les impositions. Les bras des uns, les labeurs des autres, les peines, les soins, les veilles font végéter la partie la plus nombreuse de cette classe; elle est seule chargée des corvées, tandis que les deux premiers ordres sont les seuls qui gâtent les routes par des voyages multipliés et toujours pompeux par le nombre infini de leurs voitures et chevaux.

Nous demandons :

Art. 1er. — Que tous les sujets du roi et dans les trois ordres soient contribuables (tous priviléges anéantis) de toutes les impositions en général proportionnellement à leurs facultés.

Art. 2. — Qu'il y ait diminution des impôts actuels sur le Tiers-État, démontrant que, par l'imposition des deux autres ordres, non-seulement cette diminution ne pourra s'apercevoir, mais qu'elle opérera une augmentation considérable dans les finances.

Art. 3. — Que les impositions soient plus uniformes; éviter les abonnements qui diminuent les charges d'une province et en surchargent une autre. Le bailliage d'Auxerre en montre la vérité. La partie de Bourgogne qui est abonnée paye beaucoup moins que les paroisses qui sont du même bailliage et des généralités d'Orléans, Bourges et surtout Paris.

Art. 4. — La suppression des aides et gabelles, rendre les sujets du roy libres de leurs vins comme ils le sont de leurs autres denrées, et que le sel soit vendu sur la place; offrir de payer une imposition annuelle de 3 livres par arpent de vigne, qui sera levée avec les autres impositions sur un rôle séparé; l'impôt représentatif du sel naturellement compris dans l'imposition proportionnelle aux facultés.

L'État y trouvera un avantage infini au moyen de la suppression de tous les employés qui deviendront inutiles tant dans les aides que les gabelles, et les officiers du grenier à sel, dont on leur fera remboursement par quittance de finance portant intérêt.

Art. 5. — L'établissement des jurés-priseurs est un impôt réel et onéreux. En effet, les pourvus de ces offices ont le droit exclusif de faire les prisées et ventes, et l'objet le plus mince leur vaut des vacations et des droits de transport. Ces frais énormes consomment les successions des villages. On pourroit les contraindre à exercer dans la justice royale où ils résident et leur accorder la concurrence seulement avec les sergents des justices seigneuriales dans les mêmes justices seigneuriales où elles ont déjà le droit de l'ordonner en cas de contestation, et fort souvent on en occasionne pour se soustraire du juré-priseur. L'émolument dans les justices royales, les 4 deniers pour livre à eux attribués dans la totalité du ressort suffira pour l'indemnité du prix de leurs offices, au surplus leur permettra de faire tous actes d'huissiers.

Art. 6. — L'établissement des assemblées provinciales de département et municipalités mérite toute la confiance du public. Mais il faudroit que le projet en fût à l'exécution ; que les municipalités, avec le concours d'adjoints éclairés, fissent le travail des impositions. Tous les ordres y auroient droit, en mettant le Tiers-État au moins en égal nombre aux deux autres ordres réunis. Jusqu'ici ce travail s'est fait par des commissaires. Il fut l'affaire du moment et la justice n'y peut être rendue ; cependant l'examen du rôle soumis à la municipalité fera rétablir des erreurs, mais elles ne pourront l'être que pour l'année suivante.

Art. 7. — On diminuera les charges de l'État en supprimant les intendants des généralités (les assemblées provinciales y suppléent sous l'inspection du ministre des finances); en supprimant également les receveurs des tailles, commettant le bureau du département avec solidarité entre eux pour faire la recette sans frais des impositions dans leur département, et, pour éviter les frais d'envoy de l'argent par les communautés, que les membres du département épars dans chaque district fussent autorisés à recevoir des communautés, pour les faire parvenir au bureau intermédiaire par la voie de la correspondance ordinaire, qui est la maréchaussée des communautés éloignées de l'endroit de la recette.

On pourroit aussi charger les municipalités de faire la recette particulière de leurs impositions, chacune dans leur paroisse, et pour la rendre plus facile, rendre les impositions portables. Cela évitera encore la perte de temps de plusieurs collecteurs, qui, pour l'ordinaire, devient onéreux à ces individus.

Art. 8. — Des règlements sages exigent que chaque paroisse nourrisse ses pauvres, et, malgré cette loi naturelle et juste, ils sont souvent obligés d'aller ailleurs, ne pouvant trouver dans leur propre lieu de quoi se nourrir. On parviendra à l'exécution de ces règlements en procurant annuellement sur les impositions une somme proportionnée au nombre de ses malheureux, qui servira à former un atelier de charité pour l'entretien des chemins finéraux. L'assemblée de département a donné cette année ce secours à diverses paroisses, qui en sont pénétrées de reconnaissances.

Art. 9. — La milice qui se tire annuellement fait encore un

poids à l'État et aux paroisses, vu l'expérience de l'inutilité de ces soldats, puisqu'ils restent chez eux et ne font aucun service ; les paroisses perdent du temps non-seulement pour se rendre chez le commissaire, mais les miliciens en perdent encore pour passer des revues ordonnées par M. l'Intendant, et souvent la crainte de ces peureux militaires, surtout ceux des campagnes, les jette dans une indolence qui les rend ineptes à leurs travaux et qui leur en intercepte l'activité.

L'État trouverait un avantage en abolissant la milice, sauf à y revenir en cas de besoin, et pour forcer la population, assujettir tous les garçons de 25 ans vivant avec leurs parents ou en domesticité, sans distinction ni privilège, à une imposition annuelle de 3 livres jusqu'à son mariage, après lequel il sera imposable à toutes les impositions.

Art. 10. — La législation mérite toute l'attention du souverain. Le vœu du royaume seroit de simplifier la procédure. Il seroit bien utile qu'une loi ne donnât que deux degrés de juridictions, c'est-à-dire de la justice subalterne au présidial ou au Parlement, suivant la nature de la cause. Au criminel, cela s'est observé jusqu'en 1771, qu'il a été permis de délaisser au juge royal après décret, il n'y auroit pas d'inconvénient non plus au civil, Il conviendroit même, pour esquiver des justices seigneuriales souvent dépourvues d'officiers ou y ayant des officiers sans *sang commun*, d'accorder aux parties la facilité de porter directement aux présidiaux leurs causes pour y être jugées en première instance au souverain et sauf l'appel au Parlement si elle excédait la compétence des présidiaux.

De sorte qu'en ce royaume les justices subalternes seroient les prévôtés royales et les justices seigneuriales, et les juges supérieurs les présidiaux, parlements et Conseils.

Tels sont nos désirs, et puissent nos voix s'élever jusqu'au trône ; nous sommes prêts de contribuer et nous contribuons depuis longtemps au-dessus de nos forces. Nos plaintes ne peuvent être que l'écho du cri général. Mais nous espérons qu'en faisant contribuer les deux autres ordres, dont les richesses sont plus des deux tiers de la totalité du royaume, on y trouvera des secours qui permettront de nous délivrer de la détresse où nous met la surcharge de nos impositions, et procurera au Roy un remède efficace et la restauration de la France.

Signé : Guillereux. — Bercier (syndic). — F. Boudin. — E. Masquin. — F. Massé. — E. Machavoine. — Edme Mary. — Breton. — M. Berger. — Berry. — J. Baillie. — J. Savot. — J. Savau. — J. Machavoine. — J

Houchot. — Henri André. — Jussot. — M. Houchot. J. Grégoire. — Edme Grizard. — Edme Rollinat. — Bercier. — Bachelet. — Bachelet-Devauxmoulins.

CHARENTENAY.

Cahier *de doléances du Tiers-État de la paroisse de Charentenay, pour être présentées à l'assemblée générale des trois Etats au bailliage d'Auxerre, qui sera tenue le 23 mars 1789.*

Art. 1er. — Nous sommes environ 160 habitants, tous du Tiers-Etat, dépendant du bailliage d'Auxerre pour l'administration de la justice, et tous fidèles sujets du roy. Le sol que nous cultivons est fort ingrat la majeure partie. Nous ne recueillons suffisamment de bled pour nous nourrir, le vin que nous récoltons est de médiocre qualité et vendu à bas prix.

Art. 2. — Nous sommes de la généralité de Paris. Nous payons les plus gros droits d'aides, quoique Charentenay soit une petite paroisse; nous sommes assujettis à une cruelle et ruineuse persécution de commis. Il est des droits qu'il faut acquitter peu de temps après les vendanges; cela nous oblige à vendre au prix que les marchands nous offrent de nos vins, pour acquitter ces droits. Cette contrainte est une perte réelle pour nous.

Art. 3. — Nous demandons la suppression de tous droits d'aides, dont la perception nous ruine par les exactions des commis de cette administration en tous genres.

Art. 4. — Nous demandons à être réunis au comté d'Auxerre, dont nous ne sommes éloignés que de quatre lieues. Déjà unis par l'administration de la justice, nous demandons à y être unis de toutes manières; en conséquence, nous adhérons aux vœux de ce comté et doléances du Tiers-Etat.

Art. 5. — Nous demandons la réunion de tous les impôts en deux seuls, l'un personnel et l'autre territorial, sur tous les sujets du Roy, sans aucune exception de rang, naissance, charges, professions et priviléges, de manière que tous les ordres de l'Etat et toutes personnes desdits ordres y soient indistinctement imposées.

Art. 6. — Nous demandons pour la prospérité du royaume que la perception des deux impôts soit simple, que les nombreux commis soient supprimés et que les deniers parviennent directement au Trésor royal.

Art. 7. — Nous demandons la suppression des gabelles et que la vente du sel soit libre.

Art. 8. — Nous demandons que les formes trop multipliées de la procédure soient supprimées, elles sont ruineuses pour le Tiers-Etat; que la justice soit promptement rendue.

Art. 9. — Nous demandons la suppression des jurés-priseurs qui ruinent le Tiers-Etat en très grands frais; qu'il nous soit permis de vendre nos meubles librement.

Art. 10. — Nous demandons la suppression de la justice des eaux et forêts, dont les officiers éloignés absorbent en frais le prix de la vente des bois communaux; que cette branche de juridiction soit réunie à celle des lieux.

Art. 11. — Nous demandons qu'il soit permis de rembourser toutes rentes créées non rachetables, soit envers les seigneurs, soit envers les gens de main-morte et toutes autres personnes.

Art. 12. — Nous demandons que le commerce de toutes denrées soit libre dans l'intérieur du royaume.

Signé : Pateau Prudent (syndic). — P. Savourt (procureur fiscal). — Dureau. — P. Laper. — G. Joly. — Crenaut. — Albert. — F. Jolly. — P. Houblin. — L. Jolly. — Renault. — Dufour. — P. Nodin. — C. Loury. — C. Jolly. — C. Bertaut. — E. Joly. — F. Joly. — L. Joly. — Louis Joinau. — C. Joly. — Louis Gauthier. — J. Juro. — Edme Richard. — Maillaut. — J. Paris. — Louis Bertheau. — Malvin (juge).

Coté et paraphé *ne varietur* au désir de notre procès-verbal de cejourd'huy 15 mars 1789.

Malvin (juge).

CHARMOY.

Cahier *de doléances, plaintes et remontrances de la paroisse de Charmoy.*

Aujourd'huy mercredy 18 mars 1789, l'assemblée de ladite paroisse, tenue devant M. Philippe-Auguste Bonnerot, procureur au bailliage dudit Charmoy, pour l'absence de MM. les bailly et lieutenant, tous les habitants qui la composent se sont réunis et d'un commun accord ont demandé et ont voté pour les articles suivants :

Premièrement. — Qu'attendu que MM. du chapitre d'Auxerre, seigneurs hauts justiciers de cette paroisse, n'ont point d'auditoire audit Charmoy et que le juge tient son audience dans un cabaret; que, depuis 1754, il n'y a point eu de procureur fiscal résidant audit Charmoy, qu'il en est même à distance d'une lieue et demie, le lieutenant à deux lieues et le bailly à trois, de sorte qu'auparavant de se pouvoir faire rendre justice il faut faire plus de six lieues, et au regard de la non résidence du fiscal dans l'endroit, la police et le bon ordre ne peuvent y être maintenus suivant la loi; que les justices seigneuriales, comme onéreuses au peuple, soient supprimées, étant vexés par un homme sans expérience, violent, menaces, sottises à tous les justiciables.

Deuxièmement. — Qu'il soit établi à leur place un commissaire à l'instar de ceux au Châtelet de Paris, qui réunira en sa personne les fonctions de la justice et de la police, lequel sera commis par le seigneur et agréé par la municipalité, sera tenu de résider en la paroisse ou en celle la plus voisine.

Troisièmement. — L'établissement de prévôtés royales de quatre lieues en quatre lieues.

Quatrièmement. — La suppression des censives dues aux seigneurs comme un reste de servitude, notamment dans notre coutume qui est allodiale, et dans le cas où elles ne seroient pas supprimées, que les seigneurs ne pourront faire renouveler leurs terriers que tous les cent ans, attendu que les lettres patentes du roy du mois d'août 1786 accordent aux commissaires à terrier des prix exorbitants qui doivent être modérés; ayant été très vexés l'année dernière par le sieur Delorme, qui a procédé à la rénovation du terrier dudit Charmoy. Les seigneurs et autres tenus de recevoir le remboursement des rentes foncières et seigneuriales sur le pied du denier vingt.

Cinquièmement. — Le droit de chasse accordé à toutes personnes pendant un certain temps de l'année seulement, c'est-à-dire depuis le mois de novembre jusqu'au mardi gras; le tout afin de détruire la trop grande quantité de gibier qui dévaste la récolte des cultivateurs.

Sixièmement. — La suppression des droits d'aides remplacés par un impôt sur les vignes, ou dans le cas où cette suppression demandée ne pourroit avoir lieu, que ces droits soient au moins diminués et supportés également par les trois ordres de l'État.

Septièmement. — Que les presbytères fournis par les communautés à leurs pasteurs soient en tout à leurs charges; que défenses leurs soient faites d'exiger aucun salaire au-delà de ce qui leur est attribué par les ordonnances synodales, et de réformer l'abus qui se pratiqueroit entre eux de faire payer arbitrairement ce qu'ils veulent.

Huitièmement. — Que la répartition des impositions se fasse avec moins d'arbitraire.

Neuvièmement. — L'abolition totale des contraintes pour leur recouvrement, avec liberté entière au collecteur, sous l'inspection toutefois des municipalités, de saisir ceux des contribuables qui seroient en retard ou qui refuseroient de payer.

Dixièmement. — L'établissement de l'impôt territorial sur toutes les espèces de possessions foncières.

Onzièmement. — Une augmentation de droits sur toutes les choses de luxe, comme cartes à jouer, liqueurs, café, vins étrangers.

Douzièmement. — Un encouragement à l'agriculture et aux manufactures nationales, avec des distinctions pour ceux qui y excelleront.

Treizièmement. — Le retour périodique des États généraux.

Quatorzièmement. — La suppression des receveurs particuliers des finances.

Quinzièmement. — Le suffrage aux États généraux par tête et non par ordre.

Seizièmement. — La suppression de tous les priviléges exclusifs.

Dix-septièmement. — La suppression du droit du pont de Joigny.

Fait et arrêté en ladite assemblée les an et jour que dessus, et ont lesdits habitants signé à la réserve de ceux qui ont déclaré ne pas le savoir.

Coté et paraphé *ne varietur* par première et dernière page par nous, Philippe-Auguste Bonnerot, juge en ladite assemblée.

Signé : BONNEROT, juge.

Ont signé : Edme Rollin. — Bruneau. — Edme Lignot. — Dumont. — M. Lignot. — J. Guillet. — Jean-Laurent Bourlet. — Edme Brunot. — P. Dumont. — Étienne Sourdot. — Ét. Carré. — Gallois. — Louis Ragon. — L. Bourlet. — Jacques Denauve. — M. Bonnerot. — Savinien Bruneau. — Claude Cloche. — Roche (greffier).

CHASSY.

CAHIER *de doléances et remontrances de la paroisse de Chassy.*

ART. 1er. — Que la multiplicité des impôts dont le Tiers-État est chargé épuise ses facultés, que la perception en est pénible, embarrassante et coûteuse.

ART. 2. — Qu'il seroit utile à l'État et pour le bonheur du peuple de supprimer la taille, la capitation, les autres impositions accessoires de la taille, les vingtièmes et les aides.

ART. 3. — Qu'au lieu et place desdits impôts il soit créé une subvention royale pour subvenir aux besoins de l'État, qui soit imposée et perceptible sur les professions, arts et métiers, et sur tous les biens-fonds du royaume sans aucune exception.

Art. 4. — Que cet impôt ayant été réparti par généralités et ensuite par élections, il seroit tenu dans chaque élection une assemblée générale composée des trois ordres, où il puisse assister au moins un député de chaque paroisse pour y déterminer ce que chaque ville, bourg ou paroisse devroit supporter à raison de ses facultés; laquelle assemblée seroit présidée par le président du département.

Art. 5. — Qu'à ladite assemblée générale il seroit réglé l'imposition individuelle que supporteroit chaque chef de famille relativement à sa profession.

Art. 6. — Qu'il seroit donné un tableau du nombre d'habitants de chaque paroisse, de leurs professions, arts ou métiers, et une estimation des biens-fonds situés dans l'étendue des villes, bourgs ou paroisses, pour que la répartition puisse se faire avec plus de justice et d'exactitude.

Art. 7. — Qu'il seroit ensuite procédé par les collecteurs, les membres des municipalités de chaque ville, bourg ou paroisse, à la formation d'un rôle de répartition pour asseoir ce que chaque contribuable devroit supporter.

Art. 8. — Que la minute du rôle contiendroit l'estimation du revenu des biens-fonds du contribuable situés dans l'étendue de la paroisse, la somme qu'il payeroit à raison de ce revenu, celle pour sa profession et celle pour les corvées; que cette minute demeureroit au greffe de la municipalité; qu'il en seroit envoyé un duplicata au greffe de l'élection; que la grosse renfermeroit toute la somme en un seul article de ce que le redevable devroit payer; laquelle grosse seroit rendue exécutoire par un juge de l'élection.

Art. 9. — Au moyen de ce que chaque particulier seroit taxé à un impôt individuel; que le surplus de la subvention royale seroit assigné sur les propriétés des biens-fonds sans aucune exception; les fermiers ou locataires ne seroient point chargés d'aucunes impositions particulières pour raison de leurs fermages ou locations.

Art. 10. — En faveur de ce que les biens que possède le curé seroient assujettis au payement de la subvention royale, comme ceux des nobles et du Tiers-État, ils seroient dispensés des décimes et l'État seroit chargé des dettes du clergé, créés pour le soutien de l'État.

Art. 11. — Lors de la formation des rôles, on pourroit réduire ou modérer l'impôt individuel des infirmes, pauvres, malades, ou de ceux qui seroient chargés d'une nombreuse famille, laquelle réduction seroit reportée sur les revenus fonciers.

Art. 12. — Demander la réduction du prix du sel ou la suppression de gabelles.

Art. 13. — La suppression des droits de péage, banalités des pressoirs, moulins, fours et boucheries dans le royaume, même des prétendues corvées seigneuriales.

Art. 14. — Que les seigneurs qui prétendent avoir droit de censives, lods et ventes et droits de retenue sur les biens vendus dans l'étendue de leurs seigneuries, soient tenus d'établir ces droits par le rapport des titres constitutifs desdits droits, ou au moins par le rapport de reconnoissances suffisantes faites dans les formes prescrites pour la validité des papiers terriers, sans qu'ils puissent se prévaloir d'aucunes possessions, qui ne peuvent, dans aucun cas, être considérées que comme l'effet de la crainte, suggestion ou servitude féodale.

Art. 15. — Que toutes les rentes, de quelque nature qu'elles puissent être, soient remboursables à toujours aux bons points et commodités des débiteurs, pour éviter les procès ruineux auxquels les rentes perpétuelles engagent les débiteurs, lesquelles rentes gênent et entravent le commerce.

Art. 16. — De supprimer l'impôt établi au pont de Joigny sur les vins, attendu que cet impôt empêche l'exportation des vins et préjudicie au commerce.

Art. 17. — Que les appellations des sentences rendues dans les justices subalternes soient portées directement dans les bailliages royaux ou siéges présidiaux les plus prochains, tant pour prévenir la multiplicité des degrés de juridiction que pour éviter les transports en des bailliages et présidiaux éloignés; ce qui constitue les parties dans des dépenses énormes; pour cet effet, qu'il soit donné des arrondissements.

Art. 18. — Que les anciens règlements pour les vacations de toute espèce soient renouvelés sans qu'il soit besoin d'avoir recours aux anciens règlements à l'avenir.

Art. 19. — Qu'il soit dit que les ordonnances et coutumes seront exécutées suivant leur forme et teneur, sans que les juges puissent s'en dispenser sous aucun prétexte que ce soit, même d'usage contraire. Et si on trouve que celles qui existent soient insuffisantes ou préjudiciables, qu'il en soit rédigé de nouvelles auxquelles on sera tenu de se soumettre.

Art. 20. — Que les curés soient tenus des grosses et menues réparations de leurs presbytères, parce que la négligence de plusieurs d'entre eux à faire faire les réparations viagères et usufruitières entraîne souvent la ruine des presbytères et donne lieu à des charges considérables aux habitants et propriétaires de biens, sauf à augmenter les portions congrues.

Art. 21. — Que si aucuns desdits curés négligeoient d'entretenir leurs maisons et presbytères, ils pourroient y être contraints à la requête des syndics, habitants ou municipalités des paroisses, par les voies ordinaires, sans avoir besoin de recourir aux intendants.

Art. 22. — Qu'il soit dit que dans tous tribunaux les affaires y seront jugées dans un bref délai.

Art. 23. — Que les articles 10 et 11 de la déclaration du roy du 20 août 1786, concernant la taxe des droits des commissaires à terrier, soit réduite au moins à moitié, parce que, dans l'étendue du bailliage d'Auxerre, où les héritages sont très morcelés, il en coûteroit à un propriétaire de 50 arpents d'héritage plus de 200 l. pour fournir une déclaration.

Art. 24. — Demander la suppression des offices de jurés-priseurs vendeurs de biens meubles dans les campagnes, attendu que les frais de leur transport et de leurs procès-verbaux consomment les successions des infortunés paysans, ce qui met dans la nécessité de vendre les biens-fonds des mineurs pour acquitter les dettes.

Art. 25. — Demander la suppression du centième denier aux successions collatérales, et qu'il soit rédigé un nouveau tarif des droits de contrôle et d'insinuation à une somme fixe et déterminée sur chaque acte, sans que l'on puisse y rien ajouter sous prétexte de sol pour livre ou autrement; qu'il en soit de même au contrôle des exploits, saisies, etc., qui sont des fardeaux supportés par la classe des citoyens les plus indigents.

Art. 26. — Que les registres des contrôleurs soient vérifiés et le produit arrêté par quartiers, par le juge du lieu, gratis, et qu'ils pourroient être vérifiés tous les ans par un juge de l'élection ou un commissaire du département.

Art. 27. — Qu'il soit dit que les sergents des justices subalternes et seigneuriales puissent mettre à exécution, dans l'étendue de la justice où ils seront immatriculés, tous les actes, arrêts ou sentences, et ce pour éviter les frais immenses des transports d'huissiers, qui ruinent souvent les débiteurs et les créanciers.

Art. 28. — Que les poursuites qui seront faites pour la perception de l'impôt seront sur papier libre, qu'elles seront faites par les sergents des lieux auxquels il sera payé un modique salaire; que les meubles saisis seront vendus sur la place publique des paroisses, bourgs ou villes, les jours de dimanche à l'issue des offices, au moins huit jours après la saisie.

Art. 29. — Qu'il n'y ait qu'un seul receveur des impositions dans chaque élection, auquel les collecteurs remettront par quartier le quart des impositions de la paroisse, et les contrôleurs des actes le produit de leur bureau.

Art. 30. — Que les receveurs généraux des villes ou élections fourniront leur cautionnement en argent et qu'ils n'auront d'autres remises ou appointements que l'intérêt à raison de dix pour cent du montant de leurs finances.

Art. 31. — Que les oppositions qui pourroient être formées aux rôles de la subvention royale se feroient par requête sur papier libre, qui ne pourroient contenir plus de deux rôles; lesquelles seroient communiquées à la municipalité de la paroisse, qui seroit tenue d'y répondre après en avoir communiqué aux habitants de ladite paroisse dans un délai de quinzaine; que le tout fût renvoyé aux juges qui en auroient la connoissance pour y être fait droit dans un même délai; que les appellations soient jugées de la même manière.

Art. 32. — Et pour faciliter l'agriculture, demander que les particuliers puissent continuer à faire pâturer leurs bestiaux dans tous les lieux accoutumés, même dans les bois, lorsque le taillis aura atteint l'âge de six ans, puisqu'à cet âge ils sont défensables et que les chevaux et vaches ne peuvent plus y causer de dommages, en observant que les pâtres ne puissent pas s'étendre au-delà des clochers des paroisses voisines, et que les moutons et chèvres ne puissent en aucun temps être mis en pâturage dans lesdits bois.

Si les pâturages manquent, s'ils sont trop resserrés, l'agriculture ne peut pas se soutenir, et ce n'est qu'à la faveur d'une grande quantité de bestiaux que l'on peut engraisser les terres, les rendre fertiles et faire prospérer le royaume. Cependant il se trouve des propriétaires qui empêchent la pâture dans leurs bois, ils préfèrent la perte des herbes qui s'y accroissent au bien et à l'avantage publics; heureusement que ces égoïstes ne sont qu'en petit nombre.

Art. 33. — Demander l'extinction des droits d'échange, sauf à rembourser ceux qui les ont acquis du roy à raison de la quittance de finance qu'ils en rapportent

Art. 34. — Qu'il soit permis aux pâtres ou bergers de mener des chiens libres avec eux pour la garde de leurs troupeaux et prévenir les dommages qu'ils pourroient faire aux récoltes, sans que les gardes des seigneurs puissent leur en empêcher.

Le tout a été dicté et arrêté en présence et du consentement de tous les habitants de ladite paroisse assemblés à cet effet au son de la cloche, cejourd'huy 15 mars 1789. Et ont signé à la réserve de ceux qui ont déclaré ne le savoir.

Signé : L. Fouqueau. — Chanvin. — Bourlet. — E. Quillet. — P. Cornebise. — E. Calmus. — G. Quillet. — E. Prévost. — Homeau. — J. Morisson. — Louis Quillet. — Loup Bonfillout. — Edme Lalandre. — Fouqueaux. — Bouzard. — Étienne Mass. — Bertelot. — P. Lalandre. — J.-B. Tuloup. — P. Prévost. — Gauthier. — Précy. — Tuloup. — Précy.

Paraphé *ne varietur* en exécution de notre procès-verbal de cejourd'hui 15 mars 1789.

Précy.

CHATEL-CENSOIR.

Cahier *de doléances de la paroisse et communauté de Châtel-Censoir, généralité d'Orléans, élection de Clamecy.*

La communauté de Châtel-Censoir, pénétrée des bontés de son auguste monarque et désirant répondre à ses vues de bienfaisance et d'équité, a chargé les députés de sa paroisse de faire parvenir aux États généraux les doléances, observations et remontrances suivantes :

Il résulte de la comparaison la plus simple de celle du rôle des tailles de la paroisse de Châtel-Censoir, généralité d'Orléans, avec les rôles des paroisses voisines dépendantes d'autres généralités, que l'habitant de Châtel-Censoir, celui qui n'a pour vivre que le travail de ses mains, est autant chargé en tailles que le propriétaire aisé dans les généralités voisines.

Cette différence entre des contribuables soumis au même gouvernement seroit seule plus que suffisante pour demander une refonte générale dans la répartition ; mais il y a plus, cette différence s'augmente encore et devient plus onéreuse toutes les fois qu'il est question de mettre de nouvelles taxes ; attendu qu'elles s'imposent toujours au marc le franc de la première. On sera étonné d'apprendre que cette communauté, l'une des plus pauvres du royaume, paye pour les corvées 600 livres, somme qui est le huitième de la taille qu'elle supporte.

Cette paroisse est donc chargée en tailles de 4,800 livres. On ne discutera pas si cette quotité est dans un rapport exact avec celles de toutes les paroisses de la même généralité; ce n'est pas ici le lieu d'une pareille comparaison; mais on observera que la communauté de Châtel-Censoir, éloignée des villes et des grandes routes, est sans aucun commerce; que les productions du sol ne suffisent pas à beaucoup près pour la subsistance des habitants; enfin que plus de la moitié des terres cultivées même avec soin ne dédommagent jamais entièrement des frais d'exploitation. De là la rareté de l'argent, la difficulté de percevoir l'impôt, et la nécessité d'y employer la force, savoir, cette espèce d'hommes qu'on appelle *garnisaires*, qui sont la ruine et la désolation du peuple.

On ajoutera que, dans la supposition où la totalité de la taille seroit en rapport avec la valeur des fonds de la communauté, il y auroit toujours, attendu que le rôle ne comprend pas tous les propriétaires, un vice impardonnable dans la répartition. Une partie de ces propriétaires, ou demeure dans d'autres paroisses, ou est engagée dans les ordres sacrés, et l'autre partie est noble ou militaire; de sorte qu'il est démontré que plus de la moitié des fonds est entre les mains des étrangers ou des privilégiés, et que les contribuables payent au moins le double de ce qu'ils supporteroient si l'ordre et l'équité avaient présidé à l'assiette générale de la taille.

C'est cependant sur le peuple que porte la surcharge. Elle porte sur la classe de citoyens la plus utile et la plus malheureuse. On a dit la plus utile parce que, en effet, sans cette classe, il n'y auroit ni arts ni métiers exercés, ni terres cultivées, et par conséquent point de gouvernement; la plus malheureuse : elle supporte tout le poids du travail et manque souvent des choses les plus nécessaires à la vie. La communauté de Châtel-Censoir est persuadée que les plaintes qu'elle vient de former particulièrement lui seront communes avec la majeure partie des paroisses de toutes les généralités, de sorte qu'après avoir considéré la situation et les besoins pressants de l'État, ainsi que les causes qui ont nécessité ces besoins, elle a pensé que, pour rétablir l'ordre, le maintenir et faire que, par la suite, les mêmes circonstances ne se représentent plus, il fallait s'attacher essentiellement à détruire les abus dans l'administration des finances, dans les emplois, charges ou commissions, dans la répartition des impôts, sous quelque dénomination qu'ils soient, dans les privilèges exclusifs, surtout enfin dans les récompenses accordées sans cause sous le titre de pensions ou autrement.

Pour remplir cet objet et pour d'autres considérations qu'on croit intéressantes pour l'Etat, la communauté de Châtel-Censor demande :

1° Que l'organisation faite des administrations provinciales dans toute l'étendue du royaume, chacune d'elles, munie de l'autorité convenable, ordonne dans toutes les paroisses de son arrondissement la confection du cadastre des fonds qui en dépendent, soit que ces fonds appartiennent soit à des communautés laïques ou religieuses, soit à des nobles, soit à d'autres privilégiés.

2° Que le tarif des impositions fait dans chaque paroisse suivant la proportion établie dans le cadastre, contienne les noms de tous les contribuables, de quelqu'ordre qu'ils soient, afin que tout citoyen puisse s'assurer que le cadastre a été fait avec équité, et pour prévenir les fraudes, erreurs ou inadvertances qui pourroient s'y glisser par la suite;

3° Que pour supprimer tous les emplois et charges relatives à la perception des impôts, chaque administration provinciale soit tenue à faire parvenir sans frais à la caisse générale de l'État la quotité de ses impositions, et par une suite indispensable que les administrations secondaires versent aussi sans frais leur taxe particulière dans la caisse du chef de leur arrondisssment;

4° Que les droits d'aides et gabelles soient supprimés, car le cadastre proposé dans les articles précédents doit pourvoir à tout et remplacer de préférence, s'il en est besoin, ces droits regardés généralement comme les plus onéreux : tels sont ceux dont il est question dans cet article; droits qui entraînent à leur suite une foule d'abus et de vexations, qui multiplient sans nécessité les charges et les emplois; qui mettent des entraves dans le commerce, et qui, enfin, diminuent la population, parce qu'ils portent à un trop haut prix des choses nécessaires à la force et à la conservation de l'individu.

Le sel, par exemple, n'est-il pas d'un usage indispensable pour l'homme ? N'est-on pas d'accord aujourd'hui que dans les animaux il prévient la corruption des humeurs, et qu'il les préserve de mille accidents ? Cependant le trop haut prix de cette denrée nous force à en user avec la plus grande économie, et le peuple, loin d'en donner à son bœuf ou à son âne, qui en auroient besoin, se trouve très heureux lorsqu'il peut en avoir pour lui-même;

5° Que MM. les Députés aux États-généraux, dont l'intérêt doit être celui de la nation, après avoir pris connoissance des emplois, charges militaires ou autres, suppriment pour jamais ceux qui ne contribuent en rien ni à la gloire, ni au soutien de l'État, sont seulement un objet de dépenses et de luxe, et que la finance des emplois qu'ils conserveront soit fixée en raison de leur utilité, de l'âge auquel on y parviendra, enfin des talents et du travail qu'exigeront ces emplois et charges;

6° Qu'il soit permis à un citoyen ou plusieurs liés ensemble par un intérêt commun, de faire estimer ou de vendre leurs meubles, sans être contraints d'y employer le ministère d'un huissier-priseur, dont il faut payer le déplacement suivant la distance de sa demeure, ensuite un droit pour chaque séance ou criée, qu'il ne manque pas de multiplier, enfin une somme de deniers pour livre du prix total de la vente ou de l'estimation, de manière que par la plupart de ces événements, qui sont très communs parmi le peuple, il ne reste plus rien aux malheureux qui les ont essuyés;

7° Que les récompenses viagères, sous le titre de grâce ou de pension, ne soient pas arbitraires.

Ce qu'on appelle manège de cour, intrigue, ne doit pas avoir lieu dans un gouvernement juste : les préférences, les passe-droits ne sont faits que pour arrêter l'émulation et humilier un homme d'honneur. Il faut donc que les récompenses soient proportionnelles, non-seulement aux places, mais encore au temps qu'on les a occupées;

8° Qu'il n'y ait point de priviléges exclusifs. Dans le commerce, un privilége de cette nature est un vrai monopole; dans les arts et métiers il arrête les progrès en détruisant la concurrence; dans la répartition des impôts, il est une injustice criante, puisqu'on paye d'autant plus qu'on est moins; enfin, dans la distribution des places, en même temps qu'il humilie une partie de la nation par une distinction aussi frivole qu'inutile, il ôte aux talents la faculté de se développer et prive l'État d'une foule de sujets qui se seroient distingués où beaucoup de privilégiés ne montrent qu'une incapacité ridicule.

Sur quoi, par exemple, seroit fondée cette distinction qui priveroit le Tiers-État de partager avec la Noblesse les emplois militaires. La nature forme-t-elle des êtres privilégiés ? Donne-t-elle à une classe désignée d'individus plus de force et de courage qu'à une autre ? Désabusons-nous enfin de ce triste préjugé, et qui ne seroit propre qu'à nous faire rougir de honte. Concluons que si le roturier doit par ses contributions concourir comme le noble aux charges pénibles de l'État, l'honneur de le défendre doit lui appartenir de même. Il doit avoir le même droit aux récompenses et aux écoles gratuites qui sont destinées pour l'éducation militaire.

C'est ici le lieu de parler de l'abus qui existe dans l'inégalité prodigieuse entre les revenus de l'ordre supérieur du clergé et ceux de l'ordre inférieur.

Les richesses exorbitantes du premier et la pauvreté du second méritent l'attention des États-généraux; ils doivent un traitement honorable à celui qui est immédiatement chargé du gouvernement d'une paroisse, qui est occupé sans cesse du besoin d'instruire le peuple et de le maintenir sous le joug de la religion, qui enfin se trouve souvent obligé de prendre sur son propre nécessaire pour soulager les besoins de cette classe malheureuse.

L'augmentation des portions congrues doit être telle que l'on puisse abolir le casuel des curés. Ce droit de vendre et de mettre pour ainsi dire à l'enchère les choses sacrées, non-seulement est odieux, mais encore il fournit à l'impie des armes contre la religion.

Les revenus de l'État ne doivent point souffrir de cette augmentation. En supposant, ce qui n'est pas trop, relativement au prix actuel des choses nécessaires à la subsistance, que le traitement des curés fût de 1,500 livres et celui des vicaires de 900, il resterait aux gros décimateurs de quoi soutenir leur dignité et entretenir leur magnificence. D'ailleurs, pourquoi ne réformerait-on pas pour cela, s'il était nécessaire, ces inutiles abbés commandataires, qui n'ont de leur état que la tonsure, et ces communautés religieuses que l'ignorance a instituées et que l'on conserve par abus.

9° Qu'il n'y ait plus de servitude en France.

La servitude personnelle est le droit du plus fort, elle a été dans le principe une usurpation sur le droit naturel qui est imprescriptible ; il est donc permis d'en appeler comme d'abus, surtout dans ce moment où la raison remet chaque individu dans ses droits et n'établit entre les citoyens d'autre distinction que celle du mérite et des talents.

La servitude dans les propriétés, tels que les droits de bordelage, de champart, de cens, et les lods et ventes qui en résultent, la dixme, la banalité des fours et moulins, beaucoup de droits de péage. Cette servitude, dis-je, est contraire à l'utilité publique. Tous ces droits, plus ou moins suivant leur nature, nuisent au commerce des fonds et empêchent les échanges qui seroient si favorables aux progrès de l'agriculture. Il est donc de la dernière importance que les États généraux s'occupent d'ôter cette tache à la nation. Ils y parviendront sans doute en fixant sur quel pied ce rachat doit se faire.

10° Que ce tribunal connu sous le nom d'Eaux et Forêts, regardé généralement comme inutile, qui est juge et partie dans les affaires de son ressort, dont se plaignent avec droit toutes les communautés laïques et religieuses, qu'il est si facile de remplacer sans frais, subissent enfin la suppression qu'il mérite sous quelque rapport qu'on le considère.

11° Que toutes les coutumes soient détruites, et que ce qui est juste dans une province le soit dans une autre; que le système des lois soit simplifié de manière que l'homme curieux de les connaitre y parvienne sans être obligé de passer sa vie à les étudier, et, par conséquent, qu'on abolisse pour jamais cet échafaudage monstrueux de formes judiciaires qui éternisent les procès et qui, à la honte de la raison, ruinent et désolent le Français d'un bout du royaume à l'autre. Ces restes de barbarie ne conviennent plus à la maturité de la nation.

Par la nature des demandes et réclamations contenues dans certains articles précédents, il est clair que la communauté de Châtel-Censoir préfère l'impôt territorial en argent à celui formé en nature. Elle le préfère : parce qu'il est le plus commode et le moins variable pour l'État; qu'il entraine moins de frais à sa suite; qu'il se prend facilement sur le produit net des biens; que par une seule opération, il embrasse tous les objets, et que le tarif de cet impôt, étant appuyé sur des comparaisons locales, établit, s'il est fait avec équité, l'égalité la plus parfaite entre les contribuables. Rien ne seroit plus contraire à la nature de cet impôt que les abonnements particuliers. Ce seroit bien pis si une province entière s'abonnait, on verroit bientôt renaître tous les maux qu'on veut détruire, et le peuple seroit à la discrétion des administrateurs généraux.

Nous, communauté de Châtel-Censoir assemblée le huitième jour de mars 1789, suivant la forme ordinaire, demandons d'une voix unanime que les suffrages soient comptés par tête et non par ordre. Prions nos députés, s'il en est autrement, de se retirer et demander acte de leur refus.

    Signé : Godefroy Tissier. — Guitton. — Poulin. — F. Badière. Henri Bazin. — Boyer d'Alberty. — Pierre Gagné.— Étienne Tissier. — J. Padé. — Pierre le Blanc. — Delaloge-d'Ausson. — Denis Tissier. — Badin. — Berault (député). — Badin d'Hurtebise. — Godefroy Hameaux (député). — Bardet. — Badin Demontjoye. — Badin de Serrière (secrétaire-greffier).

Aujourd'hui 8 mars 1789, jour de dimanche, en l'assemblée convoquée au son de la cloche à la manière accoutumée, sont comparus au collége de Châtel-Censoir, lieu ordinaire à tenir les assemblées, par devant nous Edme-Basile Bardet, lieutenant assesseur en la châtellenie de Châtel-Censoir, faisant pour l'absence du lieutenant, Basile-Denis Tissier, sieur Pierre Guitton, chirurgien, sieur François Poulin, maréchal, Godefroy Tissier,

Jacques Badin, Jacques Jacquet, Jean Léger, Alexandre Baron, Henri Bazin, Laurent Lucy, Claude Bazin, Étienne Roy, Étienne Rousseau, Denis Rochereau, Lazare Moret, Edme Sery, Claude Rousseau, Pierre Leblanc, Jacques Massé, Pierre Vildé, Jean Martin le jeune, Gabriel Martin, Edme Baron, Edme Millot, Edme Davignon, Nicolas Cloiseau, Pierre Mandron, Claude Hirtay, Edme Simoneau, Jean Tissier, Edme Guillemard, Jean-Baptiste Hugot, Philibert Verdier, Jean-Baptiste Tissier, Simon Moreau, Claude Giraut, Pierre Desvoyes, Claude Pinot, Étienne Tissier, Joseph Mandron, Philibert Bary, Jean-Baptiste Padé, François Badierre, Godefroy Hameaux, Nicolas Bazin, André Girard, François Davignon, Godefroy Dinot, Pierre Gaugné, Dominique Voland, Charles Rousseau, le sieur Étienne-Thomas Badin de Montjoie, le sieur Jean-Baptiste Boyer d'Alberty, M° Jean-Baptiste Beraut, le sieur Jean-Baptiste Delaloge d'Ausson et le sieur Jean-Baptiste Badin d'Hurtebise;

Tous nés Français ou naturalisés âgés de vingt-cinq ans, compris dans le rôle des impositions, habitants de cette ville, composée de 230 feux.

Lesquels, pour obéir aux ordres de Sa Majesté portés par ses lettres données à Versailles le 27 février 1789 pour la convocation et tenue des États généraux du royaume et satisfaire aux dispositions du règlement y annexé, ainsi qu'à l'ordonnance de M. le bailly d'Auxerre, dont ils nous ont déclaré avoir une parfaite connaissance tant par la lecture qui vient de leur en être faite que par la lecture et publication ci-devant faites au prône de la messe de paroisse par M. le curé le 8 du présent mois, et par la lecture et publication et affiches pareillement faites le même jour à l'issue de la messe de paroisse au-devant de la principale porte de l'église, nous ont déclaré qu'ils allaient d'abord s'occuper de la rédaction de leur cahier de doléances, plaintes et remontrances, et, en effet, y ayant vaqué, ils nous ont représenté ledit cahier, qui a été signé par ceux desdits habitants qui savent signer et par nous, après l'avoir coté par première et dernière page et paraphé *ne varietur* au bas d'icelle. Et de suite les habitants, après avoir mûrement délibéré sur le choix des députés qu'ils sont tenus de nommer en conformité desdites lettres du roi et règlement y annexé, et les voix ayant été recueillies à la manière accoutumée, la pluralité des suffrages s'est réunie en faveur des sieurs Jean-Baptiste Delaloge d'Ausson, Jean-Baptiste-Badin d'Hurtebise, bourgeois, et M° Prix-Edme-Jean-Baptiste Beraut, avocat, qui ont accepté ladite commission et promis de s'en acquitter fidèlement. Ladite nomination de députés ainsi faite, lesdits habitants ont, en notre présence, remis auxdits sieurs Delaloge, Badin d'Hurtebise et Beraut, leur cahier, afin de le porter à l'assemblée qui se tiendra le 23 mars présent mois devant M. le bailly, comme aussi de donner pouvoirs généraux et suffisants de proposer, remontrer, aviser et consentir tout ce qui concerne les besoins de l'Etat, la réforme des abus, l'établissement d'un ordre fixe et durable de toutes les parties de l'administration, la prospérité générale du royaume et le bien de tous et chacun des sujets de Sa Majesté.

Et de leur part lesdits députés se sont présentement chargés du cahier des doléances de ladite ville et ont promis de le porter à ladite assemblée ; de se conformer à tout ce qui est prescrit par ladite lettre du roi, règlement y annexé et ordonnances susdatées ; desquelles nominations de députés, remise de cahier, pouvoir et déclaration, nous avons à tous les susdits comparants donné acte, et avons signé avec ceux desdits habitants qui savent signer, et avec lesdits députés, notre présent procès-verbal, ainsi que le *duplicata* que nous avons présentement remis auxdits députés pour constater leur pouvoir, et le présent sera déposé aux archives de la municipalité lesdits jour et an.

Ainsi signé sur la minute originale des présentes : F. Badière. — G. Hameaux. — J. Badin. — Godefroy Tissier. — Étienne Simoneau. — Pierre Leblanc. — Pierre Gagné. — B.-D. Tissier. — J. Padé. — Boyer d'Alberty. — Poulin. — Henri Bazin. — Beraut, avocat et député. — Delaloge d'Ausson, député. — Badin d'Hurtebise, député. — Bardet et Badin de Serrière, secrétaire-greffier.

(Suivent les signatures.)

CHATENAY-LE-BAS.

Cahier des plaintes et doléances des habitants de la paroisse de Châtenay-le-Bas, pour être présenté à l'assemblée du bailliage d'Auxerre, en exécution des ordres du roy, par les députés de ladite paroisse.

Première demande. — La communauté supplie Sa Majesté, l'assemblée et les États généraux d'établir des assemblées générales par des députés libres et librement élus de trois ans en trois ans. Jusqu'ici ils ont toujours été écrasés par des impôts, et dans le régime des précédents arrangements il leur était impossible de faire parvenir leurs plaintes et ils ne trouvent pas d'autre moyen pour se faire entendre que celui d'indiquer des Etats généraux à époques fixes.

Seconde demande. — Les gouvernements d'intendance ont toujours été abusifs. Il scroit convenable que le royaume fût gouverné uniformément par des États provinciaux qui, en conservant les municipalités, mettroient toutes les communautés dans le cas de se rendre justice, en associant toujours l'élite des habitants à la répartition de toutes les charges publiques.

Troisième demande. — La taille personnelle est une imposition trop arbitraire. Elle écrase les uns pour soulager les autres. Le haut Tiers est toujours soulagé, et le peuple, par contre-coup, vexé dans la répartition. La taille réelle qui suivrait toujours les propriétés est une imposition plus juste. Elle scroit assise par les municipalités en présence d'un commissaire par elle choisi.

Quatrième demande. — La communauté de Châtenay compose peu de propriétés. Toute la paroisse ne présente qu'un sol pierreux et ingrat sur un faîte extrêmement montagneux, dont les gorges renferment peu de propriétés qui méritent la culture à raison de ce que le sol est, comme on vient de le dire, extrêmement maigre.

Les habitants n'ont pour ressources que la culture de ce sol ingrat; du reste, ils sont sans industrie et éloignés de toute communication pour le commerce, et dans une telle impossibilité de payer de trois à quatre mille livres d'impositions que la paroisse ne compose que 74 feux, dont les individus sont la plupart forcés d'exister par le secours d'autrui.

Cinquième demande. — L'impôt mis et établi pour la confection des routes ne tourne point à leur avantage, en ce que, depuis la perception de cette nouvelle taxe, la route qui semblait devoir ouvrir des communications à cette paroisse est abandonnée. Pourquoi ils supplient Sa Majesté et les trois ordres de faire parachever cette route qui a 72 pieds de largeur dans le moins mauvais du terrain dudit Châtenay, qu'il soit fait sans diminution des impôts royaux et droits seigneuriaux (1).

Sixième demande. — Les habitants viennent de démontrer combien ils étaient surchargés d'impôts, et d'autant qu'il paroit que les besoins de l'État ne permettent pas de les supprimer et qu'il est dans l'ordre naturel que tous les citoyens soient également tenus d'acquitter les charges publiques; leur vœu est que le clergé et la noblesse soient soumis à tous les impôts comme le Tiers-Etat et que tous leurs privilèges soient supprimés.

---

(1) Le rédacteur a sans doute voulu écrire « sans augmentation »; il y a évidemment erreur.

Septième demande. — Le sel est un impôt indirect qui touche davantage à la charge du peuple qu'à celle des deux premiers ordres de l'Etat qui possèdent des fortunes, et cela parce que les ménages peu aisés et nombreux de la classe ouvrière en consomment autant que les classes riches, ou qu'ils en sont privés par la cherté du prix excessif de cette denrée, faute d'argent pour s'en procurer. C'est pourquoi ils supplient le souverain de vouloir bien supprimer tous les priviléges de la vente du sel et le rendre marchand, ou faire des arrangements pour que le prix soit réduit de moitié.

Huitième demande. — La cherté du bois a pour cause le peu de ménagement de cette partie essentielle, une des premières de nécessité, elle est extrêmement rare dans le canton et surtout dans cette paroisse. Pourquoi la communauté supplie l'assemblée d'indiquer tous les arrangements qui pourront conduire à la conservation et l'aménagement des forêts.

Neuvième demande. — Il serait à désirer que les aides et gabelles fussent supprimées, soit parce que la perception en est abusive, soit parce que cette perception est très onéreuse au peuple tant par la gêne et les entraves qu'elle met à la circulation des vins que par le nombre de commis et de gens employés à cette levée, qui pourrait se faire par un impôt plus direct et plus proportionnel.

Dixième demande. — L'établissement des jurés-priseurs est absolument inutile dans les campagnes, où le mobilier est presque sans valeur réelle et où il ne s'agit que d'apprécier la valeur des bestiaux, mieux connue par les cultivateurs eux-mêmes que par des hommes publics, dont les droits exorbitants absorbent souvent toute une succession.

Onzième demande. — Les habitants remarquent qu'une cause qui se réunit à celles ci-dessus pour augmenter leur indigence est la surcharge des droits seigneuriaux qui sont d'une prestation très forte. En conséquence, et s'il s'agissait de toucher à cette partie, ils supplient le souverain d'en ordonner la réduction à une redevance commune pour tout le royaume et uniforme. Au surplus, la communauté s'en rapporte à ses députés pour aviser et démontrer sur le surplus des objets qui seront soumis à l'examen et délibération de l'assemblée.

Signé : Edme Cas (syndic). — Desnoyers. — Germain Petit.— Pinard. — Gauthereau (greffier). — G. Sonnet. — F. Sonnet. — V. Pinard. — Moreau. — Rubigny (juge).

CHEVANNES.

Vœu *du Tiers-État de la paroisse et communauté de Chevannes.*

Nous ne nous occuperons nullement ici des plaintes et remontrances que nous aurions à faire. Nous savons et nous sommes instruits que nombre de requêtes présentées à Sa Majesté les lui ont assez fait connoître. Nous nous joignons à tous les citoyens du Tiers-État et désirons de trouver les moyens de pourvoir et subvenir aux besoins de l'Etat, ainsi qu'à tout ce qui peut intéresser la prospérité du royaume et celle de tous et chacun des sujets de Sa Majesté.

1° Ils exposent que la majeure partie du sol de la paroisse est très ingrat, que plus de la moitié du territoire est possédée par des ecclésiastiques nobles privilégiés et des forains; que ce qui est possédé par les habitants est considérablement chargé de rentes, et qu'en outre, lesdits habitants sont beaucoup trop surchargés d'impositions; pourquoi ils disent qu'il soit établi un seul et unique impôt sur tous les ordres de citoyens, sans aucune exception, avec toute l'équité, l'égalité la plus scrupuleuse et judicieuse.

2° L'impôt territorial, tant sur les terres, prés, bois, vignes, clos, jardins, parcs et autres biens de quelque nature que ce soit, est celui qui nous paroît le plus naturel et le plus sûr à remplir notre vœu et la prospérité de l'Etat; lequel impôt sera imposé en la forme la plus commode et la moins dispendieuse, pour être perçu sur tous les citoyens des trois ordres suivant leurs possessions; sur lequel impôt il conviendra d'extraire une somme suffisante pour la formation de routes et chemins qui se faisaient ci-devant à la corvée, et l'entretien desdits chemins et routes.

3° Que les fonds provenant de l'impôt se verseront directement et sans frais au Trésor royal ou dans une caisse nationale qui pourroit être établie au chef-lieu, comme par exemple à Auxerre, pour tout le ressort du bailliage, et quand il y auroit une somme convenable, elle pourroit être transportée directement au Trésor royal, soit par les postes ou autres voitures qui seroient escortées par les cavaliers de la maréchaussée de brigade en brigade, ou par lettres de change que le Trésor royal pourrait tirer sur les provinces. Par ce moyen, on éviterait des frais immenses pour la régie, ce qui pourrait occasionner une grande diminution sur les impôts ou un grand produit pour le Trésor royal.

4° La suppression de tous autres impôts de quelque nature

qu'ils soient, et particulièrement la liberté dans le commerce, surtout celui des vins, lequel, par le moyen de tant de commis multipliés, n'est rempli que d'entraves et d'inquiétudes, et surtout de procès-verbaux injustes dont sont victimes surtout les plus malheureux des citoyens, qui, trop timides et faute de faculté, n'osent pas se défendre.

5° Nous désirons aussi qu'il n'y ait qu'une même loi, une même peine pour tous les citoyens de tous les ordres et conditions, tant pour le civil que pour le criminel, et qu'on supprime la peine du déshonneur attaché à la famille pour la faute personnelle d'un de ses membres, en admettant aux mêmes charges et honneurs tous les autres membres de la même famille qui se comporteront bien, comme s'il n'y avait eu aucun de leurs parents flétris, parce que la peine et la honte du crime doit être personnelle au criminel.

6° Enfin que, depuis environ dix ans, on a établi des charges de jurés-priseurs dont le droit est exclusif à tous les officiers royaux et seigneuriaux, forcent tous ceux qui sont obligés à faire des inventaires et des ventes de meubles dans l'arrondissement de leur département, d'avoir recours à eux ou à leurs commis ; ce qui est cause que les mineurs, surtout les pauvres, dont la fortune est souvent très minime, la voient absorbée par les frais considérables dudit juré-priseur, auquel même ils se trouvent quelquefois redevables pour ses frais, après avoir eu la douleur de voir détruit le capital de leur mince fortune. Ce qui met très souvent les tuteurs hors d'état de pouvoir payer aucunes dettes, même les impôts royaux. Pourquoi nous désirons que ladite charge soit supprimée, et les officiers royaux ou seigneuriaux, notaires, huissiers, greffiers ou sergents des lieux soient rétablis dans le droit de faire lesdits inventaires, ventes, comme avant l'établissement de ladite charge. Comme aussi que les différentes justices établies dans ladite paroisse de Chevannes soient et demeurent réunies à la justice du chef-lieu.

Fait et arrêté en l'assemblée des habitants du Tiers-État de ladite paroisse de Chevannes, tenue par M. Edme-Pierre-Louis Bachelet, procureur ès-siéges royaux d'Auxerre, lieutenant au bailliage de Beauche, Chevannes et dépendances ; lequel a coté par première et dernière page et paraphé *ne varietur* au bas d'ycelle le présent cahier, qui va être signé par lesdits habitants, cejourd'huy 15 mars 1789.

Signé : Macaire. — Guiollot. — Bonnaux. — Jeannin. — Berthelle. — Malthie. — Sauvot. — Mérat. — Denoix. — Michot. — Butté. — Richard. — Motiot. — Remond. — Niquet. — Pion. — Berthellot. — Butté.

— Lecœur. — Charles Mémain. — Ouzibon. — Butté. — Butté. — Paul Thevenot. — Billou. — Barthélemi Mémain.—Chapron.—François Lecœur. — Martin. — Jeannin. — Laurent Billou. — J. Vincent. — Martin. — Edme Butté. — Et. Jeannin. — Pierre Lecœur. — Butté. — Étienne Lecœur. — Bardot. — F. Mémain. — Jean Lecœur. — Mozé.

Paraphé *ne varietur* au désir de l'acte d'assemblée de cejourd'huy 15 mars 1789.

BACHELET, lieutenant.

CHEMILLY.

CAHIER *des doléances des habitants de la paroisse de Chemilly, bailliage d'Auxerre, en conséquence de la lettre du Roy pour la convocation des États généraux en date du 7 février 1789.*

Les habitants de la paroisse de Chemilly, soussignés, remontrent :

1° Que la justice ne leur est pas rendue avec assez d'exactitude, qu'à peine on tient trois audiences par an et que c'est là le moyen de perpétuer les procès dans les familles. C'est là un des vices des justices seigneuriales, dont aucun officier n'est résidant sur le lieu de la justice. Mais un vice qui réside dans les officiers eux-mêmes, c'est de renvoyer d'audiences en audiences, et ainsi d'années en années, des affaires de la plus légère conséquence, comme sont presque toutes celles de la campagne, pour la décision desquelles il ne faut, pour l'ordinaire, que du bon sens. Si des juges, si des avocats, si des procureurs ne trouvaient pas leur intérêt à prolonger les procès, seraient-ils si longtemps à les terminer? Quelles réformes à faire dans les procédures, dans les formalités de justice, dans les taxes des procureurs et des huissiers! Que d'écritures inutiles! Voilà la source de la fortune des procureurs et la cause de la ruine des peuples.

Un autre abus aussi grand que ce dernier, c'est la partialité qui se montre, hélas! trop souvent dans les officiers des seigneurs, lorsqu'il est question de leurs intérêts contre leurs vassaux. Quelque bonne envie qu'on ait d'être impartial, on incline naturellement pour ceux de qui on tient une place, ou dont on attend quelque faveur. Pourquoi ne pas mettre toutes les justices au compte du roi?

Il existe un abus sur la variété des juridictions. Les tribunaux de justice sont multipliés et ont des attributions si différentes que les habitants de la campagne ne savent pas souvent auquel ils doivent s'adresser. De là des procédures et des frais considérables causés par l'ignorance où ils sont des juges devant lesquels ils sont appelés et auxquels ils doivent s'adresser avant même qu'ils aient eu le temps de se consulter ou de comparoître.

Quelles vexations n'éprouvons-nous pas dans le tribunal de la juridiction consulaire, par les contraintes par corps qu'il décerne, par toutes les sentences qu'il rend, quoique les affaires qui y sont portées ne soient pas de sa compétence et qu'elles ne comportent pas cette contrainte par corps. Il arrive même ordinairement que les affaires sont retenues par les juges-consuls, malgré la réclamation des parties et le droit qu'elles ont d'être jugées par leurs juges naturels; en sorte que pour avoir satisfaction des sentences consulaires, on est obligé de se pourvoir en Parlement et par là se ruiner en frais; ou bien de se voir, contre le vœu des ordonnances, exposé à la contrainte par corps. Pourquoi, pour nous soustraire à tant d'abus, nous demandons :

I. Qu'on nous rende une justice plus exacte, plus prompte et moins dispendieuse;

II. Que cette multiplicité de juridictions soit supprimée, comme nous étant très préjudiciable, pour être réunie en une seule;

III. Que si on laisse subsister la juridiction consulaire, elle soit renfermée dans des bornes dont elle ne puisse pas arbitrairement s'écarter et qu'en la restreignant sa compétence soit soumise à des tribunaux plus à portée de rendre une prompte justice que les Parlements trop éloignés, où les facultés des habitants de la campagne ne leur permettent jamais de pouvoir plaider;

IV. Que les seigneurs soient tenus d'avoir un auditoire et un officier résidant sur les lieux de leur justice; qu'il y ait au moins un procureur fiscal pour y réprimer la licence, y maintenir la police et y arrêter les désordres qui règnent à la faveur de l'impunité.

2° Que ce seroit un grand avantage que la suppression de la taille et des vingtièmes pour les réduire à un seul impôt. En effet, l'imposition territoriale ne seroit-elle pas la plus juste, puisque chaque individu payerait en raison de ses propriétés. La répartition se faisant avec une égalité proportionnée, chaque citoyen seroit à l'abri des exactions, et en simplifiant les frais de perception on parviendrait à augmenter les impôts. Pourquoi exempter le clergé et la noblesse de tous les subsides, qui sont presque tous actuellement à la charge du peuple? Nous respectons infiniment ces deux ordres. Leurs immenses fortunes, leur naissance, leurs mérites, leurs titres, leurs rangs, leurs droits honorifiques, qui sont comme une émanation de la majesté royale, les distinguent et les placent au-dessus de nous. Mais ils ont, ces deux ordres, avec toutes ces brillantes distinctions, une qualité qui les confond avec nous, celle de sujet, et cette qualité entraine nécessairement avec elle l'idée d'une égale contribution. Tant de priviléges dont jouissent les deux premiers ordres ne peuvent être qu'au détriment du peuple et de l'État : du peuple, en ce qu'il est obligé de payer non-seulement pour lui personnellement, mais encore pour les privilégiés; de l'État, parce que ce même peuple ne peut pas faire face à toutes les nécessités du royaume, ne possédant presque rien en propre.

De quelle nature donc que soit l'impôt qu'il plaira au roi et à la nation de nous imposer, nous croyons devoir demander : qu'on simplifie le plus qu'il sera possible les frais de perception, et qu'on n'impose point sur nos têtes la portion qui devroit être payée par les privilégiés, s'il en doit toujours exister.

Que pour prévenir à l'avenir les abus dans les administrations provinciales, les habitants du comté d'Auxerre puissent avoir aux États de la province de Bourgogne des représentants indépendants de l'autorité, qui puissent sans crainte défendre leurs intérêts; ce qui n'arrivera pas tant qu'ils seront représentés aux États par des hommes qui tiendront à l'administration ou qui seront commis par elle, et que, conformément à l'adhésion au vœu du Tiers-État de la ville de Dijon, il soit nommé librement, et par les communes assemblées, ainsi que le roi l'observe aujourd'huy pour la tenue des États généraux, des députés qui seront chargés de présenter les mémoires des citoyens.

3° On jugera de la nécessité de diminuer les impôts sur le peuple lorsqu'on verra tout ce qu'il est obligé de payer. Nous payons dans cette paroisse le seizième pour la dîme qui se perçoit sur le bled, le vin, la laine, les agneaux et le chanvre. Nous payons des tailles et capitations exorbitantes, quoique nous ne possédions pas le sixième des fonds. Nous payons pour un maître d'école, pour les corvées, les réparations des église et presbytère. Nous payons pour les quêtes des religieux mendiants, pour les incendiés, les Hôtels-Dieu, etc. Ces derniers impôts ne sont prescrits par aucune loi, mais ils sont consacrés par l'usage dont on n'ose s'écarter, puisque c'est une charge de l'État. En sorte que les cultivateurs ne vivent que de leur industrie, et s'il survient une mauvaise année, ils se ruinent souvent pour le reste de leur vie, parce que l'entretien des charrues, des chevaux, bœufs ou vaches et de leurs harnois absorbe leurs petites épargnes. Cette paroisse d'ailleurs n'a ni bois ni pâturages, uniques ressources des habitants de la campagne. Pourquoi nous demandons qu'on ait égard à notre situation dans la répartition des impôts, qu'on nous décharge de l'entretien des églises et presbytères pour les mettre à la charge des gros décimateurs qui devroient aussi payer une partie au moins des honoraires d'un maître d'école.

4° Les habitants des campagnes ne sachant la plupart ni lire ni écrire, ne peuvent faire la moindre affaire par eux-mêmes. Faut-il passer un sous-seing, faire une quittance, régler un mémoire, il faut avoir recours à un notaire qu'il faut payer. Donne-t-on ou reçoit-on des à-comptes sur une somme due ou à recevoir, on est obligé de s'en rapporter à la bonne foi de celui qui aura un livre. Faut-il passer une obligation qui seroit suffisante sous signatures privées, il faut toujours aller chez le notaire où il faut payer la passation et le contrôle. Voilà pour le peuple un impôt plus grand qu'on ne le pense. Et combien d'autres inconvénients ne résulte-t-il pas pour les campagnes du défaut d'un bon maître d'école? Pourquoi nous demandons qu'il soit avisé aux moyens de donner une rétribution suffisante pour l'entretien d'un bon maître, sans nous en faire un nouvel impôt.

5° N'est-il pas affligeant pour les habitants des campagnes de voir leurs travaux d'une année, leurs dépenses et leurs sueurs perdus dans l'espace quelquefois de quinze jours par les dégâts causés par une trop grande quantité de gibier, seule faite pour le plaisir des grands, à moins que, pour défendre son bien, on ne veuille s'exposer à des procès ruineux. Ce seroit encore peu si la vie d'un homme n'en dépendait pas. Car on a vu, et on n'en a que trop d'exemples; oui, on a vu des gardes poursuivre à coups de fusil des particuliers, non pas pour avoir tué une pièce de gibier, mais seulement parce qu'ils étoient armés d'un fusil. Si on a porté plainte contre ces fléaux de l'humanité, on a encore vu, on n'ose le dire, des seigneurs soustraire aux rigueurs de la justice des grands coupables, en les transplantant dans une terre étrangère où, à l'abri de la protection, ils vont commettre de nouveaux forfaits. Peut-on voir de sang-froid de tels abus? Quel abus encore qu'un vil garde soit cru sur sa parole, qu'on décerne des prises de corps sur son simple procès-verbal, tandis que nos pasteurs ne peuvent certifier la légitimité d'un mariage que par devant quatre témoins; qu'un notaire ne peut acter qu'assisté d'un autre notaire; qu'un honnête homme ne peut traîner devant ses juges un injuste agresseur qu'en présentant au moins deux témoins. Pardonnez-nous, ministres de la religion, vous hommes publics, et vous, honnêtes citoyens, si nous faisons de vous une comparaison si peu honorable. Elle nous est nécessaire pour montrer qu'un tel abus est le fruit ou de l'erreur ou de la tyrannie. Il nous paroitroit donc à propos qu'on détruise une partie du gibier quand il est trop abondant, et qu'il fût défendu aux gardes de porter des fusils.

6° Quoique le casuel ne paroisse pas un impôt conséquent, il ne laisse pas que d'être très onéreux au peuple. Faut-il que nos pasteurs, les consolateurs de l'humanité, les vrais amis du peuple, soient obligés à vivre de nos larmes? Qu'on fasse une distribution plus exacte des biens immenses du clergé, les curés et les paroisses en seront mieux, et le peuple se trouvant soulagé sera plus en état de faire face aux impositions royales.

7° On trouve que c'est un avantage d'ouvrir de grandes routes dans tout le royaume, il faut convenir que c'en est un grand pour faire fleurir le commerce, pour l'utilité des voyageurs et la commodité des grands, qui n'y ont jamais contribué en rien. Mais quels avantages ont retiré jusqu'à présent des grandes routes les habitants des campagnes qui les ont faites? Renfermés dans leurs villages dans la plus mauvaise saison de l'année, ils ne peuvent pas, avec une voiture, joindre la grande route qui les avoisine pour aller vendre leurs denrées et porter l'abondance dans les villes. En considération de ce, les habitants de cette paroisse demandent :

Qu'il soit pris sur l'argent destiné aux routes de quoi faire un chemin praticable en tout temps pour venir de chez eux joindre la route d'Auxerre à Seignelay, pour laquelle ils ont déjà versé tant de sueurs, sans quoi leurs peines seront entièrement perdues pour eux.

8° Quel impôt établi sur le sel, sur une denrée de première nécessité? A quoi bon tant de milliers d'hommes employés à la distribution des salages et toujours nourris par le peuple? Pourquoi ne pas retirer directement des entrepreneurs des salines les deniers qui entrent tous les ans dans les coffres du roy, et les millions qui sont employés à nourrir tant de bouches inutiles seroient à la décharge du peuple? Le sel, en devenant marchand, encourageroit les entreprises par la grande consommation qu'une diminution dans le prix occasionneroit. Il y aurait à craindre qu'on le falsifiat, disent sans doute les amis de l'oppression, mais sont-ce les fermiers généraux, les officiers des greniers à sel qui en empêchent actuellement la falsification? Supposons que cela arrive, le roy, sur les plaintes des villes des provinces, n'auroit-il pas le droit de punir les malversations des entrepreneurs, et les magistrats dans les villes, les fautes des entrepreneurs?

9° Qui le croirait? ou pour mieux dire qui l'auroit cru, que des hommes établis pour soutenir les droits de la veuve, de l'orphelin et du mineur, fussent leurs plus cruels ennemis? On voit tous les jours les successions spoliées et réduites au néant par la voracité des jurés-priseurs. Les juges des lieux ne sont-ils pas les pères du peuple? Pourquoi multiplier les êtres sans nécessité? Nous demandons tous instamment qu'on supprime toutes ces charges qui sont un fardeau insupportable à la nation et qu'on nous délivre de tant de tyrans.

10° Si c'est un droit des seigneurs d'obliger leurs vassaux à payer des commissaires pour la confection de leurs terriers, on ne veut pas le contester; car le peuple ne connait que ce terme, payer, et toujours payer. Mais n'a-t-on pas droit de se plaindre des honoraires exorbitants qui leur sont adjugés, et par qui.... on n'ose le dire..... et pourquoi appauvrir une multitude de bons citoyens pour en enrichir un seul? Ne pourroit-on pas dire que ce seroit une justice, de la part des seigneurs, de faire leurs terriers à leurs propres frais? Ne devroient-ils pas se croire assez dédommagés par les lods et ventes qu'ils perçoivent sur leurs terres? et ce droit accablant, cet usage criant est-il une loi de l'Etat ou une usurpation de leur part?

11° Quoi! toujours des abus et toujours payer? Faut-il dans une paroisse ouvrir un fossé, réparer une église, il faut présenter des requêtes à MM. les intendants, qui ordonnent communication à leurs subdélégués, nomination d'architectes, de commissaires, etc., etc., etc.; car on se perd dans ce fatras de formalités, et on se ruine à force de payer; en sorte que pour faire une réparation de 600 livres, il faut au moins en imposer 1,200. Est-ce que les paroisses, sur les ordonnances des juges des lieux, ne pourroient pas s'imposer elles-mêmes? D'où vient que les canaux, les routes, les ouvrages publics n'avancent qu'insensiblement, tandis que ceux qui sont à la tête des entreprises font des fortunes si rapides? Une bonne administration verrait-elle de sang-froid un tel abus sans le réprimer? Ne semble-t-il pas plus à propos d'employer les troupes à ces ouvrages de longue haleine, en doublant leur paye? Le peuple y gagnerait encore, et on auroit au moins l'espérance de pouvoir jouir un jour du fruit de tant de douleurs et de dépenses.

12° Que dire enfin? car on ne finiroit pas si on vouloit poursuivre le vice dans tous ses retranchements; que dire des milices qui occasionnent tant de dépenses et de temps perdu? Que dire des financiers, les sangsues de l'État; de leur cortège terrible, les receveurs des tailles, les contrôleurs des actes, les directeurs, receveurs, contrôleurs, commis aux aides, commis pour la marque des cuirs, de l'or et de l'argent, les gardes pour le sel et le tabac, et de tous les tyrans du peuple? Que de millions épargnés en supprimant tous ces ennemis de la félicité publique!

Que conclure de tant d'objets de plaintes, que le peuple est malheureux parce qu'un vice général a gagné toutes les parties de l'administration. Plut au ciel que nous eussions à combattre les ennemis du dehors, nous n'aurions pas besoin de la nation entière pour les repousser. Ce sont au contraire des ennemis domestiques qui nous assiégent jusqu'auprès de nos foyers et dont les coups sont d'autant plus dangereux qu'ils partent d'une main invisible.

Nous supplions donc nos députés aux États généraux de prendre à cœur nos intérêts, de se rappeler du serment qu'ils ont fait solennellement de servir la patrie et de porter au pied du meilleur des roys, notre père, nos plaintes et nos vœux, en l'assurant de notre amour et de notre fidélité.

Signé : Perron (syndic). — Moutura. — Ravin. — S. Parcault. — C. Gernais. — Nicolas Gaillard. — J. Ravin. — J. Pelard. — F. Duchêne. — E. Ravin. — Lallemand. — François Deschamps. — A.-J. Chesnegros. — J.-B. Soufflard. — J. Maillet. — Pierre Maillet. — Louis Beaugence. — Mathey. — Loriferne (secrétaire-greffier).

Le présent contenant quinze pages cotées par première et dernière au désir de l'acte d'assemblée tenue devant nous, Pierre Mathey, procureur au bailliage de Chemilly, juge pour l'empêchement de M. le bailly et absence de M. le lieutenant et de ceux qui nous précèdent, cejourd'huy 12 mars 1789.

Signé : MATHEY.

CHICHERY-LA-VILLE.

CAHIER *des plaintes, doléances et remontrances des habitants de la paroisse de Chichery-la-Ville, du diocèse et bailliage d'Auxerre.*

CHICHERY. — Ce pays, autrefois ville, n'est plus à présent qu'un village composé de 112 feux. Plusieurs maisons tombent en ruines, cela dépose de la pauvreté des habitants. En effet, il n'y en a presque point parmi eux qui soient propriétaires de fonds, les malheurs des temps ayant obligé leurs pères d'engager leurs biens aux seigneurs et bourgeois des villes voisines. On croit même que la dîme la plus rigoureuse de dix à MM. du chapitre d'Auxerre, à laquelle ce pays est assujetti, tire son origine de ces temps malheureux. En outre, il n'y a aucun habitant de commerce et tous manouvriers.

A ces sujets de doléance qui nous sont particuliers, nous joindrons ceux qui intéressent toute la nation et profitons des bontés du roy. Nous lui dirons avec confiance que nous désirons l'imposition territoriale en nature. Espérons que l'établissement de cet impôt mettra fin à l'injuste perception de gabelles et autres persécutions que nous souffrons depuis longtemps.

Nos vignes sont gelées sans aucune espérance. Nous espérons que l'imposition territoriale, la taille, les vingtièmes de manière que nous participerons ainsi au bien que Sa Majesté veut à ses sujets, car on aura peine à croire qu'une paroisse composée de 112 feux, ayant un territoire très étroit, produisant peu de froment, paye d'impositions réunies 5,437 livres.

Notre amour pour le roy nous a fait supporter les travaux continuels auxquels il fallut nous livrer pour acquitter ces charges de l'État.

Nous demandons que ceux-là soient tenus de l'entretien des chemins qui les ruinent avec leurs équipages. Nous supplions Sa Majesté d'ordonner que les collecteurs chargés des rôles de chaque paroisse soient seuls commis à la levée des deniers royaux, pour en compter directement avec le receveur des finances établi dans la ville la plus proche.

Nous demandons que chaque paroisse soit tenue de garder ses pauvres; que la municipalité des lieux puisse prendre des deniers communaux pour assister les pauvres dans leurs vieillesse et leurs infirmités.

REMONTRANCES.

Nous exposons que les pigeons causent les plus grands dommages dans nos terres ensemencées, et que ceux qui les tueront à l'avenir ne soient plus exposés à des amendes si fortes et à la peine des galères.

Nous pensons bien qu'il sera difficile de parvenir à l'exacte distribution de l'impôt territorial par arpent de vigne; mais si, comme on nous l'a dit, MM. du clergé et de la noblesse se soumettent, ainsi que nous, à la territoriale, Sa Majesté lèvera toutes difficultés en rendant une ordonnance qui portera amende ou confiscation contre ceux qui auroient été pris en fausse déclaration.

1° Pour la justice, nous demandons qu'elle nous soit rendue plus promptement;

2° Que les juges ne requièrent plus nos serments;

3° Qu'il nous soit défendu de vendre ou acheter aucune terre ou vigne sans que, au préalable, arpentage n'en ait été fait et consenti en présence des parties intéressées ; que la mention de l'arpentage soit déclarée nécessaire à la validité de l'acte et arrangement pris entre les parties.

Rentes. — Nous demandons que trente années ne soient point un terme qui rende les rentes éternelles, mais qu'elles puissent toujours être remboursables suivant le principal, excepté aux églises de paroisse.

Suppression des huissiers-priseurs. — Nous demandons la suppression des huissiers-priseurs, au moins dans les campagnes, et que les officiers de la justice des lieux soient autorisés à faire les inventaires, ventes de meubles comme ci-devant.

Sel. — Que le sel devienne un objet de commerce comme le vin. Nous demandons enfin qu'il n'y ait plus qu'une seule mesure, comme il n'y a qu'un seul poids et une seule aune.

Du reste, nous nous conformons et adhérons à tout ce que les États généraux auront remontré, avisé et consenti pour tout ce qui peut concerner les besoins de l'État, la réforme des abus, l'établissement d'un ordre fixe et durable dans toutes les parties de l'administration et la prospérité générale du royaume, et le bien de tous et de chacun des sujets de Sa Majesté.

Fait et arrêté entre nous habitants de Chichery, en l'assemblée tenue par Maître Edme Danguy, notre syndic, et composée des ci-après dénommés : Vincent Trinquet; Jean Soufflard ; Louis Soufflard, fils de Jacques ; Louis Soufflard, fils de Claude ; Pierre Houchot ; Jean Burat ; François-Lazare Soufflard, greffier ; Nicolas Breton ; Maître Germain Soufflard, procureur fiscal ; Pierre Bouilly ; Louis Saujot; Louis Sapin; Edme Burat; Claude Jouard ; Edme Saujot; Pierre Guibert, collecteur; Nicolas Chavard ; Claude Saujot; Jean-Louis Cloche ; Pierre Valodin ; Étienne Valodin ; Edme Manson ; Jean Jouan ; Edme Garnier ; Jean-Georges Burat ; Louis Defole : Edme Defole ; Jean Chantereau ; Georges Benoite ; Jean Bouquin ; Léonard Bouquin ; Jacques Vinot ; François Garnier ; François Ravin ; Edme Truchy ; François-Emmanuel Vinot ; Jacques Soufflard ; Edme Vinot ; Edme Legros ; André Mathieu ; Charles Durand, collecteur ; Jean-Germain Soufflard, collecteur ; Maurice Souflard ; Martin Roydot ; Pierre Bouquin ; Louis Bouquin ; Athanase Legros ; Thomas Blondeau ; Louis Trinquet ; Hubert Jouan ; François Gousse ; Nicolas Guibert ; François Vinot ; Gabriel Truchy ; Jean Saujot ; Jean David ; François Soufflard ; Denis Garnier; Jacques Garnier ; Edme-Laurent Soufflard; Pierre Mathieu ; Louis Bouquin, sergent; Basile Trinquet; Claude Valodin ; Edme

Jouan, qui ont signé à la réserve de ceux qui ont déclaré ne le savoir.

Suivent les signatures, et après :
dernière page *ne varietur*.
SOUFFLARD (greffier). DANGUY (syndic).

CHITRY (1)

REPRÉSENTATIONS, *plaintes et doléances du Tiers-État de la paroisse de Chitry, des deux parties, pour les États-Généraux.*

Chitry est mixte, savoir : une partie de la généralité de Bourgogne, élection d'Auxerre, et une partie généralité de Paris, élection de Tonnerre. Cette différence de généralité ne consiste que dans les maisons ; malgré cela, elle a toujours occasionné des procès, mais surtout depuis trente ans. Les habitants des deux parties : la Bourgogne comprend les deux tiers des maisons de tout le pays : l'église, le presbytère et l'auditoire. Il n'y a pour tout le pays qu'une justice et qu'un seul seigneur, et qu'une paroisse.

La partie de Paris ne consiste seulement qu'en une langue de maisons et jardins sur environ six arpents de terrain ; voilà tout ce qui est de Paris, tout le finage étant Bourgogne pour les deux parties ; ces deux parties sont tout proche l'une de l'autre ; il n'y a que la rue qui les sépare. Le tout ne se compose que de 138 feux, les veufs et veuves compris, dont 30 et plus sont insolvables.

A l'égard du sujet des différends des deux parties, le voici : En 1759, Sa Majesté créa un don gratuit. Il fut mis sur la partie de Bourgogne 100 livres, et, après plusieurs années qu'on eût perçu cette somme, par un rôle séparé sur les habitants seulement de la Bourgogne, cela fut mis sur la consommation des vins, d'après les inventaires que les commis aux aides faisaient faire ; ce qui, depuis, a produit une somme exorbitante, et a fait pour eux une source de vexations. Or, les habitants de la partie de Paris qui avaient toujours possédé ou possèdent encore des caves et celliers dans celle de Bourgogne y mettaient, comme ils le font toujours, leurs vins, et cela pour éviter les gros droits qu'ils payaient en Paris, de sorte que leur consommation se faisait en Bourgogne ; les habitants de cette partie ont prétendu qu'ils devaient contribuer comme eux au payement de cette somme. De là survint un

(1) En marge se trouve la mention suivante : « Chitry, bailliage d'Auxerre, ni ville, ni bourg muré, 133 feux. »

procès entre les deux parties, suivi jusqu'en la Cour des Aydes, où la partie de Paris succomba.

Quelque temps après, il vint un salpétrier du roi qui n'avait ordre de fouiller que les celliers de la Bourgogne. Or, comme il fouillait également ceux qui appartenaient aux habitants de Paris et ceux de la Bourgogne, les habitants qui se trouvaient chargés par ce salpétrier d'une dépense assez considérable, prétendirent, de même qu'ils devaient se joindre à eux pour la supporter, de sorte que ce fut un nouveau procès à soutenir où les habitants de Paris succombèrent encore. Ces deux procès ont occasionné des inimitiés presque irréconciliables, parce que ces deux parties, faisant des alliances ensemble, il se trouvait que les père et mère étaient forcés de plaider contre leurs enfants, et les enfants contre leurs père et mère.

Tout ceci n'est rapporté aujourdhuy que pour faire voir à Sa Majesté combien cette différence de généralité a été coûteuse aux deux parties qui sollicitent depuis plus de vingt ans la réunion auprès de MM. les Intendants de Bourgogne et de Paris et de MM. les élus généraux des États de Bourgogne, mais inutilement jusqu'à présent.

Effectivement, il deviendrait inutile de rapporter tout ici si n'était la nécessité de donner de vrais motifs, et de prouver combien cette réunion devient nécessaire. Elle le devient d'autant plus qu'aujourd'huy la Bourgogne jouit de la plus grande tranquillité par le moyen du rachat des aides de 1786, trait de bienfaisance de Sa Majesté et dont ladite partie en ressent déjà les heureux effets, et la partie de Paris est toujours exercée par les commis aux aides, ce qui fait que d'un côté leur liberté est absolument gênée, et d'un autre c'est qu'ils sont doublement imposés aux tailles, parce qu'ils la payent dans leur partie à cause de leur domicile, et ils la payent en Bourgogne parce que leurs biens y sont situés.

La partie de Bourgogne se plaint aussi de son côté que ses possessions sont excessivement chargées d'impôts et surtout de vingtièmes qui sont sur plusieurs habitants plus qu'en proportion de leurs biens.

Or, les habitants de l'une et de l'autre partie supplient très respectueusement Sa Majesté :

1° De réunir à la Bourgogne cette langue de maisons, de supprimer les commis aux aides qui y exercent et qui, entr'autres droits, y perçoivent le droit réservé qui, dans le fait, ainsi que Sa Majesté l'a décidé en 1759, ne doit se percevoir que dans les villes et lieux où il y a foires et marchés, boucheries, boulangeries et charcuteries. Et à Chitry, qui n'est ni ville, ni bourg muré, il n'y a rien de tout cela ; à l'effet de laquelle suppression Sa Majesté voudra continuer la paix et la tranquillité qu'il a données au comté d'Auxerre par le rachat des aides ;

2° De ne payer qu'un seul et même impôt sur toutes les propriétés, s'il est possible ;

3° De supprimer les jurés-priseurs, vendeurs de biens-meubles, qui ruinent le peuple par leurs droits exorbitants de 50 sols par lieue pour leurs transport seulement et 3 livres pour criée de trois heures, et de quatre deniers pour livre du montant du mobilier provenant des ventes ;

4° De réduire les droits des commissaires à terrier, qui sont presque tous sans borne. Dans le principe, ils exigeaient seulement 10 sols pour chaque première déclaration, et, à présent, c'est 4 livres 15 sols ; et pour toutes les autres, 2 sols 6 deniers, et présentement, 13 sols ;

5° Un code nouveau pour la procédure, qui détermine en combien de temps toutes les causes seront jugées ; les procès étant de trop longue durée et, par conséquent, ruineux ;

6° Que le clergé et la noblesse supportera ainsi que l'ordre du Tiers-État toutes les charges de l'État ;

7° Suppression des gabelles et du tabac, ou au moins la suppression du tabac râpé, et de la modération dans les prix du sel ou en commerce ;

8° Un nouveau tarif de contrôle et attribution des contestations aux baillages royaux ;

9° La suppression de l'écu de Joigny et de tous les autres droits de péage ;

10° Qu'aux États de province de Bourgogne il sera envoyé de chaque paroisse de ladite province quatre députés, savoir : deux du Tiers-État, un du clergé et un de la noblesse ;

11° Qu'il sera établi dans tous les lieux où il n'y a pas de justice royale un tribunal en dernier ressort jusqu'à la somme de 40 livres pour éviter les frais énormes qu'occasionnent les appels sur de menus objets, et que tout justiciable sera traduit devant son juge naturel, sans égard pour les *committimus* et autres privilèges ;

12° Suppression des corvées royales et seigneuriales, en payant les droits de celles royales seulement ;

13° Suppression du casuel de MM. les Curés, ou au moins que ces messieurs soient tenus dans la perception de leurs rétributions de se conformer aux ordonnances synodales du diocèse, dans laquelle suppression se trouvera comprise la quête qu'ils font lors des récoltes.

Signé : C. Hamelin (syndic). — Nicolas Richou (syndic). — J. Joudelat (syndic). — Dureville. — Raoul. — Richer Raoul. — Cyr Raoul. — F. Hamelin. — Demeaux. — Berthelot. — C. Richou. — E. Hamelin. — G. Petit. — Cordier. — C. Potin. — J.-B. Guenier. — Batton. — E. Raffier. — Edme Raffier. — P. Frigolet. — E. Petit. — Tonnelot. — C. Tonnelot, — Baptiste Cordier. — Cordier. — G. Hamelin. — Jean-Baptiste Savereau, — E. Henry. — P. Richou. — Pierre Besson. — Edme Richou. — Edme Total. — P. Richou. — F. Raffier. — Charles Berthelot. — Augustin Renard. — Berthelot. — Duché de Gurgy. — Raoul (procureur fiscal). — Cuillier. Raoul (greffier commis).

COULANGE-LA-VINEUSE.

Très humbles *et respectueuses supplications et doléances de la paroisse et communauté de Coulange-la-Vineuse, arrêtées dans l'assemblée générale des habitants, en exécution des règlements faits par le Roy les 24 janvier et 7 février 1789, et ordonnance de M. le Grand Bailly, du 5 du présent mois.*

1° Déclarent lesdits habitants qu'ils persistent dans l'entière adhésion au vœu de la ville d'Auxerre, et à ladite délibération et repuête du Tiers-État de Dijon des 30 décembre 1788 et 10 janvier 1789.

2° En conséquence, requièrent la réforme des États de la province d'après le plan proposé par ces deux actes, tant pour leur nouvelle constitution et organisation que pour celle de la commission intermédiaire qui fait la matière de l'article suivant;

3° L'établissement d'une assemblée de département et bureau intermédiaire dans la ville d'Auxerre pour le comté, à l'instar de ceux établis dans les autres provinces, correspondant aux États de la province de Bourgogne, pour parvenir dans ce district à une plus juste répartition des impôts qui n'ont, jusqu'à présent, aucune proportion avec l'étendue et propriété du terrain de chaque ville, bourg, village ou paroisse dudit comté, et avec les facultés de chaque habitant, faute de connaissances suffisantes, de sorte que cette répartition faite par les sous-ordres, n'a jamais été qu'arbitraire, sans principe et sans règles;

4° Qu'il soit pourvu à l'abréviation des procédures civiles, criminelles, et à la modération des droits des instrumenteurs, trop libéralement augmentés par les sièges supérieurs;

5° Qu'aucun citoyen ne puisse être traduit ailleurs que par devant son juge naturel ; en conséquence, la suppression de tous *committimus* ; ce privilége qui transporte les droits, les intérêts et la personne des citoyens à cent lieues de leurs foyers ;

6° La suppression des offices de jurés-priseurs dont la finance est si inférieure à l'immensité des droits qui leur sont attribués, et qui sont plus à charge au peuple que tous les impôts ensemble, sauf à prendre sur lui, par des moyens qui seront convenus aux États Généraux, le remboursement desdits offices ;

8° La suppression de la gabelle si désirée par le roy et par le royaume.

9° La refonte générale de tous les impôts en deux seuls, tels qu'ils puissent suffire aux besoins de l'État ; l'un personnel, l'autre territorial sur toutes les propriétés du royaume et sujets du roy, sans aucune exception de rang, de naissance, de charge, profession et privilége, et de manière que tous les ordres de l'État et individus desdits ordres y soient indistinctement soumis ;

10° Requièrent aussi que les opinions aux États Généraux soient prises et recueillies par tête, soit que les ordres délibèrent conjointement ou séparément, en sorte que les voix des individus de chaque ordre, sur chaque objet de délibération, soient rapportées et comptées ;

11° Que l'impôt en remplacement de la corvée soit supporté proportionnellement par tous les ordres de l'État ;

12° Qu'il soit fait dans cette province un fonds pour des ateliers de charité qui auront pour objet des travaux publics dans chaque paroisse, comme la réparation et entretien des chemins de communication d'une paroisse à une autre et ceux déblaviers.

Paraphé *ne varietur*. Loge.

Signé : Binon. — Chalmeau (député). — Maineau. — Lesséré. — Ansel. — F. Dupont. — Sougère. — Ansel. — Raveneau. — P. Dupont. — P. Dupuis. — Beuré.— Sommet. — E. Livras. — Ledoux aîné. — J.-B. Cessé. — Julien Jaudé. — E. Sougère. — Edme Ledoux. — L. Sigaut. — Ét. Vildieu. — C. Hugot. — Antoine Henry. — B. Sigaut. — Hugot. — Jacques Flament. — J. Dufour. — Benidierre. — Vildieu. — P.-C. Dupuis. — A. Beaudoin. — Henry. — Dupuis. — Cyprien Sougère. — E. Foudriat. — D. Delafoix, — B. Foudriat. — N. Foudriat. — A. Vivot. — F. Roger. — F. Sommet. — J.-B. Moussu. — L. Colas. — C.-F. Ledoux. — Edme Hervin. — E. Foudriat. — Joseph Bellai. — Mathieu

Hugot. — Vincent Gougneau. — P. Delafaix. — Thomas Bosseau. — J.-Paul Hugot. — Claude Saunois. — Vincent Tienau. — C. Bourgeois. — Pelerin Sougère. — F. Vildieu. — L. Bourgeois. — Claude Saunois. — G. Gauthereau. — Antoine Borri. — André Henry. — C. Hervin. — P. Picard. — C. Hugot. — François Delafaix. — P. Sommet. — S. Delafaix. — Jean Flamant. — Ledoux. — Despré. — J. Hervin. — Vildieu fils. — Jacques Dupuis. — Edme Sigaut. — P. Sommet. — A. Flamand. — Dauthereau. — Prix Pigue. — Edme Derode. — Munier. — S. Delafaix. — Jean Dujon. — Sigault. — M. Sigaut. — Chalmeau (procureur fiscal). — Gaillard (greffier). — Loge (bailli).

COULANGE-SUR-YONNE.

CAHIER *des plaintes, doléances et remontrances, dressé par les habitants de Coulange-sur-Yonne, en exécution du règlement donné par le Roi, le 24 janvier dernier, pour la convocation des États Généraux que doivent se tenir à Versailles le 27 avril prochain.*

Les citoyens de Coulange-sur-Yonne demandent unanimement ce qui suit :

§ 1. TENUE DES ÉTATS GÉNÉRAUX.

1° Qu'il soit arrêté par les États Généraux que lesdits États Généraux se tiendront tous les cinq ans, sans que rien n'en puisse arrêter la convocation, et néanmoins, que la première convocation soit fixée au 27 avril 1792, et que pour exécuter les décrets des États Généraux, il soit établi une commission intermédiaire dont les membres seront choisis moitié dans le Tiers-État et l'autre moitié dans les deux autres ordres ;

2° Qu'à ces États le Tiers soit toujours au moins égal en nombre à ceux des autres ordres réunis, et que les avis y soient comptés par tête et non par ordre.

§ 2. ADMINISTRATION DES FINANCES.

1° Qu'il soit formé une caisse nationale et établi des administrateurs qui rendront compte aux États-Généraux de l'emploi des deniers qui y auront été versés ;

2° Qu'il est intéressant que les pensions que Sa Majesté a jugé à propos d'accorder, soient scrupuleusement examinées ; que celles qui sont excessives soient réduites, et qu'à l'avenir, il n'en soit accordé, soit aux ministres, soit à toutes autres personnes, qu'autant qu'elles seront bien méritées et réclamées par les États Généraux.

§ 3. ADMINISTRATION DE LA JUSTICE.

1° Que toutes les justices d'exception, à la réserve des juges et consuls qui, pour l'avantage du commerce, doivent être multipliés, soient supprimées et particulièrement ce tribunal des eaux et forêts dont se plaignent avec droit toutes les communautés ecclésiastiques et laïques, et tous les citoyens, parce qu'il est juge et partie dans les affaires de son ressort, et que les cas qui leur sont attribués le soient pour jamais aux juges ordinaires;

2° Que la multitude des coutumes qui existent en France soit réduite en une seule coutume, pour être observée dans tout le royaume, en sorte que ce qui est juste dans une province le soit aussi dans les autres;

3° Qu'il soit fait incessamment la réforme des abus qui se sont introduits et propagés dans l'administration de la justice;

4° Que les codes civil et criminel soient examinés et reformés par les gens de loi qui seront commis à cet effet;

5° Que les gentilshommes qui commettent le même genre de crime que les membres du Tiers-État soient punis des mêmes peines;

6° Que les lois qui concernent les banqueroutiers soient exécutées régulièrement; qu'il n'y ait plus dans le royaume, et surtout dans la capitale, des maisons où ils puissent se réfugier et insulter au malheur de leurs créanciers; et que ceux qui y sont présentement, puissent y être arrêtés comme partout ailleurs, en sorte qu'ils ne puissent espérer leur liberté que de la bienfaisance de leur créanciers, de la confiance desquels ils ont si cruellement abusé;

7° Que la pénalité des charges de judicature soit supprimée, et que les officiers soient honnêtement gagés pour qu'ils ne tirent plus aucun émolument des parties;

8° Qu'il soit donné, en matière criminelle, un conseil aux accusés, et qu'en matière civile, dans le cas où le précédent article ne seroit accordé, le procès le plus important soit jugé dans le délai d'un an, à peine contre le juge de perdre ses épices, et contre les procureurs de perdre leurs salaires;

9° Que l'usage des lettres de cachet soit aboli; c'ést une inquisition qui ne doit point avoir lieu chez un peuple libre; l'expérience n'a que trop appris qu'elles ont souvent servi la vengeance de ceux qui en ont eu la disposition;

10° Que les maréchaussées sont insuffisantes et que l'intérêt public exige qu'elles soient multipliées au moins de trois lieues en trois lieues.

§ 4. SUPPRESSIONS UTILES.

1° Que l'on ne peut pas trop promptement supprimer les charges de jurés-priseurs, vendeurs de biens-meubles, établies depuis environ deux ans, entre les mains desquels vendeurs de meubles la fortune d'un grand nombre de citoyens se trouve exposée et singulièrement affaiblie par les droits considérables qui leur sont attribués ;

2° Que les milices doivent être entièrement supprimées comme étant odieuses et nuisibles à tous les citoyens du Tiers-État ;

3° Que les dixmes ecclésiastiques soient supprimées et qu'elles soient remplacées comme il sera demandé dans l'article qui suit.

4° Que les collégiales et communautés religieuses soient supprimées à l'exception de celles des femmes et des ordres mendiants, et que leurs revenus soient employés à la dotation des cures et vicariats, et à former des hôpitaux et des maisons de charité.

§ 5. ÉTABLISSEMENTS UTILES.

1° Que l'établissement des receveurs des hypothèques près les sièges royaux est d'une utilité reconnue ; qu'il est important que le nombre en soit augmenté et qu'il en soit établi dans toutes les juridictions royales subalternes, comme dans toutes les villes comprenant 3,000 habitants et au-dessus pour éviter les surprises et opérer la tranquillité des acquéreurs ;

2° Qu'il soit établi des États provinciaux dans chaque généralité, composés de trois ordres et où le Tiers-État sera égal en nombre à celui des deux autres ordres réunis ; que les avis y soient comptés par tête, et qu'il soit attribué à ces États toutes les branches de l'administration de l'intérieur des provinces ;

3° Qu'il soit pourvu à la destruction entière de la mendicité, et que pour y parvenir il soit assigné par les États Généraux des fonds suffisants pour être distribués dans chaque paroisse par les membres des municipalités.

§ 6. CHARGES ET EMPLOIS.

Que le Tiers puisse occuper les charges et emplois civils et militaires, comme les nobles, et qu'ils ne soient donnés qu'au mérite. Il en résultera le plus grand avantage pour l'État.

§ 7. COMMERCE.

1° Que les poids et mesures soient uniformes ;

2° Que le commerce soit libre sur toutes les denrées et marchandises dans l'intérieur du royaume, et extérieurement lorsque les cas pourront l'exiger, pour donner à l'agriculture toute l'activité désirable et que les gentilshommes puissent le faire sans déroger.

§ 8. REMBOURSEMENT DE RENTES, DROITS ET DEVOIRS SEIGNEURIAUX.

1° Qu'il soit permis à tous ceux qui doivent des rentes non rachetables, soit à des particuliers, soit à des gens de main-morte, de les racheter au denier qui sera fixé par les États Généraux ;

2° Que les banalités des fours, moulins, pressoirs et autres soient commuées en une redevance que chaque particulier pourra rembourser ;

3° Que les redevances bordelières, les cens et rentes, droits de champart et autres redevances seigneuriales, sous quelque dénomination qu'elles puissent être, ainsi que les lods et ventes qui en résultent soient rachetables pour chaque particulier au denier qui sera fixé par les États généraux.

§ 9. SUPPRESSION DES IMPOTS.

1° Que tous les impôts qui existent actuellement sous telle dénomination que ce puisse être soient supprimés et remplacés par un impôt unique, comme il sera dit ci-après section 10me ;

2° Que dans le cas où malgré l'arrêté qui sera pris à cet égard par les États Généraux, quelqu'un osait en percevoir, il soit poursuivi et puni comme concussionnaire ;

3° Que la quotité de cet impôt unique ne soit fixée par les États-Généraux qu'après avoir pris une connaissance parfaite de la situation actuelle des finances, du montant de la dette nationale et des besoins de l'État, pour que cet impôt puisse non-seulement y subvenir, mais encore éteindre graduellement la dette, et que les États-Généraux aient à fixer d'une manière combinée la dépense de la maison royale, sans que, sous quelque prétexte que ce soit, elle puisse être augmentée ; à moins cependant que des circonstances imprévues ne l'exigeassent et que les États-Généraux y eussent consenti.

4° Que dans les suppressions demandées article 3 soient comprises, bien entendu, les aides et gabelles dont l'exercice gêne singulièrement le commerce. Il convient que les barrières et douanes soient reportées aux frontières pour que le Français jouisse de cette liberté qui lui est naturelle, qu'il chérit, et dont il a toujours été privé.

5° Que dans ces mêmes suppressions on entend aussi comprendre tous droits de contrôle et d'insinuation et greffe, attendu qu'ils mettent des entraves au commerce des biens. Il convient cependant qu'il y ait toujours des commis qui tiendront des registres pour assurer les dates des actes publics, mais qu'il ne leur soit payé qu'un droit uniforme pour l'enregistrement de chaque acte, qui leur tiendra lieu de salaire, et que leur conduite soit surveillée par les officiers de police du lieu où ces commis seront établis.

§ 10. REMPLACEMENT DES IMPOTS SUPPRIMÉS.

Les citoyens du Tiers-État de Coulange-sur-Yonne demandent que tous les impôts dont ils demandent la suppression soient remplacés par un impôt unique sur les biens-fonds sous le nom d'impôt territorial ou de dixme royale.

Leur vœu est fondé sur une vérité éternelle qui est que la terre est la source des véritables richesses, qui consistent dans les productions qui sortent de son sein. En effet, l'homme, de lui-même, ne peut rien produire de ce qui est nécessaire à sa subsistance et à ses vêtements. Il n'est que l'instrument propre à faire éclore les germes heureux que la terre contient. Il nait nu et sans ressource, de même s'il n'acquiert une portion de cette terre, il ne doit au Roi et à la Patrie que ses conseils et l'usage de ses forces pour les défendre contre leurs ennemis jusqu'au sacrifice de sa vie. Il doit être affranchi des impôts, parce que le fruit de son travail et de ses sueurs est uniquement à lui, comme pouvant à peine suffire à sa subsistance, à son entretien, et à se procurer dans la vieillesse et la caducité une ressource qui puisse tenir lieu du travail auquel il lui seroit impossible alors de se livrer.

Puisque la terre est la source des véritables richesses, c'est sur elle seule qu'il faut mettre un impôt unique, pour être payé également par tous les propriétaires ecclésiastiques, nobles et roturiers; toutes autres manières d'imposer ne seroit qu'une pure illusion, car les impôts qui existent actuellement, sous plus de cinquante dénominations différentes, retombent certainement sur la terre. Ce sont ses productions qui les ont constamment acquittés après avoir été échangées contre le numéraire qui a été pris pour mesure commune de toutes les marchandises. Prétendrait-on que les hommes sont parvenus à les acquitter par leur travail? Il est démontré qu'il suffit à peine pour eux. Il y en a même un grand nombre qui restent dans l'oisiveté et qui cependant sont opulents du seul produit de leurs biens, qu'ils laissent cultiver à d'autres.

Si l'on continue à faire payer des impôts à l'artisan, au commerçant et à tous ceux qui ne possèdent aucun fonds de terre, sous le titre de capitation de taille personnelle ou industrielle, ils continueront de les faire supporter, comme ils ont fait jusqu'ici, à tous les propriétaires et cultivateurs, les premiers en leur vendant plus cher leurs ouvrages, et les derniers en achetant à plus bas prix les différentes productions de la terre sur lesquelles ils ont fondé leur commerce ; parce qu'il faut indispensablement que leur travail et leur commerce suffisent à leur subsistance, et ils ne suffiraient point si tous les ans ils se trouvaient en débet du montant des impôts qu'ils auroient payés. Que cette multitude d'impôts connus sous tant de dénominations bizarres que l'esprit fiscal s'est plu à imaginer, soient donc anéantis pour jamais et réduits à un impôt unique sur les productions de la terre, pour être perçu de la manière la plus simple, la plus égale et la plus commode pour ceux qui seront tenus de la payer.

Tous les ordres de l'État reconnaitront, sans doute, la nécessité d'un impôt territorial pour remplacer ceux qui seront supprimés. Les États-Généraux pourront, après avoir pris connaissance des besoins de l'État, fixer la quotité de cet impôt. Mais sera-t-il perçu en argent ou sera-t-il perçu en nature ? Ce n'est que sur ces deux modes de perception que les opinions pourroient se trouver partagées. Pour prendre un parti, il faut nécessairement mettre dans la balance et peser attentivement les avantages et les désavantages de l'imposition en argent et de l'imposition en nature.

§ 11. IMPOT TERRITORIAL EN ARGENT.

Son avantage.

S'il a lieu au marc la livre des revenus, il procurera au Roi quartier par quartier le numéraire dont il a besoin pour soutenir l'État, et remboursera graduellement ses dettes. Voilà le seul avantage qu'il présente. Il ne reste donc plus qu'à faire l'énumération de ses nombreux désavantages ; on se contentera d'en donner l'idée en peu de mots.

Ses désavantages.

1° L'arbitraire existera comme il a existé à l'égard des vingtièmes

2° Une égalité parfaite, si désirable dans la répartition, est impossible, non-seulement de particulier à particulier, mais encore de paroisse à paroisse et de province à province, ce qui seroit propre à occasionner un mécontentement général.

3° L'impulsion des gens en place influera dans les répartitions comme cela est arrivé à l'égard des vingtièmes, ou bien ils auront assez de crédit pour le faire diminuer.

4° Lorsque les récoltes seront perdues par les gelées, la grêle, les inondations et la sécheresse, il faudra donner des requêtes pour demander des commissaires. Que de procès-verbaux ! Que de peines que les paroisses seront obligées de prendre pour obtenir, dans ces cas, la diminution de l'impôt, sans être assurées de réussir.

5° Les revenus de l'État ne seront point fixes à cause des diminutions qu'il faudra faire tous les ans.

6° Il résultera de cette imposition, comme de celle des vingtièmes, une multitude de procès pour la répétition des cotes en totalité ou en partie contre les nouveaux possesseurs qui n'auront pas été imposés en leur nom à l'instant de leur entrée en possession. Les tribunaux en retentiront, et les facultés des sujets en seront affaiblies.

7° Il faut un arpentage général avec un plan qui contiendra le détail général des héritages, il en coûtera 20 sols par arpent, et il faudra renouveler ces opérations au moins tous les 30 ans par rapport aux mutations trop multipliées et compliquées et surtout aux usurpations qui se font tous les ans d'une manière insensible, et qui finissent par se trouver considérables. Ce renouvellement sera indispensable, parce qu'il ne seroit pas juste que des particuliers qui auroient éprouvé des usurpations payassent pour leurs usurpateurs.

8° Il faut des classements et des estimations de revenu; il est impossible de les faire avec égalité comme on l'a dit article 2. D'ailleurs pourroit-on compter sur l'intelligence et l'intégrité de la multitude des personnes qui seront chargées de les faire? Seront-ils sans passion, sans amis, sans parents? En supposant que ces personnes soient impartiales, pourront-elles mettre l'égalité et contenter tout le monde? Pour le classement, il ne seroit sans doute fait que quatre classes des biens-fonds de chaque nature, sous les titres d'excellents, bons, médiocres et mauvais, et une estimation sera attachée à chacune de ces classes. Or, il est facile de juger que par le tranchement de ces quatres classes il est impossible que l'égalité ait lieu. Le propriétaire d'une terre qui aura été rangée dans la classe des médiocres verra-t-il tranquillement mettre la terre de son voisin dans la classe des mauvaises? Ce propriétaire prétendra que la terre de son voisin produit plus que la sienne, il n'aura pas toujours tort; il en sera de même à chaque changement de classe; chaque propriétaire prétendra que son fonds devra être rangé dans la classe de celui de son voisin, c'est-à-dire dans la moindre, et ce jusqu'à des distances considérables; aucun propriétaire ne voudra souscrire au titre de la classe; ils crieront tous à l'injustice. Alors heureux seront les commissaires si ces propriétaires ne les forcent à porter leurs pas dans un autre territoire, où ils ne seront sans doute pas plus heureux parce qu'ils ne pourront, par aucun classement, établir une juste proportion, et que l'inégalité qui est injuste est faite pour révolter le contribuable le plus pacifique.

9° Il faut un cadastre, qui sera renouvelé au moins tous les deux ou trois ans par rapport aux mutations de propriétaires et aux dégradations des fonds que les orages pourront occasionner. A cet égard, des paroisses seront mieux traitées que d'autres en raison du crédit qu'elles auront auprès des commissaires pour faire diminuer les évaluations et par rapport à ces dégradations.

10° Il faut tous les ans former des rôles.

Tous les ans aussi il faudra nommer des collecteurs, qui perdront beaucoup de temps à troubler le repos public, au lieu de l'employer à l'agriculture. Cependant, il faudra payer leurs peines, d'autant plus qu'ils seront obligés de se transporter à deux ou trois lieues pour interrompre aussi les propriétaires forains : pourquoi jouiraient-ils plutôt du repos que les autres ?

11° Avec un ton insolent, que les collecteurs prennent toujours quand ils sont porteurs d'un rôle d'imposition, ils feront la quête au nom du Roi chez le pauvre comme chez le riche. Par ce nom sacré on menacera ceux qui n'auront pas encore pu battre et vendre leurs grains pour payer, de leur faire des poursuites, ce qui pourra affaiblir l'amour que les cœurs français ont toujours eu pour leur souverain.

12° Il arrivera que des redevables auront consommé leurs recettes par inconduite ou par rapport aux pertes qu'ils auront éprouvées, ou aux maladies qui leur seront survenues, leur mobilier ne vaudra pas les frais d'une saisie. Qui pourroit ignorer que cela soit arrivé souvent à l'égard de la taille et même des vingtièmes, n'auroit aucune idée des efforts que la multitude fait pour échapper aux impôts. Que résultera-t-il de cet inconvénient, le Roi fera-t-il vendre la propriété de ces indigents ? Non. Le parti seroit rigoureux, il en résultera qu'où il n'y aura pas de mobilier le Roi perdra ses droits, et que l'imposition qui n'aura point été payée refluera imperturbablement sur ceux qui auront eu assez d'économie et de conduite pour payer exactement ; telle sera leur récompense.

13° Enfin, voici l'article le plus important et qui seul suffit pour proscrire à jamais les impositions en argent.

Les cultivateurs n'ont d'autre richesse que les productions de la terre, ceux de la dernière classe, et c'est la plus considérable, sont presque toujours sans argent. Cependant un collecteur arrive, de par le Roi il demande un louis d'or, à qui? à un homme qui a peut-être été toute sa vie privé du bonheur de contempler l'image du Roi empreinte sur ce métal. Un louis représente la valeur de seize gerbes de bled ; si ce collecteur les lui eut demandées, il les a, avec quel plaisir ne s'acquitterait-il pas ! Il voit le malheur dont il est menacé ; il donneroit vingt-quatre gerbes pour être quitte, mais il ne s'agit pas de cela, c'est un louis qu'il n'a pas qu'il faut payer à l'instant. Il demande du temps, on lui répond qu'on ne peut pas lui en accorder, parce que le receveur presse le recouvrement et menace le collecteur de la prison. Celui-ci, pour s'en garantir, et quelquefois par animosité, fait faire par l'huissier qui l'accompagne un commandement de payer dans les 24 heures. En vain demanderait-il à ses voisins cet argent à emprunter, ils n'en ont pas plus que lui. Ce délai expiré, l'huissier revient, il saisit les gerbes, et déjà il les regarde comme siennes, car c'est une affaire d'or pour un huissier que la saisie d'une grange. Huit jours après, il signifie la vente, et, pour y parvenir, il établit des batteurs pour battre et vanner le grain, sans oublier de dresser à chaque séance un procès-verbal recordé de deux témoins. Il procède à l'enlèvement du grain pour aller le vendre à un marché qui est quelquefois à deux ou trois lieues de distance ; c'est un surcroit de vacation pour l'huissier. Enfin, en très peu de jours, pour tirer de cet infortuné cultivateur la valeur numéraire de seize gerbes de bled, on lui en consomme au moins cinquante gerbes, dont trente-quatre sont pour le paiement des frais. S'il arrive que ce cultivateur, qui, en général, vit dans une parfaite ignorance des lois, frappe l'huissier lors de l'enlèvement ; celui-ci, qui voudrait avoir été plus maltraité, dresse sur-le-champ un procès-verbal de rébellion ; voilà un procès criminel qui s'instruit contre le malheureux, il est capable de le ruiner s'il n'en arrête pas les progrès.

Quiconque n'a jamais visité la chaumière des laboureurs ne peut ignorer ces vexations ; mais il n'en est pas moins vrai qu'elles ont lieu tous les ans pour les recouvrements des deniers royaux ; qui pourrait se flatter d'évaluer au juste les frais qui se font pour ces recouvrements ? La somme doit être de plusieurs millions, qui est supportée par la classe la plus pauvre des citoyens. Et c'est dans un siècle éclairé que l'on pourroit songer à établir un impôt territorial en argent, et à le préférer à celui qui seroit perçu en nature !.... Non, non, tous les ordres aux États-Généraux se réuniront pour le proscrire à jamais.

IMPOT TERRITORIAL OU DIXME ROYALE EN NATURE.

Ses avantages.

1° Il faut l'affermer dans chaque paroisse la première fois pour trois ans. Il faut aussi que le fermier donne caution et certificateur de caution, et qu'il paye le prix de l'adjudication quartier par quartier, toujours par avance, ce moyen équivaudra pour le moins au seul avantage que l'on a accordé à cet impôt perçu en argent.

2° Chaque citoyen le payera avec plaisir, et regrettera même de ne pas se trouver dans le cas de payer davantage ; sortant de son champ il pourra dire avec satisfaction : ce que j'enlève est à moi, je ne dois plus rien au Roi.

3° L'arbitraire n'existera plus.

4° La parfaite égalité dans l'acquittement de cet impôt subsistera à perpétuité.

5° Le crédit des gens en place ne sera plus à craindre.

6° Plus de requêtes à présenter pour obtenir des diminutions ; où il n'y aura rien, le Roi ne demandera rien et ne percevra rien.

7° Lorsque la quotité de l'imposition sera déterminée, les revenus de l'État seront fixes, ils ne seront plus susceptibles d'augmentation ni de diminution réelles.

8° Plus de procès entre les contribuables pour faire juger qui sera tenu de payer ; ce sera sans aucune contestation celui que l'on trouvera occupé à faire sa récolte.

9° Il ne faudra ni arpentages, ni plans des héritages ; la quotité des productions déterminera d'un coup-d'œil celle de l'impôt.

10° Plus d'estimations à faire des revenus, plus d'injustices et de contestations à cet égard.

11° L'on ne perdra plus de temps à former des rôles et à consommer du papier.

12° L'on ne nommera plus de collecteurs, ils n'emploieront plus leur temps à troubler le repos des citoyens.

13° Ces collecteurs n'iront plus chez les malheureux leur crier, lorsqu'ils manquent de pain : argent pour le Roi.

14° Tous les contribuables paieront comptant au moment des récoltes ; le Roi, ni les collecteurs, n'éprouveront plus de pertes.

15° Enfin les meubles et les denrées du peuple ne seront plus, sous le nom du Roi, conduits et vendus aux marchés, et la classe la plus malheureuse des citoyens n'aura plus à redouter des poursuites vexatoires et ruineuses.

Tel est l'abrégé des avantages de cet impôt.

Ses désavantages.

L'on n'en connoit aucun qui mérite la peine d'être développé. On ne pourroit élever contre que de faibles objections qui doivent s'anéantir par ses nombreux avantages.

Puisque la nécessité d'un impôt est reconnue, hâtons-nous,

pour l'avantage du Roi et le bonheur du peuple, de préférer celui en nature.

Fait ce 22 mars 1789.

    Signé : Oudot. — Marguet de Vaudecoin. — Bard le Jeune. — Patrois. — Breton jeune. — Marguet. — Hollier. — Seguin. — Crochey. — Ermenault. — Edme Robin. — Oudin. — Marguet-Desormeaux. — Seguin de Beaumont. — Poulin. — Moroche. — Bazin. — Thevier. — Raveau. — Larousse. — Raveau le jeune. — Lougelot. — Thiez. — P.-F. Michaut. — Badin. — Guimard. — Gourlot. — Charlgrin. — Badin. — Seguin (échevin). — Sarreste.

Paraphé *ne varietur* par nous, juge, procureur du Roi et greffier, soussignés.

                    Sarreste. — Marguet de Vaudecoin.
                    — Cherbrun (greffier).

COULANGERON.

Cahier *des plaintes, doléances et remontrances de la paroisse de Coulangeron, comté d'Auxerre, fait par le Tiers-État à l'Assemblée convoquée aujourd'huy 22 mars 1789.*

Après avoir très humblement et respectueusement remercié Sa Majesté de ses bontés de vouloir entendre ses sujets et leur permettre de lui exposer, proposer, remontrer, aviser et consentir tout ce qui peut concerner les besoins de l'État, la réforme des abus, l'établissement d'un ordre fixe et durable dans toutes les parties de l'administration, la prospérité générale du royaume et le bien de tous et de chacun de ses sujets, a été dit, représenté et arrêté ce qui suit :

Art. 1er. — Coulangeron, érigé en paroisse en 1740, et qui dépendoit cy-devant de la paroisse de Merry-Sec, est une des plus pauvres paroisses du bailliage d'Auxerre. Elle est placée dans un vallon environné de montagnes, dont le sol est très mauvais et léger. La moitié des habitants n'est composée que de manœuvres, l'autre moitié de pauvres laboureurs qui cultivent leurs terres avec des vaches et des bêtes asines ; le terrain étant très mauvais, sec et aride, produit peu de grains.

Les habitants y vivent durement, les femmes vont à la charrue, travaillent comme les hommes à tous les ouvrages. On ne peut nourrir que les bestiaux nécessaires à la culture des terres, parce qu'il n'y a point de prés, ni sainfoins ; le terrain étant pierreux et brûlant, les grains restent bas, donnent peu de grains et de paille. Les habitants ont beaucoup de peine à y subsister, quoiqu'ils soient laborieux. La plus grande partie du monde quitte la paroisse pour aller travailler dans les vignobles à la journée. Le bois est très cher, n'y en ayant point dans la paroisse ou communauté de Coulangeron.

Art. 2. — Quoique cette paroisse soit mauvaise et sans ressources, sans commerce ni industrie, elle est chargée et surchargée d'impôts. Elle contient 80 feux et paye annuellement la somme de 984 livres, plus la somme de 518 livres 10 sols de dixièmes et vingtièmes.

Art. 3. — De la paroisse de Coulangeron, il dépend un hameau nommé Chéry, généralité de Paris, qui est compris dans les 80 feux, qui paye la somme de 350 livres de taille et capitation, plus la somme de 180 livres pour dixièmes et vingtièmes. Les habitants de Coulangeron sont en outre assujettis aux travaux des routes.

Art. 4. — Pour le bien de l'État et le soulagement du Tiers-État, il est de toute justice que le clergé et la noblesse contribuent à toutes les charges de l'État, comme tailles, capitations, dixièmes et vingtièmes, et à l'entretien des routes.

Art. 5. — Le clergé retire les dixièmes de la paroisse de Coulangeron et de la communauté de Chéry, savoir : MM. les chanoines de la cité d'Auxerre les deux tiers de la paroisse, amodiés 406 livres ; l'autre tiers appartient à M. le curé de la paroisse.

Art. 6. — Pour le bien de tout le public, il est intéressant de supprimer les huissiers-priseurs, dont les vacations dans les campagnes sont une grande charge pour tous ceux qui sont obligés de recourir à leur ministère, et qui fait une grande gêne aux officiers de justice qui sont obligés d'attendre les huissiers pour les prisées des inventaires et ventes des meubles, la plus grande partie ayant leur domicile éloigné.

Art. 7. — De même, il est très intéressant que les droits des gabelles soient supprimés, que la partie des aides, dans toutes espèces de droits, le soit aussi. Si le sel était commerçable, le public en tireroit un grand avantage.

Art. 8. — Que la plus grande partie des terrain et climats de Coulangeron et Chéry est chargée d'un cens et sur-cens en grains, de sorte que, cette redevance prélevée, il reste très peu de chose dans le produit au cultivateur.

La paroisse de Coulangeron supplie très respectueusement Sa Majesté d'agréer ses plaintes, observations et demandes, et de modérer les habitants dans leurs impôts.

Et ont, tous ceux qui n'ont signé, déclaré ne le savoir, de ce requis.

Signé : Mitard. — Robert. — Marc Thomas. — Coullault. — E. Messant. — Delaage.

COURSON

REMONTRANCES *et doléances de nous, habitants de la paroisse et communauté de Courson, dépendant du comté d'Auxerre, province de Bourgogne, pour être présentées à l'Assemblée des États de ladite province par les députés qui seront choisis par nous.*

ART. 1er. — Nous sommes tous de l'ordre du Tiers-État, fidèles sujets de notre Souverain, dont nous respectons infiniment la personne et les ordres. Nous lui sommes entièrement dévoués. Nous offrons tout ce qui sera en notre pouvoir pour coopérer à l'extinction des charges de l'État ; et nous jouirons de la plus grande satisfaction, pourvu que ces charges qui, jusqu'ici, nous ont accablés, soient supportées par le clergé et la noblesse en proportion de leurs possessions, qui sont immenses, et qui composent la plus grande, la plus belle et la meilleure partie des biens de l'État.

ART. 2. — Le sol que nous occupons est peut-être le plus mauvais de la province. Le peu de vignes que nous y avons édifié ne produit que de très mauvais vin ; les terres que du très mauvais seigle, méteil et orge, et en petite quantité ; mais, malheureusement, Dijon, notre capitale, de laquelle nous sommes éloignés d'environ 36 lieues, à raison de cet éloignement, ignore la médiocrité, ou plutôt la mauvaise qualité de notre terrain, et quoi qu'il en soit, dans l'imposition collective de notre communauté, nous sommes plus chargés que les autres, et notamment que les endroits qui avoisinent la ville de Dijon, qui sont cependant des pays gras et fertiles. Nous demandons justice sur cet objet. Rien ne seroit plus juste qu'une imposition territoriale, personne ne seroit lésé. Tous les gens raisonnables la désirent, et elle seroit d'autant plus avantageuse à l'État qu'en simplifiant les genres d'impôts, on diminue le nombre des employés qui font des dépenses immenses, qui se donnent le tort à nos dépens d'avoir des maisons brillantes tant pour la table que pour le jeu.

ART. 3. — Dans la répartition des impôts de notre communauté, la justice distributive y est mal observée, en ce qu'il n'y a pas d'égalité proportionnelle : les uns, riches et aisés, payent très peu de taille, capitation et vingtièmes; d'autres, dans la médiocrité, et même dans la pauvreté, en payent au-delà de leurs facultés. C'est un abus dont nous désirons la réformation.

Art. 4. — Un autre abus, qui n'est pas moins essentiel et intéressant à réformer, est celui qui se commet dans la perception des tailles, capitations et vingtièmes, notamment à l'égard des pauvres.

En effet, sous prétexte qu'ils ont retardé ou différé le payement de leurs impositions, les cultivateurs, outre les dépens de commandement et saisies qui sont très multipliés, la plupart sont dans l'usage de faire payer ce qu'ils appellent des frais, c'est-à-dire qu'ils exigent des uns trois, six, neuf sols, des autres davantage, pour, disent-ils, leur aider à payer les poursuites du receveur des impositions. Ceci est une exécution d'autant plus injuste que la remise accordée aux collecteurs est plus que suffisante pour les dédommager.

Une autre injustice que commettent ces collecteurs est bien répréhensible, ce sont les commandements et saisies qu'ils font aux cotisés, et qu'ils font payer à chacun avec la plus grande rigueur; quoique, par des arrangements faits avec les huissiers, à raison de la multiplicité de ces exploits ils ne payent que très médiocrement, il seroit bien avantageux (si contre le vœu du Tiers-État les impositions subsistent dans leur forme actuelle) de taxer, comme on l'a fait dans différents pays de généralité, les commandements pour tailles et vingtièmes à 10 sols, et les saisies à 30 sols, non compris le contrôle; tandis que pour une malheureuse saisie de 8 ou dix sols, des huissiers exigent des 8 à 10 livres.

Art. 5. — Grâce à la Providence et à des citoyens zélés et intelligents, notre province est délivrée de ces malheureux commis aux aides. Nous ne pouvons qu'en retirer beaucoup d'avantages, quand nous ne gagnerions que la tranquillité et l'affranchissement des procès, dont nous étions continuellement vexés. Nous sentons parfaitement que le droit d'aides étant supprimé, nous devons supporter un genre d'impôts qui en tiendra lieu; mais nous observons que notre paroisse ne produisant que de très mauvais vin, soit que l'impôt soit territorial, soit qu'il soit sur la denrée, il doit y avoir une différence entre les vignobles et nous, puisqu'avec un arpent de vigne ou un muid de vin des bons endroits, on est plus riche qu'avec quatre arpents de vigne ou quatre muids de vin de notre cru.

Art. 6. — Nous ne parlerons plus des vexations inouïes et révoltantes commises envers les corvéables par les directeurs des chemins ; la bonté du Roi nous en a délivrés, et nous n'en faisons mémoire que pour nous féliciter de cette proscription.

Art. 7. — Il est encore un fléau qui désole et dévore, pour ainsi dire, la fortune des citoyens, c'est une sorte d'officiers appelés jurés-priseurs, qui prétendent avoir le droit exclusif de faire la prisée aux inventaires, de vendre les effets des successions, ou qui se vendent par autorité de justice, en conséquence de se faire assister de crieurs. Ces officiers, qui deviennent les maîtres de fixer les dires ou vacations dans les ventes, les multiplient à l'infini. Ils font des grosses énormes. Ils mendient les oppositions pour se perpétuer plus longtemps dans la possession et jouissance des deniers. Enfin, ils se rendent redoutables par les frais immenses qu'ils font payer. Nous en citerons un exemple très récent, qui est d'une vente d'effets mobiliers appartenant à des mineurs ; montant à 112 livres, il n'a été remis au tuteur que 31 livres, le surplus a été retenu par le juré-priseur. Nous désirons, et c'est bien le vœu général de toute la nation, la suppression de ces charges, sans cependant préjudicier aux 4 deniers par livre du prix des ventes, ce qui remplaceroit vraisemblablement la finance payée par ces jurés-priseurs.

Art. 8. — Notre communauté est propriétaire d'une certaine quantité de bois, dont un quart en réserve ; le surplus a été cantonné, pour en être coupé par chacun an environ 20 arpents. Entre 200 viagers, la portion de chaque viager vaut tous les ans 11 à 12 livres, sur quoi il faut payer les charges annuelles de la communauté qui sont les gages du maitre d'école, ceux du garde des bois, les vingtièmes, une redevance de 140 livres due au seigneur pour l'affranchissement des droits de boucherie et boulangerie, qu'il prétendoit avoir droit, et dont il étoit en possession. Ces charges reviennent, tous les ans, l'un portant l'autre, au moins à 6 livres par chaque viager. Nous avions, il y a quelques années, l'avantage de couper des rouettes annuellement, ce qui produisoit de quoi acquitter ces charges ; mais, depuis quelques années, les officiers de la maitrise d'Auxerre se sont opposés à ce que les habitants coupent ces rouettes et à ce qu'ils les vendent. Ils ont adjugé celles des réserves et ont formé opposition entre les mains des marchands auxquels nous avions vendu celles des cantons. Ces deniers sont retenus quoique nous en ayons le plus pressant besoin, ainsi que nous l'établirons dans l'article suivant.

Art. 9. — Nous ne saurions passer sous le silence un objet intéressant dont nous sommes privés.

L'usage de notre communauté est de faire remettre les procès-verbaux dressés par le garde contre ceux qui sont trouvés faisant dommage dans les bois de la communauté, à M. le procureur du Roi de la maîtrise, qui poursuit à sa requête les délinquants et les fait condamner à l'amende envers le Roi et en des restitutions envers la communauté. Depuis 25 à 30 ans il a été rendu plus de 150 sentences de cette espèce, elles ont été mises à exécution, et les amendes et restitutions ont été reçues, tant par le garde de la maîtrise, que par les gardes du Roi, de l'ordre de M. le procureur du Roi ; jamais aucun de ces deniers n'ont été remis aux syndics. On vient même, depuis quelques jours, d'en faire payer pour 200 livres. L'ensemble de ces sommes seroit considérable et mettrait la communauté à l'aise, et même de faire des réparations urgentes.

Art. 10. — Il y a 12 ou 15 ans que le quart de réserve des bois de la communauté fut vendu. Partie des deniers, diminution faite de ceux de l'adjudication, a été employée à des réparations publiques très mal faites ; il est resté environ 9,000 livres qu'il n'a pas été possible de retirer, à l'exception d'une somme de 700 livres que nous avons obtenue l'année dernière pour les murs de clôture d'un cimetière. Nous avons cependant des réparations pressantes : c'est une partie de la voûte de l'église qui menace ruine, et autres réparations telles que celles des couverts de ladite église, du clocher, murs et puits publics, dont nous sommes hors d'état de payer par nous-mêmes ces réparations ; et nous demandons avec instance la délivrance de nos deniers, qui, jusqu'à présent, nous ont été refusés, malgré les différentes pétitions que nous en avons faites.

Art. 11. — On ne connaît dans la Monarchie française aucun esclave ; nous y naissons libres, les étrangers y acquièrent même leur liberté, et nous, malheureux habitants de Courson, nous n'avons qu'une liberté chimérique. Nous sommes de vrais esclaves par les droits plus que géminés que le seigneur est en possession de nous faire payer, four, pressoirs banaux, moulin banal, quoi qu'il soit, communément pendant 2 mois de l'année, sans une goutte d'eau.

Droits appelés banvin, c'est-à-dire le droit exclusif par le seigneur de vendre le vin de son *cru de Courson* les jours de foire, qui sont au nombre de six par an. Comme il n'en fait jamais vendre et qu'il n'a même aucune vigne à Courson, il permet aux habitants de vendre les jours de foire moyennant trois livres par chaque cabaretier, qui sont au nombre au moins de vingt par chaque foire, ce qui emporte le plus clair du bénéfice.

Droits de boucherie et de boulangerie pour l'affranchissement desquels la communauté est abonnée à 140 livres par an.

Droits sur les premiers mariages appelé le *plat bourgeois*.

Droits sur les mariages en secondes noces, appelé *droit de bigame*. D'après cette énumération, on ne peut pas dire que nous soyons libres. Nous le sommes par la loi, mais dans le fait nous sommes véritablement serfs. On doute qu'il y ait des citoyens aussi fatigués. C'est contre cette servitude, si contraire aux lois du royaume que nous réclamons aujourd'hui. Sur quels titres, sur quels fondements, d'ailleurs, sont appuyés de pareils droits ? Les seigneurs n'en ont pas d'autres que quelques reconnaissances lors de la confection de leurs terriers, reconnaissances extorquées ordinairement par menaces et violences ; reconnaissances d'ailleurs qui se font dans le manoir du seigneur, en sa présence ou celle de ses officiers, devant lesquels tout plie et personne ne résiste.

A Dieu ne plaise, cependant, de rien imputer à notre respectable seigneur. Il n'a aucune part à cette multitude de droits, puisqu'il ne possède sa terre de Courson qu'à titre particulier. Nous sommes bien persuadés qu'il gémit intérieurement sur notre sort, et nous lui connaissons assez de grandeur d'âme et de générosité pour en faire le sacrifice (1).

Art. 12. — L'administration de la justice dans les campagnes est un point bien intéressant à examiner. Avant que de se livrer à cet examen, on observe que les justices sont tellement multipliées que, non-seulement il n'y a pas de bourgs et villages qui ne forment autant de justices, mais que tous les hameaux de ces paroisses, qui sont communément de 8, 10, 12, 15 et plus, forment autant de justices particulières possédées par autant de seigneurs, qui ont chacun leurs officiers. Cette multiplicité de petites justices fait que bien loin que la justice se rende exactement, il s'écoule souvent des cinq et six mois sans y avoir d'audience. Si on ajoute à ces considérations l'ignorance de la plupart des juges, procureurs fiscaux et procureurs postulants, il paroîtra intéressant pour le bien public d'exécuter le projet de réunion de différentes justices, de les ériger en justices royales, et former des chefs-lieux de cinq lieues en cinq lieues ; ce qui pourroit faire à peu près 4,000 justiciables, à chacune desquelles justices on établiroit deux juges, un procureur du Roy, un greffier, un notaire et des procureurs postulants, qui ne seroient reçus et admis qu'après un examen et une connoissance certaine de leur capacité et bonnes mœurs. Chacune de ces charges feroit un état qui pourroit occuper ceux qui en seroient pourvus. Les citoyens ne languiroient

---

(1) Le comté de Courson était alors possédé par Charles Andrault de Langeron, marquis de Maulevrier, lieutenant général des armées du roi.

plus pendant des années entières pour avoir un jugement. La justice leur seroit rendue assidûment, régulièrement, conformément aux lois et à la jurisprudence, leur fortune ne seroit plus en proie à l'ignorance et à la rapacité de ces mauvais et intéressés praticiens.

Cette réunion, tant désirée par les citoyens des campagnes, en procurant le bien public, seroit d'une grande ressource pour l'Etat en ce qu'elle produiroit des sommes immenses par la vente des différents offices dont nous avons parlé, dont la finance seroit payée avec la plus grande satisfaction par ceux qui en seroient pourvus, parce que cela leur procureroit un état.

Art. 13. — Dans la plupart des campagnes, les héritages se trouvent divisés. Il est peu de particuliers qui n'aient quelques propriétés, soit en vigne, terres labourables et maisons ; mais les fonds possédés par ces particuliers sont chargés de rentes. Il n'est pas surprenant d'en trouver qui, avec peu de biens, en payent des 10 et 12 parties, et des 10, 12 et 15 obligés solidairement, ce qui donne fréquemment lieu à des demandes en reconnaissance de rentes ou en hypothèques. Ces sortes de demandes, soit originaires, soit en dénonciation, lorsque les premiers assignés ont des garants formels ou simples, font au moins la moitié des affaires de la campagne : ce qui occasionne la ruine de plusieurs particuliers. Il semble que l'on pourroit trouver quelques moyens pour adoucir le sort des débiteurs de rentes ; ce seroit, d'un côté, de n'admettre les demandes en reconnaissance de rente, lorsque les débiteurs sont encore vivants, que tous les 20 ans, au lieu de 10 ans. Il y a déjà quelques tribunaux qui ont adopté cette pratique, mais comme cela ne forme pas une jurisprudence constante, on ne peut s'en faire une règle certaine.

D'un autre côté, ce seroit diminuer la quantité des rentes, surtout celles qui sont devenues non remboursables par le laps de 30 années, en accordant pendant un certain temps, qui seroit limité, la faculté de les rembourser en payant un quart ou un tiers au-dessus du prix principal de ces rentes. On verroit les plus malheureux faire les plus grands efforts pour le remboursement de ces sortes de rentes si préjudiciables aux citoyens et si contraires à la liberté des contrats, parce que, quiconque doit des rentes non remboursables ne peut ni vendre, ni échanger, ni faire aucune espèce d'aliénation, pas même doter ses enfants, sans exposer les acquéreurs ou à déguerpir ou à s'obliger au payement des rentes non remboursables, qui sont ordinairement la ruine de ceux qui les doivent ou de leur postérité, et souvent des uns et des autres.

Art. 14. — Il ne faut avoir que quelques sentiments d'honneur pour être irrité contre les procédés de quelques praticiens chargés contre des débiteurs de rentes en poursuivant, par voie de commandement, tous les co-obligés d'une rente, dont le nombre est quelquefois de 10, 12 et plus ; et faisant procéder par voie de saisie contre tous et un chacun, tandis qu'un seul est bien plus que suffisant pour payer la totalité. Il faut avouer que de pareilles procédures, qui sont si communes, sont absolument frustratoires, ruineuses et accablantes pour des malheureux débiteurs, surtout (ce qui arrive fréquemment) lorsqu'un des co-débiteurs est obligé d'acquitter et de payer pour les autres, alors tout le fardeau tombe sur lui seul. Il seroit bien intéressant qu'il fût fait un règlement, par lequel il seroit fait défense de faire, comme il se pratique fréquemment, différents commandements et différentes saisies, en même temps et pour le même objet, contre différents co-obligés à une rente ou autres créanciers, lorsqu'il paroîtra par une saisie faite contre l'un des co-obligés que la créance est suffisamment assurée.

Art. 15. — Notre paroisse est le chef-lieu de plusieurs petites paroisses voisines. Nous y avons six foires par chacun an, grande route très pratiquée, pays d'ailleurs couvert de bois, plus ceux du seigneur, des forêts du Roy et de différentes communautés. Il seroit nécessaire pour le bon ordre et même la sûreté publique, que nous eussions au moins une sous-brigade de maréchaussée, d'autant plus que nous sommes éloignés des endroits où il y a brigade et sous-brigade.

Art. 16. — Parmi les abus qui règnent, il en est un d'autant plus déplorable qu'il est le plus toléré : c'est la facilité avec laquelle on reçoit les chirurgiens qui sont destinés pour les campagnes. La plupart, sans principes et sans la moindre connaissance de leur art, ne doivent leur réception qu'à la faveur et à la protection. Tout leur mérite et toute leur science ne consistent qu'à savoir saigner et purger. Avec ces deux remèdes, qu'ils emploient à tort et à travers, ils se répandent dans les villages, qu'ils dévastent par des impéritics sans nombre. Enfin, on peut dire de ces messieurs, avec autant de vérité que de douleur, que ce sont autant d'assassins patentés qui égorgent méthodiquement. C'est ainsi que, par une coupable tolérance, un art destiné au soulagement de l'humanité souffrante, devient, dans la main de ces ignorants, un véritable fléau.

Pour remédier à un abus si désolant, il seroit à souhaiter qu'on ne donnât des brevets de chirurgie qu'à ceux qui prouveraient, par de bons certificats, qu'ils ont fait des cours assidus, et encore après avoir subi plusieurs examens rigoureux. Il faudrait encore que ces examens, ainsi que les autres formalités, se fissent sans frais, et par des maîtres dont le désintéressement et l'intégrité seraient connus. On verrait, à coup sûr, moins de meurtriers, et l'État conserverait tous les ans dix mille citoyens de plus.

Art. 17. — Une remarque digne de l'attention du Gouvernement, c'est que la plupart des pauvres paysans de la campagne, lorsqu'ils sont malades, n'appellent le chirurgien que quand ils sont aux abois, et cela pour éviter les frais d'une saignée et d'une purgation, qu'ils ne se sentent point en état de payer. D'autres ne l'appellent point du tout, dans la crainte qu'après être rétablis d'une maladie ruineuse, le chirurgien, ainsi que cela arrive souvent, ne vienne aussitôt à les poursuivre pour être payé de ses traitement et médicaments, auquel cas ils seroient obligés de vendre le peu de fonds qu'ils pourroient avoir. Pendant qu'ils délibèrent ainsi, la maladie fait des progrès, et très souvent le chirurgien n'est appelé enfin que pour dire qu'il faut un confesseur. On voit périr tous les ans, et surtout dans le temps des fièvres courantes, un nombre infini de ces malheureux faute de secours. Si l'État intéressait des chirurgiens, qui auroient un certain arrondissement, et qui, par conséquent, seroient obligés de traiter gratis ces pauvres gens, il s'enrichiroit en conservant des individus qui lui sont utiles. Le superflu de bien des membres inutiles à l'État seroit plus que suffisant à ce pieux et utile établissement.

Art. 18. — Le retrait censuel est un droit bien contraire aux vues d'un sage gouvernement, en ce qu'il dépouille la multitude pour mettre tout dans la main d'un seul. Un seigneur ambitieux peut envahir à la longue, en s'appropriant les ventes qui se font dans sa censive. Nous avons dans nos environs, pour exemple de ce fait, un village entr'autres (Fétigny, près Collange-sur-Yonne), où les habitants ne possèdent rien en propre, parce que le seigneur les a dépouillés en vertu de ce droit barbare qui, d'ailleurs, est contraire aux intérêts de la ferme. De là, qu'arrive-t-il ? c'est que les particuliers étant ainsi dépouillés, sont obligés de s'écarter et de travailler pour autrui, afin de gagner leur vie, et que la plupart sont dans la misère et hors d'état de payer aucun droit au Roy : première perte pour l'État. Une autre perte, non moins grande, c'est que l'industrie d'un seul homme ne peut équivaloir à celle de plusieurs ; chacun sait par expérience que l'esprit de propriété double la force de l'homme, et que quand on travaille pour soi, on le fait toujours avec plus de vigueur et plaisir que pour autrui (1).

(1) Le retrait censuel était le droit direct qu'avait le seigneur de se

Art. 19. — Il seroit bien intéressant que le sel devînt marchand comme tous les autres comestibles. Personne n'ignore combien l'extrême cherté de cet élément engage la plupart des malheureux cultivateurs à se priver très souvent de l'aliment qui est seul capable de les soutenir dans leurs travaux, c'est-à-dire la soupe, nourriture ordinaire des habitants de la campagne. On sait d'ailleurs que les aliments salés raniment les forces, au lieu que ceux dépourvus de sel affadissent le cœur et par conséquent affaiblissent le corps.

On sait encore combien le sel est nécessaire dans les maladies de certains animaux, et combien il en périt à cause de la cherté de ce mixte.

On observera que Courson, qui est à peu près à la même distance d'Auxerre que de Clamecy, n'a pas le droit, comme toutes les autres paroisses voisines, de prendre son sel à Auxerre, qui est sa capitale, et où l'on va payer tous les impôts et tous les droits du Roy. On est obligé de se servir au grenier à sel de Clamecy, pays qui n'a aucune relation avec Courson, tant pour le commerce qu'autrement. Il arrive de là qu'il paye le sel 2 sols par livre plus cher qu'à Auxerre, et que la plupart sont exposés à des procès de la part des gabeliers, si, en faisant leurs recherches, ils trouvoient chez eux du sel qui ne vient pas du grenier à sel de Clamecy.

Les hameaux de Courson tiennent à Auxerre par tous les côtés. C'est leur baillage, leur capitale. C'est là où ils vont verser les deniers qu'ils payent au souverain. Pourquoi n'auroient-ils pas, ainsi que leurs voisins, la faculté de prendre leur sel à Auxerre ?

Signé : Lemaigre, curé de Courson. — Tapin. — Malvin. — Regnauldin. — Guiblin. — L. Millet. — Mathieu. — Lazare Bertheau. — Hodard. — Bruand. — Loury. — Naudin. — Pierre Loury. — Denis Paquereau. — F. Cornuché. — G. Bourguignon. — Nicolas Lapert. — Louis Bourguignon. — Cornuché. — Guiveaut. — André Gallois. — Carré (syndic). — Jullien (syndic). — Berthrier.

Paraphé *ne varietur* en exécution du procès-verbal de cejourd'hui, 15 mars 1789, par nous, Jacques-François Guerreau, procureur fiscal du comté de Courson, et y faisant fonction de juge pour

mettre en possession de tout héritage roturier dépendant de sa censive, lorsque cet héritage était vendu, à la charge de rembourser à l'acquéreur son prix d'acquisition et tous autres frais.

absence de Messieurs les bailly et lieutenant audit siège, lesdits jours et an que dessus.

GUERREAU.

CRAIN.

CAHIER *de doléances de la paroisse de Crain, comté d'Auxerre, province de Bourgogne.*

Les habitants de la paroisse de Crain garderont-ils le silence dans un moment où toute la France élève la voix pour rendre hommage à la bienfaisance et à la sagesse du meilleur des rois et du plus tendre des pères ?

Non, Sire, vous permettrez à tous de vous faire connaître la vérité ; nous osons vous la dire.

Vos sujets, habitants de la paroisse de Crain, s'occupent sur la rivière à conduire des bois à Paris. Ils possèdent peu, parce que l'étendue de leur terrain est en grande partie couverte de bois, dont la plus considérable portion appartient à Votre Majesté, et le surplus est un sol ingrat qui rend à peine les dépenses que l'on est obligé de faire pour le cultiver.

Cependant, cette paroisse est imposée au rôle des vingtièmes, comme si elle était située dans un territoire fertile, et, malgré les représentations des pauvres propriétaires, on ne peut obtenir de la province aucune diminution.

Bien plus, c'est que le rôle est fait avec si peu d'exactitude que le malheureux habitant, chargé à son tour de lever les impôts, ne connoît pas même tous les noms de ceux qui sont imposés. Il est obligé de perdre la cote qui se trouve imposée, inscrite, et de payer de ses deniers pour un objet qui n'existe pas.

Si le bien change de mains ou de nature, on présente à l'administration des requêtes qui ne sont jamais répondues ; et quelqu'accident que l'on éprouve, soit par les grêles ou autrement, on ne peut obtenir de soulagement.

Ainsi, chaque année, un collecteur est ruiné dans la paroisse. Voilà une famille de plus à la mendicité.

Ce n'est ici qu'une faible partie de nos maux ; le prix excessif du sel, à 14 sols 6 deniers la livre, nous prive de la nourriture la plus nécessaire à nous et à nos enfants. Combien en est-il parmi nous qui, pendant plusieurs jours de chaque semaine, se trouvent réduits et même forcés à ne vivre que de pain le plus pauvre qu'il soit possible de s'imaginer.

Encore si le pasteur qui nous conduit pouvait nous soulager, si le revenu de sa cure le mettait à même de nous soulager et d'adoucir nos peines dans des moments de calamité, cette consolante idée nous soutiendrait. Mais il reçoit à peine de quoi subsister. Nous plaignons son sort comme il gémit sur le nôtre. Il voit avec nous la majeure partie de la dixme de notre paroisse enlevée par le premier pasteur du diocèse ou par des chapitres voisins, qui jamais ne viennent à notre secours. Il semble, et même il est nécessaire de remédier à un pareil abus et de soulager une des paroisses la plus à plaindre du royaume.

Dans la partie que nous habitons, tous les villages voisins possèdent en commun des bois pour leur usage, où chaque domicilié a le droit d'y prendre tous les ans son chauffage et même ce qui lui est nécessaire pour bâtir. La paroisse de Crain avait toujours joui de cet avantage, mais depuis plusieurs années elle en est privée, et n'a pas même la liberté de ramasser les branches et menus bois qui pourrissent dans les ventes, si les gardes des maîtrises, adoucis par des présents souvent répétés, ne lui en accordent la permission. De là des sentences au tribunal de la maîtrise, des amendes et des persécutions sans nombre de la part du receveur. La misère et le besoin font commettre quelques délits, qui deviennent une nouvelle source de ruine pour la campagne. Une autre, non moins désastreuse pour notre paroisse, a été jusqu'ici la construction des grands chemins, faits plutôt pour la commodité des grands que pour notre utilité. Que d'abus de la part des directeurs de ces routes et notamment du sieur Rogue. Tantôt il faisait conduire par les voitures les matériaux propres à construire sa maison. Tantôt il détournait de la corvée les manœuvres pour les employer à couper et arracher des bois, qu'il détonrnoit à son profit, et faisoit emprisonner par les maréchaussées ceux qui refusaient d'obéir à ses prévarications. Mais que nos larmes se changent en joie; ne nous occupons que de reconnaissance à la vue des bontés du Souverain.

Les habitants de la paroisse de Crain finiront leurs doléances par demander à Votre Majesté la diminution des frais de justice, suite de la vénalité des charges et le rapprochement des justiciables de leur juge, de manière que pour des objets de peu de valeur, soit en revenu, soit en propriété, il ne puisse jamais y avoir lieu à l'appel, qui oblige le pauvre à se transporter dans la capitale, où le défaut de fortune le met dans l'impossibilité de se faire entendre.

Telles sont les doléances qu'osent porter au pied du trône de Votre Majesté les habitants de la paroisse de Crain :

1° Abolition des vingtièmes et de tous les impôts multipliés, cause de la ruine et des persécutions des laboureurs et de l'artisan, convertis en un impôt unique levé en nature sur tous les champs, dans toute l'étendue du royaume. Nul exempt.

2° Le sel, comme denrée de première nécessité, remis à juste valeur.

3° Un supplément de revenu aux curés de campagne, qui leur procure, avec leur nécessaire, la faculté de secourir les pauvres de leurs paroisses.

4° La permission aux habitants des campagnes d'user des mauvais bois qui se trouvent dans les forêts qui avoisinent leurs demeures.

5° Suppression entière des corvées.

6° La justice gratuite.

7° Suppression des huissiers-priseurs dans les campagnes.

Tels sont les désirs et les vœux de vos fidèles sujets, les habitants de la paroisse de Crain, soussignés ; les autres ayant déclaré ne le savoir, de ce requis et interpellés.

    Signé : Pierre Delinon. — André Paris. — Edme Larue. — F. Blondat. — Robineau. — Gourlot. — Louis Robineaut. — F. Ducreux. — Jacques Duchemin. — Nicolas Vié. — Claude Paris. — C. Duchemin. — Guimard. — Claude Blouzon. — M. Vié, l'aîné. — Claude Sabillon. — Lamy. — Boisanté (syndic). — Sarreste. — Marguet de Vaudecoin (faisant fonction de procureur fiscal). — Cherbrun (greffier).

Paraphé *ne varietur* par nous, juge, procureur fiscal et greffier, soussignés, ce 15 mars 1789.

    SARRESTE. — MARGUET DE VAUDECOIN. — CHERBRUN (greffier).

CRAVANT.

CAHIER *des très humbles et très respectueuses doléances, plaintes et remontrances du Tiers-État de la ville de Cravan, pour être présentées au Roy et aux États-Généraux du Royaume.*

Les habitants de la ville de Cravan, assemblés cejourd'hui, 21 mars, présent mois, tous ou Français ou naturalisés, âgés de 25 ans, compris dans les rôles des impositions, pour obéir aux ordres de Sa Majesté portés par ses lettres données à Versailles le 9 février 1789, pour la convocation des États-Généraux du royaume, et satisfaire aux dispositions du règlement y annexé ainsi qu'à l'ordonnance de M. le bailli d'Auxerre, dont ils ont une parfaite connaissance, tant par la lecture qui vient de leur en être faite que par la lecture et publication ci-devant faites au prône de la messe paroissiale par M. le vicaire, le dimanche 15 du présent mois, et enfin par la lecture, publication et affiche pareillement faites, le même jour, à l'issue de ladite messe de paroisse, au-devant de la porte principale de l'église, ont vaqué à la rédaction de leurs doléances, plaintes et remontrances, ainsi qu'il suit :

Les députés et représentants du comté d'Auxerre à l'Assemblée nationale seront chargés de représenter, pour et au nom du Tiers-État de la ville de Cravan :

1° Qu'il est du plus grand intérêt pour le Tiers-État que les États particuliers de cette province soient organisés désormais de manière que le Tiers-État ait un nombre de députés égal à celui des deux ordres privilégiés réunis ; et que les opinions y soient prises par tête, tant pour les changements à faire dans la constitution desdits États particuliers que pour la formation de la commission intermédiaire, ainsi que pour l'administration générale de la province.

2° Qu'en ce qui touche les impositions, le Tiers-État de cette ville forme les vœux les plus ardents pour qu'il n'y ait qu'un seul et même rôle, qui comprendra dans chaque ville et communauté les trois ordres, qui contribueront également à toutes les impositions et charges publiques, de quelque nature qu'elles soient, tant générales pour tout le royaume que particulières à la province, et qui seront consenties par les États-Généraux ; laquelle contribution des trois ordres auxdites impositions et charges se fera dans la juste proportion de leurs propriétés et facultés respectives sans exemptions pécuniaires quelconques.

3° Que la solde et l'entretennement des soldats provinciaux, le logement des gens de guerre et la corvée seront des charges communes aux trois ordres, soit qu'elles soient converties en impôts ou que la corvée soit un jour rétablie en nature.

Et pour que les deniers provenant des impositions tournent entièrement au profit de l'État, ils seront versés directement dans le trésor royal sans aucun intermédiaire autre que celui actuel du comté, qui sera chargé de les recevoir, et cela pour éviter des frais de régie qui, jusqu'à ce jour, n'ont servi qu'à ruiner l'État et les contribuables.

4° Qu'il est infiniment important de demander une réduction considérable sur les entrées de Paris, notamment sur les entrées des vins, attendu qu'elles sont aujourd'hui portées à un taux effrayant, que tout le poids en retombe directement principalement sur les propriétaires des pays vignobles, qui, à raison de l'énormité de ces entrées, se voient forcés à vendre leurs vins à un prix qui souvent n'égale pas la moitié de ces entrées, et le plus communément procure à peine la rentrée des frais d'exploitation ; que c'est là une des causes principales des émigrations fréquentes qui se sont faites depuis tant d'années, notamment parmi les habitants de cette ville, qui, n'ayant d'autre ressource que le revenu caduc et fragile de leurs vignes, très insuffisant par lui-même pour leur subsistance et pour celle de leur famille et l'acquittement des impôts, ont abandonné leur patrie pour aller chercher un ciel plus heureux.

Un des moyens les plus efficaces pour faire revivre le commerce des vins, si précieux d'ailleurs à l'État, et de ranimer le courage et l'industrie des cultivateurs, est de diminuer considérablement les entrées sur les vins à Paris, et pour que l'avantage qui résultera infailliblement de la diminution proposée soit complet, il est essentiel que tous les citoyens du comté d'Auxerre soient exempts des droits de courtier-jaugeur, qui se payent au passage à Appoigny, village distant de deux lieues d'Auxerre, et enfin de tous les autres droits de rivière qui s'acquittent en route, notamment à Joigny ; qu'enfin il n'est pas moins essentiel qu'ils soient à jamais affranchis du joug des aides et gabelles, et que la proscription de ce régime odieux soit prononcée pour tout le royaume.

5° Un cinquième sujet de doléances de la part desdits habitants est relatif à la banalité des fours, qui leur est imposée depuis longtemps par les seigneurs de ce lieu. L'exercice de ce droit est d'autant plus intolérable que les habitants ne connoissent aucun titre constitutif valable qui l'établisse : dès lors cette banalité ne peut être envisagée que comme l'effet destructeur de l'usurpation et une sorte de régime féodal, pourquoi lesdits habitants demandent à être délivrés de cette odieuse servitude (1).

Il en est une autre qui ne l'est pas moins, ce sont les dîmes de différentes natures, à la prestation desquelles les habitants de Cravan sont assujettis.

La dîme de vin se perçoit sur eux de 15 feuillettes l'une, aussi est-elle la plus désastreuse de toutes, puisqu'elle concourt le plus efficacement à la ruine des décimables, et les autres redevances seigneuriales qui y sont jointes forment une masse accablante pour eux (2).

(1) Voir la notice historique sur Cravant, par M. Quantin (*Annuaire de l'Yonne*, 1840, p. 62.
(2) Cette dîme produisait, année moyenne, 120 feuillettes.

Il est bon d'observer que les habitants ne possèdent ni les titres qui établissent tout ou partie de ces redevances, ni aucun autre quelconque, ayant été tous ou enlevés ou perdus ou adirés depuis l'époque de l'incendie qui a consumé l'auditoire et le four banal (1). Ce four a été promptement et soigneusement relevé par MM. du chapitre d'Auxerre, pour perpétuer la banalité sur leurs censitaires ; mais il s'en faut qu'ils en aient usé de même pour l'auditoire, parce qu'il ne pouvoit en résulter pour eux que des frais de construction, qu'ils ont rendus le moins conséquent possible, comme on le dira dans un instant.

Les titres étant communs entre les seigneurs, gros décimateurs, qui exigent les dîmes, et les vassaux ou censitaires qui les payent, les habitants en ont demandé la communication à Messieurs du Chapitre d'Auxerre, seigneurs de Cravan, sans avoir jamais pu l'obtenir.

C'est pourquoi les habitants demandent que ces seigneurs, gros décimateurs de ladite ville, soient tenus de leur donner communication de tous les titres sur lesquels ils fondent les droits et redevances qu'ils perçoivent sur eux, ainsi que la propriété prétendue d'environ 350 arpents de bois qui appartenaient autrefois aux habitants de cette ville, qui ne savent pourquoi ni comment ils en sont dépouillés ; et que pour alléger le fardeau de la servitude affreuse d'une dîme de 15 feuillettes l'une qui leur est imposée, il leur soit permis de payer cette même dîme au pied de la vigne, suivant le droit commun, ce que l'on assure être conforme aux dispositions d'un arrêt surpris par défaut par ces seigneurs, il y a près de deux cents ans, et sans aucune conclusion du ministère public. Par cet arrêt, ils se sont fait déférer l'option de percevoir au pied de la vigne ou dans les celliers de leurs décimables. Comme ils ont trouvé que c'était une chose plus commode et plus avantageuse pour eux de percevoir dans les caves, ils ont choisi cette dernière alternative. Non contents de s'être attribué ce droit, ces gros décimateurs essayent encore aujourd'hui d'aggraver une servitude, déjà si dure et si onéreuse par elle-même, en voulant forcer leurs décimables à justifier, par des actes authentiques et à leurs frais, les quantités de vendange qu'ils récolteront sur les territoires étrangers non sujets à cette dîme, ce que ces seigneurs n'ont jamais eu le droit d'exiger. Que cette dernière prétention a donné lieu à un procès actuellement pendant au Parlement de Paris ; ce qui ne seroit point arrivé si la dîme se percevoit au pied de la vigne comme les habitants le demandent

---

(1) Cet incendie eut lieu en 1735.

aujourd'hui. Ces derniers ont acquitté jusqu'à ce moment toutes ces charges qui les écrasent, mais il s'en faut de beaucoup que les chanoines à qui ils les payent remplissent envers eux les obligations dont ils sont tenus.

La première, sans doute, qui leur est imposée en qualité de gros décimateurs, est de faire faire les réparations du clocher et des collatéraux de l'église, qui ont été bâtis en même temps que le chœur, auquel les bas-côtés servent de piliers butants, et ne font qu'un corps indivisible avec lui. Cependant ces seigneurs prétendent ne devoir payer que leur part contributoire dans le prix des réparations très urgentes à faire dans cette partie de l'église; néanmoins c'est à l'acquittement de ces charges particulières que les grosses dîmes et autres redevances payées par les habitants doivent être employées : d'abord c'est la première destination de ces revenus. Les habitants, déjà épuisés sous tous les rapports, et dans l'impuissance actuelle de soutenir un procès ruineux contre leurs gros décimateurs, se sont déterminés provisoirement à faire un rôle qui passe 5,000 livres, ordonné par M. l'intendant, sans préjudicier à leurs droits. Ainsi ces seigneurs décimateurs, loin de protéger en aucun cas leurs censitaires, comme ils le doivent, cherchent, autant qu'ils le peuvent, à s'affranchir des charges à l'acquittement desquelles les grosses dîmes et autres revenus de cette nature ont été spécialement affectés dans leur origine.

Un autre motif de plainte desdits habitants est celui qui a rapport à l'administration de la justice, qui est on ne peut plus négligée dans ce bailliage. Les officiers de la justice, résidant à plusieurs lieues de distance de la ville de Cravan, les audiences se tiennent au plus cinq ou six fois par an, de manière que les procès les plus légers s'éternisent au grand détriment des sujets.

Cet objet capital, si essentiel et si intéressant pour tous les citoyens, a si peu fixé les regards de MM. du Chapitre, qu'ils ne se sont jamais occupés de faire construire un auditoire digne du lieu, puisque celui qui subsiste est une chambre très étroite, où il n'y a ni cheminée, ni même de poêle, ce qui rend l'administration de la justice extrêmement dure et difficile pendant l'hiver ; encore cette chambre est-elle dans un état de délabrement affreux et menace une ruine prochaine.

Tel est le temple de la justice, dont le chapitre d'Auxerre a daigné gratifier la principale ville de ses seigneuries, et dont elle retire annuellement des redevances si considérables (1).

(1) D'après le pouillé de 1781, le revenu de la seigneurie de Cravan était estimé 5,751 livres.

Tous ces inconvénients marqués et une infinité d'autres abus font souhaiter à tous les habitants l'abolition des justices seigneuriales, pour qu'elles entrent dans la main du Roi, qui est la source d'où elles dérivent, pour ensuite ériger aucune de ces justices subalternes en prévôtés royales, en établissant des chefs-lieux par arrondissement, de plusieurs justices qui y ressortissaient.

Cravan est une des plus anciennes villes de la Bourgogne, qui, dans tous les temps, s'est distinguée par son parfait dévouement pour les Rois, et qui fut une des premières villes qui se soumit avec empressement à Henri IV, le 19 mars 1595, et qui, par son exemple, engagea tout l'Auxerrois à rentrer dans le devoir. Le Roi, sensible à cette marque de fidélité signalée, donna pour gouverneur à cette ville sire Olivier de Chastellux, et l'exempta de tailles pendant deux ans.

En 1397, il y avait à Cravan un grenier à sel établi avec une juridiction composée de tous ses officiers, dont un procureur du Roi a été Louis le Breton, habitant de ladite ville, et subdélégué de l'intendance en 1702. Ce sont autant de titres qui engagent ses habitants à demander que cette même ville devienne un chef-lieu, que son bailliage soit érigé en prévôté royale avec un arrondissement de justice de pays circonvoisins, tels que Trucy, distant dudit Cravan d'une lieue et demie, Prégilbert, Sainte-Pallaye, Vincelles, Vincelottes, Irancy et Bazarne de chacun une lieue, Saint-Cyr une lieue et demie, Le Bouchet un quart de lieue, Bertraut une demi-lieue, et enfin Accolay trois quarts de lieue, et dont la justice était autrefois réunie à celle de Cravan, ayant toujours eu, et encore aujourd'hui, les mêmes seigneurs. Cet arrondissement de justice est d'autant plus convenable que les habitants de ces différents pays ont beaucoup de possessions sur le territoire de ladite ville de Cravan et y viennent aux différentes foires qui s'y tiennent pendant l'année, ainsi qu'aux marchés qui ont lieu deux fois par semaine, et qui viendraient y plaider toutes les semaines à un jour fixe devant des officiers qui tiendraient leur pouvoir et leur autorité directement du Roi. Mais pour que la justice soit rendue d'une manière satisfaisante pour tous, il est nécessaire qu'il y ait une réforme dans les procédures civile et criminelle. Il faut, en général que les formes soient abrégées, et que, dans toutes les matières importantes ou sommaires, le défaut d'une formalité quelconque ne puisse emporter le jugement du fonds, et faire perdre la cause à celui qui devrait la gagner.

6° Lesdits habitants demandent en outre la suppression des jurés-priseurs, puisqu'en employant le ministère de ces jurés exclusivement à tous autres, les frais de ventes absorbent quelquefois et au-delà le prix des choses vendues, au grand détriment des parties intéressées et des créanciers, dont le gage se trouve entièrement dévoré. C'est donc le cas de laisser à tout autre officier public le droit de faire ces ventes, et de donner aux particuliers la faculté d'en faire le choix. Cette heureuse concurrence empêchera toute espèce de vexations.

7° Remontrent, lesdits habitants, que par les édits de Sa Majesté des mois d'août 1669 et mars 1693, le bureau des contrats a été établi dans cette ville, où ressortissaient plusieurs pays circonvoisins, entre autres Saint-Cyr, Vincelles, Sery, Sainte-Pallaye ; que ce même bureau vient de leur être enlevé et réuni à celui de Vermenton. Pourquoi ils demandent qu'il soit rétabli comme auparavant avec les mêmes attributions.

8° Qu'il est important d'accorder à tous les citoyens la libre faculté de faire usage de leur voitures, tant pour eux que pour leurs amis indistinctement, et ce dans toutes les routes ; en conséquence, de les affranchir de la gêne où ils sont de ne pouvoir voyager avec leurs amis ou toute autre personne sans avoir obtenu la permission d'un préposé de la ferme, qui se trouve à une résidence plus ou moins éloignée, ce qui attaque le droit naturel et appartenant à chacun d'user de sa propre chose ; qu'il est nécessaire qu'il y ait un règlement à ce sujet qui supprime toutes ces entraves.

9° Qu'il est entièrement essentiel qu'il y ait un règlement positif pour couper les bois et les reculer à une distance convenable des grandes routes, pour éviter les dangers résultant des voleurs et des brigands qui s'y retirent.

10° Demandent, les habitants, la liberté de la chasse et de la pêche, regardant comme infiniment douloureux pour eux que personne, indistinctement, ne puisse sortir de la ville avec un fusil sans être exposé à essuyer un procès de la part d'un garde qui ne craint pas, lui, de chasser même avec attroupement et de ravager les héritages des propriétaires, dans les temps les plus défendus, pour se procurer du gibier, tant pour lui que pour ses commettants. Il seroit donc essentiel qu'il y eut un règlement sage à cet égard, qui, avec des limitations convenables, pût concilier la sûreté des héritages et la liberté naturelle des citoyens.

11° Remontrent, les habitants, que les voyageurs infirmes, les soldats et les pauvres de la campagne sont journellement admis à l'Hôtel-Dieu de cette ville, ce qui diminue en grande partie le revenu spécialement destiné à la subsistance des pauvres du lieu, qui sont en très grand nombre ; lequel revenu se montre à plus de 1,800 livres, toutes charges déduites. Par ces considérations, les habitants de Cravan demandent à ce qu'il soit pourvu à une augmentation de revenu, ce qui pourrait être facilement pris sur les bénéfices, dont plusieurs membres du clergé sont si impitoyablement surchargés. Cette augmentation précieuse mettrait les administrateurs à même de soulager plus amplement l'humanité souffrante.

12° Demandent en outre, lesdits habitants, que les ports de lettres soient diminués et réduits au taux primitif où ils étaient autrefois, l'augmentation survenue depuis nombre d'années n'ayant servi qu'à enrichir les administrateurs des postes, à former une espèce d'impôt déguisé sur tous les sujets du royaume et à mettre des entraves dans le commerce.

13° Qu'un des plus puissants moyens de ranimer l'industrie et de vivifier le commerce éteint dans cette ville, seroit la confection si désirée de la route d'Orléans, tracée depuis près de trente ans, et dont le parachèvement a été, jusqu'à ce jour, inutilement sollicité, à raison de ce que quelques portions de cette même route se trouvent sur les trois généralités de Paris, Orléans et Bourgogne, ce qui a mis des entraves multipliées dans l'entière confection d'un ouvrage qui deviendrait d'autant plus précieux que d'un côté il abrégerait le chemin de près de dix-huit lieues pour aller de Cravan à Fontainebleau, et autant pour en revenir, et que, de l'autre, il rendroit les ports et magasins de cette ville, situés sur le bord de la rivière de l'Yonne, et qui sont très vastes, l'entrepôt de toutes les marchandises qui seroient importées et exportées, tandis que ces mêmes magasins sont, pour ainsi dire, devenus inutiles et fort à charge aux propriétaires qui n'ont que des réparations à payer sans retirer, pour ainsi dire, aucune location. C'est pourquoi lesdits habitants forment les vœux les plus ardents pour que cette route soit très promptement parachevée. Cette demande est d'autant plus juste que ce n'est que dans l'espérance et des promesses faites auxdits habitants d'effectuer ladite route que ces derniers ont payé en 1763 une somme de 17,000 livres pour leur part contributoire dans la construction d'un pont sur la rivière d'Yonne, qui a été principalement destiné à l'usage de la route d'Orléans. Il est d'autant plus facile d'y parvenir qu'il ne reste plus que cinq lieues à faire. Ils ne désirent pas moins que le passage de la grande route de Paris à Lyon par la ville de Cravan soit effectué, projet qui a été proposé aux derniers États de la province, et dont l'exécution a été arrêtée par un décret de la noblesse.

En ce qui touche les pouvoirs qui seront conférés aux députés pour les États généraux, le vœu des habitants est que les quatre députés qu'ils vont choisir pour les représenter à l'Assemblée du baillage délibèrent pour que les pouvoirs des députés aux États généraux soient motivés de manière : 1° que lesdits députés ne puissent voter sur aucune proposition que les députés du Tiers-État ne soient en nombre égal à ceux des deux ordres privilégiés réunis; que les trois ordres délibèrent en commun, et les opinions comptées par tête ; 2° que si les représentants des deux premiers ordres s'y refusent ou se retirent, les députés du Tiers-État représentant le corps de la nation, concourront avec ceux des autres ordres qui consentiront à délibérer en commun à régler avec Sa Majesté les bases de la constitution et les subsides nécessaires; 3° qu'avec tout le respect dû à la préséance du clergé et de la noblesse, ils ne se soumettront à aucunes distinctions humiliantes; 4° que les principes de la constitution seront établis par une loi sanctionnée par les États, avant qu'ils puissent s'occuper d'aucuns subsides ; 5° qu'ils ne consentiront à aucuns subsides que la promesse faite par le Roi de donner des États provinciaux au sein des États généraux, et de former un lien durable entre l'administration particulière de chaque province, et la législation générale ne soit effectuée, et qu'en conséquence lesdits États provinciaux, notamment ceux de Bourgogne, ne soient réglés ou corrigés de manière que le Tiers-État y ait égalité de représentants et de suffrages à ceux des deux autres réunis.

Telles sont les très humbles et très respectueuses plaintes, doléances, remontrances et vœux de toutes les corporations du Tiers-État de la ville de Cravan, arrêtées dans l'assemblée générale tenue le 21 mars, présent mois, 1789, et devant nous François Boujat, procureur fiscal de ladite ville pour l'absence des juges en tête.

Signé : Boudard (premier échevin perpétuel). — E. Vitou (deuxième échevin).— Charita (syndic). — Vincent. — Regnauldin. — Bellierny. — Camotte. — Brunée. — Cherberg. — Billout. — Tissier. — Figuessey. — J. Girardin. — Tinturier. — Edme Gaulon. — Edme Vallée. — J. Vitou. — C. Quantin. - Frasois. — Bosès. — Lecestre. — V. Marthelée. — E. Lorin. — G. Miné. — Regnauldin. — Boissard. — Dumay. — E. Berthaut. — Quantin. — Pienne. — Droin. — Boissard. — Florantin. — E. Lorin. — Edme Droin. — M. Chesnau. — Rollet. — C. Girardin. — Jean Beurtot. — J. Droin. — Dablairon. — G. Lorin. Badin. — E. Pougny. — Jean Panetrat. — Jean Gauthier. — Charles Droin. — Cherbuy. — Olivier.

— M. Bazin. — F. Poittno. — C. Marthelé jeune. — Donesvre. — F. Moiny. — A. Alliot. — M. Boudard. — C. Lorin. — Courtois. — P. Duc.

Le présent cahier contenant neuf pages avec trois renvois a été par nous, président susdit, coté et paraphé *ne varietur*, après nous avoir été représenté par lesdits habitants dans ladite assemblée lesdits jour et an.

Signé : Boujat.

DAMPIERRE (Nièvre).

Ce cahier étant entièrement semblable à celui d'Arquian, nous ne le reproduisons pas.

Il est ainsi signé :

J. Prêtre. — Laurent. — Chevallier. — E. V. Corde. — Antoine Gabole. — François Prêtre. — Retard. — Fouvrier. — Gentier (greffier de la municipalité).

Ne varietur.

Moreau,
Procureur fiscal de Dampierre, président de l'assemblée.

DIGES.

Cahier *de doléances de la paroisse et communauté de Diges, pour être présenté à l'Asssemblée du bailliage royal d'Auxerre, en exécution des ordres du Roy par députés de ladite communauté.*

Premièrement. — Les habitants de cette paroisse de Diges placée sur un sol ingrat, n'ont point d'autres ressources que la culture toujours insuffisante pour subsister quand il n'y a point d'engrais, et ils n'ont pu, jusqu'à présent, se faire entendre sur de justes doléances. Les États généraux leur paraissent être le seul moyen de remédier successivement à leurs malheurs et à ceux des peuples, en général. Ils supplient l'Assemblée du baillage et les députés qui y seront élus, de concourir pour qu'à l'avenir il y ait de cinq ans en cinq ans des assemblées libres de la nation par des députés librement et régulièrement élus, soit par la forme et dans le nombre actuel, soit par telle autre forme et dans tel autre nombre proportionnel à la population. Le tout de manière à ce que ces États généraux reviennent toujours à époques fixes.

Deuxièmement. — Il y aura dans les assemblées convoquées

représentation égale de la part du Tiers-État à celle des deux autres ordres, et ils demandent que ce nombre leur soit par la suite conservé, et que les suffrages soient comptés par tête.

Troisièmement. — Liberté civile et politique, sûreté individuelle de tous les citoyens et conservation inviolable de leurs propriétés.

Quatrièmement. — Après ces délibérations préalablement sanctionnées, les États généraux qui doivent en faire des loix constitutionnelles, dans lesquelles on y comprendra la suppression des exemptions et de tous les privilèges du clergé et de la noblesse, sont, par la communauté, suppliés de consentir à deux espèces d'impositions, l'une sur les fonds, et l'autre personnelle, relativement aux facultés et à l'industrie.

Cinquièmement. — Le régime pour l'imposition de la taille et autres impositions a toujours été abusif pour cette paroisse, et le vœu des habitants est que la répartition des charges publiques soit faite annuellement par les municipalités, en présence d'une commission, sur la déclaration des biens et des facultés des contribuables. Le premier article doit être celui du seigneur, le second celui des nobles, le troisième celui du clergé, et après ceux du Tiers-État.

Sixièmement. — La communauté de Diges a toujours eu à désirer comme les autres un changement dans le régime des gouvernements d'intendance et de généralités, qui livre toute une province à l'inspection et à l'administration d'un seul homme. C'est pourquoi elle fait son vœu pour que la France soit érigée en pays d'États provinciaux. Le Dauphiné vient de se former sur ce principe, et son régime est un modèle à suivre.

Septièmement. — Pour simplifier la perception des impôts, les habitants de cette communauté se soumettent de porter au trésorier royal provincial toutes leurs contributions, et ce trésorier provincial verserait directement au trésor royal.

Huitièmement. — La communauté fait des vœux pour la suppression de la corvée sans espérance de retour. Elle consent à l'impôt additionnel; mais cet impôt doit être acquitté par les trois ordres en proportion de l'imposition de chaque membre, qui doit être tenu des charges auxquelles cette imposition est jointe.

Neuvièmement. — L'établissement des jurés-priseurs est inutile dans les campagnes surtout, où le mobilier est pour ainsi dire sans valeur réelle, et où il ne s'agit que d'estimer les bestiaux dont le prix est mieux connu par les cultivateurs eux-mêmes que par ces hommes publics, et qui ont d'ailleurs des droits exorbitants qui absorbent souvent les successions.

Dixièmement. — La communauté fait son vœu pour que les droits des commissaires à terriers établis par lettres patentes, rendues en 1786, soient supprimés et réduits. Ils forment un impôt sur le peuple équivalent à la taille dans les paroisses où il y a des terriers en rénovation.

Onzièmement. — Suppression des droits d'aides et gabelles et singulièrement du tabac râpé.

Douzièmement. — La paroisse devait être arpentée par le sieur Picq que l'intendant en avait chargé moyennant .... ; il a confié pour 200 livres cette opération à deux jeunes gens qui l'ont faite en 15 jours, tandis qu'elle exigeait plus de deux mois d'un travail assidu. Leur calcul est de 6,500 arpents sur le montant desquels on a assis les impositions. Ce calcul fautif est d'autant plus injuste qu'il charge la paroisse de plus d'un tiers au-delà de ce qu'elle devrait supporter d'impositions si l'opération eut été bien faite, et, si on eut diminué les chemins, les terrains incultes en grand nombre et les ravins. Et, ce qu'il y a de plus cruel, c'est que les habitants ont payé par quittance 660 livres pour cette besogne ; aussi dénoncent-ils ce commissaire et se placent-ils sous la protection de l'Assemblée et des États généraux.

Treizièmement. — La justice consulaire distrait les justiciables de leurs véritables juges. Elle adopte toute espèce de demandes malgré la prohibition. Il en résulte des contraintes par corps dans une multitude de circonstances où la loi la rejette. Le défaut de lumières des juges expose encore à des injustices criantes pour peu que les affaires présentent des difficultés. Or, les habitants de cette communauté croient devoir demander la suppression de ce tribunal particulier.

Quatorzièmement. — La dette publique doit être constatée auparavant d'examiner quels impôts doivent être conservés ou modifiés, pour connaître quels sont les obligations de la nation et des communautés, et pour éviter les subversions, ils font vœu pour que les impôts aient des destinations particulières et invariables sans interversion des fonds d'une destination pour une autre ; et enfin, pour qu'il ne soit accordé de récompenses que pour services reconnus, et relativement aux ministres qu'après la publicité de leurs comptes.

Quinzièmement. — Qu'il ne soit levé ou prorogé aucun impôt sans le consentement de la nation assemblée. Les communautés que l'on y contraint souvent sur des ordres surpris au souverain sont intéressées à l'établissement de cette loi qui doit être constitutionnelle.

Au surplus les députés sont autorisés à aviser, consentir et remontrer sur tous les autres objets qui seront discutés, examinés et délibérés dans l'assemblée.

Et ont, lesdits habitants qui savent signer, signé.

Signé : Bellot. — Gaudet. — Dejust (procureur fiscal). — Fiot. — Jollinet. — De Vaux. — Maisu. — Tairin. — Rolin. — Perros. — J. Michau. — Dunaud. — Michault. — Pierre Bénard. — Choblot. — F. Germain. — Jean Robin. — Fredouille. — Claude Reguc. — Paul Chatelet. — Léger Guillié. — Chocat. Frogé. — C. Ragon. — L. Marien. — Masquin. — Viaux. — Jeanneau. — Edme Ledoux. — Petit.

RUBIGNI (commis greffier).

DRACY.

CAHIER *contenant les doléances, plaintes et remontrances faites par les habitants de la paroisse de Dracy, pour obéir aux lettres du Roy, pour la convocation des États généraux du royaume, règlement y annexé, et en conséquence de l'ordonnance de M. le Bailly d'Auxerre.*

Les habitants de la paroisse de Dracy, généralement convoqués en l'auditoire et présents par le sieur Philippe Juventy, marchand et syndic de la municipalité; Jean Lanoix, tonnelier; Nicolas Guérin, cabaretier; Etienne Bénard, laboureur; Etienne Fouquant, manœuvre; Loup Baujard, maréchal; Edme Baujard, manœuvre; Paul Reveaux, fendeur; Loup Breuillier* (1), laboureur; E. Douru, sabotier; Vivien Douru, sabotier; Edme Jaluzot* père, bûcheron; Edme Jaluzot fils, fendeur; Etienne Allard, manœuvre; Jean Bourgeois, cerclier; Elie Marchand*, maréchal; Alexandre Claudin, manœuvre; Jean Armancier, manœuvre; Edme Cheminant, laboureur; Etienne Legras*, laboureur; Michel Godard, marchand; Jean Martin, manœuvre; Hubert Martin, aussi manœuvre; Michel Mesuy, marchand; Edme Baujard*, charron; Antoine Chateignier, laboureur; Jean Boisseau, menuisier; François Poulet, manœuvre; Blaise Guérin, regrattier; Louis Guérin, cordonnier; Edme Ferdouille, tisserand; Charles Laiguillon, laboureur; Michel Bourgeois vigneron; Sébastien Barat, manœuvre; Sébastien Bardot, vigneron; Louis Chocat, laboureur; Pierre Chocat, meunier; Elie

---

(1) Les noms suivis d'une astérisque sont ceux des personnes ayant signé ce cahier.

Rapin et François Godard, manœuvres ; Pierre Libaut, ferrandier ; Claude Delorme, pionnier ; Benoît Dezier, meunier ; Mathias Ducrot*, laboureur ; François Godard, Hubert Rivière, Etienne Gauthier, manœuvres.

Ont unanimement dit qu'ils donnaient pouvoir aux députés qu'ils étaient sur le point de nommer, d'exposer à l'Assemblée qui se tiendra le 23 du présent mois par devant M. le Bailly d'Auxerre.

Qu'avant la déclaration du Roy par laquelle la corvée a été convertie en argent, on n'y assujettissait point les habitants éloignés des routes à former ou à entretenir. Ceux seulement qui en étaient à portée y étaient appelés, les autres avaient lieu d'espérer que le quart de la taille, à quoi a été portée la contribution de leur paroisse, en vertu de ladite déclaration, serait employé à réparer les chemins qui en facilitent le commerce. Cependant plusieurs voient que leur argent est enlevé pour un travail qui se fait au loin, tandis que les chemins de leur paroisse sont impraticables. Les habitants de Dracy chargent lesdits députés de ne point omettre cette observation, pour eux d'autant plus importante que ceux de leur paroisse sont plus mauvais que ceux du voisinage.

Que l'impôt établi sur le sel et celui des aides sont désastreux ; qu'ils se perçoivent dans la plus grande partie du royaume avec vexation, les frais de recouvrement et ceux occasionnnés par des fraudes étant immenses ; qu'ainsi, et pour le gouvernement et pour le peuple, il serait convenable de les convertir en un autre subside moins coûteux à percevoir et plus avantageux à l'État ; que lesdits habitants ne sont accablés de ces impôts et de quantité d'autres, que parce que dans l'administration et dans la finance, les ministres et ceux qui exécutent leurs ordres, en perdant de vue les lois du royaume, suivant lesquelles les Français ne peuvent être taxés sans leur consentement, ont insensiblement imposé et tout dissipé à leur gré.

Que pour assurer à l'avenir la jouissance paisible de leurs biens, lesdits habitants demandent qu'aucune partie de leurs propriétés ne puisse leur être enlevée par des impôts, à moins qu'ils n'aient été consentis par les États généraux du royaume, composés ainsi que le désirent la raison et la loi des députés librement élus par tous les cantons et chargés de leurs pouvoirs.

Que suivant les intentions que le Roy a bien voulu manifester, les ministres soient, à l'avenir, responsables de toutes les sommes levées sur le peuple.

Que, comme les impôts non consentis n'ont été jusqu'à présent payés que sur la crainte des emprisonnements, lesdits habitants demandent qu'il y ait toute liberté pour la réclamation à l'égard de tous tributs qui seraient établis et exigés sans avoir été accordés.

Ont été, lesdits habitants, de l'avis de charger lesdits députés de faire insérer les déclarations ci-dessus dans le cahier du baillage d'Auxerre, et qu'il leur soit expressément recommandé d'engager ceux qui seront élus par l'assemblée dudit baillage de les faire valoir aux États généraux, dans l'espérance qu'il sera par eux fait droit aux demandes qu'elles renferment.

Ont donné, néanmoins, lesdits habitants, tous pouvoirs auxdits députés de consentir aux conditions ci-dessus à l'établissement en prorogation des subsides que les États généraux croiront absolument nécesssires aux besoins actuels et pressants de l'État, après avoir avec attention examiné les dépenses qui peuvent être regardées comme excessives ou inutiles dans toutes les parties de l'administration publique, pourvu toutefois que les impôts qui distinguent les ordres soient supprimés et remplacés par d'autres qui seront avec égalité répartis généralement sur tous les citoyens, sans distinction, ni privilège, à raison seulement et en proportion de leurs propriétés.

Demanderont, les députés, au nom desdits habitants, lors de la rédaction du cahier du baillage d'Auxerre, que la répartition et assiette des impôts actuels, et ceux qui pourrront être consentis, soient faites par les États existant dans plusieurs provinces du royaume, et par ceux qui seront établis par les États généraux dans les provinces qui n'en ont point encore, et à l'instar de ceux du Dauphiné, particulièrement dans la généralité d'Orléans. Lesdits habitants adhèrent à tous les motifs exposés pour démontrer l'irrégularité de la constitution des corps par lesquels cette généralité est ordonnée.

Sera pareillement demandé que les sommes par les États de la province réparties sur les différentes communautés qui se trouveront en dépendre, soient pour plus parfaite égalité, assises par un nombre choisi dans les habitants desdites communautés. Sera aussi demandé que les parlements et les autres juges qui leur sont immédiatement subordonnés continueront à maintenir le bon ordre en faisant exécuter les lois du royaume et en infligeant des peines à tous ceux par lesquels elles pourraient être transgressées.

Que des sujets du Tiers-État, ayant mœurs et capacités suffisantes, soient admis aux charges souveraines et aux emplois militaires.

Demandent, lesdits habitants, qu'il soit formé de nouveaux

règlements dans l'ordre judiciaire pour abréger la procédure, la rendre moins dispendieuse, fixer les vacations des procureurs et huissiers, rendre plus facile la perception des droits dûs pour le contrôle et insénuation des actes.

Lesdits habitants ont, en outre, donné pouvoir aux députés qu'ils vont nommer et à ceux qui le seront dans l'Assemblée du baillage d'Auxerre, de remontrer combien est préjudiciable dans les campagnes l'exercice des charges nouvellement créées d'huissiers-priseurs, avec droit exclusif de prisée aux inventaires, et de procéder aux ventes de meubles faites jusqu'à dix-huit lieues et quelquefois plus de leur résidence,

Qu'il en résulte l'inconvénient que pour se mettre à l'abri de leurs recherches, il est indispensable de leur faire préalablement des avertissements et sommations réguliers de se trouver sur les lieux au jour indiqué.

Que ces sommations qui ne peuvent être faites que par d'autres huissiers qui ne marchent actuellement qu'à raison de 8 livres par jour donnent lieu à de gros frais que les priseurs ne remboursent point.

Que le jour pris et donné se trouvant souvent manqué par des surséances accordées, ou par l'effet du temps, des maladies ou autres cas imprévues, il faut revenir à de nouveaux frais qui, avec ceux que ces huissiers-priseurs se croient autorisés à exiger, outre leurs vacations pour leur voyage, vexent le peuple au point que les inventaires et ventes, la plupart de petites conséquence, occasionnent une dépense quatre ou cinq fois plus considérable que celle qui se faisait lorsqu'il était permis à chacun de choisir des experts pour la prisée aux inventaires, et de faire procéder aux ventes par des huissiers, ou simplement des sergents domiciliés et sur les lieux.

Lesdits habitants demandent que d'après ces motifs et ceux résultant du défaut de connaissances dans les huissiers-priseurs sur la valeur des bestiaux dont le prix dépend du cours des foires, des harnais, ustensiles aratoires, foins et fourrages, qui font la principale fortune des gens de la campagne, et de l'abus que font et peuvent faire ces priseurs du droit qu'ils ont d'y être exclusivement appelés, il soit fait toutes représentations convenables aux États généraux pour qu'ils se déterminent à donner toute exécution à la loi qui depuis l'établissement de ces offices en a ordonné la suppression.

Les mêmes habitants donnent, de plus, pouvoir de requérir que les États généraux statuent qu'ils s'assembleront périodiquement aux époques qui seront réglées pour le maintien des lois du royaume et en établir de nouvelles, s'il en est besoin.

Qu'il soit formé des greniers d'abondance dans les principales villes du royaume, et que l'exportation des grains ne soit permise que quand ils seront approvisionnés, et, au surplus, qu'il soit donné toutes permissions possibles au commerce en le délivrant des entraves dont il est enchainé.

Que pour favoriser la population, il soit accordé exemption de collecte à tout père de famille qui se trouvera chargé de neuf enfants, et d'une pension de 100 livres à ceux qui se trouveront en avoir dix, avec augmentation au moins de 24 livres pour chacun de ceux qui surviendront, pour en augmenter le nombre sans que les gratifications puissent être saisies par les créanciers de ces pères de famille.

Suivent les signatures.

Coté et paraphe *ne varietur* par nous soussigné, cejourd'huy 8 mars 1789.

Signé : Arrault.

DRUYES-LES-BELLES-FONTAINES.

Cahier *des doléances, plaintes et remontrances de la communauté de Druyes-les-Belles-Fontaines, élection de Clamecy, généralité d'Orléans et du ressort du bailliage d'Auxerre.*

Le vœu des habitants de Druyes est :

1° Que les aides et gabelles et tailles soient supprimées, vu les vexations et injustices qu'elles occasionnent.

2° Qu'il n'y ait qu'un impôt personnel, réparti sur tous les individus par un seul rôle, sans aucuns privilèges ni distinctions.

3° Que tous les biens et propriétés de chacun soient assujettis à une dîme qui se percevra en nature et qui sera claire et précise.

4° Que la perception des droits de contrôle, insinuation et centième denier soit uniforme; qu'il en soit dressé un tarif clair et copie déposée au greffe de chaque municipalité, ainsi que de tous édits, déclarations de Sa Majesté, arrêts et décisions du Conseil.

5° Que les huissiers-priseurs, établis en 1771, soient supprimés, au moins restreints à la ville de leur résidence; les frais qu'ils occasionnent absorbent souvent, dans les endroits éloignés, le montant de l'inventaire.

6° Que la connaissance des bois communaux soit ôtée aux officiers des maîtrises et renvoyée aux juges des lieux, attendu que ces officiers sont une charge très pesante pour les communautés.

7° Que le règlement fait par la maitrise d'Auxerre et confirmé par les juges de la Table de Marbre au souverain, qui défend d'employer du bois pour lier les gerbes, soit annulé, étant d'ailleurs ridicule pour le motif qu'il énonce, attaquant les propriétés et les bleds ne venant pas tous assez longs pour en pouvoir lier.

8° Que les officiers-greffiers et tabellions des justices seigneuriales, soient inamovibles, leur amovibilité pouvant les faire se prêter quelquefois aux injustices des seigneurs.

9° Que toutes redevances seigneuriales en grains soient converties en argent, en justifiant, toutefois par les seigneurs, de leurs titres, en vertu desquels ils les perçoivent; à quelle mesure ils le doivent faire et combien pèse la mesure, pour le cubage en être fait en présence de la municipalité, procès-verbal dressé et déposé au greffe d'icelle, pour y avoir recours en cas de besoin.

10° Que les seigneurs soient tenus de justifier de tous les titres généralement quelconques établissant les droits et possessions qu'ils ont et dont ils se sont emparés au détriment de leurs vassaux, notamment dans les droits communaux de leur paroisse.

11° Suppression du droit de retrait censuel et féodal accordé aux gens de main-morte, ou au moins qu'il ne soit pas cessible.

12° Diminution des droits attribués aux commissaires à terrier qui ruinent les censitaires, et les restreindre comme ci-devant.

13° Que les présidiaux près desquels sont établies des juridictions consulaires, connoissent de leur compétence et puissent s'assurer que l'affaire est vraiment de marchand à marchand, sans s'en rapporter à l'exception d'assignation où le demandeur prend souvent cette qualité et la donne à son adversaire pour obtenir la contrainte par corps, dont il résulte beaucoup d'abus et de vexations.

14° Qu'aux États généraux et partout où il sera question de voter, les voix soient recueillies par tête et non par ordre.

15° Autorisant au surplus lesdits habitans, leurs députés de proposer, démontrer, aviser et consentir tout ce qui peut concerner les besoins de l'État, la réforme des abus, l'établissement d'un ordre fixe et durable de toutes les parties de l'administration, la propriété générale du royaume, et le bien de tous et de chacun en particulier.

Fait et arrêté en l'assemblée générale des habitants de Druyes, ce 15 mars 1789.

    Signé : Demaud. — Bertin. — Feuilly. — Louzon fils. — Fourneaux. — Edme Pierre. — Gagneau. — C. Coignet. Allard. — Edme Cognet. — Bertrand. — E. Cognet. — Maignan Dubréau. — Feuilly (greffier).

Coté par première et dernière page et paraphé *ne varietur* au bas d'icelles, le 15 mars 1789, par nons, Maignan du Bréau, juge ordinaire en la chatellenie de Druyes-les-Belles-Fontaines.

Signé : Maignan du Bréau.

ÉGLÉNY.

Cahier *de doléances, plaintes et remontrances que font très humblement les habitants de la paroisse d'Églény, vallée d'Aillant, pour obéir aux ordres de Sa Majesté pour la convocation et tenue des États généraux du royaume, indiqués au 27 avril prochain 1789, et à l'ordonnance de M. le grand Bailly d'Auxerre, du 5 mars dernier.*

Art. 1er. — De mémoire d'homme la paroisse des plaignants est tellement chargée d'impôts que tout le fruit de leur travaux tourne à en faire l'acquittement annuel et sous des cotes de différentes espèces : taille, ustensile, capitation, corvée, et aussi de vingtièmes et autres articles à l'infini.

Art. 2. — Qu'il serait bien intéressant pour les peuples que ces impôts soient à l'avenir réunis en une seule masse, et par suite en une seule cote d'après les diminutions à espérer par l'effet de la tenue des États généraux. Les plaignants, ainsi qu'autres composant le Tiers-État, quoique fatigués, seront soumis sans murmurer à un juste impôt; mais aussi il sera juste qu'ils aient pour associés le clergé et la noblesse, qui possèdent environ les trois quarts et meilleurs biens du royaume. Si, corporellement, ces deux ordres ne sont pas comparables au troisième en tout, car leurs biens peuvent avec ceux de ces derniers partager les charges. Ces biens ne produisent que par les talents, les mouvements et les peines de ce Tiers-État. Qu'il soit donc désormais soulagé sous le poids du fardeau des impositions.

Art. 3. — Les plaignants ont aussi à se plaindre que depuis plusieurs années les impôts ont souvent été mal répartis par les commissaires; ce qui pourroit être évité à l'avenir. Une paroisse par ses collecteurs, assistés d'un ou deux habitants, seroit plus en état de s'imposer elle-même, et il n'y en a point où il ne soit personne capable d'écrire le rôle, soit le greffier de la municipalité ou autres, ainsi qu'il s'est cette année pratiqué dans l'Orléanais.

Art. 4. — Une imposition encore bien à charge : ce sont les droits sur les vins. Les employés à cet impôt sont absolument à charge à l'État et dangereux dans la perception. Aussi, un chacun désirerait que ces droits, s'ils étaient généraux, fussent au moins perçus de manière à ne point gêner le commerce et qu'il soit loisible à un chacun de disposer de cette denrée à son gré, sauf à Sa Majesté à réunir ces droits à d'autres impôts, en payant par chacun en quotité des vignes qu'il possède.

Art. 5. — Il a, dans un temps, été ordonné qu'il seroit payé à Sa Majesté des droits d'échange sur les contrats des biens échangés ; mais ces droits gênent entièrement les personnes qui auraient intention d'échanger, surtout à l'égard des petits objets qui, par ces droits et ceux du notaire, équivaudraient à peu près la valeur de l'héritage que l'un des échangeurs aurait à ce titre, et ce, considéré, ils estiment ne pouvoir échanger. Il seroit donc bien à souhaiter que ces droits fussent supprimés, sauf à Sa Majesté à rembourser les seigneurs auxquels elle a vendu lesdits droits.

Art. 6. — Sa Majesté a établi depuis plusieurs années, dans les baillages et sénéchaussées, des charges d'huissiers-priseurs, vendeurs de meubles. Ces établissements sont extrêmement préjudiciables ; on ne cesse de se plaindre de la conduite de ces huissiers par leurs grands frais qui, souvent, absorbent la valeur des meubles qu'ils ont prisés ou vendus, qui, pour l'ordinaire, appartiennent à de pauvres débiteurs sur lesquels ils avaient été saisis ou à des mineurs. Joint à ce, c'est que ces huissiers se munissent des deniers qui, pour l'ordinaire, restent entre leur mains, car, souvent, les tuteurs ne retirent des mains de ces huissiers que des bordereaux au lieu des deniers des mineurs. Il seroit donc bien à souhaiter que ces charges fussent supprimées.

Art. 7. — Les plaignants se plaignent aussi, ainsi que toutes autres paroisses, que depuis plusieurs années ils ont été grevés de milice, ce qui a fait négliger leurs travaux et occasionné des peines aux miliciens en des dépenses dans les revues annuelles, et occasionné à plusieurs d'y sacrifier leur petit avoir pour obtenir des congés de liberté. Il est donc bien à souhaiter que Sa Majesté ne demande ces milices que dans les besoins de l'État, alors, loin par le peuple d'en murmurer, il s'y prêtera avec plaisir, le nombre tant grand peut-il être. On a vu, dans les temps de besoin, des compagnies nouvelles se former en peu de jours, et dans les campagnes de 1745, un corps de milice de 50 à 60,000 hommes sur pied en un moment, et défendre avec courage et intrépidité.

Art. 8. — Les plaignants ont l'honneur d'observer que leur paroisse est située dans un sol dont partie est ingrat, serré des voisins, dont les particuliers des paroisses voisines possèdent sur celle des plaignants des propriétés considérables ; joint à ce, la majeure partie des meilleurs fonds, surtout les prés, sont possédés par les seigneurs de ladite paroisse, qui sont membres du clergé qui retient, en outre, la dixme de toute espèce de grains, ainsi qu'une taille bourgeoise répartie sur tous les habitants de ladite paroisse. De plus, il y a un domaine considérable dans ladite paroisse, possédé par un propriétaire devenu privilégié depuis plusieurs années : que ce domaine consiste en une maison bourgeoise, dans le meilleur emplacement de l'endroit ; que sa dépendance consiste en prés, vignes, jardin, verger, bois et pacages ; qu'il dépend de ce domaine deux forts moulins dont les redevances sont considérables ; que partie des autres fonds de cette paroisse sont possédés par des bourgeois des villes voisines, de manière que les plaignants ne possèdent que peu de propriétés.

Ils ont aussi l'honneur d'observer qu'ils ont éprouvé, comme ailleurs, un tort considérable par la rigueur de l'hiver et la gelée des arbres fruitiers, sans ressource, et celle des vignes.

Fait et arrêté le présent cahier en l'assemblée des habitants de la paroisse d'Églény, tenue par nous, François Ragon, ancien praticien au bailliage de Beauvoir, et justice y réunie, pour l'absence de ceux qui nous précèdent, cejourd'huy, 20 mars 1789. Iceluy cahier a été par nous coté et paraphé *ne varietur* au désir de l'ordonnance de M. le grand Bailly d'Auxerre.

Signé : Bercier. — J. Crespin. — N. Girard. — Carré. — Pourain. — Doé. — Bercier. — Boursin. — N. Lomburdat. — Barbe. — F. Brigout. — Goubillon. — Bercier. — Goulaudin.

RAGON (ancien praticien).
SEVIN (greffier).

ENTRAINS.

CAHIER *de doléances, plaintes et remontrances de la ville et communauté d'Entrains.*

1° La paroisse et communauté d'Entrains donne mandat aux députés qu'elle a nommés, de la représenter dans l'assemblée des trois États du baillage d'Auxerre, pour satisfaire à l'assignation à elle posée le 7 de ce mois ;

2° Elle charge spécialement ses députés de demander que parmi les sujets qui seront envoyés aux États généraux, quatre soient pris dans l'élection de Clamecy, savoir : deux dans le clergé et la noblesse et deux dans le Tiers-État ;

3° Que les trois ordres délibèrent et qu'ils élisent ensemble, et que les suffrages soient comptés par tête ;

4° Que les trois ordres consentent à payer les mêmes impôts, dans les mêmes proportions et sous les mêmes formes ;

5° Que l'administration intérieure des provinces soit confiée à des États provinciaux, dans la même formation que ceux du Dauphiné, et changement d'administrateurs tous les deux ou trois ans ;

6° Que d'après l'établissement des États provinciaux, la dette nationale soit connue, et ensuite répartie sur les provinces, pour être les seules chargées de la manutention de l'État destinés à l'acquittement de cette dette ;

7° Que les droits de gabelles et les droits d'aides soient entièrement supprimés ou rendus uniformes dans toutes les provinces à un prix très modéré ;

8° Que la taille et la corvée soient abolies ou remplacées par un impôt territorial perçu en nature ;

9° Que les impôts, dont l'octroy sera jugé indispensable par les Etats généraux, ne soient consentis que pour la liquidation exacte de la dette nationale, après la réalisation de tous les retranchements économiques dont les revenus de l'État sont reconnus susceptibles, après la fixation de la quotité et du terme de chaque impôt, après toutes les précautions et les formalités nécessaires pour l'extinction de la dette et des impositions qui la représenteront ; et enfin, après le redressement solennel de tous les abus qui seront dénoncés au Roy et à la nation assemblée, après la sanction de tous les nouveaux établissements dont la prompte nécessité ne sera jugée que par les États généraux ;

10° Que si les besoins de l'État nécessitent la continuation des droits de gabelles et d'aides, que ces droits soient simplifiés ; et par rapport à la ville d'Entrains, que les trois auberges sises au jour, et celles qu'on pourrait établir par la suite, attendu leur proximité, soient sujettes aux mêmes droits, et ce, pour procurer à la ville l'avantage d'avoir une boucherie montée et une augmentation dans ses octrois ;

11° Que les justices seigneuriales soient abolies, pour être établi, dans chaque ville où se tient chaque semaine un marché et où il y a des foires et un bureau de contrôle, un chef-lieu de justice exercé au nom du Roy, où les officiers seront tenus d'être gradués, y résider, à laquelle ressortiront les paroisses voisines, dont les jugements seront souverains jusqu'à 100 livres et au-dessous, provisoires jusqu'à 200 livres et au-dessous, et dont les appellations ressortiront au bailliage et siège présidial dont ils dépendent ;

12° Que dans chaque chef-lieu il y aura une brigade de maréchaussée, et que toutes les foires soient franches de tout droit ;

13° Que les juridictions des eaux et forêts, élections et greniers à sel soient supprimées, pour être réunies à celles des chefs-lieux qui connaîtront aussi dans leur arrondissement des matières consulaires ;

14° Que les ordres religieux rentés, que les chanoines des cathédrales et collégiales soient supprimés, et leurs biens attribués au profit de l'État ; et, en attendant que cette suppression ait lieu, que les réserves des évêques, archevêques, abbés et communautés religieuses soient vendues, le produit appliqué aux besoins pressants de l'État, attendu le bon état de leurs châteaux, abbayes et couvents ;

15° Que les huissiers-priseurs et commissaires à terrier soient supprimés à cause de leurs vexations ;

16° Que dans le cas où le commerce du tabac ne soit pas libre, que la distribution s'en fasse en billes et non râpé aux débitants, attendu la corruption préjudiciable à la santé de l'envoi du tabac dans des tonneaux ;

17° Que les droits de contrôle et autres y joints, soient diminués, le tarif pour les qualités réformé, et les faveurs accordées aux gros articles supprimées ;

18° Que les droits de franc-fief et de retenue soient abolis ;

19° Que pour restreindre la multiplicité des banqueroutes, il soit établi une commission royale dans chaque chef-lieu, pour connaitre des cas où il seroit indispensable d'accorder des lettres de répit, d'après l'information des conduite, vie et mœurs ;

20° Que les seigneurs qui ont des pigeons fuyards, soient obligés de les renfermer pendant les mois de mars, avril, may, septembre et octobre pour prévenir le tort et le dégât qu'ils occasionnent aux semences, sinon qu'il soit permis de les tuer, ainsi que les lapins qui dévastent les campagnes ;

21° Que les actes des notaires de Paris soient assujettis à la formalité du contrôle, attendu qu'ils privent le Roy de ses droits et les provinces de travail.

22° L'assemblée déclare, au surplus, qu'elle adhère par avance aux demandes qui pourraient être faites par toutes les communautés, villes et provinces du royaume, et dont l'objet aurait une nécessité et une utilité reconnues, s'en rapportant d'ailleurs à la conscience de ses députés au bailliage, et aux États généraux, sur tout ce qui ne sera pas contraire au mandat ci-dessus.

23° Et s'il pouvait arriver qu'ils contrevinssent à ce même mandat, l'assemblée déclare les désapprouver, dès à présent, et leur retirer ses pouvoirs.

Fait et arrêté dans l'assemblée générale des habitants de la paroisse et communauté d'Entrains, le 20 mars 1789.

Signé : Leclerc Demontmoyen. — Pougny. — Cotteron. — Chevau.— Chevalier. — Diraux. — Dumard.— De Chegoin. — Moutillion. — Chambert. — Pany. — N. Guibert. — E. Vargnier. — Grandjean. — Commeau. — Fron. — Dinot,

Mouté (s. g.).

ÉPINEAU-LES-VOVES.

Cahier *des plaintes et doléances de la paroisse d'Épineau-les-Voves.*

Cejourd'hui 15 mars 1789, l'assemblée de ladite paroisse tenue en la manière accoutumée, devant le sieur Milet, procureur fiscal pour la longue vacances des officiers de justice, tous les habitants qui la composent se sont réunis et, d'un commun accord, ont voté pour les articles suivants :

1° Que les justices seigneuriales comme onéreuses au peuple soient supprimées.

2° Qu'il soit établi à leur place un commissaire à l'instar de ceux du Châtelet de Paris, qui réunirait en sa personne les fonctions de la justice et de la police.

3° L'établissement de justices royales de quatre lieues en quatre lieues, autant que faire se pourra.

4° L'abolition des censives dues aux seigneurs, comme un reste de servitude.

5° Le droit de chasse accordé à toutes personnes dans un certain temps de l'année seulement; le tout pour diminuer la trop grande quantité de gibier qui dévaste la récolte des cultivateurs.

6° L'abolition des banalités et péages du royaume, comme mettant des entraves au commerce.

7° L'abolition de la gabelle.

8° La suppression des droits d'aides remplacés par un impôt sur les vignes ; et dans le cas où cette suppression ne pourrait avoir lieu, que ces droits, au moins, soient diminués et supportés par les trois ordres de l'État.

9° La suppression de l'écu du pont de Joigny, comme étant l'occasion d'accidents qui arrivent très fréquemment.

10° Que les presbytères fournis par les communautés à leurs pasteurs, soient en tout à la charge des occupants.

11° Que la répartition des impositions se fasse avec moins d'arbitraire.

12° L'abolition totale des contraintes pour leur recouvrement, avec la liberté entière aux collecteurs, sous l'inspection toutefois des municipalités, de saisir ceux qui seraient en retard ou qui refuseraient de payer.

13° L'établissement de l'impôt territorial sur toutes les espèces de possessions foncières.

14° Une augmentation des droits sur toutes les choses de luxe, comme cartes à jouer, liqueurs, cafés, vins étrangers.

15° Un encouragement à l'agriculture et aux manufactures nationales, avec des distinctions pour ceux qui y excelleront.

16° L'établissement dans chaque province de plusieurs maisons, où l'on formerait celles des femmes qui se destineraient aux accouchements. Il est incroyable combien il périt dans les campagnes de mères et d'enfants par l'inexpérience et l'incapacité des sages-femmes.

17° Il seroit aussi très avantageux qu'il y eut dans chaque province au moins deux ou trois villes où les jeunes gens qui se destineroient à la chirurgie feroient régulièrement leurs cours de chirurgie et d'anatomie; à peine, dans beaucoup de campagnes, trouve-t-on un chirurgien en état de suivre une simple fièvre.

18° Le retour périodique des États généraux.

19° La suppression des receveurs particuliers des finances.

20° Le suffrage aux États généraux par tête et non par ordre.

21° L'établissement de magasins dans toutes les villes où il y a marché à bled, où l'on emmagasineroit le bled qui resteroit le marché fini.

22° Une défense rigoureuse contre l'impression en France et l'entrée du royaume des livres dogmatiques tendant à déprimer et anéantir la religion catholique.

23° Le commerce illimité et libre des grains.

24° L'abolition de la dîme appartenant aux maisons religieuses.

25° Que tous procès entre particuliers ne puissent être mis en instance, qu'au préalable la municipalité n'en soit prévenue.

De tous lesquels vingt-cinq articles lesdits habitants persévèrent à en demander le redressement, et ont signé avec nous, ainsi que les deux députés.

Signé ; Mevers. — Bruneau. — E. Coppin. — P. Coppin. — P. Bruneau. — N. Giraudon. — P. Danguy. — Ét. Maudat.— E. Coppin.— A. Benard. — Moreau. — Gaudeau. — F. Bruneau. — G. Gaudeau. — G. Bruneau. — L. Coitain. — Danguy. — Jean Lalandre. — E. Chanvin. — Recoine. — Chanvin, — Le Prémuré (syndic).

Milet (procureur fiscal). — Saffroy (greffier).

ESCAMPS.

Cahier *de doléances d'Escamps, bailliage d'Auxerre, généralité de Paris, élection de Tonnerre* (1).

Cejourd'huy, 15 mars 1789, l'assemblée des habitants de la paroisse d'Escamps, convoquée au son de la cloche, de la manière accoutumée.

Sont comparus en l'auditoire du lieu à rendre la justice par devant nous, Edme Macaire, ancien praticien au bailliage de cette justice, faisant fonctions de juge en cette partie pour l'absence de MM. les bailly et lieutenant de cette justice, assisté de notre greffier ordinaire, les personnes de Claude Godard*, syndic de la municipalité dudit Escamps ; le sieur Jean-Hubert Esclavy*, procureur fiscal ; le sieur Louis-Mathurin Patouillat ; Pierre Guerraut ; Edme Michot ; Claude Gavard* ; Georges Rappier*, tous officiers municipaux de ladite paroisse ; le sieur Louis Bounon* ; Toussaint Viou et Pierre Bounon*, adjoints ; Étienne Robert, Edme Lelièvre* ; Edme Gauthier* ; Antoine Duvaux, conseiller ; Jean Ducrot, conseiller ; Edme Barnout*, conseiller ; Jacques Bellot ; François Allard ; Jean Charbois, conseiller ; Étienne Dupont ; Mange Chocat ; Edme Gauthier, conseiller ; Pierre Ducrot ; Edme Durand* ; le sieur Louis-Loup Guerrut* ; Jean Bougé* ; François Jaillard* J.-B. Godard* ; Edme Bellot ; Edme Gavard ; Étienne Jannier ; Jean Bougé ; Étienne Ducrot ; Edme Jaillard ; Hubert Jaillard ; Louis Bougé ; Georges Meunier*, conseiller ; Pierre Roy ; Pierre Boivin ; Denis Puissant ; Pierre Armancier* ; Sébastien Basset ; Jean Breuillé ; Étienne Puissant ; Michel Meunier ; Louis Allard ; Joseph Puissant* ; Louis Jannier ; Joseph Jaillard ; Georges Meunier, conseiller ; Jean Goury ; Edme Barat ; Jean-Baptiste Bonnaut ; Edme Lemanton ; Laurent Durand ; Pierre Bercier ; Edme Mérat* ; Pierre Bezoule ; Antoine Durand jeune ; François Jaillard ; Jean Barnou* ; Jean Bounon* ; Étienne Meunier ; Claude Lelong ; Georges Jalançon ; Pierre Allard ; Edme Meunier ; Jean Jaillard ; Grançois Bounon ; François Lelièvre ; Lous Meunier ; Nicolas Fredouille ; Simon Joubleau, tous laboureurs, manouvriers, vignerons et d'autres états, habitants de ladite paroisse, nés Français, âgés de vingt-cinq ans et plus, compris dans les rôles des impositions, habitants de cette paroisse.

Lesquels, pour obéir aux ordres de Sa Majesté, portés par

---

(1) Les noms suivis d'une astérisque sont ceux des habitants ayant signé à la fin du cahier.

lettres données à Versailles, le 7 février dernier, pour la convocation et tenue des États généraux de ce royaume, et satisfaire aux dispositions du règlement y annexé, ainsi qu'à l'ordre de M. le grand Bailly d'Auxerre, dont il nous ont déclaré avoir une parfaite connoissance tant par la lecture qui vient de leur en être faite, que par la lecture et publication cy-devant faites au prône de la la messe de la paroisse par le sieur curé de la paroisse le 8 mars présent mois, et par la lecture, publication et affiche pareillement faites le même jour à l'issue de la messe paroissiale au devant de la principale porte de l'église, par le syndic de ladite municipalité, suivant son certificat du 9 dudit mois, signé : Godard, syndic ;

Nous ont déclaré qu'ils allaient d'abord s'occuper de la rédaction de leur cahier de doléances. Ils nous ont représenté ledit cahier qui a été signé par ceux desdits habitants qui savent signer, et par nous, après l'avoir coté par première et dernière page *ne varietur*; desquelles plaintes, doléances, remontrances et observations des habitants, la teneur suit :

1° Lesdits habitants observent que le Roi, par sa lettre adressée à M. le grand Bailly d'Auxerre, le 7 février dernier, veut bien ordonner une convocation des habitants de chaque paroisse du ressort pour, en exécution du règlement de Sa Majesté, du 24 janvier précédent, nommer un nombre de députés relatif à celui des feux, et d'autre, ladite paroisse d'Escamps est composée de 179, auxquels députés elles donneront pouvoir de pour eux et en leurs noms, étant munis d'instructions et pouvoirs généraux suffisants, proposer, aviser, remontrer et consentir tout ce qui peut concerner les besoins de l'État, réformer les abus et rétablir la prospérité générale qui paraissent troubler la tranquillité de Sa Majesté qui, par des sentiments de sa tendresse paternelle pour ses peuples, a ordonné une convocation générale des trois États du royaume afin de lui représenter librement ce qui peut affermir la gloire du trône et contribuer à leur félicité.

Rien n'est d'abord plus important que de représenter que le Tiers-État du royaume, qui seul en fait l'appui et les forces, rapport à ce qu'il contient les cinquante-neuf soixantièmes des individus, et qui en supporte presque toutes les charges, ne possède point en propriétés l'équivalent du quart du produit des biens du clergé et de la noblesse et des gros négociants du royaume.

Prouvons cette vérité. N'est-il pas connu de tout le monde que le clergé de France possède en propriétés les deux cinquièmes des biens du royaume, en en exceptant ceux du domaine de la Couronne et ceux des princes du sang.

Que payent-ils à raison de ces immenses propriétés? pas le cinquantième intégral de leur revenus qui sont produits par les sueurs des misérables, dont les ancêtres les leur ont libéralement prodigués.

La preuve de ce fait est que les évêchés, abbayes ou chapitres qui, par exemple, possèdent 100,000 livres de revenu, sont cotés 12,000 livres de décimes, rapport à la différence énorme qu'il y a entre leur revenu intégral et la vilité des sommes où ils les ont portés au pouillé des décimes. Cette taxe n'équipolle pas seulement les privilèges qui leur sont accordés par l'État, comme celle d'exemption de tailles, vingtièmes, gabelles et autres des chemins et routes, que leurs carrosses et voitures de leurs denrées ruinent et que les malheureux sont obligés de faire réparer par des taxes en argent qui leur sont imposées et qui sont fixées au sixième de leurs tailles, capitations et accessoires.

Voilà donc un revenu de 100,000 livres qui ne paie rien, tandis que six pauvres paroisses, qui, avec les bras des cultivateurs, et qui, en mangeant à peine du pain sec, n'en produisaient pas autant, et qui, cependant, payent ensemble environ 30,000 livres d'impôts.

Où est donc cette proportion? Pour en rapprocher l'énorme éloignement, quoiqu'il n'en seroit point encore exact, ce serait de leur ôter tous leurs privilèges, étant comme nous sujets du Roy, d'examiner de plus près leurs revenus, et leur imposer intégralement des décimes, ou impôts proportionnés; et pour indemniser en partie l'État des abus énormes qui se sont produits de tous les temps dans leur manière de les fixer, les obliger à payer des dons gratuits qui y seroient proportionnés.

Le clergé du second ordre, qui supporte toutes les charges du ministère, mérite plus d'égards, surtout envers les curés dont les bénéfices ne valent, ou qu'un peu plus, que la portion congrue, mais qui, au moins, doivent être taxés intégralement aux décimes ou autres impôts à raison de leurs revenus.

Les abus qui règnent parmi la noblesse sont à peu près les mêmes que ceux du clergé dont les revenus sont pareillement exempts de charges publiques et d'impôts. Il faut cependant observer qu'on doit certains égards à ceux qui ont servi l'État (quoiqu'ils en soient bien payés) et au soutien de leur famille.

Il faut donc passer au Tiers-État sur lequel tombe le fléau des impôts en tous genres, surtout pauvre cultivateur, qui par ses sueurs, et manquant le plus souvent de l'étroit nécessaire, nourrit et entretient le faste et l'abondance des deux autres, et parmi lesquels plus de milliers d'hommes ont répandu leur sang pour l'État et la patrie qu'il n'y a peut-être eu de douzaines de gentilshommes.

Pourquoi donc cette différence si énorme entre des hommes qui sont les mêmes et qui, dans l'origine, étaient égaux ?

Parmi ce grand nombre, il y a des observations à faire pour le bien de l'État et le soulagement des peuples.

Pourquoi, par exemple, voit-on dans les grandes villes, et même dans les petites, des hommes qui font des commerces immenses en tous genres, et dans les finances desquels ils retirent souvent des bénéfices excessifs, et dont la plupart achètent des priviléges et exemptions de taille et impôts, et que ceux qui n'en ont point n'en payent qu'à raison de leur propriétés, tandis que l'industrie seule, qui devroit leur être imposée en taille ou capitation à chacun d'eux, meriteroit de supporter autant qu'une paroisse entière de campagne.

Pourquoi le faste qui n'appartient qu'à la grandeur, est-il si répandu dans ceux à qui elle n'appartient pas et qui veulent l'imiter ? Il est un remède à ce délire, qui est de fixer leur rang et de le réduire au nécessaire pour leurs domestiques, ou de payer de grosses taxes pour l'excédant. Combien cet expédient ne renverroit-il pas de milliers de bras inutiles à la campagne, pour y faire leur premier métier qui était de travailler la terre, dont partie reste inculte faute d'ouvriers. Il en résulteroit un double avantage en ce que leur nombre étant augmenté, il diminuerait le prix des travaux et l'arrogance des autres domestiques qui se moquent de leur maitres, desquels ils exigent des gages excessifs et ruineux pour eux, et qui, au surplus, ont l'audace de ne faire que ce qu'ils veulent, parce qu'ils veulent se mesurer sur leur pareils, qui vivent dans le faste et l'oisiveté dans les villes.

Les habitants de la paroisse d'Escamps ne sont assurément pas seuls qui frémissent d'avance au bruit qu'on annonce d'un impôt territorial qui opéreroit une rente fixe et perpétuelle sur leurs biens, qui en sont déjà trop chargés, au lieu que la taille, qui ne doit être qu'un impôt mobile et volontaire, proportionné aux besoins de l'État, doit varier suivant que les récoltes sont plus ou moins abondantes. La disette des récoltes de grains de l'année dernière, celle que l'on craint de la prochaine, dont partie des bleds sont restés à emblaver et ceux qui le sont, très mal conditionnés.

Qu'on ajoute à ces objets la rigueur encore subsistante de l'hiver qui a gelé jusqu'en terre le bois de la vigne et quantité d'arbres, au point que les propriétaires se proposent d'en arracher une partie et qu'à tout événement ce qui restera sera deux ou trois ans sans porter. On s'assure d'avance que ces fâcheuses circonstances seront présentées au pied du trône par MM. les députés des États généraux,

La paroisse aurait encore de sérieuses reflexions à faire sur l'injustice d'un arpentage qui a été fait du territoire, et sur lequel elle proteste de se pourvoir en temps et lieu.

Si néanmoins, dans l'assemblée des États généraux, la majeure partie de MM. les députés du Tiers-État opinait pour un impôt unique en telle forme qu'on en fasse l'assiette, elle devrait toujours être déterminée de manière à ce que le pauvre cultivateur, écrasé d'impôts depuis plusieurs siècles, en reçoive du soulagement. Les campagnes, qui deviennent désertes au fur et à mesure que les villes s'accroissent, réduiront les riches propriétaires des villes à venir faire exploiter leur biens par eux-mêmes.

On le répète, ce n'est point sur cette partie des sujets du Roy que l'on doit espérer les secours de l'État, mais sur le clergé et la noblesse qui, comme on l'a déjà dit, ne payent pas leurs priviléges et exemptions d'aides, gabelles et autres, et envers lesquels on doit supprimer toutes corvées, banalités, priviléges et autres droits ruineux qui, jusqu'à présent, ont retenu leurs vassaux dans l'esclavage.

C'est encore, en réformant plus des trois quarts des financiers, les intendants compris, que l'on trouvera des ressources pour l'État, en rétablissant une commission extraordinaire pour leur faire rendre compte depuis trente ans, relativement aux deniers que les actes publics justifieront qu'ils ont perçus.

De réclamer comme criminels d'État ceux d'entre eux qui ont transporté quantité de millions chez l'étranger, leur faire leur procès, et, en cas de contumax, confisquer leurs biens au profit du domaine.

Au nombre des secours de l'État doit être comprise une taxe de capitation d'industrie sur les négociants, sur les arts et métiers lucratifs, à proportion de ce qu'ils y font, puisque l'on voit aujourd'huy que ces sortes d'états possèdent presque toute la fortune du Tiers-État.

Si le système de l'impôt unique a jamais lieu et qu'il soit perçu en nature de chaque production, il seroit intéressant de le fixer suivant le mérite des biens. Il ne seroit point juste, par exemple, qu'il fût tel pour un arpent de terre qui ne peut produire qu'un ou deux septiers de bled, comme un autre arpent qui en produiroit huit ou dix. Il faudroit, en ce cas, diriger l'impôt de telle manière que le pauvre cultivateur pût manger du pain en travaillant. Pourquoi il faudrait proportionner la redevance au mérite du sol, et l'assiette une fois faite, il faudroit que le gouvernement avisât à de sages précautions pour que, sortant des mains des préposés au recouvrement, il fût versé au trésor royal sans passer par tant de coffres-forts où il en reste plus de la moitié.

Et l'on répète que si ce dernier système prévaut, on doit supprimer tous les odieux impôts d'aides, de gabelles et autres, et s'en tenir à la régie du contrôle, insinuation et papier timbré au compte du Roy, permettre la libre circulation des denrées dans tout le royaume, à l'exception des droits d'entrée et de sortie, distribuer aux marais salants le sel au compte du Roy, sur lequel il percevrait au lieu de la fabrique vingt-cinq livres par cent pesant.

L'administration de la justice exigeroit aussi une réforme par une refonte du code civil et criminel, qui devroit être simplifiée, abréger le circuit de la procédure et se conformer, si faire se peut, au *Code Frédéric de Prusse*, qui fait l'admiration de l'Europe, et réunir toutes les petites justices d'une paroisse au chef-lieu.

Une réforme est encore essentielle : c'est la suppression des charges ruineuses des jurés-priseurs, qui désolent les campagnes et qui, par leurs droits, voyages, séjours, retours et procès-verbaux, en levant la majeure partie des meubles des pauvres mineurs et des effets saisis sur les malheureux débiteurs.

La réforme de partie des troupes apporteroit encore de puissants secours à l'État. Pourquoi ne pas se borner, en temps de paix, à garder les frontières et à ne point chercher à les étendre, et, au cas de besoin, rien n'empêcheroit de les augmenter, et jusque-là, la réforme fourniroit des milliers de bras à l'agriculture.

La suppression des commissaires à terrier est importante pour les peuples, à moins que les seigneurs ne veuillent faire procéder à leurs frais, vu que l'on a de funestes exemples de la ruine que les commissaires à terrier causent aux campagnes.

Le clergé ni la noblesse n'auront aucune voix délibérative, soit pour les impôts qui sont à faire, soit que la taille actuelle subsiste, ou l'impôt unique.

Qui sont toutes les observations, remontrances, plaintes et doléances que lesdits habitants ont l'honneur de représenter aux députés généraux, et à l'égard desdits habitants non comparants à ladite assemblée, donnons défaut portant tel profit que de raison contre ceux des autres habitants non comparants.

Et ont, lesdits habitants présents, signé avec nous, à la réserve de ceux qui ont déclaré ne savoir signer, de ce requis et interpellés.

Suivent les signatures.

Paraphé *ne varietur*.

Signé : PATOUILLAT (greffier).

ESCOLIVES.

Cahier *de doléances de la paroisse d'Escolives.*

Les habitants de la paroisse d'Escolives demandent :

1° Que les voix des députés du Tiers-État soient comptées par tête et non par ordre;

2° Les habitants de cette paroisse qui se trouvent sur la généralité de Paris, et qui, à ce moyen, ne peuvent profiter du rachat des aides fait par le comté de Bourgogne, demandent à être réunis audit comté et à jouir de la même exemption, ainsi que des autres droits perçus par le régisseur des aides;

3° Tous les habitants de cette paroisse demandent que tous les droits locaux et autres droits de route sur les vins, qui arrêtent à chaque instant les voituriers et sont souvent des occasions de procès-verbaux contre eux soient supprimées, comme gênant considérablement le commerce des vins, et augmentant beaucoup le prix des voitures par le retard que l'acquit de ces droits occasionne aux voituriers;

4° Qu'il soit fait un nouveau tarif pour les droits de contrôle, et plus clair et plus juste;

5° Que les charges d'huissiers-priseurs, vendeurs de meubles, soient supprimées comme très à charge au public et consommant entièrement le mobilier des pauvres mineurs;

6° Que les droits attribués aux commissaires à terrier soient réduits;

7° Qu'il soit pris des mesures pour l'exécution des ordonnances et règlements concernant les banqueroutes frauduleuses;

8° Que tous les impôts généralement quelconques, tant réels que personnels, soient supportés tant par le clergé et la noblesse que par le Tiers-État, dans une juste proportion de leurs biens et de leurs facultés, et que l'impôt représentatif de la corvée soit regardé et imposé comme charge réelle, dans la proportion de ce que chaque individu a de propriétés;

9° Que pour réformer les abus qui se glissent dans la répartition des impôts, qui est communément faite à Auxerre et en secret, les rôles ne puissent être faits que dans la paroisse même; que le jour de la répartition soit annoncé à l'issue de la messe, le dimanche précédent, afin que tous les habitants puissent y assister si bon leur semble et y faire leurs représentations;

10° Que toutes les ordonnances et règlements de MM. les Élus, et même les ordonnances, arrêts et déclarations du Roy, qui seront adressés à un syndic annuel, soient, après la publication, déposés dans les coffres de la fabrique, et à cet effet il sera tenu un registre où il sera fait mention de chaque dépôt;

11° Que les lois civiles et criminelles seront refondues et réformées, la procédure abrégée, et que dans les affaires criminelles les procédures soient communiquées à l'accusé et qu'il lui soit permis d'avoir un conseil;

12° Que les députés ne consentent à aucune délibération jusqu'à ce qu'il soit décidé que les voix seront comptées par tête, et qu'il ne soit rien décidé sur l'établissement de nouveaux impôts, qu'il en soit statué préalablement sur les objets de réformation;

13° Que les droits de retenue annuelle que les seigneurs exigent en différents endroits, soient supprimés, comme étant un reste de l'ancienne féodalité.

Fait et arrêté en l'assemblée générale des habitants de la paroisse d'Escolives, tenue par devant nous, bailly de ladite justice, assisté de notre greffier-commis, lesquels ont signé à l'exception de ceux qui ont déclaré ne savoir signer, de ce requis.

Signé : L. Empereur. — Viguereux. — Louis Droin. — Briffault. — Jean Anizet. — Briffault. — P. Vildé. — Viguereux. — Rousseau. — Empereur. — P. Gallon. — E. Moulin. — Badin. — Lesseré. — Painlefoy. — Beudot. — Guinault. — Dauthereau.

ETAIS.

CAHIER *de plaintes, doléances et remontrances de la paroisse et communauté d'Etais.*

1° La paroisse et communauté d'Etais donne mandat aux députés qu'elle va nommer de la représenter dans l'assemblée des trois États du bailliage d'Auxerre;

2° Elle charge spécialement ses députés de demander que parmi les sujets qui seront envoyés aux États généraux, quatre au moins soient pris dans l'élection de Clamecy, savoir : deux dans le clergé ou la noblesse et deux dans le Tiers-État;

3° Que les trois ordres délibèrent, qu'ils élisent ensemble, et que les suffrages soient comptés par tête;

4° Que les trois ordres consentent à payer les mêmes impôts dans les mêmes proportions et sous les mêmes formes;

5° Que la dette nationale soit répartie sur les provinces et que les provinces soient seules chargées de la manutention des revenus de l'Etat, destinés à l'acquittement de cette dette;

5° Que l'administration intérieure des provinces soit confiée aux États provinciaux à établir dans chaque généralité, suivant les principes consignés dans les règlements qui ont été donnés pour l'établissement des assemblées provinciales et des assemblées secondaires ;

7° Que les droits de gabelle soient supprimés ou au moins modérés pour le soulagement des habitants des campagnes, et pour prévenir le dépérissement des bestiaux qui viennent des pays exemps de gabelles et qui ont été habitués au sel ;

8° Les droits d'aides, sans exception, supprimés également, ou du moins convertis en un impôt perceptible dans les lieux seulement où les aides ont cours ;

9° La taille et la corvée abolies ou remplacées par une imposition assise suivant les vœux de l'art. 5 ci-dessus ;

10° Que dans le cas ou l'impôt territorial seroit consenti sous les conditions portées en l'article qui suit, il soit établi sans aucune classification de taxes et, en général, sans aucune modification qui peut donner lieu à des exceptions de faveur ;

11° Que les impôts dont l'octroi seroit jugé indispensable par les États généraux, ne soient consentis qu'après la liquidation exacte de la dette nationale, après la réalisation de tous les retranchements économiques dont les revenus de l'État seront reconnus susceptibles ; après la fixation de la quotité et du terme de chaque impôt ; après toutes les précautions et formalités nécessaires pour l'extinction infaillible et de la dette et des impositions qui la représenteront, et enfin, après le redressement solennel de tous les abus qui seront dénoncés au Roy et à la nation assemblée ; après la sanction de tous les nouveaux établissements dont la prompte nécessité seroit jugée par les États généraux ;

12° Que les milices forcées soient abrogées ou remplacées par des régiments provinciaux formés et recrutés volontairement ;

13° Que les huissiers-priseurs soient supprimés ;

14° Que le tabac soit envoyé ficelé et non en poudre ;

15° Qu'il soit pris les mesures les plus promptes et les plus efficaces pour diminuer les frais et les lenteurs de la justice ;

16° Que les juridictions des eaux et forêts, des élections, des greniers à sel et autres, soient réunies aux juridictions royales ordinaires, pour ne former qu'un même tribunal dans chaque pays, et pour ménager des frais aux justiciables qui payent les épices et vacations, et à l'État qui paye les gages ;

17° L'assemblée déclare, au surplus, qu'elle adhère par avance aux demandes qui pourroient être faites par toutes les communautés, villes et paroisses du royaume et dont l'objet auroit une nécessité ou utilité reconnues ; s'en rapportant, d'ailleurs, à l'honneur et à la conscience de ses députés au bailliage et des députés aux États généraux, sur tout ce qui ne sera pas contraire au mandat ci-dessus ;

10° Et s'il pouvoit arriver qu'ils contrevinssent à ce même mandat, l'assemblée déclare les désavouer, dès à présent, et leur retirer ses pouvoirs.

Fait et arrêté dans l'assemblée générale des habitants de la paroisse et communauté d'Etais, cejourd'huy, 15 mars 1789.

Signé : J. Roux. — J. Lorin. — E. Caillat. — C. Cordonnier. — D. Boutheron. — J. Bouveau. — Maubron. — Charles Devilliers. — M. Bouteron. — L. Lenoir. — Roux. — Caillat. — J. Lenoir. — Caillat. — Cordonnier. — F. Carré. — J. Guimard. — Bigé. — G. Roux. — Georges Surugue. — Bertrand. — Louis Cottin. — Étienne Morisset.

Ne varietur.

GEOFFROY CAILLAT
(juge). (greffier municipal).

FESTIGNY.

CAHIER *des propositions, remontrances, plaintes et doléances de la paroisse de Festigny.*

Les habitants de la paroisse de Festigny, autorisés par l'invitation de leur auguste monarque à lui faire toutes propositions et remontrances sur ce qui concerne les besoins de l'État, la réforme des abus, l'établissement d'un ordre fixe et durable dans les différentes parties de l'administration, se sont assemblées pour délibérer sur des objets aussi importants et ont rédigé ainsi les articles de leurs pétitions :

OBJETS PRÉLIMINAIRES.

1° Ne jamais perdre de vue que le but de l'assemblée des États généraux n'est pas seulement de pourvoir à la dette nationale, mais encore de travailler au soulagement du malheureux peuple ;

2° Demande l'impression du cahier, qui, dans chaque bailliage, sera la réunion des cahiers particuliers ;

3° Fixer le retour périodique des États généraux, afin de remédier aux inconvénients qui pourroient naitre des moyens même employés pour la réforme des abus actuels ;

4° Voter aux États généraux par tête et non par ordre, et ne combiner le nouvel impôt que d'après la connaissance parfaite de ce que les sujets déboursent directement et indirectement pour tous droits, et de ce qui est versé au trésor royal.

CHAPITRE PREMIER.

Suppressions utiles. — Suppression du papier timbré, des aides, des gabelles, des droits de contrôle dont on demandera la suppression en chef des droits (il est nécessaire de conserver la forme essentielle et d'y assujettir tous les actes publics), amortissement, centièmes-deniers, francs-fiefs, droits purement domaniaux, enfin tous droits sur les denrées et marchandises, afin que tout soit entièrement libre ;

2° Suppression des assemblées provinciales pour y substituer des États provinciaux ;

3° Suppression des receveurs généraux et particuliers des finances, comme pouvant être remplacés par les États provinciaux ;

4° Abolition des lettres de cachet obtenues sans l'intervention des tribunaux, à moins qu'elles ne soient sollicitées par la majeure partie d'une famille. Relâchement de tous les prisonniers qui sont détenus en vertu de pareilles lettres, pour être remis entre les mains des tribunaux ;

5° Suppression de la milice ;

6° Suppression de la solde des gardes des princes, parce que ces corps sont onéreux à l'État et ne contribuent en rien à l'éclat du trône ;

7° Suppression d'une partie de la maison du Roy et de celle de la Reine ;

8° Suppression du corps des ponts-et-chaussées, comme pouvant être suppléé d'une manière moins dispendieuse ;

9° Suppression des huissiers-priseurs dans les campagnes, et permission aux huissiers ordinaires d'en remplir les fonctions, afin d'éviter les frais excessifs que la succession des familles pauvres en sont quelquefois absorbées ;

10° Suppression des banalités et corvées seigneuriales ;

11° Suppression du casuel forcé payé aux ecclésiastiques ;

12° Suppression de tous les impôts actuels pour les remplacer par un nouvel impôt plus sagement combiné.

CHAPITRE DEUXIÈME.

Des réformes et améliorations. — 1° Restitution des communes (biens communaux) aux communautés par les seigneurs, vu que dans les campagnes cet emparement a produit une disette étonnante de pâturages, ce qui a beaucoup diminué le produit des bestiaux et a porté un coup funeste à l'agriculture ;

2° Restitution des sommes énormes détournées par ceux qui ont manié les deniers publics ;

3° Examen à faire des apanages des princes du sang ;

4° Aliénation d'une foule de maisons royales aussi inutiles que dispendieuses ;

5° Retranchement absolu des pensions non méritées, et diminution de celles qui sont trop considérables ;

6° Cessation de tous travaux publics dont la confection peut, sans préjudice, être remise à des temps plus heureux ;

7° Licenciement d'une partie des troupes, et ne conserver que ce qui est nécessaire pour garder les frontières, assurer la tranquillité des citoyens ;

8° Réduction au denier vingt de tous les emprunts dont l'intérêt passe ce taux ;

9° Réduction de la largeur des routes à faire pour laisser à l'agriculture un terrain qui lui seroit enlevé sans fruit ;

10° Erection de toutes les provinces en pays d'États, dont l'organisation sera constitutionnelle, de manière que les députés tant pour l'assemblée générale que pour les commissions intermédiaires, soient choisis librement et légalement par les . . . . . . de tous les habitants ; que le Tiers-État ait toujours un nombre de députés égal à celui des deux autres ordres, et qu'il y soit délibéré par têtes ;

11° Réformes dans l'administration des biens ecclésiastiques dont voici le précis :

Tous les religieux, prieurs, abbés commandataires et autres, ainsi que ceux du . . . . . . , qui se croiroient insuffisamment pourvus seroient tenus d'amodier tous leurs biens par devant les juges des lieux, sans frais. Ils recevroient eux-mêmes le prix du bail sur lequel les communautés religieuses retiendroient 1,000 livres pour chaque religieux, prieurs, abbés commandataires, quelque fussent leurs dignités ; d'ailleurs, retiendroient un tiers, quart, sixième, vingtième même, selon la richesse du bénéfice ; le reste seroit disposé dans une caisse entre les mains du syndic ecclésiastique provincial, ainsi que les produits des coupes de bois appelées réserves ou autres. Sur cette masse, il seroit donné aux vicaires 600 livres, aux desservants 800 livres, aux curés à portion congrue et à ceux qui auroient été dans le cas d'amodier, comme dit est, 1,500 livres. Le reste de ces revenus seroit employé aux réparations des églises et presbytères.

CHAPITRE TROISIÈME.

Idée sur le nouvel impôt. — Cet impôt pourrait être unique sous le nom de capitation, ou double, sous le nom de taille réelle et industrielle.

Mais quelque nom et quelque forme qu'on lui donne, il est nécessaire avant tout de poser les principes qui serviroient de base à l'imposition afin que l'on sache positivement dans quelle proportion chacun doit être taxé relativement à ses revenus, chose indispensable pour éviter l'arbitraire.

On décideroit par exemple que ..... des trois ordres, sans exception, payeroit ...... un quinzième ou un dixième du produit net, soit de ce fonds, soit de son commerce, soit des deux à la fois, suivant les circonstances.

La taille réelle se payeroit en nature au moment même de la récolte.

L'industrielle seroit supportée par les gens exerçant un négoce, un art, un métier, il seroit payé en argent.

Le produit de ces impositions auroit deux destinations : l'une de fournir aux besoins actuels de l'État, l'autre à éteindre la dette nationale ; la portion de l'impôt répondant à la dette seroit versée dans la caisse de la province qui payeroit directement aux créanciers, aussitôt qu'on seroit parvenu à la liquidation. Cette portion de l'impôt s'éteindrait à jamais à la décharge des contribuables, à moins qu'on ne la continuât pour rembourser les charges de judicature, et en éteindre la vénalité si indécente.

CHAPITRE QUATRIÈME.

Administration de la justice. — 1° Création d'un parlement dans chaque province et d'une chambre du Tiers dans chaque parlement ;

2° Injonction à tous juges, même souverains, de motiver leurs arrêts ;

3° Punition des juges prévaricateurs rendue prompte ;

4° Formation d'un code simple et intelligible ;

5° Défense aux intendants de connaitre des affaires concernant les droits du Roy ; les juges naturels en connaîtront ;

6° Abolition des évocations au Conseil ;

7° Etablir que les arrêts du Conseil, non sanctionnés par les cours supérieures, ne peuvent avoir force de loi dans le royaume ;

8° Impossibilité à tout banqueroutier frauduleux, quelle que soit sa qualité, d'obtenir des arrêts de défenses, d'attenter à ses personne et biens ;

9° Peines très rigoureuses contre les usuriers ;

10° Et enfin, pour remplacer les impots actuels qui seront supprimés, lesdits habitants, à la pluralité des voix, demandent qu'il soit mis des impôts pour être perçus en nature.

Tels sont les vœux formés par les habitants de la paroisse de Festigny, pour les réformes qui leur paraissent devoir être les plus utiles à l'État.

Signé : E. Drot. — Bassin. — Boudin. — Sarreste. — Marguet de Vaudecoin. — Cherbrun.

Paraphé *ne varietur* par nous, juge, procureur fiscal et greffier soussignés, ce 15 mars 1789.

Sarreste.   Marguet de Vaudecoin.
Cherbrun (greffier).

FLEURY.

Cahier *des supplique et doléances de la paroisse de Fleury, diocèse de Sens, bailliage d'Auxerre, généralité de Paris, élection et département de Joigny, arrondissement d'Aillant.*

Les députés représentant la communauté des habitants et propriétaires de fonds de la paroisse de Fleury, avant d'exposer les suppliques et doléances que la tendresse paternelle du Roy sollicite de toutes les paroisses qui forment les paroisses des différents baillages du royaume, regardent, comme un premier devoir de leur part, de rendre de nouveaux hommages aux vertus de l'auguste monarque qui, depuis son avénement au trône, s'est déclaré le dieu tutélaire de la nation, en manifestant de la manière la plus touchante son amour pour ses peuples, et l'ambition de les rendre heureux.

Impatiente d'arriver à un but si glorieux, Sa Majesté ne s'est jamais lassée de chercher et d'étudier les moyens de prouver à toute la nation combien elle a à cœur d'opérer à jamais le soulagement de ses peuples, en éclairant toutes les parties de l'administration et en adoptant une base fixe et inébranlable.

C'est à ces fins si précieuses à son cœur et si désirables pour la nation, que Sa Majesté se détermine à la rassembler autour d'elle, afin de ne rien laisser à désirer, s'il est possible, à sa bienveillance pour ses peuples, en concertant avec elle l'exécution de ses vues paternelles, persuadée que la grandeur ne consiste que dans le bonheur de ses sujets.

Heureux les princes dont les prospérités sont des biens publics !

Cette époque à jamais mémorable est le signal de la félicité publique.

Toutes les misères vont être soulagées, les abus réformés dans toutes les parties de l'administration.

Le peuple cessera d'être la victime de l'arbitraire, il verra ses besoins prévenus, ses intérêts ménagés, ses plaintes discutées.

Toute la nation, devenant témoin des sentiments justes et bienfaisants du Souverain, abjurera cette défiance qui trouble le repos du contribuable, et lui rapportera ce tribut d'amour et de reconnaissance, si précieux à un monarque qui attache toute sa gloire au bonheur de ses peuples.

En nous manifestant la sagesse et la bienveillance d'un Roy qui nous aime, qui ne veut de félicité que pour nous, cette heureuse révolution procurera le bien inestimable de faire concourir tous les cœurs et tous les vœux à l'exécution et à la stabilité de la réforme ; de faire renaître l'esprit patriotique, de créer de vrais citoyens, de préserver un intérêt social, de régénérer la nation, d'en former un véritable corps politique vivant et organisé, en un mot de représenter aux citoyens une patrie, un intérêt commun, une chose publique, et de former entr'eux, et avec le Souverain, une véritable société.

Tel est le but glorieux auquel aspire Sa Majesté avec autant d'ardeur que d'impatience depuis son heureux avénement au trône.

Son amour pour ses peuples le lui a inspiré, sa sagesse l'a combiné avec tant de discernement et de sagacité, sa main bienfaisante en a tracé le plan avec tant de justesse que nous touchons au moment de partager avec elle le triomphe de sa tendresse et de son amour pour nous.

Tous les maux vont donc être soulagés ? Les actions de grâces sont dans toutes les bouches et dans tous les cœurs, et les signes de l'allégresse, tout éclatants qu'ils soient, sont encore loin d'en égaler le sentiment.

Pleins de cette confiance, pénétrés, comme tous les Français, des sentiments d'amour, de respect et de reconnaissance pour Sa Majesté, les députés de la paroisse de Fleury se font un devoir d'exposer, avec franchise, et sans altération, la vérité qu'exigent les vues bienfaisantes du monarque pour le bonheur de la nation.

SUPPLIQUES ET DOLÉANCES.

« La vérité suffit, elle seule est assez forte pour triompher des
« obstacles que l'imposture et l'opinion opposent à la félicité
« publique. »

Sous quelque rapport que l'on envisage la paroisse de Fleury, elle ne présente qu'une communauté malheureuse et qui ne semble être connue dans le dénombrement que pour une forte contribution aux impôts.

Elle ressemble, s'il est permis de s'exprimer ainsi, à un corps épuisé par les maladies violentes, qui dépérit insensiblement faute de substances pour le restaurer.

La vérité de cette première réflexion va être démonstrativement établie, et jusqu'à l'évidence, par des faits notoires, dont la vérification opérera le soulagement que cette paroisse espère particulièrement des intentions de Sa Majesté.

Les députés de la paroisse de Fleury représentent donc que depuis longtemps l'assiette des impositions est établie sur deux bases également vicieuses : l'arpentage du territoire, l'évaluation des terres.

CAUSE DU VICE DE L'ARPENTAGE.

M. l'intendant, animé du désir de faire pour le mieux, avait conçu le projet de faire lever l'arpentage d'un grand nombre de paroisses, nommément de celle de Fleury.

Il a fait ensuite procéder à l'évaluation des terres en distinguant chaque climat, et les a fait diviser en quatre classes, persuadé qu'il se procureroit par ces opérations une règle certaine pour l'assiette proportionnelle des tailles.

Ces deux opérations étaient, en effet, de nature à éclairer la religion du magistrat, à la satisfaction des contribuables, si les agents auxquels elles ont été confiées, se fussent conduits par le même principe.

Mais n'envisageant, au contraire, qu'une occasion de lucre, les ouvriers ont sacrifié le bien public à leur intérêt personnel, et sans craindre de compromettre la confiance du magistrat, lequel n'avait réglé leur salaire que sur la quantité d'arpents ; ils n'ont pas craint d'en faire paroitre plus que moins dans leurs procès-verbaux.

Et afin d'écarter tout contradicteur, ces arpenteurs ont opéré sans le concours ni la participation des habitants.

Les paroisses voisines n'ont point été appelées pour reconnoitre et régler les limites.

Enfin personne n'a été consulté, ni sur les différentes natures du sol, ni sur la qualité des productions.

CAUSE DU VICE DE L'ÉVALUATION DES TERRES.

L'évaluation des terres qui composent le territoire de la paroisse de Fleury est à un taux beaucoup trop haut, eu égard à la nature du sol, à la qualité des productions et au revenu que le propriétaire en retire. On va démontrer que cette évaluation n'a eu d'autre règle que le préjugé.

Pour s'éviter le travail de l'examen et de la subdivision qu'auroient nécessairement exigé les différentes espèces de terres qui forment l'universalité du sol de la paroisse de Fleury, les agents infidèles de M. l'intendant ont cru plus simple et plus expédient de classer cette paroisse dans la vallée d'Aillant, et en supposant son sol de même nature et qualité, ils ont porté l'évaluation des terres au même taux. Mais c'est une erreur de fait facile à détruire.

A l'examen de la carte, le rapprochement des deux sols, la comparaison des productions, la différence du prix de l'amodiation des terres suffisent pour faire cesser une illusion qui, en trompant les vues de justice du magistrat, occasionnent depuis longtemps la surcharge progressive de la paroisse de Fleury. C'est ce qui va être démonstrativement établi.

Le prix commun des héritages de toute nature se trouve, par la division de toute la masse, donner un revenu de 7 livres 10 sols l'arpent ; le taux de l'imposition est 1 sol 6 deniers pour livre quant à l'exploitation ; la taille personnelle, à raison de 1 sol des revenus de toute nature ; les accessoires, ou second brevet, sont ordinairement moitié du principal de la taille, et la capitation le huitième.

Le taux des terres étant porté trop haut, il s'ensuit donc que la division de toute la masse est aussi à un taux trop fort et disproportionné avec la véritable valeur.

Cette différence se fait nécessairement sentir sur les différentes parties qui forment l'ensemble de l'imposition.

Voilà donc les deux bases vicieuses sur lesquelles est établie l'assiette des tailles depuis plusieurs années.

1° Un arpentage infidèle qui, en augmentant la continence du territoire de la paroisse, a nécessairement augmenté la masse de l'imposition.

2° Une évaluation des terres d'après une comparaison funeste avec un sol de meilleure qualité et plus fertile en tous genres ; laquelle évaluation a produit le même effet et deviendroit par la suite plus onéreuse encore.

Peut-on se dissimuler que le résultat de pareilles opérations ne peut être qu'une source de maux et d'erreurs, contre laquelle l'ordre et l'intérêt publics réclament unanimement, que la justice désavoue, mais qui n'échappera pas aux recherches attentives de Sa Majesté sur tout ce qui peut nuire au bien et au soulagement du peuple, ayant pour principe d'avoir préférablement égard à l'état et à l'aisance des vrais citoyens, de ceux qui possèdent et cultivent les terres, lesquels constituent la base physique et politique de l'État.

Combien la paroisse de Fleury n'a-t-elle pas particulièrement souffert de cette source d'erreurs ?

Après avoir gémi pendant une longue suite d'années sous le poids d'impositions outre mesure, elle a payé : 1° Un presbytère, dont la reconstitution s'est montée, en somme, à la quotité de sa taille ; 2° contre le vœu des règlements sur les corvées, la paroisse de Fleury a été commandée pour les travaux d'une nouvelle route de communication de Brienon à Seignelay, distante de près de 4 lieues de son clocher, où elle ne pouvait se transporter sans être obligée de passer deux fois, et à grands risques, sa rivière à gué, chemin qui lui est absolument étranger et par sa situation et par son éloignement, dont elle n'est jamais dans le cas de profiter, parce qu'elle n'a aucune relation directe ou indirecte avec Brienon ni Seignelay.

Quelques représentations qu'elle ait pu faire, la paroisse de Fleury n'a pu se rédimer de cette corvée injuste et vexatoire qu'en payant une somme de 2,000 livres, dont il a été fait un rôle particulier.

Il résulte de cette récapitulation que dans la révolution de trois années seulement, il a été levé dans la paroisse de Fleury, en charges extraordinaires, une somme de 6,000 livres et plus, en outre des impositions royales, et indépendamment des circonstances malheureuses qui en ont aggravé le poids, notamment l'incendie qui a consumé, en 1787, tout le village de Neuilly, distant d'une lieue et demie de Fleury. Le montant de la taille est presque doublé depuis dix ans, et depuis 1782 elle est augmentée de 1,622 livres 11 sols.

Par surcroît de malheur, la communauté des habitants, malgré la modération et les précautions les plus sages par elle employées, est menacée d'avoir un procès à soutenir, pour obtenir de la justice l'affranchissement qu'elle ne peut espérer des dispositions du seigneur, de différents droits usurpés sur la liberté, tendant à gêner les propriétés, désavoués par la coutume, qui d'ailleurs ne sont établis par aucun titre, d'après l'avis et consultation des avocats que les habitants ont choisis pour en connoître le mérite lors de la communication que le seigneur en a donnée comme contraint à l'occasion de la rénovation de son terrain, lequel coûtera 10 à 12,000 livres à la paroisse, et répand l'alarme et l'inquiétude parmi les habitants.

Cette succession d'évènements, plus onéreux les uns que les autres, a tellement énervé les facultés des habitants, qu'ils se livreroient au découragement s'ils n'étoient soutenus par la confiance dans la nouvelle administration provinciale, et par l'espoir de recueillir les secours salutaires auxquels Sa Majesté se propose d'aviser efficacement avec la nation.

Mais afin de ne rien laisser à désirer sur l'état et la situation de la paroisse de Fleury, tant par rapport aux individus que par rapport aux fonds, comme sur son état-civil.

Afin d'éclairer complètement l'esprit de sagesse et de justice qui dirigera les opérations projetées par la bienveillance de Sa Majesté pour le bonheur et le soulagement du peuple, comme aussi pour prouver, jusqu'à la conviction, combien leurs réclamations sont fondées, que rien n'est hasardé dans leur exposé, les députés de la paroisse de Fleury ajouteront ici des observations particulières qu'ils soumettent à la vérification :

1° Sur la nature du sol en général ;
2° Sur la nature des vignes ;
3° Sur la nature des prés ;
4° Sur la nature des bois ;
5° Sur la nature des pâturages ;
6° Sur le défaut d'engrais ;
7° Sur l'amodiation des terres ;
8° Sur la difficulté de l'exportation.

OBSERVATION.

On se dispensera de faire ici la description topographique du territoire de la paroisse de Fleury ; les plans et cartes qui viennent d'être récemment levés par l'ordre du gouvernement, ne laissent rien à désirer à cet égard.

NATURE DU SOL EN GÉNÉRAL.

Le sol de tout le territoire de la paroisse de Fleury est un fond sablonneux, dont la qualité est tellement variée que dans un climat de l'étendue de trois à quatre arpents, il y a quatre ou cinq espèces de terres différentes, en sorte que la culture y est extrêmement ingrate et difficile ; l'expérience du cultivateur le plus consommé y est souvent trompée. Plus de la moitié des terres de tout le finage n'est conséquemment propre qu'à produire du seigle. L'autre moitié n'est pas susceptible de rapporter indifféremment froment et méteil ; on peut même mettre en fait qu'il n'y a pas un huitième des terres de nature à produire du pur froment et de belle qualité.

Peut-on se dissimuler que les productions d'un sol de cette nature étant toutes de médiocre qualité, les facultés du colon s'en ressentent, et cette influence est d'autant plus sensible que non-seulement le froment, le méteil et le seigle ne peuvent jamais atteindre l'élite des marchés, mais encore les menus grains ne réussissent que très rarement, pour ne pas dire point.

NATURE DES VIGNES.

Le vin est léger, sans corps ni couleur, il n'a point assez de liqueur pour pouvoir entrer dans la spéculation du commerce; en effet, les commissionnaires d'Auxerre et de Joigny le regardent à peu près comme nul, en sorte que la majeure partie se consomme dans le pays. Le prix du peu qui se vend suffit à peine pour payer les frais de culture (qui ne coûtent pas moins que dans les grands vignobles), les dépenses de paisselage, d'entretien, et les droits d'aides dont la multiplicité et l'obscurité font un des plus grands fléaux de la campagne.

NATURE DES PRÉS.

Les prés étant également d'un fond de sable, et la majeure partie très humides par leur situation, l'herbe qu'ils jettent est grosse, pleine de joncs, par conséquent d'une très médiocre qualité, ne contenant aucun suc substantiel, en sorte qu'il faut une disette générale pour que le propriétaire puisse espérer s'en défaire, et ce n'est toujours qu'à très bas prix, en comparaison des foins de l'espèce ordinaire.

NATURE DES BOIS.

La paroisse de Fleury ne possède d'autres bois que de l'aulne ou verne, et en trop petite quantité pour la consommation des habitants, ce qui les oblige à couper tous les neuf ans.

NATURE DES PATURAGES.

Elle n'a d'autres pâturages que les prés dont il s'agit, lesquels ne sont, en général, que des pâtis. Le tout est de nature si humide et si froide que l'habitant est privé de la ressource de pouvoir élever de gros troupeaux, ce qui prive la culture d'un bon engrais et réduit l'habitant à ne pouvoir risquer d'élever de moutons que le nombre suffisant pour se vêtir et sa famille.

DÉFAUT D'ENGRAIS.

Le pays est dépourvu de toute espèce d'engrais pour l'amélioration des terres. La culture se fait avec des vaches. Très peu d'habitants en ont plus de deux; ils ne peuvent donc cultiver que trois ou quatre arpents par tournure.

On sait aisément que le fumier de deux ou trois vaches est bien insuffisant pour fumer convenablement cette quantité de terre, indépendamment d'une portion de vigne quelconque et d'une chénevière.

Aussi le propriétaire fait-il la triste expérience que son fonds s'abâtardit et diminue de valeur plutôt que d'augmenter; cela est prouvé par le prix des baux qui sont sur le même taux aujourd'hui qu'ils étaient il y a trente-six ans et plus : jamais ils ne se sont ressentis de l'augmentation que l'influence des évènements publics a prodigieusement occasionnée.

AMODIATION DES TERRES.

Les terres ne sont pas amodiées plus de trois boisseaux, mesure racle, par arpent, moitié froment, moitié méteil, et il y en a très peu qui soient louées mesure pissante, ce qui ne fait que deux pintes et une chopine de plus que le racle (1).

A l'égard des prés, même ceux de la première qualité, ils ne sont amodiés que 24 à 30 livres l'arpent.

DIFFICULTÉ DE L'EXPORTATION.

La paroisse de Fleury n'a d'autres débouchés pour l'exportation de ses denrées que le marché de la ville d'Auxerre et celui de Joigny. Ils seroient suffisants, sans doute, si la communication avec ces deux villes étoit également libre en toutes saisons ; mais le mauvais état des chemins, qui sont impraticables non-seulement pendant la saison d'hiver, mais même en toute autre, après quelques jours de pluie, surtout ceux qui conduisent à Auxerre, ne peuvent permettre aucune exportation de grains, ou du moins une très petite quantité, à cause du détour considérable que l'on est obligé de prendre pour éviter les accidents. A ce moyen, l'habitant est toujours dans la pénurie, ne jouit d'aucune aisance, joint avec beaucoup de peine les deux bouts de l'année; le moindre évènement dérange l'équilibre et lui fait incessamment sentir la misère. On peut encore ajouter une vérité, que jamais dans les circonstances les plus pénibles, la paroisse de Fleury n'a participé aux secours que M. l'intendant paroit avoir fait distribuer dans d'autres cantons de sa généralité.

RÉFORME DE L'ADMINISTRATION ET DE L'IMPOT.

M. Necker, ce génie privilégié, que la Providence semble avoir tiré de ses trésors pour concourir de ses talents et de ses lumières avec le meilleur des Roys à la restauration de la chose publique ; ce ministre, ami de la nation, a tracé avec tant d'érudition la manière dont on peut procéder à la réforme de l'administration et de l'impôt dans tous leurs rapports, et jusqu'aux moindres détails, a exposé avec tant de sagacité les principes sur lesquels on doit agir, qu'il ne reste plus aux vrais patriotes qu'à se réunir pour invoquer ardemment la pleine et entière exécution de ses projets lumineux et salutaires, qui, en caractérisant le véritable homme d'État, tracent la route de la félicité publique.

(1) Note en marge : « Le bichet, composé de deux boisseaux, contient 44 pintes et pèse 90 livres. »

Que reste-t-il à demander ? La pénétration et la sagesse de ce ministre incomparable ont traité tout ce qui constitue le gouvernement civil et politique.

Rien n'est échappé à son étude infatigable pour le bonheur public, enfin il ne laisse rien à désirer sur toutes les parties qui l'intéressent le plus. Sur la nécessité de la réforme de l'impôt et de l'administration, en indiquant les maximes de conduite auxquelles est attaché le succès de cette réforme ; sur la suppression de la ferme générale, en indiquant les moyens de remplacer le produit des impôts perçus par la ferme générale et les autres impôts de même nature ; sur l'établissement de l'impôt réel, en établissant toutes les opérations subséquentes et relatives pour y réussir, à l'avantage du gouvernement, la satisfaction générale ; enfin sur toutes les opérations concomitantes et subséquentes de la réforme.

NÉCESSITÉ D'ÉTABLIR UNE MEILLEURE POLICE DANS LES CAMPAGNES.

La police, également intéressante et au bon ordre de la société et à la conservation des différentes productions, est malheureusement la partie la plus négligée dans presque toutes les paroisses de campagne.

Le nom de police est, pour ainsi dire, inconnu. La surveillance des préposés n'est en activité que pour les intérêts des seigneurs, pour lesquels ils semblent être uniquement établis. Leur inertie pour le public devient de plus en plus fatale et aux mœurs et aux propriétés. Leur inaction entraîne la dépravation et la débauche, et occasionne la dégradation et le dépérissement des héritages de toute nature.

Les mauvais sujets, enhardis par l'impunité, se propagent ; les usurpations, les dégradations dans les terres, même ensemencées, dans les vignes, dans les bois, dans les prés, dans les concises, sans égard à la maturité des récoltes, se multiplient. Le citoyen honnête en gémit, le cultivateur se décourage. L'un et l'autre, réduits à souffrir, restent toujours victimes des désordres, et l'agriculture y perd infiniment.

DE LA MILICE.

La milice, de la manière dont elle se forme aujourd'huy, est très onéreuse aux campagnes. Les habitants des campagnes sont attachés à leur état et à leurs cantons. Ce sentiment est heureux, et se fortificroit encore lorsqu'ils trouveront leur bonheur et leur repos dans cet état. Ils redoutent la milice parce qu'elle est forcée, et que même sans les tirer de chez eux, elle les menace continuellement d'être obligés de partir. Pour cette raison, ils trouvoient la milice très adoucie lorsqu'on leur a quelquefois permis de mettre un homme à leur place. Ils subvenoient à cette dépense par une cotisation, et ne regardoient plus la milice que comme une sorte d'impôt. Aujourd'huy qu'on ne leur donne plus cette facilité, la milice continue d'être pour eux un engagement forcé qui leur déplait souverainement, comme attaquant leur liberté. Ce même argent, qui suffiroit pour acheter un milicien et quelquefois pour en acheter deux, est levé pour celui qui doit tomber au sort. Il est vrai que la milice ne devient un impôt pour eux que lorsqu'ils le veulent. Il semble qu'il seroit facile d'ôter de la milice, même dans l'état actuel, ce qui chagrine le plus les habitants de la campagne : l'obligation de tirer, qui soumet au sort des gens qui, par raisons personnelles et par caractère, ont le plus grand éloignement pour le service. Il ne s'agit que de donner aux paroisses la faculté de fournir un domicilié dont elle répondront. Cet arrangement est absolument indifférent pour l'État, et on ne peut croire le plaisir qu'il feroit aux campagnes.

DROITS FÉODAUX. — SUPPRESSION DES JUSTICES SEIGNEURIALES.

Il seroit bien à désirer que les terres fussent libres comme les hommes et les productions; qu'on ne connût plus les distinctions bizarres de fiefs et de censives, et que cette institution, dont il ne reste que la partie purement fiscale, pût être totalement abolie, ne fût-ce que pour le grand nombre de procès qu'elle suscite et les dépenses ruineuses que coûtent aux campagnes la rénovation des terriers. Ne pourroit-on pas, du moins, en ôter un des inconvénients les plus considérables. Supprimer les justices seigneuriales qui embrouillent et rendent les affaires interminables, et dans lesquelles, pour l'ordinaire, la justice est assez mal exercée, à cause du défaut de résidence des baillis, qui sont représentés par des praticiens, sous le nom de lieutenants, la plupart ineptes et ignorants.

Établir dans tous les gros bourgs à quatre ou cinq lieues de distance, un prévôt et un procureur fiscal dont l'appel ressortiroit au plus proche bailliage.

On ne peut se dissimuler que la mauvaise organisation des justices seigneuriales est, sans contredit, le fléau le plus meurtrier des campagnes. La majeure partie des praticiens, aussi ignorants en la forme qu'au fond, n'ont pas moins l'art de s'enrichir aux dépens des malheureux habitants par leur avidité, qui, en les mettant dans la détresse, prépare encore la ruine de leur postérité par les irrégularités et les nullités dont leurs actes et leur procédure sont presque toujours viciés.

Le plus petit incident occasionne des frais énormes, au-dessus des facultés du malheureux, qui le plus souvent est réduit à vendre une portion de ses fonds pour les payer et éviter, par ce sacrifice désastreux, la ruine entière de sa famille. Les procureurs d'office, préposés par état à la surveillance de la chose publique, ne sont uniquement attachés qu'aux intérêts du seigneur, pour lequel ils négligent et l'ordre et la tranquillité publiques.

Dans la plus grande partie des justices, le greffe et le notariat se trouvent réunis dans la même main, malgré le principe qu'on ne peut cumuler deux fonctions publiques dans la société, d'où il résulte des abus sans nombre, aussi contraires à l'ordre qu'à l'intérêt publics.

Une justice ainsi organisée est une vraie pomme de discorde. Elle divise les familles, elle rend les habitants fourbes et alertes à se surprendre. Elle favorise le fort contre le faible, la fourberie contre la candeur, et l'imposture contre la franchise.

En un mot, on pourroit définir la science perfide de pareils praticiens :

« L'art d'embrouiller et de détruire les idées naturelles de
« l'équité dans l'esprit des hommes, afin d'y substituer la fraude,
« la surprise et la mauvaise foi. »

NÉCESSITÉ DE POURVOIR LES CAMPAGNES DE CHIRURGIENS ET DE SAGES-FEMMES INSTRUITS.

La conservation de l'espèce humaine et la population formant les deux bases principales de l'État, le gouvernement ne peut trop s'occuper des moyens les plus propres à les favoriser l'un et l'autre.

La plus grande partie des campagnes sont malheureusement dépourvues des ressources qui peuvent le plus efficacement y contribuer. Point de chirurgiens, point de sages-femmes, la plupart sans études et sans expérience. La vie des habitants se trouve livrée à l'ignorance et à l'impéritie.

Plus ou moins éloigné des villes où il pourroit espérer un secours, le citoyen, dans les campagnes, est obligé de se livrer au hasard et à la chance de l'inexpérience, et s'il est assez heureux pour échapper, la plaie de sa bourse reste incurable.

Les campagnes ne sont pas plus heureuses en sages-femmes : la plupart n'ont reçu aucune instruction, la routine fait toute leur science ; le moindre évènement les déconcerte, le plus petit dérangement dans l'ordre naturel les égare, elles perdent la tête, et l'État perd des citoyens sans nombre.

« Oh ! règne heureux, dont chaque année est également mémo-
« rable, dont chaque jour a a gloire propre et indépendante.

« Que les malheurs de l'État, dont la cause est étrangère à son
« règne, ne nuisent point à l'admiration qu'exigent les vertus d'un
« si grand Roy !

« Le terme approche où ils vont être réparés.

« Puisse l'ange de la paix (M. Necker) éclairer toujours ses
« conseils !

« Puisse le ciel prolonger les jours de ce nouveau Salomon,
« plein de ses vertus, exempt de ses faiblesses, couvert de la
« gloire la plus solide, qui goûte, à chaque instant, le plaisir vrai-
« ment divin de faire des heureux !

« Son nom chéri de la race présente sera prononcé avec trans-
« port par la postérité la plus reculée, qui, en recueillant les fruits
« durables de ses bienfaits, bénira la mémoire d'un Roy adoré par
« ses pères. »

Signé : Chasteau (commissaire des guerres, syndic municipal). — Alexis Mary. — Gunnant. — P. Guérin. — J. Masson. — Paradis. — B. Guérin. — Benoist. — C. Guibert. — E. Viel. — F.-J. Jaltier. — E. Dufey. — Jaltier. — Desnaux. — B. Berry. — L. Coulliat. — J. Houzé-Brice. — Courtois. — E. Horry. — B. Guérin. — Denoix. — Hubert Chevallier. — E. Rigollet. — C. Bourgogne. — Lelong. — Frollon. — Pourgeot. — L. Lory. — J.-M. Lavot. — L. Calmus. — Rollin. — Edme Courtois. — L. Bardot. — L.-M. Courtois. — Lelièvre. — Louis Lecomte. — B. Lesouple. — Isidore Chavard. — Berry. — J. Cornu. — Le Blanc (curé).

BARDOT (greffier).

FONTAINES.

CAHIER *des plaintes et doléances du bourg et paroisse de Fontaines, pour être présenté à l'Assemblée générale des Trois Etats du bailliage d'Auxerre par les députés de ladite paroisse, établi cejourd'huy 18 mars 1789.*

Les habitants dudit bourg et paroisse chargent leurs députés de témoigner le regret qu'ils ont de ne pouvoir exprimer assez leur amour pour le Roy, et surtout leur désir de seconder à leur égard les vues bienfaisantes et paternelles de Sa Majesté. Mais ne se trouvant pas assez instruits pour indiquer les remèdes aux maux de l'État, dont ils ne ressentent que trop les premiers effets, ils s'en rapportent au zèle des personnes éclairées qui seront chargées de rédiger le cahier des plaintes du Tiers-État dudit bailliage d'Auxerre. Et pour fixer les principes et demandes qu'ils entendent être insérées particulièrement audit cahier, ils ont arrêté les propositions qui suivent :

1° Qu'il plaise au Roy d'ordonner, suivant la vue des États généraux, que la souveraine autorité du Roy, la liberté individuelle et la sûreté des propriétés seront reconnues comme étant également garanties par les lois de la monarchie du royaume de France, en telle sorte qu'aucun desdits sujets du Roy ne puisse être privé de la liberté par aucun ordre arbitraire, ni que l'on puisse être grevé d'aucun impôt ni droits sans le consentement préalable des États généraux du royaume, assemblés en la forme libre et constitutionnelle ;

2° Que la distinction des ordres sera maintenue, mais sans préjudice des droits de liberté et de propriété d'aucun desdits sujets du Roy, notamment de ceux du Tiers-État, qui ne pourront être assujettis à aucuns impôts, ni à aucunes charges particulières à raison d'aucunes prétentions de servitude, et que toutes les charges seront partagées par équivalent par tous les sujets du Roy, sans distinction de naissance, état et qualité.

DU FAIT DES FINANCES ET IMPOTS.

1° Demander la suppression des tailles, capitation, vingtièmes, gabelles et aides ; le remplacement par un impôt réel que supporteront tous les biens du royaume, tous ceux qui les possèdent, à tel titre que ce puisse être, ecclésiastiques, nobles, roturiers, sans distinction d'état ou de condition ;

2° Qu'il soit établi des États provinciaux responsables au Roy de la somme à laquelle la province se trouvera devoir contribuer en général au soutien de l'État, et que la communauté de chaque bien soit également responsable à la province de ce que chaque bien devra fournir dans ladite contribution ;

3° Que dans le cas où il seroit impossible de faire supporter directement à la propriété toute la masse de l'impôt, il soit distrait sur cette masse, par la province, une somme qui sera supportée par l'industrie et le commerce, et réglée par les personnes qui seront pour ce nommées librement ;

4° Que dans le cas où il seroit nécessaire de continuer les impôts sur les consommations, lesdits impôts seront simplifiés et réglés par un seul tarif déterminé par les différentes classes et dispositions du bien ; et que dans ce cas la régie desdits droits sera tenue par les États de province et assemblées de municipalités ; qu'il en sera de même de la gabelle, si elle est conservée, laquelle sera rendue partout d'un prix égal quant à la somme imposée, et régie par la province et communauté ;

5° Demander, en conséquence, la suppression de tous fermiers, sous-fermiers et régisseurs du Roy, sous quelque titre que ce soit, autres que les préposés de la province et communauté ;

6° Que pour parvenir à ces règlements, il soit établi dans chaque lieu une forme d'administration composée d'habitants en nombre proportionné à la force du lieu, et dans la province des États d'une constitution libre et sûre, où le Tiers-État ait une influence proportionnée à ses forces, contributions, et au moins égale au clergé et à la noblesse ;

7° Demander que tous les ouvrages utiles au public, et toutes les dépenses relatives à l'ordre intérieur des provinces soient faites par la province même sur une contribution, dont les fonds resteront dans une caisse destinée pour ce dans la province ; à laquelle contribution seront sujets tous les habitants et propriétaires desdites provinces et possesseurs des biens d'icelle, sans distinction d'ordre, état, rang et condition ;

8° Remontrer que la paroisse de Fontaines est située sur une hauteur. La majeure partie du terrain est sablonneuse et sujette aux inondations, et l'autre partie pierreuse ; point de prairies, très peu de prés, et qui sont situés au bas des terres, ce qui fait que par la moindre inondation le sol de la terre est emporté dans les mêmes prés, dont la surface n'est plus qu'un amas de sable, et desquels on ne peut plus récolter de foins, les terres étant ravinées, et qui sont déjà de la dernière classe, et partie que l'on ne peut emblaver par les ravins qui sont dedans ; ce qui cause un grand détriment à la paroisse, ainsi que les chemins des environs du bourg et communauté, qui sont impraticables par les dégradations que les grandes eaux y ont accumulées ;

9° Demander que la gatine ou plaine de Briand, qui est une communauté entre la paroisse de Fontaines et Toucy, reste dans le même état et nature qu'elle est présentement pour le pacage des bestiaux des pauvres habitants des environs de cette plaine, sans qu'il soit permis à aucun maître des eaux et forêts, seigneurs ni particuliers, de renfermer, planter, ni labourer en aucune manière que ce puisse être, comme l'a fait l'ancien seigneur de Toucy, qui s'est avisé, dans les temps, d'en renfermer au moins 60 arpents, qu'il a fait planter en bois, et a interrompu un grand chemin qui conduisoit de Saint-Fargeau à Toucy ; et lorsqu'il échappe des bestiaux de ses censitaires dans lesdits bois, il les tient en toute rigueur, à tel âge que puissent être les susdits bois.

DU FAIT DE L'ÉGLISE.

Demander que la paroisse de Fontaines participe, avec toutes les autres communautés du royaume, à l'amélioration qui sera faite de tous les abus dans l'ordre hiérarchique de l'Église : telles que la suppression de tous les bénéfices, communautés, fondations dont l'institution ne sera plus remplie ; être fait emploi, soit du produit de la vente des biens, soit du revenu, à l'augmentation des rétributions des curés, l'établissement de vicaires partout, sauf la réunion des petites paroisses aux voisines ; la dotation des églises paroissiales, la construction et l'entretien des bâtiments, tant des églises que des presbytères, qui contiendront aussi le logement du vicaire.

DU FAIT DE LA JUSTICE.

1° Demander que les habitants de la paroisse de Fontaines jouissent comme les autres sujets du royaume du droit d'adresser leurs plaintes et affaires civiles et criminelles au juge royal, juge des cas royaux, le plus prochain dudit lieu, où chacun desdits habitants puisse porter directement ses affaires civiles et criminelles, sans être obligé de les porter aux justices seigneuriales ;

2° Qu'il soit établi dans lesdites communautés un officier de police résidant, qui ait la charge de régler les affaires mentionnées en matière purement personnelle, de mettre les scellés en cas de nécessité, faire la police, arrêter les délinquants pour les remettre incontinent au juge royal, juge des cas royaux, assisté dans toutes ses fonctions de deux des plus notables habitants nommés par la communauté. Et dans le cas où ledit officier désireroit être nommé par le seigneur, qu'il soit comme les juges royaux inamovible et indépendant dudit seigneur ;

8° Remontrer tous les abus des justices seigneuriales, et concourir, avec les autres députés dudit bailliage d'Auxerre, à leur réforme ; notamment que, malgré que ces établissements continuent de subsister, que les juges seigneuriaux ne prononcent aucun jugement qui puisse intéresser ledit seigneur, en sa personne, ou ses biens de quelqu'intérêt qu'il soit, ni les personnes de sa dépendance ; ainsi que les huissiers-priseurs, qui occasionnent dans les campagnes des frais innombrables, que souvent il n'y a pas de mobilier pour payer leur salaire ; et de même la suppression des eaux et forêts, qui souvent conduisent à de grandes dépenses ;

4° Qu'il soit aussi avisé aux moyens d'éteindre tous droits de servitudes publiques et seigneuriales, onéreux au peuple, en fixant le denier de leur rachat stipulé libre ; en reconnoissant à nos seigneurs le droit de cens seulement, à moins que ledit seigneur n'aime mieux faire son terrier en règle et à ses dépens ;

5° Qu'il soit demandé aussi au Roy la suppression de tous droits distinctifs des ordres pour la possession des biens, notamment du franc-fief, à cause du préjudice notable que le commerce des biens-fonds en souffre ;

6° Qu'il soit demandé pareillement la suppression de tous droits contraires à la simplification des affaires domestiques, telles que contrôle, sceaux, timbre et autres de cette nature ;

7° Qu'il soit avisé par l'assemblée générale des députés du royaume aux moyens de procéder à la réforme du code civil et criminel, à l'abréviation des procès, la réunion de toutes les lois et coutumes réduites en une seule, simple et intelligible pour tous les citoyens ;

8° Enfin remontrer, aviser et consentir, par les députés de la paroisse et communauté de Fontaines, tout ce qui sera jugé utile et nécessaire pour donner pouvoirs suffisants aux députés du Tiers-État du bailliage d'Auxerre, soit dans les assemblées des trois ordres dudit bailliage, soit dans celles du Tiers-État. Charge néanmoins leurs députés très expressément de faire insérer au cahier du bailliage, notamment les deux premiers articles comme étant du principe essentiel au maintien de la légitime autorité du Roy, à la prospérité de l'État et au bonheur de ses peuples.

Fait et arrêté au lieu et en la manière où l'on a coutume de tenir les assemblées, en présence des sieurs Jean Morienne* père, laboureur ; Marien Moreau*, laboureur ; Étienne Marchand, maréchal ; Philippe Pautot*, laboureur ; Edme Picard, laboureur ; Henri Girard*, marchand ; Jacques Pautot*, laboureur ; François Pautot, manœuvre ; Jean Morienne fils, laboureur ; Pierre Carreau* fils, manœuvre ; Edme Robé, manœuvre ; Denis Gaudry, manœuvre ; François Mauplot, manœuvre ; Henri Girard, marchand ; Henri Givaudin, manœuvre ; Edme Privé*, sonneur ; Marien Privé, manœuvre ; Edme Ducrot, laboureur ; Jean-Baptiste Perrot* et autres, les jour et an que dessus.

Dont le présent sera déposé dans les archives du secrétariat de la commune.

Coté, paraphé et signé *ne varietur* par nous, soussigné, cejourd'huy 18 mars 1789.

PRIVÉ (syndic).

FONTENAILLES.

Cahier *de remontrances et doléances de nous, habitants de la paroisse de Fontenailles, dépendant du comté d'Auxerre, province de Bourgogne, pour être présentée à l'assemblée des États du bailliage d'Auxerre par les députés que nous choisirons.*

Article premier. — Nous sommes tous de l'ordre du Tiers-État et tous gens de travail, fidèles sujets du Roy auquel nous sommes entièrement dévoués. Nous offrons tout ce qui sera en notre pouvoir pour coopérer à l'extinction des charges de l'État, et nous jouirons de la plus grande satisfaction, pourvu que ces charges qui, jusqu'ici nous ont accablés, soient supportées par le clergé et la noblesse, en proportion de leurs possessions qui sont immenses et qui composent la plus grande, la plus belle et la meilleure partie des biens de l'État.

Art. 2. — Le sol que nous occupons et que nous cultivons est d'une médiocre valeur, une surcharge d'impôt nous deviendroit accablante par son peu de fécondité. Il ne seroit plus juste et plus intéressant pour l'État et pour le peuple qu'une imposition territoriale. Tous les gens raisonnables et la nation entière la désirent. Les revenus de l'État augmenteroient considérablement. Ils seroient moins sujets à être dissipés par ce grand nombre de receveurs et commis qui désolent la France par leurs vexations, le train de leurs maisons, leur luxe et leurs dépenses.

Art. 3. — Grâce à la Providence et à des citoyens zélés, notre province de Bourgogne est délivrée de ces malheureux commis qui vexaient et désolaient nos campagnes. Si, contre notre espérance et celle de la nation, l'impôt n'est pas réduit à un seul genre, et s'il arrivait qu'aux droits d'aides on en substituât un autre, soit sur les vignes, soit sur le vin, nous observons que le peu de vignes que nous avons édifiées fait de mauvais vin qui se consomme dans les environs, d'où il s'en suit qu'il doit y avoir une classe particulière, puisque nos vins et nos vignes ne valent au plus que le quart des vins communs de la bonne Bourgogne.

Art. 4. — Nous ne parlerons plus des vexations inouïes et révoltantes commises envers les corvéables par les directeurs des chemins; la bonté du Roy nous en a délivrés, et nous n'en faisons mémoire que pour nous féliciter de cette proscription.

Art. 5. — Il est encore un fléau qui désole la France : c'est cette sorte d'officiers appelés jurés-priseurs ou vendeurs de meubles. Ils consomment souvent la plus grande partie des successions ou des meubles saisis, par eux vendus, surtout dans les campagnes, tant par la multiplicité des vacations, des grosses énormes qu'ils font que par les voyages qu'ils exigent, et par les oppositions qu'ils mendient pour se conserver plus longtemps la possession des deniers. Ils se rendent tellement redoutables qu'il n'y a contre eux qu'un cri général.

Art. 6. — Le sel est un aliment de première nécessité. Son extrême cherté fait que bien des malheureux ne mangent que rarement de la soupe, qui est leur meilleure nourriture. Contraints de s'en passer, ils ne portent à leurs travaux que des bras faibles, la culture et les récoltes s'en ressentent. Une soupe journalière les rendroit plus forts et nerveux et forceroit la terre à leur prodiguer ses trésors. Les maladies qui ravagent les bêtes à laine seraient garanties si on pouvoit leur procurer du sel. Que de pertes n'éviteroit-on pas par son usage, pour ce bétail précieux aux cultivateurs et aux manufactures. Il seroit donc bien intéressant et avantageux à la nation entière que le sel fût à bas prix, et sa diminution rejetée sur des objets de luxe.

Art. 7. — Il seroit très avantageux pour les habitants de la campagne, dont le bien-être dépend beaucoup de la nourriture des bestiaux et de leur conservation, qu'il y ait de six lieues en six lieues, un homme connaisseur et expert dans la maladie des bestiaux dont la perte (ce qui arrive fréquemment par l'ignorance, l'impéritie de ceux qui les traitent) est la ruine totale de plusieurs.

Art. 8. — L'administration de la justice est un point bien intéressant dans les campagnes, où les justices sont tellement multipliées qu'il n'est pas de bourg et village, de paroisse et de hameaux desdites paroisses, dont le nombre est souvent de huit, dix et plus, qui ne forment autant de justices particulières possédées par autant de seigneurs qui ont chacun leurs officiers. Cette multiplicité fait que les seigneurs ne font presque aucune acception dans le choix de leurs officiers dont la plupart sont ignorants et gens avides qui ne travaillent que pour eux-mêmes. Si on ajoute à ces considérations combien, en général, les affaires sont mal dirigées, mal instruites et mal jugées, et combien les parties éprouvent de longueurs, il paraîtra bien avantageux pour le bien public d'exécuter le projet de réunion des différentes justices, de former des chefs-lieux de cinq lieues en cinq lieues. Ces réunions si désirées et qui font le vœu du Tiers-État, produiroient au Roy des sommes considérables par la vente des offfces, dont la finance serait payée avec la plus grande satisfaction par ceux qui en seroient pourvus.

Art. 9. — Il est un abus dans les paroisses de campagne qu'il est bien intéressant de réformer : c'est celui au sujet du tirage au sort de la milice. Notre paroisse de Fontenailles et deux autres paroisses voisines fournissent ordinairement un milicien. Ces paroisses sont éloignées d'Auxerre où on va tirer, de quatre à cinq lieues ; il en coûte pour les frais de voyage, l'argent que déposent les garçons bons à tirer au profit de celui qui doit tomber au sort, non compris le temps perdu, au moins 800 livres, ce qui emporte le peu d'argent des paroisses, tandis que pour 100 ou 120 livres au plus, on trouveroit facilement un milicien.

Tels sont les vœux et les doléances de nous, habitants de Fontenailles.

Signé : Cormier. — Edme-Paul Godard. — Edme-Jean Loury. — Léger Berson. — Pierre Godard. — André Hesnoyé. — Jean-Baptiste Loury. — Loup Plessy. — Edme Millot. — Edme Cormier. — Léger Loury. — Jean Allard. — Malvin.

Coté et paraphé *ne varietur* par nous, faisant les fonctions et pourvu des provisions de bailly, au désir de notre procès-verbal de cejourd'huy 14 mars 1789.

MALVIN.

FONTENAY-SOUS-FOURONNE.

CAHIER *de doléances de Fontenay-sous-Fouronne.*

Puisque l'amour du bien général va lier un monarque chéri avec ses sujets, et par une communication sincère et réciproque de leurs lumières et de leurs sentiments, ils vont se rassurer l'un l'autre, nous osons maintenant, fidèles sujets, élever la voix. Le ciel nous sera témoin qu'une conscience pure et publique nous servira de flambeau, de guide et de frein dans toutes nos délibétions, plaintes et doléances.

Le premier objet est grand et important : c'est l'impôt. L'impôt est de droit divin et de droit naturel. Tout le monde doit contribuer au bien et à la force de l'État ; mais il est bien triste, bien doléant, de voir toujours porter cette taxe, cette imposition sur la partie la plus indigente, sur la culture et sur les denrées de première nécessité.

Les paroisses ne jouissent pas encore du bonheur de n'être taxées qu'en proportion de leur faculté, car tout est arbitraire dans les impositions. Sans consulter son sol, ses forces et ses richesses on impose, et on veut qu'une terre sèche et aride soit d'un aussi bon produit qu'une autre arrosée par une rivière qui féconde et qui fait toute la richesse du sol par où elle passe et serpente. De là l'amélioration des terres, l'abondance des fourrages, etc., etc.

Un second deuil des campagnes, c'est de voir tant d'entraves pour se procurer un second élément après le pain. La force du laboureur ne se puise que dans un triste et maigre potage ; qu'il lui est dur de ne pouvoir se le procurer par la surtaxe du sel souvent fraudé par le cupide distributeur, qui y donne du poids par du sable ou du lait mêlé. D'ailleurs, cet élément, ce sel déjà si nécessaire à l'homme, à ses bœufs, à ses vaches, à ses moutons, ne peut que toucher un monarque chéri et le rendre marchand.

Un autre objet, non moins intéressant, c'est la suppression des jurés-priseurs, fléau des familles désolées, et surtout des pauvres mineurs.

Trop de puissance chez Messieurs les intendants les rend oppresseurs du peuple au lieu d'en être les pères et les tuteurs.

Un abus non moins intéressant pour les communautés, c'est la difficulté d'obtenir la vente d'une réserve en âge et qui se détériore, quand une paroisse pauvre fait connoître d'urgentes et trop nécessaires réparations. La lenteur énorme qu'on met à payer décourage l'ouvrier ; il prend, il quitte, il reprend ; de là, mauvaise besogne, pauvre reconstruction.

Le transport d'une maîtrise pour le martelage et adjudication absorbe une grande partie du revenu public. Ce qui fait gémir, c'est que cet argent dans les coffres, bien loin d'apporter à la communauté, diminue insensiblement. Ainsi, la paroisse paye l'intérêt d'un argent qui est le sien. D'ailleurs, mille autres abus dont on ne parle pas.

Le dernier est la demande solennelle que de faibles, mais fidèles sujets osent demander à leur souverain, c'est la suppression générale de ces fléaux publics, de ces sangsues qui dévorent autant l'Etat que les sujets, fléaux, dis-je, qu'on nomme les commis-gardes.

Que les banqueroutiers soient traités et poursuivis comme voleurs ; que les malheureux créanciers ne soient plus traités comme criminels et confondus avec les scélérats, mais qu'ils ayent une chambre particulière.

Tels sont les vœux et les demandes que des fidèles sujets osent présenter à leur souverain en l'assemblée annoncée au son de la cloche, où nous tous, habitants de Fontenay, avons souscrit.

Signé : Gauthereau. — Eloi Bernard. — S. Bernard. — Dufour. — Bernard (syndic). — Vannereau.

Dufour (greffier).

FONTENOY.

Cahier *de doléances des habitants de la paroisse de Fontenoy, bailliage d'Auxerre, généralité d'Orléans, élection de Gien, en vertu des lettres patentes du Roy du 24 janvier dernier.*

1° Nous déclarons que nous consentons à l'établissement ou prorogation des subsides que les États généraux jugeront indispensablement nécessaires aux besoins de l'État, toutes dépenses inutiles préalablement retranchées, pourvu toutefois que les impôts supprimés soient remplacés par un subside invariablement fixé sur les individus de chaque ordre et un impôt territorial en argent perçu sur toutes les propriétés sans distinction de privilèges ;

2° La suppression des aides, gabelles, contrôle, franc-fief et timbre ;

3° La suppression de tous les droits de *committimus*, et que tous les particuliers, de quelque condition qu'ils soient, soient obligés de plaider en première instance devant le juge du domicile du défendeur ;

4° Que les droits attribués aux notaires pour les déclarations papiers terriers soient aux frais des seigneurs, sans qu'ils puissent en aucun cas rien exiger aux censitaires ;

5° Que tous les habitants d'une paroisse et tout ce qui en fait l'arrondissement fassent une seule et même justice dont le siège sera dans le chef-lieu de ladite paroisse ;

6° Qu'il soit dressé un nouveau code de loix, assez intelligible pour que toutes personnes puissent connoître la loi qui les régit ;

7° Que tous les colombiers et volières soient exactement fermés au temps des semailles et de la récolte ;

8° Que la suppression des offices des jurés-priseurs soit ordonnée, attendu que la vente des meubles des habitants des campagnes ne suffit pas pour les vacations desdits jurés-priseurs ;

9° La suppression du casuel et de la milice ;

10° La dîme des gens de main-morte en nature supprimée, et ce qui sera attribué à chaque criée prélevé sur l'impôt territorial, demandé à l'art. 1ᵉʳ ci-dessus ;

11° Que les prairies restent vacantes aussitôt qu'elles sont libres après la récolte, pour le pacage des bestiaux de chaque paroisse où elles sont situées, sans qu'elles puissent être renfermées en tout ou partie, et ce, pour le soulagement et faciliter la substance des pauvres ;

12° Que les chiens des fermiers et autres ayant bestiaux, ne soient pas assujettis à avoir le jarret coupé et un bâton au col ;

13° Enfin les députés dûment chargés de faire et demander, en tout honneur et conscience, tout ce qui sera le plus avantageux pour le bien du royaume, et en particulier, de cette paroisse, les chargeant, en outre, de donner leur adhésion à tout ce que les députés des autres paroisses et villes pourront demander et requérir pour remplir les objets ci-dessus tant généraux que particuliers.

Fait et arrêté en l'assemblée tenue cejourd'huy, 10 mars 1789.
La minute des présentes sur le registre de la municipalité est signée : E. Moreau (syndic municipal).— P. Guyou. — J. Roux. — M. Moreau. — Guillier (membre). — L. Léger (membre). — V. Brochot. — G. Simonnet. — G. Delenat. — V.-M. Petit. — Berthelot. — J. Privault. — Becacq. — Muzard. — Dubut (procureur fiscal). — Paultre des Épinettes, et de moi, greffier municipal.

Signé : Becacq.

FOURONNE.

Cahier *des plaintes, doléances et remontrances de nous, habitants de la paroisse de Fouronne, dépendant du comté d'Auxerre, province de Bourgogne, pour être présenté à l'assemblée des États du bailliage d'Auxerre.*

(Ce cahier est semblable à celui de Fontenailles ; il n'en diffère que par les article suivants) :

Art. 9. — La milice qui se tire tous les ans emporte le peu d'argent qui se trouve dans les campagnes. Chaque milicien coûte aux paroisses qui les fournit 800 livres au moins. En effet, la milice étant publiée, les garçons s'assemblent plusieurs fois, font des buvettes. Notre paroisse est éloignée de cinq lieues d'Auxerre où ils vont tirer. Il faut faire le voyage qui est de deux jours. La dépense des garçons suivis de leur père, ou de leur mère quand elles ont le malheur d'être veuves, avec l'argent déposé pour celui qui tombe au sort est un objet d'environ quinze livres par garçon outre le temps perdu, tandis qu'il serait si facile d'acheter un homme pour 100 ou 120 livres.

Art. 10. — Les pigeons, dans notre paroisse quoique très petite, sont en grande quantité, puisqu'il y a trois colombiers. Ces pigeons, lors des semailles, nous enlèvent une partie de nos semences. Ils font des dommages considérables dans le temps de la maturité des grains. Nous désirons et nous demandons avec instance qu'ils soient réduits à une moindre quantité, et que lors des semailles et la récolte des grains, les propriétaires et les seigneurs soient tenus de les enfermer. Tels sont nos vœux, plaintes et remontrances.

Signé : Mignard. — P. Petit. — T. Gillet. — J. Montu. — M. Jacquet. — Denis Dufour. — Pierre Boudin. — C. Guilly (syndic). — Claude Loury. — F. Seiper. — Malvin (juge).

Coté et paraphé *ne varietur*, au désir de notre procès-verbal de cejourd'huy, 20 mars 1789.

MALVIN (juge).

GIVRY (1).

Aujourd'huy, 15 mars 1789, en l'assemblée convoquée au son de la cloche de la manière accoutumée, sont comparus en la place publique, par devant nous, François Guérin, praticien au bailliage de Givry : Michel Midot*, curé dudit Givry ; Edme Chocedey*, syndic de la municipalité; Edme Gillet* ; François Galliot*; Fræmase Voillereau*; François Potard ; Pierre Defert*; Etienne Legé ; Jean Mocron*; Nicolas Gillet; Nicolas Potard ; Pierre Montot; Nicolas Gaillot*; Edme Voillereau*; Hurbain Voillereau ; Edme Croix ; Edme Guignot; Edme Moiron ; Edme Raltat ; Etienne Moiron*; Jean Dupont ; Jean Geberleau ; Louis Masson ; Guillaume Croix; Lazare Croix ; Etienne Lenoble*; Jean Choudey ; Jean Cotignat*; Etienne Voillereau; Hugues Poillereau*; François Gillet; Etienne Guignot*; Pierre Constant ; Etienne Voillereau* le jeune ; Etienne Charlot ; Jacques Charlot ; Claude Guignot; Louis Clerc ; Edme Charlot; Pierre Breson ; Denis Rappeneau ; Jean Clerc*; Claude Guignot; Etienne Guignot l'aîné ; Edme Rappeneau ; Jean Gillet; Charles Gourlot*; Edme Moiron*; Nicolas Courtois; Jacques Galette*; Claude Mercier ; Pierre Potard ; Michel Croix ; Jean Gourlot; Etienne Potard*; Jean Potard ; Louis Gourlot; Julien Potard ; Guillaume Guérin*, qui sont ceux qui ont comparu, tous nés Français et compris au rôle des impositions, habitants du village de Givry.

La communauté est composée de 105 feux, lesquels, pour obéir aux ordres de Sa Majesté, portés par ses lettres données à Ver-

(1) Les noms accompagnés d'une astérisque, sont ceux des habitants ayant signé tant au procès-verbal de nomination de députés qu'au cahier de doléances qui le suit.

sailles, le 7 janvier 1789, pour la convocation et tenue des États généraux de ce royaume, et satisfaire aux dispositions du règlement y annexé, ainsi qu'à l'ordonnance de M. le Bailly d'Auxerre, dont ils nous ont déclaré avoir une parfaite connaissance, tant par la lecture qui vient de leur en être faite que par la lecture et publications cy-devant faites au prône de la messe de paroisse, par M. le curé de Givry, ledit jour du présent mois, et par la lecture, publications et affiches pareillement faites le même jour à l'issue de la messe de paroisse, au-devant de la porte principale de l'église, nous ont déclaré qu'ils allaient d'abord s'occuper de la rédaction de leur cahier de doléances, plaintes et remontrances. Et, en effet, y ayant vaqué, ils nous ont présenté ledit cahier qui a été signé par ceux des habitants qui savent signer et paraphé *ne varietur* au bas d'icelle.

Et ensuite, lesdits habitants, après avoir mûrement délibéré sur le choix des députés qu'ils sont tenus de nommer, en conformité des lettres patentes du Roy et règlement y annexé, et les voix ayant été par nous recueillies en la manière accoutumée, la pluralité des suffrages a été en faveur des sieurs François Gailliot et Étienne Guignot, habitants dudit Givry, qui ont accepté ladite commission et promis de s'en acquitter fidèlement.

Ladite nomination de députés ainsi faite, les habitants ont, en notre présence, remis auxdits sieurs Pierre Gaillot et Guignot, leurs députés, le cahier, afin de le porter à l'assemblée qui se tiendra le 28 du présent mois à Auxerre, devant M. le bailly dudit Auxerre, et leur ont donné tous pouvoirs requis et nécessaires à l'effet de les représenter en ladite assemblée pour toutes opérations prescrites par l'ordonnance susdite de M. le bailly d'Auxerre, comme aussi tous pouvoirs généraux et suffisants de proposer, remonter, aviser et consentir tout ce qui peut concerner les besoins de l'État, la réforme des abus, l'établissement d'un ordre fixe et durable dans toutes les parties de l'administration, la prospérité générale du royaume, et le bien de tous et de chacun des sujets de Sa Majesté.

Et de leur part, lesdits députés se sont présentement chargés du cahier de doléances de ladite communauté, et ont promis de le porter à ladite assemblée, et de se conformer à tout ce qui est prescrit et ordonné par lesdites lettres du Roy et règlement y annexé et ordonnances susdatées. Desquelles nominations de députés remise de cahier, pouvoirs et déclarations, nous avons à tous les susdits comparants donné acte, et signé avec ceux desdits habitants qui savent signer et avec lesdits députés notre présent procès-verbal, et le duplicata que nous avons présentement remis auxdits députés pour constater leurs pouvoirs. Le présent sera déposé aux archives du secrétariat de cette communauté lesdits jour et an que dessus.

Suivent les signatures.

Cahier *de doléances de la communauté de Givry*

La communauté de Givry, pour satisfaire aux vœux de Sa Majesté, qui sont que ses fidèles sujets peuvent en toute confiance proposer tout ce qu'ils croient pouvoir être utile pour le bien général du royaume, est d'avis que les députés qui représenteront le Tiers-État à l'assemblée des trois États du royaume, fixée pour le 27 avril prochain, demandent :

Art. 1er. — Qu'ayant connu depuis l'établissement de l'administration provinciale l'utilité qui en peut résulter qu'elle soit établie d'une manière fixe et durable ; qu'elle n'ait à répondre de sa gestion qu'au Roy ; qu'en conséquence, les intendants des généralités soient supprimés comme n'étant plus nécessaires et étant très coûteux à l'État.

Art. 2. — Que l'administration provinciale se charge, à l'avenir, du recouvrement des impôts et de les verser sans frais au trésor royal ; qu'en conséquence, les receveurs généraux et particuliers soient supprimés, ce qui diminuera les charges de l'État.

Art. 3. — La suppression des aides et gabelles, les aides comme gênant le commerce et accablant continuellement les sujets de Sa Majesté de leurs vexations, les gabelles comme mettant des entraves à la nourriture et entretien des bestiaux par la cherté excessive du sel que les gens des campagnes ne peuvent leur procurer, n'ayant pas la faculté d'en acheter pour leurs propres besoins.

Art. 4. — La suppression des huissiers-priseurs, établissement de nouvelle date qui est très ruineux pour les successions, vu la multiplicité des droits qui y sont attachés.

Art. 5. — La suppression de tout privilége quelconque. En conséquence que l'impôt territorial soit établi en argent, la perception en nature ne pouvant se faire qu'à grand frais, ce qui seroit autant de perdu pour le bien général du royaume, et que la prestation en argent pour les corvées soit également répartie sur tous les propriétaires, sans que personne puisse en être exempt à quelque titre que ce soit.

Art. 6. — L'amélioration des portions congrues des curés qui, quoique les plus utiles à la religion et à l'État, sont les moins bien partagés, la majeure partie ayant à peine de quoi subsister.

Art. 7. — La suppression d'une grande partie des formalités de justice qui, en apparence, ont été mises en usage pour bien éclaircir les matières, et qui, au fond, ne servent qu'à enrichir les suppôts de la justice et ruiner les parties.

Art. 8. — Qu'il soit établi une règle fixe et invariable pour l'administration de la justice; que le temps que doit durer chaque procès soit limité, et d'en rendre responsables les juges, car la cause la plus ordinaire de la ruine des parties vient de la longueur interminable que les avocats et procureurs mettent à terminer par les ressorts secrets de leur art.

Art. 9. — Que Sa Majesté fasse rompre les barrières qui empêchent que la vérité ne parvienne à son trône.

Art. 10. — Qu'il soit établi une seule et même coutume pour tout le royaume, afin que chacun sache à quoi s'en tenir pour la décision des affaires, car il est souverainement ridicule que, pour un même objet, on gagne son procès dans une coutume et on le perde dans une autre.

Art. 11. — Que les seigneurs des communautés de campagnes ayant avoué à Louis XIV qu'ils avoient pris leurs triages dans les fonds appartenant auxdites communautés, Sa Majesté Louis XIV, d'heureuse mémoire avoit expressément défendu aux susdits seigneurs de prendre à l'avenir aucun triage dans les fonds des communautés ; que, malgré la défense, ils en ont toujours pris et qu'ils en fassent la restitution (1).

Et ont, lesdits habitants comparants, ainsi que les députés, signé avec nous, à la réserve de ceux qui ont déclaré ne savoir signer.

Signé Guérin (praticien).

Suivent les signatures des habitants.

GURGY.

Cahier *des plaintes, doléances et remontrances de la paroisse de Gurgy, généralité de Dijon, diocèse et bailliage d'Auxerre.*

Les habitants de la paroissse de Gurgy, soussignés, représentent :

---

(1) Le triage était le droit que possédait le seigneur de se faire mettre en possession par le grand maître des eaux et forêts, du bois communal, dans le cas ou ce bois aurait été donné anciennement aux habitants à titre gratuit et sans réserve d'aucuns cens et servitudes. L'ordonnance de 1669 restreignait ce droit dans des limites assez étroites.

1° Qu'ils ne possèdent, la plupart, qu'une modique portion d'héritage quelques maisons ou plutôt des masures, des chaumières, plus chargées de rentes qu'elles n'ont de valeur ; quant aux fonds que plusieurs particuliers des paroisses circonvoisines occupent comme fermiers, une bonne partie des meilleurs terres de leur finage sont sans impositions. Qu'en conséquence, les rôles des tailles et vingtièmes sont beaucoup trop onéreux, relativement à leurs jouissance et possessions, et que ce qu'il y a de plus disgracieux, c'est que plusieurs d'entre eux, dont les pères ont vendu leur héritage, sont néanmoins imposés toujours au rôle des vingtièmes, quelques réclamations qu'ils aient faites jusqu'à ce jour pour les en faire décharger ;

2° Que les inondations fréquentes les réduisent, depuis longtemps, dans un état déplorable ; qu'on a tâché d'y obvier depuis peu par des fossés construits dans toute l'étendue de la paroisse, par une ordonnance de M. l'intendant de Bourgogne ; mais que le défaut d'avoir pourvu à leur entretien commence à leur faire encourir les premiers inconvénients ;

3° Que la nouvelle route, tracée dans le terrain le plus fertile, à travers une partie de leurs vignes, leurs portions d'héritage, leur principale ressource, et que les ingénieurs auroient pu tracer un peu plus haut, dans un terrain pierreux, par conséquent, plus solide, achève leur ruine ;

4° Que les inconvénients, les abus, les surcharges, mettent leurs collecteurs dans l'impossibilité de percevoir les deniers royaux, leur suscitent des procès, des contraintes, et que, malgré la preuve évidente que la misère du peuple est l'unique cause du retard de leur recette, ils se voient, néanmoins, forcés de faire des emprunts pour remplir le paiement de leurs rôles, à moins qu'ils n'aient un cœur assez dur pour réduire leurs parents, leurs amis, leurs concitoyens à la mendicité ; qu'aucun d'entre eux ne passe par cette charge sans perdre la majeure partie de sa modique fortune, et sans laisser à leurs enfants des rôles pleins de dettes, et, par conséquent, des procès ;

5° Qu'une seule imposition relative aux propriétés d'un chacun, faite par un préposé, même à leur frais, leur procureroit un double avantage : 1° celui de n'être pas surchargés ; 2° celui de ne pas perdre un temps considérable par la perception de leur rôle, temps toujours précieux pour des laboureurs, vignerons, uniquement occupés du bonheur public pendant toutes les saisons de l'année ;

6° Que Messieurs les officiers des eaux et forêts d'Auxerre ont perçu pendant longtemps les deniers de leur communauté d'une manière assez onéreuse ; qu'ils en ont abandonné la perception depuis environ trois ans, sans avoir préalablement fait les réparations les plus urgentes, et sans avoir rendu leurs comptes. Qu'en conséquence, ils demandent avec instance que leur syndic soit autorisé à les leur faire rendre, à poursuivre ceux qui envahissent les biens de leur communauté, pour lesquels ils paient des redevances annuelles, afin de les mettre à portée de faire des réparations indispensables, et particulièrement la reconstruction d'un pont emporté par l'abondance des eaux, d'autant plus nécessaire qu'il fait la communication du village à l'autre, faute duquel ils sont privés quelquefois, en majeure partie, de l'avantage de se rendre aux offices de l'Église ;

7° Que l'augmentation de la portion congrue mettrait M. le curé à portée de leur procurer un double secours dans leurs afflictions, et que l'abolition du casuel, toujours très onéreux pour des malheureux, lui attireroit de plus en plus leur confiance ;

8° Que l'établissement d'un second prêtre dans leur paroisse est absolument nécessaire, vu les hameaux assez considérables qui en dépendent, ce qui les mettrait à portée d'assister attentivement aux instructions de leur pasteur, si nécessaires pour maintenir le bon ordre dans leurs familles, pour contenir les enfants dans leurs devoirs, et si utiles pour resserrer les liens de la société ; que leur demande est d'autant plus juste que messieurs les décimateurs ecclésiastiques perçoivent un revenu immense du fruit de leurs sueurs, l'étendue de leur paroisse étant de quatre lieues environ ;

9° Qu'on demande tous les jours les moyens pour encourager les cultivateurs, pour remédier aux accidents fâcheux qui enlèvent tant de victimes dans les campagnes ; qu'ils n'en connaissent pas de meilleur et de plus avantageux que l'entretien des chemins finéraux très négligés ; la supression des gabelles, et de rendre le sel marchand, parce que, devenant moins cher, ils s'en serviroient utilement pour leur bestiaux ; que l'établissement d'un chirurgien-accoucheur dans chaque paroisse de campagne, parce que le défaut d'un prompt secours, la trop grande dépense que leur éloignement entraîne, le défaut de sages-femmes instruites sont autant de sources de leur malheur et de leur misère ;

10° Qu'ils ne perçoivent aucun avantage de l'établissement d'un bailliage dans leur paroisse, parce que l'éloignement de MM. les officiers de justice, le défaut d'auditoire convenable, les mauvais temps sont la cause qu'il n'y a que trois audiences par an, ce qui traîne les procès en longueur, prive les créanciers de leurs deniers, et les met souvent dans la dure nécessité de laisser pour tout héritage des procès à leurs enfants;

11° Que la réunion de ces petites justices au bailliage principal seroit plus utile et moins onéreuse;

12° Que le défaut de procureur fiscal sur les lieux, quelque vigilance, quelque bonne volonté que puisse avoir une personne éloignée de cette fonction, est la source d'une infinité d'abus. Les loix de l'Église sont violées, les édits et les règlements les plus sages méprisés, et l'impunité des fautes devient une source intarissables de scandales;

13° Que le nombre des représentants du Tiers-État aux États provinciaux soit égal à celui des deux ordres supérieurs; que leur nomination soit faite librement et par suffrages, et qu'ils soient munis d'un cahier contenant nos plaintes, doléances et remontrances et justes demandes, comme on nous l'accorde aujourd'huy pour les États généraux;

14° Que les jurés-priseurs établis pour soutenir l'intérêt de la veuve et de l'orphelin, absorbent une partie de la succession par les droits excessifs qu'ils exigent, et que les personnes pourvues de cette charge estiment quelquefois un meuble dont ils ne connoissent ni le nom ni la valeur; qu'il seroit plus avantageux pour eux que leur juge compétent fût chargé de cette surveillance, ce qui ne multipliroit pas les êtres sans nécessité;

15° Que les justices consulaires, dont les sentences portent contrainte par corps, même pour des affaires qui ne sont pas de leur compétence, fussent restreintes, et qu'il seroit de leur avantage et de celui du public d'appeler de leurs sentences par devant les juges royaux, et non à un parlement dont l'éloignement dispendieux fait abandonner des affaires fort justes dans lesquelles on a surpris la bonne foi des juges;

16° Qu'il seroit essentiellement avantageux que tous les membres de l'État concourent à l'entretien des grandes routes qui sont ordinairement le fruit de leurs sueurs, d'eux qui en perçoivent le moins d'avantages, et que le bien public exigerait que les personnes préposées pour y veiller, étendissent leur vigilance sur les chemins finéraux, dont il paroît qu'on connoit peu l'avantage, par le peu de soin qu'on prend de les entretenir, quoique ce soit pourtant un moyen des plus efficaces pour encourager les cultivateurs des campagnes à amener l'abondance dans les villes voisines et pour faire fleurir le commerce;

17° Que les droits des commissaires à terrier sont exorbitants; qu'il seroit très intéressant pour le peuple, dont on veut faire le bonheur, de les faire supporter aux seigneurs, assez dédommagés par les lots et ventes et autres droits ;

18° Qu'il seroit on ne peut plus avantageux pour le public de veiller à ce qu'on ne choisit pour gardes-chasse et autres que des personnes d'une probité à l'épreuve, et que ce ne fût qu'après des marques non équivoques de bonnes vie et mœurs qu'on leur donnât des certificats, puisqu'ils sont crus dans leurs procès-verbaux sur le témoignage d'un seul, faveur qui n'est accordée qu'à eux seuls dans tout le royaume, et la source d'une infinité d'abus ; qu'on veille de plus près à ce qu'ils ne soient pas favorisés par les justices de quelques seigneurs, parce que l'impunité de leurs fautes les fait tomber tous les jours dans de plus grosses ; qu'on ne les autorise pas si facilement à tuer les chiens, si nécessaires pour la sûreté publique et si essentiels aux habitants de la campagne pour la garde de leurs bestiaux ; lesquels peuvent, tout au plus, détruire quelques pièces de gibier, souvent si abondants qu'en quinze jours les laboureurs perdent quelquefois les fruits de leur sueur d'une année entière.

Telles sont les justes plaintes, doléances et remontrances des habitants de la paroisse de Gurgy. Ils supplient MM. les députés aux États généraux de les déposer aux pieds de leur monarque, si digne du règne le plus heureux, et qui leur donne aujourd'huy tant de preuves d'un cœur paternel, de l'assurer de leur amour et d'une fidélité inviolable.

Signé : François Deschamps. — Lhéritier. — Baillot. — André Mathieu fils. — François Droin (syndic). — Edme Hamelin. — Jacques Mathieu. — Claude Grain. — André Mathieu. — Edme-François Mathieu. — Edme Latrois. — André Duchêne. — Louis Moreau. André Beaujean. — François Baillot. — Pierre Maréchal. — Edme Ferrand. — Edme Mathieu. — Edme-François Latroy.

Signé et paraphé *ne varietur*.

CHAPPUI. — SAFFROY (greffier).

GY-L'ÉVÊQUE.

TRÉS HUMBLES *et respectueuses supplications et doléances de la paroisse et communauté de Gy-l'Évêque, arrêtées en l'assemblée générale des habitants, en exécution des règlements faits par le Roy les 24 janvier et 7 février 1789, et ordonnance de M. le Grand Bailli du 5 du présent mois.*

1° Gy-l'Évêque est enclavé dans le comté d'Auxerre, qui est

réuni aux États de Bourgogne, et néanmoins de la généralité de Paris. Il n'y a point dans toute la France de pays dont les fonds soient plus grevés que ceux de cette généralité, où les taillables soient les plus molestés par les impôts sous les dénominations de taille réelle et de taille personnelle, où l'on paye tant de droits, et d'aussi considérables sur les vins, et sous tant de dénominations différentes, et, à raison de ce, plus exposé aux recherches, visites et exécutions des préposés ou employés de tous genres et de toutes formes.

2° Les habitants se plaignent des aides, de ces droits perçus sous les noms de droits de gros, de gros-manquant ou trop-bu. Ces droits sont injustes, en ce qu'ils n'ont jamais été consentis par la nation, et encore moins par les pays qui y sont assujettis. Ils sont dangereux en ce qu'ils sont arbitraires, les commis aux aides seuls mettant au vin tel prix qu'ils jugent à propos. Ils sont abusifs en ce que tous les jours ils donnent lieu à des visites et à des recherches, à des vexations continuelles, dont il résulte toujours des procès qui ruinent les malheureux vignerons. Aussi les droits de gros sont odieux en ce qu'ils ne sont supportés que par le Tiers-État, que la noblesse et le clergé en sont exempts. Ce droit de gros est gênant et empêche la circulation.

3° Le droit le plus infâme et le plus révoltant est le gros-manquant ou trop-bu, en ce qu'il faut payer ce qui n'existe point, et qui s'est perdu par le défaut des tonneaux, ou ce qui se consomme dans les familles, et subsistance du peuple, qui ne se soutient que par un peu de vin, manquant souvent de pain.

4° Remédier à tous ces maux effroyables : abolition des tailles et capitation de corvées, de vingtièmes, de toute espèce de droits d'aides ; l'affranchissement pour le Tiers-État du droit de franc-fief ; enfin abolition de toute exemption pécuniaire, un tarif clair et net des droits de contrôle et autres, interdiction de toutes visites, recherches au sujet de ces droits, et le sel rendu marchand.

5° L'établissement d'un impôt suffisant et proportionné aux besoins de l'État, unique, simple, et de nature à être réparti sur tous les citoyens sans distinction et à proportion de leurs facultés, à la perception également simple sur un seul rôle, la diversité des rôles donnant toujours lieu à plus de frais ; l'imposition reçue par les syndics des paroisses, et versée sans frais dans une caisse du chef-lieu, et de suite sans frais dans les coffres de Sa Majesté.

6° Pour parvenir à l'établissement de cet impôt et sa juste répartition, qu'il soit fait de nouvelles déclarations des biens par les trois ordres, sans distinction. On pourroit même y joindre un impôt personnel.

7° La suppression des justices seigneuriales ;

8° La milice est abusive pour les campagnes. Les communautés devroient elles-mêmes avoir la liberté de choisir le ou les miliciens demandés, et chaque garçon de la communauté, depuis l'âge de 15 ans jusqu'à 30, obligé de fournir une somme pour le milicien, ce qui éviteroit à chaque communauté une dépense exorbitante lors du tirage, soit en voyage, dépenses et journées perdues ;

9° Que chaque communauté soit obligée de former un fonds tous les ans, suivant le nombre des habitants, pour être employé aux besoins de la communauté, et à soulager les pauvres en les employant à réparer les chemins quelconques ;

10° Qu'il soit pourvu à l'abréviation des procédures civiles et criminelles, et à la modération des droits des instrumenteurs, trop libéralement augmentés par les juges supérieurs ;

11° Qu'aucun citoyen ne puisse être traduit ailleurs que par devant son juge naturel ; en conséquence, la suppression de tous les *committimus* et priviléges qui transportent les droits, les intérêts et la personne des citoyens.

12° La suppression des offices de jurés-priseurs, dont la finance est si inférieure à l'immensité des droits qui leur sont attribués, et qui sont plus à charge au peuple que tous les impôts ensemble, sauf à prendre sur lui, par des moyens qui seront convenus, les remboursements desdits offices.

13° Abrogation des droits odieux sur les chasses.

14° Que les opinions aux États généraux soient prises et recueillies par tête, soit que les ordres délibèrent conjointement ou séparément, en sorte que les voix des individus de chaque ordre sur chaque objet de délibération soient rapportées et comptées.

Signé : Jacquin. — Guiard. — Benoist. — Thévenot (adjoint). — C. Duru. — E. Lamy. — Jean Durand. — Lamy. — C. Pelé. — Laurent Berthier. — E. Petit. — J. Duru. — F. Lamy. — Louis Denis. — François Renaudin. — Edme Jannin. — Binoche. — Berthelot. — Bertheau. — E. Leviste. — Edme Rogier. — L. Lamy. — C. Loury. — Jeufrelat. — Bretagne. — Davot. — Loury.

Paraphé *ne varietur*, au désir de l'ordonnance de M. le bailly d'Auxerre.

BENN.

HÉRY.

CAHIER *de doléances de la paroisse d'Héry.*

Nous, habitants de la paroisse d'Héry, remontrons :

1° Que nous payons, ainsi que tout le peuple dont nous faisons partie, des impôts de toute espèce, même sur notre industrie, par la taille personnelle, même sur l'air que nous respirons, par la capitation ; qu'on répartit et qu'on augmente ces impôts à volonté ; que réunis ensemble, ils forment une masse qui écrase les campagnes, en particulier la nôtre ; et la preuve, c'est que plusieurs de nos habitants ont déclaré et prouvé que s'ils amodiaient leurs possessions, ils en retireroient à peine de quoi payer les impôts, et que d'autres, pour se soustraire au fardeau des impôts sous lequel ils succomboient, ont quitté notre paroisse ; qu'ainsi, bien loin de pouvoir contribuer davantage, nous avons besoin d'un prompt soulagement ; et que si, comme on le dit, l'État a de grandes dettes, nous ne pouvons plus le secourir que de nos vœux ;

2° Que le clergé et la noblesse, pour qui nous avons le plus grand respect, ne payent presqu'aucune de nos contributions ; qu'ils possèdent cependant les plus beaux et les meilleurs biens du royaume ; qu'un moyen de libérer l'État et de nous soulager, aussi bien que tout le peuple, est de les engager à payer les mêmes taxes que le peuple, et à la décharge du peuple ; qu'il est très croyable que ces deux ordres se prêteront volontiers à un arrangement que conseillent et que demandent la raison, la justice et l'humanité ; qu'il est certain même qu'ils s'y détermineront bien vite s'ils veulent considérer combien il est étrange que nous payons l'impossible pour nos charrues, pour nos chétifs bœufs, pour nos misérables cabanes, pour de petits jardins, où nous cultivons ces oignons et ces poireaux dont nous nous nourrissons, pour la laine grossière dont nous nous habillons l'été comme l'hiver, pour nos durs et continuels travaux, pour toute notre misère ; tandis qu'eux ne payent rien ou presque rien pour leurs carrosses dorés, pour leurs superbes chevaux, pour leurs magnifiques châteaux, pour leurs parcs immenses, qui nourriroient des villages entiers, pour leurs vastes forêts, qui sont des mines d'or, pour leurs riches vêtements, pour leur éternel loisir ; en un mot, pour leur prodigieux superflu ; surtout s'ils veulent considérer qu'il n'est pas bon pour eux d'exposer leurs nourriciers à périr d'épuisement ;

3° Que souvent des personnes fort riches de nos provinces achètent certaines charges, dont on leur rend un bon intérêt, et qui les exemptent de la taille et de la plupart de nos taxes, en leur donnant les droits ou le germe de la noblesse ; que cependant les paroisses ne sont pas déchargées de la cote que ces personnes supportoient avant leur acquisition ou transformation ; que cette cote retombe sur nous, et que c'est nous, plus pauvres qu'eux, qui payons pour eux ; que pour surcroit, il arrive presque toujours que ces transfuges du peuple et acquéreurs de noblesse nous méprisent et nous foulent ; que dès lors, il est clair qu'ils ne sont pas nobles, car les vrais nobles ont compassion du peuple, le défendent et le soulagent ; qu'il est étonnant que la noblesse et ses droits soient à prix d'argent, enfin que toutes ces ventes de toutes sortes d'emplois et de charges qui procurent des exemptions sont une peste pour l'État qu'elles surchargent d'intérêts à payer, d'hommes inutiles à entretenir, et pour le peuple, à qui elles n'apportent que de nouveaux impôts ou des augmentations d'impôt ;

4° Qu'il y a des garnisons et contraintes, qui, malgré tous les règlements, nous vexent, nous maltraitent et nous rançonnent ; Que la nécessité de ces moyens est une preuve convaincante que les impôts sont excessifs, car s'ils ne l'étoient pas on n'auroit besoin ni de menaces, ni de violences pour nous faire payer ;

5° Que la perception de toutes nos contributions occasionne des frais énormes qui sont à la charge du peuple et en pure perte pour l'État ; que notre argent, avant d'arriver au trésor royal, passe par une multitude de mains qui sont, en vérité, trop tenaces ; que si l'on simplifiait cette perception, comme on pourroit le faire, le Roi, plus riche de tous les frais qu'elle entraine, auroit encore plus la volonté de nous soulager, parce qu'il en auroit plus la facilité ;

6° Qu'il y a une foule de fermiers généraux qui tirent de nous, du peuple, de toute la France, pour leur seul profit, autant d'argent peut-être que le Roi lui-même ; que ces fermiers lèvent une infinité de droits qu'ils augmentent et étendent à leur gré au moyen de certains arrêts, aussitôt accordés que demandés ; que pour lever ces droits, ils entretiennent constamment une armée nombreuse de commis, d'employés, d'huissiers, de sergents, qui nous font tous les jours la guerre, et vivent à nos dépens, comme si nous étions les ennemis de la France ; que pour ces raisons et pour d'autres encore, les fermes générales sont une calamité pour le royaume ;

7° Que le sel est à un prix excessif, qu'il coûte ici 12 sols la livre ; qu'il est cruel que cette denrée de première utilité pour le cultivateur soit à un prix qui le force de renoncer aux avantages qu'il en pourroit tirer ; et qu'il est singulier que dans le même royaume il y ait des pays où cette même denrée soit presque pour rien ;

8° Qu'on a mis trop de droits sur le vin et trop d'entraves à son débit ; que les commis aux aides, à l'occasion de ces droits et de ces entraves, emploient toute leur industrie à nous ôter le repos, à nous inspirer de la défiance et à nous corrompre le caractère en nous forçant à être menteurs et trompeurs ; qu'ils sont toujours à nous surveiller comme si nous étions de malhonnêtes gens, toujours à fouiller, à fureter nos maisons de la cave au grenier, comme si nous étions des recéleurs ; en sorte qu'il n'y a rien de sûr chez nous ; que pour nommer ces droits qu'ils nous faut payer, ils se servent de mots singuliers qu'il nous est impossible de comprendre, et que nous croyons, en vérité, qu'ils ne comprennent pas mieux que nous, tentés de croire qu'ils se moquent, ce qui seroit pourtant bien cruel, en nous prenant notre argent ; que, du reste, ils font ce qu'ils peuvent pour nous prendre ce qu'ils appellent en fraude, et que s'ils en viennent à bout, **ils appauvrissent encore notre misère par des procès ou des accommodements, dans lesquels ils sont juges et partie** ; que tout cela est plein d'injustices ; qu'il seroit à propos, en établissant un impôt sur la vigne, de supprimer les aides et tous ces commis ; que, d'ailleurs, il est certain que ces commis, qui sont la plupart des jeunes gens bien élevés, seroient bien plus utiles à l'État dans mille professions honnêtes que dans le triste et pauvre métier qu'ils exercent à nos dépens ;

9° Qu'il nous faut payer, pour nos moindres conventions, des droits de contrôle, d'insinuation, et un centième denier ; que ces droits sont très onéreux ; que ceux surtout de contrôle sont trop forts, trop obscurs, et paraissent trop arbitraires ; qu'il est nécessaire de modérer et de fixer nettement ces droits ; que le gouvernement, qui favorise la population, devroit en exempter du moins les contrats de mariage ; qu'un malheureux effet de l'excès dans ces droits est de nous forcer à recourir, dans la plupart de nos conventions, à l'expédient trop peu sûr des sous-seings privés ;

10° Qu'on a mis des droits trop forts sur toutes sortes de consommations, sur la marque des cuirs et du fer, qui sont pour nous d'un usage journalier ; qu'enfin nous ne pouvons marcher, aller, venir, sortir, entrer par certains endroits sans payer ;

11° Que nous et le peuple payons seuls les corvées ; que puisque les canaux et les grandes routes sont pour tout le monde, il est étrange que tout le monde indistinctement ne contribue pas pour leur confection; qu'il est étrange que ces routes et canaux, pour lesquels on dépense des sommes immenses, n'avancent pas aussi vite que la fortune de ceux qui les entreprennent ; qu'il est étrange aussi qu'une partie de l'argent de ces corvées ne soit pas employée à construire dans nos campagnes de petits chemins bien alignés, bien fermés, bien multipliés, qui, traversant en tous sens nos champs et nos prairies, faciliteroient l'exploitation et la circulation de nos différentes denrées et établiroient une communication prompte et sûre entre tous nos villages et nos hameaux ; qu'il est certain que ces ouvrages seroient aussi utiles pour le moins que les canaux et les grandes routes, et qu'ils seroient bientôt ordonnés si l'on pouvoit voir les peines et les pertes que nous cause le mauvais état de tous les chemins dans les campagnes;

12° Que les milices, qui sont à la charge du peuple seul, sont, dans la forme actuelle, un rude impôt pour les campagnes, par la perte d'un argent et d'un temps précieux; que tous les ordres du royaume étant obligés à sa dépense aussi bien que le peuple, doivent contribuer avec lui aux milices ou pour les milices ;

13° Qu'il y a des jurés-priseurs qui sont de nouvelle institution, lesquels n'entendent rien aux ventes, qu'ils ont acheté le droit de faire, et que par là et par les émoluments considérables qui leur sont dus, sont un fléau pour les orphelins et autres héritiers, que toute loi et tout gouvernement doivent protéger ;

14° Que s'il est bon que les seigneurs veuillent avoir un état exact de leur seigneurie, il ne paroit pas juste qu'ils fassent payer les commissaires à terrier par leurs vassaux, et qu'ils les fassent payer si cher;

15° Qu'il est étrange qu'un garde-bois et un garde-chasse moins nécessaire que le premier, soient crus sur leur simple affirmation, tandis que dans toute matière, un juge ne peut prononcer que sur la déposition de deux témoins non excusables, tandis qu'un notaire ne peut ester validement qu'assisté d'un autre notaire ou de deux témoins honnêtes gens ; que ces gardes sont armés de fusils; qu'il y a des exemples en ce pays qu'ils en ont abusé au point de tirer sur des hommes, et que ces faits atroces sont restés impunis, ce qui n'auroit sûrement pas été dans une justice royale ;

16° Que les droits seigneuriaux excitent assez souvent des contestations entre les seigneurs et les vassaux ; qu'il est donc à propos de déterminer bien clairement quels sont ces droits, de fixer bien nettement leurs limites, et surtout de supprimer ceux qui sont trop onéreux ou trop contraires à la juste liberté de l'homme et du citoyen ;

17° Que les communautés, sous le régime des commissaires départis, n'ont pas une assez libre disposition de leurs revenus ; que pour les moindres ouvrages publics, lesdits commissaires les astreignent rigoureusement à l'observation de mille fermes qui leur coûtent plus d'argent que ces ouvrages mêmes ; qu'il résulte de là une augmentation de dépenses ; que la crainte de ces dépenses excessives et inutiles empêche souvent les communautés de former aucune entreprise d'utilité publique ;

18° Que l'impôt du timbre, tel qu'il est actuellement, favorise et autorise dans le barreau ce luxe énorme d'écritures et de paperasses, si mortel pour nos pauvres bourses ;

19° Qu'à chaque pas que nous faisons hors de notre campagne, nous trouvons des coutumes, des poids, des mesures, des règles de conduite et de jugements tous différents ; que cette bizarrerie, qui s'étend à toute la France et qui en fait une grande pièce de marqueterie très irrégulière, est trop favorable à la chicane et trop contraire à la raison qui ramène tout à l'unité ;

20° Que dans notre justice, qui est seigneuriale, ni le bailli, ni le lieutenant, ni le procureur fiscal, ni aucun officier de justice, excepté le greffier, ne résident ; qu'il résulte de là une augmentation de dépense quand il faut avoir ces officiers, une lenteur extrême dans les affaires, et le défaut absolu de la police, qui fait l'âme de toute société, en arrêtant ou même en prévenant tout désordre ; que dans toute justice seigneuriale, les officiers sont moins les hommes de la loi que les hommes du seigneur, parce qu'ils dépendent trop de lui, ce qui est un vrai fléau pour les peuples ;

21° Que nos procès, qui ne sont ordinairement que des affaires très simples, que le plus simple bon sens termineroit en un quart d'heure, durent des mois, des années entières ; que, quand on les juge, il arrive presque toujours que le gagnant et le perdant sont aussi épuisés l'un que l'autre, que cela ne vient sûrement point du défaut d'habileté dans les officiers de justice, car nous respectons trop notre seigneur pour croire qu'il nous donne des juges et des procureurs destitués de sens et d'intelligence ; que cela vient, sans doute, de ce qu'on a oublié de fixer un terme raisonnable, auquel, sous des peines graves, tous les procès devroient être jugés, et de ce qu'on a permis aux procureurs de faire les écritures ; ensuite que, quoi qu'on ne cesse de nous dire que la justice est impartiale et faite pour tout le monde, nous n'osons cependant pas plaider avec certaines personnes au-dessus de nous, parce que nous ne sommes pas assez riches pour les suivre d'appel en appel, et parce que d'insolents valets s'obstinent à fermer à notre pauvreté la porte des juges supérieurs, leurs maîtres, qui certainement nous accueilleroient bien s'ils pouvoient deviner que nous sommes là pour leur parler ;

22° Qu'il n'y a point dans les campagnes de secours assurés pour les pauvres invalides ; qu'on ne réprime pas assez les courses et les quêtes de mille gens qui se disent pauvres et qui ne sont tels que par fainéantise ou par libertinage, et qu'on ne réprime pas non plus assez les courses de ces charlatans qui vont par les campagnes vendant des poisons et des maladies au poids de l'or ;

23° Qu'on nous fait donner de l'argent pour obtenir dispense de bans, ou la permission de nous marier à des degrés prohibés ; que c'est un impôt de trop ; que d'ailleurs il est certain que c'est un grand mal de mettre à prix d'argent les dispenses d'une loi quelconque, et un plus grand mal encore d'envoyer une partie de cet argent, ainsi que bien d'autre, à Rome ; car si cet argent restoit en France on en pourroit soulager le peuple d'autant ;

24° Que le casuel que nous payons à nos curés est un impôt onéreux, parce qu'il est journalier, et honteux, parce qu'il met les choses les plus saintes au rang des marchandises et des marchandises les plus communes ; qu'eu égard à toutes les charges que nous supportons, et par respect pour la religion, on doit les supprimer, mais qu'on doit en même temps dédommager les curés à portion congrue, parce que ce casuel, quoiqu'assez mal payé à cause de la dureté des temps, fait malheureusement une branche importante de leur revenu ;

25° Que tous les habitants, et principalement tous les pauvres, tant de notre paroisse que de toutes les paroisses de campagne, ne forment qu'un vœu pour qu'on fasse à leurs curés un sort honnête, proportionné à leur travail, à la place importante qu'ils occupent ; pour qu'on tire du nombre des pauvres ceux qui sont les vrais pères des pauvres ;

26° Que les dîmes que nous payons au seigneur ou à l'église sont un impôt bien fâcheux ajouté à tous les autres impôts que nous supportons déjà ;

27° Que les grosses réparations des presbytères et nefs des églises sont à la charge des habitants et propriétaires des paroisses, tandis qu'ils devroient être uniquement à celle des biens ecclésiastiques, puisque ce qu'on appelle le tiers-lot y a toujours été destiné ;

28° Et cet article est essentiel ; que nous ne connaissons presqu'aucun des édits des règlements, des ordonnances qui paroissent tous les jours, que puisque c'est sur ces lois que nous devons nous régler et que nous sommes jugés, les ignorer est un mal funeste pour nous ; qu'on devroit charger nos curés, qui savent comment nous instruire, de nous les lire et de nous les expliquer en chaire à mesure qu'elles paroîtroient ; qu'il est sûr que nos pasteurs, qui savent que les lois sont une partie essentielle de cette morale dont ils sont les docteurs, s'honoreroient d'une si noble et si utile commission.

Voilà ce que nous avons l'honneur de représenter au Roy et aux États généraux ; ils verront que de tout ce détail il résulte deux vérités bien affligeantes : la première, que nous sommes victimes de mille abus ; la seconde, que rien n'est franc pour nous et pour tout le peuple ; que nous payons tout et le payons bien, et que nous donnons en droits et impôts le fruit de nos peines et de nos champs ; qu'ainsi nous ne sommes pas vraiment propriétaires, que dès lors nous ne sommes pas vraiment libres, et que par conséquent nous ne pouvons être heureux.

Nous supplions le Roy, notre père, et les États généraux, composés de nos frères, de prendre tout cela en sérieuse considération ; de penser que les campagnes sont à l'État ce que les racines sont à l'arbre, et que, si on épuise les racines, il est nécessaire que l'arbre meure.

ARTICLES AJOUTÉS.

Nous demandons :

1° Que tous les impôts soient réduits à un seul, qui soit perçu sur toutes les terres du royaume, selon leur valeur et sans aucune distinction ;

2° Que toutes les justices soient royales ;

3° Que la dîme, qui est ici à la douzième pour tous les grains, et au dix-neuvième pour le vin, soit modérée et réunie à la cure, afin qu'elle remplisse ainsi sa destination.

Fait et arrêté dans l'assemblée générale de notre communauté, convoquée à l'effet de la rédaction du présent cahier de doléances, en l'église de la paroisse, attendu que l'auditoire était trop étroit pour pouvoir contenir tous les habitants.

Cejourd'hui 15 mars 1789.

Signé : Beaudoin (syndic). — Hugo. — Beaudoin. — Vinot. — Guillemot, — Dourneau. — Jossier. — Chancy. — Moiset. — Leblanc. — Lordereau. — Lazare Simon. — C. Motheré. — F. Motheré. — E. Motheré. — Edme Thureau. — V. Vinot. — Paulevé. — E. Perrignon. — Edme Seurat. — Oudin. — Paulevé. —

C. Perrignon. — Gilbert Gamé. — E. Motheré. — E. Paulevé. — F. Madelain. — E. Perrignon. — Brillié. — Et. Gammont. — Pierre Loiseau. — F. Chanvin. — Jean Rossignol. — François Loiseleyt. — E. Droin. — G. Droin, — G.-H. Motheré. — Edme Gautherin. — E. Louat. — L. Finot. — J. Perrignon. — G. Perrignon. — Hanrion. — J. Finot. — G. Gascoin. — Chauvin. — Paulevé. — Motheré.

Paraphé *ne varietur*.

LORDEREAU.

IRANCY.

Très humbles *et respectueuses supplications et doléances de la paroisse d'Irancy.*

AU ROY.

Sire,

Le trône de Votre Majesté est l'asile naturel de vos sujets ; l'accès en est toujours libre, même aux plus malheureux. Une respectueuse confiance les y attire, et ils trouvent dans la clémence de Votre Majesté un remède assuré à leurs maux. Cette précieuse ressource, Sire, soutient les habitants d'Irancy. Ils se consolent par l'espérance de n'en être pas privés. Ce sont des sujets affligés, mais fidèles. C'est une paroisse qui sent tout le poids de ses maux, mais qui les compte finis dès que Votre Majesté veut bien l'écouter.

Irancy, village situé à trois lieues d'Auxerre, deux lieues de Vermenton, sur la droite de la route de Paris à Lyon, gémit sous le poids accablant des impôts. La paroisse est composée de 280 feux, elle paye à Votre Majesté :

Pour taille...........................	2.225 l.	10 s.	
Impositions accessoires.............	1.125	10	
Capitation...........................	1.400		
Taxation des collecteurs............	42	1	8 d.
Confection du rôle..................	57	12	9
Vingtièmes.........................	2.242	12	6
Impositions sur les chemins.........	293	3	
	7.385 l.	19 s.	11 d.

Ce qui forme un total de sept mille trois cent quatre-vingt-cinq livres dix-neuf sols onze deniers.

Un autre impôt, plus excessif encore, est celui des aides sur les eaux-de-vie, vins, boissons, qui, calcul fait, se monte, année commune, à la somme de 25,000 livres, laquelle, jointe à la précédente, forme un total de 32,305 livres 19 sols 11 deniers.

Un droit des plus odieux dans les aides est celui connu sous le nom de *trop-bu* ou *consommation*, qui se perçoit également et sur le vin qu'on ne vend pas, et sur les pertes qui sont toujours considérables, et qui est le même que celui de la vente.

Autres abus : 1° La vente des vins se fait souvent immédiatement après la récolte, alors ils sont toujours à bon compte. Mais s'il arrive, comme cette année, que les vignes souffrent de la rigueur de l'hiver, les prix haussent en proportion; dans ce cas, les employés se permettent de percevoir les droits sur les vins qui ont été vendus avant l'accident, sur le prix qu'il a acquis après le même accident, et en cas de contestation de la part des vendeurs, ils croyent avoir et exercent la faculté de les retenir.

En second lieu, ils perçoivent les droits sur le prix entier de la vente, sans aucune déduction ni des droits eux-mêmes, ni des vaisseaux, ni de la commission qui se paye ordinairement.

Que serait-ce, si nous ajoutions ici les pertes réelles et inappréciables que nous éprouvons tous les jours dans la perception de ces droits, par les procès injustes et multipliés à l'infini que des employés avides suscitent avec le dernier acharnement à des malheureux qui, manquant de crédit et de moyens pécuniaires pour se défendre, sont dans la cruelle nécessité de préférer un accommodement, quelque désavantageux qu'il soit, au procès le plus injuste et le plus innocent.

Qu'arrive-t-il ? que le peuple, épuisé par ces vexations odieuses, se trouve dans l'impossibilité de payer les impôts légitimement dus à Votre Majesté; de là des frais que sont obligés de faire vos préposés ; de là la ruine d'un grand nombre de chefs de famille, qui, n'ayant plus aucune ressource dans leur pays, n'ont d'autre parti à prendre que de s'expatrier, de laisser leurs possessions incultes, et aller traîner à Paris ou ailleurs, avec leur femme et leurs enfants, une honteuse indigence, une pesante oisiveté.

Nous vous supplions donc, Sire, avec la plus vive insistance, d'assurer la tranquillité de vos sujets, de rendre la liberté au commerce, de faire fleurir l'agriculture, ou en étendant sur nous le bienfait que vous avez accordé l'année dernière à un grand nombre de paroisses qui nous environnent, qui est la réunion au comté d'Auxerre, ou par toute autre voie que Votre Majesté daignera prendre dans la sagesse de ses conseils. Entr'autres impôts, nous invoquons l'impôt soit personnel, soit territorial sur toutes les propriétés du royaume, sans aucune exception de rang, de naissance, de charges, profession et priviléges, de manière que tous les ordres de l'État y soient indistinctement soumis.

L'inégalité de la répartition occasionnée par le passage rapide d'un commissaire qui n'a point, et ne peut avoir connaissance exacte de la fortune de chaque particulier, est encore un abus auquel nous prions Votre Majesté de remédier, en ordonnant que la répartition de tout impôt quelconque soit faite par les communautés elles-mêmes.

Outre les impositions royales dessus énoncées, nous avons encore à acquitter les droits seigneuriaux, qui sont la dîme sur le bled, la dixme en argent sur les vignes, le cens et les lots et ventes.

Nous avons encore à acquitter les charges particulières à chaque paroisse, telles que l'entretien des édifices publics, et aujourd'huy nous sommes tenus de faire à notre église des réparations qui se monteront, à peu de chose près, à la somme de 15,000 livres, suivant l'adjudication faite au mois d'avril dernier, par-devant la maîtrise des eaux et forêts d'Auxerre, de laquelle maîtrise nous demandons à Votre Majesté la suppression entière et totale.

Or, l'acquit de toutes ces charges ne peut être dans notre position que le fruit des sueurs des infortunés cultivateurs, à qui il reste à peine de quoi réparer leurs forces épuisées.

En effet, Sire, votre surprise sera aussi grande que nos malheurs quand vous apprendrez que nous n'avons aucuns revenus communaux, que les deux années précédentes, nous avons eu la douleur de voir périr, en un instant, sous le terrible fléau de la grêle, le fruit de nos travaux ; que le froid excessif et les fortes gelées de l'hiver dernier ont entièrement perdu toutes nos possessions qui, en totalité, sont en vignes, et ne nous laissent aucune espérance de récolte pendant plusieurs années.

Tel est l'état désastreux des habitants de la paroisse d'Irancy.

La fidélité de nos ancêtres nous donne, Sire, un droit à votre protection. Dans ces temps malheureux où la Ligue déployait toutes ses fureurs, le parti fanatique se présenta aux portes d'Irancy. Les habitants, inviolablement attachés à leur Prince, refusent de les ouvrir. Mais trop faibles pour opposer à l'ennemi une résistance égale à leur amour pour leur Roy, ils voient bientôt leurs portes enfoncées ; leur fermeté n'en est point ébranlée. Alors tout est mis à feu et à sang. Vieillards, femmes et enfants sont les tristes victimes de la férocité et de la brutalité du vainqueur. Les fastes de nos histoires, malgré la loi fatale des temps, nous ont conservé cette époque glorieuse et qui sera toujours chère à notre cœur (1).

(1) Irancy fut succagé, en 1568, non par les Ligueurs mais par les

Dignes descendants de nos pères, nous en imitons, Sire, le courage et la fidélité. Nous avons toujours cru sagement, en dépit des systèmes modernes, que l'autorité royale étoit toujours pleine, toujours entière, toujours auguste; que supérieure aux temps, elle étoit incapable de s'en laisser vaincre et affaiblir; et que, dans sa glorieuse essence éternelle, pour ainsi dire, et immuable, elle n'attendoit rien du secours des années et ne craignoit rien de leur durée.

Signé : Roux. — Thériat. — Rodier. — M. Pierre. — Podor. — M. Poulin. — D. Ranté. — Pierre Géan. — N. Rojot. — C. Jouby. — J. Chardon. — E.-M. Melou. — Pain. — Antoine Guillaume. — F. Cordier. — N. Rojot. — P. Cordier. — Et. Jouby. — G. Brion. — E. Charia. — M. Cottin. — E. Cottin. — E. Perreau. — Cyr Richou. — Rojot. — P. Boullot. — J. Colas. — E. Gauthier. — N. Foudriat. — Louis Angelot. — N. Prévost. — Richave. — C. Rojot. — Chappotin. — Cottin. — Louis Nicolas. — E. Delingette. — Florantin. — J. Dupré. — F. Puissant. — G. Guillaume. — N. Cordier. — J. Géan. — Edme Cantin, — J.-Félix Melou. — Grégoire Gauthier. — N. Bienvenu. — Étienne Géan. — J. Cordier. — N. Melou. — J.-F. Cordier. — J. Derminot. — Et. Delingette. — Et. Rojot. — Roux. — M. Boullot. — C.-M. Cottin. — E. Colas. — F. Puissant. — Edme Géan. — M. Mauri. — P. Hierre. — J. Vitou. — V. Cordier. — P. Cordier. — C. Cordier. — M. Cordier. — Binot. — F. Guillaume. — C. Chappotin. — C. Brion. — Raveneau. — Roux-Dufort. — Sonnié-Moret. — Cottin-Devilliers.

JOUX-LA-VILLE.

Très humbles, *très fidèles et très respectueuses doléances, plaintes et remontrances de la paroisse et communauté de Joux-la-Ville, au Roy et à Messeigneurs des États généraux du royaume de France.*

Sire, qu'il est consolant pour des François de voir leur auguste monarque à la tête de la nation entière faire ce que l'esprit de

---

Huguenots. Voir *Annuaire de l'Yonne*, année 1861, notice sur Irancy, par M. Sonnié-Moret.

l'homme peut entreprendre de plus grand, et embrasser tous les cas et toutes les personnes dans la généralité de ses règlements et de ses inclinations bienfaisantes. Quoi qu'assis sur le trône, il va se trouver partout et d'un bout de son domaine à l'autre. Le même esprit et la même activité vont l'entraîner. Son nom seul fait déjà tout marcher, dissipe l'injustice, ou du moins va l'obliger à se relâcher pour toujours. Réjouissons-nous, François, tous les particuliers, grands et petits, jouiront bientôt de leur état sous la protection d'un si bon Roy, et ne réclameront pas inutilement sa puissante protection. Non, ces hommes qui, tous les jours, du matin au soir, courbés sur la charrue, gémissent dans le travail, ne tirent de la terre qu'un pain noir et grossier, et sont obligés de céder aux autres la substance et la fleur de leurs grains, vont enfin respirer. La diminution des impôts désastreux, la suppression des plus funestes abus vont finir. La félicité publique va renaître dans les cœurs des fidèles sujets de Sa Majesté. La tranquillité, la paix, l'abondance, dont ils instruiront leurs petits-neveux, en leur apprenant que c'est sous le glorieux règne de Louis XVI que la source de leurs larmes a été tarie et que leurs cœurs, jusque-là flétris par la tristesse et déchirés par la douleur, seront ouverts avec une joie pure et sans mélange qui fait leur bonheur.

DOLÉANCES.

Nous donnons volontiers notre adhésion à toutes les plaintes qui seront portées au bailliage d'Auxerre, de toutes les vexations, de tous les abus sous lesquels nous gémissons depuis longtemps, à l'effet d'en obtenir justice et réforme. Cependant, nous nous bornerons simplement à donner le tableau de ce qui nous concerne particulièrement.

La paroisse de Joux, diocèse d'Autun, bailliage d'Auxerre, est composée de 140 habitants, dont 90 manouvriers, et la plupart réduits à la mendicité, 12 au plus sont propriétaires. Le surplus consiste en cultivateurs, des propriétaires presque tous forains et demeurant dans les villes qui nous avoisinent.

La paroisse de Joux, ainsi que son territoire, est composée de 2,500 arpents de terre labourable, 70 arpents de vigne, 320 arpents de bois, lesquels terre, vignes et bois ont été arpentés par le sieur Bêche, arpenteur-géographe, par ordonnance de Mgr l'intendant de Paris en 1778, et par procès-verbal dressé par ledit arpenteur, qui a été remis au bureau de l'intendant. Lesdites terres sont d'un très mauvais rapport à cause de leur mauvais sol, ne pouvant porter tout au plus que le tiers de froment et les deux autres du seigle et de l'orge, dont le produit net est estimé et classé ainsi qu'il suit :

1re classe : 160 arpents à 6 livres l'arpent, fait la somme de............	960 livres.
2e classe : 1,040 arpents à 4 livres l'arpent, fait......................	4.160
3e classe : 1,300 arpents, à 2 livres l'arpent, fait......................	2.600
70 arpents de vigne que nous estimons à 8 livres de produit par arpent, fait	560
Total..........	8.280 livres.
Passons aux impositions et aux accessoires ; elles se montent à la somme de....................	5.069 l. 11 s.
Le rôle des vingtièmes..............	1.278 9 6 d.
Impôt de la corvée..................	297
Total..........	6.645 l. 0 s. 6 d.

DROITS SEIGNEURIAUX.

Il faut remarquer que dans les 2.500 arpents de terre, il en appartient en toute propriété, et dans les meilleures terres du finage, 600 arpents aux religieux de l'abbaye de Reigny, ordre des Bernardins, et seigneurs dudit Joux, et 310 arpents de bois. Les susdits religieux perçoivent encore la tierce générale sur le reste du terrain, à l'exception néanmoins d'environ 200 arpents, sur lesquels le prieur de Joux perçoit la tierce ; en outre, les susdits religieux, malgré leurs propriétés et leur tierce générale, prétendent qu'il leur est dû par chacun an des cens et redevances sur les mêmes biens où ils prélèvent la tierce, et font payer par chaque feu et par chacun an auxdits habitants dudit Joux, aux uns une poule, aux autres un quarteron de cire neuve, et à d'autres 5 sols. Ils entendent encore qu'il leur est dû des lots et ventes, qui font le douzième du prix de la vente. Pour raison de tous lesquels droits un nombre d'habitants dudit Joux sont en instance avec lesdits religieux depuis environ 25 ans, dont l'instance est encore au Parlement de Paris. Le fonds du procès est sur le refus des religieux de justifier de leurs titres de création portant l'établissement desdits droits.

Lesdits religieux retirent de la paroisse dudit Joux, tant de leurs propres que de leurs terre et bois, aux environs de 10,000 livres.

Ces religieux, si riches et si puissants, ne payent pas une obole au rôle dudit Joux, tant en tailles royales que vingtièmes ; le tout est toujours supporté par les malheureux habitants. Nous demandons à Sa Majesté que ces riches et puissants seigneurs nous aident à payer cette somme exorbitante, qui est de 6,645 livres. Cela ne les empêcheroit pas de couler des jours sereins et tranquilles et notre modique fortune nous rendroit nous-mêmes heureux.

Ce n'est pas tout. Si nous payons la tierce générale de 15 gerbes l'une, un autre seigneur vient reprendre place. C'est M. le prieur, qui est gros décimateur de tout le terrain de Joux en général, ainsi que M. le curé de Joux, prélèvant pour leurs droits une gerbe de tout grain que l'on ensemence dans chaque arpent de terre. La gerbe qu'ils prélèvent doit avoir, selon l'usage du pays, cinq pieds deux pouces de rotondité et à leur choix ; quand il n'y auroit que 5 ou 6 gerbes dans un arpent, le gros décimateur perçoit toujours la sienne, ce qui fait encore une diminution bien onéreuse pour les pauvres cultivateurs. En outre, le prieur prélève une tierce sur un petit canton de terrain de Joux, de 12 gerbes l'une. Sur, aux environs de 200 arpents de terre ensemencés de toutes espèces de grains, le prieur amodie ses deux tiers de la dîme, avec son canton de tierce, à un fermier, à la somme de 1,200 livres pour lui. Le prieur de Joux n'étant d'aucune utilité pour la paroisse, et en percevant la majeure partie des revenus, nous demandons qu'il lui soit enjoint de fournir un vicaire, attendu que la paroisse est trop nombreuse.

La paroisse fait aussi observer qu'il y avoit un bourgeois dans ladite paroisse, l'année dernière, fort riche, qui payoit aux environs de 300 livres de tailles, tant en impositions royales qu'accessoires. Ce riche bourgeois a donné tout son bien par testament au sieur de Denevre, chevalier de l'ordre de Saint-Louis, qui aussitôt a fait signifier au syndic de notre paroisse qu'il entendoit jouir de l'exemption attachée à sa noblesse. Sur-le-champ, il a été presque rayé de sa cote, ce qui occasionne une augmentation considérable pour les pauvres habitants. C'est pourquoi ils demandent qu'il soit remis à la même cote que son bienfaiteur.

Nous ne parlerons pas du déplorable sort du cultivateur, et surtout de celui en sous-ordre. Personne n'ignore que c'est sur lui que retombe la charge des impôts, et qu'après avoir porté le poids du jour, il n'éprouve que la misère en procurant la richesse.

Les habitants de Joux-la-Ville et Joux-le-Châtel représentent qu'il y a une pièce de bois consistant environ en 369 arpents qui sont situés dans le territoire des deux Joux ; qu'ils sont en litige avec la communauté de Lucy-le-Bois depuis 25 ans ; quoiqu'ayant produit des titres, mémoires et renseignements, ils n'ont pu obtenir de Messieurs de la maîtrise d'Auxerre aucun jugement. Les mêmes habitants, intéressés à jouir dudit bois, qui seroit pour eux très avantageux, voyent avec peine les brigandages de leurs plus pauvres habitants et des pays circonvoisins. Ils désirent qu'on en accélère le jugement.

Mais un grand bien qui pourroit en outre s'opérer en faveur des communautés de Joux-la-Ville et de Joux-le-Châtel, et dont elles tireroient les plus précieux avantages, si le gouvernement vouloit bien s'en occuper, seroit de réunir les deux communautés et dépendances sous une seule généralité, et suivant les coutumes d'une seule province. On pareroit par là à de grands inconvénients qui résultent de ce que les habitants des deux communautés sont limitrophes et ressortissent de deux bailliages et deux différentes généralités, dont celle de Paris est la plus éloignée. Leurs biens sont assis en deux provinces, savoir de Bourgogne et de Champagne. Souvent, ils sont entremêlés, de manière qu'il n'est pas aisé de décider si c'est à Paris ou à Dijon que les habitants doivent porter leurs causes, tant les bornes qui les séparent sont elles-mêmes entremêlées et mal fixées. Si on joint encore à cela que, pour augmenter la difficulté de les connoître, il se trouve cinq ou six fiefs dans la circonscription des finages dont les limites ne sont pas mieux connues, mais dont les possesseurs, qui s'en disent seigneurs, s'arrogent tous les jours des droits, dont les habitants sont à coup sûr les malheureuses victimes.

Toutes ces raisons vraies, justes et bien pesées pourroient décider le gouvernement, qui s'occupe sincèrement du bien des peuples en général, et de chaque communauté en particulier, à annexer et à réunir Joux-la-Ville, Joux-le-Châtel et dépendances sous une seule province et sous une seule généralité. Ces habitants sont d'un même diocèse, d'une même paroisse, n'ont qu'un seul et même pasteur. Leurs intérêts, en un mot, tant spirituels que temporels, communs entre tous.

Demande, en outre, la communauté, que la subdivision particulière exclusive de l'imposition de la taille soit faite par les habitants de la communauté municipale et ses adjoints; qu'il y ait séparément un rôle pour l'industrie; qu'on établisse un marché par semaine et six foires par an. De plus qu'on établisse de cinq lieues en cinq lieues un hôpital, sur la route royale de Paris à Lyon, pour le soulagement des vieillards, les besoins des orphelins et pauvres malades des villages et hameaux circonvoisins.

Telles sont les doléances et remontrances que portent aux pieds du trône les habitants de Joux-la-Ville, à l'effet de prier Sa Majesté d'alléger le pesant fardeau des impôts qui les charge.

Cependant, ils conjurent Sa Majesté de ne pas perdre de vue qu'ils ont été et qu'ils seront toujours des sujets fidèles et soumis en tout à ses ordres ; que leur zèle et leur attachement pour sa personne sacrée ne le céderont en rien aux autres corps de l'État ; que leurs biens et leur vie même sont à Elle, et que pour concourir à l'extinction de la dette nationale, ainsi qu'aux autres vues bienfaisantes de Sa Majesté, il n'est aucun sacrifice si grand qu'ils ne promettent et s'engagent de faire ; approuvant dès aujourd'huy tout ce que Sa Majesté, de concert avec les États généraux, pourra décider touchant le bien de son royaume, et ont signé à la réserve de ceux qui ont déclaré ne savoir signer.

La minute est cotée et paraphée par première et dernière page *ne varietur* et signée : Bonnardot, curé de Joux ; J. Riotte, député ; J. Marsigny, député ; G. Maslet ; Jean Maslet ; Jean-Baptiste Perigot ; F. Bureau ; L. Gautherin père ; E. Marsigny ; Boullotte ; E. Piffoux ; Edme Carré ; Joseph Marceaux ; Jacques Marsigny ; Pierre Barré ; C. Compagnot ; J. Rolland ; Compret, notaire royal ; Bresson ; Compret et Dupit, greffier soussigné.

Signé : Dupit (greffier).

JUSSY.

Très humbles *et très respectueuses supplications et doléances des habitants et communauté de Jussy, en exécution des ordres du Roy du 7 février 1789, et réglement y annexé.*

Jussy est enclavé dans le comté d'Auxerre, qui est réuni aux États de Bourgogne, et néanmoins Jussy est de la généralité de Paris. Or, il est universellement reconnu que de tous les pays du royaume, il n'y en a point dont les fonds soient aussi grevés que ceux de cette généralité ; qu'il n'y en a point où le taillable supporte un aussi énorme fardeau sous les dénominations de tailles réelles et tailles personnelles ; qu'il n'y en a point où l'on paye tant de droits, et d'aussi considérables sur les vins et sous tant de dénominations différentes, et qu'enfin il n'y en a point où, à raison de ces droits, l'on soit plus exposé aux recherches, visites et vexations des préposés du fisc.

Il étoit du destin de Jussy d'être non-seulement de cette généralité, mais encore d'être de la classe la plus maltraitée des pays qui en dépendent. Tous ces pays sont bien assujettis aux droits d'aides, au droit de gros, au gros-manquant ou trop-bu, mais il y en a plusieurs qui, comme Jussy, sont en outre assujettis à des droits d'entrée plus ou moins forts. Ceux de Jussy sont de 36 sols par muid, exigibles 40 jours après celui de l'ouverture des vendanges, le vin reposant encore sur sa lie, qui forme au moins la dixième partie du contenu dans le tonneau, dans le moment le plus critique où le vigneron se trouve épuisé par ses frais de récolte et de tonneaux.

Et Jussy n'est point ville, Jussy n'est qu'un chétif village composé d'environ 100 feux, sans portes ni murs, ni fossés, qui n'a ni foires ni marchés, qui est éloigné de la rivière et de la grande route, où l'on compte autant de masures que de maisons, qui n'a pour toutes propriétés qu'un vignoble très peu étendu et quelques mauvaises terres qui méritent à peine la culture.

Ce droit d'entrée paroit évidemment injuste, mais les droits d'aides et de gros ne le sont pas moins : tous ces droits n'ayant jamais été consentis par la nation, et encore moins par les pays qui y sont assujettis. Ils sont dangereux en ce qu'ils sont arbitraires ; ils sont abusifs en ce que tous les jours ils donnent lieu à des visites, à des recherches, à des vexations continuelles, d'où il résulte le plus souvent des procès qui ruinent les malheureux vignerons. Enfin, la plupart de ces droits, ainsi que la taille et la corvée, sont des impôts odieux, en ce qu'ils ne sont supportés que par le Tiers-État, et que le clergé et la noblesse en sont exempts.

Mais le droit le plus infâme et le plus révoltant est le gros-manquant ou le trop-bu. En effet, qu'un particulier, chargé d'une nombreuse famille, soit dans le cas de consommer du vin au-delà de la quantité qui lui est fixée par le code infernal des aides, ou qu'il ait le malheur d'en perdre, il faut qu'il en paye les droits de gros comme s'il l'avoit vendu.

Autre abus : Si ce particulier veut faire extraire des eaux-de-vie de ses marcs et de ses lies pour lui subvenir au besoin et en cas de défaut de vin, on lui fait un procès et il est ruiné.

Voilà bien des matières à doléances, mais quels remèdes y apporter ? Les voici :

D'abord, abolition de taille de capitation, de corvée, de vingtièmes et de toutes espèces de droits d'aides, affranchissement du droit de franc-fief, suppression des jurés-priseurs, sauf à prendre le remboursement de leurs charges sur l'arrondissement du bailliage, qui ne demandera pas mieux ; enfin l'abolition de toute exemption pécuniaire. Un tarif clair et net des droits de contrôle et autres, interdiction de toutes visites, recherches au sujet de ces droits, et le sel rendu commerçable.

Ensuite l'établissement d'un impôt suffisant et proportionné aux besoins de l'État, d'un impôt unique et simple et de nature à être réparti sur tous les citoyens sans distinction à proportion de leurs facultés, et la perception également simple, un seul rôle, la diversité des rôles donnant toujours lieu à plus de frais.

Et pour parvenir à l'établissement de cet impôt et à sa juste répartition, qu'il soit fait de nouvelles déclarations de biens par les trois ordres sans distinction.

Cependant, il est à observer que les biens qui exigent une culture dispendieuse et suivie, tels que la vigne et les terres, doivent être ménagés à l'imposition, au lieu que les biens qui ne demandent pas tant de culture ni de dépenses, comme les prés, bois, rentes et droits seigneuriaux, ne sont pas dans le même cas.

Les frais de justice sont une autre espèce d'impôts sur les peuples, et surtout pour ceux de la campagne, où les affaires sommaires et minutieuses sont traitées avec tout l'appareil des causes d'importance, et dont les frais excèdent souvent le capital. Il est bien à désirer que l'on s'applique à la réformation de l'administration de la justice dans toutes ses parties, que les lois soient claires et précises, que la liberté des citoyens soit respectée ainsi que leurs propriétés, que les procédures soient abrégées, que les degrés de juridiction soient diminués, que les justices seigneuriales soient supprimées, que les charges de judicature ne soient plus vénales, que les peines soient proportionnées aux délits, que le droit de chasse soit supprimé, que le cultivateur ne soit plus puni pour chercher à détruire un gibier qui cherche lui-même à lui enlever le fruit de ses travaux; que l'innocent accusé ne soit plus confondu avec le scélérat convaincu; que le voleur d'effets de peu de valeur ne soit point puni comme un assassin; que la justice soit juste, prompte et gratuite; enfin que le malheureux plaideur, en approchant du sanctuaire de la justice, ne tremble plus d'être la victime de la richesse et du crédit.

Les constructions et réparations des églises et des presbytères sont aussi très onéreuses au peuple. Les habitants de Jussy en font aujourd'huy la triste expérience, ayant un rôle presbytérial à payer, montant à environ 3,000 livres, pour des réparations. Que seroit-ce donc si leur presbytère ou leur église étaient tombés, et qu'il fallut rebâtir à neuf ?

Ne pourroit-on pas obvier à ces inconvénients en réunissant plusieurs paroisses voisines ; et ne pourroit-on pas soulager ces paroisses en établissant dans chaque diocèse une caisse composée du produit des annates, du revenu des bénéfices commandataires, du produit des droits de régale et du produit des dispenses ? Verra-t-on toujours l'or de la France, au grand préjudice de ses habitants, aller grossir les trésors du Vatican, et enrichir les Romains ?

La milice fait encore une partie des impositions. Elle se paye en nature. Comme elle frappe plus directement sur la classe laborieuse que sur la classe oisive, elle prive les villes et les campagnes d'une activité dont elles ne peuvent se passer; et souvent un père de famille se voit arracher celui de ses enfants qui lui est le plus nécessaire, tandis que l'homme inutile à l'État est souvent ménagé.

L'impôt fixe que paye la province sous la dénomination d'imposition pour la milice, n'est pas le seul qu'elle supporte pour ces levées ; il est d'autres abus consacrés par le temps et qui ne sont pas sanctionnés par la loi.

Par exemple, les bourses, qu'on ne peut empêcher, épuisent les familles les plus pauvres. Les sujets les plus forts et les plus laborieux s'éloignent pour se soustraire au tirage. Dans une paroisse qui a 20 miliciables, il faut compter que pendant 15 jours les jeunes gens cherchent à s'étourdir et à se dissiper ensemble et avec ceux des paroisses voisines, que ce sont 300 journées de perdues ; que les parents eux-mêmes perdent beaucoup de temps dans ces circonstances, accompagnant toujours leurs enfants pour aller au tirage et en revenir ; qu'alors les animaux de labour restent oisifs et à la charge des cultivateurs. D'ailleurs, le tirage se fait presque toujours au mois de mars, temps si précieux pour l'agriculture. Enfin, plusieurs subdélégués, pour accélérer le travail, réunissent quatre ou cinq paroisses, dont il peut arriver que la plus faible, qui n'a que sept ou huit miliciables, fournisse à elle seule le nombre des miliciables des autres paroisses.

Pour diminuer les frais énormes que coûte la milice, l'on pourroit n'en faire le tirage que tous les deux ans, et alors les frais et les journées perdues seroient diminués de moitié.

Mais le meilleur expédient seroit de diviser toutes les provinces en cantons et en districts, de donner à chacun la liberté d'engager un domicilié et d'assurer une paye de deux sols par jour au soldat provincial.

Cette sage disposition feroit disparoître les inégalités que le sort entraîne, les dépenses, les pertes de temps pour se rendre aux lieux du tirage, les frais de recherche des fuyards, les querelles et les injustices que cette recherche occasionne, et cette multitude d'exemptions et d'abus, et d'autant plus multipliés que la loi du sort est plus effrayante. Enfin elle détruiroit une foule d'abus.

L'impôt direct pour les engagements volontaires ne passeroit pas pour la province la somme payée indirectement pour la cotisation. L'imposition ne pourroit pas devenir fixe et générale, elle entreroit dans l'exception prononcée par la déclaration du Roy du 13 février 1780, en faveur des impositions faites sur les délibérations des communautés, et dès lors la sanction des tribunaux lui seroit étrangère.

Malgré les précautions prises jusqu'à présent, le nombre des mendiants qui parcourent les villes et les campagnes effraye l'imagination la moins sensible. Il faut détruire la mendicité. Il faut diminuer le nombre des malheureux.

Le meilleur moyen de diminuer le nombre des mendiants n'est pas de les entasser dans des maisons de force, où ils croupissent dans l'oisiveté, également à charge à l'État et à eux-mêmes; c'est plutôt de les fixer dans leurs paroisses, sous les yeux de leurs parents, de ceux qui connaissent leur conduite et leurs besoins, et que la compassion doit solliciter plus vivement en leur faveur. Mais pour les fixer utilement et sans peine, il faut leur assurer dans tous les temps de l'occupation et un salaire raisonnable. Il faut aider les vrais pauvres et forcer les mendiants au travail, en leur ôtant tout autre moyen de subsister. L'occupation à donner aux pauvres consisteroit à rétablir des routes de traverse, ou à tous autres travaux utiles à la communauté, et le salaire seroit pris sur des fonds destinés à faire des ateliers de charité.

Quant aux vieillards impotents, qui ont rempli leur tâche honorablement et payé leur dette à la société par le travail, la société leur doit une subsistance gratuite.

A l'égard des mendiants vagabonds, s'ils sont assurés d'être arrêtés partout où ils se présenteront, et même sur les routes publiques, lorsqu'ils ne seront pas munis de certificats authentiques qui attestent leur conduite et le but de leur voyage, ils préféreront sûrement un travail volontaire à un état de forçat.

S'il s'en trouvoit cependant quelques-uns que la force de l'habitude ou la violence des passions emportât, alors ils doivent être envoyés dans des maisons de force, et contraints aux travaux usités dans ces maisons.

Ne conviendroit-il pas de s'occuper du sort des curés, de supprimer leurs dîmes et leurs droits, casuels, et leur faire un sort fixe de 1,200 livres par exemple ; au moyen de quoi ils n'auroient plus rien à demander au peuple à raison des fonctions de leur ministère. Ils se verroient débarrassés de tous soins temporels, et n'auroient plus à s'occuper que du spirituel.

La paroisse de Jussy étant du ressort de l'assemblée provinciale de l'Isle-de-France, les habitants ont été à portée d'avoir connaissance de la formation de cette assemblée et de celles de départements qui en dépendent. Le règlement de ces assemblées est du 8 juillet 1787, et contient un vice esssentiel. Le préambule annonce la balance la plus exacte entre les ordres du clergé, de la noblesse et celui du Tiers-État, et cependant l'article 15 de ce règlement porte que la présidence sera dévolue à un membre du clergé ou de la noblesse indifféremment, et l'article 21 porte que les voix seront prises par tête, de manière qu'on prendra la voix d'un ecclésiastique, ensuite celle d'un seigneur laïc, ensuite deux voix du Tiers, et ainsi de suite jusqu'à la fin que le président opinera le dernier, et aura voix prépondérante en cas de partage.

En cas de partage des voix, le président, qui est toujours un ecclésiastique ou un noble, peut donc faire pencher la balance du côté des deux premiers ordres, dont les intérêts sont communs. Si il le fait, comme la fragilité humaine permet de le supposer, le Tiers-État est infailliblement sacrifié ; donc la balance n'est pas juste.

Les États généraux seront composés de 1,200 membres, dont 300 du clergé, 300 de la noblesse, et 600 du Tiers-État. Y opinera-t-on par tête ou par ordre? L'opination par ordre est évidemment vicieuse en ce que si le décret est formé à la pluralité des deux vœux, de celui du clergé et de celui de la noblesse, le Tiers-État sera infailliblement sacrifié à ces deux premiers ordres, dont les intérêts sont communs.

On peut, à la vérité, employer le *veto*, mais il en résultera que, 150 voix formant la majorité d'un des deux premiers ordres, empêcheront l'effet de l'unanimité de 1,049 voix restant, ce qui forme une contrariété bien frappante avec le cas où 603 voix oseroient former décret contre 597, tandis que ci-dessus 1,049 voix n'ont plus le droit de former décret contre 150 ; or, c'est une proportion évidemment absurde.

Enfin le *veto* étant admis, le décret ne pourra plus être formé qu'à l'unanimité des trois vœux, d'où il résultera que 603 voix formant la majorité des trois ordres, oseront former décret contre 597 voix formant les trois minorités restant. Où peut-on donner le nom d'unanimité à un nombre qui ne l'emporte que de trois voix, d'où il suffit de transposer trois voix pour faire évanouir le décret, et d'où il ne faut que transposer trois autres voix pour former décret contraire.

On est donc forcé de recourir à une meilleure constitution, où les deux classes, celle des privilégiés et celle des non-privilégiés puissent se combattre à armes égales, et cette meilleure constitution est l'opination par tête.

Il faut nécessairement égalité de suffrages de la part du Tiers-État aux deux autres ordres pris ensemble. Le décret doit être formé à la pluralité des deux tiers des voix, et il ne doit jamais être formé à la pluralité d'une seule voix au-dessus de la moitié des suffrages. La fragilité humaine est trop grande, et les intérêts de l'empire sont trop importants pour qu'on abandonne au caprice d'un seul individu la détermination de 1,200 têtes.

Le bien qu'on a lieu d'attendre des Etats généraux exige qu'on les convoque tous les 5 ans.

Il faut supprimer l'odieuse distinction qui a eu lieu aux anciens États généraux, où les deux premiers ordres ont fait debout la présentation des cahiers au Roy, et le Tiers-État à genoux. Si c'est à titre de sujets qu'on se met à genoux, les trois ordres de députés doivent s'y mettre ; si c'est à titre d'esclaves, le Tiers-État n'est pas moins libre que les deux autres ordres. Il faut donc que les trois ordres présentent à Sa Majesté les cahiers à genoux, ou qu'ils les présentent tous les trois debout.

Fait et arrêté en l'assemblée des habitants de Jussy, qui ont signé à la réserve de ceux qui ne savent signer.

Signé : Merge. — Denis Midière. — P. Loury. — Dupré. — Deschaintres. — Midière. — Rapineau. — Dujon. — André Jouard. — J. Dautun. — Midière. — J. Vigreux. — Midière.

Songer (lieutenant). Nioré (greffier).

LA CHAPELLE-SAINT-ANDRÉ (Nièvre).

Cahier *des doléances, plaintes et vœux des habitants de la paroisse et communauté de la Chapelle-Saint-André, élection de Clamecy, généralité d'Orléans.*

Le bourg de La Chapelle-Saint-André est situé entre deux montagnes, dans un des plus mauvais sols de la province. Les hameaux qui en dépendent en sont, quelques-uns, à une lieue et plus de distance ; ils sont placés dans des terrains ingrats qui se refusent au travail le plus assidu. Le territoire de cette paroisse, propre à la culture des grains, ne produit généralement que des grains de la moindre espèce et de mauvaise qualité. Au surplus, cette paroisse est couverte, en majeure partie, de forêts qui appartiennent à M. l'évêque d'Auxerre, qui en est seigneur spirituel et temporel. La communauté, qui en possède 14 à 15 arpents en coupe annuelle, le surplus appartient à des particuliers et propriétaires de fiefs qui ne demeurent point dans la paroisse. Les terres et prés de ladite paroisse appartiennent, pour la plus grande partie, aux propriétaires de fiefs et aux externes, de manière que les habitants sont à peine possesseurs du quart des terres et ne jouissent pas de plus de cinq arpents de pré. De sorte que les habitants ne récoltent pas annuellement de grains pour les nourrir pendant trois mois, d'où il résulte que la plupart des habitants sont obligés d'aller travailler dans des forêts à 20, 30 et 40 lieues ; et que ceux qui restent sur leur sol n'ont de ressource que dans leur travail aux forges, qui sont de ladite paroisse, qui depuis plus d'un an ne sont point exploitées, ou si faiblement qu'il en résulte, pour les particuliers qui ont été élevés à ce genre de travail, une perte de temps de plus des trois quarts de l'année.

Les terres sont toutes assujetties en partie à des rentes en grains et argent, et la dîme de la treizième partie de la récolte.

Avec peu de moyens de subsistance, cependant, cette paroisse paye annuellement, de tailles et autres impositions, 3,151 livres 14 sols 7 deniers, non compris les vingtièmes, les gabelles et aides.

VOEUX.

Art. 1er. — Les habitants de cette paroisse et communauté supplient Sa Majesté d'établir une forme plus juste dans la répartition de l'impôt, et désirent que la noblesse, le clergé et le Tiers-État payent sur un seul et même rôle l'imposition qui sera fixée relativement à leurs propriétés respectives ;

Art. 2. — Que les aides et gabelles soient supprimés ;

art. 3. — Que dans les délibérations aux États généraux les suffrages soient comptés par tête et non par prdre ;

Art. 4. — Que dans la généralité d'Orléans il soit établi un État provincial ;

Art. 5. — Que la paroisse de La Chapelle, qui est de l'élection de Clamecy reste toujours attachée à la généralité d'Orléans ;

Art. 6. — Que tous les tribunaux d'exception soient supprimés ;

Art. 7. — Que les ordres mendiants soient sécularisés ;

Art. 8. — Que le sel et le tabac deviennent marchands, et que la culture du tabac soit permise dans le royaume ;

Art. 9. — Qu'il soit travaillé à la réforme des codes civil et criminel pour l'abréviation des procès, et formé des arrondissements de deux lieues et plus, et attribué aux juges d'arrondissement en première instance de juger souverainement et sans appel jusqu'à 150 livres ;

Art. 10. — Que les procès concernant les délits commis dans les bois seront portés en première instance devant le juge des lieux.

Signé : Guiot. — Farcet. — J. Guiot. — Courot (syndic). — J. Rossignol. — Tartra.

Coté et paraphé *ne varietur*, au désir de l'acte d'assemblée des habitants de La Chapelle-Saint-André, tenue par nous, Augustin-Jérôme Rossignol, avocat au Parlement, expédiant en cette partie pour l'empêchement de M. le bailli dudit lieu. Cejourd'huy 8 mars 1789.

Rossignol.

LAIN.

Cahier *des remontrances et doléances de la paroisse de Lain, dépendant du bailliage d'Auxerre, pour être présenté aux États dudit bailliage d'Auxerre·*

(Les vœux formulés par cette paroisse sont les mêmes que ceux de la communauté de Fouronne et sont rédigés dans les mêmes termes. Le cahier de Lain contient de plus les articles suivants) :

Le sol que nous occupons est d'une médiocre valeur, une surcharge d'impôts nous deviendroit accablante par son peu de fécondité. Pour en donner une idée juste, nous observons que depuis 40 ans toute la dîme de notre paroisse, qui se perçoit au vingt-cinq, compris même la dîme d'agneaux, qui est au dix ; encore est-il à remarquer que cette dîme est franche de toute espèce de culture, semences et frais de récolte, n'est affermée que 700 livres.

La bonté du Roy nous a délivrés des vexations que commettoient les directeurs des chemins, en supprimant les corvées. Mais les impositions qui en tiennent lieu, que nous payons depuis trois ans, ne sont pas employées, puisque, depuis cette époque, il n'a été fait aucune espèce de travail. Nous désirons savoir ce que deviennent ces deniers.

Notre terrain, tout médiocre qu'il est, est chargé ou du moins les seigneurs prétendent des redevances en grain, ce qui diminue considérablement le revenu.

Une grande partie de nos terres est environnée et avoisinée des bois des seigneurs de Lain et de Pesselière. Les lapins y sont en si prodigieuse quantité qu'ils ravagent et désolent une grande partie de nos récoltes. Plusieurs cultivateurs sont forcés de laisser leur terrain inculte. Les pigeons, qui sont en grand nombre par la quantité de colombiers voisins, viennent à l'appui des lapins pour enlever les semences et partie des récoltes lorsqu'elles sont en maturité. Nous désirons qu'il soit enjoint aux seigneurs de détruire les lapins et de tenir les colombiers fermés pendant le temps des semailles et des récoltes, sinon qu'il leur soit permis de tuer les uns et les autres.

Il est un abus dans les campagnes qu'il est bien intéressant de réformer, c'est celui qui se commet au sujet de la milice, qui se fait tous les ans.

Les garçons s'assemblent plusieurs jours avant, ils se rendent aux endroits indiqués par les commissaires, qui sont ordinairement de quatre ou cinq lieues. Les dépenses qui se font pour le voyage et séjour, qui sont ordinairement de deux jours, sont d'autant plus considérables que les jeunes gens attroupés s'excitent à boire ; ordinairement la suite ce sont des querelles et batteries, et quelquefois des affaires criminelles. Ces dépenses, ainsi que le dépôt de 6 livres dans une bourse commune, par chaque garçon, emportent une partie du peu d'argent qui se trouve dans les campagnes ; ce qui met les habitants dans la plus grande détresse.

Il seroit bien plus avantageux, et on éviteroit ces inconvénients si on arrêtoit que chaque garçon bon à tirer payeroit 40 ou 50 sols. L'argent seroit employé en achat de soldats de milice, et tout seroit tranquille.

Fait et arrêté par nous, habitants de la paroisse de Lain, le 18 mars 1789.

Signé : A. Neveu. — Edme Raffiot. — Magin. — Jean Chambard. — M. Chambard. — Comble. — Joynon. — Girault. — Gaudet. — S. Moreaux. — Antoine Desleau (syndic). — Pichon. — F. Seguinat. — Germain Michot. — Edme Fron. — Malvin. — Étienne Septier. — Desleau. — Neveu. — Louis-Charles Musard. — Simon Boisseau. — Pierre Pichon.

LAINSECQ.

Cahier *de plaintes, doléances et remontrances de la paroisse de Lainsecq.*

1° La paroisse de Lainsecq donne mandat aux députés qu'elle va nommer de la représenter dans l'assemblée des trois États du bailliage d'Auxerre ;

2° Elle charge spécialement ses députés de demander que, parmi les sujets qui seront envoyés aux États généraux, quatre au moins soient pris dans l'élection de Clamecy, savoir, deux dans la noblesse ou le clergé et deux dans le Tiers-État ;

3° Que les trois ordres consentent à payer les mêmes impôts, dans les mêmes proportions et sous les mêmes formes ;

4° Que la dette nationale soit répartie sur les provinces et que les provinces soient seules chargées de la manutention des revenus de l'État destinés à l'acquittement de cette dette ;

5° Que les trois ordres délibèrent et qu'ils élisent ensemble, et que les suffrages soient comptés par tête ;

6° Que l'administration intérieure des provinces soit confiée aux États provinciaux à établir dans chaque généralité, suivant les principes consignés dans les règlements qui ont été donnés pour l'établissement des assemblées provinciales et des assemblées secondaires ;

7° Que les droits de gabelle soient supprimés ou au moins modérés pour le soulagement des habitants des campagnes et pour prévenir le dépérissement des bestiaux qui viennent de pays exempts de gabelle et qui ont été habitués au sel ;

8° Les droits d'aides sans exception supprimés également ou du moins convertis en un impôt perceptible dans les lieux seulement où les aides ont cours ;

9° La taille et la corvée abolies pour remplacer par une imposition assise suivant le vœu de l'article 4 ci-dessus ;

10° Que dans le cas où l'impôt territorial en nature seroit consenti sous les conditions portées en l'article qui suit, il soit établi sans aucune classification de terre et, en général, sans aucune modification qui pût donner lieu à des exceptions ou à des interprétations de faveur ;

11° Que les impôts dont l'octroi serait jugé indispensable par les États généraux ne soient consentis qu'après la liquidation exacte de la dette nationale, après la réalisation de tous les retranchements économiques dont les revenus de l'État seront reconnus susceptibles, après la fixation de la quantité et du terme de chaque impôt, après toutes les précautions et les formalités nécessaires pour l'extinction infaillible et de la dette et des impositions qui la représenteront, et enfin après le redressement formel de tous les abus qui seront dénoncés au Roy et à la nation assemblée, après sanction de tous les nouveaux établissements dont la prompte nécessité seroit jugée par les États généraux ;

12° Que les milices forcées soit abrogées ou remplacées par des régiments provinciaux formés et recrutés volontairement ;

13° Que les huissiers-priseurs soient supprimés ;

14° Que le tabac soit envoyé ficelé et non en poudre ;

15° Qu'il soit pris les mesures les plus promptes et les plus efficaces pour diminuer les frais et les lenteurs de la justice ;

16° Que les juridictions des eaux et forêts, des élections des greniers à sel et autres soient réunies aux juridictions royales ordinaires pour ne former qu'un même tribunal dans chaque pays et pour ménager des frais aux justiciables qui payent les épices et vacations, et l'État qui paye les gages ;

17° Que les routes communicatives soient à la charge de chaque paroisse pour la facilité et la circulation du commerce;

18° L'assemblée déclare au surplus qu'elle adhère par avance aux demandes qui pourroient être faites par toutes les communautés, villes et paroisses du royaume, et dont l'objet auroit une nécessité ou utilité reconnue; s'en rapporte d'ailleurs à la conscience de ses députés au bailliage et des députés aux États généraux sur tout ce qui ne sera pas contraire au mandat ci-dessus;

19° Et s'il pouvoit arriver qu'ils contrevinssent à ce même mandat, l'assemblée déclare les désavouer dès à présent et leur retirer ses pouvoirs.

Fait et arrêté dans l'assemblée générale des habitants de la paroisse de Lainsecq cejourd'huy 15 mars 1789.

  Signé : Billord, membre municipal. — Minuyer, député. — Duché (député du Tiers-État). — Merlot (député du Tiers-État). — Montassier (syndic municipal). — Louis Joulle. — J. Loury. — Merlot. — Terrier. — Barjot. — Rimbault. — Joulle. — Bertrand. — B. Louzon. — Barjot.

Ne varietur.

         GEOFFROY (ancien praticien).

  AGNÈS (greffier-commis).

L'on demande la suppression des droits de ville tels que : le droit d'inventaire des vins, droits de boucherie que l'on paye audit Lainsecq, qui n'est qu'un village composé seulement de 22 maisons.

LALANDE.

CAHIER *des plaintes et doléances de la paroisse de Lalande, pour être présenté à l'assemblée du bailliage d'Auxerre par les députés de cette communauté, en exécution des ordres du Roy.*

1° Les habitants de Lalande n'ont pu jusqu'ici se faire entendre sur tous les malheurs qu'ils ont essuyés.

Le régime de l'administration des affaires publiques s'y opposoit, et les États généraux sont faits pour qu'à l'avenir le peuple puisse faire arriver jusqu'au trône ses plaintes et ses doléances. En conséquence, il a été délibéré qu'il seroit demandé de trois ans en trois ans des États libres de la nation librement assemblés à époques fixes.

2° Les administrations provinciales paroissent aux habitants un moyen préférable pour arriver à une juste répartition des charges publiques. Ils font le vœu que tout le royaume soit régi uniformément par des États provinciaux, suivant le régime le plus convenable.

3° La taille personnelle est une imposition trop arbitraire. Elle écrase les uns pour soulager les autres, et le peuple cultivateur en est toujours la victime. Il seroit important qu'à la place de cette imposition les États substituassent la taille réelle qui, en tout événement, s'impose plus équitablement, et que, pour parvenir à établir sur ce point un régime convenable, la répartition en fût faite par les municipalités en présence d'un commissaire choisi par la communauté.

4° Cette paroisse, qui compose 70 feux, paye de trois à quatre mille livres d'imposition. Les habitants, enfouis dans un canton éloigné de la communication des routes, existent dans cette paroisse sans industrie. Ils n'ont pour toutes ressources que la culture d'un sol ingrat qui se détrempe et que les courants qui le traversent entraînent, épuisent et dégradent, au point que, dans différentes années, leurs récoltes se perdent, de manière que, par année, ils sont une partie sans pain et sans ressource. Ils supplient Sa Majesté et les États de vouloir bien, par la suite, les décharger d'une partie des impositions qui les écrasent.

5° Éloignés des grandes routes, l'imposition qui se fait pour l'imposition des chemins tombe en pure perte pour eux. La province emploie les deniers à des travaux éloignés, tandis que cette paroisse, placée en Puisaye, n'est traversée que par des chemins absolument impraticables, et il seroit à désirer que les deniers qui se lèvent sur leur paroisse fussent employés à la réparation de leurs chemins.

6° Tous les vœux se réunissent pour que la noblesse et le clergé supportent toutes les charges publiques avec le Tiers-État. Comme ces vœux sont fondés sur une justice la plus évidente, les habitants demandent la suppression des priviléges et exemptions des deux premiers ordres de la nation.

7° Les aides et gabelles sont des droits qui gênent et mettent des entraves au commerce des vins. Cet impôt donne encore lieu à des vexations et à des injustices de la part des commis par des procès souvent mal fondés, et les habitants font des vœux pour que cet impôt soit supprimé et pour que l'assemblée indique des moyens pour en retrouver la perception par une levée plus directe et plus légitime, sans distinction, sur tous les ordres de l'État.

8° Les jurés-priseurs sont inutiles dans les campagnes où le mobilier n'a point de valeur réelle et où il ne s'agit que de priser des bestiaux que le cultivateur connoît mieux que ces hommes publics, dont les droits sont exorbitants et absorbent souvent les successions.

9° La multiplicité des tribunaux dans les campagnes est un abus; les États sont priés de s'occuper des réunions.

10° Le prix du sel est un impôt indirect qui charge davantage le peuple que les riches. Ces derniers n'en consomment pas davantage que ces ménages du peuple, souvent très nombreux, que le prix excessif de cette denrée épuise et que souvent ils ne peuvent avoir. En conséquence, ils demandent que le sel soit réduit à moitié.

11° Les habitants demandent la réduction du nombre des pigeons; que la chasse soit mieux surveillée; que les minages soient supprimés et convertis en un simple droit pour mesures; que les droits de foire qui gênent le commerce des bestiaux soient supprimés; que le temps prescrit par l'ordonnance pour rendre les bois défensables ne puisse exclure après ce temps le pâturage des bestiaux; que personne ne puisse usurper les chemins publics; que les droits seigneuriaux soient réduits et que la liberté de pâture au temps de la coutume soit accordée indistinctement.

Au surplus, les habitants demandent la suppression des demandes à l'extraordinaire pour dommages et s'en rapportent à leurs députés pour aviser, remontrer sur tous autres objets.

Et ont signé pour ceux qui savent signer, le surplus ayant déclaré ne le savoir faire.

Signé : Tricotet. — Simonet. — Tricotet. — Marion. — Cyprien Delson. — P. Baudon. — Picard. — Tricotet (syndic). — Bourotte. — Beaudou. — Tellot.

RUBIGNY, juge-président   JOLLY, greffier.

LA VILLOTTE.

CAHIER *de doléances présenté par les habitants de la paroisse de La Villotte pour être remis par les députés à l'assemblée générale d'Auxerre, qui doit se tenir en ladite ville le 23 mars 1789, en exécution des ordres de Sa Majesté portés en ses lettres données à Versailles le 24 janvier 1789 pour la convocation et tenue des États généraux.*

Supplient très humblement, les habitant de la paroisse de la Villotte,

Le seigneur Roy :

1° De supprimer les aides et gabelles, même tous droits à l'instar, tels que ceux sur les cuirs, boucheries, etc., etc.;

2° De supprimer les offices de jurés-priseurs en ordonnant le remboursement du fonds des charges dans le délai de quatre ans, avec intérêt au denier vingt jusqu'au parfait remboursement;

3° De supprimer toutes impositions personnelles, telles que taille, capitation, ustensiles, industrie et corvée;

4° Abolir tous les priviléges de maîtrises dans l'étendue de son royaume, à l'exception de ceux où gît la confiance publique; en conséquence, établir la liberté entière du commerce;

5° Établir un impôt unique sur les fonds, lequel sera supporté par chaque propriétaire au prorata de ses possessions, sans distinguer les membres du clergé, de la noblesse et du Tiers-État;

6° Ordonner que la cotisation de chaque propriétaire sera faite par des préposés nommés dans des assemblées générales de la communauté, lesquels préposés seront composés de personnes des trois ordres, de manière que le Tiers-État y soit en nombre égal que la noblesse et le clergé réunis;

7° Établir une assemblée provinciale composée des députés de toutes les villes, bourgs et villages de la généralité, lesquels députés seront des trois ordres de l'État, de manière que le Tiers-État soit à lui seul en égal nombre que le clergé et la noblesse, à laquelle assemblée seront portées les plaintes en abus et malversations qui pourraient être commis relativement à la répartition de l'impôt;

8° Déterminer le temps pendant lequel cet impôt sera payable, à l'effet d'acquitter les dettes de l'État;

9° Établir une commission intermédiaire représentative des États généraux, pour la vérification des ordonnances, édits et déclarations, ensemble pour juger en dernier ressort toutes les plaintes en abus et malversations, relativement à la répartition des impôts, lesquelles commissions intermédiaires seront composées en nombre de membres du Tiers-État égal à ceux du clergé et de la noblesse réunis;

10° Ordonner que les députés seront nommés en l'assemblée générale;

11° Accorder à la commission intermédiaire, qui sera déclarée inamovible, la faculté de faire remontrances, représentations et même de demander convocation d'États généraux, s'ils le jugent nécessaire, après néanmoins avoir reçu à cet égard le vœu de différentes provinces du royaume;

12° Ordonner que la perception de l'impôt sera faite par l'administration provinciale devant des députés nommés tous les trois ans par les différentes villes, bourgs et villages, toujours dans la même proportion entre les trois Etats;

14° Ordonner la comptabilité des ministres par devant la commission intermédiaire représentant les États du royaume;

15° Ordonner la perfection des routes déjà commencées, suivant la délibération du conseil, et y employer les deniers à ce destinés et régulièrement-payés suivant les impositions.

Fait et arrêté par nous, habitants de la paroisse de la Villotte présents; par le sieur Claude Calmus, bourgeois; Guillaume André, marchand et syndic de la municipalité; Pierre Chocat; Charles Gasset, manœuvre; Charles Jarry, cerclier; Habert Fabureau, manœuvre; Mathieu Geoffroy, laboureur; Edme Gibert, manœuvre; Pierre Plaisir, bûcheron; Charles Gremet, manœuvre; Etienne Martin, laboureur; Edme Baujard et Louis Leprêtre, manœuvres; Antoine Poisson et Paul Bardot, aussi manœuvres; Edme Lallier, bûcheron; Antoine Perrot, manœuvre; Charles Cheminand, aussi manœuvre; Joseph Bergery, bûcheron; André Réné, bûcheron; Loup Bourgeois, manœuvre; Adrien David, Etienne Pajot, Edme Mulot et Edme Bressoles, tous quatre manœuvres qui vont signer, sauf ceux qui ont dit ne savoir, par devant nous Jacques Ruyneau, ancien procureur en la justice et prévôté de la Villotte, en cette qualité y expédiant pour l'absence du prévôt en office, le 22 mars 1789.

Signé : Chocat. — Fabureau. — Calmus. — Grailliot. — G. André, syndic. — Ribierre et Ruyneau.

Paraphé *ne varietur*.

RUYNEAU.

(Suit un second cahier qui est la reproduction exacte, littérale et sans aucune modification de Chevannes ci-dessus.)

Il se termine ainsi :

Fait et arrêté en l'assemblée des habitants du Tiers-Etat de la communauté de la Villotte, tenue par Edme-Pierre-Louis Bachelet, procureur ès-siéges royaux d'Auxerre, lieutenant aux bailliage, baronnie et grucrie de Beaulche, Chevannes, Servaut, Montiffaut et la Villotte en dépendant, lequel a été coté et paraphé *ne varietur* au bas d'icelui, qui va être signé par lesdits habitants cejourd'huy 15 mars 1789.

Signé : C. Mathié. — Jean Chantereau. — Nicolas Simon. — A. Dejust. — F. Thevenot. — Jean Limanton.

Paraphé *ne varietur* au désir de l'acte d'assemblée, cejourd'huy 15 mars 1789.

BACHELET.

LEVIS.

Cahier *des plaintes et doléances des habitants de la communauté et paroisse de Levis, pour être présenté à l'assemblée du bailliage par les députés de ladite paroisse, en exécution des ordres du Roy.*

Après avoir, par les habitants, délibéré, ils ont supplié Sa Majesté et Messieurs les Députés d'accéder à leurs demandes, ci-après indiquées :

La première a pour objet de demander qu'il soit choisi un député pour l'assemblée des États généraux, pris dans la partie d'Orléans.

La seconde, que n'ayant pu jusqu'ici faire parvenir leurs plaintes sur la surcharge des impôts, qui sont pour leur paroisse de 2,000 l. sur 80 feux composés d'habitants sans industrie, qui n'ont pour ressource que la culture d'un terrain très mauvais, ils considèrent que les États généraux revenant successivement, ce sera le seul moyen de se faire entendre pour obtenir leur soulagement. Ils supplient qu'il soit ordonné, par la suite, de nouvelles convocations à époques fixes, de deux ans en deux ans.

La troisième prière est celle d'obtenir une décharge de leurs impôts, et qu'il soit ordonné que la taille personnelle soit supprimée, et qu'à la place de cette imposition trop arbitraire, qui écrase les uns pour soulager les autres, il soit substitué une taille réelle.

La quatrième, que les impôts en général soient supportés par le clergé et la noblesse comme par le peuple, attendu que le Tiers-État est trop chargé. Néanmoins en donnant aux curés des paroisses, qui ont toutes les charges de leur ordre, un revenu convenable pour subsister avec la distinction nécessaire à leur ministère dans chaque paroisse.

La quatrième demande est que les terres se détachent et se detrempent au point que le sol se détruit en se laissant aller à l'eau. La paroisse est ravinée de toutes parts. Les chemins ne sont que des fondrières impraticables, et au lieu de payer l'impôt pour les chemins qui se font à des distances éloignées, les habitants demandent qu'il plaise aux États généraux d'appliquer cette levée d'impositions à la réparation des chemins de leur paroisse.

La cinquième plainte consiste à demander la réunion des justices au nom des seigneurs dans tous les lieux principaux des paroisses.

La sixième demande est que le sel est un impôt indirect qui est trop cher, parce qu'il retombe davantage sur le peuple qui, quoique peu aisé, en supporte le poids autant que les gens riches. On demande la suppression de cette charge, en rendant le sel marchand.

La septième plainte est que le quart au moins de la paroisse est au seigneur de Lalande, qui a droit à une forte perception de cens et rentes qui écrase les propriétaires qui n'ont même pas la force de cultiver leurs héritages, qui restent incultes. En conséquence, il seroit à désirer que les redevances seigneuriales fussent réduites en faveur du propriétaire à une prestation moins forte.

La huitième plainte c'est que les jurés-priseurs, dans les campagnes, ne sont d'aucune utilité, en ce qu'appelés pour estimer les bestiaux dans les exploitations, seule chose à priser qui soit la plus importante, les laboureurs sont plus en état de faire cette opération que les jurés-priseurs qui absorbent les successions par leurs droits exorbitants.

La neuvième demande c'est de faire réduire le nombre des lapins et pigeons, en ce que les lapins et les pigeons trop abondants mangent les semailles et les récoltes.

La dixième demande est de supplier Sa Majesté de supprimer les droits d'aides, qui mettent des entraves au commerce des vins et autres objets et écrasent une partie des habitants, en donnant lieu à des procès injustes et mal fondés de la part d'un grand nombre de commis, qui sont tous très coûteux. On pourroit retrouver cette imposition plus juste et moins abusive.

La onzième plainte c'est de supplier les trois ordres de mettre des règles plus exactes sur la chasse, et de permettre à chaque ménage d'avoir un chien libre pour garder les bestiaux, et d'avoir une arme pour se garder dans chaque maison.

Et sur le surplus des demandes les habitants s'en rapportent aux députés, suivant la procuration qui va être donnée ce jour-d'hui 18 mars 1789.

Signé : F. Breuillé, syndic. — Simonet. — Gavard. — Fron. — A. Jourde. — Loizeau. — Muzard. — Couillaut. — Mangematin. — Couillaut. — Geste. — Muzard. — Thomas.

Rubigny, juge.

LEUGNY.

Cahier *des plaintes, doléances et remontrances des habitants composant le Tiers-État de la paroisse de Leugny, élection de Gien, généralité d'Orléans et bailliage d'Auxerre.*

Dans ce moment où le souverain des François n'est occupé qu'à faire le bonheur de ses sujets sans distinction, où il leur permet d'apporter au pied du trône leurs doléances; les habitants de la paroisse de Leugny, présents à l'assemblée convoquée ce jourd'huy, 15 mars 1789, en exécution et conformément aux ordres de Sa Majesté, après avoir mùrement délibéré entr'eux, ont très humblement et très respectueusement représenté ce qui suit :

1° La paroisse de Leugny est composée de 100 feux, y compris les hameaux. La majeure partie des habitants sont indigents et nécessiteux, n'ayant point de routes, point de commerce. Cependant ils sont surchargés en tailles, vingtièmes et corvées : payant annuellement la somme de 700 livres;

2° Les habitants estiment qu'une contribution proportionnelle aux subsides de l'État, eu égard aux propriétés, sans distinction de rang, d'état, qualités et privilèges, doit être le vœu général de tous les sujets de Sa Majesté, comme il est le leur;

3° Que les chemins qui conduisent à Leugny sont impraticables pendant six mois de l'année; qu'il y a un marché par semaine dans l'endroit, mais qui tombe volontiers à rien, surtout en hiver, faute de pouvoir y amener les denrées nécessaires, ce qui fait un tort irréparable non-seulement aux habitants de l'endroit, mais encore aux paroisses voisines. Que depuis longtemps ils paient des corvées dont ils n'ont retiré aucune utilité ni aucun avantage. Pourquoi ils supplient très respectueusement Sa Majesté de vouloir bien autoriser la municipalité de l'endroit à convertir la moitié des corvées qu'ils paient pour la réparation desdits chemins, dont ils justifieront de l'emploi;

4° Que dans le temps des semences, les pigeons dévorent une partie des grains que le cultivateur sème et à mesure qu'il le jette en terre, ce qui fait un tort irréparable aux habitants et occasionne une disette lors de la récolte. Pourquoi il conviendroit, dans le temps des semences, que les seigneurs, fermiers et tous autres ayant colombiers fussent tenus de tenir clos leurs pigeons jusqu'après les semences faites;

5° Que le droit de péage dans les foires gêne beaucoup le commerce et occasionne beaucoup de difficultés, même des querelles qui, souvent, sont suivies de voies de fait de la part des préposés pour les recevoir;

6° Que la charge de juré-priseur est un fléau pour la campagne où ils ne sont point demeurant, et mettent une entrave cruelle lorsqu'il convient de faire des inventaires. Que d'ailleurs, après l'inventaire et vente faite des effets laissés après décès, l'huissier-priseur, par ses droits et vacations, absorbe fort souvent le prix de la vente, et qu'il ne reste à d'infortunés mineurs que le double chagrin d'avoir perdu leurs père et mère;

7° Que les commissaires à terrier prennent des droits exorbitants lors de la confection de leur terrier : en sorte que nombre de malheureux sont hors d'état de pouvoir les payer. Qu'il conviendroit que ces droits fussent diminués ou fussent supportés par les seigneurs, ce qui seroit d'autant plus juste que ces derniers perçoivent des droits de cens sur cens, lots et ventes, droits de champart et autres;

8° Que le grand nombre des fiefs qui se trouvent dans les justices de campagne, empêche qu'elle y soit rendue avec la dignité qu'il convient, n'y ayant dans ces fiefs ni auditoire ni prison, et dans beaucoup point d'officiers, ce qui occasionne de grands abus, d'autant plus qu'il n'y a point de police dans ces endroits. Que par ces raisons il conviendroit faire une réunion en un chef-lieu de ces fiefs, pour l'administration de la justice dans les endroits où il y auroit auditoire et prison; qu'il seroit même à souhaiter que la justice fût rendue au nom du Roy, d'autant plus que la majeure partie des affaires criminelles sont acquittées aux frais de l'État;

9° Aux plaintes et doléances ci-dessus que les habitants ont l'honneur d'exposer très humblement aux pieds du trône, ils déclarent qu'ils offrent de plus à leur Roy bienfaisant leur sang, leur vie et les vœux les plus ardents et les plus sincères qu'ils ne cessent et ne cesseront d'adresser au ciel pour la conservation des jours précieux de Sa Majesté et ceux de leur Auguste Reine et de toute la famille royale.

Fait et arrêté par nous, habitants de la paroisse de Leugny, le dit jour 15 mars 1789, et avons déclaré ne savoir écrire ni signer, sauf les soussignés.

Signé : Guiollot. — Guiollot. — Cherbuy. — G. Delval. — Buzigny. — C. Guittard. — Herisson. — Busigny. — C. Pain. — Couroux. — Landreau. — Garet. — Couroux. — Chastelet. — Pain. — Martinot. — Degousse. — Jigue-Garet. — F. Martin. — Rubigni. — Bara. — Garet.

GARET, juge de Leugny.

LINDRY.

DOLÉANCES, *plaintes et remontrances, vœux des habitants de la paroisse et communauté de Lindry, généralité de Paris, élection de Tonnerre, bailliage d'Auxerre, pour les États généraux indiqués par le Roy en sa ville de Versailles le 27 avril prochain, et que les sieurs députés de ladite paroisse porteront à l'assemblée générale du bailliage d'Auxerre, indiquée par l'ordonnance nominale de M. le Grand Bailli d'Auxerre au lundi 23 du présent mois.*

Les justes inquiétudes que nous cause le dérangement des finances du royaume nous alarmeroient si nous n'espérions trouver les moyens d'y remédier dans les bontés du Roy, dans l'intégrité du ministre des finances et dans les lumières des députés qui composeront cette assemblée si désirée par la nation. Nous espérons que sans augmentation sur le Tiers-État, le volume des impôts déjà trop accablant pour nous, qu'il sera avisé aux moyens qu'il convient d'employer pour diminuer les charges et le faire bénéficier.

Tous les impôts sont locaux, et il seroit très intéressant de les rendre plus simples et plus uniformes.

D'abord un seul et unique impôt conviendroit infiniment mieux que la multiplicité. Il seroit par suite plus facile de l'asseoir, et la perception en seroit moins dispendieuse. L'étendre sans acception de personnes sur les trois ordres qui composent l'État, c'est-à-dire sur le clergé, sur la noblesse et sur le Tiers-État, en proportion des possessions de ces trois ordres. C'est jusqu'à ce jour le Tiers-État qui a seul payé tous les impôts. Le Tiers paye la taille, la capitation et encore une taille industrielle et les vingtièmes. Le clergé ne paye que le don gratuit, qui n'a jamais été porté sur cet ordre en proportion de ses revenus. La noblesse ne paye que la capitation, imposition faible en comparaison de leurs fortunes. Ils payent en outre les vingtièmes, mais ils ne les payent pas en proportion de leurs revenus. C'est dont l'unité de l'impôt.

Tous les sujets du Roy sont frères, ils doivent également contribuer aux charges de l'État.

Ce régime simple et aisé, praticable dans toutes les provinces du royaume, nous délivreroit des gens à charge à l'État par les gages que l'on paye. Les intendants et receveurs des tailles nous deviendroient inutiles en instituant dans chaque ville à bailliage royal un bureau où cette finance seroit déposée et de là au Trésor royal.

Les municipalités si sagement instituées seroient chargées de surveiller les recouvrements et feroient passer la finance à ces bureaux. Ces mêmes municipalités seroient chargées de l'imposition de chaque communauté : personne qu'eux n'étant plus à portée de connoître les forces de chaque particulier et de faire une imposition juste, équitable et proportionnelle aux forces et facultés de chaque contribuable, les impositions faites par les commissaires ayant toujours été de temps immémorial très mal faites.

C'est encore le Tiers-État qui se trouve chargé des droits d'aides, les privilégiés n'en payent presque point. La suppression que nous demandons de cet impôt ne peut que faire le plus grand bien à l'État, nous délivrer des entraves que met à notre liberté cette loi, et le comble du désir du Tiers-État. Pour nous en délivrer nous offrons de payer en sus des sommes auxquelles nous serons imposés trois livres par arpent de vigne, somme plus que suffisante pour indemniser l'État de cette suppression, laquelle sera payée sans frais. Cette imposition se faisant sur les vignes les trois ordres la payeront également, et nous bénirons à jamais la loi qui nous affranchira de cette servitude et des suites funestes que la fraude occasionne.

Nous en dirons autant des gabelles : remettre les denrées dans la classe des choses comestibles feroit encore bénéficier l'État. Une suppression de plus de vingt mille individus stipendiés par l'État ne pourrait que diminuer ses charges, que lui faire un grand bénéfice, et ferait bénéficier les sujets en les mettant à l'abri de la fraude, dont les suites sont aussi funestes par rapport aux moïens que par rapport aux fortunes.

L'esprit de pénitence conduisit dans les déserts les Bernard, les Benoît, les Bruno, les François et tant d'autres pieux solitaires. Une vie pénitente et austère étoit par eux pratiquée. Ils n'étoient à charge ni à l'État ni aux sujets des princes. Au contraire nous sommes redevables à ces pieux personnages de la culture des sciences divines et humaines; ils étoient le flambeau de leur temps. La pureté de leurs mœurs, le bon exemple qu'ils ne cessoient de donner les rendoient recommandables, même par les souverains. Nous n'en dirons pas autant de ceux de notre temps. Une vie molle et très souvent scandaleuse est leur pratique journalière. Nous voyons ces pieux fainéants s'occuper uniquement du soin de la table et de leurs plaisirs, ne s'inquiétant ni des besoins de l'État, ni de celui de l'indigence. Ils vivent au milieu du monde comme s'ils n'en étoient pas. Ils consomment les revenus immenses que la piété et la charité de nos ancêtres leur ont procurés sans s'inquiéter du reste.

Il seroit à propos de réduire tous les moines rentés sous une seule règle, leur donner une occupation relative à leur état, les charger de nourrir les religieux mendiants ou les supprimer.

Les corvées, si avantageusement supprimées, étoient encore un fardeau que supportoit le Tiers-État, et jamais ou bien peu il a contribué aux dégradations des grandes routes. La noblesse et le clergé ont eu jusqu'à ce jour la satisfaction de les voir en bon état par les soins et travaux du Tiers-État, tandis qu'ils les détériorent par les voyages pompeux et multipliés qu'ils font. Il seroit juste, et nous demandons qu'il soit pris sur les impôts de chaque communauté une somme qui sera employée à la réparation de nos chemins, aussi nécessaires que les grandes routes, et cela pour faire travailler les indigents sous le nom d'ateliers de charité.

Les charges de jurés-priseurs sont de nouvelle institution ; elles sont inutiles mais avantageuses pour les titulaires. Ces charges sont encore un impôt qui ne tombe que sur la classe des malheureux et des pauvres mineurs, espèce d'individus si précieux à l'État. Il en résulte des abus énormes, et nous voyons avec douleur que la plupart des mobiliers des mineurs de campagne sont à peine suffisants pour payer les honoraires des jurés-priseurs, des frais de voyage, vacations et ventes de meubles, d'une grosse énorme. Ils absorbent tous les pauvres mobiliers des campagnes. La suppression de ces charges seroit bien désirable.

Les milices sont encore un impôt qui charge singulièrement les campagnes. Pour donner un homme, le commissaire fait assembler chez lui assez souvent quatre paroisses distantes de la demeure de ce commissaire de trois, quatre et cinq lieues. Cinq ou six cents personnes sortent de chez elles pendant un temps toujours très précieux pour elles, et dépensent leur argent, et pourquoi faire, pour donner au Roy un homme dont il n'a pas besoin, puisque depuis la paix nos miliciens n'ont pas sorti de chez eux ? On leur accorde leur congé pour une somme de 210 livres. Si on a besoin d'hommes de guerre on ne doit pas donner de congés ; si on n'en a pas besoin on ne doit pas les fatiguer par un tirage inutile, et leur prendre une somme pour les délier d'un engagement dont on n'a pas besoin. C'est donc encore le cas de supprimer la milice et les faire tirer au besoin.

Les mendiants ne sont plus surveillés par la maréchaussée, et nous commençons à en être tourmentés comme par le passé. On seroit en droit de les employer à la réparation des chemins publics ; à l'égard des invalides, les enfermer dans des dépôts, les y nourrir et entretenir de manière que l'on ne regarde pas ces sortes de lieux comme le tombeau de ces malheureux.

L'administration de la justice, cette belle partie de la royauté, est encore susceptible de beaucoup de réformes. La réforme des Codes civil et criminel est absolument indispensable. La longueur des procès civils et la multiplicité des procédures est accablante pour les sujets du Roy. Il leur doit une justice prompte.

La vénalité des charges est abusive. La finance fait souvent le mérite des titulaires; il faudroit accorder des charges de judicature à ceux qui ont blanchi sous le harnois, et qui, par les connaissances qu'ils ont acquises, les sentiments d'équité et de probité dont ils ont fourni les preuves, sont en état de rendre des jugements justes et intègres. Des réunions des justices en un seul chef-lieu seroient encore essentielles pour le justiciable : les petites justices sont ordinairement dépourvues d'officiers, ou si elles en sont pourvues, ce sont pour la plupart des gens ignorants et injustes, ce qui ne peut qu'opérer un grand mal aux justiciables.

La suppression des notaires de ces petites justices ne peut encore qu'opérer un grand bien. Ces petits notaires, aussi ignorants qu'injustes, sont souvent la cause de la ruine des familles.

Puissent nos vœux et doléances pénétrer jusqu'au pied du trône, et que la main bienfaisante de notre auguste Monarque nous rende bientôt participants de ses bienfaits, nous osons du moins l'espérer.

Signé : Bachelet. — E. Bachelet. — Favot. — Masquin. — Masquin. — Gally. — Rollin. — Rigalle. — Grizard. — Sallé. — Chevallard. — Chabertier. — Masquin. — David. — A. Bachelet. — Legrain. — P. Bachelet. — J. Chantereau. — G. Bougault. — Berry. — P. Gabet. — E.-J. Vincent. — Bougault. — Berry. — J. Breton. — Guinard. — Georges Barbe. — Bucy. — Machavoine. — Rollin. — Barbe. — Merlier. — Ragon. — Edme Fumeraud. — E. Bougault. — Denis Couillaut. — J. Tissier. — Bedoiseau. — J. Girard. — G. Fumeraud. — Sallé. — Chabertier. — Girard.

Paraphé *ne varietur* au désir du procès-verbal de ce jour, 18 mars 1789.

Signé : Dejust.

LUCY-SUR-CURE.

Cahier *des souhaits et doléances des habitants de la paroisse de Lucy-sur-Cure, bailliage d'Auxerre, assemblés au son de la cloche le 16 mars, au lieu accoutumé à tenir les assemblées, où ont comparu les habitants dénommés en l'acte cy-joint, 1789.*

Les susdits habitants, pour se conformer aux ordres de Sa Majesté, désirent :

1° Qu'à l'avenir il y ait une assemblée des États tous les cinq ans, dans la même forme que celle qui se tiendra à Versailles, le 27 avril prochain. Que toute loi, tout impôt n'aient lieu dans la suite sans y avoir été examinés, discutés et consentis; que le Tiers-État y ait deux voix contre les deux voix du clergé et de la noblesse, et qu'on y recueille les voix par tête et non par ordre. Que les députés actuels conservent leur députation, leur caractère, leurs pouvoirs jusqu'à l'assemblée subséquente, qu'on pourroit fixer à l'année 1795, et de là de cinq ans en cinq ans, à l'avenir. Que l'autorité du Roy y soit toujours la même, c'est-à-dire souveraine et absolue comme par le passé. Que les députés, au moindre signal de la part du Roy, se rassemblent et environnent le trône, et y forment un conseil permanent et perpétuel dans les grandes affaires qui concernent le bon ordre, la défense, la prospérité, la gloire, le bonheur général et particulier de la nation;

2° Que le moyen suivant soit examiné, calculé et agréé par les États.

Moyen pour rétablir promptement les finances :

Si les États ne trouvent point d'obstacles à leurs opérations, et qu'ils soient conduits avec la même sagesse qu'ils ont déjà commencé; à la Saint-Martin prochaine, non-seulement l'État ne devra plus rien, mais les coffres du Roy seront remplis, le peuple soulagé, le trône élevé à un point de prospérité, de magnificence, de gloire et d'abondance qui frappera l'Europe entière, et fera voir au grand jour que les ressources en France sont des ressources inépuisables.

Pour cet effet, qu'on ne s'effraie point de ces deux mots, Impôt territorial et Capitation : c'est de ces deux sources que vont sortir le bonheur le plus parfait, la joie la plus pure qui d'abord vont se porter au trône, et du trône rejaillir sur toute la France. C'est un nuage épais d'abus qui vont disparaître, ce sont des liens hideux qui vont se rompre, et enfin une lumière pure qui va se répandre sur tout le royaume, et voici comment :

Il y a dans le royaume, dit-on, vingt-six millions d'habitants, à vingt sols par habitant de capitation, c'est vingt-six millions au profit du Roy pour ce seul article et 100 livres à la charge d'une paroisse de 100 feux. Or une paroisse de 100 feux a payé ci-devant au moins 1,000 livres de taille par an, 10 livres par feu. Quand on dirait 2,000 livres on ne surprendroit personne, ce qui ne feroit que 20 livres par habitant riche et pauvre. Mais bornons-nous à 10 livres par feu, et suivons ce trait de lumière. Si 100 habitants ont payé 1,000 livres entr'eux, à 10 livres par feu, on trouvera par le calcul que vingt-six millions d'habitants dans le royaume doivent rendre au Roy 260 millions d'un coté avec 26 millions de capitation, c'est au total 286 millions qui vont être l'hommage que la France offre à son Roy, et qui peuvent rentrer dans le Trésor royal avant la Saint-Martin.

Suivons encore le même trait de lumière, il va encore répandre la joie dans nos âmes, pour faire encore une somme plus forte que celle de 286 millions. C'est une opération facile à faire; qu'on assemble les dix derniers rôles des tailles et capitation de chaque paroisse, les tailles, même seules, suffiraient, qu'on additionne le total de chaque année, ce sont dix sommes ensemble dont il faut tirer le total. Qu'on divise ensuite ce total par dix, c'est une année commune que chaque paroisse payera bien volontiers dans toute l'étendue du royaume, au moindre signal que cette proposition est agréable à Sa Majesté. Voilà une imposition exacte tout d'un coup faite, et qui ne peut manquer d'être acceptée du peuple avec empressement, surtout si cette imposition tombe sur les biens-fonds.

Maintenant, pour mettre tout en évidence, supposons qu'une paroisse de 100 feux possède en prés, chènevières, terres, vignes, bois et autres fonds quelconques, 1,200 arpents de terrain; ce seroit un petit finage à raison de 100 feux. Qu'on divise en quatre ces 1,200 arpents, on trouvera 300 arpents de bon terrain qu'on mettra à 30 sols l'arpent, ce qui fera............... 450 l.
300 arpents de médiocre terrain, à 22 sols 6 deniers, rendront la somme de........................ 337 l. 10 s.
300 arpents de mauvais terrain, à 15 sols, rendront la somme de................................. 225 l.
Enfin, 300 arpents de très mauvais terrain, mais cultivable, à 7 sols 6 deniers, rendront.......... 112 l. 10 s.
    Total. .... 1125 l.

C'est 125 l. de plus qu'il ne faut pour la somme qu'on désire, qui est 1,000 livres.

Si un habitant a quatre arpents, chacun de bon, médiocre, mauvais et très mauvais terrain, suivant la taxe ci-dessus, il ne sera de taille pour lui que 3 livres 15 sols, avec 20 sols de capitation. S'il y a des communes imposables (1) comme bois-pâtis ou autres fonds, et qu'il en paye une portion de 3 livres, c'est beaucoup; c'est en total 7 livres 15 sols, et il n'y a point d'habitant qui ait quatre arpents de terrain qui ne paye au moins pour 15 livres

---

(1) Biens communaux.

de tailles. Il se trouvera donc soulagé visiblement de la moitié des tailles qu'il payait, et déjà de la tenue des États.

Mais il ne faut pas rester en si beau chemin ; si le Tiers-État, par le calcul ci-dessus, donne évidemment 286 millions au Roy, que le haut et bas clergé se piquent d'émulation pour le plus grand bien de la patrie, et qu'ils suivent l'exemple du Tiers-État en se soumettant à payer comme lui le bon terrain sur le pied de 30 sols l'arpent, le médiocre 22 sols 6 deniers, il est inutile de parler du mauvais et très mauvais terrain, ils en ont si peu qu'on peut honnêtement n'y point mettre de taxe, alors où pourra-t-on loger le revenu immense et prodigieux qui va sortir de toute l'étendue du royaume, si le législateur au milieu de ses États, comme un père au milieu de ses enfants, en ordonne la contribution comme dessus, et que nul dans la circonstance présente n'en soit exempt.

Pour recueillir ce revenu prodigieux, il suffira de diviser le finage de chaque paroisse en quatre parties, savoir : une de bon terrain, une autre de médiocre, une autre de mauvais, une autre de très mauvais terrain, et d'asseoir la taille sur chaque arpent, suivant sa valeur, et la somme calculée sur les dix derniers rôles des tailles, pour en tirer une année commune, qui sera le guide dans toutes les paroisses pour cotiser chaque habitant suivant le bien qu'il possède. Par ce moyen il n'y a plus de faveur pour les riches, qui ont du crédit et qui prennent toujours si sagement leurs mesures, que les pauvres sont toujours accablés.

L'assiette de la taille étant une fois faite d'après la marche ci-dessus, personne ne pourra enlever la récolte de son fonds qu'il n'ait payé sa taille, et s'il est tellement épuisé qu'il n'en puisse venir à bout, alors deux receveurs bons et solvables et choisis par la paroisse assemblée, en feront enlever une récolte suffisante pour payer la taille du particulier non payant. Par exemple celui qui aura quatre arpents de terre, avec les autres impositions communes à toute la paroisse qui se monteront à 7 livres 15 sols, soit en grain, ou vendange ou autres denrées, les deux receveurs s'empareront d'une partie de la récolte qui pourra équivaloir à 7 livres 15 sols. Par ce moyen tout sera payé avant vendange, ce qui peut facilement s'exécuter même dès cette année. La récolte de la taille étant faite, on pourra l'envoyer par une voiture publique, ou une voiture faite exprès pour cet usage, ou, mieux encore, celui qui a la tête des finances pourroit délivrer des mandats par chaque paroisse, ce qui deviendroit une lettre de change payable ou à vue ou à terme. Le receveur général auroit sous les yeux le produit de chaque paroisse par département et ordre alphabétique, et verroit tout d'un coup par voie d'addition tout le revenu d'un royaume, et les fonds rentrés avant la Saint-Martin, ce qui feroit un ordre constant et durable dans l'administration du gouvernement.

Si cette disposition étoit agréable aux États et qu'il plût à Sa Majesté de l'adopter et d'en faire une loi, en supprimant les droits sur le vin, l'eau-de-vie, l'huile, la bière, les cartes, la poudre, le cidre, les cuirs, le sel, la boucherie, le tabac, les toiles, les vingtièmes, le bois, les entrées, passages, péages, etc., qui occupent un nombre prodigieux de bras inutiles, ce seroit répandre dans tout le royaume un torrent de délices qui éléveroit Louis XVI au-dessus de Louis XII et du bon Henri IV.

Les années 1771 et 1772 doivent dans nos annales former un tableau de barbarie qui fait encore horreur à toute âme pure et sensible. Il falloit des trésors immenses pour captiver tout le bled du royaume. La chose même paroitroit incroyable, si le fait n'en attestait la vérité. Alors la livre de bled qui n'auroit pas dû valoir plus de 3 liards monta jusqu'à 4 sols. A quoi servit cette quantité prodigieuse de bled mis dans des greniers immenses ? Une partie fut vendue, il est vrai, mais à un prix exorbitant, et le reste que devint-il ? Il fut mangé des vers, il fermenta et se tourna en pourriture, en infection. Jeté à l'eau il fit mourir les poissons, transporté sur les grandes routes il y répandit une odeur si insupportable que les voyageurs étoient obligés de s'en écarter de temps en temps pour respirer un air plus pur, tandis hélas ! que les pauvres qui l'avaient semé, moissonné, battu, vanné, vivoient de chardons, d'herbes cuites à l'eau et sans sel, qu'on ne voyait dans tous les hameaux que des visages pâles et défaits qui se traînoient à leurs travaux, et en revenoient souvent à jeun, trop heureux le soir s'ils trouvoient un peu de son bouilli dans leurs pauvres chaumières. Des enfants dans leurs lits crioient du pain et déchiroient les entrailles des père et mère pour en avoir. Nous les avons entendus ces cris lugubres de désespoir et de famine.

Trois enfants morts dans une même nuit, un même lit, dans la même maison et mis dans la même fosse sont encore consignés dans nos registres mortuaires. Quel spectacle d'horreur de trouver le long d'une haie un vénérable vieillard usé par les travaux de la patrie, étendu par terre, mort, abandonné, et la bouche encore pleine d'herbes qui n'avoient pu passer ! Combien de faits semblables ne trouveroit-on pas dans toute l'étendue du royaume, si on vouloit les ramasser.

Aujourd'huy encore le peuple n'est guère plus heureux ; ce ne sont pas les impôts qui l'ont épuisé, mais le malheureux esprit de

1771 et 1772 qui est toujours le même, et qui s'étend aujourd'huy non-seulement sur le bled, mais encore généralement sur toutes les denrées nécessaires au public. Voici des faits faciles à démontrer : Un homme va en foire avec 3 livres, il vend et achète, fait bonne chère et le soir rapporte 12 livres. Un autre se félicite publiquement en disant : Grâces à Dieu, j'ai gagné aujourd'huy 600 livres, je suis content de ma foire. Un autre, sans branler dessus ses pieds, gagne un jour de marché 1,200 livres sur des feuillettes achetées 50 sols et revendues sur le champ le double. Mille et mille autres faits de ce genre connus et avoués de tout le public sont la source féconde de la calamité qui accable le peuple, et sont cause de ces fortunes brillantes qui se forment à vue d'œil, en très peu de temps, sous nos yeux. Une autre forme de calamité, ce sont des lettres de répit, des banqueroutes fréquentes qui cachent d'insignes friponneries, des jurés-priseurs qui ruinent le peuple.

Voilà une partie des doléances des susdits habitants qui fixeront sans doute l'attention des États, pour y apporter un remède convenable. Mais un remède tout simple, ce seroit : 1° de flétrir les banqueroutiers; 2° de supprimer l'office de juré-priseur; 3° d'établir dans les paroisses une taille d'industrie à imposer sur tous ceux qui se mêlent de commerce et qui se sont considérablement enrichis depuis environ 20 ans, le tout en déduction de la taille réelle de la paroisse où ils demeurent; 4° de défendre sous peines afflictives d'acheter et revendre des marchandises quelconques un même jour de foire, et alors on verroit bientôt un merveilleux changement au grand contentement du peuple accablé.

Désirent en outre, les susdits habitants, qu'outre les tailles et les moyens de réparer les finances de l'État, il ne soit rien décidé en dernier ressort; que cette assemblée ne soit qu'une assemblée de préparation pour une assemblée subséquente, Qu'on y reçoive et qu'on y accueille toutes réserves, protestations, remontrances, sur lesquelles on prononcera en dernier ressort à l'assemblée qui se tiendra après celle-ci, lorsque le bouillant de la nation qui est aujourd'huy dans sa plus grande effervescence, sera un peu refroidi, et que le fruit sera dans sa parfaite maturité (1).

Toute prévention à part, la noblesse n'a-t-elle pas toujours été le nerf, le soutien et l'ornement du royaume, le plus ferme appui du trône, le boulevard d'élite, le corps dans son état, ses fonctions et sa discipline à l'abri de tout reproche, la source précieuse du

---

(1) Ce vœu remarquable n'est reproduit par aucun cahier des paroisses du bailliage.

repos, de la tranquillité publics, la force et l'énergie des troupes qu'elle enrôle, qu'elle assemble, qu'elle instruit, qu'elle forme et conduit aux combats pour la défense de la patrie, ne s'occupant que de cet objet, renonçant à tout commerce, à toute industrie qui pourroient améliorer son sort, occupée encore actuellement à maintenir le bon ordre dans toute l'étendue du royaume; insultée par la nation, et aimant mieux voir couler son sang que de tremper son glaive dans le sang du citoyen.

Ne serait-ce pas une injustice manifeste de ne pas apprécier ses services qui ne peuvent aller plus loin que de répandre son sang et sacrifier sa vie pour la sûreté publique.

Si donc les nobles sont invités dans la circonstance présente à se joindre aux deux autres ordres du royaume pour réparer le vide des finances, ce n'est que par une extrême nécessité, à laquelle eux-mêmes se porteront volontiers pour cette fois-ci, n'ayant jamais fait et ne faisant encore que le plus grand bien dans l'État, pourvu néanmoins qu'on leur rende dans la seconde assemblée toute la justice, toute la reconnoissance et la vénération qui leur sont dues.

Désirent encore, lesdits habitants, qu'il y ait de distance en distance des hôpitaux, surtout sur les grandes routes, où les pauvres voyageurs périssent souvent faute de secours. Que les abbayes et maisons religieuses qui ont de gros revenus pourroient en servir ou nourrir et instruire de pauvres vieillards, qui, faute de nourriture et de bons soins, périssent plus tôt qu'ils ne devroient, au lieu qu'étant dans ces maisons et y trouvant des soulagements et remèdes à leurs infirmités; ils y cultiveroient vignes, champs, jardins et feroient des ouvrages qu'on ne seroit plus obligé de payer. On pourroit encore y faire instruire la jeunesse, qui cache souvent des talents enfouis et qui bientôt deviendroit très utile à la nation.

Désirent enfin, les susdits habitants et le curé, qu'on rende au clergé ses synodes, ses conciles nationaux et provinciaux pour s'épurer lui-même, et devenir le vrai sel de la terre, et la vraie lumière du monde, pour renouveler de mal en bien toute la face du royaume.

Et ont signé les susdits souhaits et doléances:

Louvrier, curé de Lucy. — E. Huot. — A. Poinsot. — B. Berneau. — B. Huot. — P.-P. Houdot. — E. Houdot. — J. Gossorand. — C. Labbé. — Rouzier. — A. Joudelat. — J. Poinsot. — P. Huot. — P. Tissier. — F. Jacquot. — B. Brechot. — E. Moreau. — J. Poinsot. — M.-F. Grégoire.

Certifié véritable au désir des lettres patentes de Sa Majesté, ce 21 mars 1789.

COMPAGNOT (l'aîné), juge.

LUCY-SUR-YONNE.

Cahier *de plaintes, doléances et remontrances de la paroisse et communauté de Lucy-sur-Yonne.*

§ 1er.

CONSTITUTION GÉNÉRALE.

L'assemblée charge spécialement ses députés, tant au bailliage qu'aux États généraux, de déclarer que son vœu est que lesdits Etats statuent dans la forme la plus authentique ce qui suit :

1° Prendre les moyens les plus sûrs pour qu'en aucun cas aucun citoyen ne puisse être détenu par un ordre ministériel plus de vingt-quatre heures, ou du moins au-delà du temps indispensablement nécessaire pour qu'il soit remis dans une prison légale entre les mains des juges que lui donne la loi, et en cas d'infraction de la part des ministres, qu'il sera permis de repousser la force par la force, de faire arrêter à la clameur publique les porteurs d'ordres contraires à la liberté stipulée ci-dessus, de les faire dénoncer au ministère public pour le procès leur être fait et parfait, et être punis suivant la rigueur des ordonnances comme perturbateurs du repos public ;

2° Aucun citoyen ne pourra être enlevé à ses juges naturels, soit par des évocations arbitraires, soit par des commissions de juges extraordinaires ;

3° Abolir l'esclavage et la traite des nègres ;

4° Accorder aux colonies les mêmes formes d'administration qu'aux provinces de France, les mêmes droits, les mêmes priviléges, et plus de faveur encore pour les attacher davantage à la métropole ;

5° Abolir la servitude personnelle dans les provinces de France où elle existe encore et sans indemnité ;

6° Abroger aussi sans aucune indemnité tous les droits, redevances et charges qui paroîtront par les titres mêmes n'être que le prix de l'affranchissement de cette première espèce de servitude ;

7° Supprimer pareillement la servitude de la glèbe en déterminant une indemnité proportionnée aux différents genres de cette seconde espèce de servitude, et à la charge de justifier par les seigneurs de leurs titres ou d'une possession immémoriale ;

8° L'abrogation de toutes ordonnances, règlements et arrêtés qui auroient pu donner au Tiers-Etat l'exclusion formelle des charges ou emplois civils ou militaires tels qu'ils soient;

9° Établir le même genre de peines et de supplices contre les citoyens des trois ordres qui se seroient rendus coupables des crimes de même espèce, et ce, pour anéantir le préjugé qui résulte de la condamnation capitale des membres du Tiers-Etat et rejaillit sur leurs familles;

10° Liberté de presse;

11° La responsabilité des ministres à la nation assemblée ou à la commission intermédiaire, qui pourront même les faire juger sur le fait de l'exercice de leurs fonctions par les tribunaux compétents;

12° Le retour périodique des États généraux aux époques et dans la forme qui seront déterminées par la prochaine assemblée. L'établissement d'une commission intermédiaire dont les membres, nommés par les Etats eux-mêmes avant leur séparation, seront pris moitié dans les deux premiers ordres, moitié dans le Tiers-Etat, et choisis dans chaque province. Borner néanmoins cette commission à exécuter les décrets des Etats généraux, à vérifier les lois relatives à l'administration et à faire valoir auprès du Roy les demandes particulières des Etats provinciaux, et lui donner entrée au conseil pour qu'elle y fasse elle-même le rapport des affaires des provinces;

13° Les députés prendront acte de la déclaration qu'a faite Sa Majesté du droit imprescriptible appartenant à la nation d'être gouvernée par ses délibérations durables et non par les conseils passagers des ministres, et que le vœu des Etats généraux est l'expression de l'intérêt et de la volonté générale, auquel l'expérience n'a que trop prouvé que l'intérêt des ministres étoit souvent contraire. Lesdits députés déclareront que la volonté de leurs communautés est qu'à l'avenir aucun acte public ne soit réputé loi s'il n'a été consenti ou demandé par les Etats généraux avant que d'être revêtu du sceau de l'autorité royale;

14° L'établissement d'Etats provinciaux dans chaque généralité, suivant les principes consignés dans les règlements qui ont été donnés pour la formation et la composition des assemblées provinciales et des assemblées secondaires.

Et attribuer aux seuls Etats provinciaux les branches de l'administration intérieure des provinces dans lesquelles le Roi n'auroit pas un intérêt direct et en quelque sorte personnel, notamment ce qui concerne les impositions et tous les travaux publics, tels

19

que canaux de navigation, ouvrages de routes et ouvrages d'art sans aucune exception.

Et pour que l'établissement de la constitution ne puisse être éludé ni différé, lesdits députés ne statueront sur aucun secours pécuniaire à titre d'emprunt, d'impôt ou autrement, avant que les droits ci-dessus, droits qui appartiennent tant à chaque citoyen individuellement qu'à la nation entière, aient été invariablement établis et solennellement proclamés.

§ 2.
DEMANDES PARTICULIÈRES RELATIVES AUX TROIS ORDRES.
Clergé.

1° Se comprendra dans les mêmes impôts, avec la même proportion, et sous les mêmes formes que les deux autres ordres ;

2° La suppression des dîmes ecclésiastiques, avec remplacement sur les revenus fonciers des abbayes et autres prélatures considérables ;

3° Permettre, à la charge du remploi, le remboursement des rentes et redevances en argent, en grains, dues à l'église et autres gens de main-morte ; enfin, ni servitude personnelle, ni dans les propriétés, telles que droits de cens, et lods et ventes qui en résultent, vivement sollicité ;

4° La suppression de toutes les collégiales, et l'affectation de leurs revenus aux cures et vicariats.

Noblesse.

5° La comprendre dans les mêmes impôts, avec la même proportion et sous les mêmes formes que les deux autres ordres ;

6° Supprimer ou réduire convenablement les traitements pécuniaires attachés aux emplois militaires qui ne donnent point de fonctions à remplir, ou très peu ;

7° Employer le produit de ces retranchements à augmenter la caisse de l'ordre de Saint-Louis et au soulagement de la noblesse pauvre.

Tiers-État.

8° Demander une loi nationale qui mette à jamais les offices municipaux hors du commerce, et qui rende les communautés d'habitants entièrement maîtresses du choix de ses officiers ;

9° Demander l'exécution rigoureuse des lois concernant les banqueroutes frauduleuses ;

10° Suppression des droits de franc-fief.

§ 3.
DETTE NATIONALE ET IMPOSITIONS.

1° Aucun impôt ne sera à l'avenir mis ou prorogé sans le consentement des États généraux du royaume, et en conséquence toutes impositions mises ou prorogées par le gouvernement sans cette condition, ou accordées hors des États généraux, par une ou plusieurs provinces, une ou plusieurs villes, une ou plusieurs communautés, seront nulles, illégales, et il sera défendu, sous peine de concussion, de les répartir, asseoir et lever ;

2° Les impôts, dont l'octroi seroit jugé indispensable par les États généraux, ne seront consentis qu'après la liquidation exacte de la dette nationale, la réalisation de tous les retranchements économiques, dont les revenus de l'État seront reconnus susceptibles, après la fixation de la quotité et du terme de chaque impôt, après toutes les précautions et les formalités nécessaires pour l'extinction infaillible de la dette et des impositions qui la représenteront, et enfin après le redressement solennel de tous les abus, qui, dénoncés au Roi et à la nation assemblée, après la sanction de tous les nouveaux établissements dont la prompte nécessité seroit jugée par les États généraux ;

3° La taille et la corvée abolies, et remplacées par une imposition sur les trois ordres, et perceptible dans toutes les villes franches comme dans toutes les autres ;

4° Les droits de gabelle supprimés ou extrêmement modérés ; le commerce libre du sel est généralement désiré, ainsi que du tabac ;

5° La modération des droits sur le tabac, et l'interdiction de tous tabacs préparés par les fermiers ;

6° Les droits d'aides, droits réservés et généralement tous les autres droits perçus par la régie des aides supprimés sans exception ;

7° La révocation du don gratuit dans toutes les villes où il a lieu, ou au moins que la perception en soit rendue aux villes, à la charge par elles de verser annuellement dans le trésor royal les sommes auxquelles elles sont tarifées ;

8° Dans le cas où les États généraux se chargeroient de la dette nationale, et par suite du recouvrement de toutes les impositions destinées à l'amortissement de cette dette, ils feront faire ce recouvrement par des trésoriers-généraux et particuliers qu'ils commettront à cet effet ;

9° Tous les droits de contrôle et d'insinuation seront déterminés par un nouveau tarif approuvé par les États généraux, qui seuls pourront apporter les changements nécessaires à ce tarif ;

10° La suppression du contrôle tiers, dont la cause ne subsiste plus, ayant été supprimée par une déclaration du Roi du 3 août 1732 ;

11° La suppression des charges et droits d'huissiers-priseurs dans les provinces ; suppression à solliciter vivement ;

12° Que les lettres-patentes du 20 août 1786, concernant la taxe des droits de commissaire à terrier soient révoquées et qu'il ne leur soit payé, par la suite, que les droits fixés par les anciens règlements.

13° Et pour remplacer les suppressions ci-dessus, les députés consentiront, sous la condition néanmoins portée en l'article deux en premier lieu l'impôt territorial en nature payable par les trois ordres, sans aucune exception, ni privilège, et sans aucune distinction de classes d'héritages, en sorte que ledit impôt sera perçu uniformément sur toutes les classes d'héritages, bonnes ou mauvaises, sauf toutefois à imposer particulièrement, et à raison de leur produit réel, les héritages dont la perception ne se fait pas annuellement ou n'est pas décimable, tels que les bois, moulins, forges, usines, fourneaux, manufactures, maisons de ville, parcs, châteaux et maisons de plaisance, qui seront imposés à raison de l'estimation qui sera déterminée par les États provinciaux ; en deuxième lieu, une capitation assise sur tous les chefs de famille et autres personnes ayant droits acquis, laquelle sera déterminée, abstraction faite des facultés des contribuables. Et pour éviter tout arbitraire à cet égard, on fera différentes classes de citoyens, et chacun sera imposé sur le pied de la somme à laquelle sa classe sera fixée ; en troisième lieu : on sent bien que malgré les deux impositions ci-dessus, les capitalistes, ceux dont la fortune existe dans le portefeuille, échapperont à l'impôt ou ne seront imposés que dans une proportion très éloignée de ce qu'ils devroient justement supporter, et l'on ne voit d'autres remèdes que l'impôt du timbre par lequel on pourroit les atteindre. Mais cet impôt exigeroit bien du ménagement pour que la liberté et l'harmonie, qui sont si nécessaires au commerce, ne fussent pas troublés par la nouvelle circulation d'un papier de cette espèce. C'est aux députés à se concerter entre eux sur cet objet intéressant, lors de la tenue des États, et à voir quel parti on pourroit tirer de cet établissement proposé ;

14° Ne pourront cependant, lesdits subsides ni aucun autre secours, être accordés que jusqu'à la première assemblée des États généraux, dont l'époque sera déterminée avant leur séparation ;

Et les Cours et même tous autres juges royaux demeureront chargés de poursuivre et punir comme concussionnaire quiconque aura la témérité d'asseoir, répartir ou lever aucuns subsides non accordés par les États généraux, ou dont le terme par eux fixé seroit expiré.

§ 4.

ADMINISTRATION DE LA JUSTICE.

Tribunaux.

1° Établir des présidiaux dans toutes les villes qui en sont susceptibles à raison d'une population de 5,000 âmes au moins, et composer le ressort de ces présidiaux de toutes les villes et bourgs qui se trouveroient dans la distance de 7 à 8 lieues de celui auquel elles ressortiroient ;

2° Instituer, en outre, des prévôtés royales dans les petites villes et gros bourgs susceptibles d'un arrondissement de trois lieues au moins ; et laisser aux sujets du Roi la simple faculté de recourir à ces tribunaux en toutes leurs affaires, excepté celles de police ;

3° Dans le cas cependant où les États généraux ne croiroient pas pouvoir effectuer la suppression des justices seigneuriales, et leur remplacement par des prévôtés royales, alors il faudroit au moins, pour faire cesser les abus de tout genre dont fourmillent ces justices de campagne, au grand préjudice des justiciables, les réunir en un même siége, dans un seul chef-lieu, avec un arrondissement de deux à trois lieues ;

4° Chaque seigneur nommeroit dans ce chef-lieu celui des juges ou gradués de l'endroit, auquel il voudra donner des provisions, pour y rendre la justice, en son nom, aux justiciables de ses terres concurremment avec les autres juges du même siége ;

5° Réunir aux tribunaux ordinaires toutes les juridictions d'exception quelle qu'elles soient, sauf celle des juges consuls qu'il faudroit seulement multiplier ;

6° Laisser éteindre par le décès des titulaires, et rembourser successivement les offices qui se trouveront réunis aux tribunaux ordinaires) jusqu'au nombre qui seroit jugé nécessaire ;

7° Abolir la vénalité de tout office de judicature, le droit de Paulette, et tous autres semblables ;

8° N'accorder de provisions qu'au talent et à l'ancienneté de ceux qui auroient suivi les professions relatives aux offices vacants et disponibles ;

9° Gager tous les tribunaux pour que les juges ne tirent aucune espèce d'émoluments des parties ;

10° Supprimer toute espèce de droit purement bursal dans l'instruction et la poursuite des affaires, comme les droits de chancellerie ;

11° Modérer ceux dont l'établissement a un objet nécessaire, tel que le droit de contrôle ;

12° Consacrer le principe de l'inamovibilité de tout officier de justice, même de ceux des seigneurs, en sorte néanmoins que les seigneurs ne soient pas tenus désormais de la suite d'aucune affaire civile ou criminelle, ni d'aucune garantie pour le fait de leurs juges.

LOIS, COUTUMES ET JURISPRUDENCE CIVILE.

13° Établir près le Roy une commission de législation, composée de magistrats et de jurisconsultes, et chargée de dépouiller, concilier et faire interpréter les anciennes lois ; de proposer, préparer et rédiger les nouvelles ;

14° Réduire à une seule les différentes coutumes du royaume ou au moins de chaque province, ou du moins encore les réviser et réformer toutes suivant les mœurs, les usages, les formes et la jurisprudence actuelle ;

15° Demander une déclaration qui accorde un délai de 6 mois au lieu de deux pour obtenir des lettres de ratification en vertu de l'édit des hypothèques ;

16° Demander l'uniformité du papier timbré dans toutes les provinces du royaume ;

17° Demander l'abrogation des *Committimus* ;

18° Établir des poids et mesures uniformes dans le commerce.

JURISPRUDENCE CRIMINELLE.

19° En refondre le code ;

20° Supprimer la juridiction des prévôts des marchands, l'attribuer entièrement aux présidiaux ;

21° Jugements en dernier ressort, quand il y aura peine afflictive ou infamante, réservés aux cours souveraines ;

22° Établir des prisons civiles (qui ne soient pas plus infamantes que les prisons militaires) pour les débiteurs, les personnes emprisonnées pour fait de police, les personnes décrétées et non jugées ;

23° Les maréchaussées multipliées, augmentées, rapprochées, en réduisant les troupes militaires ; et les maréchaussées obligées à tenir corps de garde, et faire des patrouilles dans les lieux de leur résidence et aux environs ; les rendre comptables aux tribunaux ordinaires, sans préjudicier à la subordination qu'elles doivent à leurs chefs ;

24° Que le tribunal des eaux et forêts, regardé généralement comme inutile, qui est juge et partie dans les affaires de son ressort, dont se plaignent avec droit toutes les communautés laïques et religieuses, qu'il est si facile de remplacer sans frais, subisse la suppression depuis si longtemps désirée et qu'il mérite, sous quelque rapport qu'on le considère.

Signé : Poyet. — C. Darlet. — Rougelot. — Rougelot fils. — Verain. — Pinet. — Belangé. — Frollin. — Delamotte (syndic municipal). — Moreau (greffier). — Sarreste (juge). — Marguet (procureur fiscal). — Cherbuy (greffier).

Paraphé *ne varietur* par nous, juge, procureur fiscal et greffier, ce 15 mars 1789.

SARRESTE. — MARGUET (procureur fiscal).
— CHERBUY.

MAILLY-LE-CHATEAU.

CAHIER *des doléances, plaintes et remontrances des habitants de la paroisse de Mailly-le-Château, arrêté du consentement unanime des habitants, en l'assemblée de cejourd'huy 15 mars 1789 ; lequel sera remis aux députés de ladite paroisse, nommés en la même assemblée, en exécution du règlement de Sa Majesté pour la convocation des États généraux, en date du 24 janvier, et de l'ordonnance de M. le Grand Bailli du bailliage d'Auxerre du 5 de ce mois, pour être présenté à Auxerre, en l'assemblée du 25 de ce mois, par lesdits députés.*

On présentera d'abord quelques plaintes sur la tenue des États de Bourgogne :

1° Que les abus qui règnent dans les États provinciaux du duché de Bourgogne, auquel Mailly-le-Château est incorporé comme faisant partie du comté d'Auxerre, soient réformés et remplacés par une forme légale ;

2° Que lors de la tenue de ces États provinciaux, les députés du Tiers-État soient en nombre égal à ceux du clergé et de la noblesse réunis, et qu'on y opine par tête ;

3° Que tous les maires ou syndics des villes, bourgs et paroisses dépendant dudit duché y soient appelés pour y faire les représentations qu'ils jugeront convenables.

Ces demandes ne doivent pas éprouver de difficultés, puisqu'elles sont conformes au règlement de Sa Majesté pour les États généraux du royaume, que les États provinciaux ne peuvent refuser pour modèle. N'est-il pas bien étrange qu'une partie des maires ou syndics des paroisses du duché soient appelés à ces États pour y être entendus et présenter leurs observations et plaintes, et que l'autre partie soit privée de cet avantage, comme si les uns étoient plus que les autres, et que l'intérêt ne fût pas commun.

4° Que tous les édifices publics comme ponts soient, sans distinction, entretenus par la province; en conséquence, que le pont de Mailly-le-Château, qui a besoin d'être réparé, soit compris dans les travaux de l'année prochaine, attendu l'urgence dans laquelle il se trouve, et son utilité pour la communication des provinces de Morvan et Nivernais avec la Bourgogne, la Champagne, la ville d'Auxerre et la ville de Paris. N'est-il pas injuste de voir les habitants de Mailly-le-Château contribuer à toutes les charges de la province de Bourgogne, de tout temps, et de ne point participer aux avantages et aux ressources d'icelle? Toutes leurs demandes, tous leurs efforts à cet égard ont été jusqu'à présent sans succès. Ils n'ont cependant aucune ressource pour réparer ce pont, dont la ruine prochaine, s'il n'y est pourvu promptement, forcera les habitants à déserter le pays; attendu que ce pont est construit sur les trois bras de la rivière d'Yonne, qui n'est guéable dans aucune partie de l'étendue que traverse la paroisse de Mailly-le-Château. Si depuis qu'ils contribuent à de pareils entretiens dans la province, on eut mis à part les sommes qu'ils ont payées, on trouveroit aujourd'huy beaucoup plus qu'il ne faut pour faire les réparations qu'ils demandent. Mais s'ils ont versé annuellement des sommes dans le trésor de la province pour de semblables objets, ils ont droit d'en réclamer les ressources. Il y a une parité de raisons qu'on ne peut méconnoître ni rejeter : ils sont assujettis aux charges de la province, ils doivent participer à ses ressources. En accordant cette demande, la province rendra en gros une partie des sommes que cette paroisse a payées en détail; ses citoyens feront pour elle ce qu'elle a fait pour eux. Cette réciprocité est d'une obligation si étroite qu'on ne peut la refuser sans outrager cruellement les sentiments de probité avec lesquels nous sommes nés et que la nature nous inspire;

5° Que les dîmes soient abolies et qu'on ne voit plus les ministres des autels quitter la chasuble avec précipitation pour venir tourmenter le pauvre cultivateur dans sa vigne et même dans sa maison pour lui enlever à leur choix une partie de ses récoltes. N'est-il pas ridicule de voir un curé entrer dans une bergerie pour y choisir, à titre de dîme, le plus bel agneau du troupeau, et partager avec le cultivateur les légumes qu'il a semés pour sa subsistance et celle de ses enfants?

6° Que tous les droits dus aux curés pour inhumations et mariages, rendues de bans, soient supprimés, sauf le droit attribué pour la messe en cas qu'il en soit demandé;

7° Que dans les paroisses où la dîme appartient à de gros décimateurs, cette dîme soit également éteinte; que s'ils y possèdent des biens à ce titre, ces biens soient déclarés appartenir aux habitants, à condition qu'ils demeureront chargés de tous les objets dont sont tenus les gros décimateurs. Cette voie éteindra pour toujours nombre de procès qui naissoient entre les décimateurs et les paroissiens, à cause de leurs obligations respectives pour les réparations et entretien de l'église et des ornements de la fabrique. Ces décimateurs qui, pour la plus grande partie, sont gens de main-morte, ne souffriront point de cette perte, puisque, comme on le verra ci-après, on leur assurera une substance suffisante. S'ils sont laïcs, ils n'en souffriront pas plus, puisqu'ils seront rédimés de toutes les charges dont ils étoient tenus à ce titre, et que les dîmes et ces biens n'ont été donnés dans l'origine que sous ces conditions. Il résultera de cette opération que les choses reprendront leur état primitif;

8° Qu'il ne soit plus donné deux bénéfices à la même personne;

9° Que ceux qui sont d'un produit considérable soient réduits, savoir :

Pour un archevêque....................	50.000 livres.
Pour un évêque........................	40.000
Abbés de grandes abbayes.............	10.000
Abbesses de grandes abbayes...........	5.000
Prieur................................	3.000
Religieux.............................	1.000
Religieuse............................	500
Curé de ville où il y a bailliage royal........	2.000
Curé de petite ville sans bailliage...........	1.500
Curé de campagne dans la paroisse au-dessus de 200 feux..........................	1.200
Dans celle au-dessous..................	900
Pour les vicaires où il en sera besoin dans les villes..............................	450
Dans les campagnes....................	400

10° Qu'il soit fait des réunions des différents chapitres de la campagne à ceux des villes, et que les petits chapitres de la campagne soient supprimés comme étant absolument inutiles;

11° Que l'excédant de tous les revenus des biens de ces gens de main-morte soit appliqué au payement de la dette nationale, à la décharge du Tiers-État, qui a payé depuis longtemps pour eux les impositions qu'ils auroient dû supporter;

12° Que les bénéficiaires soient tenus de résider dans le lieu de leur bénéfice, sauf pour cas indispensable; que les lois faites pour les curés dans les différents diocèses soient observées à l'avenir, afin que le bon exemple du pasteur serve de guide aux paroissiens, et qu'ils puissent par là les ramener de leur égarement, comme étant le moyen le plus efficace pour maintenir le bon ordre et les bonnes mœurs ;

13° Que les offices d'huissiers-priseurs soient supprimés, comme étant un établissement ruineux pour les mineurs et désastreux pour toute la France. On a plus d'un exemple que les droits de voyage, vacations et autres qu'ils perçoivent ont souvent épuisé le montant du mobilier des pauvres pupilles de la campagne, qu'ils avoient vendu ; la rigueur qu'ils apportent dans l'exercice de leur fonction est si grande qu'on ne peut pas faire un inventaire sans leur ministère, ni la vente du plus petit mobilier s'ils ne peuvent y assister en personne, à cause de la multiplicité de ces opérations. Il faut payer leur consentement pour le faire faire par autre personne, ce qui double les frais, sinon ils font essuyer un procès très long et très dispendieux. Il résulte de là que plusieurs inventaires restent à faire, et plusieurs successions restent abandonnées, ce qui donne lieu à des discussions ruineuses entre les familles et entre les créanciers et les débiteurs des mineurs ;

14° Qu'il soit fait des arrondissements de justice pour l'exercice d'icelle, de 3 à 4 lieues de diamètres ; que le siége soit établi dans le centre et dans les endroits où on peut trouver des habitants capables de remplir et exercer les différents offices, et surtout dans les lieux où il y a prison, auditoire, bureau de contrôle et de poste, foires et marchés, et où il y a des réunions de faites.

Mailly-le-Château réunit tous ces avantages. Par édit du mois de septembre 1771, les justices de Mailly-la-Ville, Merry-sur-Yonne, le Bouchet, Malvoisine, la Rippe, Chevroches, la Perrière, dépendant de la paroisse de Brosse, y ont été réunies ; on peut ajouter aujourd'huy à cette réunion les justices de Brosse, Châtel-Censoir, Magny, paroisse de Merry-sur-Yonne, Fouronne, Fontenoy, Bazarne, Crisenon, Trucy-sur-Yonne, Sainte-Pallaye, Prégilbert et Sery, qui ne sont éloignés que d'une lieue et demie, et dans lesquels il n'y a ni prison, ni auditoire, ni officiers résidant, sauf le Châtel-Censoir. Pour l'exercice de la justice, ce sont les officiers de Mailly-le-Château qui remplissent ces fonctions dans presque tous ces endroits ; ils sont obligés de se déplacer pour y aller. La rigueur du temps, le dérangement de leur cabinet et de leurs affaires particulières, l'incertitude de trouver les clients qu'il est souvent nécessaire d'entendre pour l'intelligence du jugement et la question, causent souvent des retards pour l'expédition des causes, qui font un grand préjudice aux clients. Pour y remédier, et pour l'avantage des habitants de ces différentes justices, qui sont sans officiers sur les lieux, il est inévitable de les réunir aux justices des endroits où il y a déjà des réunions de faites et où les officiers habitent, enfin où on trouve tout ce qui est nécessaire et utile pour l'exercice d'icelle dans toutes ses parties, et pour l'exécution des jugements.

Ces arrondissements fixés, il ne faudroit en conférer les offices qu'à des gens instruits ou éclairés, celui de bailly ou prévôt à un gradué, les autres à des personnes qui auroient acquis la capacité nécessaire et qui justifieroient de cinq ans de cléricature, afin que les intérêts des justiciables soient défendus par des gens instruits, et que l'émulation fût le principal mobile des praticiens. Et pour encourager cette émulation, il seroit à propos de fixer le nombre des procureurs, afin que ceux qui désireroient se faire pourvoir puissent être assurés de trouver dans l'exercice de ces fonctions une rétribution qui les indemnise de leur entier dévouement à cet état, et des dépenses qu'ils auroient faites pour acquérir les connoissances qui y sont nécessaires.

Si Sa Majesté juge à propos de faire exercer les justices d'arrondissement sous son nom, elle pourroit fixer des finances pour chaque office. L'excès et l'amour qu'Elle fait éclore en ce moment pour le dernier ordre de ses sujets assurent la modération qu'elle y apporteroit. Dans ce cas elle voudra bien ordonner que la justice seroit rendue à l'instar du bailliage souverain d'Auxerre, c'est-à-dire sans cédulle, présentation, ni défaut au greffe. Elle est très humblement suppliée d'affranchir les jugements et sentences de tous droits de scel, dixième, du greffe et contrôle des dépens, de manière que les justiciables ne soient pas assujettis à de plus grands droits que ceux qu'ils payoient dans les justices seigneuriales, autrement ce seroit mettre sur la classe des citoyens les plus indigents des droits qu'ils n'ont jamais payés et qui très souvent absorberoient le fonds et l'intérêt qui les diviseroit ; ce seroit mettre les malheureux à la merci des opulents, parce qu'ils ne seroient jamais en état de payer à l'avance de tous ses frais. Il résulteroit de leur indigence un surcroit de misère encore plus accablant pour eux. Pour le plus grand bien des malheureux, il seroit à propos que ces juges d'arrondissement eussent le droit de connoitre de tous les différends entre leurs justiciables, pour quelque cause que ce soit, à l'exclusion de tous autres juges, même de ceux des justices d'exception, et qu'ils eussent le droit de juger souverainement jusqu'à la somme de 30 livres. On pourroit ordonner que les sentences au souverain ne pourroient être rendues que par trois juges ; et pour éviter la multiplicité des affaires, autoriser le juge à se faire assister du lieutenant ou du procureur fiscal, et du plus ancien praticien du siége. On éviteroit par là ces détours odieux que le riche emploie pour éviter le payement de ce qu'un pauvre malheureux a gagné à la sueur de son front. Il ne pourroit plus user de son avantage sur le pauvre pour le traduire de tribunaux en tribunaux, employer toutes les ruses de la chicane afin de lui faire tout dépenser en faux frais et le réduire par là à l'impossibilité de se faire rendre la justice qui lui est due. Le cœur sensible de Sa Majesté nous est un sûr garant qu'elle voudra bien prendre en considération ce nouvel ordre de procédure, qui sera favorable à la dernière classe de ses sujets, et propice à les décharger du joug sous lequel ils gémissent depuis si longtemps.

On ne croit pas que l'intérêt particulier des seigneurs puisse arrêter l'effet de ces arrondissements, qui procureront le bien général. On pourra établir dans chaque justice réunie un substitut du procureur fiscal, qui veillera à la police et en rendra compte au procureur fiscal, qui fera punir les infractaires aux ordonnances de police.

Aucun de ces seigneurs n'exécute les règlements faits pour l'exercice de la justice. Ils sont astreints, suivant une loi, à avoir prison, auditoire et officiers en titre sur les lieux ; ils n'ont ni l'un ni l'autre, et si l'exécution de ces lois étoit demandée, on verroit plusieurs seigneurs abandonner eux-mêmes leurs droits de justice, parce qu'ils les trouveroient trop onéreux et qu'ils seroient dans l'impossibilité de trouver des officiers sur les lieux, et pour y en avoir, il faudroit leur payer des honoraires qui absorberoient de beaucoup les émoluments de leur justice.

15° Qu'il ne soit reçu aucun appel dans les justices supérieures, sans que l'appelant rapporte la quittance et la consignation, et l'amende, attendu que les poursuites que l'intimé est obligé de faire pour parvenir à cette consignation ne servent en aucune manière pour la décision de la cause, et que le défaut de consignation de la part de l'appelant n'est qu'une ruse pour retarder le jugement de la cause ;

16° Que dans les justices supérieures, les causes d'appel qui se portent à l'audience soient jugées dans l'espace de trois ou six mois au plus tard, et celles appointées dans celui de six ou neuf mois ; que ces délais passés les sentences dont est appel soient exécutées, nonobstant toutes oppositions ou appel, et sans qu'il soit besoin d'autre jugement qui l'ordonne ;

17° Que pour éviter les jugements de compétence, les frais et les contestations à ce sujet, il ne soit plus question à l'avenir de la distinction des bailliages royaux d'avec les présidiaux ; que cependant les juges soient conservés dans le privilége de juger souverainement, ainsi qu'ils en ont le droit, et que ce privilége soit même porté jusqu'à 3,000 livres ;

Cette réforme abrégera la décision des affaires et évitera une multitude de frais à l'occasion de ces jugements de compétence qui sont inutiles pour le jugement de la cause ;

18° Que les droits d'aides et gabelles soient supprimés comme étant des entraves nuisibles à l'exercice du commerce et contraires à l'état de franchises dans lequel nous devons vivre. La modération du prix du sel sera un grand avantage pour les malheureux. Le prix exorbitant où il est porté ne permet pas aux deux tiers des habitants de cette paroisse d'en acheter pour l'usage du potage. Cette cherté les prive de procurer à leurs enfants les premiers aliments qui sont si nécessaires pour les élever et les fortifier ; eux-mêmes souffrent aussi de ce défaut de nourriture si salutaire pour le corps et si propre à soutenir les hommes dans leurs travaux. Si les prix étaient très moindres, on en emploieroit aussi pour l'engrais des bestiaux, comme étant d'un secours très prompt et très avantageux pour cet objet. On trouveroit dans le grand débit et dans la grande consommation de quoi remplacer la perte de la modération qu'on peut faire ;

Que toutes les barrières soient reculées jusqu'aux frontières, et que dans l'intérieur du royaume le commerce de toutes denrées et de toutes marchandises soit libre. Cette facilité procurera un avantage inappréciable à tous les individus. Le commerce est la ressource la plus féconde qu'on puisse trouver dans un royaume pour le fertiliser et assurer, au monarque qui le gouverne, l'éclat et la splendeur dont il est digne, et la prospérité de l'État ;

19° Qu'il n'y ait qu'une seule marque de papier, et que le prix en soit modéré, ainsi que celui du parchemin ;

20° Qu'il soit établi une caisse nationale, dont l'administrateur et les directeurs seront choisis par la nation, à laquelle tous les revenus de l'État seront portés pour être remis et distribués suivant une forme qui mettra à l'abri des dissipations semblables à celles que nous avons éprouvées, et qui ont donné lieu au déficit immense qui se trouve dans les finances de l'État ;

21° Que les receveurs particuliers des différents revenus de Sa Majesté soient supprimés et qu'il n'en soit établi qu'un seul pour chaque département, à qui les droits seront fixés lors de la tenue des États provinciaux, ainsi que la forme des recettes et les conditions de son établissement. Cette opération procurera une grande bonification à l'État en évitant des dépenses superflues. Chaque communauté sera tenue de porter à ce receveur, par quartier, le quart de ses impositions, et il les versera directement au trésor royal, afin d'éviter la dépense des différents receveurs généraux des provinces, qui seront ainsi supprimés, leurs offices devenant inutiles au moyen de cette nouvelle forme d'administration ;

22° Que les sommes assignées aux curés et vicaires pour leurs pensions seront payées par quartier par ces receveurs particuliers sans rétention d'aucun impôt ;

23° Que pour remplacer les droits de dîme, ceux des aides et gabelles, ceux de taille, des vingtièmes, corvées et autres impositions royales, il sera levé au profit de l'État une seule imposition sur tous les biens-fonds, laquelle sera perçue en argent à raison de la valeur et du produit desdits biens, sur tous les propriétaires habitant ou forains, soit ecclésiastiques, nobles ou roturiers, privilégiés ou non privilégiés, sauf les hôpitaux.

Pour avoir la juste proportion dans la répartition de cet impôt entre les provinces, et ensuite entre les propriétaires, il sera nommé des députés dans chaque paroisse pour faire l'évaluation du produit des fonds par canton, et pour dresser l'état de ce que chacun y possède. Cette opération procurera l'état des revenus des biens de chaque propriétaire, celui de la paroisse en entier. En réunissant les états de chaque paroisse, on aura celui de la province dont elles dépendent, et en rapprochant ceux des provinces on formera celui de tout le royaume.

Ces états particuliers contiendront aussi le nombre des personnes qui, outre leur bien, ont des rentes, des professions ou font des commerces, et le revenu qu'ils en peuvent tirer, afin d'être imposés relativement à ces facultés ; en imposant les propriétaires privilégiés sur tous leurs fonds à raison de ce que paye à présent le Tiers-État, on trouvera des sommes immenses qui combleront, en peu de temps, le déficit qui se trouve dans les finances. Quand cet impôt ne seroit pas suffisant, on trouveroit de quoi y suppléer dans les retranchements sur les revenus des bénéfices et dans la suppression du nombre des receveurs généraux et particuliers, qui donnoient lieu à des dépenses immenses.

Il sera nommé dans chaque paroisse des personnes solvables pour faire la perception de cette imposition, dont la communauté répondra ; ces receveurs verseront leurs deniers par quartier dans les mains du receveur particulier de leur département ; et pour les indemniser de leurs peines, il leur sera accordé le sol pour livre.

Les exploits qu'ils seront obligés de faire pour parvenir à ce recouvrement seront écrits sur papier libre et affranchis du droit de contrôle, et cependant ils y seront présentés dans les trois jours pour éviter la fraude. Il ne sera payé que cinq sols pour les écritures et la position d'un commandement, pour chaque saisie 3 livres, et pour la vente des meubles saisis même somme.

24° Les habitants de Mailly-le-Château observent qu'ils éprouvent depuis longtemps les effets funestes et déplorables de la forme vicieuse de la répartition des impôts. Eloignés de toute part des endroits où se font les actes de législation, tant générale que particulière, relativement à l'imposition et répartition desdits impôts, ils sont obligés de se courber sous le joug de ces impositions sans pouvoir faire entendre leurs voix aux assemblées provinciales, où se font les actes de législation particulière et où ils sont méconnus, de manière qu'en leur absence, sans aucun représentant pour eux et leurs semblables, une commission intermédiaire, à coup sûr dirigée par le clergé et la noblesse, les rappelle dans le rôle des impôts, sans aucune connoissance de leurs minces propriétés, pour les faire contribuer bien au-delà de leur très peu de possessions et facultés individuelles ; que ce joug a été jusqu'ici si pesant pour eux, qu'il les a réduits dans la dernière détresse ; que le peu d'héritage qu'ils possèdent est situé dans le sol le plus ingrat de la province ; la cinquième partie est en chaume et roches hors d'état de recevoir aucune culture ; trois autres cinquièmes sont d'une qualité si médiocre qu'il y a à peine trois ou quatre pouces de terrain sur les rocs et laves, et le surplus un peu moins mauvais est possédé par des nobles et gens de main-morte ; qu'ils sont chargés de dîmes ; que ces dîmes payées, ensemble les impositions royales, ils n'ont rien de reste de leurs récoltes ; que la stérilité du terrain est telle, que le produit n'égale pas la dépense pour celui qui fait travailler par autrui ; et celui qui peut cultiver par lui-même retire si peu de chose qu'à peine trouve-t-il le plus étroit nécessaire pour le faire subsister, avec sa famille, le tiers de l'année ; que s'ils n'étoient aussi laborieux qu'ils le sont, ils renonceroient à la culture de leurs minces propriétés, comme leur étant plus onéreux que profitable ; qu'en conséquence, ils ne peuvent supporter une augmentation d'impôts ; qu'il est juste et équitable que le clergé et la noblesse, qui s'en sont toujours affranchis, viennent enfin à leur secours, et principalement dans un moment où l'immensité d'une dette nationale a jeté la terreur dans tous les esprits.

Ils oseront même avancer que si le clergé et la noblesse avoient été imposés comme eux, à raison de leurs propriétés et de leurs facultés, loin de trouver du déficit dans les finances, le trésor royal seroit plein. On ne peut donc se refuser à attribuer la dette actuelle qu'à ce défaut de payement. Si ces messieurs en sont la cause, ils doivent l'acquitter seuls. Ils ne peuvent s'y refuser sans mettre le comble à l'oppression qu'ils ont fait ressentir au Tiers-État jusqu'à présent.

25° Ils observent encore que pour surcroît de malheur et d'impositions, ils viennent d'être contraints, par Mgr l'Intendant, à payer la reconstruction du presbytère de leur curé, et que bientôt ils seront contraints de faire des réparations très dispendieuses à leur église.

26° Outre ces observations générales, les habitants de Mailly-le-Château en ont deux particulières que MM. les députés du Tiers-État du bailliage d'Auxerre voudront bien présenter pour eux à Sa Majesté et appuyer de leurs pièces auprès d'Elle.

PREMIÈRE OBSERVATION.

Pénétrés de l'éclat de bonté que Sa Majesté vient de nous annoncer, puisque les barrières de son trône sont ouvertes à tous les individus de son royaume, que son amour pour eux s'étend jusqu'à permettre de lui adresser leurs plaintes, ils vont profiter de cette faveur royale pour représenter qu'il y a environ 60 ans qu'ils ont été injustement dépossédés par M. Delafalverne (1), grand-maître des eaux et forêts de France, des droits d'usage qu'ils avoient de temps immémorial dans la forêt de Frétoy. Tous leurs efforts pour arrêter cette entreprise ont été méprisés. Ce grand-maître a prétendu avoir ordre de Sa Majesté pour leur enlever ce droit et mettre ces bois en réserve au profit de Sa Majesté.

Rien de plus spécieux sans doute que ces motifs pour dépouiller de malheureux habitants d'un droit établi par titres et possession immémoriales. Ils les ont opposés, ces titres et possession, mais en vain, rien n'a pu arrêter le projet que ce grand-maître avoit formé. Ils éprouvent journellement les effets les plus funestes de la privation de ce droit. Si leur jouissance n'avoit pas été interrompue, ils auroient pu se procurer du bois pour adoucir la rigueur du cruel hiver que nous venons d'essuyer ; ils auroient évité les effets de ce grand froid qui a rendu plusieurs de leurs membres immobiles, et qui a porté une telle atteinte à leur santé, que plusieurs ont succombé et d'autres en sont grièvement incommodés.

Cette seule considération suffiroit peut-être pour déterminer Sa Majesté à remettre en jouissance de leurs droits les habitants de Mailly-le-Château ; sa grande tendresse, son amour pour tous ses sujets pourroient les assurer que son cœur royal sera vivement

---

(1) De la Faluère, **grand-maître du département de Paris.**

touché de leur déplorable état. Mais ils vont établir qu'ils sont fondés en titres et en possession.

Suivant une charte de 1229, passée entre Pierre, comte d'Auxerre, propriétaire de la seigneurie de Mailly-le-Château, et les habitants dudit Mailly, il est constaté que ces habitants avoient alors droit d'usage aux bois de Frétoy, et que ce droit leur appartenait d'ancienneté.

Les comtes d'Auxerre ont possédé patrimonialement la seigneurie de Mailly-le-Château jusqu'en 1370, que Jean de Châlons, l'a vendue au roi Charles V. En 1435, ils ont été cédés au duc de Bourgogne, et en 1477, après la mort du dernier duc de Bourgogne, Louis XI a uni le tout à la couronne. En 1559, le Roy a accordé aux habitants de Mailly-le-Château des lettres de confirmation de leur droit d'usage dans la forêt de Frétoy; et le 20 novembre 1561 ces lettres ont été entérinées au bailliage d'Auxerre.

En 1636, il a été procédé au partage de la forêt de Frétoy, qui contenoit 2,150 arpents, entre Mgr le prince de Condé, les habitants de Mailly-le-Château et autres usageants dans cette forêt. Il en a été assigné le tiers à ce prince, et les deux autres tiers ont été délaissés à tous les usageants.

En 1714, les habitants de Mailly-le-Château ont reconnu au terrier leur droit d'usage en Frétoy, sous la charge ancienne de 5 sols par habitant, et en outre d'une voiture de bois par chaque laboureur, et la portion du seigneur a aussi été reconnue comme à lui appartenant en toute propriété.

Tous ces titres ont été suivis de possession sans interruption jusqu'à l'époque où M. Delafalverne est venu arrêter la jouissance des habitants.

Vainement opposeroit-on que le droit de ces habitants étoit une usurpation sur les droits de la couronne, ce droit leur appartenoit plus de 200 ans avant que le Roy fut propriétaire de la terre de Mailly-le-Château ; ils payoient une redevance au seigneur pour raison d'icelui, ce qui fait présumer qu'il y avoit eu originairement convention avec le seigneur.

La terre de Mailly-le-Château n'a passé au Roy qu'avec ses droits activement et passivement. Or, le droit d'usage des habitants n'a pu se perdre par l'effet du changement. Nos anciens Rois ont approuvé ces droits, en donnant à ces habitants des lettres de confirmation d'iceux en 1559. Puisque nos Rois avoient confirmé ce droit, par quelle fatalité M. Delafalverne les a-il dépossédés, il y a environ 60 ans ?

On ne peut douter un seul instant de la légitimité de la réclamation des habitants de Mailly-le-Château, leur droit est légalement établi, ils ne réclament point la totalité de la forêt. Ils supplient Sa Majesté de donner des ordres pour qu'il leur en soit assigné une quotité proportionnée au nombre des habitants de leur paroisse, qui est de 200 feux, et qui soit suffisante pour subvenir à leurs besoins, et pour fixer un quart de réserve, dont la coupe seroit employée aux réparations publiques de leur communauté. Leur misère les force d'implorer ce dernier secours pour les réparations de leur église, qui sont très urgentes. Ils osent profiter de la liberté que Sa Majesté leur a accordée pour faire cette demande. Ils attendent cette grâce de son âme bienfaisante. Ce seroit en vain qu'ils s'adresseroient au Conseil pour faire juger leurs droits ; ils s'y sont adressés, mais sans succès, pour obtenir des bois pour la nouvelle reconstruction de leur presbytère, à laquelle ils viennent d'être contraints par Mgr l'Intendant.

DEUXIÈME OBSERVATION.

Que dans le xv° siècle il fut fondé un hôpital à Mailly-le-Château, pour secourir les pauvres malades de la paroisse.

En 1697, M. d'Aguesseau, alors procureur général au parlement et seigneur de Coulange-la-Vineuse, obtint, sous un prétexte spécieux, des lettres-patentes portant établissement d'un hôpital audit Coulanges, avec union de ceux de Mailly-le-Château, de Mailly-la-Ville, de Cravant et de Saint-Cyr. Ces lettres portent que les revenus desdits hôpitaux seront employés à la nourriture des pauvres malades qui seront reçus au nouvel hôpital, à proportion du revenu des biens situés dans la paroisse de chacun desdits hôpitaux. Ces lettres ont été enregistrées au parlement en la même année. Le 26 avril 1757, transaction entre les curé, juge et procureur du Roy de Mailly-le-Château, d'une part, et les administrateurs de l'hôpital de Coulange d'autre part, par laquelle il est dit que les revenus des biens des hôpitaux de Mailly-le-Château et Mailly-la-Ville, qui n'étoient de valeur, lors de l'union, que de 234 livres, produisoient alors 465 livres suivant les baux. En conséquence, porte cet acte, sur l'interposition de M°° la princesse de Conti, et de l'avis de Mgr l'Intendant, les administrateurs de Coulange se sont obligés de payer à l'avenir 180 livres, dont 150 pour les pauvres malades de Mailly-le-Château, et 30 livres pour ceux de Mailly-la-Ville, sans aucune diminution ni augmentation pour l'avenir, sous quelque prétexte que ce soit.

Cet acte a été approuvé par Mgr l'Intendant le 25 juin de la même année du consentement des parties.

On ne voit pas sur quel fondement on a enlevé aux pauvres de

Mailly-le-Château, au profit de ceux de Coulangé, un bien qui avoit été donné spécialement pour les secourir dans leurs besoins. L'intention des donateurs n'est point accomplie. Ils ont voulu donner aux pauvres de Mailly-le-Château et non pas à ceux de Coulange. Les lettres d'union de ces hôpitaux, en 1697, ne donnent point lieu au préjudice que les malades de Mailly-le-Château éprouvent aujourd'huy par la transaction de 1757, parce que ces lettres portent qu'il sera reçu dans l'hôpital de Coulange des pauvres à proportion du revenu des biens de leur paroisse. Ainsi les pauvres de Mailly-le-Château devaient consommer tout le revenu de leurs biens à Coulange, au lieu de le faire à Mailly-le-Château, mais ils ne perdaient rien de leur revenu. Aujourd'huy que ces lettres d'union ne peuvent être exécutées, puisqu'il n'y a pas même d'hôpital à Coulange, ces pauvres réclament tous les revenus des biens qui ont été donnés pour leur soulagement. La transaction de 1757 n'a pu changer l'intention du donateur. D'ailleurs, cette transaction n'est point précédée d'une délibération des habitants de Mailly-le-Château qui ait autorisé à la passer. L'approbation de Mgr l'Intendant n'a pu suppléer à cette formalité. Enfin, c'est une aliénation des biens des pauvres qui est proscrite par toutes les lois. Leurs biens sont inaliénables, et par cela seul cet acte ne peut produire aucun effet. Mais ce qui tranche toute difficulté, c'est la lésion de plus d'outre moitié écrite dans cet acte, où il est dit : Que les biens sont évalués 465 livres, et on abandonne cette somme pour 180 livres.

Pourquoi les pauvres de Mailly-le-Château supplient très humblement et très respectueusement Sa Majesté de leur accorder les lettres sur ce nécessaires pour, sans avoir égard aux lettres-patentes de 1697, ni à la transaction de 1757, les autoriser à rentrer dans la possession des biens qui leur ont été donnés pour leur soulagement, avec défense à qui que ce soit de les y troubler, et injonction aux administrateurs de l'hôpital de Coulange de leur remettre incessamment les titres de propriété desdits biens. Les pauvres de Cravant, qui avoient été unis comme eux, ne le sont plus et jouissent des revenus de tous leurs biens. Ils espèrent que Sa Majesté leur accordera le même avantage.

Signé : Robineau (notaire royal). — Cerveau. — Courtet. — Thumaras. — Robineau. — Godard. — Briet. — Boudin. — Moreau. — Guillier. — P. Jullien. — Prudot d'Avigny. — G. Badin. — Maillau. — Maillau. — Delastre. — Maraudé. — Sauvajot. — Boye. — Boudin. — G. Petit. — Burot. — Coudret.

— Dantigny, — Grémé. — Moreau. — Bourdillat (syndic).

Poulin.   Chaslin-Duvivier.

Paraphé *ne varietur* par nous, ancien praticien soussigné, faisant fonction de juge pour l'absence de celui constitué, au désir de l'acte d'assemblée de cejourd'huy, 15 mars 1789, pour être joint à icelui.

Chaslin-Duvivier.

MAILLY-LA-VILLE.

Doléances, *plaintes et remontrances de la communauté de Mailly-la-Ville, assemblée cejourd'huy 16 mars 1789, rédigées en ladite assemblée, sur le vœu unanime de tous les comparants.*

1° Les habitants de Mailly-la-Ville désirent l'impôt territorial payable en argent plutôt qu'en nature. Leur vœu est aussi que cette imposition soit néanmoins répartie sur tous les biens en général qui composent toutes les terres et tous les fiefs de l'obéissance de Sa Majesté ; pour être, ledit impôt, supporté à l'avenir par tous les propriétaires, attendu que jusqu'à présent ils ont supporté seuls les charges de l'État sans avoir participé aux douceurs des privilégiés ;

2° Désirent pareillement l'extinction de toutes les gabelles, ce qui rendra, par ce moyen, le commerce libre d'une frontière à l'autre du royaume ;

Exposent néanmoins qu'à raison du commerce libre, que chaque commerçant, chacun dans sa partie, soit assujetti à une cote de taille industrielle et réglée pour cet effet ;

3° Désireroient aussi un nouveau règlement pour l'administration de la justice qui soit plus clair et moins onéreux aux citoyens ;

4° La suppression de toutes les dîmes, et fixer les curés et desservants des paroisses à des pensions proportionnées à la quantité des feux qu'ils auront à desservir. C'est-à-dire la paroisse composée de 100 feux et au-dessous, le curé ou desservant aura une pension de 600 livres fixe. La paroisse de 100 feux et au-dessus, jusqu'à 200, sera fixée à 900 livres. Celle de 200 feux, jusqu'à 300, sera desservie par un second prêtre, qui aura la qualité de vicaire et pensionné de 400 livres chacun an.

Si, au contraire, cette suppression de dîmes ne peut avoir lieu, on demande que toutes les paroisses, à raison de cette espèce d'imposition, soient déchargées des réparations, construction de presbytère, église et fonte de cloches;

5° Mailly-la-Ville étant du nombre des 40 villes ou environ qui ont le droit particulier de députer aux États de la province de Bourgogne, suivant les lettres de convocation qu'il a toujours plu à Sa Majesté de leur adresser, lesdits habitants soutiennent qu'ils doivent être maintenus dans la continuité de leurs droits et priviléges auxdits États particuliers de la Bourgogne.

Le vœu desdits habitants étant que le règlement accordé par Sa Majesté pour la formation des États généraux prochains, aura pareillement lieu à l'avenir pour la députation, représentation par nombre égal de représentants pour l'ordre du Tiers-État à ceux des autres ordres réunis.

Et nombre égal de suffrages en opinant par tête;

6° Se plaignent les habitants que depuis que le comté d'Auxerre est incorporé au duché de Bourgogne, la communauté de Mailly-la-Ville a toujours coopéré, comme toutes les autres villes, à tous les besoins nécessiteux de la province. Mais il est bon d'observer ici que, malgré le droit particulier que cette communauté a toujours eu de députer aux États de Bourgogne, et comme toutes les autres villes, elle a toujours concouru à toutes les dépenses ordinaires et extraordinaires.

En vain, cette communauté n'a cessé de demander à son tour les réparations d'un pont qui n'exigeoit dans les premiers temps de sa destruction que quelques réparations. A défaut de ce faire, la ruine entière s'en est suivie. Il ne s'est cependant point passé d'États que cette communauté n'ait demandé, par député ou par requête, mais toujours sans aucun succès; refus d'autant plus injuste qu'il est effrayant de voir journellement des dépenses exorbitantes, sans nombre, et quelquefois injustes et inutiles, être le plus souvent préférées aux choses les plus justes.

Oui, la demande du rétablissement et de la reconstruction du pont de Mailly-la-Ville a toujours été une demande des plus importantes et des plus justes, étant non-seulement utile à la communauté de Mailly-la-Ville, mais autant à l'étranger, Mailly-la-Ville étant en ligne droite de toutes les villes du Morvan à Auxerre et la ville de Paris.

Quant aux besoins particuliers que la communauté peut avoir de ce pont, ils sont indéfinitifs; étant composée d'environ 180 feux, cette paroisse se trouve partagée par la rivière d'Yonne, n'y ayant que 25 feux du côté de l'église, le surplus étant par conséquent du côté opposé. Il est incontestable qu'il ne se trouve tous les jours de dimanche et de fête au moins 600 personnes à passer cette rivière dans un petit bateau qui, à chaque instant, court les risques de couler. Évènement assez remarquable : en 1726, il en périt 23 d'une seule bachelée, au nombre desquelles étoient six ou sept femmes prêtes d'accoucher. Cet évènement malheureux détruisit deux ou trois familles entières. Au reste, il ne se passe point d'année qu'il n'arrive différents malheurs rapport à ce passage. La moitié du temps on est privé de l'office divin et des sacrements.

C'est sur tous ces motifs mémorables que la communauté de Mailly-la-Ville demande l'attention des États généraux, et qu'ils daignent s'en occuper un instant, et en même temps recommander cet article aux États prochains de la Bourgogne ;

7° Demandent lesdits habitants la suppression des charges d'huissier-priseur, qui ont le droit exclusif de faire les inventaires et ventes de meubles dans toutes les paroisses, chacun dans leur arrondissement. Ces charges sont assurément contre les intérêts du peuple et ruinent entièrement les mineurs des campagnes.

La communauté possédoit anciennement, et de temps immémorial, un bois appelé la forêt de Mailly-la-Ville, de la contenance d'environ 1,100 arpents, dans lequel ils avoient droit de prendre bois pour bâtir, édifier, chauffer, en menant pâturer en tous temps et saisons leurs bestiaux. Ces droits leur ont été confirmés par le Roi Charles IX au mois d'avril 1568, sous la charge de 5 sols de bourgeoisie chacun an. Lesdites lettres, enregistrées au bailliage d'Auxerre, le 29 novembre 1570, sur la conclusions de Messieurs les gens du Roy, et après information préalablement faite sur la jouissance desdits droits.

Le 1ᵉʳ février 1626, le Roy leur a accordé le droit de vendre la coupe de 100 arpents desdits bois communaux pour payer les réparations faites à leur église qui avoit été incendiée. Sur la demande qui lui en avoit été faite le dernier du même mois, le Roy a donné une injonction au juge de ce lieu de faire exécuter son arrêt le premier dudit mois.

Depuis, il y a eu un partage de fait entre le seigneur et les habitants le........, suivant lequel il en a été abandonné au seigneur environ 290 arpents, et le surplus est resté aux habitants jusqu'à environ 1780, que M. de la Fallüère, grand-maître du département de Paris et Isle de France, faisant sa tournée dans le comté d'Auxerre, et pour lors venu jusqu'à Mailly-le-Château et Mailly-la-Ville, il lui plut mettre en défense toute la partie qui étoit restée aux habitants de Mailly-la-Ville, néanmoins sans toucher à la partie qui étoit advenue au seigneur pour son triage.

Réunion pour lors faite au domaine du Roy, au préjudice des

habitants de Mailly-la-Ville, qui avoient une possession et jouissance de plus de 700 ans, possession confirmée par différentes lettres de plusieurs de nos Rois, et particulièrement par les Rois Henri II, Charles IX et Louis XIII, ces dernières du 2 février 1626 ; par arrêt du Conseil du 17 mai 1712, enregistré à la prévôté de Mailly le 7 aoust 1713, par ordonnance de M. de la Falluère, grand-maître du département de Paris et Isle de France, en date dudit jour 17 may 1712.

C'est en vertu de tous les faits énoncés au présent que lesdits habitants réclament auprès de Sa Majesté l'honneur de sa bienfaisance, en les réintégrant dans tous leurs droits, priviléges, franchises et libertés.

ARTICLE DE LA MALADRERIE.

La piété de nos ancêtres avoit élevé à Mailly-la-Ville une maladrerie, qu'ils avoient en même temps dotée, mais la succession des temps a détruit ce pieux monument. Cependant, les biens-fonds sont restés, et les habitants voient avec peine que les revenus de ces biens ont été réunis à un hôpital qui n'existe pas, et à trois lieues de la paroisse. Il s'en suit de là que les conditions exigées par l'édit du Roy, concernant la réunion, ne sont point remplies ; qu'ainsi les pauvres malades de Mailly-la-Ville sont privés des secours qui leur ont été procurés par leurs ancêtres. Pourquoi les habitants demandent qu'ils soient renvoyés à leur première institution.

De faire rendre compte aux receveurs généraux des pays d'États, de les rendre responsables des dépenses inutiles et onéreuses aux paroisses ; faire restituer les sommes dépensées inutilement et celles que les élus et receveurs se sont appropriées, et employer les sommes au remboursement des emprunts faits dans les pays d'États.

8° La suppression des maîtrises des eaux et forêts, élection des greniers à sel, cour des aides et suppression des fermiers généraux.

Lesdits habitants, profondément pénétrés des dettes de l'État, s'offrent avec le plus grand zèle de concourir et contribuer à l'acquittement desdites dettes. Pour cet objet, ils s'en rapportent à la sagesse du Roy et aux lumières et à la prudence de ses ministres.

Fait et arrêté en ladite assemblée ledit jour 15 mars 1789, et ont les comparants qui savent signer signé :

        Guitton. — Larcher (syndic). — Bourdillat. — Jean-Hippolyte Legrand. — Robin. — Vincent aîné. —

Pignolet. — Duveau. — Vattaire. — Pignolet. — Et. Camelinat. — Louis Carré. — Vigoureux. — G. Rousseau. — Carillion. — Edme Legrand. — Carré. — Millereau. — Eusèbe Millereau. — E. Vattaire. — Chandenot. — Chaslin Duvivier.

MENESTERAUX (Nièvre).

Vœux, *doléances et plaintes des habitants de la paroisse et communauté de Menesteraux, qu'ils ont l'honneur de représenter bien humblement à Sa Majesté, en conformité de ses lettres pour la convocation des États généraux : la remerciant de ses bontés pour le Tiers-État; la suppliant, ainsi que M. le premier ministre, de vouloir les protéger dans leurs dits vœux, et demandent leur reconnaissance envers Sa Majesté, et ce ministre demeurera gravé dans leurs cœurs et ceux de toute leur postérité à toute éternité.*

1° Observent lesdits habitants à Sa Majesté que leur climat n'est pas d'un grand avantage, tant pour la production du pays que pour la difficulté des chemins impraticables, ce qui ôte tout commerce dans ladite paroisse; que cependant le nombre de feux, qui est de 88, est chargé de 1,100 liv. 17 sols de taille, non compris les dixièmes, vingtièmes, corvées et autres impositions;

2° Observent à Sa Majesté que la majeure partie du terrain de ladite paroisse sont des bois qui appartiennent soit au seigneur, soit à différents particuliers, et que le peu de propriétés qu'ils ont personnellement est grevé de droits seigneuriaux tant en grains qu'argent, et sans les rentes particulières dont ils sont chargés envers les bailleurs de fonds;

3° Demandent et supplient Sa Majesté de vouloir bien supprimer le franc-fief, et qu'il soit fixé des droits connus et non arbitraires dans la partie concernant le domaine;

4° Représentent à Sa Majesté, lesdits habitants, et la supplient d'avoir égard à leur triste position et que, pour être soulagés dans leur état, la noblesse, le clergé et tous les privilégiés généralement quelconques ayent à contribuer avec eux et pour égale portion à toutes charges, impôts, subsides nécessaires pour le besoin de l'État;

5° Supplient Sa Majesté de supprimer toutes les charges vénales, en remboursant par la nation sur le prix de la première finance, et que tous les impôts soient levés gratuitement. En conséquence, que lesdites charges soient transmises aux gens de mérite et d'intelligence, sans aucun égard à la naissance;

6° Demandent, lesdits habitants, que tous poids et mesures, même ceux de l'arpentage, soient égaux par tout le royaume suivant le plan et sur les principes qu'il plaira à la nation d'arbitrer ;

7° Demandent et supplient Sa Majesté que, pour l'intérêt général et pour la plus prompte expédition dans les affaires, il soit fait des arrondissements et réunion de justice dans un chef-lieu commode aux gens de la campagne. Qu'en conséquence, pour que les officiers d'icelles s'occupent utilement et à leur avantage du citoyen, il soit dit qu'ils ne posséderont qu'une seule charge, comme juge et non autre chose notaire, et pas plus avocat comme avocat, procureur comme procureur, et ainsi des autres, et que ceux qui se trouvent pourvus du double desdites charges ayent à opter dans le délai qu'il plaira à la nation fixer ; comme aussi qu'il soit fait un tarif précis pour honoraires, vacations desdits offices ;

8° Observent, lesdits habitants, à Sa Majesté et la supplient très humblement d'écouter en cette partie non-seulement l'article ci-dessus, mais encore la représentation qu'ils ont l'honneur de lui faire, qu'il règne un abus des plus grands pour l'administration de la justice, lequel provient de ce que la plupart des universités de son royaume admettent indistinctement et pour argent une infinité de petits particuliers sans séances, sans études et ignorants, ce qui produit dans le corps honorable des avocats de mérite et de talent une quantité prodigieuse de sujets indignes de leur compagnie. Ce n'est point le seul inconvénient qui en résulte ; mais il arrive que les particuliers peu instruits sont trompés par le titre et que, s'adressant à eux, ils sont, par leurs conseils bien donnés mais mal expliqués, jetés dans de mauvaises affaires ;

9° Demandent, lesdits habitants, que, pour le soulagement et le moindre frais des particuliers, les juges dudit chef-lieu puissent connoître et juger en premier ressort dans toutes matière et nature d'instance, même en ce qui concerne la partie des eaux et forêts, les choses consulaires et autres, sans aucune distinction ; le tout sommairement et sans appel jusqu'à une certaine somme qu'il plaira à Sa Majesté fixer, ce qui évitera une multiplication de procédures qui occasionne les appels abusifs ;

10° Demandent aussi qu'il plaise à Sa Majesté supprimer toutes les maisons et endroits privilégiés servant de retraite aux banqueroutiers, et que leur procès soit instruit criminellement, attendu que le commerce souffre de cette facilité par la crainte qu'ont les gens pécuniers de cacher leur argent dans la crainte desdites banqueroutes ;

11° Représentent aussi à Sa Majesté, lesdits habitants, qu'ils pensent devoir être exempts de dîmes sur les terrains qu'ils tiennent de fief et qu'on leur fait payer néanmoins comme sur terrain en roture, à moins qu'il ne plaise à Sa Majesté en abroger les droits de franc-fief comme il est ci-dessus dit;

12° Demandent aussi que les prisons et auditoires soient construits honorablement et convenablement à la justice, et que les audiences ne se tiennent point dans les cabarets ou autres lieux de liberté et indécents, où les officiers de justice se trouvent eux-mêmes insultés impunément, dont il résulte souvent de grands inconvénients pour les prisons, des maladies, quelquefois la mort à ceux qui en subissent le sort;

13° Demandent aussi la suppression des aides et gabelles; que le sel et le tabac soient rendus libres et marchands; en conséquence permis de tirer du sel des salines existant dans le royaume et de cultiver des plants de tabac par tout particulier qui le jugera à propos, sans être répréhensible;

14° Demandent aussi à Sa Majesté de vouloir bien supprimer les offices d'huissiers-priseurs, lesquels absorbent par leurs voyages et droits à percevoir la majeure partie des ventes qu'ils ont droit de faire exclusivement à tous autres, et qu'il arrive souvent que les créanciers aiment mieux perdre que de faire manger par lesdits huissiers tout le mobilier de leurs débiteurs, sans en tirer aucun profit;

15° Demandent aussi à Sa Majesté et la supplient très humblement de vouloir bien ordonner que la perception en nature sera faite sur tous les héritages quelconques et même sur les bois dont la coupe sera fixée par la nation, et que les juges desdits chefs-lieux veilleront à ce que les règlements qui seront faits à cet égard soient exécutés, pour le tout tenir lieu à Sa Majesté d'impôts et que la contribution soit par égale portion suivant sa profession;

16° Demandent, lesdits habitants, la suppression absolue des milices, dont la levée coûte infiniment à la nation et occasionne souvent le désastre dans les familles, et surtout des veuves, en leur enlevant bien souvent un fils aîné, soutien de ses père et mère, frères et sœurs, et que ces militaires soient remplacés par des régiments provinciaux formés et recrutés volontairement;

17° Demandent, lesdits habitants, qu'il soit fait défense à tout roturier non qualifié de se servir dans aucun de ses écrits du terme de........ comme qui diroit........ *Champfrain*........ *de Cornouaille*....... *de Barbantier*....... et qu'ils aient à se servir simplement de leur propre nom, afin de ne point induire en erreur les particuliers avec leurs termes de........ et que l'on puisse distinguer la noblesse des roturiers;

18° Demandent aussi à Sa Majesté la réforme dans les postes qui sont des plus coûteux pour tout particulier chargé d'affaires et obligé de voyager ;

19° Demandent aussi que les hôpitaux, sous telles dénominations qu'ils puissent être, soient tenus de rendre compte tous les ans, à un jour fixe, par devant le juge du lieu, de leurs recettes et dépenses, et que les reliquats de compte ne soient point prêtés à qui que ce soit, mais au contraire versés dans un coffre pour en soulager les pauvres paroisses étant dans l'arrondissement de la justice des villes où peuvent être situés lesdits hôpitaux, et ce dans les instants de calamité qu'elles éprouvent très souvent, telles que les grêles, les gelées, les inondations, les incendies ;

20° Demandent, lesdits habitants, à Sa Majesté qu'il lui plaise abolir tout ce qui concerne l'usure, et cela sous les peines qu'il plaira d'arbitrer par la nation ;

21° Observent à Sa Majesté que leur fabrique d'église n'a aucun revenu et que l'entretien de la sacristie et les réparations de la nef sont totalement à leur charge, ce qui est très onéreux pour la paroisse ;

22° Supplient enfin, les habitants, Sa Majesté qu'il soit fait des examens scrupuleux aux sujets qui se présentent à l'état ecclésiastique, lequel paroit être en décadence à défaut d'instruction, et qu'ils reconnoissent avec douleur en comparant leurs pasteurs actuels très anciens dans leurs paroisses avec ceux qui s'élèvent aujourd'huy. C'est ainsi qu'après avoir connu le mérite d'un chef de notre paroisse depuis si longtemps, nous désirons que l'élève qui lui succédera soit héritier de ses talents et de ses vertus.

Signé : Perrin. — Paul Bourdier. — Daudio. — Pierre Jaconnet.

Nous, officier susdit et soussigné dans l'acte d'assemblée ci-joint, certifions avoir coté et paraphé le présent cahier au désir de l'ordonnance, *ne varietur*, ce 15 mars 1789.

S.-G. Lacasne, praticien.

MENOU (Nièvre).

Cahier *de doléances, plaintes et remontrances de la paroisse de Menou, élection de Clamecy, généralité d'Orléans et bailliage d'Auxerre.*

Cette paroisse est composée de 118 feux et couverte de forêts de toute part, lesquelles forêts appartiennent à de puissants seigneurs. Les habitants n'en ont qu'une très petite partie pour leur chauffage. Il ne reste que peu de terre en culture, de médiocre valeur, et cette paroisse ne récolte pas de quoi se nourrir la moitié de l'année. C'est dans l'exploitation de ces forêts que les habitants vont gagner de quoi vivre et payer leurs impôts; mais si ces forêts fournissent une ressource aux ouvriers, les voitures qui conduisent les marchandises sur les ports ruinent le cultivateur. La grande quantité de voitures qui passent journellement enfonce les chemins et la première pluie les rend impraticables. Pour lors ces voitures passent dans les héritages et terres emblavées, ce qui fait un tort considérable aux particuliers. Depuis quelques années cette paroisse paye 250 livres de corvée pour la nouvelle route de Clamecy, à cinq lieues de distance. Si cette somme, en y ajoutant quelque chose, étoit employée sur les chemins de cette paroisse, on parviendroit à les réparer, ce qui sauveroit les déblures et rendroit le commerce des bois de moule plus facile.

Les vœux de cette paroisse sont :

1° Qu'il n'y ait qu'un seul et unique impôt, lequel sera réparti sur tous les sujets du royaume sans exception, privilégiés et non privilégiés, clergé et noblesse compris, et par égalité de biens et faculté de chacun;

2° L'augmentation de l'impôt, s'il est nécessaire, pour le bien de l'État;

3° La suppression des aides et gabelles;

4° La liberté de commerce du sel et du tabac comme de toutes les autres productions du royaume; la faculté de cultiver cette dernière production;

5° La réforme des eaux et forêts ou plutôt la suppression;

6° Les bois communaux et les revenus des paroisses régis par les municipalités, de même que les réparations publiques; lesquelles municipalités en rendront compte tous les ans et sans frais à leur communauté;

7° Les contestations concernant les délits des bois communaux et autres réglées par devant les juges des lieux, ou au bailliage royal du ressort;

8° Que les seigneurs soient tenus d'avoir des officiers de justice résidants, ou qu'il soit permis aux particuliers de ces justices inférieures de porter leurs affaires au bailliage royal du ressort et en première instance;

9° La suppression des droits qui gênent le commerce et l'agriculture; qu'il soit permis de rembourser aux seigneurs les profits de lods et ventes et tous les droits qu'ils exigent sur toutes espèces de marchandises qui entrent ou sortent des foires et marchés;

10° L'établissement des États provinciaux;

11° Qu'aux États généraux il soit voté par tête et non par ordre;

12° La suppression de la dîme; une somme payée tous les ans aux curés et par quartier;

13° Que les curés soient tenus d'avoir un desservant lorsqu'ils voudront s'absenter plus de deux jours de leur paroisse, et lorsqu'ils manqueront de satisfaire à cet article, qu'on leur diminue une somme sur leur quartier et au profit des pauvres;

14° La paroisse de Menou observe que la généralité d'Orléans est plus chargée de tailles, proportion gardée, des biens et facultés que les généralités voisines. L'élection de la Charité, généralité de Bourges, qui est notre voisine, ne paye pas moitié de tailles que nous qui sommes de l'élection de Clamecy, généralité d'Orléans. En observant une égalité la plus exacte dans la nature des biens et facultés, nous demandons une égalité dans la distribution de l'impôt;

15° La suppression des aides ayant lieu, que les aubergistes et les cabaretiers payent une somme qui sera imposée sur le rôle des tailles du lieu de leur résidence, afin d'éviter les frais de recouvrement;

16° Que tous ceux qui voudront obtenir des lettres de répit soient tenus de faire une assemblée générale au lieu de leur résidence, où il sera dressé un acte qui constatera leurs pertes, et l'acte signé, au moins de quatre des plus notables.

La réforme des huissiers-priseurs, ou qu'ils soient assujettis à la taxe du juge du lieu.

La réforme des économies.

Signé : Guerin. — Tenaille fils. — François Jannot. — Louis Joannot. — C. Bourbon. — Joseph Bigarne. — Ravary. BEAUVAIS, secrétaire.

Coté et paraphé *ne varietur* au désir de l'acte d'assemblée des habitants de la paroisse de Menou, tenue par nous, Augustin-Jérôme Rossignol le jeune, avocat au Parlement, expédiant en cette partie à cause de l'empêchement de M. le bailly dudit Menou, cejourd'huy 15 mars 1789.

Signé : ROSSIGNOL.

MERRY-LA-VALLÉE.

CAHIER *des plaintes, doléances et remontrances des habitants de la paroisse de Merry-la-Vallée dépendant du diocèse de Sens, bailliage d'Auxerre et élection de Joigny.*

Cejourd'huy mercredy 18 mars 1789, à l'heure de dix du matin, nous, manans et habitants de ladite paroisse et communauté dudit Merry, tous assemblés au son de la cloche et dénommés au procès-verbal d'assemblée de cejourd'huy devant M. l'ancien praticien au bailliage de Beauvoir et justices y réunies, et pour obéir aux ordres de Sa Majesté et à l'ordonnance de M. le grand bailly d'Auxerre en date du 3 mars présent mois, et dont nous avons eu toute connaissance.

Article premier.

Que parmi le nombre des abus qui se sont introduits, il en est un qui doit exciter en ce moment nos plaintes, ce sont les impôts que nous payons en tous genres, comme tailles, ustensiles, capitation, corvées, industries et vingtièmes. Nous en sommes extrêmement surchargés, nos fonds sont ingrats. Les propriétés de notre pays appartiennent aux seigneurs. Ce sont eux qui ont entre leurs mains les meilleurs biens. Nous leur payons encore des droits de dîme en tous genres.

Article 2.

Nous disons qu'il seroit plus avantageux pour l'État que tous ces impôts fussent compris dans un même rôle, sous une même cote pour chaque personne; que la perception et levée des deniers fussent faites par les syndics; que les collecteurs fussent supprimés; que les receveurs des tailles le fussent également; que les garnisons envoyées par ces receveurs fussent aussi supprimées. Ces envoyés nous exécutent très militairement, nous constituant dans de nouvelles charges en nous faisant payer les frais de leur séjour qu'ils arbitrent de leur chef; constituant les collecteurs dans des dépenses extraordinaires; qu'il ne fût plus permis que personne entreprenne la levée des impôts; souvent il en résulte des abus qui vexent les contribuables par des frais que ces gens inconnus exigent de nous; que les deniers provenant des recettes qui seroient faites par les syndics fussent par eux déposés dans des bureaux; qu'il seroit à souhaiter qu'ils fussent établis dans les villes de premier et de second ordre; que les officiers de ces bureaux fassent verser leur caisse directement au Trésor royal. Alors on reconnoîtroit la nécessité indispensable des receveurs en tout genre qui manient les deniers royaux et qui sont à charge à l'État.

Article 3.

Nous nous plaignons que les bois de notre communauté qui sont étendus, ce sont MM. les officiers de la maîtrise qui nous obligent à vendre; depuis nombre d'années, il en a été vendu pour des sommes considérables. Il a été employé partie de ces deniers à de certaines réparations de notre communauté; que nous n'avons pas la liberté de pouvoir administrer nos intérêts. Ça toujours été les officiers des eaux et forêts d'Auxerre qui se sont érigés tuteurs envers nous, en nous privant de cette liberté. Nous nous plaignons encore plus, c'est que ces officiers ne nous ont jamais rendu aucun compte des deniers qu'ils ont reçus des prix provenant de la vente de nos bois. Nous pensons qu'il est à désirer pour le bonheur public et celui des communautés en général qui ont des bois, que ces juridictions soient supprimées ; que la connoissance des contestations qui s'élèveront au sujet des bois fussent attribuées au juge des lieux, sauf l'appel aux juges royaux. Ces suppressions diminueront les charges de l'État.

Article 4.

Nous observons qu'un impôt qui nous est à charge, ce sont les aides et gabelles. Nous disons qu'il seroit intéressant pour l'État de les supprimer ; que les droits que doit exiger Sa Majesté sur nos vins fussent confondus dans l'impôt général. Elle reconnoîtroit qu'une multitude de commis employés à cette partie forment une grande charge à l'État. Ce sera éviter des procès injustes qu'ils font le plus souvent à des innocents qui ignorent la fraude et les ruinent en exigeant d'eux des sommes considérables par accommodement. Ils aiment mieux encore s'arranger amiablement que de plaider avec des fermiers opulents qui les priveroient de leur liberté.

Article 5.

Nous nous plaignons de l'établissement des jurés-priseurs. Nous sommes vexés par des frais onéreux qu'ils nous font payer. Ils consomment entièrement le produit de la vente et les meubles des pauvres mineurs. Il arrive fort peu qu'ils rendent quelque chose des ventes qu'ils font, à moins qu'elles ne fussent formidables ; mais on a encore beaucoup de peine à leur faire rendre compte lorsqu'ils se trouvent reliquataires ; pendant ce temps, il arrive des oppositions dans leurs mains qui leur font plaisir. Alors ils gardent fort longtemps des deniers dont ils auroient dû rendre compte sur-le-champ. N'est-il pas à désirer pour le bien public que toutes ces charges soient supprimées.

Article 6.

Qu'il ne soit plus permis à MM. les archevêques et évêques de posséder plusieurs bénéfices à la fois, ainsi qu'à MM. les abbés et prieurs ; que tous leurs bénéfices soient réduits à moitié, que l'autre moitié soit versée dans les coffres de l'Etat. Ils auront encore assez pour vivre honnêtement en se privant de leur superflu ordinaire ; alors Sa Majesté trouvera de ce côté-là une grande ressource.

Que les ordres mendiants soient supprimés. Ces ordres sont encore à charge au peuple qui, lors de leurs quêtes, leur donne la dîme.

Article 7.

Que les droits féodaux soient supprimés ainsi que les cens et rentes seigneuriales. Ces charges grèvent les propriétés des roturiers, les empêchent de faire des mutations qui produiroient à Sa Majesté un revenu plus étendu.

Article 8.

Que les nobles et le clergé soient assujettis à l'avenir à payer sur leurs propriétés les impôts comme le Tiers-Etat. Alors cette branche augmentera les revenus de Sa Majesté dans cette partie.

Fait, clos et arrêté par les soussignés les jour et an que dessus.

Signé : J. Jolibois. — F. Bardot. — Joly. — Prévost. — L. Tissier. — Tissier. — Perreau. — Joubert. — Tissier. Martin Chase. — Mathieu Roncin. — Mercier.

Paraphé *ne varietur* au désir de notre procès-verbal de cejourd'huy 18 mars 1789.

CHARVY.

MERRY-SEC.

REMONTRANCES *et doléances de nous, habitants de la paroisse de Merry-Sec, dépendant du comté d'Auxerre, province de Bourgogne, pour être présentées à l'assemblée des États du bailliage d'Auxerre le 25 de ce mois par les députés portés au procès-verbal du 15 aussi de ce mois.*

Article premier.

Nous sommes tous de l'ordre du Tiers-Etat et tous gens de travail, fidèles sujets du Roy, auquel nous sommes entièrement dévoués. Nous offrons tout ce qui sera en notre pouvoir pour coopérer à l'extinction des charges de l'Etat, et nous jouirons de la plus grande satisfaction pourvu que ces charges, qui jusqu'à ce jour nous ont accablés, soient supportées par le clergé et la noblesse en proportion de leurs possessions, qui sont immenses et qui composent la plus grande, la plus belle et la meilleure partie des biens de l'Etat.

Article 2.

Le sol que nous cultivons est d'une médiocre valeur. Une surcharge d'impôts nous deviendroit accablante pour son peu de fécondité. Rien ne seroit plus juste et plus intéressant pour l'Etat et pour le peuple qu'une composition territoriale. Tous les gens raisonnables et la nation entière le désirent. Les revenus de l'Etat augmenteroient considérablement. Ils seroient moins sujets à être dissipés par le grand nombre de receveurs et commis qui désolent la France par leurs vexations, le train de leurs maisons, leur luxe et leurs dépenses.

Article 3.

Il seroit bien avantageux pour les gens de cette paroisse, qui sont situés dans la généralité de Paris, d'avoir, comme la Bourgogne, la délivrance des malheureux commis qui vexent et désolent cette partie de Paris.

Article 4.

Il est un fléau qui désole la France, c'est une sorte d'officiers appelés jurés-priseurs vendeurs de meubles. Ils consomment souvent la plus grande partie des successions ou des meubles saisis par eux surtout dans les campagnes, tant par la multiplicité des vacations et les grosses énormes qu'ils font payer, et par les oppositions qu'ils mendient pour se conserver plus longtemps la possession des deniers. Ils se rendent tellement redoutables qu'il n'y a contre eux qu'un cri général.

Article 5.

Le sel est un aliment de première nécessité, son extrême cherté fait que bien des malheureux ne mangent que très rarement de la soupe, qui est leur meilleure nourriture, contraints de s'en passer. Ils ne portent à leurs travaux que des bras faibles. La culture et les récoltes s'en ressentent. Une soupe journalière les rendroit plus forts et nerveux et forceroit la terre à leur prodiguer ses trésors. Les maladies qui ravagent les bêtes à laine seroient garanties si l'on pouvoit leur procurer du sel. Que de pertes n'éviteroit-on pas par son usage pour le bétail précieux aux cultivateurs et aux manufactures. Il seroit donc bien intéressant et avantageux à la nation entière que le sel fût à bas prix et la diminution rejetée sur des objets de luxe.

Article 6.

Il seroit très avantageux pour les habitants de la campagne, dont le bien-être dépend beaucoup de la nourriture des bestiaux et de leur conservation, qu'il y ait de six lieues en six lieues un homme connaisseur expert dans la maladie des bestiaux, dont la perte (ce qui arrive fréquemment par l'ignorance et l'impéritie de ceux qui les traitent) est la ruine totale de plusieurs.

Article 7.

Il est un abus dans les paroisses de campagne qu'il est bien intéressant de réformer, c'est celui qui se commet au sujet du tirage de la milice qui se fait tous les ans. Les syndics et garçons de chaque paroisse sont sommés de se transporter chez des commissaires nommés pour le tirage de la milice, et souvent à une distance de six à sept lieues. Ils sont suivis de leurs pères. Le voyage est ordinairement de deux jours. Les dépenses sont d'autant plus grandes qu'ils sont attroupés. Ils s'excitent à boire. La suite ordinaire sont des batailles. Ce n'est pas tout, il est d'usage malheureusement toléré par les commissaires que chacun des garçons dépose une somme de 6 livres dans une bourse commune pour celui qui tombera au sort. Ces différentes dépenses entraînent le peu d'argent des paroisses de campagne et mettent les habitants dans la plus grande détresse. Il seroit bien plus avantageux, et on éviteroit les inconvénients des batteries et les procès qui s'ensuivent, si on arrêtoit que chaque garçon bon à tirer payeroit une somme en argent qui seroit fixée pour être employée à l'achat d'un homme de milice, et ceci opérerait une tranquillité.

Les remontrances et doléances ci-dessus contenant sept articles, ont été arrêtées par nous, habitants de ladite paroisse de Merry-le-Sec, assemblés en conséquence au lieu à tenir les assemblées, cejourd'huy 15 mars 1789. Lesquelles remontrances et doléances ont été ainsi par nous, habitants, remises aux sieurs Geoffroy et Godard, députés, en l'assemblée de cejourd'huy, pour être, par eux, portées en notre nom à l'assemblée du comté d'Auxerre le 23 de ce mois.

Et ont, lesdits habitants, déclaré ne savoir signer, à la réserve des soussignés.

Signé : Geoffroy. — L. Bellaudet. — Jean Godard. — Bertheau. — Martin Loury. — Ed. Messant. — Loury. — Chocat. — Edme Drillon. — Drillon. — Billaudet. — M. Drillon. — Bertheau. — Edme Crépain. — M. Drillon. — C. Loury. — Létouffé. — Létouffé.

Coté et paraphé *ne varietur* par nous, François Geoffroy, ancien praticien, faisant fonction de juge, en exécution de notre procès-verbal de cejourd'huy 15 mars 1889.

Signé : GEOFFROY.

MERRY-SUR-YONNE.

LA *communauté de Merry-sur-Yonne, pénétrée des bontés de son auguste Monarque et désirant répondre à ses vues bienfaisantes et d'équité, a chargé les députés de sa paroisse de faire parvenir aux États généraux les doléances, observations et remontrances suivantes :*

Cette communauté doit les plus grands éloges et la plus grande reconnaissance à Nos Seigneurs les élus de Dijon, ainsi qu'au receveur général du comté d'Auxerre. Cependant elle demande la réduction de tous les impôts qu'elle supporte à un seul en argent, avec égalité de répartition, sans priviléges, sur les propriétés possédées par les trois ordres et forains.

La classe du peuple, la plus utile par ses travaux, et la plus malheureuse par la privation des ressources les plus essentielles à la vie, est ordinairement la plus chargée.

1° Elle demande pour réparation de tous abus dans la répartition, un tarif d'imposition conforme à la proportion établie dans le cadastre, qui contienne les noms des contribuables des trois ordres, en certitude de l'équité du cadastre et en exclusion de toutes erreurs, fraudes, inadvertance ;

2° La suppression de tous droits d'aides et gabelles, comme remplacé par l'impôt établi sur le cadastre proposé. Il est glorieux pour un monarque juste et bienfaisant de bannir à perpétuité de ses États de semblables droits, entraînant à leur suite une foule de vexations et d'abus. Ils mettent des entraves au commerce et diminuent la population, forcent le prix des choses nécessaires à la force et à la conservation des individus. Le sel, par exemple, indispensable à l'homme et aux animaux est refusé aux derniers, et l'homme, à raison de son prix excessif, n'en peut faire qu'un usage trop modéré ;

3° Que Messieurs les députés aux États généraux, dont l'intérêt et le vœu doivent être celui de la nation, prennent connoissance et demandent suppression de tous emplois, charges et établissements inutiles, comme celles d'huissiers-priseurs, dont il faut payer chèrement le déplacement et transport, un droit par chaque séance ou criée, toujours très multipliées, et enfin une somme composée de deniers par livre sur le prix total de la vente. Tous ces droits réunis absorbent la plus précieuse substance des familles et l'unique ressource des créanciers. Qu'il soit donc permis à tous citoyens de procéder à la vente des meubles lui appartenant ou de ceux des siens sans le ministère vexatoire de cette espèce d'hommes malfaisants ;

4° Que ce tribunal, sous le nom des eaux et forêts, regardé comme inutile et onéreux, qui est juge et partie dans les affaires de son ressort, dont se plaignent avec droit toutes les communautés, et qu'il est facile de remplacer sans frais, subisse la suppression qu'il mérite;

5° Suppression de toutes servitudes en France. La personnelle est le droit du plus fort, elle a été dans le principe une usurpation sur le droit naturel, qui est imprescriptible. On peut donc appeler comme d'abus. La servitude réelle, telle que les droits de bordelage, champart, les lods et ventes, les rentes et dîmes seigneuriales.

La banalité des fours et moulins, et tous autres droits de ce genre, excepté le cens, doivent être supprimés par compensation. Les États généraux doivent s'appliquer à ôter cette tache si nuisible à la nation, lui indiquer le moyen de rachat et en fixer le prix par proportion de la quotité, et dans le cas où les rentes seigneuriales subsisteroient, ordonner aux fermiers de les recevoir à mesures fixes et non arbitraires, à prix fixé sur les marchés des villes voisines, dont ils doivent tenir la mesure et en donner quittance à leurs frais, dont le refus entraîne une multitude d'abus, et dans le cas d'injustices dans ces sortes de perceptions ordre de restituer aux vassaux molestés dans ce genre;

6° Qu'il n'y ait plus de privilège exclusif dans la promotion aux dignités et élévation aux places, qui ne doivent être que la récompense du mérite. Cette justice dans la distribution appellera, encouragera et fera fleurir les arts et les talents dans le royaume;

7° Que les différentes coutumes du royaume soient détruites, le système des loix simplifié afin de procurer à l'homme curieux de le connaitre des moyens faciles, et qu'on abolisse cet échafaudage monstrueux de formes judiciaires qui éternisent les procès et qui, à la honte de la raison, ruinent les François d'un bout du royaume à l'autre. Ces restes de barbarie ne conviennent plus à la maturité de la nation, et à cet effet la suppression d'un certain nombre de tribunaux subalternes devient indispensable;

8° Liberté entière de transport de toute espèce de denrées et marchandises dans tout le royaume, sans frais;

9° Suppression et renvoi de toute espèce de commis aux barrières, qui doivent être reculées aux frontières du royaume;

10° Établissement de commissaires pour faire rendre compte aux ministres, receveurs et intendants;

11° Réduction des ingénieurs des ponts et chaussées. Un seul par province, qui donnera état des ouvrages à faire chaque année, que la province adjugera, et qu'il sera tenu de visiter et recevoir;

12° Suppression des corvées, si nuisibles à l'agriculture, et réforme des milices, très onéreuses dans les campagnes;

13° Il existe un droit de retenue ou retrait censuel, dont se prévalent les fermiers des seigneurs, onéreux et vexatoire, qui ravit au particulier la jouissance d'un héritage acquis pour son utilité et arrondissement, et qui le met dans le cas d'une dure et constante soumission envers ce fermier pour mériter de sa part la tranquillité de jouissance de son acquisition. Ce droit très odieux, étant au pouvoir du fermier, doit à cet égard subir la suppression ;

14° Dans l'arrondissement, cette communauté seule a eu la douleur de se voir dépouillée, depuis près d'un siècle, d'environ 300 arpents de bois, son unique ressource pour ses charges ordinaires et extraordinaires et malheurs ;

15° Quoique les fonds de cette communauté soient couverts de plus de 600 arpents de bois, elle éprouve la plus grande difficulté de s'en procurer pour son chauffage et entretien de bâtiments, étant obligée de les surpayer à ceux qui les achètent ordinairement en gros, et qui souvent refusent d'en vendre ;

16° La commune demande la restitution des communes, dont se sont emparés les riches propriétaires au préjudice des campagnes, et qui ont ravi la plus précieuse portion des pâturages, et le moyen de nourrir et élever des bestiaux, dont le prix actuellement excessif énerve l'agriculture ;

17° Demande cette communauté de faire pâturer leurs bestiaux dans tous les bois après quatre ans de coupe et la pousse de may ;

18° Demande que l'édit du Roy, du mois d'août 1770, concernant les clôtures en Bourgogne, ainsi que les échanges soit de particuliers à particuliers, même avec les seigneurs et gens de mainmorte, soit continué à perpétuité pour le bien des sujets de Sa Majesté et leur arrondissement ;

19° Demandent l'exclusion de toute mendicité. Pour y parvenir, il seroit à propos que chaque paroisse fût chargée de ses pauvres, et qu'il y ait dans quatre ou six paroisses un établissement de chirurgien à solde commune pour venir au secours des gens de la campagne, cette précieuse classe que la misère, l'ignorance et l'éloignement de secours ravissent à la vie dès qu'elle est attaquée de maladies sérieuses ;

20° Demandons enfin qu'il fût possible de venir au secours des pauvres nourrices de la campagne, qui, attaquées de fièvres ou autres maladies, ne peuvent fournir à leurs enfants de l'âge tendre qu'un lait meurtrier et que leur pauvreté ne permet de remplacer, majeure cause de la dépopulation des campagnes et de la perte de ces individus, qui forment l'espérance de l'État.

Signé : Robinet de Malleville. — Gautier. — Henry. — D.

Henry. — Jacques Henry. — Lerot. — Jacques Joly. — Milandre. — Eugène Moreau. — F. Chato. — Jacques-Henri Tissier. — Guitton. — Et. Pérille. — Jean Joly. — Denis Maudron. — Clairnée.

Vannereau.

MIGÉ.

Très *humbles et très respectueuses supplications et doléances de la paroisse et habitants de Migé, arrêtée en l'assemblée générale, en exécution des réglements faits par le Roy les 24 janvier et 7 février 1789, et ordonnance de M. le grand bailli du 5 du présent mois.*

1° L'entière adhésion au vœu de la ville d'Auxerre et à la requête et délibération du Tiers-État de Dijon ;

2° En conséquence requièrent la réforme de la province d'après le plan proposé par ces deux actes, tant pour leur constitution et organisation que pour celle de la commission intermédiaire ;

3° L'établissement d'une assemblée de département et bureau intermédiaire dans la ville d'Auxerre pour le comté, correspondant aux États de la province, pour parvenir dans ce district à une juste répartition des impôts, qui n'ont eu jusqu'à présent aucune proportion avec l'étendue et propriété ou terrain de chaque ville, bourg, village ou paroisse dudit comté, et avec les facultés de chaque habitant, faute de connaissances suffisantes ;

4° Les opinions aux États généraux prises et recueillies par tête, soit que les ordres délibèrent conjointement ou séparément, en sorte que les voix des individus de chaque ordre soient rapportées et comptées ;

5° La suppression des gabelles si désirée par le Roy et le royaume ;

6° La suppression des droits domaniaux, au moins une réforme dans le tarif ;

7° La refonte générale de tous impôts en deux seuls sur tous les sujets du Roy sans aucune exception de rang, de naissance, de charges, professions et priviléges, et de manière que les ordres de l'État, et individus desdits ordres y soient distinctement soumis ;

8° L'impôt territorial payable en deniers pour la plus juste égalité à proportion de leur valeur ;

9° La suppression des jurés-priseurs ;

10° La suppression des *Committimus* ;

11° La suppression des eaux et forêts remplacées par les juges des lieux;

12° L'abréviation de la procédure civile et criminelle;

13° L'entretien des routes par chaque communauté à leur proximité et proportionnellement à leur population, et pareillement la réparation des chemins communiquant aux routes et chemins finéraux, pour le soulagement des malheureux aux frais de l'État, faisant la branche du commerce;

14° L'uniformité des poids et mesures dans tout le royaume, pour la facilité du commerce.

>Signé : Georgin, syndic. — Dautin. — Héronnaie, syndic. — Dinou. — Rongnat, Manigot, syndic. — G. Ramiet. — Dhumée. — Lamy. — Georgin. — Raboulin. — D. Lamy. — R. Trousseau. — Raboulin. — E. Billaudet. — Dautin. — Borgnat. — Edme Prieur. — Borgnat. — Edme Chien. — J. Bruand. — Étienne Bretagne. — J. Marmagne. — Lenfant. — Morin. — Edme Mailliaux. — J. Flamant. — Borgnat. — Georgin. — Gillon. — E. Lamy. — Louis Goussot. — Claude Thuillié. — R. Tuillié. — E. Pelliau. — Trousseau. — Edme Fébure. — Laurent Rivet. — C. Marjot. — E. Flamand. — Georgin. — Gillon. — Peutot. — Raboulin. — Claude Lenfant. — C. Rivet. — Lempereur. — M. Vildieu.
>
>Bruand, procureur fiscal. — Benn. — Manigot, greffier.

Paraphé *ne varietur* au désir de l'ordonnance de M. le grand bailly d'Auxerre.

Benn.

MOLÊME.

Remontrances *et doléances de nous, habitants de la paroisse de Molême, généralité d'Orléans, élection de Clamecy et du bailliage d'Auxerre, pour être présentées à l'assemblée des États du bailliage d'Auxerre, par les députés que nous choisirons.*

(Ce cahier est la reproduction littérale de celui de Fouronne, il n'en diffère que par l'article suivant) :

Art. 3.

Nous voyons avec jalousie nos voisins de la province de Bourgogne délivrés de ces malheureux commis aux aides, qui font tant de ravages dans les campagnes. Que n'en sommes-nous délivrés comme eux, à quelque prix que ce soit! Nous le demandons avec instance; c'est le vœu de la nation entière.

Signé : Alexis Millot. — E. Bertho. — Fr. Bouillé. — François Millot. — Brigny. — P. Guillot. Ed. Billon. — Louis Billon. — Pierre Coudron. — Michel Hollin. — B. Pierre.

MALVIN, juge.

MONÉTEAU-LE-PETIT (1).

CAHIER *de doléances que donnent les habitants de Monéteau-le-Petit (partie de Bourgogne) à leurs députés aux États généraux, en conséquence de la lettre du Roy en date du 27 février 1789.*

1° Pour demander la simplification de la perception des impositions, et qu'il soit remis en un seul impôt qui sera versé directement dans le coffre de Sa Majesté; la suppression des intendants de province, ou au moins la diminution de leurs pouvoirs, car il est honteux que pour une ouverture ou réparation d'un fossé nécessaire à un finage, ou une légère réparation à une église, il faut présenter requête à M. l'intendant, communiquée au subdélégué, nomination d'architecte et autres ordonnances, rôle de répartition fait par le secrétaire de la subdélégation, nomination de collecteurs : le tout durant quelquefois deux ans et plus. Pendant ce temps les cultivateurs perdent leurs récoltes, et une légère réparation devient conséquente, au lieu que si le juge du lieu était autorisé à homologuer l'avis des habitants, il en résulteroit que les ouvrages seroient faits dans leur temps, et on feroit faire pour 100 livres ce qui coûte souvent jusqu'à 300 ;

2° Qu'à l'assemblée des États de la province le Tiers-État soit représenté en nombre égal à celui des deux autres, et que les opinions y soient prises par tête et non par Chambre, sans quoi ils se retireront;

3° De payer la continuation de la corvée en argent, et la réparation des chemins fineraux soit payée par tout le monde indistinctement;

4° Demanderont lesdits députés que la tenue des États généraux se renouvelle tous les cinq ans : à cet effet ne consentir les impôts et subsides que pour ce temps;

5° Que la répartition des impôts que chaque paroisse doit supporter soit faite par les notables de ladite paroisse les plus éclairés,

---

(1) Partie du village assise sur la rive droite de l'Yonne.

en nombre suffisant, choisis et nommés à la pluralité des voix dans une assemblée par eux convoquée à cet effet, et que les cotes faites à cette occasion soient rendues exécutoires par le juge des lieux, sans frais, ce qui épargneroit bien des dépenses aux collecteurs, qui ne servent qu'à les ruiner et ne rapportent rien à l'État;

6° La permission de détruire les lapins et autre gibier nuisible aux cultivateurs, qui se donnent pendant toute l'année une peine incroyable à la culture de leurs terres et vignes dans l'espérance de récolter, et s'en voient presque privés parce que des seigneurs puissants ont établi dans leurs terres des gardes-chasse pour la conservation de ce gibier destructeur des emblaves des cultivateurs et leur font une loi si dure sur cet objet qu'il y a eu des seigneurs qui ont fait publier dans leurs seigneuries des défenses aux cultivateurs de sarcler leurs bleds;

7° Demandons aussi pareillement que les colombiers et voliers soient fermés dans les temps de la semaille des bleds, orges et avoines, ainsi que pendant les récoltes desdits grains, parce qu'il y a beaucoup de cultivateurs qui ont été obligés de resemer jusqu'à trois fois la même terre et dans les mêmes moments; qu'il soit permis aux cultivateurs de les tuer;

8° Que les impôts à établir soient supportés et répartis sur tout un chacun des sujets de Sa Majesté, soit noble ou ecclésiastique, sans exception, chacun en proportion de ses possessions et facultés; lesquelles impositions seront réparties par les habitants du lieu choisis et nommés dans une assemblée des habitants;

9° Demandent que la province de Bourgogne soit maintenue et gardée dans les privilèges et droits dont elle jouit, et ne souffriront pas qu'on y porte la moindre atteinte, et qu'aux assemblées des États de la province le Tiers-État soit en nombre égal avec le clergé et la noblesse réunis;

10° Que les droits de contrôle, insinuation, centième denier et autres droits y annexés, dont la plus grande partie des citoyens ignore le nom, et sont forcés de payer à l'arbitrage des commis, soient dénommés et expliqués d'une manière nette et précise; qu'ils soient moins multipliés; qu'il n'en soit établi aucun par arrêts du Conseil, attendu que ces sortes d'arrêts ne sont connus que des commis, qui les interprètent chacun à sa fantaisie et font payer en conséquence;

11° La suppression des jurés-priseurs, qui font la ruine des veuves et des orphelins, et de ceux qui sont engagés dans les dettes, car si un créancier est obligé de poursuivre son débiteur et qu'il en vienne à la vente, les droits exorbitants attribués à ces officiers, qui quelquefois demeurent à 8 ou 10 lieues, avec leurs frais de voyage absorbent quelquefois tout le prix de la vente; ou si c'est une vente après décès que cet officier se transporte pour faire la prisée des meubles. Si on fait procéder à la vente il faut également payer son transport, ses vacations à la vente, et ensuite, parce que sa charge l'autorise à emporter les deniers, il s'en saisit, et ceux à qui ils appartiennent sont obligés de faire plusieurs voyages pour les avoir. Ce qu'il y a de pire, c'est que dans une succession où le mobilier ne va qu'à une certaine somme, ils sont obligés au lieu d'en recevoir d'en donner à cet officier;

12° Demanderont la suppression des commissaires à terrier, à moins que les seigneurs ne fassent faire leurs terriers à leurs frais. Ces commissaires à terrier, depuis quelques années, ont fait payer des droits exorbitants, qui ont absorbé le revenu de la plupart des citoyens des endroits où ils ont travaillé. Non contents de ces droits onéreux qui vraisemblablement leurs sont attribués, ils se font céder les droits des seigneurs ou de leurs fermiers pour vexer les vassaux avec plus d'avidité, et ce qu'il y a de plus odieux, c'est qu'ils amodient des seigneurs la recette des lods et ventes, rentes en grains, etc., ce qui fait qu'ils ne sont pas scrupuleux de charger des terres de rentes en grains ou autres espèces, qui ne devoient rien avant la confection des terriers, et qui se trouvent grevés de ces sortes de droits après;

13° Que la communauté représente qu'elle est séparée de l'église paroissiale par la rivière d'Yonne; ils sont donc obligés de passer cette rivière tous les dimanches et fêtes pour assister aux saints offices, ainsi que pour les travaux qu'ils sont obligés de faire tant à leurs propres biens que comme journaliers, pour gagner leur vie : ce qui revient aussi coûteux aux habitants presque comme la taille, et encore de plus à risquer le péril par le débordement des grandes eaux, et par la glace;

14° Quelques personnes bien intentionnées nous ont facilité les moyens de découvrir un testament fait par dame Germaine Leclerc, épouse de M. Claude Chevallier, écuyer, conseiller du Roy, lieutenant général au bailliage d'Auxerre, devant M° Bourotte, notaire à Monéteau, le 14 juillet 1628, déposé à M° Leclerc, notaire à Auxerre. Par ce testament cette dame ordonne qu'il soit bâti une chapelle dans la première cour de sa maison de Monéteau, pour donner occasion, dit-elle, aux pauvres gens du village d'assister à la messe le saint dimanche ou autres fêtes. Elle lègue à ladite chapelle 15 bichets de bled de rente et 15 sols en argent, qui lui sont dus chacun an sur 15 arpents de terre entre Monéteau et les Isles, du côté de Jonches, à la charge par le chapelain de dire deux messes par chaque semaine, l'une le dimanche, l'autre le mercredi, et dans le cas où il échoiroit une fête dans la semaine, la messe du mercredi sera dite le jour de fête. En outre ladite dame ordonne qu'il soit mis à constitution la somme de 208 livres, dont les intérêts seront retenus par le chapelain, d'autant que les 15 bichets ne sont suffisants. Cette chapelle existe encore, nous y avons vu dire la messe il y a environ trente ans, et depuis ce temps on ne la dit plus. Cette fondatrice était dame en partie de Monéteau, et cette seigneurie a été vendue aux prédécesseurs de Monseigneur le duc de Montmorency, dont il en est fait mention en son lieu au terrier (1);

15° Que ladite communauté se réclame à Sa Majesté de faire revivre cette chapelle;

16° Demanderons que la continuation du pacage des bestiaux dans les bois des seigneurs nous soit maintenue, ainsi que le bois mort et le mort-bois; que nous n'avons aucun pâturage, attendu qu'il n'y a ni prés, ni pâtures, ni usage, et que le finage étant si petit qu'il est occupé les trois quarts en bois appartenant à Messieurs du Chapitre d'Auxerre et à Monseigneur le duc de Montmorency et à M. le Commandeur;

17° Que le sel coûte ici 12 sols 9 deniers la livre, que l'extrême cherté de cette denrée empêche le cultivateur d'en tirer tout le fruit qu'il en pourroit espérer;

18° Nous demandons qu'on supprime le casuel, qu'on dédommage notre curé et qu'on lui restitue la dîme entière, qui lui appartient de droit.

Fait et arrêté par nous, habitants de la communauté de Monéteau (partie de Bourgogne), ce 22 mars 1789.

Signé : Renault. — L. Delorme. — Edme Delorme. — E.-P. Guinier. — J. Noblet.

E. GUINIER (praticien).

MONÉTEAU-LE-GRAND (2).

CAHIER *pour la paroisse de Monéteau, dépendant de deux généralités, à savoir : moitié généralité de Paris, élection de Tonnerre, et l'autre moitié généralité de Bourgogne, comté d'Auxerre, pour les plaintes et doléances pour faire à Sa Majesté par les habitants de ladite paroisse de Monéteau, quant aux habitants de la généralité de Paris, élection de Tonnerre.*

1° Nous désirerions être du comté d'Auxerre, comme étant

---

(1) Cette chapelle existe encore, elle se trouve située à l'entrée du pont suspendu.

(2) Partie du village où se trouve l'église.

enclavés entièrement dans la Bourgogne, distance d'une demi-lieue d'Auxerre, pour la facilité des recouvrements des impositions, qu'au lieu que Tonnerre est de distance de Monéteau de huit lieues : ce qui est grandement à charge à cette paroisse.

2° Nous nous plaignons des injustes droits des aides, des vexations des commis, tant pour le vin que pour l'eau-de-vie tirée du peu de vin et du marc ; aussi en demandons la suppression.

3° La suppression de l'amende du sel pour pouvoir en prendre dans les greniers les plus proches.

4° La suppression de l'huissier-priseur, qui ruine la veuve et l'orphelin.

5° Nous sommes écrasés par les impositions de la taille, capitation et vingtièmes.

6° La suppression des garnisons qui ruinent le collecteur et le redevable.

7° Et la route ayant coupé les terres par le milieu, et ayant planté des arbres de chaque côté qui mangent par leurs racines la superficie du terrain.

8° Pour la dîme qui se perçoit de 16 gerbes l'une de toutes sortes de grains, et le vin de 20 feuillettes l'une, et les bêtes à laine de 20 l'une, ainsi que la laine 20 livres l'une.

9° L'amortissement des entrées des villes et le passage des ponts.

10° Nous nous plaignons du *Buissonnier*, qui est envoyé par le bureau de la ville de Paris, qui fait couper les arbres et abattre les murs le long de la rivière, pour faute d'avoir soin de réparer les chemins de la rivière.

11° Nous nous plaignons du dégât que font les pigeons, lorsque les grains commencent à être semés, et jusqu'à la récolte, et les peines que l'on se donne pour les garder, ce qui est grandement à charge au public.

12° Nous nous plaignons que les seigneurs et les bourgeois du pays se sont emparés des pâturages ; ce qui réduit les habitants à la misère, et ainsi que les bois, où on n'ose entrer à quelqu'âge que ce soit.

13° Nous nous plaignons sur les procédures, lorsqu'un procès est entre les mains des procureurs, on n'en peut voir la fin ; ce qui ruine les familles.

14° Nous nous plaignons du contrôle, de ce que l'on paye de trop pour les amendes et centièmes deniers.

15° Insister sur ce que les voix se comptent par tête, et non par ordre, tant en ce qui concernera la contribution que la répartition de l'impôt, mais encore en ce qui regardera la refonte des lois, et la suppression des abus dans celles où ils existent, et généralement en tout ce qui seroit proposé dans l'assemblée.

Fait et arrêté par nous, habitants de Monéteau, qui ont déclaré ne savoir signer à la réserve des soussignés, le 19 mars 1789.

Et par devant nous, Edme Guignier, ancien praticien au bailliage de ce dit lieu.

Signé : L. Chevillon. — E. Perry (greffier). — E. Ferrand. — E. Petitjean. — L. Lemoux. — Michel Papon.

E. Guinier.

MONTIGNY-LE-ROI.

Plaintes *et doléances de Montigny-le-Roy et instructions pour leurs députés.*

Les habitants des campagnes étant les plus persécutés quoique les plus utiles sujets d'un Roy bienfaisant, contre les intentions duquel ils éprouvent journellement les plus durs traitements, ils profiteront avec empressement et reconnoissance de la liberté qui leur est accordée par le plus équitable souverain, de faire parvenir jusqu'à lui leurs réclamations. Ils chargent en conséquence leurs députés de demander à l'assemblée générale :

1° La suppression de tous les impôts actuels, dont la variété cause la dûreté et met le laboureur dans l'impossibilité d'acquitter des charges dont il reconnoît qu'il ne peut se dispenser. Ainsi qu'on simplifie tant l'établissement que la perception de la redevance, qu'il est juste de payer au Roy, et le cultivateur l'acquittera avec satisfaction, et ne verra plus le fruit de ses peines entièrement perdu pour lui. En payant bien moins, il sera sûr qu'il entrera bien plus d'argent dans les coffres du Roy.

2° La répartition égale sur tous les propriétaires privilégiés ou non ; et qu'il soit pris de sages mesures pour que, sous aucun prétexte, l'homme puissant et riche ne puisse se soustraire à une imposition juste : qu'en conséquence il soit établi partout des commissions composées de toutes les classes de propriétaires pour répartir l'impôt et juger du mérite des réclamations ;

3° Que les noms odieux d'aides, gabelles, tailles et corvées soient abolis, et qu'on y supplée par la rétribution la plus simple, la plus égale, et qu'on les garantisse de toute atteinte de la part des traitans ;

4° Que la justice soit rendue d'une manière uniforme par une seule classe de juges, en admettant seulement les degrés d'infériorité et de supériorité ; que par suite tous les tribunaux dits d'exception soient supprimés comme inutiles et onéreux, et qu'on ne conserve qu'un seul tribunal, où on aura soin de n'admettre que des sujets instruits, intègres et assidus à leurs devoirs;

5° Que les ordonnances tant civiles que criminelles soient réformées et rendues d'une exécution facile et sûre; que tous les codes particuliers concernant les droits fiscaux, la chasse, les droits seigneuriaux soient confondus dans une loi unique, équitable et claire, pour ne pas être exposé à des interprétations qui ne font que l'embrouiller;

6° Que les droits seigneuriaux soient réduits, pour l'honorifique à ce qui est conforme à la raison et à la décence, et pour l'utilité à une perception facile, qui ne soit ni humiliante ni vexatoire pour des vassaux qui sont des hommes et non des esclaves; qu'en conséquence les banalités, droit de retenue, dîme, corvée, et en un mot tout ce qui ressent l'ancienne tyrannie féodale soient abolis, et la valeur remboursée aux seigneurs;

7° Que la chasse soit toujours réservée aux seigneurs seuls, mais que les règlements les plus rigoureux mettent les héritages des vassaux à l'abri des ravages des chasseurs et du gibier; et que les délits à cet égard puissent être constatés par le témoignage unanime des vassaux, et non soumis à des tribunaux toujours favorables aux seigneurs, mais au seul et unique qu'il convient de rendre universel; que les pigeons soient regardés comme animaux nuisibles, et enfermés pendant les moissons et les semailles;

8° Que les ordonnances qui défendent le port d'armes soient exécutées sévèrement contre les laboureurs, mais aussi contre les gardes qui tuent les animaux, et quelquefois les hommes, et contre lesquels on ne peut jamais obtenir justice; qu'en conséquence la puissance déraisonnable et barbare attribuée aux gardes soit assujettie à des formalités qui rendent l'abus presque impossible;

9° Que les bois soient respectés tant qu'ils sont hors de défense, soit qu'ils appartiennent aux seigneurs ou aux habitants; mais qu'il ne soit permis à aucun seigneur d'en interdire l'entrée aux bestiaux lorsqu'il ne peut plus y être fait de dommages. Cet objet est absolument nécessaire à régler si l'on veut que le cultivateur puisse élever des bestiaux, dont la disette se fait souvent sentir en France;

10° Que les justices seigneuriales soient réunies en certains arrondissements dans lesquels il résidera des officiers honnêtes et instruits, pour rendre assidûment la justice, et surtout pour faire la police, beaucoup trop négligée dans la campagne, où le droit de justice est conservé avec soin par les seigneurs, mais négligemment exercé par les officiers ;

11° Que les campagnes soient soustraites à l'exercice des jurés-priseurs vendeurs de meubles, dont les droits et prérogatives inouis sont un fléau aussi terrible que les commis et les huissiers des tailles ;

12° Que les droits des commissaires à terrier soient infiniment réduits, et que la déclaration surprise à la religion du monarque soit retirée, sans quoi les vassaux seroient obligés d'abandonner aux seigneurs leurs héritages pour acquitter les droits de reconnoissance ;

13° Que les campagnes soient délivrées des poursuites injustes et sûrement ignorées que les huissiers de la juridiction consulaire exercent à la requête de nombre d'usuriers, qui, pour traduire au tribunal de malheureux laboureurs ou manœuvres, les font assigner sous le titre ridicule de marchands, et obtiennent ainsi des sentences par corps contre des gens qui en achetant les denrées de nécessité n'ont jamais cru entrer dans le corps des commerçants ; qu'en conséquence les abus introduits depuis longtemps dans cette juridiction soient réformés, de manière à ne pas braver tous les règlements, si on se détermine à conserver un tribunal qui peut être parfaitement réuni au seul qu'on demande ;

14° Qu'il ne soit plus question à l'avenir de corvées, et qu'il ne soit pourvu qu'à la confection ou entretien des chemins reconnus nécessaires. Que chaque bailliage ou département ait des fonds assignés à cet effet, et que l'emploi en soit ordonné par des administrateurs choisis parmi les propriétaires de toutes les classes résidant sur les lieux, connus pour leur intégrité, et incapables d'employer des milliers de bras à construire des chemins utiles à un seul homme riche ou puissant, tandis que les communications des villes et villages sont impraticables dans une grande partie du royaume ;

15° Que si les aides ne sont pas abolies partout le royaume, le rachat qui en a été fait par les habitants du comté d'Auxerre, sous la sauvegarde de l'administration de la province soit maintenu, et que tout ce qui tenoit à ce régime soit aboli en entier ;

16° Qu'il soit pourvu à ce que les curés, si nécessaires dans les campagnes y trouvent un sort honnête, qui les mette en état de vivre décemment et soulager les malheureux, et de faire le sacrifice de tous les droits casuels qui les rapprochent du mercenaire ; que pour y parvenir toutes les dîmes du royaume soient abolies et converties à l'usage primitif, l'entretien des vrais ministres des autels (1) ;

17° Que si la gabelle n'est pas supprimée, le sel soit rendu marchand, et mis à un prix raisonnable. Les habitants des campagnes souffrent un dommage considérable du trafic exercé sur cette marchandise, tant pour ce qu'ils en consomment eux-mêmes, que parce qu'ils en pourraient faire consommer à leurs bestiaux, auxquels cela seroit très nécessaire ;

18° Que l'on fasse insérer dans le cahier général la demande du vote par tête et non par ordre aux États généraux ;

19° Que dans les mesures à prendre pour la formation de commissions de département, dont les députés sollicitent l'établissement, on s'occupe de fixer par arrondissement de cinq à six lieues une sage-femme expérimentée et un chirurgien habile, aidé d'un garçon au moins, et que ces deux sujets soient reçus à l'école de chirurgie d'Auxerre après un cours d'étude suffisant ; qu'on s'occupe d'assigner des fonds suffisants à l'hôpital d'Auxerre pour y entretenir au moins 20 lits d'hommes et 10 de femmes, spécialement destinés pour les campagnes, dont les charités, en proportion de leurs pouvoirs se joindront à cette fondation ;

20° Que la représentation de tout le comté d'Auxerre aux États particuliers de la province étant de la plus grande importance pour les habitants des campagnes, il soit arrêté que lors du choix des députés aux États de Bourgogne, les habitants des villages seront appelés à l'assemblée générale, où sera faite la députation ; que les députés seront choisis librement, ainsi qu'il a déjà été voté par l'adhésion au vœu du Tiers-État de Dijon, par lequel la liberté du choix des maires, échevins, syndics et autres représentants a été réclamée avec justice : se joignant lesdits députés de Montigny-le-Roy pour cet objet, à tous les autres députés des villes ou villages.

Le présent cahier a été lu et publié, à l'assemblée des habitants de Montigny-le-Roy, et par eux accepté le 19 mars 1789, et ont signé.

Signé : Gauthérin. — J. Crochot. — E. Chouard. — E. Bailly. — Darlot. — F. Coquibus. — Dupas. — Bailly. — Étienne Moureau. — Hubert Mathias. — G. Rousseau. — Chauvot. — Robin. — Pontagny.

Coté et paraphé *ne varietur* par nous faisant fonction de juge,

SAFFROY.

---

(1) Charlemagne, à qui on fait remonter l'institution, en divisa le produit en quatre parties : pour la fabrique de l'église, pour les pauvres, pour l'évêque, et pour les clercs.

MONTILLOT.

CAHIER *des plaintes et doléances des habitants de la paroisse et communauté de Montillot pour satisfaire aux vœux de Sa Majesté, qui sont que ses fidèles sujets peuvent en toute confiance proposer tout ce qu'ils croient utile pour le bien général du royaume.*

Est d'avis que les députés qui représenteront le Tiers-État à l'assemblée générale des trois ordres du royaume, fixée par Sa Majesté pour le 27 avril prochain demanderont, en son nom :

1° Qu'il soit établi des États provinciaux d'une manière fixe et durable, et qu'ils n'ayent à répondre qu'au Roy de leur gestion ;

2° La réforme des impôts actuels, étant portés à des sommes considérables eu égard aux évaluations où l'on porte le produit de nos biens, qui sont d'un sol très médiocre, et par conséquent peu de produit ; que pour faire rentrer ces impositions il est établi des receveurs généraux et particuliers dont nous demandons la suppression ; que joint à ce, il y a un nombre de gens comme des garnisaires députés par ces receveurs pour poursuivre les recouvrements de ces impositions, qui loin par le particulier de remplir ses mêmes impositions, se trouve dans l'impossibilité de le pouvoir faire par la multiplicité des frais que ces chefs d'hommes font dans les paroisses, et qui sont toujours de préférence payés au préjudice des principaux, et alors retardent toujours le versement de ces mêmes principaux ;

3° La suppression des aides et gabelles ; les aides comme gênant le commerce et accablant continuellement les sujets de Sa Majesté d'une infinité de vexations ;

4° Les gabelles comme mettant des entraves à la nourriture et entretien des bestiaux, par la cherté excessive du sel, que les gens de campagne ne peuvent leur procurer, n'ayant pas, la plupart du temps, la facilité d'en acheter pour leurs propres besoins ; que les tabacs râpés soient supprimés comme étant nuisibles au peuple, mais qu'ils soient vendus en bille comme ci-devant ;

5° Qu'au lieu et place des suppressions ci-dessus demandées relativement aux impositions et autres droits, il soit établi par Sa Majesté un impôt territorial, soit en argent ou en nature, à raison du produit de chaque espèce d'arpent, comme terres, prés, vignes et bois, envisageant que la plus grande partie des biens des campagnes appartiennent aux gens du clergé et aux gentilshommes, et encore de la meilleure qualité; que cet impôt, alors, diminuerait donc le Tiers-État, toujours accablé, et une répartition juste et équitable étant faite sur tous les propriétaires quelconques;

6° Trouver un moyen alors efficace pour verser et faire parvenir au Trésor royal cet impôt, qui produira plus d'effet clair à l'État que les impositions actuelles;

7° On observera sur les droits d'aides que l'impôt n'en devra pas être porté à si haut prix dans les campagnes, dont nous faisons partie, que dans les villes et autres endroits assujettis aux entrées et inventaires des vins;

8° La suppression des huissiers-priseurs, établissement de nouvelle date qui est très ruineux pour les successions, vu la multiplicité des droits qui y sont annexés;

9° Qu'il soit établi une règle fixe et invariable pour l'administration de la justice; que le temps que doit durer chaque procès soit limité, et d'en rendre responsables les juges; car les causes les plus sommaires ruinent quelquefois les parties par la longueur des chicanes que les procureurs et avocats mettent à terminer, par les ressorts secrets de leur art.

10° Que pour y parvenir plus efficacement, il soit établi une seule et même coutume par tout le royaume, afin que chacun sache à quoi s'en tenir pour la décision des affaires; car il est souverainement ridicule que pour un même objet on gagne son affaire dans une coutume et on la perde dans une autre;

11° Que dans la plus grande partie de nos endroits, les officiers de justice ne résident point sur les lieux. Rien ne peut alors empêcher le désordre qui s'y commet souvent jour et nuit, particulièrement dans les cabarets, et pendant même les offices; que pour mettre ordre à ces inconvénients et y veiller exactement, il soit établi dans chaque lieu un procureur d'office ou un substitut;

12° Qu'il nous a été nouvellement fait une imposition pour droits de corvée que nous payons. Puisque nous y satisfaisons, nous demandons alors que nos chemins publics et notamment ceux où passe chaque jour de semaine le courrier de la poste aux lettres soient réparés.

La communauté de Montillot, en conséquence, charge les députés qu'elle nommera pour l'assemblée du bailliage d'Auxerre, de présenter le présent cahier, de consentir à tout ce qui peut être utile pour le bien du royaume, et d'avoir attention à s'opposer à tout ce qui peut y être contraire.

Fait et arrêté par nous, soussignés, à l'exception de ceux qui ne le savent, ce jourd'hui dimanche 15 mars 1789.

Signé : P. Carillon. — Charles Carillon. — E. Pernot. — C. Treman. — Jean Brisdoux. — L. Carillon. — C. Guilliou. — Marcelot. — M. Porcheron. — D. Guilloux. — P. Guilloux. — Pernot. — G. Luly. — A. Mercier. — P. Degoix. — Defert. — Defert (ancien praticien).

MOUFFY.

Cahier *de doléances des habitants de Mouffy, et remontrances à faire à l'assemblée du comté d'Auxerre, province de Bourgogne, le 25 mars 1789, et être remis par les sieurs Vaury et Marmagne; arrêté entre nous, habitants de Mouffy, de la manière qui suit.*

Ce cahier est la reproduction littérale de celui de Fouronnes; il n'en diffère que par les articles suivants :

Art. 8.

L'administration de la justice est un point bien intéressant dans les campagnes. Elles sont tellement multipliées, qu'il n'est pas de bourg et village, et paroisse et hameau desdites paroisses, dont le nombre est souvent de 8, 10, 12 et plus, qui forment autant de justices particulières, possédées par autant de seigneurs, qui ont chacun leurs officiers. Cette multiplicité fait que les seigneurs ne font presqu'aucune acception dans le choix de leurs officiers, soit juges, procureurs fiscaux et procureurs postulants, dont la plupart sont des ignorants, gens avides, qui ne travaillent que pour eux. Si on ajoute à ces considérations intéressantes combien en général les affaires sont mal dirigées, mal instruites par ces juges, et combien les parties éprouvent de longueurs dans la décision des procès qu'ils sont forcés d'avoir, il paroîtra bien avantageux pour le bien public d'exécuter le projet de réunion des différentes justices, de les ériger en justices royales, de former des chefs-lieux de 5 lieues en 5 lieues, dans lesquelles on établiroit des officiers convenables, qui ne seroient admis qu'après un examen, et qui donneroient des preuves de leur capacité et bonnes mœurs. Ces réunions si désirées, et qui sont le vœu de tout le Tiers-État, produiroient au Roy des sommes considérables par la vente des offices, dont la vente seroit payée avec la plus grande satisfaction par ceux qui en seroient pourvues.

Art. 9.

Il est un abus qui se commet dans la paroisse qu'il est bien intéressant de réformer, c'est celui du tirage de la milice, qui se fait tous les ans. Le syndic et les garçons sont tenus de se transporter chez des commissaires, éloignés de 5 à 6 lieues. Ils sont forcés de séjourner, ce qui leur occasionne une dépense assez importante, ce qui les met dans la détresse. Pour l'éviter, il vaudroit mieux que chacun des garçons bons à tirer donnât une somme qui seroit fixée par Sa Majesté pour servir à l'achat d'un homme pour les remplacer.

Lecture faite du présent cahier de doléances et remontrances aux habitants de ladite paroisse de Mouffy, lesquels ont déclaré être leurs intentions et vœux. En conséquence, ont chargé les députés au procès-verbal fait cejourd'huy par lesdits habitants, devant l'ancien praticien faisant les fonctions de juge pour l'absence des officiers en titre de ce bailliage, de vouloir bien porter ledit cahier, en conséquence de l'acceptation donnée au domicile de leur syndic le jour et heure indiqués par icelle, dont et du tout nous, juge susdit, avons donné acte auxdits habitants de leurs dires et réquisitions ledit jour, 16 mars 1789 ; et ont déclaré ne savoir signer à la réserve des soussignés.

Signé : E. Bruant. — J.-L. Bruant. — P. Naudin. — Berdin. — H. Bruant. — Marmagne (syndic). — Houblin. — L. Petit. — Houblin. — C. Naudin. — Vaury. — Naudin. — J. Petit.

Le présent cahier coté par première et dernière feuille, par nous, François Geoffroy, bailli de Monputois et autres lieux, ancien praticien au bailliage de Courson, Mouffy et dépendances, et paraphé *ne varietur* ce 16 mars 1789.

Signé : Geoffroy.

MOULINS-SUR-OUANNE.

Doléances *de la paroisse de Moulins*.

Nous, habitants, formant la communauté de Moulins, nous nous plaignons :

1° De ce que la taille et ses accessoires sont presque doubles depuis 20 ans ;

2° Que nous en payons du tiers à moitié plus que nous ne devrions faire, eu égard à notre position, étant éloignés des rivières, des routes, des marchés, au mauvais état de nos chemins impraticables pendant 6 à 8 mois de l'année, et à la qualité de notre terroir, dont la culture est difficile à saisir, et le rapport fautif ;

3° Que cette charge est devenue si accablante que nous ne pouvons continuer d'y suffire, et que la preuve en résulte de notre extrême pauvreté ;

Que nos métairies sont presque toutes tenues à loyer, et à moitié grains et profit de bestiaux ; manière la plus désavantageuse de toutes pour le preneur ;

Que ces métairies sont seulement composées de 40 à 60 arpents et peu au-delà, tant terre que prés et pâtures ;

Qu'une si petite culture fait que la part en grains du propriétaire et les semences prélevées, le métayer n'en a souvent pas assez pour vivre ;

Sa ressource est dans quelque profit de basse-cour, borné, et dans la tête de quelques bestiaux ; mais sur ces profits s'élève le propriétaire pour moitié ; c'est sur l'autre moitié de sa basse-cour que le métayer est obligé de prendre son entretien et celui de sa famille, et de payer ses domestiques, charrons, maréchal, bourrelier, maladies d'hommes et d'animaux, et la taille ; que de ces profits, trop souvent réduits par des pertes, la taille seule en enlève fréquemment le quart ;

Que le prix du sel, qui est de 60 livres le minot, est devenu une autre charge bien pesante, d'autant qu'on ne peut s'en passer ;

Qu'il est nombre de circonstances où l'on en feroit usage pour prévenir diverses maladies de bestiaux, s'il n'étoit pas si cher ;

Qu'on nous accordoit autrefois des remises qui venoient au soulagement des plus pauvres et de ceux qui avoient éprouvé des pertes, mais que depuis plusieurs années on ne nous en fait plus ;

Qu'en 1788 nous avons perdu pour 6,000 livres de foin et de bestiaux, sans qu'on nous ait fait aucune déduction sur les tailles de 1789. On observera que le village n'est que de 42 feux ;

Pendant que nous sommes écrasés par les tailles, les vingtièmes, les chemins et le sel, on nous assure que le clergé ne paye presqu'aucun impôt, à l'exception des curés. Comment se peut-il que le clergé nous fasse enseigner la charité, la justice et l'amour du prochain sans en avoir ? Auroit-il donc deux mesures, ce qui seroit péché pour nous ne le seroit-il pas pour eux ?

Que l'État assure un revenu honnête à nos curés, ils soulageront ceux de nous qui souffrent le plus ;

Que la dîme soit supprimée, nous aimerions mieux payer tant par arpent de terre ; cette redevance étant jointe aux contributions ordinaires. Les curés pourroient être payés par les collecteurs lorsque la dîme suffiroit ;

Que l'on supprime les huissiers-priseurs. Nos successions

mobilières sont toujours faibles, et lorsqu'on est obligé de les appeler, l'on est obligé de renoncer à la succession ;

Que les commis du bureau des aides soient aussi supprimés ; souvent ils font des procès injustes et qui empêchent au peuple de vendre son vin ;

Que les salaires des huissiers ordinaires soient réduits à moitié. Notre pauvreté fait que nous sommes souvent assignés ;

Si, d'après cela, les huissiers ne peuvent plus vivre, que le Roy ait la bonté de les réduire à moitié : il y en aura toujours assez pour persécuter les malheureux ;

Que nos municipalités soient autorisées à régler les menus différends qui s'élèvent entre nous, sans aucun frais. Pour moins de 20 sols de dommage, il en naît souvent 30 livres de frais, souvent et plus, et qui serviroient à payer nos impôts.

On dira que nos municipalités pourroient se tromper ; mais en de telles affaires le grand point n'est pas d'être bien ou mal jugé, mais de n'avoir point à plaider, parce qu'il en coûte ou de l'argent, bien rare chez nous, ou une perte de temps dont nous n'avons pas assez.

Que les procès plus sérieux soient abrégés et que les frais soient toujours proportionnés, dans tous les cas de petite affaire, au principal ;

Que le Roy ait la bonté de nous donner des juges conciliateurs par arrondissement, et qu'on ne puisse plaider sans leur avis ;

Que la taille réelle soit établie, la personnelle ou l'arbitraire n'est jamais selon la justice ; c'est une coutume trop commune en fait de taille que plus on est riche, en général, et moins on paye ;

Cette taille réelle seroit préférable, parce que chacun sait ce qu'il doit payer selon sa teneur et ses facultés ; d'un autre côté il n'est pas aisé de se faire décharger sans frais dans les cas de changement de propriété ou de domicile.

Nous pourrions, sur les impôts et sur leur répartition, indiquer des inconvénients et des injustices bien grandes, mais si les privilégiés renoncent à leurs privilèges, nous n'aurons plus à nous plaindre.

LE SEIGNEUR.

1° Que quand on fait des acquisitions, il prend le sixième ;

2° Qu'il nous fait payer trois sols par arpent de terre, dans lequel il ne donne aucun privilège ;

3° Que depuis que nous avons un seigneur, depuis environ cinq ans, il nous a privé de mettre les bestiaux dans les prés, ci-devant que nous les mettions depuis la Saint-Martin d'hiver jusqu'au premier de mars : c'est ce qui gêne beaucoup le peuple en général ;

4° Qu'il nous prive de mettre paître les bestiaux dans les bois à tel âge puissent-ils être ; c'est ce qui force la plus grande quantité à se démunir de bestiaux, et souvent l'on est statué dessus pour payer les droits royaux ;

5° Que quand on sort les emblures d'un champ, nous n'osons pas y mettre nos bestiaux, et même dans les sombres, que souvent l'on exerce contre nous ;

6° Qu'il nous a renfermé la plus grande partie des chemins qui, la plus grande partie, servoient à faire paître les bestiaux de la communauté ; et qu'il y avoit des arbres qu'il s'est emparé, et de présent ces chemins sont impraticables, et que l'on ne peut plus se rejeter aux environs ; fort souvent l'on risque le péril, et d'autant plus que nous n'avons pas de communauté ;

7° Que ses pigeons font un tort considérable aux semailles et aux grains qui sont en maturité ; nous demandons à nous conformer aux ordonnances ;

8° Que dans le terrain que les emblures commencent à monter, et même jusqu'à la coupe, le garde est d'ordinaire après à les tracer avec ses chiens, qui font un tort considérable, et les censitaires n'osent s'y opposer ;

9° Qu'il nous force de retenir la liberté et la défense de nos chiens par des billots, ce qui empêche souvent la défense contre les loups, et souvent ils nous font de grands dégâts.

Nous pourrions beaucoup ajouter à nos doléances, mais comme les objets dont nous avons à nous plaindre ne sont pas aussi sérieux que ceux dont nous venons de parler, nous les réservons pour les États provinciaux qu'on nous fait espérer.

Signé : Creuillot. — Ragobert. — Loiseau. — Gombeau. — Poulet. — Renaut. — Breuillé. — Rollet (syndic et député).

Rimbault (greffier).

Coté et paraphé *ne varietur*, au désir du règlement, ensemble de l'ordonnance de M. le Bailly d'Auxerre, par nous, Marie-Claude Le Blanc, avocat en parlement, et exerçant pour l'indisposition de M. le prévôt. A Moulins, ce 14 mars 1789.

Signé : Le Blanc, fils.

OISY (Nièvre).

Cahier *des plaintes, doléances et remontrances de la paroisse et communauté d'Oisy, pour le Tiers-État.*

La paroisse et communauté d'Oisy, assemblée cejourd'huy 15 mars 1789, observe que les sujets du Roy sont surchargés d'impôts au point d'être souvent privés du plus étroit nécessaire; de là la pauvreté, les maladies, l'abandon du travail, la mendicité et une multitude de bras inutiles : nouvelle charge pour l'État.

Ces maux semblent prendre leurs sources dans l'exemption des deux ordres privilégiés : le clergé et la noblesse; dans l'injuste répartition de l'impôt de province à province, d'élection à élection et de paroisse à paroisse; dans les tribunaux d'élection, qui rendent la voix du peuple nulle et purement passive, et où tout se fait à l'arbitraire, où on ne manque guère de favoriser les paroisses où les possessions des élus sont assises; dans la multiplicité des impôts dépendant de la ferme, et dans les frais énormes qu'ils exigent et qui donnent lieu à la vexation.

Ladite paroisse croit que le remède à tous ces maux seroit de supprimer la ferme et tous les frais de perception qui en sont la suite; de simplifier les impôts en les réduisant à un moindre possible, et qui ne portent point sur des objets de première nécessité. Il est même à souhaiter qu'ils fussent tous réduits à un seul, de comprendre tous les impôts dans le même rôle, afin qu'ils soient levés par les mêmes préposés;

De soumettre à l'impôt tous les membres de l'État, de quelqu'ordre qu'ils soient, relativement à leurs possessions, et abolir à cet égard toute espèce de priviléges pécuniaires; charger les États généraux d'en faire la répartition de province à province, et que les provinces seules soient chargées de la manutention du produit de l'impôt à l'acquittement des charges de l'État;

De confier l'administration intérieure des provinces aux États provinciaux établis dans chaque généralité, et cela uniformément dans chaque province, pour faire la répartition de l'impôt par districts et ceux-ci par paroisses; charger chacune de ces administrations de verser le produit de l'impôt de la province immédiatement dans les coffres du Roy ou ès-mains du receveur de la province. En conséquence, supprimer tous les tribunaux et receveurs particuliers qui deviendroient inutiles par ce nouvel ordre d'administration. Combien de frais de perception seroient épargnés par ces différents moyens;

Que les impôts, dont l'octroi sera jugé indispensable par les États généraux, ne soient consentis qu'après la liquidation de la dette nationale, après la fixation de la quotité et du terme de chaque impôt, après toutes les précautions et formalités nécessaires pour l'extinction infaillible et de la dette et des impositions qui la représenteront, après le redressement solennel de tous les abus dénoncés au Roy et aux États, et après la sanction de tous les nouveaux établissements dont la nécessité sera jugée par les États généraux ;

Qu'il soit pris les mesures les plus promptes et les plus efficaces pour diminuer les longueurs et les frais de la justice, notamment dans les tribunaux inférieurs ;

Que les fonctions des huissiers-jurés-priseurs, établis en 1771, soient restreintes aux seules villes de la résidence de ces officiers, et qu'on ne soit pas obligé de les appeler en d'autres lieux.

L'assemblée déclare, en outre, qu'elle adhère par avance aux demandes qui pourroient être faites par toutes les communautés, villes et provinces du royaume, et dont l'objet auroit une nécessité ou utilité reconnues ; s'en rapportent d'ailleurs aux lumières, à l'honneur et à la conscience des députés au bailliage et des députés aux États généraux.

Signé : Berdin. — Frugue. — Verain. — Rollin. — Vildé. — Rollin. — Pierre Michel. — Pierre Surugue. — F. Picq.

Paraphé *ne varietur* par nous, juge de la justice d'Oisy, au désir de notre procès-verbal de cejourd'huy 15 mars 1789.

Signé : CHARMOIS.

OUAINE.

CAHIER *des plaintes, doléances et remontrances de la ville et paroisse d'Ouaine, généralité d'Orléans, élection de Gien, bailliage d'Auxerre, faites par le Tiers-État à l'assemblée convoquée cejourd'hui 15 mars 1789; après avoir très humblement et très respectueusement remercié Sa Majesté de ses bontés, de vouloir bien entendre tous ses sujets et leur permettre de lui exposer, proposer, remontrer, aviser et consentir tout ce qui peut concerner les besoins de l'État, la réforme des abus, l'établissement d'un ordre fixe et durable dans toutes les parties de l'administration, la prospérité générale du royaume et le bien de tous et de chacun de ses sujets a été dit, représenté et arrêté ce qui suit :*

ARTICLE PREMIER.

Ouaine, petite ville à qui il ne reste que le nom et qui n'en a aucune apparence, ayant été détruite dans le temps des guerres civiles, ne contient que 80 feux. Elle est de la généralité d'Orléans, élection de Gien et bailliage d'Auxerre, et de distance de la ville d'Auxerre de cinq lieues. Dans cet endroit il n'y a aucun commerce ; le sol de terre y est en plus grande partie mauvais, parce qu'il est montagneux et pierreux.

Article 2.

La moitié des habitants n'est composée que de manœuvres qui sont obligés de quitter leur domicile, femmes et enfants pour trouver à gagner leur vie ailleurs, soit dans le vignoble, soit dans les pays de bled dans le temps des moissons. La paroisse d'Ouaine ne peut les occuper, étant d'une médiocre production. Quoiqu'elle soit mauvaise, elle est chargée d'impôts. On paye 5,900 livres de taille et capitation, 580 livres pour l'entretien des routes et un dixième exorbitant ; les propriétés ayant été portées à un trop haut prix. Indépendamment de ces impositions d'Ouaine, il y a un hameau nommé Cuissy, dépendant de la paroisse, qui est de la généralité de Bourgogne, comté d'Auxerre, qui ne contient que 14 feux, qui paye 400 livres et plus de taille.

Article 3.

La paroisse d'Ouaine est pauvre et ne peut payer ses impôts qu'à force de poursuites et de ventes de meubles. D'où vient cette pauvreté ? C'est parce qu'il n'y a aucun commerce, que le cultivateur est chargé et surchargé de tailles, de l'entretien des routes et qu'il ne possède pas la meilleure partie des propriétés. Cette meilleure partie appartient au clergé séculier et régulier et aux seigneurs nobles de la paroisse.

L'abbé de Saint-Marien est seigneur d'un hameau nommé Oiselet. De cette seigneurie il dépend de bonnes terres et de bons prés, dîmes de grains, vin, agneaux et chanvre dans quatre hameaux et censives, le tout affermé 2,400 livres.

Le prieur d'Ouaine, qui ne réside pas dans l'endroit, a affermé son revenu 1,100 livres.

Le curé jouit de dîmes dans plusieurs hameaux, de fonds de terre et prés.

L'abbesse de Crisenon jouit de dîmes dans trois hameaux.

Les Bénédictins ont aussi des dîmes.

Les Cordeliers d'Auxerre ont aussi des propriétés de terre.

Les seigneurs nobles jouissent de dîmes de terrages, de cens et surcens, de lods et ventes, de bonnes terres, des prés dans les meilleurs fonds ; des bois qui sont dans la paroisse, personne n'en possède qu'eux, excepté deux petits buissons, des clos et de tout ce qu'il y a de plus agréable, et ils ne payent point de tailles ni ne contribuent à l'entretien des routes.

Article 4.

Ouaine, à cause de cette qualification de ville, paye les droits d'inspecteurs sur les vins recoltés et l'entrée; droits d'inspecteurs aux boucheries. Il résulte de ces droits une grande gêne pour le pays. Ces droits ne devroient se payer que dans les villes étendues où il y a commerce et industrie, et non pas dans de petits bourgs ou villages où il n'y a aucune ressource. Il arrive de là que la misère des habitants leur fournit des moyens de ruses et de fraudes pour se parer de ces droits. Il en arrive des procès ruineux à la requête de la régie générale. Les habitants des campagnes ne peuvent avoir de bouchers parce qu'il y a des droits d'inspecteurs à payer. Il en est de ces droits comme de tous les autres droits des aides sur le débit du vin, qui gênent le commerce et l'embarrassent, les propriétaires sont toujours en crainte.

Article 5.

Pour remplacer les droits d'inspecteurs sur les vins et sur les boucheries, il conviendroit qu'il y eût une augmentation sur le timbre des papiers et parchemins qui servent à l'administration de la justice et aux notaires de tout le royaume. Si le prix de ce timbre étoit doublé, il fourniroit et au-delà le produit des droits des aides, sans frais de recouvrement. Personne n'en souffriroit; l'instruction des procès ne s'en feroit pas moins, et les actes des notaires ne s'en trouveroient pas augmentés. Le débit de ce timbre se fait aisément; ce sont les contrôleurs des actes qui en sont chargés et les deniers se comptent au receveur ambulant.

Article 6.

La paroisse paye 580 livres par an pour l'entretien des routes et on ne fait aucuns travaux à celle d'Orléans en Bourgogne, qui doit passer à Ouaine. Il a été fait beaucoup de dommages pour la tracer et y travailler. Si elle étoit finie, les habitants d'Ouaine en tireroient avantage par le passage. Elle n'est pas encore ouverte en Bourgogne. Elle doit prendre son commencement à Cravan. En attendant qu'elle soit mise à fin, il est pressant qu'il soit construit deux petits ponts sur deux ruisseaux qui sont à l'entrée d'Ouaine, qui se feront à peu de frais. Les habitants d'Ouaine supplient très humblement Sa Majesté d'ordonner que, sur les deniers que paye cette paroisse annuellement, il sera prélevé les deniers nécessaires pour la construction de ces ponts.

Article 7.

Pour le bien de l'État, il est de toute nécessité que le clergé et la noblesse contribuent à toutes les charges publiques, comme tailles, entretien de routes, dixièmes et autres impositions soit territoriales ou autres qu'il plaira à Sa Majesté d'imposer.

Article 8.

La justice est mal rendue dans les campagnes à cause du grand nombre de fiefs. Dans plusieurs il n'y a point d'officiers, dans d'autres ils n'y résident pas; une réunion de justices seroit très nécessaire et il faudroit qu'elles fussent royales. Il y auroit des officiers dans ces justices mieux instruits dans la jurisprudence; il y auroit des auditoires et des prisons. Les prix des charges dans ces justices seroient plus que suffisants pour ces établissements. D'ailleurs les procès criminels se suivent déjà au compte du Roy.

Les habitants de la paroisse d'Ouaine supplient très respectueusement Sa Majesté d'agréer leurs plaintes, observations et demandes, et de la modérer dans ses impôts. Et ont tous ceux qui n'ont signé déclaré ne savoir signer, de ce requis.

Signé : Dhumez. — Delaage. — E. Bertrand. — Bertheau. — Dhumez. — Mignon. — Larry. — E. Pannot. — Maison. — Borne. — Richard. — Lordonnois. — Ducrot. — Denogié. — Paul Roch. — Claude Martin. — Bernardin.

Delaage (juge).

OUDAN (Nièvre).

(Paroisse d'Oudan, 106 feux; paye 1,800 livres d'impôts.)

Vœux, doléances et plaintes des habitants de la paroisse et communauté d'Oudan, qui ont l'honneur de représenter à Sa Majesté très humblement, le remerciant des bontés que ce Monarque veut bien accorder au Tiers-État, suppliant M. Necker de vouloir les protéger dans leurs vœux et demandes. Leur reconnaissance envers Sa Majesté et ce ministre demeurera éternellement gravée dans leurs cœurs et ceux de la postérité, et ne cesseront d'invoquer le Seigneur pour la santé d'un Roi plus grand qu'Alexandre et qui marche sur les traces d'Henri IV, et pour la conservation d'un ministre, second Sully.

1° Observent les habitants que leur terrain est fort ingrat et qu'il est situé dans un pays montagneux, ne rapportant que des seigles et avoines; que le sommet des montagnes est garni de bois qui appartiennent à différents seigneurs; que les vallons ne sont même pas de bonne qualité, puisque l'on n'y peut faire des prés; que les cultivateurs sont obligés de prendre les fourrages nécessaires pour la nourriture de leurs bestiaux dans les villes voisines; que les habitants de ce village payent de grosses rentes en grains à différents seigneurs, soit à la seigneurie de Varzy, soit aux dames religieuses de Crisenon, et encore à différents particuliers ; que leur terrain est en outre chargé de fiefs, rentes et cens bourdeliers ; que le curé de la paroisse dîme dans leur terrain à raison d'une gerbe par journal portant 6 pieds de tour, et qu'il est notoire que la meilleure partie de leur terrain ne rapporte au plus que 8 à 10 gerbes par journal, et que la médiocre partie n'en rapporte que 4 à 5 ; de sorte que quand il arrive quelque grêle, les habitants trouvent à peine de quoi payer leur dîme au curé, ce qui fait que les manœuvres sont obligés d'aller à plus de vingt lieues pour gagner leur vie et payer les charges dont ils sont accablés ; que cette paroisse est éloignée de tout commerce, rapport à l'éloignement des rivières et routes ;

2° Demandent que la route qui est commencée depuis plusieurs années et qui conduit de Clamecy à la Charité, soit continuée et finie ; que lesdits habitants ont la douleur qu'il leur en coûte gros pour cette route et qu'elle n'avance pas ;

3° Demandent que l'on décide à l'assemblée par tête et non par ordre pour fixer les impositions ;

4° Demandent la suppression des aides et gabelles et qu'il soit distribué du tabac de bonne qualité, et que celui que l'on vend est nuisible à la santé de ceux qui en usent, et qu'il soit rendu marchand ainsi que le sel ;

5° Demandent la perception en nature sur tous les héritages quelconques et que la contribution devienne égale ou en argent ;

6° Demandent aussi que les francs-fiefs soient supprimés ;

7° Demandent que les droits de domaine soient fixés et qu'ils soient moins arbitraires ;

8° Demandent que la noblesse, le clergé et les privilégiés contribuent avec le Tiers-État par portions égales à tous les subsides nécessaires aux besoins de l'État ;

9° Demandent que toutes les charges de recettes vénales soient supprimées et remboursées par la nation et que les impôts subsides soient levés gratuitement ;

10° Demandent la réunion des petites justices et qu'elles soient faites en un chef-lieu, et que les officiers desdites justices ne puissent posséder qu'une seule charge, attendu les inconvénients, les abus et l'incompatibilité qu'il y a de posséder différentes charges ;

11° Demandent que les officiers qui seront établis dans chaque lieu tiennent leurs audiences plus régulièrement et ne laissent pas languir si longtemps les peuples sous le fardeau de la justice ;

12° Demandent que les juges qui seront établis jugent en matière sommaire jusqu'à la somme de 100 livres définitivement sans aucun appel ;

13° Demandent la suppression des eaux et forêts, et demandent que les juges des lieux qui seront nommés connoissent des délits de toute nature qui seront commis dans les bois, ce qui deviendra bien moins coûteux pour les communautés qui, quand elles veulent obtenir la moindre coupe soit de leur réserve, soit de leurs gros arbres, qui empêchent leurs taillis de pousser, sont obligées de donner de grosses sommes d'argent;

14° Demander le remboursement des rentes bourdelières et cens et rentes seigneuriales, suivant qu'il plaira au Roy et à M. Necker fixer l'indemnité;

15° Demander l'exécution de l'édit du Roy de l'année dernière;

16° Demander la suppression des charges des huissiers-priseurs ou au moins de décharger les habitants de l'obligation où ils sont de s'en servir, soit pour les estimations ou inventaires pour lesquels on avoit coutume de se servir de parents et amis communs à l'amiable et sans frais; tandis qu'on leur paye de gros droits que leur voyage et leurs vacations occasionnent, ce qui absorbe la majeure partie des ventes;

17° Représenter aussi que dans presque toutes les justices seigneuriales il n'y a ni auditoires ni prisons, ce qui fait que les audiences s'y tiennent rarement et que l'on est obligé de se retirer dans les cabarets, ce qui fait que la justice ne s'y rend pas avec le bon ordre et la décence qu'elle exige.

Signé : Seguin. — Jean Savignat. — Germain Denis. — Joachim Roy.

Coté et paraphé par nous, Louis Marcou Le Clerc de la Garenne, ancien praticien au bailliage et châtellenie de Varzy, la paroisse d'Oudan en dépendant, à cause de l'empêchement et maladie de M. le bailly en ce siége, signé *ne varietur*.

Le Clerc de la Garenne (ancien). Gillois.

PARLY.

Cahier *de doléances, plaintes et remontrances des habitants de la paroisse de Parly dépendant des diocèse et bailliage d'Auxerre, élection de Tonnerre, généralité de Paris.*

Cejourd'huy mardi 17 mars 1789, à l'heure de 11 du matin, nous, manants et habitants de la paroisse de Parly, membres de l'ordre du Tiers-État, tous assemblés au son de la cloche en la manière accoutumée et dénommés au procès-verbal d'assemblée de ladite paroisse en date de cejourd'huy, devant M. le lieutenant au bailliage de Beauvoir et justices y réunies, Parly en dépendant.

Que pour obéir aux ordres de Sa Majesté par ses lettres données à Versailles le 24 janvier 1789, pour la convocation des États généraux du royaume, qui se tiendront le lundi 27 avril prochain, en la ville de Versailles, et au règlement y annexé, aussi en date du même jour, et de celui du 7 février dernier, ainsi que de l'ordonnance de M. le grand Bailly d'Auxerre, en date du 3 mars présent mois, dont nous avons du tout une parfaite connoissance, laquelle est plus amplement expliquée au procès-verbal de nos comparutions de cejourd'huy.

En conformité de l'article 24 du règlement de Sa Majesté, et en exécution dudit procès-verbal de cejourd'huy, nous avons tous procédé à la rédaction de notre présent cahier, contenant doléances, plaintes et remontrances pour servir de base à la décision des États généraux.

C'est dans cette grande et solennelle assemblée que l'on doit s'occuper sérieusement de la réforme des abus qui existent en tout genre, d'un établissement fixe et durable dans toutes les parties de l'administration, de la prospérité générale du royaume, du bonheur du Roi et le bien du peuple français.

Article premier.

Nous nous plaignons que cette paroisse est extrêmement chargée d'impôts, dont les époques remontent à des temps très reculés; que le produit de nos biens et le fruit de nos travaux sert à en faire l'acquittement annuel. Ces impôts consistent en tailles, capitations, ustensiles, corvées et vingtièmes. Tous ces impôts sont désignés sous différents articles que nous ne connoissons pas.

Que, pour la perception de ces impôts, nous sommes très souvent exposés à recevoir des garnisons qui séjournent et qui nous font payer militairement, ainsi que les frais de leur séjour qu'ils arbitrent de leur chef et souvent même constituent les collecteurs dans de grandes dépenses de bouche; que ces dépenses se font pour ménager leurs bonnes grâces et les rendre plus pacifiques;

Qu'il s'est introduit un autre abus dans la perception de ces impôts, c'est celui des entreprises faites par des personnes étrangères et inconnues qui, arrivant dans notre paroisse, font sonner la cloche, sans au préalable en avoir obtenu la permission des officiers de la justice; qu'ils y restent peu de temps, ce qui occasionne des frais aux contribuables lorsqu'ils n'ont pu payer aussi promptement qu'ils l'auroient désiré. Ce court délai de séjour leur donne occasion de faire des commandements qu'ils font à dessein la veille de leur arrivée, lors de leur second voyage. Souvent même ils en exigent sans qu'il leur en soit dû; ils se font payer des droits de quittances lorsqu'on en exige d'eux. Souvent ce sont des personnes comptables, il arrive que les comptables en supportent la peine personnellement lorsqu'on leur a contesté que ces droits n'étoient pas dus. C'est qu'ils ne mettent point de reçus de ces espèces de droits. Ils prouvent par là qu'ils craignent l'autorité de la justice qui les condamneroit à restituer. Ils s'érigent même en garnisons en exigeant des malheureux ignorants des frais de leur séjour. Ces espèces de receveurs augmentent considérablement par leurs vexations les impôts ordinaires.

Article 2.

Sur toutes nos propriétés nous sommes assujettis à des droits de dîmes envers les seigneurs, sur les territoires desquels nos fonds sont situés, même envers les curés des paroisses; que nous n'avons rien de reste du produit de nos fonds, frais de culture compris et impositions royales payées.

Article 3.

Que la meilleure et majeure partie des biens de nos campagnes appartiennent aux seigneurs qui jouissent des grandes prérogatives de la noblesse; que la presque totalité de nos biens sont asservis à plusieurs cens et rentes envers lesdits seigneurs.

Article 4.

Nous disons qu'il seroit intéressant pour le Tiers-État, et encore plus pour Sa Majesté, que tous ces impôts royaux fussent à l'avenir réunis, c'est-à-dire qu'ils ne formassent qu'une seule masse et, par suite, à chaque personne une seule quote-part, d'après les diminutions que nous espérons par l'effet de la tenue des États généraux; que cet impôt s'étende à l'avenir sur toutes les propriétés du clergé et de la noblesse. Il est constant que ces derniers possèdent les trois quarts et meilleurs biens du royaume. Les nobles et le clergé ne peuvent s'opposer à supporter un impôt aussi juste. Ils doivent concourir comme le Tiers-État aux charges publiques à raison de leurs vastes propriétés. Qu'ils abandonnent ces grands priviléges et sachent imiter la noblesse du Roussillon, qui s'est soumise à payer les impôts comme le Tiers-État. Alors les impositions du Tiers-Etat seroient plus douces.

Article 5.

Nous nous plaignons encore que, depuis plusieurs années, les impositions des tailles ont été mal réparties par les commissaires chargés de cette besogne. Comment est-il possible qu'un commissaire qui séjourne environ six heures d'horloge dans notre paroisse composée de 200 feux, puisse, dans un délai aussi bref, recevoir avec justice les déclarations et ensuite faire une répartition juste? Nous disons que ces commissaires ne sont jamais les mêmes, que la besogne leur est neuve et qu'il leur est impossible de pouvoir opérer sans compromettre les intérêts des contribuables. Quel abus!

Ne seroit-il pas plus avantageux pour nous de faire, en présence du juge des lieux, assisté de deux habitants députés, cette imposition ? Le greffier de la municipalité ou un officier public commis à cet effet expédieroit lui-même le rôle, qui seroit visé et rendu exécutoire par un juge du bailliage royal. Nous observons que dans l'Orléanois ce sont les habitants des paroisses qui font eux-mêmes leurs rôles ; c'est qu'on a jugé qu'il n'y avoit personne qui puisse mieux faire cette besogne qu'eux ; on a jugé dès lors que des commissaires étoient inutiles.

Article 6.

Nous disons qu'il seroit à désirer pour le bien général qu'il n'existe plus à l'avenir de collecteurs pour le recouvrement des rôles. Souvent, dans le nombre, il s'en trouve qui n'ont aucune capacité ; il en est beaucoup de ce nombre au milieu des campagnes. Alors ils sont obligés de prendre avec eux des écrivains qu'ils sont obligés de payer pour mettre leurs reçus. Il arrive aussi qu'ils donnent ces rôles à lever par des personnes étrangères, ainsi que nous l'avons fait observer en l'article premier. Il arrive aussi souvent que ces étrangers ont des mains impures. Ces ignorants collecteurs se trouvent obligés d'avoir recours auprès de la justice pour se faire restituer. Ils se trouvent obligés de faire de gros frais avant d'avoir un jugement définitif. Les longueurs de la procédure les font trop longtemps attendre ; les receveurs, pendant ce temps, leur décernent des contraintes, les font constituer prisonniers jusqu'à la fin du jugement. Dans cette hypothèse, les malheureux collecteurs seroient forcés les uns de vendre leurs biens, d'autres les aliéner en les grevant de rentes. Quel abus !

Nous disons qu'il seroit bien plus avantageux pour le bien de tous les collecteurs que cette levée d'impôts fût opérée par un officier public qui seroit intelligent, solvable et connu par ses mœurs, qui auroit pour récompense des gratifications qui lui seroient attribuées ; qu'alors il tiendroit ses bureaux de recette dans l'arrondissement des paroisses où il feroit cette levée ; qu'il se feroit annoncer lors de son arrivée dans chaque lieu ; que les deniers provenant de sa recette fussent par lui déposés dans un bureau du bailliage royal de son arrondissement.

Qu'il seroit nécessaire pour le bien de l'État qu'il y eût des bureaux établis pour cela dans les grandes villes de premier et deuxième ordre, où ces deniers seroient déposés ; que les officiers de ce bureau fassent directement verser leur caisse au Trésor royal, au moins quatre fois l'an. Sa Majesté trouveroit ses recettes plus avantageuses, elle reconnoîtroit qu'une multitude de receveurs, qui lui coûtent très cher, qui sont établis sous différents titres, lui deviendroient inutiles. C'est dans ce moment-ci qu'il s'agit de penser à leur oppression, et par conséquent à la suppression des élections, parce que ces juridictions deviendroient aussi inutiles.

Que la connoissance des contestations qui pourroient s'élever sur la répartition des impôts et l'exécution des rôles fussent attribués aux juges des lieux, sauf appel.

Article 7.

Nous nous plaignons d'un impôt qui nous grève et qui grève le général, ce sont les aides et gabelles. C'est ces parties qui doivent fixer l'attention des États généraux. C'est là où l'on reconnoîtra que Sa Majesté ne retire pas la quatrième partie des deniers qu'on nous fait payer, parce qu'une multitude de receveurs et de commis sont autant d'individus qui sont à charge à l'État. Ces receveurs, ces commis, nous font payer une multitude de droits sur nos vins que nous ne connoissons pas. Outre les autres impôts ordinaires, ils nous gênent beaucoup sur la liberté d'en disposer, et on ne peut en disposer que lorsqu'on leur paye les droits qu'ils demandent. Ils nous ôtent la facilité de vendre et gênent le commerce. Qu'il nous soit permis d'en disposer librement sans être assujettis à des droits.

Il est donc très intéressant pour le bien de l'État qu'on s'occupe de leur suppression. Qu'il soit fait une évaluation juste des droits que doivent nos vins, et qu'alors ils soient réunis à l'imposition générale. L'état se trouveroit soulagé de ces volumes immenses de régisseurs, dont partie sont employés à veiller à la conservation desdits droits. Nous nous plaignons qu'il arrive fréquemment qu'ils font des procès à des personnes qui sont de bonne foi, qui ignorent la fraude. La crainte qu'ils ont d'avoir des procès avec les fermiers, pour justifier leur innocence aux yeux de la justice, menacés de la part des commis; ces menaces les déterminent à s'accommoder, ils payent ce qui leur est demandé. Cette fatalité expose le prétendu coupable à emprunter pour se retirer de leurs mains; il est obligé d'aliéner une partie de sa fortune, quelquefois même la totalité, et par surcroît de malheur il se trouve réduit à la pauvreté. Il est arrivé que dans la suite de ces prises il en est résulté des assassins qui ont donné lieu à de grandes affaires criminelles.

Article 8.

Que les droits féodaux demeurent supprimés, nous ne voyons rien qui nous justifie ce qui en a transmis la propriété aux seigneurs. Ces droits empêchent le roturier de faire des mutations et empêchent également les négociations des actes qui produiroient beaucoup au Roy.

Que les droits de retenue dont plusieurs seigneurs sont propriétaires demeurent supprimés par la même raison que celle ci-dessus.

Il est très intéressant pour le Tiers-État que ces droits féodaux et de retenue soient abolis. Ces prérogatives causent la ruine des habitants. Ils ne peuvent posséder que des propriétés ingrates, parce que les seigneurs les privent de celles qui pourroient leur donner une vie plus douce et moins dure. Rien n'est plus affligeant pour un acquéreur que de se trouver dépossédé par un prétendu droit de retenue qui ne respire que l'injustice (1).

Article 9.

Nous disons que les droits de dîmes sont des droits dont le clergé et la noblesse se sont rendus propriétaires. Nous ignorons les actes qui leur ont transmis ces possessions, fussent-elles anciennes; le Tiers-État malheureux, opprimé, n'a jamais osé leur contester ces espèces de possessions dont ils se prévalent pour titres. *Il faut en ce moment un coup d'autorité pour les anéantir.*

Article 10.

Nous nous plaignons encore d'une nouvelle charge dont les biens des campagnes sont grevés, ce sont des redevances seigneuriales en grains de toutes espèces, à de grandes et de petites mesures, poulets, tiers de poulet et chapons. Il arrive que, pour la perception de ces droits, il s'y trouve des divisions à l'infini, de manière qu'il n'est pas possible que dans ce cas les censitaires ne soient pas molestés par les seigneurs, tant bons qu'ils puissent être. Il seroit à souhaiter que ces espèces de redevances fussent supprimées et, en conséquence, que les redevables fussent autorisés à en faire le remboursement pour les différentes denrées par appréciations qui en seroient faites.

Article 11.

Nous disons que les droits honorifiques qui appartiennent au clergé devroient appartenir à Sa Majesté. Ces droits produiroient un gros revenu au Trésor royal.

Article 12.

Que le commerce du sel devînt libre; que les droits qu'en retire Sa Majesté fussent impliqués dans l'impôt général; qu'il fût permis

---

(1) Ce droit de retenue n'est autre que le retrait censuel.

d'en disposer librement. Sa Majesté trouveroit encore un avantage réel en supprimant la juridiction contentieuse pour le sel, en supprimant aussi tous les employés qui sont établis à la garde d'icelui. Ce sont autant d'individus qui sont à charge à l'Etat. Leur suppression rendroit la liberté au commerce. Ce seroit détruire les fraudes qui se commettent soit de la part de ceux qui vendent le sel au détail, soit de la part des commis chargés de veiller à ce que cette fraude n'existe pas. Souvent même, pour un spécieux délit, les commis n'en font pas moins des procès qui deviennent ruineux, soit par les poursuites, soit par accommomodement. Jamais réclamation ne fut mieux fondée, c'est celle de la liberté et celle de voir toutes ces inquisitions supprimées.

Que la connoissance des contestations qui s'élèveroient dans le commerce des sels soit attribuée aux juges des lieux ainsi que la police, lorsqu'il y auroit été donné lieu, sauf l'appel au bailliage royaux.

Article 13.

Dans l'administration des justices subalternes que d'abus n'en résulte-t-il pas? C'est donc ici le cas de les rapporter pour en espérer la suppression. Tous les notaires subalternes devroient éprouver ce coup. Dans le grand nombre qui existent dans le royaume, il en est quelques-uns dont nous faisons la distinction, ce sont ceux qui, nés avec des sentiments honnêtes et pourvus de capacités, mais qui se trouvent confondus dans la foule des ignorants que les seigneurs commettent journellement des notaires qui ne connoissent aucun principe. La majeure partie passent leurs actes dans les cabarets, ne font ces actes que lorsque les parties ont bu. Ils avilissent par leur conduite leurs fonctions, tandis qu'ils devroient assurer la tranquillité publique. Ils causent par leur ignorance et leurs infidélités une multitude de procès qui ruinent les parties. Après leur mort leurs minutes passent entre les mains de leurs héritiers qui les divisent par leurs partages. Ensuite ces héritiers les vendent aux marchands comme papiers inutiles; souvent des actes dont il n'y a pas encore eu expédition.

Il seroit bien plus avantageux pour Sa Majesté qu'il n'y existât que des notaires royaux, alors les intérêts du public seroient plus assurés.

Article 14.

A l'égard des procureurs, il en est aussi beaucoup qui abusent de leurs fonctions, il en résulte des infidélités par des procédures inutiles. Il arrive aussi que l'une des parties qui plaide va se plaindre à son seigneur et, par un faux exposé qu'elle fait de sa cause appuyée par un procureur infidèle, qui trahit la vérité pour rendre service à son client et surprendre les bonnes grâces de son seigneur, il détermine ce dernier à dire à son juge de juger la cause de celui qu'il protége à son avantage, et le juge croiroit avoir manqué à son seigneur s'il ne lui accordoit ce qu'il demande; de plus il craindroit de perdre sa place. Cette injustice met le plaideur vexé dans le cas d'appeler, d'avoir recours à un tribunal royal, où la partialité est inconnue, où les lumières des juges et des procureurs sont plus étendues : c'est là où il fait réformer la sentence qu'a exigée le seigneur et la partialité du juge complaisant qui l'a rendue. Mais dans le général, il en est qui sont éclairés, plus justes, qui n'écoutent que la justice et non leur seigneur. Il arrive aussi souvent que ces mêmes juges ont bientôt fait de déplaire et on les révoque.

Il est aussi plusieurs justices qui sont vacantes d'officiers, que celle où il en a quelquefois la justice s'y rend à peine deux fois l'an, excepté les grosses justices et celles qui sont réunies. En sorte que les parties qui y plaident souffrent parce qu'elles sont obligées d'attendre des années sans obtenir justice. La majeure partie de ces officiers ne demeure pas sur les lieux, il faut qu'ils soient vivement sollicités par les parties qui ont beaucoup de peine à les réunir.

Un autre abus est celui qui nait des baux que font les seigneurs de leurs justices. Ils chargent par ces actes leurs fermiers des dépenses qui pourroient survenir pour la police et celles que la poursuite des crimes occasionneroient; alors ces fermiers, pour ne point compromettre leurs intérêts, ferment les yeux pour ne pas voir le crime; eux-mêmes deviennent les procureurs fiscaux et notaires, on ne consulte pas s'ils ont ou non la capacité. Leurs seigneurs leur remettent des provisions pour être reçus par leurs juges; alors le Tiers-État n'ose se plaindre parce qu'il craint l'autorité des seigneurs, et celles de leurs représentants parce qu'ils sont obligés envers eux tant par les droits allodiaux que féodaux et de dîmes en tout genre.

Le remède le plus efficace pour détruire cet abus est la suppression de toutes les justices, dont Sa Majesté formeroit des arrondissements jusqu'à trois lieues, qu'elle érigeroit sous le titre de prévôté royale.

Sa Majesté trouveroit un bénéfice réel par la vente des offices qu'elle créeroit. Alors le produit de la vente de ces offices produiroit des fonds à l'État; les intérêts du public seroient mieux défendus, les procès seroient moins multipliés.

Article 15.

Nous disons qu'il seroit intéressant pour l'État que MM. les archevêques et évêques et abbés ne possédassent pas plusieurs bénéfices à la fois. Que Sa Majesté s'empare de leurs biens, les réduise à 15,000 livres de revenu; que le surplus du revenu de ces biens soit versé au Trésor royal tous les ans, alors quelle grande ressource pour Sa Majesté.

Article 16.

Que les abbayes des deux sexes peuvent également concourir aux besoins de l'État. Nous pensons qu'en leur retranchant la moitié de leurs revenus, ce sera encore une heureuse ressource pour Sa Majesté, et il leur en restera encore assez pour vivre honnêtement, et elles vivroient encore plus honnêtement en retranchant une partie du superflu qui s'est introduit dans leurs maisons; que la première règle de leur institution étoit d'imiter la pauvreté. Cette sage institution est passée dans l'oubli; elles auront encore de quoi vivre honnêtement. Sa Majesté trouvera dans ces parties de grandes ressources. Il est donc bien intéressant que cette réduction ait lieu.

Article 17.

Que tous les bénéfices des chevaliers de l'ordre de Malte soient supprimés. Sa Majesté trouveroit encore dans ces bénéfices, dont elle s'empareroit, une grande ressource.

Article 18.

Qu'il ne fût plus permis au clergé d'administrer ses revenus par ses mains. Que ces emplois sont incompatibles avec leur ministère; qu'il soit à l'avenir procédé à l'amodiation de leurs biens devant le juge royal le plus prochain, en présence du ministère public; que ces amodiations deviennent publiques par les publications d'affiches; alors le Tiers-État, en se rendant adjudicataire de l'administration de ces biens, trouvera à s'occuper pour être à même d'élever sa famille. Sa Majesté y trouvera son avantage; la réunion de tous ces baux lui fera connoître combien l'autre moitié à elle appartenant produiroit au Trésor royal.

Article 19.

Sa Majesté a établi dans tous les bailliages et sénéchaussées des charges de jurés-priseurs. Ces établissements sont extrêmement préjudiciables. Nous nous plaignons de la conduite de ces officiers. Leur présence aux inventaires augmente de beaucoup les frais, plus encore lorsqu'ils vendent les meubles. Ils perçoivent des droits très onéreux au public. Ceux qui font vendre, lorsqu'ils ont compté avec ces huissiers le produit de la vente, il arrive souvent qu'ils n'ont pas assez pour payer les frais de ces huissiers. Pour l'ordinaire ces ventes de meubles sont ceux de mineurs ou de pauvres débiteurs sur lesquels ils ont été saisis. Quelle triste position! L'intérêt général ne doit-il pas engager à réclamer leur suppression?

ARTICLE 20.

Qu'il est à désirer qu'il n'existe plus différentes juridictions établies sur différents titres; qu'il seroit plus intéressant qu'il n'existât qu'une seule et même juridiction, que tous les bailliages fussent compétents pour connoître de toutes les causes attribuées à ces juridictions, qu'il seroit nécessaire de supprimer; ces suppressions diminueront encore les charges de l'État.

Fait, clos et arrêté lesdits jours et an que dessus.

Signé : Sonnet Dubatou. — Berry. — E. Lalin. — Ragois. — Poulit. — Chéruy. — Mathieu. — Choperon. — Jolibois. — Durville. — Sonnet de la Verrerie. — Mercier. — Lechin (syndic). — Petit. — Durville. — Charvy.

Paraphé *ne varietur* au désir de notre procès-verbal de ce jour.

Signé : Dejust.

PERRIGNY-LA-ROSE (Nièvre).

Il ne reste que le procès-verbal de nomination du député chargé de représenter la paroisse à l'assemblée du Tiers-État du bailliage d'Auxerre.

Ce procès-verbal, dressé par Simon-Godefroy Lacasne, ancien praticien au bailliage et prévôté de Perrigny-la-Rose et dépendances, à cause de l'empêchement du bailly, constate que les habitants de la paroisse, composée de 35 feux, rassemblés devant la porte principale de l'église, ont nommé pour leur député le sieur Cyprien Page, manœuvre, ancien habitant de la paroisse.

Cette pièce est signée : Étienne Lapertot. — Bernard Blondeau. Bellard.— Gaudé.— Paillard (syndic), et S.-G. Lacasne.

PERRIGNY-SUR-BEAULCHE.

Cahier *des doléances de la communauté de Perrigny-sur-Beaulche, arrêté en l'assemblée générale des habitants, tenue le vendredi 20 mars 1789.*

Sa Majesté est très humblement suppliée d'ordonner ce qui suit :

Établir d'une manière invariable la constitution de l'État et la formation des États généraux, qui se tiendront tous les cinq ans. Ces États généraux seront formés par les députés des trois ordres, le clergé, la noblesse et le Tiers-État.

Le Tiers-État aura une représentation égale à celle des deux autres ordres réunis.

Les opinions seront prises par tête et non par ordre.

Il ne sera passé, consenti, ni formé par le Tiers-État aucune délibération jusqu'à l'assentiment général de la nation assemblée en la forme ci-dessus.

Suppression de tous les priviléges du clergé et de la noblesse, et ces deux ordres assujettis aux mêmes impositions que le Tiers, sans aucune distinction ni exemption pécuniaire, soit pour l'imposition, soit pour la forme de l'imposition. Il ne doit y avoir que deux impositions, l'une réelle sur les fonds à raison des propriétés, et l'autre personnelle relative aux facultés de chaque individu des trois ordres.

Formation des États de Bourgogne conforme à celles des États du Dauphiné.

Suppression des gabelles, le droit sur le sel perçu à sa formation dans les salines, et tel que devenant marchand il n'excède pas le prix de 5 sols.

Suppression des droits de contrôle et d'insinuation, et leur conversion en un droit uniforme et unique sur les sommes ou sur une évaluation des objets.

Suppression des jurés-priseurs, nouvelles sangsues introduites par des vues bursales attentatoires aux droits et à la liberté du citoyen.

Suppression des droits accordés aux commissaires à terrier par les lettres-patentes de 1780.

Les justices seigneuriales conservées et maintenues, accorder aux juges des seigneurs le droit de juger en dernier ressort jusqu'à 24 livres.

Conservation de la franchise, accordée dans le comté d'Auxerre, des droits d'aides.

Les portions congrues portées à 1,200 livres dans les campagnes. Le ministère des curés absolument gratuit.

Fait et arrêté en l'assemblée générale desdits habitants, tenue les jour et an que dessus.

Signé : Germain Pechenot. — C. Pechenot. — E. Briffaut. — E. Mizier. — C. Mérat. — E. Chouard. — J. Mérat. — Etienne Hornon. — Goudard. — P. Briffaut. — F. Huissant. — C. Mérat. — E. Mérat. — Louis Pechenot.

Paraphé par nous *ne varietur*, au désir de notre procès-verbal de ce jour, 20 mars 1789.

Signé : BAUDELOT.

POILLY.

CAHIER *de doléances et remontrances de la paroisse de Poilly.*

ART. 1er. — Que le Tiers-État ne peut supporter les impôts dont il est surchargé, sans se priver des choses les plus nécessaires ; qu'il seroit à propos que tous les impôts fussent supportés par tous les propriétaires de biens-fonds, tant du clergé, de la noblesse que du Tiers-État, à proportion des revenus ;

ART. 2. — Qu'il seroit avantageux pour l'État, et pour les sujets du Roy, de simplifier la perception des impôts, en les réduisant à un seul qui fût perceptible sur l'industrie des particuliers et sur tous les biens-fonds sans exception ;

ART. 3. — Supprimer les aides et gabelles, et toutes espèces de banalité ;

ART. 4. — Que toutes les rentes, de quelque nature qu'elles puissent être, soient remboursables à la commodité des débiteurs, pour éviter la solidarité qui donne lieu à des procès-verbaux ruineux pour les familles, et qui nuit au commerce ;

ART. 5. — Que les curés soient tenus des grosses et menues réparations des presbytères ;

ART. 6. — Proposer l'abolition des offices de jurés-priseurs, vendeurs des biens-meubles dans les campagnes, parce que les frais de leurs transports et de leurs procès-verbaux consomment les successions des pauvres gens, chez lesquels il se trouve à peine de quoi les payer ;

ART. 7. — Que les droits attribués aux commissaires à terrier, par la déclaration du Roy du 20 août 1786, articles 10 et 11, soient réduits, étant absolument accablants pour les censitaires ;

ART. 8. — Que le centième denier, qui se perçoit sur les successions collatérales, soit éteint, et que les droits de contrôle des actes soient déterminés et non arbitraires ;

ART. 9. — Qu'il n'y ait qu'un seul receveur des impositions dans chaque élection ;

ART. 10. — Que les seigneurs qui prétendent avoir droit de censive, lods et ventes, et droits de retenue, soient tenus de communiquer leurs titres aux habitants des paroisses, dans la forme qui sera indiquée par Sa Majesté ; et qu'il plaise à Sa Majesté de régler par une loi positive le nombre et la qualité des titres qu'il est nécessaire d'avoir pour établir ces droits ;

Art. 11. — Demander la suppression des droits d'échange, sauf à rembourser, à ceux qui les ont acquis du Roy, la finance qu'ils ont payée. Les particuliers ne peuvent se déterminer à rapprocher de chez eux leurs biens par la voie des échanges, à cause des droits qui y sont attachés, de manière que l'agriculture souffre de la distance qu'il y a entre la maison du laboureur et les héritages qu'il est obligé d'exploiter ;

Art. 12. — Que Sa Majesté soit suppliée d'ordonner que les affaires soient jugées dans un bref délai, et que les appellations des sentences, rendues dans les justices seigneuriales, soient portées directement au bailliage ou siège présidial le plus proche, pour éviter la multiplicité des degrés de juridictions, les transports aux tribunaux éloignés, qui constituent les particuliers en la perte de leur temps et en des dépenses considérables ;

Art. 13. — Qu'il soit permis aux pâtres ou bergers de mener des chiens libres avec eux pour la garde de leurs troupeaux, et prévenir les dommages qu'ils pourroient faire aux récoltes, sans que les gardes du seigneur puissent leur en empêcher ;

Art. 14. — Que les églises soient tenues de s'entretenir de toutes réparations jusqu'à due concurrence de leurs revenus ; à cet effet, les marguilliers en charge seront tenus de faire lesdites réparations tous les ans ;

Art. 15. — Que les seigneurs et autres particuliers qui ont des pigeons bisets soient tenus de les détruire, attendu qu'ils endommagent les récoltes dans le temps des semailles et dans celui de la maturité des grains ;

Art. 16. — Qu'il est nécessaire qu'il y ait un vicaire dans la paroisse, attendu le grand nombre des habitants, et qu'anciennement il y avoit un monastère dans ladite paroisse, où les habitants alloient à la messe, lequel a été supprimé, et par l'arrêt de réunion au grand séminaire de Sens, il doit être remis à la paroisse 200 livres par an. Mais observent les habitants que cette somme n'est pas suffisante pour avoir ce vicaire ; qu'il convient que les gros décimateurs suppléent à cette somme pour asseoir une somme fixe et suffisante pour ledit vicaire.

Fait et arrêté le présent cahier, à l'issue de la messe paroissiale de la paroisse de Poissy, les habitants y étant assemblés à la manière accoutumée, cejourd'huy dimanche 22 mars 1789. Et ont tous, les susdits habitants, déclaré ne savoir signer, à la réserve des soussignés.

Signé : C. Gérard. — Broué. — P. Rollin. — C. Barbe. — E.-A. Marie. — F. Martin. — G. Guinant. — B. Marie. — J. Mary. — J. Martin. — Nicolas Rollin. — Edme

Grangé. — J.-H. Masson. — A. Berdin. — André Lefiévre. — E. Morimon. — Martin (greffier). — Lordereau. — Bernardin (chirurgien). — G. Millet. — Edme Fagotat. — E. Charpillon.

Je reconnois la nécessité, dans la paroisse de Poilly, d'un vicaire. Il y a 700 communiants.

Biffou (curé de Poilly).

Ne varietur.
  Précy.

POURRAIN.

Cahier *des remontrances, plaintes et doléances, que remet à ses députés la paroisse de Pourrain, pour être présenté, en exécution des ordres du Roy, à l'assemblée générale qui se tiendra devant M. le Grand Bailly d'Auxerre, le 25 mars présent mois.*

Assurer son Roy de sa reconnaissance, de son obéissance et de sa fidélité est le premier vœu des habitants de Pourrain. Un vrai Français peut-il éprouver un autre sentiment pour son auguste monarque, qui veille en ce moment au bonheur de ses sujets, en les admettant sans distinction au concours des opérations qui peuvent contribuer au bien et à la tranquillité de l'État. Soumis à leur devoir, ils sont pénétrés de ce principe que l'État dont ils font partie est un corps immense dont tous les membres doivent coopérer, suivant leurs forces et leurs facultés, aux charges et aux impôts que ses besoins exigent ; que plus il y a d'égalité, d'uniformité dans les contributions et leur perception, de clarté et d'économie dans l'emploi, moins de priviléges et de distinction, moins il y a aussi de plaintes, de jalousie et d'injustices ; que les impôts excessifs présentés sous différentes dénominations, les priviléges exclusifs et révoltants détruisent la confiance et l'harmonie, produisent les plaintes et les divisions, d'où résulte l'affaiblissement du corps entier. Le parti que prend Sa Majesté pour rétablir l'ordre dans l'administration générale de son royaume est bien digne d'exciter dans tous les cœurs français une vive reconnaissance pour son Roy, par la confiance qu'il inspire et la liberté qu'il procure à tous les ordres de l'État de lui présenter ses plaintes et doléances.

C'est pour satisfaire à ses ordres que la paroisse a l'honneur de représenter :

1° IMPOTS.

Que le premier objet de ses doléances et remontrances est le surtaux des impôts, surtout de la taille, accessoires, capitation et vingtièmes, dont elle est surchargée depuis plusieurs années. Elle a reconnu ce progrès excessif depuis que M. l'Intendant de Paris s'est fait attribuer la connaissance particulière des déclarations de biens-fonds de la paroisse, et l'assiette de la taille par l'envoi de commissaires livrés à ses ordres et à leurs instructions secrètes. Les classements, pour parvenir aux répartitions, ont été faits d'une manière arbitraire et à l'insçu de la communauté. Ils ont été variés et changés de même, suivant que l'exigeoit le succès des projets que M. l'Intendant ou ses commissaires avoient formés, sans égard au produit réel et à l'état des paroisses. L'envoi annuel de ces commissaires dans les paroisses pour recevoir ou vérifier les déclarations, la durée de leurs opérations, qui se sont toujours bornées à un jour au plus de séjour et trois à quatre heures de travail, l'impossibilité de prendre en si peu de temps les connaissances nécessaires, et la justice qu'on attendoit de leur mission, toute cette foule d'agents à l'instar de commis aux aides pris dans la surcharge des bureaux de M. l'Intendant ou de ses officiers, n'ont produit d'autre effet que de faire augmenter, pour leurs gages, les accessoires de la taille, et de faire connoître avec beaucoup d'ostentation leur inutilité. Leur suppression qu'on demande ne peut manquer d'opérer un soulagement pour la paroisse.

2° RECOUVREMENTS. — ÉLECTIONS.

L'abus de faire rétrograder de 10 lieues la communauté pour porter sa recette à Tonnerre, et l'obligation de présenter à l'élection de cette ville les contestations sur le fait des aides et tailles, fait désirer et réclamer l'exécution de la suppression des élections; que les parties puissent porter leurs demandes à cet égard, ou devant les juges des lieux sauf appel, ou au plus prochain bailliage royal de leur arrondissement; que les paroisses fassent verser directement leurs contributions dans une caisse plus à leur portée, dans une forme moins onéreuse, en supprimant cette multitude de trésoriers des finances, et en n'accordant jamais de gages ou remises à ceux qui seront employés en cette partie sur le montant des impôts, dont l'intérêt et la cupidité font toujours désirer une augmentation.

3° MUNICIPALITÉS.

Qu'en applaudissant à l'établissement des assemblées provinciales et des municipalités, dont on commence à sentir l'utilité et l'importance, on réclame l'entière exécution des intentions de Sa Majesté, en laissant aux paroisses et à leurs municipalités le soin de répartir leur cote-part des contributions ; que celles qui auroient besoin de coopérateurs soient à même de les choisir à leur proximité, et d'une manière la moins onéreuse, parce que ce n'est qu'en opérant qu'on s'instruit et qu'on acquiert de l'émulation ; les fautes, même rectifiées, servent de leçon, on fait les répartitions avec plus d'égalité et de connaissance de cause qu'un commissaire de 10 à 15 lieues, dont le plus grand mérite est le calcul.

4° AIDES ET GABELLES.

La paroisse croit s'unir au vœu général du royaume, et surtout des lieux où existent les aides, telle que la généralité de Paris, en demandant et réclamant comme une justice la suppression de ces impôts et de cette armée odieuse de commis établis à leur recouvrement. Si les plaintes et les désirs des sujets de Sa Majesté eussent été portés jusqu'au trône, il y a longtemps que les paroisses ne gémiroient plus sous les vexations multiples, les recherches journalières et nocturnes, les procès frauduleux dont l'employé est l'agent et le juge ; les confiscations, les procédés toujours dangereux de cette foule de surveillants, qui assiègent nuit et jour les villes et les campagnes. Le produit des bureaux de 10 à 12 paroisses ne suffisent pas pour payer près de 4,000 livres de gages de deux employés dans la campagne, sans compter le contrôleur, le directeur, ses commis de bureau, et ainsi en remontant jusqu'aux chefs des surveillants de cet impôt immense dans sa perception, et dont Sa Majesté ne retire pas la seizième partie ; qu'on observe encore que le clergé et la noblesse jouissent, à cet égard, de nombreux priviléges, quoi qu'ils possèdent la plus précieuse et la plus grande partie des vignes ; que si l'abolition de cet impôt ne peut s'opérer en totalité quant à son objet, il paroitroit préférable de le fixer par chaque arpent de vigne, avec un classement proportionné à la différence du sol et du produit, et de simplifier le recouvrement en le faisant rentrer dans l'ordre ordinaire des autres contributions. Les vœux de la paroisse s'étendent à la suppression de toutes les autres gabelles, surtout du tabac et du sel : ce dernier étant aussi intéressant pour sa consommation que le prix est excessif et onéreux.

5° CORVÉES. — CHEMINS.

L'abolition des corvées en nature ne sera jamais trop l'objet de la reconnoissance publique. Elle seroit complète si l'impôt qui les remplace n'étoit pas supporté par la classe des citoyens que la première intention de Sa Majesté a été de soulager. On demande donc que cette contribution soit également à la charge du clergé, de la noblesse et du Tiers-État. puisque ces deux premiers ordres sont ceux qui retirent un avantage plus réel des routes, à raison de leurs propriétés, leur luxe et leurs plaisirs. La paroisse demande aussi que, sur cette imposition, il soit prélevé, sur sa cote-part, une portion, chaque année, pour l'entretien et la réparation des chemins de la paroisse, surtout celui qui la traverse d'Auxerre à Toucy. L'utilité publique sollicite depuis longtemps une route en cette partie semblable, et qui se joigne à celle que les États de Bourgogne ont commencé jusqu'à Villefargeau, et à celle aussi commencée et qui s'exécute sur la partie de Toucy Orléanois. Il n'y a plus que la partie de Pourrain pour réunir ces deux routes.

6° MILICES.

Que tout sujet de l'État est obligé de contribuer en personne ou par un représentant à sa défense et à sa conservation ; que les milices destinées à cet objet n'en sont pas moins onéreuses pour la forme du tirage, du déplacement annuel des paroisses à plusieurs lieues, par leur réunion pour donner un seul homme, le transport de toute la jeunesse d'une même paroisse, celui des père ou parents que la nécessité, la crainte ou la curiosité attirent. Les contributions, les dépenses particulières, la perte du temps, sans compter les querelles, font un objet de dépenses de près de 600 livres, que l'on pourroit éviter en n'exigeant le tirage des paroisses qu'à tour de rôle, en laissant à chaque paroisse et municipalité le soin d'y faire procéder, ou de fournir et présenter un homme qui seroit reçu par l'officier chargé de cet objet ; que dans le service, le soldat soit admis, avec la noblesse, à tous les grades que le mérite et la valeur peuvent faire acquérir.

7° CONTROLES.

L'utilité et la nécessité reconnues des contrôles pour prévenir les fraudes et assurer l'existence des actes, fait aussi désirer la réforme des abus qui résultent de l'obscurité, de la variété des droits qui s'y perçoivent, leur taux excessif sur toute espèce d'actes et de conventions. On entend réunir sous le nom de contrôles tous les autres droits, insinuations, successions collatérales, etc., etc. Les tarifs sont d'ailleurs si obscurs que chaque préposé est obligé de les interpréter à son gré, et pour le droit le plus fort, si l'on suit l'intention de la ferme. D'où il arrive souvent que le citoyen qui se croit tranquille sur l'acte qu'il a consenti, les droits qu'il a acquittés, est encore obligé de payer une seconde fois sur les recherches et interprétations d'un vérificateur. Le contrôleur, malgré sa probité et son désintéressement, est forcé en recette : abus fréquent dans les campagnes, où il faut payer sans connoitre ses droits, ni savoir à qui s'adresser pour s'en instruire. Un tarif clair, les droits diminués, faciliteroient la liberté des actes et leur précision, les multiplieroient même, préviendroient les abus et les procès et ne mettroient plus d'obstacles à un nombre infini d'actes et de conventions, que la crainte et la dépense empêchent d'exécuter.

8° TABELLIONAGE.

Qu'il seroit à désirer que les propriétaires de petits fiefs de 5 à 6 feux, ou d'un hameau, qui se trouvent enclavés au nombre de deux à trois, souvent plus, dans les paroisses, fissent le sacrifice des petits tabellionages qu'ils afferment au premier offrant, sans examen du sujet ni de sa capacité, qui demeure la plupart hors et à une lieue du fief : d'où il résulte, le plus souvent, le faux et l'ignorance dans les actes, la perte des minutes, des procès sans nombre sur des actes toujours affectés du soupçon de faux, pour avoir été reçus au cabaret ou au domicile des contractants, ou celui du tabellion, et toujours hors de son ressort.

9° HUISSIERS-PRISEURS.

Que la paroisse croit devoir unir sa voix à la réclamation publique contre l'exercice et la charge d'huissier-priseur, dont est actuellement pourvu, dans le ressort du bailliage d'Auxerre, le sieur Day. Les mineurs, auxquels la justice doit une protection spéciale, sont certainement les plus lésés dans les priviléges que cet officier ne cesse de préconiser dans tous les papiers publics. Telle vente, qui se faisoit pour 18 à 20 livres, excède 100 et 150 livres de frais. La retenue des deniers, les oppositions ménagées ou mandées pour couvrir le prétexte de cette retenue, des prisées mal faites, des adjudications équivoques sont les moindres abus dont on se plaint d'une charge qui produit cent pour cent, dont les seuls quatre deniers pour livres suffiroient pour le dédommagement et intérêts d'une charge où le premier acquéreur a su ingénieusement se multiplier et se reproduire en cent manières par les concessions dont il a inondé le bailliage. Messieurs les officiers de ce siége, mieux instruits des abus, sauront sans doute en remontrer les effets. On s'en rapporte à leur prudence et à leur justice.

10° PRESBYTÈRES.

Que les inconvénients qui résultent des demandes de Messieurs les curés, à chaque mutation, pour construction et réparation des presbytères, fait désirer une loi qui détermine irrévocablement l'étendue des presbytères à la charge des paroisses, l'entretien et les charges réciproques, une règle qui fixe la forme de constater de temps en temps, et à chaque mutation, l'état du presbytère, les dégradations et innovations qui y auroient été faites ;

Qu'elle croit devoir joindre à cet article une observation qui paroitroit peut-être étrangère aux circonstances, si le royaume entier n'avoit éprouvé plus ou moins les suites terribles de l'hiver dernier. Les habitants observent que l'examen de leurs propriétés les assure de la gelée totale, et jusqu'aux racines des trois quarts des vignes, des poiriers, pommiers et châtaigniers ; perte considérable et affligeante pour cette paroisse, mais qui n'en peut apprécier le montant qu'après la sève.

11° CLERGÉ. — NOBLESSE.

Qu'ils s'unissent à tous les cœurs français pour offrir de contribuer aux impôts qui seroient arrêtés et jugés nécessaires dans l'assemblée des États généraux du royaume. Mais ils demandent aussi que le clergé et la noblesse soient enfin soumis aux mêmes impositions ; que les répartitions soient supportées par égalité entre les trois ordres à raison de leurs facultés ; que la suppression des privilèges, tant pour les contributions qui ne seroient pas abolies que celles qui seroient établies, fassent cesser ces odieuses distinctions entre les enfants d'un même père, les sujets d'un même État et d'un même Roy ; que la vérification de leurs propriétés se fasse et soit soumise aux mêmes formes que celles du Tiers-État.

La paroisse a pour seigneurs un chapitre respectable (1), qui retire les dîmes pour moitié, M. le curé pour l'autre. Ils possèdent plusieurs bons fonds, avec leurs droits honorifiques. Il y a plusieurs nobles et privilégiés qui y possèdent et acquièrent souvent des propriétés, dont les exemptions sont onéreuses à la communauté. Leurs seigneurs sont trop pénétrés d'un sentiment trop noble et équitable pour ne pas reconnoitre la justice de la demande de la paroisse, et concourir eux-mêmes à son exécution.

12° VOEU GÉNÉRAL.

Enfin tous les vœux se réunissent à désirer l'unité des impôts, la facilité et la clarté dans le recouvrement, la contribution égale entre les trois ordres, à raison de leurs facultés, la suppression des aides et gabelles, celle des privilégiés, le retranchement des commissions onéreuses, la réforme des abus, la diminution des impôts, avec offre de contribuer à ceux qui seront arrêtés, aux États généraux, avec Sa Majesté et les trois ordres, un terme fixe

---

(1) Le chapitre cathédral d'Auxerre.

et consolant pour la durée des contributions que les besoins actuels peuvent exiger, une bonne administration suivie de la prospérité du royaume, de la conservation des jours de notre auguste monarque.

Signé : Dejust (procureur fiscal). — Le Roux de Larmanne. — Laurent. — Ozibon. — Rigalle. — J. Pourrin. — Grécillot. — F. Bougault. — J. Mathié. — Denis Guérin. — Perdit. — J. Philipon. — Taffineau. — Lechien. — E. Courcié. — Horry. — Roy l'aîné. — Prévost. — Juventy. — Toutée. — Claude Robin. — Thévenot. — E. Mathieu. — Roy. — Philippon. — Douillé. — P. Camdat. — Juventy. — Lavollée. — Jolly. — Mémain. — Croiset. — Chauvot. — Edme Ducrot.

Paraphé *ne varietur* au désir de notre procès-verbal dudit jour, 21 mars 1789.

Dejust.

PRÉCY-LE-SEC.

Cahier *des remontrances et doléances qu'a l'honneur de faire la commnnauté de Précy-le-Secq à Sa Majesté, en conséquence de son règlement du 26 janvier et de sa lettre du 7 février dernier, concernant les États généraux.*

Les habitants de la paroisse de Précy-le-Secq ont l'honneur d'observer à Sa Majesté que leur communauté est composée de 175 feux ; que la situation de ce pays est dans une plaine, dont le territoire est on ne peut plus borné, aride et pierreux, qui ne produit presqu'aucune espèce de grains que dans les années absolument humides, ce qui met la majeure partie de ses habitants dans une pauvreté extrême, leur territoire n'étant pas dans le cas de les nourrir le quart de l'année ; nécessités d'ailleurs de payer la dîme ecclésiastique à raison de douze gerbes l'une pour les grains, et de 16 feuillettes l'une pour le vin.

Avant l'année 1740, les habitants avoient une ressource qui leur étoit plus avantageuse que le produit de leur territoire, la grande route de Paris à Lyon y passoit. Elle en a été retirée par le caprice des ingénieurs, qui ont jugé à propos, par un plan mal fait et indirect, de la placer environ mille pas plus haut, ce qui fait un tort inappréciable à cette communauté et même à l'État. La poste royale étoit alors fixée audit Précy ; elle a été supprimée, et au lieu d'une poste on est actuellement obligé d'en faire deux pour aller de Vermenton à Lucy-le-Bois, ce qui ne peut qu'être contraire à tous les voyageurs, et occasionne du retard même pour les affaires de l'État, le chemin étant plus long et les chevaux ne pouvant aller avec tant de vitesse, étant nécessités de faire quatre lieues pour deux. Pour remettre ce pays dans son premier état, Sa Majesté est très humblement suppliée de vouloir bien ordonner que cette grande route soit replacée audit lieu de Précy-le-Secq ; c'est le seul moyen de retirer les habitants de la misère dans laquelle ils sont plongés depuis longtemps ; ce qui est d'autant plus facile qu'il n'y a que trois quarts de lieues de chemin à réparer, qui opéreroit plus d'un quart de lieue de plus court.

Le territoire de Précy contient au plus un quart de lieue de diamètre. Comme il a été ci-devant observé, il est d'un terrain très ingrat, éloigné de tout commerce, privé de la grande route, à plus d'une lieue de la rivière, chargé de 3,000 livres de tailles et de 1,200 livres de dixièmes et vingtièmes que leur pauvreté ne leur permet pas d'acquitter, de manière qu'il y a toujours, malgré la vigilance du receveur particulier des finances, deux années en arrière. Les habitants sont vexés et ruinés par l'exercice des chefs de garnison, qui séjournent régulièrement 4 et 5 jours par mois, qui par leurs frais doublent les impositions, dont ils demandent ardemment la suppression.

Les habitants de Précy-le-Secq ont l'honneur d'observer en troisième lieu que les aides et gabelles sont encore pour eux ce qu'il y a de plus onéreux et ruineux par les procès injustes que leur font journellement les commis. La majeure partie de leurs vignes est située sur un territoire voisin dépendant d'une autre élection. Ils sont nécessités, pour le transport de leur vendange, de prendre des congés, dont les droits sont fixés selon le caprice des employés, ce qui leur forme un double emploi, étant obligés de payer un second congé lors de la vente de leurs vins. Si la misère et le manque d'argent forcent quelqu'un de charroyer sa vendange ou son vin sans être muni d'un congé, et qu'il soit surpris, il est sur-le-champ mis à contribution par ces commis inhumains et avides qui, sous la menace d'un gros procès et par des voies injustes, les amènent à des accommodements toujours très onéreux, qu'ils tournent le plus souvent à leur profit, et s'engraissent ainsi sourdement de la dépouille des misérables.

Tout semble contribuer à la perte du malheureux et du Tiers-État en général, lui qui est le mobile de tout, qui fournit, pour ainsi dire, tout ce qui est nécessaire à l'État, particulièrement les habitants des campagnes, les cultivateurs qui, le plus souvent, sont réduits à manger un morceau de pain sec, étant hors d'état de se procurer un quarteron de sel, tant rapport à sa cherté que par les vexations qui leur sont faites tous les jours pour le payement de leurs impositions, dont la répartition est toujours mal faite, et que ce pauvre particulier est contraint de payer sans qu'on lui permette de dire ses raisons.

Tous les biens du royaume ne devroient-ils pas être égaux ? Ne devroient-ils pas être sujets aux mêmes droits et aux mêmes impositions ? Ne devroient-ils pas tous contribuer aux besoins de l'État ? Pourquoi ceux possédés par la noblesse, qui forment une très grosse partie, et dans les meilleurs fonds, ne seroient-ils pas sujets comme ceux du Tiers-État ? Si la noblesse a acquis ce glorieux titre au service de Sa Majesté, n'est-elle pas suffisamment dédommagée par l'honneur, le rang qu'elle occupe et par les marques de distinction dont elle est décorée ? Il seroit donc de justice que tous ses biens contribuassent aux besoins de l'État et vinssent au secours du malheureux qui, depuis si longtemps, fournit, par ses travaux et ses sueurs, tout ce qui est nécessaire à l'État, puisqu'il ne lui reste qu'une extrême pauvreté dans laquelle cette nécessité l'a réduit.

Le clergé, cette partie du monde la plus intéressée et la plus avide, qui possède presque franchement la majeure et meilleure partie des biens du royaume, n'est-il pas dans le cas, comme les deux autres, de contribuer aux besoins de l'État, lui dont les revenus, dans presque tous les endroits, excèdent ceux de la Couronne, qui, non content de ce qu'il possède, se feroit créer, s'il étoit possible, de nouveaux bénéfices ; qui, d'un autre côté, emploie toutes les ruses imaginables pour tirer la quintessence de toutes ses possessions, et opprime ses vassaux pour le recouvrement de ses droits et rentes, et sans les dédommager jamais des malheurs qu'ils ont pu essuyer dans le courant de l'année.

Les moines, cette troupe légère et fainéante, engraissés dans la mollesse, dont les revenus sont immenses, qui, pour l'ordinaire, ont plus pour un seul individu que tout un village entier, qui possèdent tous leurs biens sans presque rien payer, qui, loin de secourir le malheureux, thésaurisent et emploient toutes les voies possibles pour se procurer les aisances de la vie, ne sont-ils pas dans le cas de fournir, comme tout autre, aux besoins de l'État ? La majeure partie de ces communautés, qui ne sont d'aucune utilité, ne sont-elles pas dans le cas d'être supprimées, leurs trésors versés dans les coffres de Sa Majesté, où il se trouvera de quoi fournir aux besoins les plus urgents de l'État.

Les officiers des maîtrises des eaux et forêts, ces sangsues de toutes les communautés, qui s'érigent en vice-roys dans les campagnes, les oppriment par des amendes et restitutions, dont la majeure partie est distribuée entre eux ; cette juridiction, inutile absolument et nuisible, dont les fonctions pourroient être remplies par les juges ordinaires, tant des villes que des campagnes, avec plus de justice et moins de frais, en fait demander la suppression.

La nouvelle création des huissiers-priseurs, qui pillent impunément la veuve et l'orphelin, qui se font payer à raison de 50 sols par lieue, non compris leurs vacations, sont des charges absolument contraires au bien public. Il arrive, pour l'ordinaire, que dans les campagnes les meubles ne sont pas suffisants pour payer leurs transport et vacations ! Ce qui fait demander justement la suppression de ces charges.

La communauté de Précy-le-Secq a l'honneur d'observer à Sa Majesté qu'elle vendit, il y a 21 ans, la réserve de ses biens, dont la coupe a produit 32,000 livres ; qu'une partie de cette somme a été employée aux réparations de leur église, et que depuis ce temps il est resté entre les mains du receveur 6,000 livres et plus, dont elle n'a pu avoir de compte jusqu'à présent, ce qui est un objet essentiel pour cette communauté, vu la pauvreté dans laquelle elle se trouve et ses besoins urgents. Pourquoi Sa Majesté est très humblement suppliée d'ordonner qu'il lui fut fait compte du reliquat de cette somme.

C'est en faveur de toutes ces observations et doléances que Sa Majesté est très humblement suppliée de vouloir bien accorder la suppression des tailles et vingtièmes, des aides et gabelles et de toutes autres choses demandées pour empêcher et réprimer les abus qui se commettent tous les jours, tant dans la manière dont les impositions sont faites que dans l'injuste répartition ; et pour dédommager Sa Majesté du revenu que ces objets peuvent produire, d'établir aux lieu et place une dîme royale qui sera perçue sur tous les fonds en général, tant terres, prés, bois, vignes, auxquels ceux de la noblesse et du clergé seront sujets comme ceux du Tiers-État ; et ne cessera, cette communauté, d'adresser des vœux au ciel pour la santé et conservation de Sa Majesté.

Signé : Berthier. — Bornot. — J.-B. Baudot. — E. Colin. — Joseph Pernay. — Antoine Bourgeois. — Antoine Rameau. — Louis Riotte. — Jean-Baptiste Godot. — Pierre Rameau. — M. Godot. — Jean Guingois. — Estienne-Louis Naut. — Pierre Gaudot. — Augé. — Jean Dupont. — C. Ducrot. — Etienne Roy. — Perreau. — Claude Mouchon. — Christophe Baudot. — Jean Mouchon. — Charles Pillon. — Jean Musot.

— Claude Godot. — Christophe Collin. — François Préaudot.

RAMEAU (syndic).

Coté et paraphé *ne varietur* par nous, juge,

DENAUVE (juge pour l'absence).

PRÉGILBERT.

CAHIER *des doléances et pétitions pour la paroisse de Prégilbert, du 15 mars 1789.*

Les habitants dudit Prégilbert chargent leurs députés qui vont être nommés pour assister à l'assemblée du bailliage d'Auxerre, relative à la tenue prochaine des États généraux du royaume, de faire insérer dans le cahier des doléances et demandes dudit bailliage, prient, chargent et requièrent les députés du susdit bailliage de requérir, faire statuer et arrêter par loi constitutionnelle, et supplient Sa Majesté de sanctionner :

1° Que le clergé et la noblesse payent et supportent les mêmes impositions que le Tiers-État, et soient compris dans le même rôle de chaque paroisse et communauté ;

2° Que toutes les impositions soient réunies en une seule ; les droits d'aides supprimés et ceux qui demandent l'exercice des commis, dont les fonctions sont désastreuses pour les paroisses ; qu'on supprime aussi toutes les charges et offices inutiles, principalement les jurés-priseurs vendeurs de meubles, dont les droits exorbitants ruinent les mineurs et les pauvres débiteurs ;

3° Qu'il soit établi, de distance en distance, dans les campagnes, des chirurgiens et des sages-femmes, lesdits habitants ayant l'expérience qu'une infinité de malades, de femmes enceintes et enfants périssent faute de secours ;

4° Qu'il soit enfin établi, de cinq lieues en cinq lieues, des hôpitaux, où les malades, qui n'ont pas les moyens de se faire soigner chez eux, trouvent les secours nécessaires ;

5° Qu'il soit encore établi des écoles gratuites dans toutes les paroisses ;

6° Qu'il soit établi des États provinciaux, dans lesquels le Tiers-État aura autant de représentants librement choisis que le clergé et la noblesse réunis, et que les opinions s'y prendront par tête, et non par ordre, ainsi que dans les États du Royaume ;

7° Que les paroisses seront autorisées à se répartir elles-mêmes l'imposition qui sera fixée par les États provinciaux ; en conséquence qu'on supprimera les élections et les commissaires, qui se sont arrogés le droit de faire les rôles aux frais des collecteurs, et sans la concurrence des habitants, ce qui produit les plus grands abus.

Et au surplus, lesdits habitants donnent pouvoir auxdits députés de proposer, aviser et consentir à tout ce qui regarde les besoins de l'État, la réforme des abus, l'établissement d'un ordre fixe et durable dans toutes les parties de l'administration, la prospérité de tout le royaume et le bien de tous les sujets.

Signé : E. Fournier. — Guilly. — Prin-Guilly. — E. Guilly. — Maujot.

QUENNES.

Doléances *et représentations des habitants de Quene et Nangy, son hameau, ne formant qu'une seule paroisse et communauté.*

1° Lesdits habitants demandent et supplient très humblement Sa Majesté, donnant à ses peuples des preuves authentiques de sa sollicitude et de sa bonté paternelle, d'alléger les charges telles que tailles, capitation, vingtièmes et sols pour livres, vu le peu de valeur de leur territoire ou finage, dont un quart au moins est en friche et de nature à ne rien produire. Lesdits habitants représentent, en outre, que la plupart ont leur maison presque tombant en ruine, et sont incapables, vu leur pauvreté, de les faire raccommoder ou reconstrure ;

2° D'ordonner que les audiences pour rendre la justice se tiennent au moins six fois l'année, au lieu d'une fois ou deux comme cy-devant ;

3° D'ordonner la suppression des jurés-priseurs, qui dévorent et engloutissent les biens des pauvres veuves et orphelins par les droits exorbitants qu'ils exigent dans les prisées ou ventes, notamment dans cette paroisse ;

4° Enfin d'ordonner la suppression des commis, soit pour les vins ou autres denrées, ou de veiller à ce qu'ils ne fassent plus à l'avenir les injustices qu'ils ont exercées et qu'ils exercent contre le peuple, dont ils abusent de l'ignorance.

Signé : F. Jouby. — J. Doré. — Jouby (syndic). — Severin. — M. Thièvre. — Louis Guénié. — P. Guiard. — M. Guiard. — Louis Alliot. — Pierre Alliot. — Jean Lemoine, — L. Petitjean. — Jean Guinier. — Baptiste Doré.

Givaudin (procureur fiscal). — Foudrier (ancien praticien).

ROUVRAY.

Doléances *des habitants de Rouvray, bailliage d'Auxerre, pour les États généraux.*

Nous, habitants de Rouvray, soussignés, remontrons :

1° Que nous sommes surchargés, ainsi que tout le peuple, en impôts de toute espèce, et que ces impôts sont répartis et augmentés à volonté; qu'ils nous réduisent à une extrême misère; qu'ils nous mettent dans l'impossibilité de supporter d'autres charges de l'État, tandis que les nobles et le clergé ne payent presque rien, quoi qu'ils possèdent les plus beaux et les meilleurs biens du royaume;

2° Que l'impôt des corvées que nous supportons seuls avec le Tiers-État, n'est employé qu'à la confection des grandes routes et des canaux qui, étant pour tout le monde, devroient être aux frais de tout le monde indistinctement; que les chemins finéraux et de traverse, qui seroient de la plus grande utilité pour les campagnes, sont dans l'état le plus déplorable, ce qui cause des pertes considérables;

3° Que le sel est à 12 sols 9 deniers la livre; que le prix excessif de cette denrée de première nécessité empêche l'agriculture d'en tirer tous les avantages qu'elle en pourroit espérer;

4° Qu'on a mis des droits trop forts sur le vin et trop d'entraves à son débit; qu'à l'occasion de ces droits et de ces entraves nous sommes exposés à toutes sortes de vexations de la part des commis aux aides; qu'on pourroit éviter tous ces maux par un impôt direct sur les vignes;

5° Que pour la moindre convention nous sommes assujettis à des droits de contrôle, d'insinuation, de centième denier; que ces droits sont trop forts; que ceux surtout de contrôle sont trop obscurs et trop arbitraires;

6° Qu'on a mis des droits trop forts sur toutes sortes de consommations, sur la marque des cuirs et du fer, qui sont dans les campagnes d'un usage journalier, que nous ne pouvons passer, entrer, sortir par certains endroits sans payer;

7° Que dans notre justice, qui est seigneuriale, il ne réside aucun officier, ce qui entraîne augmentation de dépense quand il faut avoir ces messieurs, lenteur extrême dans les affaires, préjudice notable aux plaignants et défaut absolu de justice;

8° Que nos procès, qui sont ordinairement peu compliqués, n'en finissent point et entraînent des frais capables de ruiner souvent les deux parties ; que, quand nous avons à plaider avec des personnes au-dessus de nous, nous n'osons le faire parce que nous ne sommes pas assez riches pour les suivre d'appel en appel ;

9° Que dans les justices seigneuriales, les officiers sont moins les hommes de la loi que les hommes du seigneur, parce qu'ils dépendent trop de lui, et qu'il est un vrai fléau pour les peuples ;

10° Que les droits seigneuriaux excitent souvent entre les seigneurs et les vassaux des contestations où ces derniers ont presque toujours le dessous ;

11° Qu'il est étrange qu'un garde de bois ou garde-chasse, moins nécessaire que le premier, soient crus sur la simple affirmation ; que cette loi est désastreuse et tyrannique ; que ces gardes sont armés de fusils, et qu'il y a des exemples qu'ils en ont abusé au point de tirer sur des personnes sans défense, et que ces faits atroces sont restés impunis, ce qui n'auroit sûrement pas été dans une justice royale ;

12° Que le casuel est un impôt vraiment onéreux pour nous et honteux pour la religion : que par respect pour les choses saintes, et eu égard aux charges infinies que nous supportons, on devroit nous en décharger en dédommageant toutefois Messieurs les curés et autres ministres de l'église, pour qui malheureusement il fait une branche importante de revenu ;

13° Que le vœu de cette communauté est d'être rétablie en paroisse ayant un curé-résident, comme elle étoit autrefois ; que la dîme, dont la destination est de servir à l'entretien des paroisses et des pauvres, suffiroit pour effectuer cette restauration ;

14° Que les grosses réparations des nefs d'église et des presbytères sont à la charge des communautés, tandis qu'elles devroient être à la charge des biens ecclésiastiques, puisque ce qu'on appelle le tiers-lot y est destiné ;

15° Que cette paroisse possède environ 100 arpents de biens communaux et de friches dits usages à elle concédés par les révérends bénédictins de Saint-Germain d'Auxerre, moyennant un bichet d'avoine de redevance et 10 deniers annuellement par chaque habitant. Quoique la communauté paye encore ladite redevance, elle ne jouit cependant pas de la majeure partie desdits usages parce qu'un noble, propriétaire voisin, en a pris environ 40 arpents, autour desquels il a fait tirer des fossés, et parce que d'autres particuliers, à son exemple, ont fait des défrichements dans le reste, de leur autorité privée, sans s'être soumis à aucune redevance. De sorte que, outre le défaut de revenu dont la communauté souffre, il ne lui reste même pas 10 arpents de ces usages pour le pâturage des bestiaux ; ce qui cause un dommage considérable aux habitants, qui sont trop pauvres pour intenter des procès et obtenir justice ;

16° Que les milices, dans la forme actuelle, sont un impôt onéreux pour les campagnes par la perte de temps et d'argent qu'elles leur occasionnent ;

17° Que lorsqu'il nous vient des commissaires pour asseoir les tailles, que ces messieurs reçoivent les déclarations à la hâte, qu'ils n'y font aucune attention ; ce qui fait qu'il y a bien des erreurs sur les rôles, souvent double emploi, personnes mal imposées, etc. Lorsque les collecteurs vont chercher les rôles, qu'on ne veut même pas les écouter ni en faire lecture ;

18° Que les garnisaires sont une seconde taille pour les paroisses par les frais qu'ils y occasionnent ; que souvent ils viennent dans les temps où les particuliers sont courts d'argent ; qu'ils n'ont rien de plus pressé que d'enlever les meubles souvent les plus nécessaires, bien au-dessus de la redevance, et sans donner aucun récépissé ni aucun écrit.

Signé : Mathias (syndic). — Potherat. — G. Potherat. — Edme Chancy. — Jeanneau. — Potherat. — Malaquin. — Jean Chardon. — Potherat. — Edme Chancy. — Laurent Motheré. — E. Motheré, — E. Potherat. — J. Droin. — Mathieu Chancy. — Hanrion.

Ne varietur.

SAFRFOY (procureur fiscal).

DARLOT (commis greffier).

SACY.

CAHIER *de souhaits, plaintes et doléances de la paroisse de Sacy, bailliage d'Auxerre, assemblée au son de la cloche le 17 mars 1789, au lieu accoutumé à tenir ses assemblées, présidée par M. Nicolas Bardet de Nodijon, juge de ce lieu, où ont comparu les dénommés en l'acte cy-joint.*

Lesdits habitants, pour se conformer aux intentions bienfaisantes et aux ordres de Sa Majesté, désirent :

1° Que pour combler les vides des finances tout citoyen de l'État y étant intéressé, doit contribuer suivant ses facultés, ce qui ne peut mieux s'exécuter que par un impôt justement distribué sur tous les biens en général du royaume exempts ou non exempts ; ce que l'on appelle impôt territorial ;

2° Que la noblesse, ainsi que les ecclésiastiques de premier ordre, et notamment les réguliers, veuillent bien se prêter dans ce moment-ci à réparer le vide des finances, sans toutefois vouloir anticiper sur leurs prérogatives ordinaires ;

3° Que les abbayes d'hommes rentées, ainsi que les couvents de filles qui sont à la campagne, à cause de leur inutilité et leur vie exemplaire, soient supprimés, et qu'avec leurs maisons et revenus il soit établi autant d'hôpitaux pour procurer les secours nécessaires aux paroisses voisines, qui n'en ont souvent que d'un pauvre curé à portion congrue, et surchargé ordinairement de décimes ;

4° Que le commerce de toutes marchandises soit libre dans toute l'étendue du royaume, en conséquence suppression absolue de toute espèce d'employés, excepté ceux qui sont aux barrières du royaume, suppression qui rendra les sujets de Sa Majesté très heureux et contents, puisqu'on les regarde de toutes parts comme la ruine du royaume et le fléau des peuples ; et en considérant combien il en reviendra dans les coffres du Roy, elle surprendra extrêmement Sa Majesté ;

5° Sa Majesté est également suppliée très humblement de supprimer l'office de juré-priseur, étant très à charge à la classe la plus indigente de ses sujets ;

6° Sa Majesté sera aussi suppliée de supprimer la justice des eaux et forêts, comme étant très à charge au corps des communautés ecclésiastiques et laïques ; d'établir et octroyer les officiers des justices royales d'arrondissement d'en faire les fonctions, en fixant les droits ; en conséquence, suppression des justices seigneuriales ;

7° De supprimer pareillement les intendants de province, ou au moins de leur ordonner d'être plus exacts et faire droit aux requêtes et mémoires qui leur sont adressés de la part des paroisses et communautés qui sont plaintifs ;

8° Augmentation des portions congrues, afin que les fonctions des ecclésiastiques et curés des paroisses soient gratis, excepté leurs messes.

PLAINTES DE LA PAROISSE.

1° Sacy est composé de 170 feux et situé entre des montagnes très escarpées qui le renferment de tous côtés. Son territoire est rempli de collines et de vallons, et la moitié est en friche et sans pouvoir être cultivé ; et si l'autre partie en donne la facilité, lesdits habitants sont obligés d'y prendre beaucoup de peine et d'y donner beaucoup de travaux pour subsister, puisque ledit territoire est chargé en dîmes : 1° d'une gerbe par chaque arpent pour les seigneurs ; 2° le douzième sur tous les grains pour les gros décimateurs.

3° Une autre dîme établie en 1784 par les seigneurs gros décimateurs, qui sont Mgr l'évêque d'Auxerre et son chapitre, de laines d'agneau, qu'ils forcent de payer à la dixième, pendant que l'usage de la paroisse est à douze; que cette dîme a été établie malgré les justes représentations des habitants qui ont été sans défense.

Les vignes produisent passablement, mais le vin est des plus bas prix, et pour l'éprouvée Sacy s'en rapporte aux paroisses voisines. Cela n'empêche pas que les droits d'aide y sont très excessifs, puisqu'ils se montent à 4 livres 10 sols par muid, et soit qu'on le vende ou qu'il se perde, ou qu'il se gâte, c'est ce qui a péri la paroisse l'année dernière. Si on étoit quitte pour cela on se croiroit moins malheureux, mais souvent on fait payer double et c'est ce qui arrive malheureusement cette année; deux mots qui suivent vont en faire la preuve : 1785 et année suivante ont été si abondantes que les habitants, au risque de perdre leurs vins, ont été obligés de les conduire aux étapes et foires de Rouvray et de Saulieu, en franche Bourgogne, et ont levé des congés et payé les 4 livres 10 sols; et aujourd'huy on leur demande le double pour subvention. Notez que ces particuliers n'ont jamais payé ces doubles droits et qu'ils ne vendoient leurs vins aux foires et étapes que 15 livres le muid, ce qui, déduction faite des droits et voitures, il ne demeuroit pas pour payer les tonneaux. Enfin, cette subvention se monte à la somme de 1,300 livres, que l'on exige par contrainte donnée dans le courant du mois de février dernier, et cela aux plus pauvres de la paroisse, qui ont été obligés de vendre à quelque prix que ce fût pour payer ces droits. C'est donc avec raison que nous demandons la suppression totale des employés.

5° A la vérité, les habitants dudit lieu auroient une ressource, qui est une petite prairie, si elle n'étoit pas chaque année vasée et rouillée par les inondations qui y abondent par tous les vallons dont nous avons parlé ci-dessus, et c'est ce que l'on a malheureusement éprouvé, mais notamment en 1781, jour de Saint-Jean, à trois heures après-midi, un orage affreux est venu fondre sur la plus grande partie du finage, et ensuite a débordé dans le village avec une si grande quantité et rapidité que les eaux s'y sont élevées jusqu'à 15 et 16 pieds; elles ont renversé plusieurs maisons, englouti quantité de bestiaux de toute espèce avec toute sorte de meubles dans les décombres; jointe à cette perte, s'en est suivie celle de six personnes qui ont été dans ce moment les victimes de ce torrent. La perte de ce village a été estimée à la somme de 40,000 livres, dont requête a été présentée sans beaucoup d'effet.

6° Outre les charges ci-dessus, la paroisse est imposée aux

tailles à la somme de 4,300 livres, en outre de 1,173 livres des vingtièmes. En considérant la nature du terrain et la pauvreté des habitants, on peut facilement reconnoître que la paroisse est surchargée d'impositions.

7° Outre les charges ci-dessus, la communauté a si peu de commodité pour nourrir et élever ses bestiaux, qu'elle nomme tous les ans des pâtres banaux, tant pour les vaches, bêtes asines, que pour les troupeaux de laine, de plus des gardes-finage et un pour les bois en usage de ladite communauté, de plus pour le maître d'école, ce qui fait environ la somme de 900 livres chaque année, et en outre la corvée des chemins.

8° Que ladite communauté a à Dijon, entre les mains du trésorier des domaines du Roy pour les eaux et forêts, une somme de 1,400 livres provenant d'une coupe faite, il y a douze ans, des bois en réserve de ladite communauté. Depuis ce temps, elle en a fait la demande par requête, plusieurs fois, sans jamais avoir pu la retirer, quoique les grandes nécessités pour lesquelles on la demande subsistent toujours, qui sont des réparations urgentes à faire à la charge de la communauté.

9° Enfin, pour en finir, il seroit à souhaiter et désirer que Sa Majesté voulut bien établir des moyens convenables pour arrêter tous les procès et chicanes naissant dans toutes les paroisses de la campagne; c'est le plus grand avantage qu'elle puisse procurer aux habitants.

Signé : J. Dondainne. — Edme Champau. — P. Peraut. — J. Bertier. — T. Menant. — Piault. — T. Chevanne. — Berault. — N. Rouard. — T. Vezinie. — Dondaine. — Berault. — L. Dondaine. — L. Bourdilliat. — L. Nolin. — Piault. — J. Garnier. — J. Cornevin. — Moyne. — G. Moyne. — J. Disson.

J. Disson (syndic). — J. Piault (député). J. Chevanne (député). — Pirou (curé de Sacy).

Bardet-Denaudijon.

SAINT-ANDELAIN (Nièvre).

Cahier *des doléances et plaintes de la paroisse de Saint-Andelain, pour être présenté par les députés du Tiers-État de ladite paroisse à l'assemblée du bailliage d'Auxerre.*

Jusqu'à présent, les habitants de la paroisse de Saint-Andelain, pénétrés de l'obligation où ils sont de se soumettre au sort du rang où la Providence les a placés, ont souffert sans se plaindre les taxes qu'on leur a imposées ; mais puisque le meilleur des Roys leur permet de faire déposer indirectement leurs doléances au pied de son trône, ils prendront la liberté de représenter humblement :

1° Qu'ils sont surchargés d'impôts, que la taille et les vingtièmes payés, il leur reste à peine de quoi vivre ;

2° Que cette même taille, les vingtièmes et les dixièmes, sont répartis de manière que le malheureux est toujours foulé ;

3° Composée de laboureurs et de vignerons, la paroisse de Saint-Andelain a la douleur de voir les uns accablés par les surtaxes que leur imposent leurs maîtres, par les tailles et corvées en argent qui forment une seconde taille ; et les autres aussi, plongés dans la misère par le peu de produit de leurs vignes. Cette année surtout, elles ne leur donnent aucune espèce de récolte. Privés du fruit de leurs travaux, ils n'envisagent qu'une perspective accablante pour eux ;

4° Le sel, denrée de première nécessité, est à un prix exorbitant, qu'ils sont, la plupart du temps, obligés de s'en passer, heureux encore s'ils étoient assurés d'avoir toujours du pain ;

5° En général, il n'est peut-être pas deux familles de laboureurs qui ne soient endettées envers leurs maîtres. On les nomme métayers, mais ils seroient heureux s'ils étoient dans le cas de percevoir le tiers de leur sueur ;

6° A toutes ces entraves, se joint encore le manque de bois ; ce n'est qu'à grands frais qu'ils peuvent s'en procurer, et le malheureux qui cherche le bois mort ou le mort-bois dans les propriétés des seigneurs est toujours exposé à des recherches, à des difficultés et très souvent à des amendes (1) ;

7° La renommée nous a appris que les grands, les nobles et le clergé se disposoient à partager avec le peuple les impôts qu'il a supportés seul jusqu'à présent ; que leurs vues bienfaisantes se réalisent ; alors devenus riches de la taxe qu'ils supporteront, les corvées, les tailles, les vingtièmes, les dixièmes nous peseront moins, aidés d'un renfort aussi considérable. Nous travaillerons tous unanimement à rendre à l'État son premier lustre, au monarque qui nous gouverne avec des entrailles de père, la satisfaction après laquelle il soupire, et à la patrie des preuves de notre patriotisme ;

(1) La coutume du Nivernais, au chapitre XVIII des bois de forêts, établit ainsi la délimitation entre le bois mort et le mort bois : « Mort bois est « réputé bois n'en portant fruit, et bois mort cheu, abattu, ou sec debout « qui ne peut servir qu'à bruslez. »

8° Comme tous les bons François, nous soupirerons après le moment où un impôt sur les terres pourra nous délivrer de tous ceux que nous avons à redouter, de la multitude de ceux que nous supportons; le sel devenu marchand, les aides supprimées, etc. Nous ne nous occuperions que de nos travaux, nos jours s'écouleroient dans la tranquillité, et nos vœux pour la prospérité du Roy et du royaume seroient continuels;

9° Si tel est le résultat de l'assemblée générale de la nation, tel devons-nous en attendre de la sollicitude paternelle du père du peuple. Nos enfants, nos neveux béniront à jamais le monarque de qui ils tiendront leur bonheur; nous l'augurons au moins de la manière dont nous le savourons d'avance.

Puisse le ciel donner de longs jours à Louis XVI! Puisse la splendeur de son vaste royaume aller toujours en augmentant! Puisse une paix durable lui procurer le temps d'affermir et consolider le bien qu'il veut faire.

Et ont signé avec ceux qui savent signer, en recommandant avec tous les habitants à leurs députés de se borner, dans l'assemblée d'Auxerre, à nommer de dignes représentants à l'assemblée générale, et à présenter les plaintes et doléances de leurs commettants.

Signé : Beaufils (syndic). — Pierre Guyot. — Rabelleau. — J. Roy.

Certifié le présent cahier conforme aux intentions de la paroisse de Saint-Andelain, par nous soussigné, Bailly, premier juge de la ville de Pouilly-sur-Loire, et juge ordinaire au bailliage et châtellenie de Saint-Andelain, cejourd'huy 15 mars 1789, l'assemblée de la paroisse tenant au lieu accoutumé à tenir les assemblées de ladite paroisse.

Signé : Guillault-Duvillerot.

SAINT-CYR-LES-COLONS.

Cahier *des plaintes et doléances de la paroisse de Saint-Cyr-les-Colons, diocèse, bailliage et élection d'Auxerre.*

Par le règlement fait par notre auguste monarque pour l'exécution de ses lettres de convocation des États généraux de son royaume du 27 avril prochain, Sa Majesté nous a permis de lui exposer nos plaintes et doléances. Avant de s'occuper par les habitants de Saint-Cyr de leurs intérêts particuliers, il faut s'occuper de l'intérêt général de la nation.

Art. 1ᵉʳ. — Les habitants de Saint-Cyr demandent que le Tiers-

État soit représenté aux États généraux par un nombre égal à celui des représentants des deux autres ordres réunis ;

Art. 2. — Que les opinions soient prises par tête et non par ordre ;

Art. 3. — Que dans les États particuliers de la province de Bourgogne, il y ait autant de députés du Tiers-État que des deux autres ordres réunis ;

Art. 4. — Les habitants demandent également la suppression des tailles, vingtièmes et dixièmes, et que pour remplacer ces droits il soit pourvu à un impôt unique, payable soit en nature, soit en argent, qui frappe généralement sur toutes les propriétés des trois ordres, en quotité égale et par classe, eu égard à la qualité des fonds ;

Art. 5. — Que les commerçants, qui n'ont d'autre bien que leur commerce, soient imposés à la capitation et industrie en proportion d'iceluy ;

Art. 6. — Que les droits d'aides soient supprimés, en ce que cet impôt est des plus désastreux, et une espèce d'inquisition confiée à des gens qui, trop souvent, mal usent de leurs pouvoirs en vexant les particuliers, gênant absolument le commerce et jetant l'épouvante dans les familles, qui coûte près de 100,000 livres de frais pour la perception par direction ; ce qu'on éviteroit en admettant l'impôt territorial, soit à raison de l'arpent de vigne, soit par un abonnement particulier dans chaque paroisse, fixé sur une année commune de récolte qui sera faite ;

Art. 7. — Qu'il convient encore de supprimer l'impôt des gabelles, et que Sa Majesté ait seule le droit d'avoir des salines en France, où il fera vendre le sel aux gens de commerce, de manière que cette branche de revenu puisse produire à l'État ce qu'elle a toujours rapporté.

Art. 8. — Ils demandent donc aussi la suppression du commerce extérieur du tabac, parce que cette denrée ne venant point dans le royaume, l'argent qui est employé pour en faire l'achat dans les pays étrangers est perdu pour la France. Pour lui conserver en faveur de l'État, on demande à Sa Majesté d'autoriser la culture de cette plante dans les terrains de la France qui y sont propres ; lesquels seront amodiés à des personnes qui auront le droit exclusif de cette culture, en payant les droits par abonnement, en proportion de la quantité de terrain qu'ils employeront, et ensuite le tabac sera vendu aux gens du commerce ;

Art. 9. — Que pour le bien de l'État, Sa Majesté soit très humblement suppliée de rentrer dans tous les domaines aliénés de la couronne, en remboursant le prix des aliénations seulement, afin que cette partie considérable de propriétés de la couronne puisse rapporter les revenus dont elle est susceptible ;

Art. 10. — Que l'imposition pour la corvée soit répartie au marc la livre de la capitation sur les trois ordres, et non sur la taille ou impôt territorial ;

Art. 11. — Que les droits domaniaux soient fixés de manière qu'ils ne laissent plus de doute sur leur quotité, et que le double droit sur les sous-seings privés soit aboli ;

Art. 12. — Que le code des lois civiles et criminelles soit réformé d'une manière qui simplifie les procédures et frais, et que les procès soient jugés, dans tous les tribunaux, dans le temps d'une année au plus ;

Art. 13. — Que dans le cas où les tailles et vingtièmes subsisteroient, ou dans tous les autres cas, les garnisaires des tailles soient supprimés, parce qu'ils sont inutiles et beaucoup dispendieux aux peuples, et que souvent ils vexent les collecteurs et redevables ;

Art. 14. — Que les charges de jurés-priseurs soient supprimées, en ce qu'elles sont absolument inutiles, les huissiers ou sergents des lieux étant dans le cas, comme ils l'ont été ci-devant, de remplir les fonctions pour les ventes de meubles, à bien moins de frais, et toutes autres personnes pour les prisées des inventaires, ce qui fera le soulagement des pauvres veuves et orphelins, qui ne se trouvent malheureusement que trop souvent dans ce cas-là ;

Art. 15. — Que les droits des commissaires à terrier, qui se sont accrus singulièrement depuis quelques années, soient modérés, et qu'il soit pourvu à ce que les seigneurs, ou plutôt leurs commissaires à terrier, par un intérêt déplorable, ne puissent demander de nouvelles déclarations tant par mutations en ligne directe que collatérale, en ce que ces espèces de déclarations ne sont d'aucune utilité aux seigneurs pour la conservation de leurs droits, et qu'elles ne servent qu'à vexer les vassaux ; qu'il convient que lesdits seigneurs déposent une expédition de leurs terriers au greffe de l'endroit où ils seront faits, comme titres communs entre les seigneurs et les vassaux ;

Art. 16. — Que pour les intérêts particuliers des habitants de ladite paroisse de Saint-Cyr, qui est composée de 200 et quelques feux, ils exposent que quoi que leur finage soit assez considérable et que la culture la plus générale soit le labourage, elle est néanmoins une des plus pauvres du canton, ne produisant tout au plus que deux septiers par arpent, le fort dans le faible ; qu'à raison de ce qu'une partie des biens sont grevés d'une tierce féodale envers le seigneur, et que plus des deux tiers du finage appartient aux forains, qui retirent plus de 2,400 bichets de bled, froment par chacun an ;

Art. 17. — Que le seigneur retire de ladite paroisse, tant de ses propriétés que de ses vassaux, plus de 6,000 livres par chacun an;

Art. 18. — Que le prieur-curé retire aussi, tant de ses propriétés de la cure que de la dîme ecclésiastique, la somme de 3,000 livres de revenu par chacun an ;

Ar. 19. — Que cependant, malgré toutes ces charges, elle est encore imposée, tant aux tailles qu'aux vingtièmes et capitation, à la somme de 6,000 et quelques livres, ce qui est absolument au-dessus de la portée et des forces de la paroisse. C'est pourquoi les habitants espèrent, avec la confiance que leur inspire la bonté et la justice de leur Prince, qu'on aura les égards qu'il convient à l'imposition prochaine.

Les présents cahiers, délibérés, arrêtés d'une voix unanime par les habitants légalement assemblés, en vertu du règlement fait par le Roy pour l'exécution des lettres de convocation du 24 janvier dernier, et encore en vertu de l'ordonnance de M. le bailli d'Auxerre, le 3 mars présent mois. En conséquence, donnent tous pouvoirs aux députés qui vont être nommés par nous, habitants, de porter nos présents cahiers audit bailliage d'Auxerre, au jour indiqué par la notification donnée au syndic de ladite paroisse de Saint-Cyr, par exploit de Rivière, huissier, en date du 14 mars présent mois.

Fait et arrêté par nous, habitants, au lieu accoutumé à tenir les assemblées, le 21 mars 1789, et ont tous, lesdits habitants, déclaré ne savoir signer, à la réserve des soussignés.

Signé : Basile Quatrevaux. — Delinotte. — Robin. — Thomas Petit. — Jean Petit. — A. Stalin. — Simon Cadi. — G. Petit. — Edme Petit. — C. Petit. — Claude Petit. — Cyr Alliot. — Germain Sonnois. — E. Delinotte. — Pierre Petit. — E. Stalin. — Simon Petit. - Jean Petit. — S. Quatrevaux. — Stalin.

Petit (procureur fiscal).

SAINT-CYR-LEZ-ENTRAINS (Nièvre).

Cahier *de plaintes, doléances et remontrances de la paroisse et communauté de Saint-Cyr-lès-Entrains.*

1° L'assemblée fait toutes réserves et protestations nécessaires pour qu'on ne puisse tirer de la comparution de ses députés au bailliage d'Auxerre aucune conséquence pour la distraire de la pairie de Donzy s'il y échet, ni de l'élection de Clamecy, ni de la généralité d'Orléans ;

2° Elle donne mandat aux députés qu'elle va nommer de la représenter dans l'assemblée des trois États du bailliage ;

3° Elle charge spécialement ses députés de demander que, parmi les sujets qui seront envoyés aux États généraux, deux au moins soient pris dans l'élection de Clamecy, savoir, un dans le clergé ou la noblesse, et un autre dans le Tiers-État ;

4° Que les trois ordres délibèrent et qu'ils élisent ensemble, et que les suffrages soient comptés par tête ;

5° Que les trois ordres consentent à payer les mêmes impôts dans les mêmes proportions et sous les mêmes formes ;

6° Que la dette nationale soit répartie sur les propriétés et que les provinces soient seules chargées de la manutention des revenus de l'État destinés à l'acquittement de la dette ;

7° Que l'administration intérieure des provinces soit confiée aux États provinciaux à établir en chaque généralité, suivant les principes consignés dans le règlement qui a été dressé pour l'établissement des assemblées provinciales et des assemblées secondaires ;

8° Que les droits de gabelles soient supprimés ou au moins modérés, pour le soulagement des habitants des campagnes et pour prévenir le dépérissement des bestiaux qui viennent de pays exempts de gabelles et qui ont été accoutumés au sel ;

9° Les droits d'aides sans exception supprimés également ou du moins convertis en un impôt perceptible dans les lieux seulement où les aides ont cours ;

10° La taille et la corvée abolies ou remplacées par une imposition assise suivant le vœu de l'article 5 ci-dessus ;

11° Que dans le cas où l'impôt territorial en nature seroit converti sous les conditions portées en l'article qui suit, il soit établi sans aucune classification de terres, et en général sans aucune modification qui pût donner lieu à des perceptions ou à des interprétations de faveur ;

12° Que les milices forcées soient abrogées ou remplacées par des régiments provinciaux formés et recrutés volontairement ;

13° Qu'il soit pris les mesures les plus promptes et les plus efficaces pour diminuer et les frais et les lenteurs de la justice, notamment dans les tribunaux inférieurs ;

14° Que les juridictions des eaux et forêts et les élections et greniers à sel et autres soient réunis aux juridictions royales ordinaires ;

15° Que les tabacs en poudre qu'on envoye actuellement dans

les provinces sont littéralement gâtés, qu'ils incommodent considérablement ceux qui en usent, et on demande qu'on en envoye en bâton comme ci-devant ;

16° Que l'assemblée adhère à tout ce qui sera réglé par les trois ordres dans les États généraux pour ce qui concerne le bien et l'avantage de l'État, s'en rapportant sur ce à la probité et à la conscience de ses députés et aux autres du royaume. S'il pouvait arriver qu'ils contrevinssent à ce même mandat, ils déclarent les désavouer dès à présent et leur retirer ses pouvoirs ;

Fait et arrêté dans l'assemblée générale des habitants de la paroisse de Saint-Cyr-lez-Entrains, le 8 mars 1789, et ont déclaré ne savoir signer sauf les soussignés.

Signé : Lelu. — Dupré (greffier). — Dinot fils. — Clouset. — Barjot (syndic). — Clouset. — Morin.

SAINTE-COLOMBE-EN-PUISAYE.

Cahier *des plaintes et respectueuses remontrances que fournissent les habitants du Tiers-État de la paroisse de Sainte-Colombe-en-Puisaye, faisant partie du bailliage d'Auxerre, pour être porté par les députés de ladite paroisse à l'assemblée dudit bailliage qui se tiendra à Auxerre le 25 du présent mois de mars 1789.*

Les habitants de Sainte-Colombe-en-Puisaye demandent :

1° Que les députés qui seront nommés pour le Tiers-État du bailliage d'Auxerre aux États généraux soient spécialement chargés de faire au Roi leurs très humbles remerciements pour la confiance que Sa Majesté accorde à ses peuples, et à M. Necker sa gratitude du zèle qu'il a montré dans la défense de la cause du Tiers-État ;

2° Que les députés du Tiers-État étant admis en nombre égal à ceux de la noblesse et du clergé réunis, il soit toujours voté par tête et non par ordre ;

3° La réforme de celles des lois civiles et criminelles qui en ont besoin ; celle des eaux et forêts, et la réunion des siéges d'exceptions aux siéges royaux ;

4° L'abolition des aides et gabelles et reculement des barrières aux frontières du royaume ;

5° Qu'il soit établi dans chaque province des États provinciaux composés de membres librement élus, dont moitié soit pris dans le Tiers-État, avec faculté de répartir les impositions sur tous les ordres sans exception ;

6° La révocation des priviléges du clergé et de la noblesse en ce qui tourne au préjudice du Tiers-État ;

7° Que l'impôt soit simplifié, ainsi que sa perception;

8° L'abolition des charges de jurés-priseurs;

9° Celle de l'usage des lettres de cachet de tous ordres portant atteinte à la liberté des citoyens, ainsi que les évocations au conseil;

10° La diminution des ressorts des parlements avec ampliation aux présidiaux, pour juger en dernier ressort jusqu'à 4,000 livres;

11° Qu'il soit établi une commission intermédiaire prise parmi les membres des États généraux et composée dans la proportion d'un du clergé, d'un de la noblesse et de deux du Tiers-État; laquelle auroit seule le droit d'enregistrement et pourroit juger les ministres pour raison de leur administration;

12° Que les charges de judicature soient déclarées inamovibles; qu'on supprime la vénalité et qu'on les donne au mérite;

13° Que les juges seigneuriaux soient autorisés à juger en dernier ressort jusqu'à 50 livres, ou qu'à tout autre événement leur sentence, jusqu'à ladite somme, soit exécutée par provision sans donner caution;

14° Que les droits de contrôle et d'insinuation laïque soient diminués sur les sommes au-dessous de 8,000 livres, pour la décharge des citoyens moins aisés, et augmentés sur les sommes excédentes, de manière que l'Etat perçoive toujours le même revenu;

15° Que le Roy soit supplié de vendre le droit de chasse, à vie seulement, à tout citoyen domicilié, pour au moins 60 livres d'imposition, dont les vie et mœurs seront certifiés par les municipalités, et que les sommes en provenant servent à l'amortissement des dettes de l'Etat; réservant aux seigneurs le droit de chasser personnellement dans l'étendue de leur seigneurie;

16° Que les gâtines et pâturages communs ne puissent être envahis sans titre, et qu'on oblige à restituer ce qui auroit été envahi depuis trente ans;

17° Que les colombiers soient fermés pendant les mois de mars, avril, septembre et octobre, auxquels on sème les orges et les bleds, et que, dans le cas où lesdits colombiers ne seroient point fermés, chaque citoyen puisse défendre son héritage, même avec arme à feu;

18° Que tous les étangs et marais voisins des habitations et nuisibles à la santé des citoyens soient desséchés;

19° Qu'il soit établi dans toutes les paroisses des écoles publiques pour l'instruction de la jeunesse;

20° Qu'il soit établi dans chaque province une école gratuite de sages-femmes, où chaque paroisse sera tenue d'envoyer une ou plusieurs femmes pour y prendre des leçons et jouir ensuite de l'exercice desdites fonctions à l'exclusion de toutes autres;

21° Qu'il en soit aussi établi une pour former des élèves habiles à traiter les maladies des bestiaux à l'exclusion de tous autres;

22° Enfin que les grandes routes soient réduites à 40 pieds de largeur, fossés compris, et que chaque assemblée municipale soit autorisée à ordonner la confection et entretien des chemins particuliers de chaque paroisse aux dépens des seigneurs et des habitants, vu que la plupart de ces chemins particuliers (surtout dans la Puisaye) sont impraticables et très préjudiciables au commerce.

Fait et arrêté en l'assemblée générale des habitants dudit Sainte-Colombe-en-Puisaye, cejourd'huy 15 mars 1789. Et ont signé, à l'exception de plusieurs qui ont déclaré ne savoir signer.

Signé : Auville. — Micot. — Brisset. — Gillet. — Cocquerillat. — Breuillet. — Valot. — Gillon. — Guinault. — Gillet. — Pimoulle. — Jourde. — Dechamp. — David.

Coté et paraphé *ne varietur* par nous, Alexis-Augustin David, juge ordinaire au bailliage de Perreuse et Sainte-Colombe, ce 22 mars 1789.

DAVID. BONICHON (greffier).

SAINTE-PALLAYE.

Cahier *des doléances pour la paroisse de Sainte-Pallaye, du 15 mars 1789.*

Les habitants de Sainte-Pallaye chargent leurs députés qui seront nommés pour assister à l'assemblée du bailliage d'Auxerre de faire insérer dans le cahier des doléances et demandes dudit bailliage, et prient, chargent et requièrent les députés qui seront nommés dans ladite assemblée pour les Etats généraux prochains de la nation, de requérir, faire statuer et arrêter par loi constitutionnelle et supplier Sa Majesté de sanctionner :

1° Que le clergé et la noblesse supporteront les mêmes impositions que le Tiers-Etat, et qu'il n'y ait qu'un seul et même rôle dans chaque paroisse et communauté pour les trois ordres;

2° Que toutes les impositions seront réunies en une seule; que l'impôt territorial aura lieu tel qu'il a été fait par M. Clément, seigneur de ce lieu, concurremment avec M. Carré, curé de cette paroisse; tous les habitants en ayant reconnu la justice et l'équité;

3° Que les bonnes mœurs dépendant de l'instruction, et des

bonnes mœurs la paix et la tranquillité de l'Etat et le respect pour la religion ; il sera, à cet effet, établi des écoles gratuites dans toutes les paroisses ;

4° Que la dépopulation dans les campagnes ayant pour principale cause l'ignorance des chirurgiens et des sages-femmes et l'éloignement des villes, il en sera par arrondissement établi, et dont les appointements seront pris sur les fonds destinés dans leur origine au soulagement des pauvres, pour lesquels ils ont été donnés ;

5° Que la pauvreté des campagnes met la plupart des malades hors d'état de se faire traiter par des médecins et chirurgiens. L'éloignement des hôpitaux ne leur permet point non plus de s'y faire transporter, et qu'il arrive souvent que, dans les maladies trop communes à la campagne dans les mauvaises saisons, les hôpitaux des villes ne sont plus suffisants pour les recevoir. Pourquoi les habitants prient et requièrent les Etats généraux d'en établir de cinq lieues en cinq lieues, et dont les fonds pourront être également pris sur ceux originairement destinés pour le soulagement des pauvres.

Les susdits habitants, par les renseignements qui leur sont parvenus, ont connu que la plus grande partie des impositions de la province de Bourgogne et pays adjacent se perd dans les frais et dépenses de l'administration, dans laquelle il y a des abus considérables. Lesdits habitants prient et requièrent les Etats généraux d'y pourvoir et de régler l'administration sur celle du Dauphiné, que lesdits habitants ont appris ne faire à présent qu'un seul corps de bons citoyens tous réunis pour le bien public.

Et au surplus, s'en rapportent aux Etats généraux de requérir, statuer, proposer, remontrer, aviser et consentir tout ce qui peut concerner les besoins de l'Etat, la réforme des abus, l'établissement d'un ordre fixe et durable dans toutes les parties de l'administration, et la prospérité du royaume et le bien de tous et de chacun des sujets de Sa Majesté.

Signé : E. Gauthier. — Gaudard. — P.-C. Gauthier. — Villain. — Moreau. — Chevillard. — Jean Ballet. — Gauthron (syndic). — Sirot. — Maujot.

SUPPLÉMENT AUX DOLÉANCES ET DEMANDES DE LA PAROISSE DE SAINTE-PALLAYE.

1° Que les seigneurs dudit lieu, ainsi que les seigneurs voisins, ont une très grande quantité de pigeons qui ne sont jamais renfermés, qui fait qu'ils ravagent les emblures des habitants au temps des semailles, maturité et récolte de toute espèce de grains et légumes, ce qui leur fait un tort considérable. Pourquoi les habitants demandent, prient et requièrent les Etats généraux de remédier à ce désordre en fixant une certaine et petite quantité de pigeons que lesdits seigneurs pourront avoir et leur enjoindre de les tenir renfermés pendant ledit temps des semailles, maturité et récolte de tous grains et légumes;

2° Lesdits habitants demandent aussi qu'il soit défendu auxdits seigneurs, ainsi qu'à tous autres particuliers, d'avoir des troupeaux séparés de ceux des paroisses ou communautés, attendu que leurs troupeaux privent ceux desdites communautés de leurs pâturages et causent des dommages considérables dans les héritages desdits habitants pour lesquels on craint de faire aucune répétition et former aucune demande contre lesdits seigneurs;

3° Que lesdits habitants soient affranchis de toutes servitudes envers leurs seigneurs, comme des corvées, lods et ventes du prix de la vente, du douzième du prix des biens vendus, des droits de retenue et enfin de tous les autres droits et prétentions qui ressemblent et approchent de la servitude sur lesdits habitants, puisque les intentions de Sa Majesté sont que tous ses sujets soient libres et affranchis, auquel cas lesdits habitants laissent et donnent pleins pouvoirs auxdits Etats généraux de faire ou pourvoir envers lesdits seigneurs au remboursement desdits droits, ou par eux justifiant de titres incontestables;

4° Disent lesdits habitants que la longueur des procès, souvent pour de très-petits objets, occasionne des frais monstrueux; que, pour éviter ces gros frais, il conviendroit, ainsi que le désirent les habitants, de fixer la durée des procès dans chaque tribunal où ils seront portés, et ce à raison de chaque espèce et force desdits procès, et au cas où il plairait auxdits Etats généraux de laisser subsister les justices seigneuriales, il conviendroit qu'elles jugent souverainement jusqu'à la somme de 25 livres, en enjoignant aux seigneurs ou à ceux qui ont la nomination des juges qu'ils aient à nommer ès-dites charges des gens instruits et éclairés, et reconnus pour cela par l'examen qu'ils auront subi devant leurs juges supérieurs;

5° Lesdits habitants prient et requièrent les Etats généraux de supprimer les charges des jurés-priseurs vendeurs de meubles, comme étant la ruine des pauvres mineurs, débiteurs et créanciers et, par cette raison, charges absolument vexatoires et inutiles.

Fait et arrêté par les députés de la communauté de Sainte-Pallaye, ce 21 mars 1789.

Signé : Gauthier, Gaudard.

SAINT-BRIS.

Cahier *des plaintes et doléances de la ville de Saint-Bris près Auxerre en Bourgogne, et de Goix son faubourg.*

Le sentiment qu'a produit et excité dans tous les esprits et dans tous les cœurs la promulgation faite dimanche 15 mars, au prône de la messe paroissiale de Saint-Bris, du sage règlement fait par notre auguste Monarque pour l'exécution de ses lettres de convocation des Etats généeaux du royaume, c'est celui de l'admiration la plus sincère, de la plus vive et de la plus respectueuse reconnoissance envers le souverain de l'autorité duquel ce règlement est émané. Mais combien ce même sentiment ne s'est-il pas accru, quel attendrissemeut n'a-t-il pas produit et excité dans tous les cœurs à la lecture des dernières paroles qui terminent le préambule de ce même règlement public dans toutes les églises du royaume! Répétons-les ces dernières paroles, et que nos derniers neveux ne cessent jamais d'en conserver le souvenir.

« Sa Majesté, selon l'usage observé par les Rois ses prédéces-
« seurs, s'est déterminée à rassembler autour de sa demeure les
« Etats généraux de son royaume, non pour gêner en aucune
« manière la liberté de leurs délibérations, mais pour leur con-
« server le sentiment le plus cher à son cœur, celui de conseil et
« d'ami. »

A ces traits, qui ne reconnoitroit dans notre auguste Monarque un autre Henri IV? Approchons donc du trône et, puisqu'on nous le permet, osons demander justice! osons présenter nos idées, nos plaintes et nos doléances à l'héritier du trône et des vertus de ce grand Roy.

Mais avant de s'occuper par les habitants de la ville de Saint-Bris de leur intérêt particulier, le sang françois qui coule dans leurs veines ne faisant de tous les individus françois qu'un seul et même peuple de frères, qu'une seule et même famille, ils doivent faire marcher l'intérêt général de toute la nation auparavant tout autre intérêt particulier.

Le Roi, par l'arrêt de son conseil du 27 décembre dernier, a pourvu à cet intérêt général en décidant que le Tiers-Etat sera représenté aux Etats généraux par un nombre de députés égal à celui des deux ordres réunis.

Mais les opinions seront-elles prises et recueillies par tête, c'est une conséquence qui paroit devoir naturellement résulter de la disposition de l'arrêt du conseil du 27 décembre dernier; cependant, pour ne rien laisser à désirer sur cette question non moins importante que la première, le cri de la nation à cet égard se fait entendre de toutes les parties du royaume. Combien n'est-il pas à désirer qu'avant toutes choses et en tête du procès-verbal de l'assemblée des Etats généraux, il en soit fait une loi expresse. S'il en étoit autrement, le soulagement du Tiers-Etat, ou pour mieux dire son salut, seroit dans le plus grand danger si les opinions n'étoient prises que par ordre et non par tête.

Sa Majesté sera très humblement suppliée d'ordonner que la même loi ait lieu pour la tenue des Etats particuliers de la province de Bourgogne. Que de vices, que d'abus à réformer dans son administration! Ils ont été tellement démasqués par toutes les villes de cette province, et notamment par le Tiers-Etat de la capitale, des villes d'Arnay et Aignai-le-Duc, qu'il est inutile de rappeler ici tout ce que le Tiers-Etat de ces villes ont dit et exposé dans leurs délibérations et leurs requêtes au Roi.

Ces deux points essentiels une fois bien établis par une loi qui sera sanctionnée par les Etats généraux, Sa Majesté sera très humblement suppliée de vouloir bien ordonner :

1° Que les gabelles soient entièrement supprimées, ou si elles ne le sont pas entièrement, au moins que le prix du sel et du tabac en Bourgogne, et surtout celui du sel, y soit réduit et modéré;

2° Que toute espèce de commis, surtout aux aides, soit également supprimée dans l'intérieur du royaume, pour n'être établis qu'en nombre suffisant sur les frontières pour veiller et empêcher les fraudes qui pourroient être commises à l'entrée de tous les effets et marchandises sujettes aux droits du Roi;

3° Que les banalités de toute espèce, ainsi que toutes corvées (reste barbare de l'ancienne féodalité) soient et demeurent supprimées;

4° Que les droits des commissaires à terrier soient, comme autrefois, réduits à 5 sols pour le premier article de chaque déclaration, et à 2 sols 6 deniers pour chacun des autres articles;

5° Que les charges de jurés-priseurs, dont les droits excessifs sont vraiment accablants, surtout pour le peuple, soient éteintes et supprimées;

6° Qu'il soit fait un nouveau tarif des droits de contrôle des actes, des exploits, centième-denier, insinuation laïque et tous autres droits y joints; dans lequel nouveau tarif ces droits seront réduits et modérés, et expliqués si clairement qu'ils ne puissent donner lieu que le moins possible à des procès et contestations, qui ne sont que trop fréquents tant pardevant les commissaires pour le Roi départis dans le royaume pour l'exécution de ses ordres, qu'au Conseil de Sa Majesté;

7° Que le droit appelé l'écu du pont de Joigny, qui se perçoit sur chaque muid de vin passant dessus et dessous le pont de cette ville, sera éteint et supprimé, comme étant très préjudiciable à la province et surtout aux habitants de la basse Bourgogne;

8° Enfin que les poids et mesures de toute espèce soient uniformes et les mêmes dans tout le royaume.

PLAINTES ET DOLÉANCES PARTICULIÈRES ET PUREMENT PERSONNELLES A LA VILLE DE SAINT-BRIS.

Cette ville est très ancienne, elle est composée de 415 feux ou taillables, y compris Goix son faubourg. Son finage et territoire est composé de 3,800 arpents, dont environ 900 arpents tant en bois que vignes et terres sont possédés par le seigneur seul. Environ 60 arpents sont possédés tant par l'ordre de Malte que par les religieux bernardins de l'abbaye de Pontigny. Ce territoire, quoique purement vignoble, contient environ 1,500 arpents en vigne possédés tant par le seigneur que par les deux ordres qu'on vient de nommer. Le surplus est possédé par quantité de forains propriétaires, tant de la ville d'Auxerre que d'Augi, Quennes, Chitry, Saint-Cyr, Irancy, Vincelottes, Vaux et Champs-sur-Yonne, toutes paroisses qui entourent celle de Saint-Bris. Dans cette quantité de 3,800 arpents, il entre environ 1,400 arpents de terre, dont les deux tiers sont situés sur le haut des montagnes, de valeur de 20 à 25 livres l'arpent, et le prix des meilleurs arpents de terre est de 400 livres; et le prix des vignes roule depuis 400 jusqu'à 6 à 700 livres suivant leur exposition et la qualité du terrain.

Ces détails prouvent évidemment que le pays n'est pas riche en propriétés. Il est composé d'une vingtaine de bourgeois très peu fortunés par eux-mêmes, d'une quantité de vignerons qui, quoique possédant quelques propriétés chargées de rentes, peuvent à peine se passer du travail de leurs mains, et tout le reste n'est que vignerons, journaliers et manœuvres, tellement écrasés par les impositions que la plupart sont forcés de quitter et d'abandonner le pays. Qu'on visite à Paris l'isle Saint-Louis, et on y verra une pépinière assez considérable de ces émigrants du seul bourg de Saint-Bris, tous réduits à la condition de porteur d'eau et de portefaix.

Dans tous les temps la terre de Saint-Bris a été possédée par de grands seigneurs et de la plus haute distinction, et notamment par Dreux de Mello, premier connétable militaire de France sous les rois Louis VII et Philippe second. Elle n'en est sortie que pour passer à la famille des Coligny d'Andelot, qui l'ont possédée pendant près de 400 ans. Ensuite à MM. de Lambert, lieutenants généraux des armées du Roi, et successivement à M. le duc d'Harcourt, aussi lieutenant général des armées du Roi et aujourd'hui gouverneur de monseigneur le Dauphin. A ce nom si cher et si précieux et qui ne cessera jamais de l'être aux habitants de Saint-Bris, l'émotion des cœurs est ici générale, et ce n'est qu'avec la plus vive douleur qu'on se rappelle les circonstances qui ont pu mettre ce bon et cet excellent seigneur dans le cas de vendre cette terre au mois de septembre 1763, et à qui.... à un receveur des tailles d'Auxerre (1).

A l'avénement de ce nouveau seigneur, la paix et la tranquillité dont avoient constamment joui les habitants de Saint-Bris sous leurs anciens seigneurs, dont ils avaient mérité dans tous les temps la bienveillance et la protection, disparurent. Il n'y eut guère d'excès et de violences auxquels il ne se livrât pour vexer, pour dépouiller plusieurs habitants de leurs propriétés, quoiqu'ils en eussent non-seulement la possession la plus immémoriale, mais encore les titres de propriété les plus formels.

Ce génie d'usurpation, après s'être essayé sur les particuliers, s'étendit bientôt sur toute la communauté de Saint-Bris. Il se mit dans la tête que sa qualité de seigneur le rendoit propriétaire des murs et fossés qui entourent Saint-Bris et Goix son faubourg. Le premier signal qu'il donna de cette prétention fut de faire abattre de sa seule autorité quatre tours et une partie des murs, de s'en approprier tous les matériaux pour construire sa halle et la maison de son jardinier. Mais il sentit bientôt la faiblesse de son droit sur les murs et fossés de Saint-Bris et dont la communauté avoit constamment joui sans le moindre trouble depuis l'établissement de la monarchie française (2).

Les titres les plus anciens et les plus respectables le mettoient dans le cas de voir sa prétention repoussée par tous les tribunaux, règles de la justice. S'en défiant avec raison, le nouveau

(1) Deschamps de Charmelieu, receveur des impôts des bailliages d'Auxerre et d'Avallon.

(2) Ces murs, construits à la fin du xive siècle, subsistèrent entiers jusqu'au milieu du xviiie. Ils étaient flanqués de 17 tours. Trois portes donnaient entrée dans la ville : les portes d'Auxerre, de Saint-Bris et de Grisi. Goix était également entouré de murailles qui le réunissaient à Saint Bris.

Ces murs avaient 6 pieds d'épaisseur, les fossés étaient profonds de 23 pieds et larges de 40.

(Max. Quantin, *Notice sur Saint-Bris*, Annuaire de l'Yonne, 1838.)

seigneur s'occupa d'obtenir, par un coup d'autorité, ce qu'il n'auroit jamais obtenu de la justice.

Mais que d'excès, que de violences, que de voies illégales, que de voies obliques et illicites, que de mensonges employés par le nouveau seigneur pour parvenir à la concession qu'il s'est fait faire par le Roi des murs et fossés de Saint-Bris, par arrêt de son conseil du 25 aoust 1767, moyennant une rente de 20 livres envers le domaine de Sa Majesté.

Le détail de tant de voies indirectes pour surprendre la religion du Roi seroit trop long à expliquer et développer dans le cahier des plaintes et doléances des habitants de Saint-Bris, lesquels se proposent de présenter incessamment, à cet égard, leur requête au Roi. Tout ce qu'ils diront dans cette requête ne sera fondé et appuyé que sur des pièces probantes et authentiques, et s'il étoit possible d'élever le moindre doute sur la vérité et la certitude des faits qui seront exposés dans cette requête, Sa Majesté est très humblement suppliée de les faire vérifier par le commissaire départi pour l'exécution de ses ordres dans la province de Bourgogne, et cependant ordonner provisoirement que le sieur Deschamps de Charmelieu, nouveau seigneur de Saint-Bris, sera tenu de surseoir à toute exécution de l'arrêt de concession par lui surpris à la religion de Sa Majesté; objet dont ledit sieur Deschamps de Charmelieu a su se faire créer par violence jusqu'ici 300 livres de rente, et qu'il lui sera possible de pousser par la suite jusqu'à 1,000 ou 1,200 livres pour 20 livres qu'il rend annuellement au domaine de Sa Majesté.

Enfin la dernière réflexion que se permettent les malheureux habitants de Saint-Bris, c'est que l'arrêt de concession faite au sieur Deschamps de Charmelieu est devenu et continuera de devenir, par la suite, une arme vraiment meurtrière contre les habitants et contre la communauté qui, par là, se trouve privée du revenu qu'elle pourroit se faire, ne possédant d'ailleurs aucun revenu, ni deniers patrimoniaux, pas même de quoi payer un port de lettre.

Protesteront en cas de besoin les députés du Tiers-Etat que la nation ne peut être soumises à aucune loi qu'elle n'ait été consentie, et à aucuns impôts qu'elle n'ait accordés.

Que toutes les lois générales ne seront formées et promulguées que dans les mêmes assemblées générales, et jamais pour plus de temps que l'époque de leur retour périodique; que les assemblées provinciales n'en pourront accorder sous aucun prétexte et sous aucune dénomination.

Que les assemblées générales de la nation auront un retour périodique et fixé au moins de cinq ans en cinq ans.

Que tous les impôts et charges publiques seront répartis également sur tous les citoyens, sans distinction, dans la juste proportion de leurs propriétés et facultés.

Enfin la liberté individuelle des citoyens sera assurée d'une manière inviolable, la suppression de la vénalité de la noblesse et des charges, offices et emplois civils et militaires, ainsi que l'uniformité des peines pour tous les citoyens.

Signé : N. Félix. — Guenier. — Mathernot, — Matherat. — Delisle.—Rousseau Valtier.—E.-Germain Grandjean. — Ferdinand Delisle. — Regnaudin Mocquot. — Delisle (chirurgien). — Duché de Gurgy. — Guenier. — Guerin. — Delaroche de la Perrière. — F. Duché. — Maujeandre. — Vieilhomme. — Givaudin. — Claude Durand. — Brision.— Edme Minot. — Joseph Minot. — C. Favre. — Carpentier. — Nicolas Joyal. — Prix Lauvin. — Eustache Delingette. — Jean Petit. — Prix Bersan. — Claude Rigollet. — J.-G. Lauvin. — Jules Blein. — Antoine Verrier.—Antoine Campenon. — E. Monnot. — Étienne Prestat. — Augustin Lauvin. — Trechon. — Claude Bersan. — Nicolas Dorléans. — Cot. Bersan. — Prix Blanchard. — Darneau. — Louis Butté. — P. Monnot. — J. Rousseau. — Edme Rocot. — J.-N. Félix. — Charles Petit. — Claude Auvergne. — Blanche. — Louis Girard. — P.-C. Denisot. — Regnauldin. — Prix Félix. — Dauthereau. — Jean Prestat. — Nicolas Bland. — Pinon. — Claude Guilleminot. — Lauvin. — Henry Guilleminot. — Claude Piètre. — Laurent Fouard. — N. Félix. — Benn. — Saunier. — Cot Soris Todon.

Paraphé *ne varietur* au désir de l'ordonnance de M. le grand bailly d'Auxerre.

BENN.

SAINT-GEORGES.

PLAINTES, *doléances et remontrances que prennent la liberté de faire au Roi les habitants de la paroisse de Saint-Georges, comté et bailliage d'Auxerre, assemblés à cet effet, pour obéir aux ordres de Sa Majesté portés par ses lettres données à Versailles le 7 février 1789, pour la convocation et tenue des États généraux du royaume et satisfaire aux dispositions du règlement y annexé, ainsi qu'à l'ordonnance rendue par M. le bailly d'Auxerre le 3 du présent mois. Pour ce cahier être, par les députés qu'ils se disposent à nommer à l'instant, porté à l'assemblée générale du bailliage d'Auxerre indiquée à demain lundi 23 du présent mois, huit heures du matin.*

Remontrances desdits habitants :

1° Qu'ils sont écrasés par les impositions, dont le fardeau devient d'autant plus onéreux qu'ils ne possèdent pas même un sixième des biens de la paroisse; le surplus étant possédé par des nobles, ecclésiastiques et privilégiés; que le peu qu'ils possèdent est mangé de rentes; que non-seulement ils payent des tailles personnelles et à raison de leurs propriétés, mais qu'encore ils sont imposés à des cotes d'exploitation qui absorbent le peu de bénéfice qu'ils pourroient faire sur les amodiations;

2° Que pour établir une parfaite égalité entre tous les sujets du Roi, qui sont enfants d'un même père, il est juste que tous les impôts, de quelque nature qu'ils soient, tailles, capitation, vingtièmes, etc., etc., soient refondus dans un seul et même impôt, qui soit répartis sur tous les propriétaires ecclésiastiques, nobles, privilégiés et forains, sans aucune exception, réserve ni distinction, relativement aux propriétés et revenus de quelque espèce qu'ils soient;

3° Qu'il semble avantageux pour tous les citoyens que les droits de gabelle, péages et autres qui gênent la liberté du commerce soient supprimés; que chacun puisse user librement de sa denrée sans être exposé aux recherches et aux vexations de commis qui ne cherchent que des occasions de s'enrichir par des transactions sur procès injustes;

4° Que le sel et le tabac, dont le premier est de nécessité absolue et le second devenu nécessaire, soient rendus marchands; que chacun puisse les commercer librement;

5° Que les règlements relatifs aux pigeons soient exécutés dans toute leur rigueur et que les seigneurs seuls aient le droit d'en avoir et nourrir; mais qu'il leur soit enjoint de les retenir pendant les semailles tant des bleds que des menus grains;

6° Que toutes rentes, soit foncières en argent, soit en nature de grains, soient rachetables à toujours sans que les créanciers puissent opposer la prescription résultant du laps de trente ans. Les rentes non rachetables sont des taches sur les biens qui en empêchent le commerce, et d'ailleurs elles entraînent des solidarités ruineuses pour les malheureux débiteurs qui en restent chargés et qui sont poursuivis soit par les créanciers, soit par leurs solidaires en recours et garantie;

7° Il a été établi depuis un nombre d'années des charges de jurés-priseurs dont l'exercice ruine les malheureux. Ces officiers ont des frais de voyage à raison de 4 livres par lieues, tant pour aller que pour revenir, des vacations, les 4 deniers pour livre du prix des meubles, des grosses énormes de leurs procès-verbaux, qu'ils ont soin d'allonger par des mots et des phrases inutiles, d'où il résulte que le mobilier des mineurs ou des débiteurs poursuivis est consommé, très souvent même absorbé et au-delà. Il seroit salutaire de supprimer des offices aussi onéreux et de rendre l'exercice de leurs fonctions aux notaires et greffiers.

Fait et arrêté en l'assemblée des habitants de ladite communauté de Saint-Georges, tenue par Léonard-Claude-Edme Bachelet le jeune, procureur ès-siéges royaux d'Auxerre, ancien praticien exerçant la justice en la prévôté seigneuriale de Saint-Georges pour l'absence des officiers qui le précèdent; lequel a coté par première et dernière page et paraphé *ne varietur* au bas d'icelle le présent cahier, qui va être signé par lesdits habitants cejourd'huy 22 mars 1789.

Signé : Étienne Vinot. — Cultié. — G. Machavoine. — Antoine Narjot. — Edme Joinon. — Éloy Durand. — E.-G. Machavoine. — Antoine Jalot. — Etienne Gillotte.— Pierre Gillotte.—Charlot.— Bachelet jeune (ancien).

Paraphé *ne varietur* au désir de l'acte d'assemblée de ce jour-d'huy 22 mars 1789.

Bachelet jeune.

SAINPUITS (Nièvre).

Ce cahier étant le même que celui de la paroisse d'Arquian, nous ne le reproduisons pas.

Il porte les signatures suivantes :

Blanchard (syndic). — Gaillard, maître en chirurgie. — Douté, laboureur. — Guernault, vigneron. — Morisset, laboureur. — Lable, maître d'école. — Moreau, marchand. — Baron, laboureur. — Blanchard, laboureur.—Grandjean Bernasse, laboureur. — Cordiau, laboureur. — Magny, marchand. — Beaudeau, laboureur. — Bardot, curé.

Ne varietur. Moreau.

SAINTS-EN-PUISAYE.

Cahier *de doléances des habitants de la paroisse de Saints-en-Puisaye.*

1° Nous avons déclaré que nous consentons à l'établissement ou prorogation des subsides que les États généraux jugeront indispensablement nécessaires au besoin de l'État, toutes dépenses inutiles préalablement retranchées; toutefois, que les impôts qui distinguent les ordres soient supprimés et remplacés par un subside personnel invariable fixé sur les individus de chaque ordre et porté sur un même rôle, et un impôt territorial en nature réparti sur toutes les propriétés quelconques, sans aucune distinction et sans privilége;

2° Nous demandons que l'on vote aux États généraux par tête et non par ordre;

3° La suppression des aides et gabelles, timbre et franc-fief;

4° Qu'il n'y ait qu'une seule et même justice dans une paroisse, dont le juge seroit dans le chef-lieu de ladite paroisse;

5° Que ceux qui ont des colombiers et volières soient tenus de les fermer et d'empêcher les pigeons de sortir pendant le temps des semences de tous grains et des récoltes;

6° La conversion des redevances des seigneurs en grains en prestations en argent;

7° La suppression du casuel forcé des curés; toutes aliénations faites par les gens de main-morte il y a plus de trente ans, déclaclarées valables, quoique non revêtues de lettres patentes;

8° Qu'il soit fait un nouveau code de lois tant générales que locales, et que les frais de procédure et le temps que doivent durer les procès y soient invariablement fixés;

9° Que les déclarations aux papiers terriers soient aux frais des seigneurs;

10° La suppression des huissiers-priseurs comme étant absolument ruineuse pour le public;

11° La suppression de la milice forcée;

12° Et enfin les députés dûment chargés de faire et demander en leur honneur et conscience tout ce qui sera le plus avantageux pour le bien du royaume et en particulier de la paroisse; les chargent en outre de donner leur adhésion à tout ce que les autres députés des autres villes et paroisses pourront demander ou requérir pour remplir les objets ci-dessus, tant généraux que particuliers.

Fait et arrêté en l'assemblée cejourd'huy dimanche 15 mars 1789.
Signé : Noblet, syndic municipal. — Gallon, député. — Paultre des Épinettes, bailly. — E. Loury, député.

SAINT-MARTIN-DU-PRÉ (Nièvre).

CAHIER *contenant les remontrances, avis, plaintes et doléances que les députés de la paroisse de Saint-Martin-du-Pré seront chargés, en son nom, de proposer, remontrer, aviser et consentir tant dans l'assemblée des paroisses qui doit avoir lieu à Auxerre le 23 mars présent mois, que dans celle des État généraux par les députés qui y seront nommés.*

DANS L'ASSEMBLÉE D'AUXERRE.

Que les députés aux États généraux soient pris autant que faire se pourra dans différentes paroisses assez éloignées les unes des autres pour ne rien laisser à désirer sur les renseignements qui seront jugés nécessaires sur chaque localité ;

Que les officiers de justice, les fermiers, régisseurs, mandataires et autres personnes qui sont dans la dépendance des seigneurs ecclésiastiques et laïcs, ne puissent être députés auxdits États généraux, afin d'écarter tout ce qui pourroit gêner la liberté des suffrages et ôter toute espèce d'influence aux deux premiers ordres sur aucuns des membres du Tiers.

DANS L'ASSEMBLÉE DES ÉTATS GÉNÉRAUX.

Insister pour que les voix soient prises par tête et non par ordre, et opposer à cet égard la plus ferme résistance ;

Rester assemblés et délibérer sur tous les objets qui sont le sujet de la convocation des États généraux dans le cas où l'un des premiers ordres, ou tous les deux ensemble, prendroient le parti de se retirer ou refuseroient d'opiner ; le Tiers-État représentant essentiellement la nation ;

Fixer invariablement la forme dans laquelle seront convoqués les États généraux qui doivent succéder à ceux de la présente année ;

Demander que les provinces jouissent toutes de l'avantage d'avoir des Etats particuliers ;

Que la forme de ces Etats particuliers soit à l'instar de celle qui vient d'être réglée pour le Dauphiné ;

Que dans chaque Etat provincial il soit formé autant d'arrondissements qu'il sera jugé nécessaire pour député directement aux Etats généraux, afin d'éviter des transports trop éloignés et trop dispendieux, et que les députés d'une même paroisse ne puissent être appelés dans deux endroits différents ;

Indiquer l'époque à laquelle les Etats généraux qui suivront ceux-ci seront assemblés ;

Établir une commission intermédiaire entre la tenue des Etats généraux pour veiller à l'exécution de tout ce qui a été arrêté et décidé dans l'assemblée précédente, pour régler provisoirement tous les changements que les circonstances rendront nécessaires dans l'assiette, la forme et la quotité des impositions ; faire tous les enregistrements qui avoient ci-devant lieu dans les cours souveraines, en sorte que celles-ci n'ayent plus à s'occuper que de prononcer d'après les lois et que la justice ne puisse plus éprouver aucunes de ces interruptions qui ont fait la ruine et le malheur de tant de particuliers ;

Former cette commission intermédiaire de sujets de toutes les provinces, qui seront reconnus les plus recommandables dans les trois ordres, en tel nombre qu'il sera jugé nécessaire et de manière que le Tiers-Etat en fasse au moins la moitié ;

Demander la suppression de tous les tribunaux d'exception, en sorte que les tribunaux ordinaires connoissent de toutes les causes généralement quelconques, sauf l'appel aux différentes cours souveraines ;

Demander de même la suppression de toutes les justices seigneuriales, sauf à pourvoir à l'indemnité des seigneurs s'il y échet ; former et établir des justices royales avec arrondissement, de façon que tout plaideur puisse, dans une même journée, instruire son défenseur, assister au jugement de sa cause et retourner à son domicile ;

Établir dans toutes les paroisses des commissaires pour le maintien de la police et faire tous procès-verbaux et rapports à la justice royale ; rendre les juges des justices royales éligibles par des députés nommés dans toutes les paroisses qui formeroient leur ressort, et les commissaires de police de chaque paroisse par tous les habitants de ladite paroisse ;

Demander la suppression de tous les offices et charges qui donnent la noblesse, et de tous les priviléges exclusifs ;

Simplifier l'ordre de la procédure, supprimer toutes les écritures inutiles, et demander l'exécution de l'ordonnance de 1667 en ce qui concerne les matières sommaires ;

Que les revenus des curés de campagne soient portés à 1,200 livres, ceux des villes à 1,500, et qu'il leur soit fait défense de prendre aucun casuel, si ce n'est pour les prières qui leur seront demandées volontairement ;

Qu'il soit laissé dans chaque diocèse des abbayes ou prieurés vacants, dont le produit seroit destiné à compléter les sommes ci-dessus indiquées pour les revenus des curés, et à faire réparer ou reconstruire tous les presbytères et les églises dont l'entretien ou la reconstruction cesseroit d'être à la charge des paroisses;

Qu'il soit fait défense aux curés de plaider tant en demandant qu'en défendant, sans autorisation de leur évêque et du magistrat de la province, à peine de nullité de toute la procédure;

Qu'il soit permis de faire le remboursement de toutes les rentes foncières, même celles stipulées non remboursables ou dont les facultés de rachat seront prescrites;

Qu'il en soit usé de même à l'égard de toutes les rentes dues à l'église et aux gens de mainmorte, qui seront tenus de faire remploi en rentes sur l'Etat;

Qu'il en soit usé de même à l'égard de toutes les rentes seigneuriales, des droits de bordelage, des droits de coutume, de corvée et tous autres droits extraordinaires dus aux seigneurs;

Qu'il n'existe désormais aucun impôt qui ne frappe également sur le clergé, la noblesse et le Tiers-État;

Que les nouveaux impôts qui pourroient être établis pour remplir le déficit qui a lieu dans les finances de l'État, et pour remplacer ceux des impôts déjà existants qui ne pèsent que sur la classe du peuple, tels que la taille, la corvée, etc., soient, le plus qu'il sera possible, exempts de toute espèce d'arbitraire, afin que le crédit et l'autorité ne puissent porter atteinte à leur juste répartition;

Que l'impôt territorial en nature paroît être celui qui doit être adopté par préférence;

Qu'à l'égard des fonds qui ne rapportent point de fruits naturels, l'impôt territorial pourroit être suppléé par une taxe uniforme, telle que seroit sur les cheminées ou sur les croisées des maisons, et sur les roues des différentes usines;

Qu'à l'égard des impôts arbitraires dont la conservation paroît être indispensable, l'assiette en soit faite par les municipalités des villes et des campagnes avec des adjoints dont le nombre sera réglé dans chaque ville ou paroisse proportionnellement à sa population et à son étendue;

Que le rachat de la corvée en argent étant représentatif de la corvée en nature, les sommes qui seront à cet effet imposées sur chaque habitant des paroisse sans distinction, ne puissent être employées que sur les grandes routes dans la distance de trois lieues au plus, et sur les routes de traverse lorsque les paroisses seront dans un plus grand éloignement desdites grandes routes;

Que les devis soient communiqués aux officiers municipaux et syndics, et que les adjudications soient faites en leur présence pour qu'ils puissent veiller à l'emploi de la contribution de leur paroisse et à l'exécution du travail;

Que les gabelles soient supprimées et le sel rendu commerçable, en percevant par le gouvernement un droit modique à la sortie des salines;

Que le tabac soit rendu commerçable en formant des magasins sur les frontières, où il sera délivré en carotte au prix fixé par le gouvernement, afin d'éviter les vexations ruineuses des fermiers généraux et de tous leurs employés, qui absorbent une grande partie du produit de l'impôt de la gabelle et du tabac;

Que les droits d'aides, courtiers-jaugeurs, boucheries, etc., soient supprimés, comme trop onéreux au peuple, à cause de la multiplicité des employés à leur perception; comme gênant trop la liberté du commerce, comme ne portant pas également sur les trois ordres de l'État et comme trop sujets à l'arbitraire; ces différents droits n'étant presque connus par ceux mêmes qui en font la perception que par leur rigueur;

Que les droits de contrôle des actes, quoique cet établissement soit essentiel à conserver, exigeroient encore une réforme; qu'il seroit nécessaire de simplifier à ce que chacun pût les connoître, et de détruire l'extension révoltante qu'on leur donne tous les jours par un règlement qui en fixât invariablement la perception, sans laisser rien à l'arbitraire;

Qu'il n'y ait jamais lieu au double droit pour le centième-denier dû à cause des mutations en ligne collatérale, sauf à envoyer des avertissements et ensuite décerner des contraintes après le délai expiré;

Que les droits de franc-fief soient entièrement supprimés, comme ne pouvant également frapper sur les trois ordres de l'État, comme occasionnant tous les jours la ruine de certaines familles par le hasard des mutations qui se succèdent et comme écartant la concurrence dans la vente des fiefs;

Que les milices soient supprimées comme ne portant pas également sur les trois ordres de l'État, comme onéreuses aux peuples des campagnes, tant par la perte du temps qu'elles occasionnent que par la dépense à laquelle le transport donne nécessairement lieu lors du tirage et comme privant les campagnes d'habitants utiles, qui ne sont pour l'ordinaire que de mauvais soldats;

Que les droits des commissaires à terriers, qui ont été portés à un taux exorbitant par des lettres patentes du 21 août 1786 surprises à Sa Majesté, et qui sont encore étendus par plusieurs d'entre eux par la multiplicité des articles de déclaration qu'ils reçoivent, soient modérés et fixés de manière à ne rien laisser à l'arbitraire;

Que les priviléges exclusifs attribués aux huissiers-priseurs pour les inventaires et les ventes soient supprimés et qu'il soit permis de se servir de qui bon semblera pour faire les prisées et ventes, surtout dans les campagnes, où ces priviléges absorbent presque toujours la totalité du produit et où les deniers qu'ils ont touchés ne sortent presque jamais de leurs mains sans une sentence qui les y condamne;

Qu'il soit permis à tous les particuliers propriétaires et autres de cette paroisse de lier les gerbes de leur récolte des grands et menus grains avec des liens de bois, comme il s'est toujours pratiqué dans le canton, et qu'à cet effet l'ordonnance de la maîtrise des eaux et forêts d'Auxerre, rendue en 1775, et l'arrêt de la Table de Marbre du mois de juin 1787, qui font défense, à peine d'amende et confiscation, tant aux propriétaires de bois que autres, de se servir de liens de bois pour lier les gerbes de leur récolte, et qui sont restés l'un et l'autre sans exécution jusqu'à ce jour, ne sortent jamais du juste oubli où ils auroient toujours dû rester, comme attentatoires aux propriétés particulières et au bien général;

Qu'il seroit à souhaiter que les chambres de chirurgie examinassent avec plus d'attention qu'elles ne paroissent l'avoir fait jusqu'à présent, la capacité des sujets qui se répandent dans les campagnes pour y exercer la chirurgie, et qu'il en fût de même pour les accoucheuses dont le travail est si intéressant, ou si dangereux pour la population;

Qu'il seroit encore à souhaiter qu'il ne fût plus permis aux différents seigneurs de donner, comme ils l'ont fait jusqu'à présent, au premier venu, et sans aucun examen, le droit de recevoir et passer des actes dans leurs différentes justices, et que tous les actes ne fussent reçus que par des notaires instruits et d'une probité reconnue, qui seroient tous nommés par Sa Majesté sur la représentation qui leur en seroit faite par la partie la plus saine de la ville ou lieu ou ledit notaire devroit exercer;

Qu'il n'y ait de pension que pour fournir la subsistance à tous ceux indistinctement qui, après avoir mérité de l'État par leurs services et leur travail, seroient dans l'impuissance de les continuer ou se trouveroient sans fortune;

Que toutes les places, tant dans l'église que dans le militaire, soient données au mérite, sauf la préférence à mérite égal en faveur de l'ancienne noblesse;

Que les récompenses militaires et autres soient communes aux trois Etats, comme à la noblesse, et qu'elles ne soient accordées qu'au mérite, sans aucun égard pour la qualité et la naissance;

Que dans le cas où l'on jugeroit à propos de supprimer quelques maisons religieuses, il seroit très louable d'appliquer une partie des revenus des maisons supprimées à augmenter ceux des hôpitaux, afin de mettre plus à portée de recevoir immédiatement tous les malades qu'on y présenteroit;

Qu'en ce cas, il seroit bien important aussi d'employer une partie de ces revenus à fournir des appointements honnêtes pour fixer dans chaque paroisse un chirurgien instruit et une sage-femme habile qui, à ce moyen, pourroient donner leurs soins aux malheureux sans aucune rétribution. Par là on conserveroit à l'Etat des sujets utiles, l'humanité seroit moins affligée et la population y gagneroit beaucoup.

Signé : Pierre Calandre. — Claude Blanchon. — Jean Nanny (syndic). — Coquerat.

SAINT-MARTIN-SUR-OCRE.

Cahier *de doléances de la paroisse de Saint-Martin-sur-Ocre.*

Article premier. — Que la multiplicité des impôts les écrasent, ainsi que les frais de perception.

Art. 2. — Qu'ils désirent la suppression de la taille, des vingtièmes, capitations, aides et gabelles, et de tous autres impôts.

Art. 3. — Qu'au lieu de tous ces impôts il soit créé une subvention royale qui soit imposée sur les professions, arts et métiers, et sur tous les biens-fonds du royaume sans exception, même sur les domaines de la couronne.

Art. 4. — Que la répartition desdits impôts ou subvention personnelle et territoriale se fasse par les municipalités présidées par les trois ordres, dans la même proportion établie pour les Etats généraux, et que chaque paroisse ou communauté versera directement et sans frais le montant de ses impositions dans une caisse provinciale.

Art. 5. — Qu'ils désirent aussi la suppression des offices de jurés-priseurs vendeurs de meubles, attendu que leur transport dans les campagnes et leurs procès-verbaux consomment les successions des infortunés paysans.

Art. 6. — La suppression des droits d'échange, comme gênant l'agriculture.

Art. 7. — Qu'il soit pourvu à la réformation de la justice, de sorte qu'elle n'ait à l'avenir au plus que deux degrés de juridictions.

Art. 8. — Qu'une taille dont les habitants de Saint-Martin sont chargés envers le chapitre d'Auxerre soit supprimée comme un injuste reste de la féodalité.

Art. 9. — Que toutes les rentes, de quelque nature qu'elles soient, puissent être remboursées aux bons points et commodités des débiteurs, sans avoir égard à aucune prescription de rachat.

Le tout a été dicté et arrêté en présence de tous les habitants de ladite paroisse assemblés à cet effet au son de la cloche, cejourd'hui dimanche 22 mars 1789. Et ont signé à la réserve de ceux qui ont déclaré ne le savoir.

Signé : Bachelet du Donjon. — E. Thibault. — L. Beguine. — D. Beguine. — Louis Sapin. — Gally. — F. Loup. — Gally. — V. Thibault. — Soriet (greffier).

Paraphé *ne varietur* au désir de notre procès-verbal de ce jour.

Dejust.

SAINT-MAURICE-LE-VIEL.

Ce cahier est la reproduction littérale des 14 premiers articles de celui de Poilly.

Il se termine ainsi :

Fait, arrêté et consenti par lesdits habitants de Saint-Maurice-le-Viel, en l'assemblée tenue à cet effet cejourd'huy, dimanche 22 mars 1789.

Signé : Hurtault. — Bonfilliout. — L. Machavoine. — Durville. — Parré. — Berault. — Eusoge Esson. — J. Beguine. — L. Bardot. — G. Baront. — Beguine. — F. Bourcin. — Gallet. — Précy.

SAINT-MAURICE-THIZOUAILLES.

Des 32 articles que renferme ce cahier, 31 sont la copie textuelle des mêmes articles du cahier de Chassy ; la reproduction en est donc inutile.

Voici le 32ᵉ :

Demandent, les habitants de Saint-Maurice-Thizouailles, que les seigneurs, propriétaires de moulins sur ledit ruisseau, soient tenus et chargés de l'entretien des ponts, et d'en établir de nouveaux pour la libre communication de villages à villages.

Fait et arrêté par lesdits habitants de Saint-Maurice-Thizouailles, en l'assemblée tenue à cet effet cejourd'huy, dimanche 22 mars 1789, pour être remis aux députés de ladite paroisse.

Signé : Gruet. — Morisson. — L. Pont. — E.-N. Vaudenay. — Etienne Gallet. — F. Bedoiseau. — Edme Benoit. — Nodon. — F. Vaudenay. — J. Fredouille. — P.-Albert David. — C. Ruby. — M. Sassin. — Edme Léger. — Loup. — Précy.

SAINT-MORÉ.

Cahier *des doléances et remontrances qu'a l honneur de faire la communauté de Saint-Moré à l'assemblée des trois États, qui doit se faire à Auxerre, le 25 mars présent mois, en conséquence du règlement rendu à ce sujet du 24 janvier, et lettre du Roy du 7 février dernier, concernant les États généraux.*

Les habitants de la communauté observent à Messieurs de l'assemblée d'Auxerre que leur communauté est composée de 80 feux; que la situation de ce pays est dans un enfoncement, ayant peu de terres, proche la rivière de Cure qui, néanmoins, lorsqu'elle déborde, enlève le sol et la superficie de la récolte, et le surplus qu'ils possèdent est un terrain très médiocre et aride qui ne produit du grain qu'à force d'humidité, et ne récolte pas des grains pour les nourrir un quart de l'année.

Elle paye quatre dîmes, savoir : trois en grains, de huit gerbes l'une, une autre part de dix gerbes l'une, et de 16 feuillettes de vin, une au chapitre de Vézelay, et 5 boisseaux d'avoine tous les ans par chaque habitant.

Elle paye les droits de gros sur la récolte qu'ils peuvent faire en vin, qui est taxé suivant le caprice des commis.

Le territoire de Saint-Moré est de très peu d'étendue, et on observe, comme il est dit ci-dessus, que le terrain est très ingrat, éloigné de tout commerce, chargé de 1,150 livres de tailles et 700 livres de vingtièmes, que leur pauvreté ne leur permet pas d'acquitter ; de manière que, malgré la vigilance du receveur particulier des finances, il y a deux années en arrière. Les habitants sont vexés et ruinés par l'exercice du chef de garnison, qui séjourne régulièrement dans cette paroisse deux fois par mois, qui, par les frais, double les impositions, dont ils demandent ardemment la suppression.

Les habitants de Saint-Moré ont l'honneur d'observer que les aides et gabelles sont encore pour eux ce qu'il y a de plus onéreux et ruineux par les procès injustes que leur font journellement les commis.

Cette communauté observe encore qu'elle paye le droit de gros quand ils vendent leurs vins, et qu'ils payent suivant le caprice des commis ; et si quelquefois un pauvre particulier vient à se tromper de la quantité de futailles de vins qu'il pourroit avoir récoltées, et que sa déclaration en soit faite au bureau des aides, ces commis venant faire leurs visites, n'en trouveroient-ils qu'un quart de vin de plus, ils font à ce malheureux des procès qui le ruinent. Pourquoi ils en demandent la suppression.

La communauté de Saint-Moré vous observe que dans leur climat, ils payent la livre de sel 14 sols, et quatre francs la livre de tabac, ce qui met quantité de pauvres misérables dans le cas de manger tout sans sel, vu la cherté. Pourquoi ils demandent la diminution de ces deux objets.

La communauté de Saint-Moré observe qu'ils sont banaux, sous raison du moutage, lesquels, ci-devant, ils étoient tenus de payer un........pour aller moudre à un moulin banal, qui est situé à Nailly, paroisse dudit Saint-Moré, sur la rivière de Cure. Ils demandent l'abolition de cette banalité, vu qu'à chaque instant ils sont vexés.

La communauté de Saint-Moré observe que les officiers de la maitrise particulière des eaux et forêts, ces sangsues de toutes les communautés, qui s'érigent en vice-roys dans les campagnes, les oppriment par des amendes et restitutions, dont la majeure partie est distribuée entr'eux. Cette juridiction est inutile, ces fonctions pourroient être remplies par les juges ordinaires, tant des campagnes que des villes, avec plus de justice et moins de frais. C'est pourquoi ils en demandent ardemment la suppression.

La nouvelle création des charges d'huissiers-priseurs, qui pillent impunément la veuve et l'orphelin, qui se font payer à raison de 50 sols par lieue, non compris leurs vacations, sont des charges absolument contraires au bien public. Il arrive, pour l'ordinaire, que dans les campagnes les meubles ne sont pas suffisants pour payer leurs transports et vacations ; ce qui fait demander la suppression desdites charges.

C'est à la faveur de toutes ces observations et doléances que Sa Majesté est très humblement suppliée de vouloir bien accorder la suppression des tailles et vingtièmes, droits d'aides et gabelles, et de toutes autres choses demandées, pour empêcher et réformer les abus qui se commettent tous les jours, tant de la manière dont les impositions sont faites que dans la répartition. Et pour dédommager Sa Majesté du revenu que toutes ces choses peuvent produire, d'établir une dîme royale sur tous les fonds, terres, prés, vignes et bois, auxquels ceux de la noblesse et du clergé seront sujets comme ceux du Tiers-État. Et ne cessera, cette communauté, d'adresser ses vœux au ciel pour la santé et conservation de Sa Majesté.

Fait aux lieu et place accoutumés à tenir les assemblées, audit Saint-Moré, cejourd'huy 20 mars 1789, et nous nous sommes soussignés.

Signé : Picard (syndic). — F. Pinçon. — E. Bourgeois. — Girard. — Jean Brullé.

Coté et paraphé, par première et dernière page, le présent cahier de doléances et remontrances, par nous, Edme Bourgeois, procureur au bailliage de Saint-Moré, faisant fonction de juge en cette partie, à cause de l'absence du juge en titre, cejourd'huy 20 mars 1789.

BOURGEOIS (juge).

SAINT-PÈRE-SOUS-VÉZELAY.

CAHIER *de doléances, plaintes et remontrances des habitants composant le Tiers-État, pour être présenté à l'assemblée générale des trois ordres du bailliage d'Auxerre, par les habitants de la paroisse de Saint-Père, généralité de Paris, élection de Vézelay, en exécution de la lettre du Roy du 7 février 1789, du règlement de Sa Majesté du 24 janvier et de l'ordonnance de M. le bailly d'Auxerre, du 3 mars présent mois.*

1° Les habitants prennent la liberté de supplier très respectueusement, et demandent que le Tiers-État, qui aura des députés en nombre égal à celui des deux autres ordres, opinera par tête à l'assemblée des États généraux ;

2° Que les impositions de toute nature seront supportées par les trois ordres de l'État dans une juste proportion, et sans aucune distinction de privilége ;

3° Que les impositions assises ou à asseoir, telles que la taille ou ses accessoires, la capitation et les vingtièmes, seront réunies dans un seul et unique impôt, en une dîme en nature ;

4° Que dans le cas de continuation des assemblées provinciales, l'élection de la ville de Vézelay sera distraite du bureau intermédiaire du département de Tonnerre ; qu'en conséquence, il sera établi un bureau à Vézelay, chef-lieu, qui correspondra directement à l'assemblée provinciale de l'Isle de France ;

5° Que les impositions relatives aux frais d'arpentage, qui, jusqu'ici ont été supportées pour la totalité du territoire, par les seuls roturiers et taillables, qui ne possèdent que la moindre partie de ce territoire, seront à l'avenir, et suivant l'égalité de répartition, votées par la nation, supportées par les ecclésiastiques et les nobles, dans la proportion de continence que chacun des trois ordres y peut posséder;

6° Que la somme de 3,500 livres provenant d'une réimposition faite au département de 1785, payable dans le cours des années 1786, 1787, 1788 par les habitants de la paroisse de Saint-Père, et destinée à la confection du pavé de Saint-Père, sera représentée à la municipalité par le receveur particulier des finances, à l'effet d'être employée à la destination primitive;

7° La taxe trop forte des garnisaires, à raison de 3 livres par jour, augmente les frais de recouvrement et devient une surcharge pour les contribuables. Les habitants demandent, en conséquence, que leur suppression soit ordonnée, et que Messieurs les officiers de l'élection de la ville de Vézelay ayent le droit de commettre trois sujets domiciliés et bien famés, pour travailler, sous leur police, au recouvrement des deniers royaux, sans que pour ce travail il puisse leur être taxé plus de 30 sols par jour;

8° Que le sel soit réduit à moitié de son prix comme étant trop cher et à charge au peuple;

9° Que le tabac soit envoyé en bille, pour être vendu râpé par les débitants, comme ils le faisoient ci-devant;

10° Que les droits d'aides soient supprimés et éteints, en payant, par lesdits habitants, conjointement avec les deux autres ordres, les mêmes sommes qui en résultent, lesquelles seront réunies au rôle des impositions de toute nature;

11° Que l'éloignement de 10 lieues où se trouve le village de Saint-Père de la ville d'Auxerre, où sont établies les différentes juridictions desquelles il relève, porte naturellement les habitants à désirer et demander que toutes les juridictions seigneuriales des environs de la ville de Vézelay demeurent éteintes et supprimées, et qu'il soit établi dans ladite ville un bailliage royal, qui connoîtra de toutes les matières civiles, criminelles, de police, aides et tailles, même de commerce; dans lequel bailliage sera incorporé le siége de l'élection, et dont l'arrondissement s'étendra à 3 ou 4 lieues à la ronde;

12° Le vœu qui reste auxdits habitants de former est qu'ils offrent individuellement de contribuer à l'extinction de la dette nationale, comme de bons citoyens et de bons patriotes doivent le faire, et qu'au surplus, ils supplient Sa Majesté de vouloir bien réduire toutes leurs impositions au dixième de leur revenu, seul moyen d'établir les douceurs du calme et de la prospérité intérieure.

Signé : Louis Marulot. — G. Legueux. — Sery. — H. Ferrand. — P. Thouard. — P. Moreau. — P. Gagneux. — E. Prevost. — Pierre Sery. — Marcelot, — Lairot (syndic). — Raffeneau. — C. Desert. — J. Gagneux. — Mutel.

Lairot (greffier).

SAINT-SAUVEUR.

Cahier *de doléances des habitants de la ville et paroisse de Saint-Sauveur en Puisaye, généralité d'Orléans, département de Clamecy, bailliage d'Auxerre.*

1° Nous avons déclaré que nous consentions à l'établissement ou prorogation des subsides que les États généraux jugeront indispensablement nécessaires au besoin de l'État; toutes dépenses inutiles préalablement retranchées, pourvu toutefois que les impôts qui distinguent les ordres soient supprimés et remplacés par un subside invariablement fixé sur les individus de chaque ordre, et un impôt territorial également réparti entre tous les citoyens, sans aucune distinction ni privilége, à raison seulement de leurs propriétés;

2° Nous demandons que le Tiers-État soit représenté aux États généraux en nombre égal aux deux premiers ordres, que l'on y vote par tête et non par ordre;

3° La suppression des aides, gabelles, francs-fiefs, contrôle et timbre;

4° Que tous les édits, arrêts, déclarations et règlements faisant loi, tant en matière d'impôts que police et autres, soient envoyés aux municipalités pour y être lus, publiés et affichés, et déposés au greffe d'icelles;

5° La suppression de la vénalité des charges de judicature, et autres ayant police, et des honoraires des juges, procureurs généraux et fiscaux et leurs substituts, dans tous les cas la justice devant être rendue gratuitement; que dans toutes les justices seigneuriales, le juge nommé par le seigneur soit assisté de deux députés de la municipalité et par elle choisis, qui auront voix au jugement comme ledit juge, et dans le cas où le seigneur haut justicier seroit dans l'usage d'avoir deux juges, il continuera à les nommer, et la municipalité, au lieu de deux notables, en nommera quatre, qui seront changés tous les trois ans. Si les États généraux ne jugeoient pas convenable que la municipalité soit admise, il soit libre, tant au demandeur qu'au défendeur, de décliner la juridiction seigneuriale, et de plaider en première instance à la justice supérieure ; que les seigneurs ne puissent, à leur gré, destituer leurs officiers de justice, malgré toutes réserves par eux faites dans les provisions qu'ils donneront, et toutes soumissions faites par lesdits juges. Toutes amendes prononcées en fait de police applicables aux pauvres ;

6° Qu'il soit procédé à la refonte du code des lois civiles, criminelles, eaux et forêts et chasse ; que par iceluy, le temps que doivent durer les procédures soit fixé au terme le plus court possible, et que les frais d'icelles procédures soient invariablement taxés ;

7° La suppression de tous les droits de *committimus*, et que tout seigneur soit obligé, quand il y aura instance entre lui et les habitants de sa justice et censitaires (quoiqu'iceluy seigneur faisant sa résidence ailleurs) de plaider en première instance à sa justice seigneuriale ou à la justice supérieure, comme est dit ci-dessus ; pourquoi toutes assignations à lui seront données au domicile du greffier de sa justice ;

8° Que les droits attribués aux notaires pour les déclarations aux papiers terriers seront fixés au moins à moitié de ceux qu'ils perçoivent à présent ;

9° Que la composition des assemblées municipales, membres et président, soit le vœu de tous les citoyens, et qu'il n'y ait plus aucune distinction dans les ordres de l'État ; que tout François, de tel ordre qu'il soit, puisse posséder, suivant son mérite et sa capacité, toutes les charges et places, tant civiles que militaires indistinctement ;

10° La suppression des ménages en nature, celle de tous les droits perçus dans les foires et marchés, des droits de boucherie et autres banalités, exercés par les seigneurs, à moins qu'ils ne justifient de titres probants, auquel cas les communautés seront autorisées à rembourser lesdits droits sur le revenu annuel d'iceux, qui sera prouvé par baux ou jouissance depuis 20 ans. La conversion de toutes les redevances seigneuriales en grains en une prestation en argent ;

11° Que la fixation des mesures en grains et autres soit faite en présence de la municipalité, suivant les matières autorisées par titres authentiques ou possession immémoriale, dont procès-verbal sera dressé et porté sur les registres de la juridiction et de la municipalité, ainsi que le cubage desdites mesures ;

12° Qu'il y ait un règlement fait au sujet des colombiers, pour qu'ils soient exactement fermés dans le temps des semailles de tous grains, et des récoltes ;

13° Que toutes les aliénations faites par les gens de main-morte, au-dessus de 30 ans, soient déclarées valables, quoique non-revêtues de lettres-patentes ; l'abolition du casuel forcée ;

14° La suppression des offices de jurés-priseurs, vendeurs de meubles, comme étant très onéreux au public, surtout aux mineurs et habitants mal aisés, dont le prix de tous les meubles ne suffit pas souvent pour payer leurs vacations ;

15° Enfin les députés, dûment chargés de faire et demander en leur honneur et conscience tout ce qui sera le plus avantageux pour le bien du royaume, et en particulier de cette paroisse ; les chargeant, en outre, de donner leur adhésion à tout ce que les députés des autres villes et paroisses pourront demander et requérir pour remplir tous les objets ci-dessus, tant généraux que particuliers.

Fait et arrêté et signé en l'assemblée, cejourd'huy 5 mars 1789, en présence de tous les habitants, par nous, bailly et maire.

Signé : Pautrat de la Motte (maire). — Pautrat (bailly). — Girault. — Robineau. — Pautre des Épinettes. — Paultre. — Piétresson de Saint-Georges. — Pautrat. — Mireau de Messant. — Joineau le jeune. — Minard. — Ledroit. — Boisseau. — Choutier. - Provin. — Marquetat. — Moreau. — Billette. — Legras. — Edme Boulmier. — Dumont. — Labro. — Martin. — Roudault. — Coureau. — Pérot. — Bissonnet. — Cagnat.

SEMENTRON.

Cahier *des plaintes et doléances des habitants et communauté de la paroisse de Sementron, en exécution des ordres du Roy, dressé dans l'assemblée de ladite communauté, le 18 mars 1789, pour être présenté par les députés de ladite paroisse, les sieurs Rubigny et Magny, à l'assemblée du bailliage royal d'Auxerre.*

Les habitants, après avoir délibéré, ont arrêté qu'il seroit fait à Sa Majesté et aux États convoqués la supplique suivante :

1° Qu'il y ait des États généraux de temps en temps de convoqués pour remédier aux malheurs qu'ils éprouvent, comme pour remédier aux maux de l'État.

Ils n'avoient pas encore pu parvenir à faire entendre leurs plaintes, et ils reconnoissent qu'il n'y a pas d'autre moyen d'arriver aux réformes qui sont nécessaires à la décharge du trop lourd fardeau des impôts qui écrasent leur paroisse, dont la taille est de 2,200 livres pour 96 feux, occupés par des habitants sans autre industrie que la culture d'un sol pierreux et la plupart ingrat.

2° Que jusqu'ici cette paroisse a été chargée d'impôts ; qu'elle étoit d'un gouvernement d'intendance, et qu'elle est maintenant dépendante de l'administration provinciale d'Orléans ; que les municipalités, qui ont été chargées de répartir les impôts, sont seules en état de s'en occuper, et qu'il seroit important que la province fût conservée aux États provinciaux ;

3° Que les députés qui seront choisis soient par moitié dans la partie de l'élection et moitié dans la partie des États de Bourgogne ;

4° Que la taille personnelle est une répartition qui blesse les uns et soulage les autres, qu'elle est trop arbitraire, et qu'il seroit important d'y substituer la taille réelle ;

5° Que le clergé et la noblesse, qui sont taxés d'office et exempts d'impôts, soient tenus de payer par proportion les charges publiques comme le Tiers-État, et que tous les priviléges soient supprimés ;

6° Que les jurés-priseurs, établis pour les campagnes, sont une institution abusive ; en conséquence, il est important qu'ils soient supprimés ;

7° Que les impôts pour les chemins sont à charge à cette paroisse, sans utilité, parce que depuis la suppression des corvées les deniers levés sur la communauté ont passé à des opérations éloignées. En conséquence, l'impôt qui doit être à la charge du clergé et de la noblesse devroit servir à parachever les routes voisines ;

8° Les habitants de la partie d'Étais-Millon sont gênés dans leur exploitation, et ils requièrent qu'il soit inséré qu'ils ne peuvent sarcler leurs grains sur pied, faire pacager leurs bestiaux dans les jachères, visiter leurs vignes au moment où la maturité approche, soit pour raccommoder les paisseaux, soit pour récolter les fruits semés en pois et fèves, ou cueillir des herbes dans leurs champs, conserver leurs mares, servant, sur une montagne élevée, à abreuver leurs bestiaux, et autres libertés accordées aux voisins, sans la permission de leur seigneur. Ils supplient l'assemblée de considérer qu'ils ne sont point esclaves et qu'ils doivent jouir, comme tous les Français, des libertés qui ne choquent ni l'intérêt public, ni l'ordre. Ils se placent sous l'autorité du souverain et de l'assemblée ;

9° Les droits seigneuriaux sont considérables ; il seroit important, pour soulager le cultivateur, qu'ils fussent réduits et que l'on ne put chasser durant les semailles et avant les récoltes, et que les pigeons fussent réduits en proportion de l'étendue, et qu'ils ne pussent être libres lors des semailles ; de plus, que les lapins soient détruits, étant trop considérables et ruinant les récoltes, et que chaque laboureur puisse avoir un chien libre pour le pâturage de ses bestiaux, et une arme pour les garder ;

10° Que l'impôt du sel, qui est indirect, écrase le laboureur, qui en consomme autant que le plus riche particulier ; qu'il devroit être à un prix modique, de même que les gabelles soient supprimées, pour être l'impôt rétabli plus équitablement ;

11° Que la paroisse appartient presque tout entière aux seigneurs Bénédictins et dames de Crisenon.

Au surplus, les députés sont chargés d'aviser et remontrer sur tous autres objets, suivant les pouvoirs accordés.

Et ont tous signé, excepté ceux qui ont déclaré ne savoir signer.

Signé : Petit-Magny. — Lécolle. — E. Pichon. — J. Allard. — J. Roux. — Ducrot. — Moireau. — Chastelet. — P. Pichon. — Jean Malioux, — Gauthier. — B. Cormery. — E. Magny (syndic).

Rubigni (juge).

SERY.

Cahier *de doléances et de demandes que les habitants de la paroisse de Sery ont remis à leurs députés, à l'assemblée des trois ordres, convoquée à Auxerre par M. le Grand-Bailly.*

La commune de Sery, assemblée en la manière accoutumée, pour y prendre communication des ordres du Roy et de l'ordonnance de M. le Grand-Bailly d'Auxerre, qui lui furent notifiés le 13 de ce présent mois de mars, par Rivière, huissier. En conséquence des susdits ordres et ordonnances, elle a procédé à l'élection des députés nommés en l'acte d'assemblée ci-joint, et les a chargés de remettre, à ceux de leur ordre qui seront choisis en l'assemblée convoquée par M. le Grand-Bailly, pour assister aux États généraux, qui sont convoqués à Versailles, le 27 avril prochain. Ladite communauté, après délibération prise, désire que leurs doléances, plaintes, demandes et remontrances et avis soient portés en ladite assemblée générale pour y être statué.

Ladite communauté a unanimement chargé ses députés de représenter :

Que l'égalité dans la répartition des impôts soit établie de manière qu'on ait égard aux facultés et aux biens d'un chacun, et que pour qu'il n'y ait plus de fraude à exercer et à craindre, il n'y ait désormais qu'un seul et unique impôt à la place de cette foule de contributions qui, sous différents noms, la plupart inexplicables, écrasent le Tiers-État, dont elle fait partie, et que cet unique impôt soit assis sur toutes les terres, prés, vignes et bois, en un mot sur toutes espèces de possession, et même sur les étangs, lacs et rivières qui pourroient se trouver dans l'étendue de son finage;

2° Que l'impôt soit porté par tous, en proportion de leurs facultés, biens, étendue de leur commerce, qu'il n'y ait plus désormais ni d'exempts, ni de privilégiés; que les ecclésiastiques et les nobles en portent le fardeau, conjointement avec le Tiers-État;

3° Que le Tiers-État aura autant de représentants par lui librement choisis, soit dans les États généraux, soit dans les États de la province de Bourgogne, que les deux autres ordres réunis;

4° Que pour être, par la suite, à l'abri des vexations inouïes dont ladite communauté a été très souvent, par le passé, la malheureuse victime, elle charge très expressément ses députés de demander en son nom l'entière suppression de toute espèce de commis, dans toute l'étendue du royaume, parce qu'elle voit avec douleur que cette multitude de commis répandus partout, en absorbant la majeure partie des revenus de l'État, s'enrichit de plus aux dépens du pauvre peuple, par les extorsions qu'ils commettent à l'aide de procès très souvent injustes qu'ils intentent. Tout le monde sait combien les commis se rendent redoutables. partout; qu'ils ne courent de villages en villages que pour y trouver des coupables, qu'ils forment eux-mêmes, à l'abri d'un code qu'eux seuls savent et connoissent; que pour être jamais à l'abri de la vexation de ces commis, on ordonne que par la suite le commerce du sel, qui est de première nécessité, soit libre; que celui du tabac, du vin et de toutes les autres denrées soumises à la révision de ces ennemis de l'espèce humaine, soit libre dans toute l'étendue du royaume. Par ce moyen, le commerce, qui est la ressource de l'État, n'ayant plus d'entraves, se fera avec plus d'énergie et de facilité;

6° Que tous les gardes de chasse, de pêche et de bois soient désormais assujettis à prouver juridiquement les prises qu'ils font et les faits qu'ils avancent dans leurs procès-verbaux. L'expérience apprend tous les jours que ces gens, souvent sans conscience, se servent de leur poste pour satisfaire à leurs animosités personnelles et à celles de ceux qui les emploient, et se repaissent ensuite du plaisir d'avoir plongé une ou plusieurs familles dans le gouffre d'une ruine entière ;

7° En réclamant, avec la plus vive confiance, la clémence et la bonté du Roy, notre père, nous chargeons nos députés de demander qu'une solide réforme dans la manière dont se tiendront désormais les États de la province de Bourgogne soit établie ; qu'il soit décidé aux États généraux que par suite les trois États de la province y délibèrent ensemble, par leurs députés choisis librement ; que toutes les paroisses y soient appelées et représentées par leurs députés, en sorte que le nombre des députés du Tiers y soit égal à celui des deux ordres. En un mot, que la forme vicieuse de ces Etats soit entièrement changée et refondue, pour que nous cessions d'être accablés sous le poids des impôts, que l'on nous fait porter presque seuls ; et que l'on nous accorde la douce consolation d'y faire parvenir, par nos députés librement choisis, nos plaintes, nos doléances, nos demandes et nos remontrances ; et que nous ne soyons plus foulés aux pieds de quelques nobles, de quelques gens d'église et de quelques moines, qui y sont seuls admis à l'exclusion de tous autres ; que nos pasteurs y soient appelés, afin qu'ils y soient nos protecteurs, nos avocats et obtiennent à nos maux et à nos misères l'adoucissement et le remède que nous désirons depuis si longtemps ;

8° Que l'on établisse une bonne reforme dans l'administration de la justice, pour qu'elle cesse d'être ruineuse par ses longueurs. Souvent on préfère ne pas réclamer la justice pour ne pas perdre beaucoup plus que ce que l'on est en droit de demander. Surtout qu'on mette un frein à la cupidité des procureurs, qui, souvent, ont le malheureux talent de faire d'une affaire de peu de conséquence une affaire très sérieuse et très dispendieuse, et qui, pour multiplier les frais et s'enrichir plus promptement, ruinent les parties par des écritures qui prolongent les affaires, et ne contribuent qu'à embrouiller celles qui sont les plus claires et les plus simples, et qui pourroient être décidées à la première audience ;

9° Que nous soyons déchargés de payer les dîmes à M. le curé ; que pour cela on assigne à ce pasteur, qui nous est si nécessaire, un revenu honnête sur des abbayes ou autres bénéfices, qui, dans l'intention de nos pères qui les ont dotées, doivent être employés à la subsistance de nos pasteurs. Cela fait, ils rempliront désormais gratuitement envers nous toutes les fonctions de leur ministère et nous soulageront dans nos besoins ;

10° Que, comme il arrive souvent, surtout dans les petites paroisses, il est nécessaire que les parents s'épousent l'un l'autre, et qu'ils ne le peuvent qu'en vertu de dispenses de

Mgr l'évêque, que l'on leur vend très cher, ils désirent que les États généraux, sous l'autorité du Roy ordonnent qu'à l'avenir ces sortes de dispenses soient accordées gratuitement, pour ne plus être exposés à des taxes arbitraires, pensant qu'il faut accorder gratuitement ce que l'on a reçu gratuitement ; qu'ils ordonnent, en outre, que l'on ne soit plus obligé d'avoir recours à la cour de Rome pour obtenir certaines dispenses qui deviennent très ruineuses ;

11° Nos députés représenteront que nous attendons de la bonté du Roy la suppression des intendants de province, qui, outre les revenus que l'État leur fournit, lorsqu'une paroisse est obligée d'avoir recours à eux pour quelqu'affaire, est obligée de payer des frais considérables pour obtenir ce qu'elle demande ;

12° Nous chargeons également nos députés de presser ceux qui seront envoyés aux États généraux pour qu'ils demandent la suppression des huissiers-priseurs. Ces gens absorbent presqu'en entier les petites successions qui nous arrivent à la mort de nos père et mère, de manière qu'il ne nous reste, avec la douleur de les perdre, que celle de nous voir arracher de nos mains le peu de bien qui nous est légitimement dû. Nous sommes assurés qu'il doit s'élever de tous les coins de ce vaste empire un cri général sur les exactions de ces huissiers. Nous nous joignons à tous nos concitoyens pour demander l'extinction d'une charge qui semble n'être établie que pour la ruine des familles ;

13° Un autre objet qui mérite toute la considération des États généraux, est le contrôle. Les droits qu'on y exige sont montés à un poids si accablant que nous demandons qu'en conservant le contrôle pour la validité des actes que nos sieurs les notaires passeront, on diminue considérablement ces droits, et qu'on supprime tous les sols pour livre, qui n'ont été imaginés que pour causer une ruine plus infaillible. Quand un acte a été contrôlé, qu'est-il besoin de faire comme un double emploi par des insinuations, où il faut répéter les sommes données au contrôle, qui, sans rendre les actes plus solides, ne sont qu'un moyen pour certains contrôleurs et inspecteurs ambulants de venir au milieu de nous pour nous vexer, et par des amendes et des taxes qu'on aime mieux payer que de subir les frais des procès qu'ils suscitent, où ils sont partie et juge :

14° Les maîtrises des eaux et forêts sont encore un autre fléau qui écrase les communautés qui ont quelques bois patrimoniaux. Les frais réitérés que les officiers de cette juridiction font, absorbent presque toute la réserve des paroisses qui ont des bois à couper et qui se trouvent dans l'impossibilité de faire dans leur enceinte les travaux publics auxquels ces sortes de revenu sont consacrés ;

15° L'intérêt que nous devons prendre à l'éducation de nos enfants, qui font l'espérance de l'État et l'espoir de notre soutien et de notre consolation dans la vieillesse, nous engage et nous presse à prier tous nos concitoyens qui vont avoir le bonheur d'environner le trône de notre bon Roy aux États généraux, d'aviser aux moyens de leur trouver des maîtres d'école qui, sous l'autorité de nos pasteurs, élèvent notre jeunesse dans la crainte de Dieu, dans le respect et la soumission dus au Roy, à l'État et aux lois du royaume, et d'établir un fonds honnête à ces hommes précieux sur les biens de l'église, qu'on rappellera par cet acte de justice à leur première destination. Nous supplions aussi qu'une partie de ces mêmes biens soit consacrée à l'entretien des sages-femmes, dont le ministère est si utile et si nécessaire à la population du royaume ;

16° Enfin nous chargeons nos députés de demander en notre nom, l'abolition de tous les abus qui règnent parmi nous, et qui ne sont point compris dans le présent cahier, pour couper dans la racine toutes les espèces de vexations qu'on nous a fait par le passé et que l'on peut encore nous faire par la suite. Qu'on cesse, dans nos innocents travaux auxquels nous nous consacrons pour le bien public, de nous tourmenter. Nous leur enjoignons de se joindre aux autres députés qui demanderont la réforme d'autres abus, que nous n'exposons pas, adoptant d'avance tout ce qu'ils feront et tout ce qu'ils ordonneront pour le bien général et partilier du royaume.

Signé : H. Boidequin. — M. Durand. — E. Letié. — J. Gauthier. — F. Mercier. — P. Boidequin. — Bertaut. — Paul Challemeau. — Challemeau. — G. Morande. — Jacquet. — G. Trémeau. — Edme Badin. — G. Coulon. — G. Girard. — Louis Girard. — J. Sautereau le jeune. — Louis Girard. — Guilly. — C. Thiénot (greffier).

Paraphé *ne varietur*, au désir des lettres-patentes de Sa Majesté, cejourd'huy 15 mars 1789.

COMPAGNOT (juge).

SOUGÈRES.

CAHIER *de plaintes, doléances et remontrances de la paroisse de Sougères, diocèse et bailliage d'Auxerre.*

Cette paroisse est composée de 266 feux ; le terrain qui en

dépend est d'une certaine étendue, mais généralement mauvais et ingrat. La majeure partie est en terres labourables, cette partie est un sol épuisé, peu fécond, au point qu'il arrive souvent que le cultivateur ne récolte pas pour le dédommager des frais de labour et semence.

Les propriétés des seigneurs excèdent en valeur la moitié de la paroisse, qui est généralement pauvre et misérable.

Plusieurs choses s'opposent à la prospérité ; une première et qui en augmente prodigieusement les peines, c'est le défaut d'eau pour les habitants et pour les bestiaux. Nous n'avons d'autre ressource que quelques mauvais puits, crots ou mares, qui manquent fort souvent d'eau, la moitié de l'année. Dans ces moments de disette, il faut aller à une grande lieue pour s'en procurer, d'ailleurs le pays n'est à portée de faire aucun commerce, étant éloigné des villes, rivières et grandes routes.

Un deuxième résulte de la grande quantité de gibier que le seigneur fait conserver. Il est trop ordinaire de voir des emblures, surtout celles à portée des bois, dévastées par les lapins, qui y sont en grand nombre, ainsi que les lièvres. Ce gibier est gardé et défendu, au point que le premier qui se permet de chasser est poursuivi rigoureusement, et puni suivant la rigueur des ordonnances. La plupart des paroisses ont le même inconvénient ; il seroit à souhaiter qu'il intervînt un nouveau règlement qui ordonne la destruction des lapins.

Il existe des abus dans les justices de campagne et seigneuriales, qu'il est fort important de faire cesser. Dans la plupart, les officiers ne sont pas sur les lieux ; par exemple, en ce qui concerne celle de la paroisse, il n'y a guère qu'un procureur sur les lieux, le bailly demeure à Clamecy, distance de Pesselières de 4 grandes lieues ; le lieutenant à Courson, pareille distance ; le procureur fiscal à Saint-Sauveur, distance d'au moins 3 lieues ; les chemins de communication sont presqu'impraticables en hiver, les procureurs, autres que celui qui est sur les lieux, demeurent dans les environs, la plupart éloignés de 2 à 3 lieues.

Un premier inconvénient de l'éloignement de ces officiers est lors du cas où il convient d'apposer les scellés, faire des tutelles et inventaires après décès ou autrement. Pour l'ordinaire, les officiers ne sont instruits de la nécessité de ces opérations que plus de six mois, un an après qu'elles auroient dû être faites. Ce long intervalle et cette négligence mettent souvent quelques-unes des parties intéressées à portée de commettre des infidélités, comme distractions, spoliations réelles ou autrement, ce qui occasionne journellement des procès considérables et d'autant plus ruineux, qu'il s'agit toujours d'informations ou enquêtes. La présence, la résidence des officiers, ou tout au moins du procureur fiscal, préviendraient cet inconvénient. Il seroit à portée d'être instruit des décès et de faire procéder sur-le-champ à l'opération des scellés.

Un deuxième inconvénient est à l'égard de la police. Les cabaretiers, au mépris des règlements et ordonnances, donnent à boire aux domiciliés à toutes les heures. Il n'est que trop commun de voir, les fêtes et dimanches, et même dans le courant de la semaine, des personnes ivres, pleines de vin, se battre, faire le tapage, en un mot se comporter de la manière la plus scandaleuse. Ce scandale se tient même quelquefois jusque dans l'église, pendant les offices. L'impunité de ces sortes de dérèglements les fait répéter malheureusement trop souvent. La résidence du procureur fiscal mettroit encore fin à ces désordres.

Un troisième, et qui n'est pas moins grand, résulte de ce que les audiences ne sont point régulièrement tenues. Plusieurs registres de justices seigneuriales prouvent qu'il s'écoule six mois et même bien davantage, dans différentes justices, sans audience. D'ailleurs il est rare qu'elles tiennent les jours fixés ; tel mauvais temps, ou autre chose, les font manquer. Quelquefois, il arrive que les juges se transportent, et les procureurs, ou du moins la plupart, ne s'y rendent pas. D'autres fois les procureurs s'y trouvent, et le juge manque. Il s'en suit que les affaires languissent.

Il seroit à souhaiter qu'au moins les premiers officiers de chaque justice, tels que le bailly et le procureur fiscal, fussent sujets à résidence.

Il est également à souhaiter que les aides et gabelles soient supprimées. La branche du commerce qui concerne ces parties y gagneroit beaucoup. Nos plaintes les plus doléantes et les plus amères à cet égard, et qui doivent faire sensation, sont relativement au prix du sel et sur les vexations des commis. Ce prix, qui va jusqu'à 15 sols la livre, ajoute considérablement à la misère du peuple et le fait gémir de ne pas être exempt, comme beaucoup de provinces du royaume de France, de la tyrannie des fermiers. La plus forte preuve que nous puissions donner de cette tyrannie est la contrainte exercée sur nous depuis 18 mois pour nous réduire à ne pouvoir consommer que d'une espèce de tabac pourri et pernicieux à la santé des citoyens. Sans doute que notre cri sur cet abus d'un pouvoir usurpé se fera entendre avec celui de tous ceux qui en éprouvent l'injustice, alors nous serons délivrés des commis et à l'abri des vexations qu'ils font journellement. Il vaudrait beaucoup mieux payer un droit équivalent qui se percevroit comme la taille, ou même d'une manière moins dispendieuse, s'il est possible, et laisser devenir le sel et le tabac un objet de commerce libre.

La suppression des jurés-priseurs de meubles n'est pas moins à désirer. Il est incroyable combien les opérations de ces officiers sont coûteuses et mêmes ruineuses. Nous n'avons que trop d'exemples que le prix des effets des mineurs, qui donnent lieu à ces sortes d'opérations, fort souvent ne suffit pas pour payer les frais de ladite opération ; ce qui arrive toujours quand ledit prix n'excède pas 300 livres. Dans les campagnes, il y a beaucoup plus de mobiliers au-dessous de 300 livres qu'au-dessus.

Les routes et grands chemins forment un objet dont on doit s'occuper. Ces routes servent particulièrement aux nobles et au clergé, soit pour la commodité de leurs belles voitures, soit pour faciliter le transport de leurs denrées. Quoi qu'il en soit, par un abus révoltant, ces messieurs n'ont jamais rien payé pour l'entretien desdites routes ; ce sont les malheureux, les gens du Tiers-État, auxquels elle sont pour ainsi dire inutiles, qui en supportent les frais. Il y a quelque temps, les ouvrages se faisoient par corvées, dont les nobles et le clergé sont exempts. Il étoit fort ordinaire de voir de pauvres manœuvres et cultivateurs aller jusqu'à 3 lieues de leur domicile pour travailler sur les routes ; maintenant les corvées n'existent plus ; on a établi un impôt au marc la livre de la taille, qui se perçoit avec elle, qui est destiné pour l'entretien des routes ; mais les nobles et le clergé ne payent point de taille, par conséquent ils se trouvent encore exempts. On peut dire que si un abus a cessé, un autre a pris sa place. N'est-il pas de toute justice que les nobles et le clergé contribuent pour l'entretien des routes. Ils devroient seuls en supporter les frais.

Nous faisons des vœux pour la suppression de toute espèce de priviléges et exemptions accordés aux grands seigneurs, soit sur les entrées des villes, sur les postes et autrement. Ces priviléges et exemptions diminuent beaucoup les revenus du Roy ; le monopole et les fraudes qu'ils occasionnent les diminuent encore davantage.

Tels sont les vœux de la paroisse de Sougères que nous supplions les députés ou commissaires qui seront chargés de la rédaction du cahier de l'assemblée du bailliage d'Auxerre, de prendre en considération. Dès à présent, nous leur faisons nos très humbles remerciements, et ne cesserons de faire des vœux pour leur prospérité.

Signé : Grandjean. — Simonnet. — Dhumez (syndic municipal). — F. Pantrat. — François Simon. — Mon-

tassier. — Tallard. — Jacques Guenot. — Guenot. Grandjean. — Raffiot. — Tallard. — Caumiau. — Geste. — Tallard (greffier). — Thomas.
MALVIN.

Coté et paraphé *ne varietur*, par première et dernière, au désir de notre procès-verbal de cejourd'huy 15 mars 1789.
MALVIN.

THURY.

Cahier *des doléances, plaintes et demandes de la ville et paroisse de Thury, rédigé dans l'assemblée des habitants, tenue le 17 mars 1789.*

Le cri des peuples est enfin parvenu jusqu'au trône, la bonté paternelle de Sa Majesté y a été sensible et veut nous rendre heureux. Ce nouvel Henri IV a fait un choix d'un nouveau Sully pour remédier à nos maux. Il est nécessaire, pour parvenir à ce grand ouvrage, de les connoître et de trouver les moyens propres à y apporter remède. Ce grand ministre a dressé un plan admirable pour la convocation des États généraux, qui remplit parfaitement ces deux objets. Chaque individu aura son fondé de pouvoirs pour faire parvenir ses plaintes au pied du trône, et les moyens qu'il croira propres pour réformer les abus.

Chaque communauté est admise à donner ses cahiers de plaintes pour être portés au bailliage royal, et là y être refondus en un seul : les doléances générales, celles particulières de chaque communauté, doivent y être insérées. Nous devons donc, pour remplir les vues bienfaisantes de Sa Majesté, nous occuper de la rédaction de nos cahiers particuliers, dont il a fait rédiger le projet. Et après lecture faite, nous les avons arrêtés ainsi qu'il suit :

Les députés de la communauté demanderont :

1° Que le Tiers-État soit admis à opiner par tête, de telle façon qu'il y ait un nombre de voix égal aux États du clergé et de la noblesse réunis ; ainsi que Sa Majesté a préjugé cette grande question en ordonnant qu'il y auroit un nombre de députés du Tiers-État égal à ceux du clergé et de la noblesse réunis ;

2° Que le clergé, la noblesse et le Tiers-État supporteront, dans la juste proportion de leurs biens, tous les impôts réels, dans chaque paroisse où sont situés leurs biens, et relativement à leurs facultés, les impositions personnelles, sauf à faire dans les rôles une classe particulière des ecclésiastiques et des nobles, mais seulement pour les distinguer des roturiers ;

3° Que l'impôt représentatif de la corvée sera considéré comme imposition réelle, et que cet impôt ne soit pas seulement employé à l'entretien des routes de la province, mais encore au rétablissement des chemins qui communiquent des petites villes et bourgs à autres, et que les municipalités soient chargées de surveiller ces travaux ;

4° Demander que le sel et le tabac soient marchands, ce qui procurera un grand soulagement au peuple. La suppression ou le rachat des aides, et droits y joints, tels que droits de boucherie, don gratuit et droits réservés. Un nouveau tarif pour le contrôle des actes et plus juste et plus clair, avec la diminution des droits et la suppression de nombre de petits droits qui gênent infiniment le commerce, retardant beaucoup les voituriers en route, et sont des occasions continuelles de procès-verbaux contre ceux qui peuvent les ignorer ou négliger de les payer, tels que ces droits d'aides locaux, que les voituriers sont obligés de payer en route, presqu'à chaque endroit. Les droits sur les cuirs, qui contribuent beaucoup à leur mauvaise qualité et rendent ce genre de commerce extrêmement difficile. Les droits sur les huiles, savons, papiers, cartes, etc., etc., tous droits qui donnent matière à des contraventions, à des amendes et à des frais de régie considérables, et dont le faible produit pourrait être réparti sur d'autres droits ou impositions ;

5° Simplifier les lois par une refonte, et tous les 50 ans les vérifier, les changer relativement au changement des mœurs et aux abus qui en peuvent résulter ;

6° Réformer l'ordonnance criminelle, et surtout supprimer le secret des charges et informations. La loi donne au citoyen tous les moyens possibles de conserver sa propriété, de se défendre contre ceux qui l'attaquent. Pourquoi ôter à celui qui a le malheur d'être accusé la liberté d'avoir un conseil, de connoître les témoins qu'on lui oppose, les faits dont on le charge, en un mot lui ôter les moyens de conserver son honneur et sa vie ;

7° L'ordonnance de 1667 a réformé un nombre infini d'abus de procédures monstrueux, mais elle n'a pu ni tout prévoir, ni tout réformer : demander qu'il soit travaillé efficacement, que la procédure soit abrégée, que nombre de formes inutiles soient supprimées, par exemple les reprises d'instance, la présentation du demandeur, celle du défendeur, dès que le procureur doit se constituer ; et nombre d'actes de cette espèce ne sont-ils pas inutiles ?

8° Le droit que les seigneurs ont de révoquer *ad nutum* leurs officiers de judicature donne lieu à de grands abus. La volonté du seigneur peut souvent tenir lieu de loi ; demander qu'un officier de justice seigneuriale ne puisse être remercié sans cause grave, que le seigneur sera tenu de déduire ;

9° La multitude des petites justices donne lieu à des abus énormes, à des surprises continuelles, parce que les audiences ne peuvent être tenues exactement. Il seroit important qu'il en fut fait des réunions à un endroit principal, qui auroit un arrondissement de deux lieues de tous côtés. On pourroit, dans ces arrondissements, conserver les droits utiles de chaque seigneur, tels que les amendes, etc., etc. ;

10° L'éloignement où on est souvent du bailliage royal principal fait encore un très grand mal ; les arrondir à 10 et 11 lieues du chef-lieu ;

11° Demander la suppression des huissiers-priseurs, qui consomment, dans la campagne, le mobilier des mineurs ;

12° Que les lois prononcées contre les banqueroutes frauduleuses soient renouvelées et exécutées ponctuellement. Jamais ces banqueroutes n'ont été plus fréquentes ; ce qui a ôté toute confiance et occasionne la ruine de nombre de familles ;

13° Que les dîmes qui, dans l'origine, ont été données pour la subsistance des curés, et les droits casuels soient supprimés ; qu'il soit pourvu à une augmentation de leur revenu, encore trop modique, nonobstant l'augmentation des portions congrues ; que leur sort, ainsi que celui des vicaires amovibles, soit porté en proportion du nombre d'habitants, et qu'au moyen de la suppression des dîmes, ce revenu leur soit accordé sur les abbayes commendataires, sur les prieurés simples du diocèse, sur les maisons religieuses qui ont des revenus trop forts, et sur le surplus des évêques ;

14° Demander la résidence des évêques dans leurs diocèses ;

15° La communauté de Thury demande, en outre : 1° Le rétablissement du bureau du contrôle des actes à Thury pour la commodité du public ; 2° le rétablissement de trois foires et d'un marché établis sous François Ier, ce qui est absolument nécessaire pour le commerce du pays et le débit de ses denrées ; 3° qu'il soit fait défense, à ceux qui font commerce de moutons, de les mener paître dans les communes, ce qui dévaste la campagne, et à tous propriétaires de tenir plus d'un mouton par arpent de terrain ;

16° Que les maîtrises particulières des eaux et forêts, qui sont à charge aux communautés, soient supprimées et leur juridiction réunie aux justices royales ordinaires ;

17° Que l'article XVIII de l'ordonnance des chasses de 1699 soit renouvelé et rigoureusement exécuté, en conséquence qu'il soit fait défense aux seigneurs de chasser, ni de faire chasser sur leurs fiefs et justices, dans les terres emblavées et vignes, depuis le 15 mai jusqu'après les récoltes, et qu'il leur soit enjoint de détruire le lapin qui mange et dévaste notamment les terres qui avoisinent les bois ;

18° Qu'il soit défendu à tous seigneurs et autres d'ouvrir leurs colombiers et volières lors des semailles et pendant les moissons ;

19° Que les mesures soient étalonnées, qu'il en soit dressé procès-verbaux en presence des notables des municipalités, et que les matrices soient déposées au greffe desdites municipalités ;

20° Demander que les seigneurs et autres soient tenus de se désister des biens dont ils se seroient emparés sans titre sur les communautés, depuis 40 ans ;

21° Qu'il n'y ait qu'une caisse pour la recette des impositions dans chaque généralité, où les collecteurs porteront leur recette tous les six mois, en ajoutant 2 deniers par livre à leurs taxations, laquelle caisse versera directement dans le trésor royal ;

22° Qu'il soit établi, dans un arrondissement de deux lieues de tous côtés, un élève de l'école vétérinaire, avec droit exclusif de traiter les bestiaux ; ce qui conserverait au cultivateur cette propriété importante dans la campagne, qui périt très souvent par l'ineptie de ceux qui les traitent ;

23° Que la milice soit supprimée et qu'il y soit substitué des régiments provinciaux.

Fait et arrêté dans l'assemblée, cejourd'huy 17 mars 1789.

Signé : Fron. — Angilbert. — L. Fron. — Desbeau. — Chevau. — Rameau. — Fron. — Pichon. — Geste. — Marchy, — Perrot. — Desleau. — Daunay, — Durville. — Morin. — Jalousot. — Gaillet. — Morin. — Rameau. — Sonnet. — Perrot. — Caillou. — Millot. — Desmoulin. — Pétry. — Guilliot. — Coignai. — Chevau. — Amlineau. — Borneau.

Coté et paraphé *ne varietur*, par nous, Marion Malvin, ancien praticien au bailliage de Thury, y faisant les fonctions et pourvu des provisions de bailly, le 17 mars 1789.

MALVIN.

TINGY.

PLAINTES, *doléances et remontrances des habitants de la paroisse de Tingy, bailliage et diocèse d'Auxerre, élection de Clamecy, généralité d'Orléans.*

La paroisse de Tingy est composée d'environ 200 feux, répartis en plusieurs hameaux. La majeure partie du terrain qui la compose est extrêmement montueux, généralement pierreux, et en grande partie d'une arène légère, ou terre à lapins, sans consistance, et ne produisant que du seigle et de l'orge mêlée d'avoine.

Outre ce mauvais sol, les habitants supportent encore dessus des charges en grains qui en absorbent la valeur. Le seigneur du chef-lieu y possède environ 400 arpents de terrain, où il y avoit trois domaines qui payoient de bonnes cotes de taille. Ses prédécesseurs les ont détruits et ont planté du gland dans les terres ; de sorte que depuis plus de trente ans ils n'ont pas porté un sol de revenu. Les habitants n'ont pas le droit d'y faire paître leurs bestiaux, ce qui les oblige à se restreindre à une petite quantité à raison de la disette des fourrages, n'y ayant dans la paroisse que quelques sainfoins. Dans ces parties, il s'y est multiplié un grand nombre de lapins qui mangent les récoltes des terres voisines. Dans le surplus, le seigneur a une redevance en bled et plusieurs morceaux de terre d'élite qui lui produisent 1,600 livres de rente.

Le curé de la paroisse, qui est de l'ordre des Prémontrés, possède des héritages de la meilleure qualité, avec des dîmes de toute nature, qui lui font un revenu de 1,800 livres.

Les Bénédictins d'Auxerre, seigneurs d'un hameau, y possèdent aussi quelques héritages d'élite et des rentes de bled sur les terres de leur censive ; ils en retirent environ 1,200 livres par an.

L'abbé commandataire de l'abbaye de Saint-Marien d'Auxerre, seigneur d'un autre hameau, a aussi des rentes en bled et avoine, et une partie de dîme, dont il retire 750 livres par an ;

Le prieur commandataire de Donzy, seigneur d'un autre hameau, retire aussi environ 200 livres par an.

Le chapitre d'Auxerre, pour une dîme, retire environ 200 livres par an.

Le chapitre de Toucy, pour un petit fief, retire 7 bichets de froment pesant 84 livres ; ce qui fait, à 8 livres le bichet, 56 livres.

Les seigneurs de Druyes sont aussi seigneurs de deux hameaux, desquels ils retirent, de rentes en bled, froment et avoine, et en argent, pour environ 200 livres par an.

Par rapport à toutes ces charges, les pauvres habitants de cette paroisse sont obligés de se retrancher de leur nourriture et de ne manger que du pain de seigle et d'avoine, qu'ils ont encore bien de la peine d'avoir pour toute l'année, ce qui a forcé plusieurs d'entre eux à s'attacher à l'industrie en plusieurs genres, et singulièrement en travaillant pour les paroisses du voisinage, à l'effet d'acquitter les impositions exorbitantes qu'ils sont obligés de payer.

Il y a longtemps que plusieurs d'entr'eux se plaignent du fardeau des impôts, et ces motifs en ont déjà fait partir plusieurs, outre ceux qui méditoient de le faire tous les jours. Il est vrai qu'ils ont été rassurés en apprenant qu'enfin le Roi écoutoit les plaintes de son peuple, et secondé dans ses vues par la belle âme de son ministre des finances, il alloit écarter tous les obstacles qui l'empêchoient d'entendre les cris du malheureux cultivateur accablé sous le poids du fardeau des impôts et des entraves de toute espèce, en assemblant les États généraux du royaume. C'est dans cette auguste assemblée que seront mûrement pesés les intérêts de chaque particulier; et l'on mettra en évidence combien l'habitant de la campagne est précieux à l'État et mérite de considération.

Il est temps enfin de rétablir cette règle si équitable, l'égalité dans la répartition de l'impôt, sans exception de personnes; et cette égalité une fois rétablie, cette paroisse verra diminuer les charges de ses cultivateurs, en même temps que les finances s'augmenteront par la contribution des grands seigneurs et des riches ecclésiastiques, assez pour faire face aux dettes de l'État. Dès que l'homme puissant n'en imposera plus au pauvre, les abus seront réformés.

Les vues des États généraux ne s'étendront pas seulement sur la répartition de l'impôt, mais encore sur la manière dont tous les droits que le Roi reçoit se perçoivent. Car la perception des différents revenus de l'État est, dans différentes parties, remplie de grands abus, que les habitants de la campagne peuvent apercevoir. On en va détailler quelques-uns de ceux qui sont plus à notre portée. Dans les aides, combien d'employés à gros gages qui absorbent une partie des droits? On remarquera seulement que dans un département comme Toucy en Puisaye, les deux commis à cheval, leur contrôleur, la portion de leur directeur, ces premières têtes absorbent plus du tiers de la rentrée sur les vins. Si l'on ajoute à cela les amendes souvent cachées, mais toujours trop fortes, dont le malheureux habitant de la campagne est la victime, en vendant un pot de vin pour avoir du sel pour faire de la soupe à ses enfants, ne trouvant pas toujours l'occasion de le vendre en gros, on trouvera que les droits sur les vins sont très mal gérés.

On se récriera aussi, et encore plus fort, contre les gabelles. Ces droits sont encore d'une charge énorme à l'État et ruineux pour le peuple. La denrée de première nécessité est, comme par un fait exprès, assujettie aux plus grands droits. Les receveurs, les officiers de toute espèce, les gabelous et toutes leurs amendes, voilà ce qui augmente le prix du sel aux dépens du peuple et sans profit pour le Roi. Que l'on perçoive les droits, que le Roi retire, en sortant des salines, et que l'on rende le sel commerçable, il sera assurément moins cher qu'il n'est à présent.

Il existe un tribunal bien à charge dans les campagnes : ce sont les eaux et forêts, qui, sous prétexte de la conservation des bois communaux, en rend le produit presque nul par les différentes formalités qu'il faut essuyer. Et d'abord pour un seul et unique exemple : Quand une paroisse a un canton de réserve bon à couper, il faut s'adresser à la maîtrise pour en avoir permission, qu'il faut payer. Ensuite quelques officiers se transportent sur les lieux pour marquer les baliveaux. On procède à l'adjudication, et des bois qui valent 600 livres l'arpent n'en seront pas vendus 400, parce que le marchand compte sur plus d'un tiers pour les droits de Messieurs des maîtrises des eaux et forêts. Ce n'est pas tout, ils reçoivent encore les deniers provenant de la vente, qui doivent être employés en réparations au profit de la communauté. Ils ont des ingénieurs à leur commandement, qui vont constater ces réparations ; on en fait encore une adjudication, et il s'y perçoit des droits énormes qui absorbent encore plus du tiers du prix de la vente. Si, après cela, les réparations n'absorbent pas ce tiers restant, la communauté n'aura jamais de compte du surplus. C'est ce qui est arrivé à notre paroisse. D'après les entreprises, il y avoit beaucoup d'argent de reste ; les habitants ont fait faire une cloche, mais comme ils n'avoient pas consulté Messieurs de la maîtrise, ils leur ont dit qu'il n'y avoit plus de fonds pour la payer. La paroisse n'en avoit point d'autre, le marchand qui avoit fourni le métal vouloit être payé ; il a fait saisir chez différents particuliers ; et pour environ 1,200 livres on en a payé 100 louis, tant de frais que d'intérêts, qui ont été répartis sur le rôle des tailles.

On dira un mot sur un établissement nouveau, qui ne peut avoir été enfanté que dans le malheur des temps et pour les besoins extrêmes de l'État ; ce sont les jurés-priseurs. Rien de plus à charge que cet établissement pour les campagnes, parce qu'il pèse plus fréquemment sur le malheureux, dont il achève d'absorber le peu qu'il avoit. On a des exemples de ventes de meubles de mineurs qui n'ont pas suffi pour payer les droits de cette sangsue. On croit que tout le monde se réunira pour proscrire un établissement aussi ruineux, et on espère que d'autres paroisses peindront ce tableau avec plus de force, sans sortir de la vérité.

Réunissons nos plaintes et nos doléances contre les travaux des routes. Il y a quelques années que les malheureux habitants de la campagne étoient arrachés à leurs travaux pour aller jusqu'à trois lieues de distance arroser de leurs sueurs et de leurs larmes un grand chemin qu'ils étoient obligés de construire pour faciliter le transport de l'homme oisif, qui se fait traîner dans un char pompeux. Des manœuvres qui n'ont que leur travail journalier pour vivre, eux et leurs enfants, des femmes veuves sans bien étoient obligées de porter un morceau de pain qu'ils avoient épargné de la veille, pour travailler gratuitement en faveur du riche. Cette tâche personnelle, et l'obligation qui en résulte, n'est-ce pas la plus grande marque de l'esclavage dont nos pères ont brisé les chaînes? Il est vrai que l'on a converti l'obligation personnelle en une prestation en argent, qui est imposée sur les taillables, au marc la livre du pied. C'est donc encore le peuple qui supporte cet impôt, puisqu'il n'y a que lui qui paye la taille. Hé! pourquoi le peuple sera-t-il seul chargé de construire et réparer des grands chemins qui ne lui serviront jamais? N'est-ce pas l'accabler de plus en plus? Oui, la prestation annuelle est encore plus à charge aux peuples que la corvée. Car, quand chaque individu étoit obligé personnellement à sa tâche, il la faisoit et l'ouvrage avançoit d'autant; mais aujourd'hui, les deniers en quoi la corvée est convertie, passent au profit des inspecteurs et d'autres agents qui les touchent, et l'ouvrage ne se fait pas. On fait bien des entreprises, mais les entrepreneurs graissent la patte de ces messieurs, et on passe légèrement sur l'ouvrage qui reste pour une autre année.

On n'entrera pas dans l'examen des raisons qui ont déterminé le gouvernement à lever annuellement des milices. Il peut avoir de bonnes vues, qu'on n'est point en état d'approfondir; mais ce dont notre paroisse se plaint, ce sont des dépenses énormes que le tirage des milices entraîne chacun an. Cette paroisse est obligée d'aller tirer à la milice à Clamecy, qui en est à 5 lieues, et il n'y a pas de garçon qui n'y dépense 3 livres pour sa nourriture. Le père, la malheureuse veuve accompagne son fils. Ensuite, il faut faire le traitement du milicien. On peut dire, sans exagérer, qu'il en coûte 600 livres par an à la paroisse de Tingy pour fournir un milicien; au lieu que si l'on chargeoit annuellement la municipalité de fournir un homme, il coûteroit moins de 100 livres.

Nous avons ci-devant dit que l'impôt étant réparti également, en le conservant dans la proportion que supporte la classe du cultivateur, il en résultera un accroissement prodigieux dans la masse des recouvrements. Il n'y a guère que l'impôt sur la propriété qui puisse être mis en usage pour le moment. Cependant, on n'a pas le temps de l'asseoir avec l'exactitude que donneroit le tableau fidèle de chaque paroisse. Il seroit donc possible pour le moment de mettre un impôt représentatif des vingtièmes en masse sur chaque province, qui le distribueroit par département et de là par paroisse sur le pied du marc la livre des vingtièmes actuels, et chaque paroisse seroit chargée de répartir son contingent sur tous les propriétaires, de quelqu'état et condition qu'ils fussent. La seule municipalité seroit chargée de cette assiette. Cette manière d'asseoir l'impôt, outre qu'elle seroit plus expéditive pour subvenir aux besoins de l'État, seroit aussi plus juste dans ses effets que celle que l'on a suivie jusqu'à présent par la voie des déclarations des propriétés de chaque individu, parce que dans celle-ci tout le monde a intérêt de cacher ses biens, ne devant payer qu'à raison de leur étendue; au lieu qu'y ayant une masse à répartir, chacun a intérêt d'en faire supporter à son voisin à proportion de ce qu'il possède, ce que les municipalités seroient toujours à même de connaître parfaitement.

Si par rapport à la dette de l'État, notre paroisse étoit encore obligée de supporter le fardeau des impôts actuellement subsistant, nous espérons et sollicitons vivement qu'il sera fixé un terme au bout duquel, sans qu'ils puissent être prorogés sous quelque prétexte que ce soit, les impôts seront diminués d'une certaine quotité.

Nous serons contents de fournir, même notre nécessaire, pour subvenir aux besoins de l'État, pourvu que nous soyons assurés que le produit de nos sueurs tourne à son avantage et à l'acquittement de ses dettes, et que nous n'entendions plus dire que les finances sont détournées par d'indignes canaux qui font frémir d'horreur; pourvu que tant de grands seigneurs, de gens du haut clergé, d'abbés commendataires n'éludent point l'impôt et le payent réellement; pourvu que tant d'âmes vénales, de courtisans de toute espèce, de femmes scandaleuses, n'obtiennent pas de gratifications, de pensions, de présents qu'ils n'ont jamais mérités; pourvu qu'on ne voit aucune franchise, soit pour transports, postes et entrées dans la ville de Paris; pourvu enfin que la nation soit assemblée, au moins tous les trois ans, pour faire rendre un compte effectif, au ministre des finances, de l'emploi des deniers de l'État.

Ce sont les vœux de la paroisse de Tingy, assemblée à cet effet, cejourd'huy 15 mars 1789.

Signé : E. Loury. — E. Rolet. — Godard (syndic municipal). — G. Cameau. — P. Loury. — J. Loury. — Jean Pellet. — G. Allard. — J. Guillaume. — F. Simoneau. — N. Dessignolle. — N. Allard. — Dion. —

Louis Perreau. — Edme Girault. — Coudron. — Cauvet (notaire). — E. Potat. — Louis Tiret. — Edme Dessignolle. — E. Loury. — J. Geoffroy. — Pierre Pinard. — J.-B. Billion. — Malvin. — Allard (greffier).

Coté et paraphé *ne varietur*, au désir de notre procès-verbal de cejourd'huy, 15 mars 1789.

MALVIN.

TOUCY.

CAHIER *contenant les doléances, plaintes et remontrances faites par les habitants de la ville de Toucy, et par eux donné pour obéir aux lettres du Roy, pour la convocation des États généraux du royaume, règlement y annexé, et en conséquence de l'ordonnance de M. le Bailly d'Auxerre.*

Les habitants de la ville et communauté de Toucy, généralement convoqués en l'auditoire, et présents, par le sieur Jacques Chenat, premier échevin; le sieur Joachin Chauvot, second échevin; Me Juventy, procureur fiscal de la Chatellenie et procureur du Roy; Me Jacques Ruineau, procureur fiscal du marquisat et communauté de Toucy; Me Louis-François Marie, docteur en médecine; le sieur Claude Juventy, tanneur; le sieur Claude Augé, marchand-épicier; les sieurs Philbert Clergault des Métris, marchands; le sieur Jacques Clerjault, marchand; le sieur Jacques-Dominique Voguet, aussi marchand; le sieur François Mibelle, perruquier; le sieur Antoine Pourain, bourgeois; le sieur François Brunet, maître de poste (rôle des impositions de la présente année); Jean Savier, aussi marchand collecteur; le sieur Vincent Ansault, drapier; Jean Lelong; Augustin Vasseur, serrurier; Edme-Pierre Deplaye, marchand; Philippe Jaluzot, tanneur: Lazare Comeau, laboureur; Pierre Parnin, cabaretier; Lazare Guérin, charron, Me François Robin, médecin, Me François-Pierre Davau, avocat; Me Jean Chartier, procureur; le sieur Jean-Louis Courbet, bourgeois; le sieur François Guillemot, marchand; Pierre Courcier, drapier; Louis Plissier, drapier; Baltazard Jadot; François Paqueau, boulanger; Julien Cherbuy, tonnelier; Jacques Bouillard; André Geoffroy, laboureur; Roch Lapierre, marchand; Jacques Roidot, boulanger; Claude Roidot, taillandier; Jacques Juvigny, laboureur; Edme Vigreux, marchand; Louis Chauvot, marchand; Louis Verger, tourneur; François Terrin; Edme Crançon, laboureur; François Buisson, laboureur; Pierre Guillon, vigneron ; Hubert Chateignier, manouvrier ; Pierre Pernet, cordonnier ; Edme Fouassin, drapier ; Edme Baste, laboureur ; le sieur Edme Chenat, bourgeois ; Pierre Fabureau, manœuvre ; Thomas Charon, laboureur ; Henri Vasseur ; Lazare Bergery, tissier ; le sieur Benoit Clerjault, chamoiseur ; Philippe Maudhuy, manœuvre, et autres ;

Ont unanimement dit qu'ils donnoient pouvoir aux députés qu'ils étaient sur le point de nommer, d'exposer à l'assemblée, qui se tiendra le 23 du présent mois, par devant M. le Bailly d'Auxerre (1) :

Qu'avant la déclaration du Roy, par laquelle la corvée a été convertie en argent, on n'y assujettissoit point les habitants des paroisses éloignées des routes à former ou à entretenir, ceux seulement qui en étoient à portée, les autres avoient lieu d'espérer que le quart de la taille, à quoi a été portée la contribution de leurs paroisses, en vertu de ladite déclaration, seroit employé à réparer les chemins qui en facilitent le commerce. Cependant, plusieurs voyent que leur argent est enlevé pour un travail qui se fait au loin, tandis que les chemins de leur paroisse sont impraticables. Les habitants de Toucy chargent lesdits députés de ne point omettre cette observation, pour eux d'autant plus importante que l'établissement des chemins indispensables pour leur communication avec la ville d'Auxerre, quoiqu'ordonné par le gouvernement et commencé depuis plusieurs années, restera toujours imparfait, s'il n'est changé de conduite sur cette partie essentielle de l'administration ;

Que l'impôt établi sur le sel, et celui des aides, sont désastreux, qu'ils se poursuivent dans la plus grande partie du royaume avec vexation ; les frais de recouvrement et ceux occasionnés par des fraudes souvent supposées, étant immenses ; qu'ainsi, et pour le gouvernement et pour le peuple, il seroit convenable de les convertir en un autre subside, moins coûteux à percevoir et plus avantageux à l'État ;

Que lesdits habitants ne sont accablés de ces impôts et de quantité d'autres que parce que, dans l'administration et dans les finances, les ministres et ceux qui exécutent leurs ordres, en perdant de vue les lois du royaume, suivant lesquelles les Français ne peuvent être taxés sans leur consentement, ont insensiblement imposé et tout dissipé à leur gré ;

---

(1) Ces députés furent Guy Arrault, maire, bailly et juge ordinaire de la ville et bailliage de Toucy ; Pierre-François Davau, avocat ; Louis-François Robin, docteur en médecine ; enfin Jacques Chenat, premier échevin.

Que pour assurer à l'avenir la jouissance paisible de leurs biens, lesdits habitants demandent qu'aucune partie de leurs propriétés ne puisse leur être enlevée par des impôts, à moins qu'ils n'ayent été consentis par les États généraux du royaume, composés, ainsi que le désirent la raison et la loi, des députés librement élus par tous les cantons, et chargés de leurs pouvoirs ;

Que, suivant les intentions que le Roy a bien voulu manifester, les ministres soient à l'avenir responsables de toutes les sommes levées sur le peuple ;

Que, comme les impôts non consentis n'ont été jusqu'à présent payés que par la crainte des emprisonnements, lesdits habitants demandent qu'il y ait toute liberté pour la réclamation à l'égard de tout tribu qui seroit établi et exigé sans avoir été accordé;

Ont été, lesdits habitants, de l'avis de charger les députés de faire insérer les déclarations ci-dessus dans le cahier du bailliage d'Auxerre, et qu'il leur soit expressément recommandé d'engager ceux qui seront élus par l'assemblée dudit bailliage de les faire valoir aux États généraux, dans l'espérance qu'il sera par eux fait droit aux demandes qu'il renferme ;

Ont donné néanmoins, lesdits habitants, tous pouvoirs auxdits députés de consentir, aux conditions ci-dessus, à l'établissement ou prorogation des subsides que les États généraux croiront absolument nécessaires aux besoins actuels et pressants de l'État, après avoir, avec attention, examiné les dépenses qui peuvent être regardées comme excessives ou inutiles dans toutes les parties de l'administration publique ; pourvu toutefois que les impôts qui distinguent les ordres soient supprimés et remplacés par d'autres, qui seront, avec égalité, répartis généralement sur tous les citoyens, sans distinction ni privilége, à raison seulement, et en proportion de leurs propriétés ;

Demanderont, lesdits députés, au nom desdits habitants, lors de la rédaction du cahier du bailliage d'Auxerre, que la répartition et assiette des impôts actuels, et ceux qui pourront être consentis, soit faite par les États existant dans plusieurs provinces du royaume, et par ceux qui seront établis par les États généraux dans les provinces qui n'en ont point encore, à l'instar de ceux du Dauphiné, particulièrement dans la généralité d'Orléans ; lesdits habitants adhérant à tous les motifs exposés pour démontrer l'irrégularité de la constitution des corps par lesquels cette généralité est administrée ;

Sera pareillement demandé que les sommes, par les États de la province, réparties sur les différentes communautés qui se trouveroient en dépendre, soient, pour plus de parfaite égalité, assises par un membre choisi dans les habitants desdites communautés ; sera aussi demandé que les parlements et les autres juges qui leur sont immédiatement et médiatement subordonnés, ainsi qu'ils sont établis, continueront à maintenir le bon ordre, en faisant exécuter les lois du royaume et infligeant des peines à tous ceux par lesquels elles pourroient être transgressées ;

Que les sujets du Tiers-État, ayant moyens et capacité suffisants, soient admis aux charges dans les cours souveraines et aux emplois militaires ;

Demanderont, lesdits habitants, qu'il soit fourni de nouveaux règlements dans l'ordre judiciaire pour abréger la procédure, la rendre moins dispendieuse, fixer les vacations des procureurs et huissiers, rendre plus facile et moins arbitraire la perception des droits dus pour le contrôle et l'insinuation des actes ;

Lesdits habitants ont, en outre, donné pouvoir aux députés qu'ils vont nommer, et à ceux qui seront dans l'assemblée du bailliage d'Auxerre, de remontrer combien est préjudiciable, dans les campagnes, l'exercice des charges nouvellement créées d'huissiers-priseurs, avec droit exclusif de prisée aux inventaires, et de procéder aux ventes de meubles faites jusqu'à 18° lieues et quelquefois de plus de leur résidence ; qu'il en résulte l'inconvénient que, pour se mettre à l'abri de leur recherche, il est indispensable de leur faire préalablement des avertissements et sommations régulières de se trouver sur les lieux au jour indiqué ; que ces sommations, qui ne peuvent être faites que par d'autres huissiers, qui ne marchent actuellement qu'à raison de 8 livres par jour, donnent lieu à de gros frais que les priseurs ne remboursent point ; que le jour pris et ordonné se trouvant souvent manqué par des surséances accordées, ou par l'effet du temps, des maladies ou autres cas imprévus, il faut revenir à de nouveaux frais, qui, avec ceux que ces huissiers-priseurs se croient autorisés, outre leurs vacations, à prendre pour leurs voyages, vexent le peuple, au point que les inventaires et ventes, la plupart de petite conséquence, occasionnent une dépense quatre et six fois plus considérable que celle qui se faisoit, lorsqu'il étoit permis à chacun de choisir des experts pour la prisée aux inventaires, et de faire procéder aux ventes par des huissiers, ou simplement des sergents domiciliés et sur les lieux ;

Lesdits habitants demandent que, d'après ces motifs et ceux résultant du défaut de connoissance dans les huissiers-priseurs, pour la valeur des bestiaux, dont le prix dépend du cours des foires, des harnois, ustensiles aratoires, foins et fourrages, qui font la principale fortune des gens de la campagne, et de l'abus que font et peuvent faire ces priseurs du droit qu'ils ont d'y être exclusivement appelés ; il soit fait toutes représentations convenables aux États généraux pour qu'ils se déterminent à donner toute exécution à la loi qui, depuis l'établissement de ces offices, en a ordonné la suppression.

Les mêmes habitants donnent de plus pouvoir de requérir que les États généraux statuent qu'ils s'assembleront périodiquement aux époques qui seront réglées, pour le maintien des lois du royaume, et en établir de nouvelles s'il en est besoin ;

Qu'il soit formé des greniers d'abondance dans les principales villes du royaume, et que l'exportation des grains ne soit permise que quand ils seront approvisionnés ; et au surplus qu'il soit donné toutes permissions possibles au commerce, en le délivrant des entraves qui l'enchaînent ;

Que pour favoriser la population, il soit accordé exemption de cote à tout père de famille qui se trouvera chargé de 9 enfants, et d'une pension de 100 livres à ceux qui se trouveront en avoir 10, avec augmention de 24 livres pour chacun de ceux qui surviendront, pour en augmenter le nombre, sans que ces gratifications puissent être saisies par les créanciers de ces pères de famille.

Signé : Juventy. — Robin. — Davau. — Jacques Chenat (échevin). — Marie. — Courbet. — Augé. — Chauvot. — Brunet. — Voguet. — Juventy. — Nibelle. — Chauvot. — Clerjault. — Clerjault. — Guillaume. — Cherbuy. — Jadot. — Levasseur. — Lelong. — Desleau. — Arrault.

Cote, paraphé et signé *ne varietur* par nous, soussigné, cejourd'huy 15 mars 1789.

ARRAULT.

TRUCY-SUR-YONNE.

PLAINTES, *doléances, demandes, remontrances et avis des habitants de la paroisse de Trucy-sur-Yonne, généralité de Paris, élection de Tonnerre.*

La communauté de Trucy-sur-Yonne, assemblée en la manière accoutumée pour prendre communication des ordres du Roy, de l'ordonnance de M. le grand bailly d'Auxerre, qui lui furent notifiés pendant ce mois par C. Ribière, huissier, a, en conséquence des susdits ordres et ordonnance, procédé à l'élection des députés nommés en l'acte d'assemblée ci-joint et chargés de remettre à ceux de leur ordre qui seront choisis en l'assemblée convoquée par M. le grand bailly d'Auxerre, pour assister aux États géneraux qui seront convoqués à Versailles le 27 avril prochain.

Ladite communauté, après délibération prise, désire que leurs doléances, plaintes, remontrances et avis soient portés en ladite assemblée générale pour y être statué. C'est pourquoi ladite communauté a unanimement chargé lesdits députés de représenter :

1° Que l'égalité dans les impôts royaux soit établie de manière qu'on ait égard aux facultés et biens d'un chacun, et que, pour qu'il n'y ait plus de fraude à craindre, il n'y ait désormais qu'un seul et unique impôt ;

2° Que le Tiers-État ait autant de représentants, par lui librement choisis, dans les États généraux, que les deux autres ordres réunis, et que les voix se compteront par tête et non par ordre ;

3° Demander la suppression de tous les commis dans tout le royaume, pour éviter les procès ruineux qu'ils font journellement et la liberté du commerce qu'ils gênent et gâtent ; par ce moyen, que le commerce du tabac, du sel et de toutes autres marchandises soit libre ;

4° Que tous les gardes de chasse, pêche et bois soient désormais assujettis à prouver juridiquement les prises qu'ils font et les faits qu'ils avancent dans leurs procès-verbaux, pour éviter le cours de leur animosité, qui devient souvent la ruine des familles auxquelles ils en veulent ; demander qu'on établisse une bonne réforme dans l'administration de la justice, les frais de procédure faisant souvent abandonner à un créancier son principal pour l'éviter ;

5° Que les dispenses pour mariage entre parents soient données gratis, même en cour de Rome ;

6° La suppression des intendants de province qui ruinent les communautés ;

6° La diminution des contrôles, des sols pour livre, aides, insinuation ; ces droits n'étant qu'à l'avantage des fermiers et des commis de leurs bureaux ; le contrôle seul suffit pour prouver la réalité de l'acte fait ;

8° La suppression des huissiers-priseurs ; leurs fonctions deviennent totalement ruineuses pour les familles ;

9° La suppression des maîtrises des eaux et forêts, cette juridiction étant ruineuse pour les communautés et absolument inutile ;

10° Qu'il soit établi dans chaque paroisse un bon maître d'école, gratis, pour élever les enfants chrétiennement, afin qu'ils soient soumis et servent fidèlement Dieu et notre bon Roy ; qu'il soit également établi un chirurgien et une sage-femme ayant fait leurs cours, pour le soulagement des citoyens, et une pharmacie dans chaque paroisse;

11° Représenter que jadis cette paroisse payoit la dixme de 36 livres de bled, raisins et chanvre, au chapitre de Vézelay qui desservoit cette cure, et que, par transaction avec ledit chapitre, on l'a mise à 19 livres de bled, raisins et chanvre, pour 256 arpents de bois, buissons et chaumes qu'ils nous avoient abandonnés; mais que depuis que le seigneur engagiste dudit Trucy ayant pris 45 arpents desdits bois, nous demandons que la dîme soit remise à 36 livres comme ci-devant, à moins qu'on ne nous donne la jouissance desdits 256 arpents de bois en entier (1); ils observent d'ailleurs que le sol du territoire est des plus ingrats et dégradé par les orages;

12° Observer que les habitants de cette paroisse ont le droit de pêche dans la rivière d'Yonne à tous instruments, à l'exception du grand filet, et sans mettre les pieds à l'eau; le seigneur engagiste leur supprime ce droit; ils demandent à y être maintenus dans les détroits de cette justice seulement;

13° Observer également que la communauté de Trucy avoit un arpent et demi de pré destiné au pacage de leurs bêtes malades, et dans iceluy pré des aigeoires pour rouir leur chanvre; le seigneur engagiste du chapitre s'en est emparé; ils en demandent la remise et jouissance.

Fait, clos et arrêté en pleine assemblée à Trucy-sur-Yonne, le 22 mars 1789. Tous lesdits habitants ont déclaré ne savoir signer, sauf ceux d'entre eux qui le savent et qui se sont soussignés après lecture faite.

Avant les signatures, lesdits habitants de Trucy observent que jadis ils avoient le droit de faire pacager leurs bestiaux dans les bois situés dans l'enclave de cette justice, dans les terres en sombre de l'abbaye de Crisenon, et après la Saint-Rémi dans les regains du seigneur de ce lieu; aujourd'hui on leur ôte ce droit, et pour cet effet on leur fait des procès. Lesdits habitants demandent à être maintenus dans la jouissance dudit droit de pacage ès-endroits sus-déclarés.

Observent enfin qu'ils ont des communes et mares d'eau pour abreuver leurs bestiaux et prévenir les incendies; le seigneur

(1) Le seigneur de Trucy, à qui ces faits sont reprochés, s'appelait Grillet de Berthereau. En 1712, il obtint de faire opérer le triage des bois communaux. Ce triage n'aurait pas dû avoir lieu, attendu que les habitants payaient à cause de ces bois une redevance seigneuriale.

engagiste s'en empare et remplit de fumier leurs mares d'eau. Ils en demandent la libre jouissance comme par le passé.

Ce fait, les présentes ont présentement été signées après lecture.

Signé : Louis Guilly (syndic). — Visse (greffier de la municipalité). — Edme Foin. — Claude Guilly. — G. Liard. — Brechat. — L. Pernot. — Perrin. — G. Girard. M. Briet. — Joseph Liard — Vannerault.

TREIGNY.

Cahier *des remontrances, plaintes et doléances des habitants composant le Tiers-État de la paroisse de Treigny en Puisaye, faisant partie de la députation du bailliage d'Auxerre, pour être porté par les députés de ladite paroisse à l'assemblée du bailliage qui se tiendra à Auxerre le 23 du présent mois de mars 1789.*

Les habitants de la paroisse de Treigny, pénétrés de la plus vive reconnaissance de l'amour paternel dont Sa Majesté donne à ses peuples le plus éclatant témoignage, et s'empressant de répondre à la gracieuse invitation de Sa Majesté de lui présenter au milieu de la nation assemblée en États généraux les remontrances, plaintes et doléances de toutes ses provinces, après leur avoir donné sa parole royale de les écouter et y avoir égard, lesdits habitants, voulant concourir autant qu'il est en eux à assurer la gloire du Roy, la dignité de la couronne, l'honneur de la nation, le bien général du royaume et en particulier celui du pays auxerrois, ont dressé le présent cahier de remontrances, plaintes et doléances comme il suit :

1° Que les députés qui seront nommés pour représenter le Tiers-État dudit bailliage auxerrois soient chargés spécialement de faire au Roy les très humbles remerciements du Tiers-État dudit pays auxerrois pour la confiance que Sa dite Majesté accorde à ses peuples en convoquant les Etats généraux de la nation, et de la supplier d'assurer le bienfait en convoquant fréquemment lesdits Etats généraux ;

2° Qu'il soit donné mandat auxdits députés de requérir que le Tiers-Etat soit admis aux Etats généraux en nombre égal aux deux autres ordres réunis et qu'il y soit toujours voté par tête et non par ordre ;

3° Que chaque province ait ses Etats provinciaux composés de membres librement élus et dont la moitié soit prise parmi le Tiers-Etat, avec faculté de répartir ses impositions sur tous les ordres de l'Etat sans distinction ;

4° Que tout citoyen soit éligible à toutes les charges et dignités de l'Etat par son mérite seul, sans avoir égard à la fortune ni à la naissance;

5° L'abolition des aides et des gabelles et le reculement des barrières aux frontières du royaume, ainsi que l'abolition des corvées en personne;

6° Simplifier l'impôt ainsi que sa perception;

7° La révocation des priviléges et exemptions du clergé et de la noblesse en ce qui tourne au préjudice des Tiers;

8° L'abolition des jurés-priseurs;

9° L'abolition de l'usage des lettres de cachet et de tous ordres portant atteinte à la liberté des citoyens;

10° Le desséchement des étangs et marais voisins des habitations et même de ceux qui, quoiqu'éloignés, seroient reconnus nuisibles à la santé des citoyens;

11° La réforme de toutes les lois civiles et criminelles, celles des eaux et forêts, et la réunion des siéges d'exception aux siéges royaux;

12° La diminution des ressorts des parlements et une ampliation de pouvoirs aux présidiaux pour juger en dernier ressort jusqu'à 4,000 livres;

13° Qu'il soit établi une commission intermédiaire prise parmi les membres des Etats généraux dans la proportion d'un du clergé et de la noblesse et deux des Tiers, laquelle auroit seule le droit d'enregistrement et pourroit juger les ministres pour raison de leur administration;

14° Qu'il soit formé par les Etats généraux une commission pour faire et parfaire le procès aux sieurs de Brienne, principal ministre de Calonne, et de Lamoignon, ci-devant ministre;

15° Que les droits de contrôle et insinuation laïque soient diminués sur les sommes au-dessous de 10,000 livres et augmentés sur les sommes excédentes, de manière que l'Etat en retire toujours le même revenu en déchargeant les citoyens moins aisés, et qu'il soit établi de nouveaux bureaux plus à portée de chaque paroisse;

16° Que les gâtines, landes et pâturages communs ne puissent être envahis sans un titre exprès et légal, et que ceux envahis depuis trente ans soient restitués;

17° Que le Roy soit supplié de vendre le droit de chasse à vie seulement à tous citoyens domiciliés, dont les vie et mœurs seront certifiés par les municipalités, payant au moins 60 livres d'imposition, et que les sommes qui proviendront desdites ventes soient appliquées à l'amortissement des dettes de l'Etat, réservant aux seigneurs le droit de chasse personnel à raison de leur seigneurie ;

18° Qu'il soit permis de faire pâturer les bestiaux dans les bois âgés de six ans et même dans les propriétés d'autrui ;

19° Qu'il ne puisse être décerné de peines infamantes pour faits de chasse et de pêche et avoir tiré aux pigeons, sauf à prendre la voie civile contre les délinquants ;

20° Que les colombiers soient fermés pendant les mois de mars, avril, octobre et novembre, et que, dans le cas où ils ne seroient pas fermés, chaque citoyen puisse défendre son héritage avec armes à feu ;

21° Que les juges des seigneurs soient autorisés à juger en dernier ressort jusqu'à 30 livres, ou qu'en tout événement leurs sentences jusqu'à ladite somme soient exécutées par provision sans caution ;

22° La suppression des épices tant dans les sièges royaux que seigneuriaux ; que les juges royaux soient appointés par l'Etat et les juges seigneuriaux par les seigneurs ;

23° Que les charges de judicature soient déclarées inamovibles et qu'on en supprime la vénalité ;

24° Qu'il ne soit pas au pouvoir des seigneurs de destituer leurs juges et procureurs fiscaux *ad nutum*, et qu'ils ne le puissent qu'après leur avoir fait faire leur procès dans les formes légales ;

25° Qu'il soit formé un cours complet d'éducation nationale pour les deux sexes, lequel soit seul enseigné dans toutes les écoles publiques, et qu'il soit établi des maîtres d'école capables dans toutes les paroisses ;

26° Qu'il soit pareillement établi dans chaque province une école gratuite de sages-femmes, où chaque paroisse sera tenue d'envoyer une ou plusieurs femmes pour prendre lesdites leçons et ensuite jouir de l'exercice desdites fonctions privativement à toutes autres ;

27° Qu'il soit établi une école vétérinaire et gratuite dans chaque province pour y former des élèves habiles pour le traitement des maladies des bestiaux, lesquels élèves jouiront ensuite du privilège exclusif de traiter les maladies des bestiaux ;

28° Que chaque paroisse puisse avoir une foire franche pour chaque 6,000 livres de contributions qu'elle paye à l'Etat ;

29° Que les grandes routes soient réduites à une largeur de 40 pieds, les fossés compris, et que chaque assemblée municipale soit autorisée à ordonner la confection et l'entretien des chemins particuliers de chaque paroisse aux dépens des habitants et des seigneurs ;

30° Qu'il ne soit accordé à tous commerçants aucune lettre de répit ni de cession de biens que sur les certificats des municipalités des lieux, sans préjudice aux droits des créanciers lors de leur entérinement;

31° Enfin c'est le vœu des habitants de Treigny que les députés qui seront nommés pour représenter le Tiers-Etat du pays auxerrois soient expressément chargés de témoigner à M. Necker la satisfaction et la gratitude des Tiers du pays auxerrois, pour le zèle patriotique et la juste fermeté qu'il a montrés dans la défense de la cause du Tiers-Etat, pour rendre à cet ordre la dignité et l'influence qu'il doit avoir à l'assemblée nationale, et d'exhorter ce ministre citoyen de ne pas se décourager au milieu des difficultés que des personnes intéressées ou mal intentionnées pourroient lui susciter.

Fait et arrêté en l'assemblée générale des habitants dudit Treigny, cejourd'huy 15 mars 1789, et ont signé à l'exception de ceux qui ne le savent.

Signé : Mathieu. — Boutaut. — Ravizé. — Fournerat. — Minier. — Guy. — Morisset. — Moriau. — David. — Piétresson. — Magny. — Haber. — F. Cagnat. — Thomas. — Plançon. — Roy. — Edme Boulmier. — Bornot. — Guinault. — Billault. — Poirier. — Roche. — Mousset. — Guitot. — Vegelin. — Prêtre. — Trou. — Haber. — Morisset. — Dufeu. — Lenfant. — Dardenne (juge). — Juventy (greffier).

Paraphé *ne varietur*.

DARDENNE, juge.   JUVENTY, greffier.

VAL-DE-MERCY.

Très humbles supplications et doléances de la paroisse et communauté du Val-de-Mercy, en exécution des règlements faits par le Roy les 24 janvier et 7 février derniers.

1° Déclarent les habitants qu'ils adhèrent aux vœux de la ville d'Auxerre et à la requête et délibération du Tiers-Etat de Dijon.

En conséquence, requièrent la réforme des Etats de la province d'après le plan proposé par ces deux actes, tant pour leur constitution d'organisation que pour celle de la commission intermédiaire qui est le sujet de l'article suivant :

L'établissement d'une assemblée de département et bureau intermédiaire dans la ville d'Auxerre pour le comté, correspondant aux Etats de la province, pour parvenir dans ce district à une plus juste répartition des impôts, qui n'ont eu jusqu'à présent aucune proportion avec l'étendue et propriété du terrain de chaque ville, bourg, village ou paroisse dudit comté, ni avec les facultés de chaque habitant, sauf de connoissances suffisantes ;

L'abréviation des procédures civiles et criminelles, et la modération des droits trop libéralement attribués aux instrumenteurs ;

La suppression de tout *committimus* ou priviléges qui transportent les droits, les intérêts et la personne du citoyen loin du lieu du domicile, en sorte que tout citoyen puisse être traduit devant ses juges naturels ;

La suppression des offices de jurés-priseurs, dont les émoluments sont excessifs et ruineux, sauf à prendre leur remboursement sur la province ou le bailliage ;

La suppression de la gabelle et la refonte générale de tous impôts en deux seuls, tels qu'ils puissent suffire aux besoins de l'Etat, dont l'un personnel, l'autre territorial sur tous les sujets du Roy, sans aucune exception de rang, naissance, charge, profession et priviléges, et de manière que tous les ordres de l'Etat et individus desdits ordres y soient indistinctement soumis dans une juste proportion ;

L'établissement des ateliers de charité dans chaque paroisse, dont les fonds seront faits par la province, pour être employés dans tous les temps où les travaux cessent à faire travailler les pauvres à la réparation des chemins de communication d'un village à l'autre, et déblaviers ou autres ouvrages publics ;

L'établissement des écoles de charité dans les lieux où les habitants sont trop pauvres pour y fixer des maîtres ou maîtresses comme dans cette paroisse ;

Qu'il soit aussi pourvu à fixer une sage-femme dans les paroisses qui en manquent comme celle-ci ;

Et enfin que les opinions aux Etats généraux soient prises et réunies par tête, soit que les ordres délibèrent conjointement ou séparément, en sorte que les voix des individus de chaque ordre soient rapportées et comptées.

Fait et arrêté en l'assemblée desdits habitants le 19 mars 1789.

Signé : Lemaître. — C. Lency. — L. Mathé. — L. Chevillard. Louis Prêtre. — Guy. — Claude Rémy. — François Saintpé. — F. Couturat. — Joseph Houdé, syndic. — B. Mathé, syndic. — Chalmeau, percepteur fiscal. — Ansel Loge, juge.

Paraphé *ne varietur*.

Loge, juge.   Magdelenat, greffier.

VAUX-SUR-YONNE

Cahier *des doléances de la communauté de Vaux, arrêté à l'assemblée générale des habitants de ladite communauté tenue le jeudi 19 mars 1789.*

Sa Majesté est suppliée humblement d'ordonner ce que suit :
Établir d'une manière fixe la constitution de l'Etat et la formation des Etats généraux qui se tiendront tous les cinq ans;
Ces Etats généraux seront formés par les trois ordres, le clergé, la noblese et le Tiers-Etat;
Représentation du Tiers en nombre égal aux deux ordres réunis;
Les opinions seront prises par tête et non par ordre;
Ne sera formée par le Tiers ni consentie aucune délibération jusqu'à l'exécution et assentiment général des articles ci-dessus;
Ne sera établie ni formée aucune loi générale ni assise aucune imposition que du consentement de la nation ainsi assemblée;
Supprimer tous les priviléges du clergé et de la noblesse, et ces deux ordres assujettis aux mêmes impositions que le Tiers, sans aucune distinction ni exemption pécuniaire, soit pour l'imposition en elle-même, soit pour la forme de l'imposition;
Il n'y aura que deux impositions, l'une réelle sur les terres et à raison des propriétés, l'autre personnelle relative aux facultés de chaque individu des trois ordres;
Suppression de tous les pays de généralité et des intendances, dont l'administration despotique est une source de vexations et d'injustices d'autant plus révoltantes qu'il n'existe ni défenseur pour s'y opposer, ni tribunaux pour les arrêter;
Des Etats généraux, et pour l'administration particulière des Etats semblables à ceux du Dauphiné;
La réunion de la paroisse de Vaux aux Etats de Bourgogne, d'autant plus raisonnable que ce lieu est situé en Bourgogne et partout entouré de la Bourgogne;
Suppression des aides et gabelles; on frémit à l'aspect de 90,000 hommes répandus en France, de 90,000 citoyens armés et soudoyés pour vexer le peuple, dont le salaire seul, indépendamment des vexations et des frais de perception, coûte deux cent millions à l'Etat;
Conversion des droits d'aides en un droit perçu sur les denrées en nature aussitôt la récolte, d'après un inventaire dressé par un juge ou commissaire en présence de quatre députés choisis par la commune; le droit payé par quartier;

Le sel devenu marchand, les droits sur iceluy perçus à sa formation, de manière que le prix par toute la France n'excède pas 5 ou 6 sols la livre ;

Suppression des droits de contrôle et domaniaux ; leur perception trop compliquée favorise l'avidité du traitant, qui partout est dénonciateur, juge, partie et exécuteur tout à la fois. Conversion de ces droits en un droit uniforme sur la somme ou sur les évaluations. Le droit une fois perçu, on ne doit plus être exposé à aucune recherche. Tout acte sujet soit aux droits de contrôle, soit à ceux d'insinuation, ne doit opérer qu'un seul droit : il est plus qu'inique de tirer du sac deux moutures ;

Suppression des jurés-priseurs, leurs droits exorbitants causent la ruine et portent la désolation partout, surtout dans les campagnes. Leur droit exclusif, attentatoire à la liberté et aux droits du citoyen de disposer de sa chose à son gré ;

Les terriers autrefois à la charge des seigneurs, leur cupidité aux dépens du peuple, les lettres patentes de 1786 exécutées lors de la confection du terrier d'une terre, forment un impôt équivalant à six années communes de la taille ;

Les propriétés sont extrêmement petites et divisées, il est absurde, il est injuste qu'un article formé par quelques carreaux de terre, qui forme la subsistance du malheureux, paye autant qu'une maison de cent mille livres ;

L'impunité en ordre de banqueroute. Les trois quarts sont dictés par la cupidité, l'autre quart provient de la dissolution des mœurs. C'est cependant aujourd'hui la route assurée de la fortune. C'est un vol infiniment répréhensible et qui cause la déroute des familles. La punition doit s'en poursuivre sans frais à la requête du ministère public ;

Les justices seigneuriales maintenues et consolidées à raison de leur utilité ; accorder aux juges des seigneurs le droit de juger souverainement jusqu'à 24 livres ;

Les chirurgiens, très utiles dans les campagnes, mais il faut veiller à leur capacité ; leur impéritie cause de sérieux désordres.

Fait et arrêté en ladite assemblée les jour et an que dessus.

Signé : Guilleaumot. — Briffault. — Bardout. — Laval. — Dujon Delaval. — Chapotin. — A. Campenon. — Beugnon. — N. Campenon. — Perron. — Joyard. — Renou.

Paraphé par nous *ne varietur* au désir de notre procès-verbal de ce jour 19 mars 1789.

BAUDELOT.

VENOY.

Doléances de la paroisse de Venoy.

Les habitants désirent la suppression des gabelles ou au moins qu'il leur soit permis de prendre du sel à Auxerre au lieu de Seignelay; Auxerre est plus près et plus de correspondance;

Qu'on supprime les huissiers-priseurs, ils ruinent la veuve et l'orphelin;

Depuis vingt-cinq ans le seigneur d'Egriselles plante des ormes sur les chemins, tant sur ses terres que sur le terrain des autres, et il s'approprie tout, jusqu'aux pâturages qui étaient publics et qui sont appelés places publiques sur les titres;

Depuis quatre ans on exempte de la collecte les pères qui ont cinq enfants vivants. La moitié des habitants jouiront de ce privilége, cela retombe sur les jeunes gens qui n'ont ni l'expérience ni le fonds, et les vieillards seront forcés de recommencer;

Il y a un bois dans le village d'Egriselles; un grand chemin le coupe: le taillis vient sur le bord des fossés; il y est arrivé des accidents. On a publié des lettres monitoires, et les coupables, par le moyen de ces bois touffus, se cachent, s'échappent, et le crime est impuni;

Souvent les seigneurs, pour exempter les enfants de leurs fermiers ou jardiniers, les reçoivent à leur service et pour peu de temps, pour n'être pas sujets au sort de la milice, abus qu'il faut réformer. Les enfants du Tiers-Etat sont obligés de se soumettre, à combien plus forte raison les domestiques des nobles, les gardes et ceux des ecclésiastiques;

Les habitants de Venoy se conformeront en tout et pour tout aux doléances de MM. d'Auxerre, par rapport aux aides et gabelles;

Depuis longtemps on ne peut avoir que du mauvais tabac ou du sel plein de terre;

Les habitants, comme sujets du Roy, désirent payer l'impôt territorial; qu'il n'y en ait qu'un seul, et que le clergé et les nobles concourent avec joie; qu'il y ait un trésorier à Auxerre, à qui on donnera le sol pour livre; que le montant soit porté au coffre immédiatement, cet objet est important. Les collecteurs qui ont toute la peine n'ont actuellement que 6 deniers par livre;

Il est instant qu'on prenne plus de précautions pour les gardes de chasse et de bois. La plupart sont gens sans foi ni loi, sans religion, qui tyrannisent tous les jours les pauvres paysans. Ne recevant pas de gages suffisants, ils volent impunément de tous côtés, tuent les chiens, etc., etc.

Les droits de contrôle sont exorbitants aujourd'huy, il faut une réforme.

On accorde trop facilement des lettres de répit, cela diminue la confiance et fait un tort considérable dans le commerce. S'il y avoit des peines corporelles pour ceux qui font des banqueroutes, il n'y en auroit pas tant.

Que le roi rentre dans tous les domaines qui appartiennent à la couronne qu'on a aliénés pour peu de chose; en même temps qu'on recherche les domaines non aliénés. Que de trésors pour le Roy!

Suppression de la taxe pour corvée, et réunion aux autres charges de la paroisse et proportionnellement à ses biens-fonds.

Depuis quinze ans environ les propriétaires de prés ont obtenu la permission de les rendre regains, ce qui ôte aux pauvres la faculté de nourrir des bestiaux. Ce mal est plus grand qu'on ne pense, ce sont les bestiaux qui nourrissent l'homme, etc., etc., etc. Tous les prés qui anciennement n'étoient pas regains, qu'il soit permis d'y conduire leurs bestiaux après fauchaison.

Les seigneurs qui ont des bois ne veulent pas que les bestiaux y entrent, quoique hors de danger. Ils ne veulent pas qu'on coupe l'herbe qui est perdue.

Fait à Venoy, ce 15 mars 1789.

Signé : Jean Bouche, syndic. — Germain Bouche. — Th. Carré. — Edme Naulin. — Bernard. — J.-B. Paullevé. — Henry Joussot. — M. Paullevé. — N. Carré. — Denis Massé. — Blaise Bersu, percepteur fiscal. — B. Massé. — Louis Cerceuil. — Fiacre Massé. — Philippe Motheré. — Jean Bernard. — N. Bernard. — Germain jeune. — Edme Hubert. — Louis Massé. — Louis Janniaut. — L. Hergot. — Edme Gravereau. — J.-E. Massé. — J.-B. Petitjean. — Jean-Louis Bernard.

Petit.

VERMENTON.

Remontrances, *doléances et pouvoirs des habitants de la ville de Vermenton, qui seront remis à leurs députés, à l'assemblée générale du bailliage d'Auxerre, relative à la tenue prochaine des États libres et généraux du royaume, pour proposer, remontrer, aviser et consentir tout ce qui peut concerner les besoins de l'État, la réforme des abus, l'établissement d'un ordre fixe et durable* *dans toutes les parties de l'administration, pour assurer la prospérité du royaume et le bien de tous et de chacun des **sujets de Sa Majesté**.*

Considérant, lesdits habitants, que les droits du peuple sont fondés sur les lois sacrées de la nature et de la raison, et par là imprescriptibles ;

Que l'inique et barbare régime féodal avoit pu, par la force et la violence, asservir le peuple, le dégrader, l'avilir, puisqu'il avoit aussi déshonoré le trône, en avoit usurpé presque tous les droits et ébranlé tous les fondements ;

Mais que la féodalité n'avoit pu faire perdre au peuple et anéantir sa liberté, ses propriétés, le droit de stipuler ses intérêts dans les affaires publiques, et par conséquent son influence légitime dans les assemblées de la nation ;

Que ce n'est qu'à mesure que le peuple s'est formé en communes et associations pour secouer le joug tyrannique des seigneurs féodaux, et qu'il a commencé à rentrer dans ses droits, que les Rois ont recouvré leur autorité ;

Que c'est dans le Tiers-État devenu libre que nos Rois ont trouvé le plus ferme appui de leur trône, la plus grande ressource dans les guerres, la plus grande fidélité aux véritables principes et aux véritables maximes du royaume, et le plus inviolable attachement à leur personne ;

Que les intérêts du trône sont donc essentiellement liés à ceux du Tiers-État, à sa liberté, à l'exercice de ses droits dans les assemblées publiques et nationales ;

Que notre monarque chéri, le plus digne de l'être par l'esprit de justice dont il est animé, par son amour pour ses sujets, par la réunion de toutes les vertus qui forment les meilleurs princes, voulant réformer les désordres de l'ancienne administration, qu'il n'a connus que trop tard, lui donner un ordre fixe et durable, et par là assurer la propriété du royaume, assemble les États généraux, où il veut que le Tiers-État jouisse de la plénitude de ses droits, pour donner à cette assemblée un caractère vraiment national, et aux règlements qui y seront faits celui de lois constitutionnelles, en assurer l'autorité, la force et l'exécution.

Le Roi veut donc qu'aux États généraux le nombre des députés du Tiers-État soit égal à celui des deux autres ordres réunis. Or, de cette proportion, il s'en suit évidemment que les voix et opinions y doivent être prises par tête et non par ordre, autrement l'égalité du nombre des députés deviendroit inutile et illusoire, en laissant subsister la prépondérance des deux premiers ordres, qui ne font pas ensemble la trentième partie du royaume. De là il résulteroit l'illégalité de tout ce qui y seroit fait et conclu, puisque le Tiers-État, qui constitue réellement la nation par la supériorité du nombre et des intérêts, n'y seroit pas suffisamment représenté.

Les habitants de la ville de Vermenton ont unanimement chargé et chargent leurs députés de requérir et faire comprendre dans le cahier de l'assemblée du bailliage d'Auxerre ; prient, chargent et requièrent les députés de l'assemblée générale dudit bailliage aux États généraux d'y faire régler préalablement, statuer et arrêter par loi constitutionnelle, et supplier Sa Majesté de sanctionner :

1° Que toute servitude personnelle et droits de main-morte seront abolis en France, comme étant des usurpations sur des citoyens originairement libres ;

2° Qu'en conservant la distinction du Tiers-Ordre et les prérogatives d'honneur des deux premiers, tous les citoyens jouiront en commun des droits sacrés de la nature, de cette précieuse liberté publique, qui est aussi de la constitution de notre monarchie, et de cette influence que tout citoyen doit avoir également dans les affaires communes ; qu'en conséquence, le Tiers-Ordre aura dans les États généraux, et ceux de la province, autant de représentants librement choisis parmi ses pairs, que les deux autres ordres réunis, qui ne sont réellement qu'un corps de privilégiés, et que les voix et opinions s'y prendront et compteront par tête et individus, et non par ordre ;

3° Que la propriété étant essentielle à la constitution du royaume, et devant être regardée, comme elle est en effet, le fondement de l'ordre, de la paix et de la sûreté publique, il ne pourra être établi, levé ou perçu aucune contribution, qu'elle n'ait été librement consentie par la nation dans les États généraux, qui en régleront les quotités, la durée et l'emploi ;

Que les États généraux s'assembleront à l'avenir à terme fixe, dans les périodes, lieu et formes déterminés par les prochains, qui ne se sépareront pas que tous les objets discutés n'ayent été réglés et le résultat sanctionné, les droits du Tiers-État reconnus solennellement.

Les habitants, considérant qu'ils sont surchargés d'impositions de toute espèce, qui se sont accrues journellement, sans pouvoir éteindre la dette nationale, portée aujourd'hui à une masse effrayante ; que ces excès de dette, malgré l'excès de contributions pour l'éteindre, ne peut être que l'effet de la plus horrible déprédation dans les finances et domaines de Sa Majesté, ils sont d'avis que le maniement des finances soit confié à des bureaux d'administration, qui seront composés des plus sages et vertueux personnages du royaume.

Si ces places conduisoient, comme ci-devant, à d'immenses fortunes, elles seroient toujours l'objet de la plus indigne et de la plus insatiable cupidité. Pour en fermer la porte à cette ambition criminelle, et en faciliter l'accès à l'homme de bien, il faut que ces places n'ayent que de modiques appointements et de grands honneurs. Jamais on accordera de pensions de retraite qu'au bout de vingt ans de services. Elle sera accompagnée d'un cordon ou d'une croix, qui rendra celui qui en sera décoré l'objet de la vénération et de la reconnaissance publiques. Il y aura une exception pour celui qui aura fait de grandes choses pour le bien de la nation ; il obtiendra la marque d'honneur aussitôt qu'il l'aura méritée, mais jamais la pension qu'au terme du service.

Tous ceux qui auront part à l'administration des finances et domaines en rendront un compte tous les ans à la Chambre des comptes, tribunal ancien, nécessaire et essentiel à la nation, auquel on rendra toute son autorité, dont l'exercice et l'activité ne pourront être empêchés ni retardés par aucune puissance. Cette Chambre en présentera les résultats aux États généraux qui reviseront lesdits comptes.

Considérant, lesdits habitants, qu'il n'est pas possible d'ajouter aux impositions dont le Tiers-État est écrasé ; qu'on ne peut trouver, pour éteindre la dette nationale, de secours que dans une meilleure et plus équitable répartition, en y soumettant tous les héritages et toutes les terres fieffées et non tieffées ; toutes profitant de la protection de l'État, doivent contribuer aux dépenses de cette protection ; qu'on doit avoir recours aux économies, aux retranchement des dépenses qui ne sont pas d'une absolue nécessité, et surtout des frais énormes de perception ; requièrent que les États généraux, en supprimant les droits d'aides et toutes les impositions qui nécessitent l'exercice dangereux des commis, qui expose le peuple aux amendes, aux confiscations, source féconde des plus horribles abus et des plus abominables exactions.

On rejettera sur les frontières les droits qui seront jugés nécessaires, pour tenir à un taux avantageux avec les nations voisines, le prix des denrées d'importation et d'exportation. Le commerce dans l'intérieur du royaume sera parfaitement libre.

On établira sans doute un impôt territorial, au moyen duquel toutes les productions, soit naturelles, soit artificielles, seront affranchies de tous droits, tant à la vente, revente, départ, passage, qu'à l'arrivée à leur destination, sauf les droits de sortie du royaume.

Cet impôt ne doit pas être seul. Si tout le faix des contributions tomboit sur les héritages, la culture d'un grand nombre seroit bientôt abandonnée ; on se jetteroit en foule, sans discernement, sans connoissances, sans expérience, dans le commerce, et l'agiotage deviendroit la profession de ceux riches en comptant. Le manœuvre, naturellement insouciant, n'ayant rien qui le contraigne à économiser, en deviendroit moins ardent au travail, et tomberoit bientôt dans la fainéantise.

Il y aura donc une taille industrielle. Tel commerçant n'a point de fonds, qui est immensément riche en effets mobiliers, et il seroit bien injuste qu'il ne supportât rien des charges publiques.

L'impôt territorial et la taille individuelle seront répartis par les États généraux sur chaque bailliage, en égard à sa population. Ce moyen de proportion est de tous le plus sûr ; la population est toujours en raison de la bonté du sol et de l'abondance des productions.

Dans chaque bailliage, il y aura un bureau de distribution sur les communautés et paroisses, par laquelle la même proportion sera observée, et à laquelle un député de chaque communauté sera appelé pour veiller à ses intérêts.

L'assiette de l'impôt territorial sera faite ainsi que la taille personnelle, par les habitants même, dans une assemblée de 12, 15 ou 18 personnes, choisies librement dans une assemblée générale, et les cote-parts décidées à la pluralité des suffrages, devant les officiers municipaux, qui n'y auront aucune voix, mais veilleront seulement à ce que toutes les règles soient observées.

Les habitants ont l'espérance que c'est la meilleure manière de faire l'assiette. C'est ainsi que depuis 1748, jusqu'en 1750, fut faite celle des dixièmes deniers. Au contraire, l'imposition faite à Dijon, des vingtièmes, par une commission qui n'a aucune connoissance du local, qui ignore les mutations à la valeur des biens, qui ne travaille que sur des renseignements pris par un commissaire qui interroge tantôt l'un, tantôt l'autre, qui répond suivant qu'il est affecté, ou qui n'est instruit que par des requêtes, dont les frais et les longueurs des réponses font rejeter l'usage. Cette imposition, disons-nous, est la plus fautive, elle donne lieu à des contraintes, à des dénonciations et à des procédures fréquentes.

Le montant des impositions sera porté, quartier par quartier, au receveur du bailliage, qui le versera immédiatement dans les caisses du département.

Il faut redresser et affermir le canal de ce grand fleuve des impositions royales qui, depuis si longtemps, fait tant de circuits inutiles et n'a cessé de couler dans des terres absorbantes.

Les fiefs, comme on l'a dit ci-devant, seront assujettis à l'impôt territorial et compris dans le même rôle, et imposés de la même manière que les autres héritages des paroisses dans l'arrondissement desquels ils se trouveront, et non pas sur un rôle séparé, ainsi qu'il s'est abusivement pratiqué, dans la Bourgogne, pour les vingtièmes. Ceux des ecclésiastiques y seront compris également.

Lesdits habitants prient les États généraux de prendre en considération les observations suivantes :

Les fiefs étoient autrefois de bénéfice à vie concédés à la charge du service militaire personnel et gratuit. C'est sous ces mêmes conditions qu'ils ont passé aux ecclésiastiques ; « il n'y avoit (dit un ancien auteur) ecclésiastique, tant grand et saint fût-il, s'il tenoit fief, qui ne vînt faire service à peine de voir son fief saisi. » A présent que nos Roys tiennent des troupes réglées, et qu'ils n'appellent plus les propriétaires de fiefs à l'armée, il n'en est pas moins vrai qu'ils ont été mis dans les mains des ecclésiastiques par l'abus le plus révoltant, et sous des conditions contraires à leur état et leur vocation. Lesdits habitants estiment donc qu'ils en doivent être tirés, remis dans le commerce, et le produit appliqué aux besoins de l'État et aux institutions utiles à la nation.

Les députés représenteront et feront insérer dans les cahiers du bailliage que dans les campagnes la respectable et si intéressante vieillesse du cultivateur y traîne dans le dénuement de tout secours, les restes d'une vie accablée d'infirmités, suite d'un travail forcé, et qui a tourné au profit de la société, et que la société a la cruauté d'abandonner lorsqu'elle n'en peut plus rien tirer.

Qu'un nombre considérable d'enfants meurent avant que de naître, ou périssent bientôt après par l'ignorance ou la maladresse des sages-femmes ; que nombre de mères en sont encore les malheureuses victimes.

Que des maladies qui n'auroient pas eu de suite, si elles avoient été traitées à temps, deviennent incurables et emportent une grande partie des hommes à la fleur de leur âge, ou pour avoir été soignés par des chirurgiens ignorants, que les villes repoussent sans cesse sur les campagnes.

Qu'il est donc nécessaire d'établir, de distance en distance, des hôpitaux, où les malades de la campagne pourront y être facilement et promptement transportés. On les multiplie trop dans les grandes villes, ces ressources y attirent une infinité de malheureux, dont elles sont surchargées, et dépeuplent les campagnes, où ils ne voyent que l'avenir le plus funeste pour leur dernier âge.

La proximité des hôpitaux seroit pour eux des objets de consolation et d'espérance, qui les retiendroit dans leur patrie et les attacheroit à leurs occupations ordinaires.

Lesdits habitants, considérant encore que l'instruction humanise et adoucit les caractères, d'où suit la paix et la tranquillité des États, ils estiment que les États généraux doivent établir des écoles gratuites dans toutes les paroisses, et de distance à autre, des collèges qui mettront d'excellents sujets, qui ne sont pas rares dans les campagnes, à portée des sciences, devenues trop coûteuses dans les villes.

Les États généraux s'occuperont aussi de la réforme des lois civiles et criminelles, et des vices énormes de la procédure. Ils observent qu'il est affreux qu'un défaut de forme emporte la perte du fonds d'une affaire, et qu'une famille se trouve tout à coup ruinée par l'ignorance, la négligence et l'inattention d'un huissier, d'un procureur, et même d'un juge, le plus souvent hors d'état de répondre de leurs moindres fautes. Requièrent, lesdits habitants, que cet inconvénient soit réformé, et que le vice d'une procédure ne puisse jamais engendrer que des condamnations de dépens et jamais, et en aucun cas, la perte du fonds. La procédure sera alors recommencée aux frais de celui qui aura fait la faute. Que l'on supprime les droits de greffe dans les justices royales, présentations, défaut, vérificateurs de défauts, dixième du greffe et tous droits établis sur des actes de procédure inutiles, puisqu'ils n'ont pas lieu dans les autres justices. Un malheureux qui demande le modique salaire de sa semaine ou de sa journée, ne peut obtenir sentence contre son débiteur qu'il ne tire de sa poche et ne soit entraîné d'avancer au moins 12 ou 15 livres. Il ne les a pas. Il renonce à demander justice et reste dans l'oppression.

La grande question des lettres de cachet sera agitée aux États généraux. Lesdits habitants s'en rapportent à la prudence, à la sagesse et aux lumières des députés de requérir, aviser et faire sanctionner, à cet égard, ce qu'ils estimeront le plus utile à la nation. Mais ils ne peuvent se dispenser d'observer que c'est l'arme la plus dangereuse et la plus traîtresse entre les mains d'un mauvais ministre, d'un homme vindicatif, envieux, ou d'un caractère faible et insouciant. Qu'un souverain doit trembler en la prêtant à ses ministres, qu'il se rend coupable de tout le mal qui se commet sous son nom, et que c'est réellement alléger le fardeau redoutable de la royauté, contribuer à la paix de sa conscience, au calme et à la tranquillité du prince que de réduire l'usage des lettres de cachet à arrêter et s'assurer de la personne d'un accusé, d'ordonner que dans les vingt-quatre heures la détention sera notifiée aux procureurs généraux ou leurs substituts, qui prendront alors toutes les précautions qui seront indiquées par la loi pour la punition des crimes et la sûreté de l'innocence.

Les députés demanderont encore la suppression de toutes les charges et offices inutiles et onéreux au peuple, particulièrement celle des messageries royales, ou au moins l'infâme exclusion que les entrepreneurs ont surprise à leur profit, et la rigueur révoltante avec laquelle ils la font valoir. Des voituriers de toute espèce vont transporter des denrées à la ville, ils en reviennent à vide, il ne leur est pas permis de prendre dans leurs voitures un malheureux piéton excédé de fatigue. Une pauvre nourrice, accablée sous le poids de son nourrisson, implore en vain la pitié de ce voiturier. Un soldat malade, qui n'est pas assez malade pour obtenir une voiture au compte du Roi, mais que les blessures qu'il a reçues en défendant sa patrie fatigue d'une longue route, sollicite en vain une place dans une voiture vide. Si le conducteur se laisse toucher par les besoins pressants de son prochain, de son ami, et qu'il soit rencontré par le commis impitoyable de la messagerie, ses chevaux et sa voiture sont confisqués, et lui condamné à l'amende. Quelle barbarie !

La suppression des offices de jurés-priseurs vendeurs de meubles, dont les droits exorbitants tombent sur la portion la plus malheureuse de la nation, les orphelins, les débiteurs exécutés par leurs créanciers.

Les députés demanderont encore la suppression des droits de rivière, droits de pont, péages et autres, notamment de l'écu du pont de Joigny, une diminution très considérable sur les droits d'entrée dans Paris, s'il étoit possible de les supprimer totalement à présent. Ces droits sont si énormes qu'ils forcent la diminution des prix du vin, et les mettent souvent au-dessous de ce qu'ils ont coûté de culture, tonneaux, et sans même faire entrer en ligne de compte les accidents auxquels les vignes sont plus exposées que les autres biens.

Les États généraux seront sans doute frappés d'étonnement et révoltés de voir que de la masse énorme des impositions de la province de Bourgogne et des pays adjacents, une majeure partie soit dissipée en frais d'administration et perdue pour les besoins de l'État. Tous lesdits habitants chargent lesdits députés d'en demander la réforme et faire prononcer et fonctionner une administration qui sera jugée la plus conforme au bien de l'État et aux intérêts des habitants, et qui, par là, doit être commune à tout le royaume.

En vain, quelques membres intéressés dans le régime actuel en réclameraient-ils l'ancienneté, les abus, pour être plus antiques, n'en sont pas moins des abus, et la nation n'a-t-elle pas le droit de se réformer elle-même ? La plus grande partie de la province le demande.

Les habitants chargent spécialement lesdits députés de faire aussi insérer, dans le cahier de l'assemblée d'Auxerre, la demande qu'ils font aux États généraux de l'établissement d'un Hôtel-Dieu dans la ville de Vermenton. Tout en démontre la nécessité : Vermenton est à 5 lieues d'Auxerre, à 6 d'Avallon, sur la grande route de Paris à Lyon, qui la traverse, passage et couchée de troupes, transport et couchée de mendiants, de prisonniers. Il est très ordinaire que de ces gens il en tombe malades quelques-uns. Ils ne trouvent aucun secours ici, et on est contraint de les transporter à l'une ou l'autre de ces villes, au péril de leur vie.

Vermenton est le siége principal du flottage des bois pour la provision de Paris. Les travaux préparatoires de ce flottage occasionnent souvent des accidents funestes, et tous les hivers des maladies, qui seroient aisément guéries par quelques jours de repos et de traitement dans un hôpital, que ces malheureux négligent par l'éloignement de ce secours, et qui deviennent incurables.

Lesdits habitants offrent de fournir les bâtiments nécessaires, et demandent pour les revenus de cet hôpital ceux de la mense abbatiale de Reigny, qui est à un quart de lieue. Cette abbaye est en commende, et le titulaire est très avancé en âge. Cet établissement ne s'effectueroit que de son consentement et après son décès, la charité des habitants et de ceux des alentours suppléera du reste.

Lesdits habitants requièrent encore que si la suppression des justices seigneuriales a lieu comme l'exigent les abus contre lesquels la nation s'élève depuis si longtemps, Vermenton soit désigné pour l'établissement d'un bailliage de réunion. Outre les avantages ci-dessus énoncés, il y a déjà prévôté royale, foires et marchés d'une fois la semaine, où tous les habitants des villages voisins viennent apporter leurs denrées et s'approvisionnent de celles qui leur manquent.

Au surplus, donnent pouvoir, lesdits habitants, à leurs députés et à ceux de l'assemblée du Tiers-État du bailliage d'Auxerre, aux États généraux, de proposer, remontrer, aviser et consentir tout ce qui peut concerner les besoins de l'État, la réforme des abus, l'établissement d'un ordre fixe et durable dans toutes les parties de l'administration, la propriété générale du royaume et le bien de tous et de chacun des fidèles sujets de Sa Majesté.

Signé : Nicolle Bornot. — Lamotte. — Gueneau. — C. Cantin. — Boudard. - Billout. — Fraisse. — N.-J. Sergent. — P. Loury. — J. Vincent. — Etienne Sonnié. — E. Boudard. — N. Regnard. — Hollier le jeune. — Quatrevaux. — L. Chantrier. — Jean Roux. — J. Ladrée. — Boissart. — Colet-Despralou. — Poulaine. — Rolland. — Bernard Rocol. — Laurent Battereau. — Edme Louard. — G. Geutin. — Charson. — Simon Lénard. — F. Morin. — Pierre Barbier. — L. Guy. — Picard. — P. Lhopitot. — F. Defert. — C. Préau. — Ferlet. — L. Boudard. — A. Hollier. — Gauthier. — Guillemai. — N. Sergent. — Minié. — N. Lablet. — N. Labrousse. — Edme Poulain. — Edme Bourne. — Robert. — Sirot. — Bézangé. — Juveurau. — Bezanger. — A. Gueneau. — François Lacouche. — L. Fourmillon. — S. Gautrau. — F. Laurent. — M. Boudard. — Chevallier. — C. Loury. — Edme André. — Jean Perreau l'aîné. — Bureau. — F. Gauthier. — Ladrée. — Louis Morin. — J.-B. Linard. — Louis Blin. — Louis Lacouche. — N. Dujon. — E. Soliveau. — N. Huchard. — Cyr Perreau. — Pierre Labourro. — Boudard fils. — Edme-Simon Perreau. — Edme Perreau. — J. Soliveau. — J. Fauvin. — N. Sautereau. — Duchêne. — Boudard. — Bunau. — Thierry. — Louis Perreau. — Picard. — Figusse.

LACOUR (député). — GAUTROT (député). — MAUJOT (député). — BARDET-DENAUDIJON (président député). — COMPAGNOT (procureur du Roy).

MIGNOT (greffier).

VÉZELAY.

CAHIER *de plaintes, doléances et remontrances des habitants composant le Tiers-État de la ville de Vézelay, ressort du bailliage royal d'Auxerre, généralité de Paris, pour obéir aux ordres de Sa Majesté, relativement à la convocation des États généraux du royaume.*

Lesdits habitants prennent la liberté de supplier très respectueusement Sa Majesté d'ordonner que le Tiers-État, qui aura des députés en nombre égal à celui des deux autres ordres réunis, aura pareillement nombre égal de suffrages aux deux autres ordres en opinant par tête à l'assemblée des États généraux.

En second lieu, de supplier la notable assemblée des États généraux de remontrer et consentir, et Sa Majesté d'ordonner, que les impositions de toutes natures seront supportées par tous les ordres de l'État, dans une juste proportion, et sans aucune distinction de priviléges.

Que les impositions à assiettes, telles que la taille et ses accessoires, la capitation et les vingtièmes, seront réunies dans un seul et unique impôt.

Que, dans le cas de continuation des assemblées provinciales, l'élection de Vézelay sera distraite du bureau intermédiaire du département de Tonnerre; qu'en conséquence il sera établi un bureau à Vézelay, chef-lieu, qui correspondra à l'assemblée provinciale de l'Isle-de-France, cette ville étant éloignée de douze lieues de Tonnerre et quelques autres dans son ressort de seize à dix-huit lieues, entre toutes lesquelles villes il n'existe que des routes de traverse et des chemins presque impraticables; ordonner que les impositions relatives aux frais d'arpentages qui, jusqu'ici, ont été supportées pour la totalité du territoire par les seuls roturiers et taillables qui ne possèdent que la moindre partie de ce territoire, seront, à l'avenir, et suivant l'égalité des répartitions votées par la nation, supportées par les ecclésiastiques et les nobles dans la proportion des propriétés; que, pour assurer davantage les opétions de répartitions de frais à supporter par les trois ordres, il sera enjoint aux ingénieurs ou arpenteurs préposés à la levée des plans, de distinguer les propriétés de chacun desdits ordres, lesquels plans seront communiqués à la municipalité pour établir invariablement l'imposition proportionnelle.

Qu'attendu que la ville de Vézelay manque de toutes communications avec les villes et villages voisins, n'ayant aucune route de pratiquée, et que par cette raison elle doit naturellement être affranchie de toutes contributions pour les grandes routes, il sera ordonné que les sommes qui proviendront de l'imposition de la corvée seront supportées par les trois ordres, et resteront entre les mains du receveur des finances de l'élection pour êtres employées aux constructions ou réfections des chemins vicinaux de ladite ville, ce que la commission intermédiaire de l'Isle-de-France sera priée de prendre en considération, pour qu'elle ne diminue pas ses bienfaits, vu l'insuffisance des deniers provenant de la corvée.

Ordonner pareillement que la somme de 5,300 francs, provenant d'une réimposition faite au département, de 1785, payable dans le cours des années 1786, 1787 et 1788, par les habitants de la ville de Vézelay, et destinée à la confection d'une route de communication au village de Saint-Père, sera représentée à la municipalité par le même receveur particulier des finances à l'effet d'être employée à la destination primitive.

La taxe trop forte des garnisaires à raison de 3 francs, pour augmenter les frais de recouvrement, devient une surcharge pour les contribuables ; les étrangers, peu instruits de leurs fonctions, ne cessent d'ailleurs de s'écarter des règles qui leur sont prescrites par la déclaration de 1761. Il seroit donc avantageux d'obvier à ces inconvénients et d'en ordonner la suppression ; en conséquence donner aux officiers de l'élection le droit de commettre deux ou trois hommes bien famés et domiciliés pour l'élection, qui travailleraient, sous leur police, au recouvrement des deniers royaux, sans que pour ce travail il puisse leur être taxé plus de 40 sols par jour.

Les droits d'aides sont autant d'entraves à la liberté des citoyens et opposent les plus grands obstacles à la facilité du commerce. La diversité des règlements qui les ont établis, modifiés ou étendus, servent de prétexte aux différentes vexations que l'on exerce contre les redevables ; chaque individu auquel la connaissance de ces droits seroit nécessaire ne pourroit cependant y parvenir que par une longue étude, à laquelle ses occupations journalières ne lui permettent pas de se livrer. D'où il résulte que son ignorance est souvent la cause du trouble que l'on porte à sa tranquillité. On peut ajouter que les commis du fermier des droits de Sa Majesté profitent de cette même ignorance pour punir l'homme honnête d'une fraude qu'il est honteux de supposer, et dont sans doute il se seroit garanti s'il eut connu la quotité, la nature des droits qu'il devoit, ainsi que les époques et lieux où ils sont payables. Ces inconvénients sont aussi nuisibles que serviles et conduisent naturellement les habitants de la ville de Vézelay à demander que tous les droits d'aides établis dans le ressort de leur élection demeurent éteints et supprimés, en offrant à Sa Majesté à payer, sans aucune diminution, les sommes qui en résultent, conjointement avec les trois ordres, lesquelles sommes seront jointes aux rôles des impositions de toute nature, et perçues dans le même ordre.

Que l'impôt du sel, tellement onéreux au peuple, que le roi lui-même a donné la nomination d'impôt désastreux, en promettant de le supprimer aussitôt que la position de ses finances le permettroit, sera dès à présent diminué de moitié pour la faveur due à une denrée de première nécessité.

Que pour détruire, s'il est possible, le fauxsaulnage qui, nécessitant, même dans l'intérieur du royaume, la solde d'une multitude d'employés armés, entraîne des peines qui vont jusqu'à la destruction de l'espèce, l'impôt du sel pourroit être étendu aux provinces qui n'y sont point assujéties, et qui alors trouveroient dans les vues bienfaisantes du monarque les moyens de pourvoir à leur indemnité.

Que, pour sauver les accidents et même les maladies dangereuses qui peuvent résulter de la corruption du tabac par suite d'une préparation trop économique, il serait enjoint aux fermiers généraux de Sa Majesté d'envoyer à l'avenir dans les provinces, comme ils le faisaient il y a peu d'années, le tabac en billes ficelées pour être préparé et vendu par les débitants comme ci-devant.

Que le tarif des droits de contrôle, arrêté en conseil en 1722, laissant un arbitraire trop étendu sur leur quotité, il sera ordonné un nouveau tarif de ces droits, afin d'en fixer invariablement la perception.

Que l'éloignement de dix lieues où Vézelay se trouve, et de la maîtrise des eaux et forêts, et de la juridiction consulaire, toutes deux siégeantes à Auxerre, est un inconvénient que tout le monde aperçoit, et qui porte à désirer que le service total des bois de la communauté soit rapproché de leur cité. Que d'ailleurs, il est de notoriété dans le pays que la maîtrise d'Auxerre a profité, il y a environ trente ans, d'une vacance de l'abbaye de Vézelay, pour s'approprier les fonctions et droits d'une gruerie qui en dépendait depuis plusieurs siècles, entreprise funeste à la communauté de Vézelay autant qu'à l'abbaye même, soit à raison de l'énorme différence des droits de la juridiction royale à ceux de la seigneuriale, soit à cause de l'arbitraire des taxes que les royaux se permettent aussi librement qu'ils savent très bien que l'excès n'en peut être réprimé que par des procédures également longues et ruineuses, et qui augmentent encore à raison de la grande distance où l'on peut être de la capitale.

On présentera ici un exemple des dangereuses conséquences de cette première entreprise, et on dira en toute vérité que lorsque la ville use pour quelque besoin des coupes ordinaires pour être vendues au lieu d'être partagées, la maîtrise d'Auxerre, au mépris de l'article 12 du titre 25 de l'ordonnance de 1669, qui ordonne le renvoi, par le grand maître des eaux et forêts, de l'adjudication pardevant le juge des lieux, fait les ventes à elles adressées par M. le grand maître, et est non-seulement dans l'usage de se taxer des droits considérables, outre les frais de transport à Auxerre des officiers municipaux et tous autres intéressés, mais s'est encore arrogé le dépôt des sommes provenant de ces coupes, quoique la ville ait un receveur. Or, ce dépôt forcé est en même temps si hermétique, qu'au moment où les nécessités de la ville le redemandent, on ne peut le retirer des mains du receveur particulier de la maitrise qu'à grands frais et par si petites parties, que l'esprit est involontairement ramené à des pensées trop vagues sur le tout.

Enfin cette maîtrise a poussé à délire l'entreprise sur la ville à tels excès que, profitant d'un moment où la municipalité était peu instruite de ses droits, elle a souffert qu'il lui fût adressé, en la personne du grand maitre, un compte des deniers patrimoniaux de cette ville, et qu'aujourd'huy même elle s'obstine à conserver, dans son greffe, les pièces justificatives de ce compte qui lui ont été redemandées dernièrement pour l'arrêté et apurement des comptes subséquents. Que le seul moyen d'obvier à ces inconvénients et de réprimer ces abus seroit de supprimer toutes les juridictions seigneuriales des environs et de la ville de Vézelay, en y établissant un bailliage royal, dans lequel sera incorporé l'élection et qui connoitra généralement des matières civiles, criminelles et de police, aides et tailles, eaux et forêts, et encore de celles de commerce, dans un arrondissement d'environ 4 lieues; qu'il seroit intéressant d'avoir une loi spéciale qui, pour "avantage et facilité des flottages des bois pour la provision de Paris, permit de faire couper, dans les taillis communaux de l'âge de huit à neuf ans, des rouettes, dont l'adjudication se ferait devant le juge du lieu, sans frais, et dont le prix serait versé dans la caisse du receveur en titre de la ville, au lieu que les maîtrises s'arrogent le droit de faire ces ventes et en font déposer le prix dans la caisse de leur receveur; qu'il serait pareillement intéressant pour le commerce de la tannerie d'avoir une loi particulière qui permit aux propriétaires fonciers de couper leur bois en sève.

Qu'il résulte de la création des charges de jurés-priseurs, des inconvénients très préjudiciables aux citoyens, par les droits considérables qu'ils sont autorisés de percevoir, tant sur le montant des inventaires dont la pièce leur est attribuée, que pour la forte taxe des vacations qu'ils y employent; qu'en conséquence il seroit avantageux, en rendant au public la liberté dont ils jouissent, d'ordonner la suppression de ces sortes de charges.

La ville de Vézelay étant informée que la province de Bourgogne et celle du Nivernais désirent réunir l'élection de Vézelay ou partie d'icelle à leur province, les habitants supplient que leur élection reste dépendante de la généralité de Paris ou province de l'Isle-de-France, dont elle a toujours fait partie.

Que les places des maire, échevins, receveur et autres charges municipales seront électives en remboursant aux titulaires la finance de leur charge.

S'il restait à la ville de Vézelay un vœu à former dans les conséquences de l'heureuse révolution actuelle, ce serait qu'après la libération de la dette nationale, à laquelle tout patriote s'empressera de contribuer, et à l'aide des connoissances précises que procureroit un cadastre général tant promis et tant désiré, il plût au Roi de faire goûter à la nation française les douceurs du calme et de la prospérité intérieure, en réduisant pour toujours la cotisation unique de chaque individu au dixième de son revenu, et l'on ose avancer qu'une pareille imposition, portant sur les possessions et industries des trois ordres de l'État, et rendue presque sans frais au trésor royal, excéderoit sans faute ce qui, de la masse générale des impositions actuelles, peut entrer de net dans les coffres de Sa Majesté.

Signé : Rameau (maire perpétuel). — Parent. — Guillier de Chalvron (ancien officier de Contin, inf.). — Lauvin. — Caron de Chabeuil (écuyer). — Delignon. — H. Martin. — Bourgeois. — Parent. — Bidaut. — Jouin. — Dieudonné. — P. Chalumeau. — Marcelot. — Gourlot. — André Provot. — Monet. — Vildé (secrétaire de la ville). — Vassal fils. — Le Rond. — Martin (contrôleur au grenier à sel). — Chauvin. — Petit. — Parant. — Richebraque.

Paraphé par nous, Edme Rameau, avocat au Parlement, conseiller du Roy, maire perpétuel de la ville de Vézelay, *ne varietur*, au désir du procès-verbal d'assemblée de la ville de Vézelay, le 15 mars 1789.

RAMEAU.

VILLEFARGEAU.

CAHIER *de plaintes, doléances et remontrances que font au Roy les habitants du Tiers-État de la paroisse de Villefargeau, assemblés à cet effet, et pour obéir aux ordres de Sa Majesté, portés par ses lettres données à Versailles, le 7 février 1789, pour la convocation et tenue des États généraux de ce royaume, et satisfaire aux dispositions du règlement y annexé, ainsi qu'à l'ordonnance rendue par M. le Grand-Bailly, du bailliage d'Auxerre, le 3 du présent mois ; pour être, ledit cahier, porté par les députés qu'ils nomme-*

ront à l'assemblée générale du bailliage d'Auxerre, indiquée au lundi 23 du présent mois.

Remontrent respectueusement, lesdits habitants :

1° Qu'ils sont très pauvres, la majeure partie n'étant que des journaliers qui ne possèdent aucun fonds ; qu'aucun de ceux qui en possèdent ne recueillent même pas des grains pour leur subsistance. La presque totalité des fonds de leur territoire appartient aux seigneurs du lieu et aux forains ; d'ailleurs étant chargés de dîmes de 20 l'un envers le curé, et d'un champart de 26 envers le seigneur, sur lequel le sieur curé recompte de six, ce qui fait dans la totalité le onzième ;

2° Que les deniers destinés au remplacement des corvées pour l'entretien et réparation des routes, étant répartis sur eux à proportion des tailles et capitation roturières, leur occasionne une surcharge qu'ils ne sont pas dans le cas de supporter, à raison de ce qu'ils n'ont presque point de possessions ; en sorte que c'est leur faire supporter une charge pour des objets dont ils ne retirent aucune utilité, qui tourne entièrement à l'avantage des possesseurs terriers. Pourquoi ils supplient très humblement Sa Majesté d'ordonner que ces deniers seront pris sur les revenus des fonds, soit par impôt territorial, ou autrement, à répartir par des asseeurs ;

3° Que depuis quelques années, particulièrement, ils sont exercés par un huissier-priseur avec plus de rigueur qu'on ne peut l'être par des commis aux aides. A raison des fonctions de cet office, la majeure partie du mobilier des veuves et des mineurs, et le gage des créanciers, est presqu'entièrement consommé et quelquefois insuffisant pour remplir les droits de cet officier, qui les étend le plus qu'il peut. Ce qui leur fait espérer que Sa Majesté voudra bien y remédier en ordonnant la suppression de cet office.

Fait et arrêté en ladite assemblée des habitants du Tiers-État de la paroisse de Villefargeau, tenue par nous, Laurent-Barthélemy Mérat, lieutenant en ladite justice, qui a coté et paraphé par première et dernière page, et paraphé *ne varietur* au bas d'icelles, le présent cahier, lequel a été signé par ceux desdits habitants qui savent écrire et signer, cejourd'hui 15 mars 1789.

Signé : Lecomte. — Clouet l'aîné. — F. Chantereau. — Lecomte le jeune. — Gardenne. — Clouet.

Mérat.

VILLEMER.

Plaintes *et doléances de la communauté de Villemer.*

Empressée de donner des marques de respect, soumission, zèle et reconnoissance à Sa Majesté, et toujours portée à contribuer aux charges de l'État, la communauté forme des vœux pour sa santé et celle de la famille royale, et la prospérité de ses États. Trop flattée de ses bontés, en donnant à ses sujets la liberté de se plaindre, la communauté compose les articles qui suivent :

1° Que les ecclésiastiques nobles ou non nobles payent par égalité les impositions royales ;

2° Que sous le titre de ces impositions, telles que tailles, vingtièmes, aides et gabelles, dont la communauté désire la suppression, on y supplée une imposition proportionnée au produit des sommes qui entrent à ce titre dans les coffres du Roy ; celle d'une dîme royale sur toutes les productions de la terre, sans exception, et que l'on pourroit évaluer sur la dîme des gros décimateurs, en proportion de ce qu'elle se monte, dont la perception s'en feroit par les municipalités, ou qui seroit adjugée, chacun an, à des personnes solvables, qui fourniroient caution et certificateur de caution, pour assurer les deniers, qu'ils payeroient par quart au receveur général des finances, pour être de suite versés dans les coffres du Roy. Par ce moyen, on éviteroit moins d'employés, de commis à la perception, comme aussi les déclarations de biens, ces écrits que causent les mutations et changement de propriétés, ces rôles, ces collecteurs, ces garnisaires, et tous ces frais énormes qui causent des inquiétudes, ruinent les familles et découragent les cultivateurs ; ce qui ralentit les travaux de la campagne et donne moins de produits. D'un côté, l'État y trouveroit de l'avantage, et de l'autre la tranquillité du cultivateur, ayant payé dans son champ ; ce qui lui reste est donc à lui, il en use ; s'il n'a que du pain, il le mange tranquille.

A l'égard des seigneurs, bourgeois, commerçants, arts et métiers, ces deux premiers une taille personnelle suivant leurs revenus, et ces trois derniers une industrie proportionnée au commerce et produit des arts et métiers ;

3° Que les curés soient chargés des réparations et augmentations à leurs presbytères, et lorsqu'ils permutent pour changer ou viennent à mourir, qu'eux ou leurs héritiers les rendent en bon état, et tenus de faire les enterrements sans rétribution ;

4° Que les revenus des fabriques soient destinés aux grosses et menues réparations des églises, et lorsqu'ils ne suffisent pas, que les communautés y contribuent. Les églises seront moins négligées d'être réparées, et cela évitera des contestations avec les gros décimateurs ;

5° Que tous les gros décimateurs seront privés de la dîme, faute par eux de réparer les chœurs des églises, d'après une simple sommation, soit de la part de l'officier public ou du syndic. Si cela eut été, la communauté ne seroit pas privée de jouir de son église depuis 4 ans, quoiqu'ayant présenté requêtes sur requêtes, à l'effet de la faire réparer ;

6° La suppression des droits seigneuriaux qui causent journellement des procès et font la ruine des vassaux, tels que ceux du seigneur Saint-Père, de notre paroisse ; qu'il n'y ait point de prescription pour le remboursement des cens, seulement au denier 20, ainsi que des rentes foncières anciennes comme nouvellement créées, de telles espèces et nature qu'elles soient, et à raison des principaux d'icelles, encore qu'elles soient stipulées rachetables ou non ; ce qui évitera ces terriers, ces reconnoissances qui occasionnent des procès, et libérera nombre de personnes de ces fardeaux ruineux ;

7° Qu'il y a trois fiefs de seigneurs, dans ladite paroisse, qui ont trois justices, dont une appartenant à MM. les Bénédictins d'Auxerre, l'autre au chapitre de la même ville, qui ressortissent au bailliage d'icelle, et l'autre aux héritiers de M. de Tourdonnet, qui ressortit à celui de Sens. Elle désire qu'elles soient réunies en une seule justice ressortissante et régie par la coutume d'Auxerre, telle que la seigneurie de Saint-Père de mondit sieur de Tourdonnet l'a été ci-devant, mais qu'il a obtenu de faire régir et ressortir de celui de Sens, par un arrêt qu'il a surpris à la religion des juges, à la suite d'un malheureux procès qui a duré 20 ans, en vertu duquel il a ruiné partie des habitants, tant par les frais considérables que pour faire le recouvrement de droits seigneuriaux, depuis 30 ans, qui a été suivi contre eux avec la dernière rigueur, et que les facultés aujourd'hui ne permettent pas de se pourvoir en cassation. Pourquoi ils réclament toute protection et secours. Que le droit de retenue au terrier y soit rayé ; que l'acte qu'ils ont fait après ledit procès, concernant la reconnoissance des droits seigneuriaux, auquel ils ont été forcés de consentir pour arrêter la rigueur de nouvelles poursuites, soit annulé, et que les habitants qui composent cette communauté soient remis en tel semblable état qu'auparavant ;

8° Qu'il n'y ait qu'un pâtre commun dans la paroisse ; que nul particulier, sous tel prétexte que ce soit, ne puisse en avoir un séparément, attendu qu'il y a un particulier qui a un troupeau aussi considérable que tout le reste des autres, lequel il fait partir toujours le premier du village pour aller paître, de sorte que celui de la paroisse, composée d'environ 30 habitants, le pâtre ne pouvant le rassembler aussi promptement, est forcée d'aller après celui du particulier. Le finage étant peu considérable, sans aucun pâturage, les terres labourées par les bœufs et vaches, et ce dernier troupeau commun ne trouve à paître que ce que laisse le premier. L'avantage n'est pas égal, et la communauté désire qu'il soit réuni au troupeau commun ;

9° Que les péages et tous droits de route, tels que ceux du pont de Joigny, exorbitants, soient supprimés ; ce qui rendra le commerce plus facile, et évitera les accidents qui en résultent, aux voituriers de terre, qui, pour éviter ces droits, s'exposent à passer la rivière d'Yonne, soit au-dessus, soit au-dessous, ou autres détours par des routes impraticables, qui non-seulement occasionnent journellement des procès considérables, mais encore les pertes d'hommes, de chevaux et de voitures. Pour suppléer à ces droits, comme ce sont les habitants de la capitale qui toujours les supportent, la communauté croiroit qu'il seroit possible de les comprendre dans les entrées de Paris, et pour ceux d'ailleurs être payés à l'arrivée ;

10° Que le tabac, comme le sel, soient rendus libres et commerçables ; à l'égard du tabac, on évitera, au public qui en use, les maux de tête et de nez que cause celui de poudre actuel, soit que cela provienne du tonneau, ou d'être mal apprêté, à la différence que le débitant auroit intérêt, pour son débit, de le moudre et le soigner au goût de tout un chacun, ne feroit point de mal et donneroit plus de produit. Quant au sel, il seroit plus propre et moins cher, en ce qu'il n'y auroit plus de commis, d'officiers sans nombre, qui augmentent les frais, et par conséquent diminuent le produit ;

11° Que le centième denier et le tarif des domaines soient supprimés, ainsi que ceux d'échange, qu'il n'y ait plus qu'un droit de contrôle ;

12° Que les parchemins et papiers timbrés soient diminués, ou qu'ils soient de meilleure qualité, y en étant dont on ne peut se servir ;

13° La suppression des eaux et forêts ;

14° La suppression des milices, qui souvent ôtent des sujets qui tombent au sort contre leurs goûts et dispositions, font de mauvais soldats et privent des veuves et pères de famille de bons cultivateurs, dérangent l'ordre de leur travail et font un tort considérable à eux et à l'État, d'ailleurs occasionnent des frais dispendieux, qui le seroient moins par un impôt assigné à cet effet ;

15° La suppression des jurés-priseurs de meuble, qui consomment en frais les successions par leurs droits exclusifs, et qui seroient moins rigoureux si on avoit la liberté de choisir son huissier ou sergent de confiance pour la résidence ;

16° La liberté aux cultivateurs de faire détruire les lapins des bois, garennes, qui avoisinent les grains, qui les mangent, par une simple sommation aux seigneurs ou autres, ayant chasse, sinon qu'ils en soient privés ;

17° Être régi et gouverné en pays d'États ;

Arrêté, le présent, devant nous, Jacques-André Moignot, lieutenant, juge civil, criminel et de police de Villemer en Saint-Germain ; l'assemblée des habitants, convoquée à cet effet par M. le Syndic de Villemer, en l'audience de ladite justice, qui ont signé avec nous, cejourd'huy 15 mars 1789.

Signé : Mocquot (syndic). — Breton. — Cretté. — Ladoué. — P. Trottin. — L. Jonas. — Penteau. — J. Breton. — Amiot. — E. Quillot. — Lasson, — Breton. — Hournon. — J. Gouby. — F. Vachery.

Vu par nous, juge susdit, avons coté le présent cahier par première et dernière page, paraphé *ne varietur*, au désir d'iceluy, et remis aux sieurs Mocquot et Vachery, lesdits jour et an.

Mocquot (lieutenant).

VILLIERS-LE-SEC (Nièvre).

Vœux *et doléances des habitants de Villiers-le-Sec, qu'ils ont l'honneur de présenter à Sa Majesté, se recommandant à ses bontés comme au plus grand monarque de l'univers, priant M. Necker, son premier ministre, de vouloir bien accorder sa protection, dans les États généraux que Sa Majesté convoque aujourd'huy, pour la réforme des abus, le meilleur expédient pour le soulagement des peuples et la réforme dans toutes les parties de l'administration, autant pour le soulagement de son royaume que pour sa gloire et sa tranquillité.*

1° Disent les habitants que leur petit climat est un terrain assez médiocre pour la production, dont la majeure partie est possédée par le seigneur du lieu, les bourgeois des villes voisines, et que la petite partie qu'ils possèdent en propre est encore chargée, envers le seigneur, de droits seigneuriaux considérables, et autres rentes envers particuliers bailleurs de fonds.

2° Que ladite communauté est grevée d'une somme de 1323 livres 4 sols 4 deniers, lesquels sont acquittés par eux, malheureux petits particuliers, non compris les dixièmes, vingtièmes, corvées et autres charges publiques dont ils sont écrasés.

3° Observe à Sa Majesté, ladite communauté de Villiers-le-Sec, composée de 37 taillables, qu'ils sont une partie dudit bourg toujours de la paroisse de Cuncy, et l'autre partie alternativement de la paroisse de Cuncy une année, et une autre année de la paroisse de Saint-Pierre-Dumond ; que pour se rendre dans l'une ou l'autre desdites paroisses, pour y remplir leurs devoirs de chrétiens, ils ont six mois de l'année des chemins impraticables. Pourquoi ils pensent, attendu les gros revenus desdites deux paroisses, qu'il pourroit être fait une distraction sur les deux d'un revenu honnête pour établir une paroisse dans leur bourg, lequel est susceptible, dans cet instant, d'augmentation d'habitants, à raison de la nouvelle route qui s'y pratique.

4° Demandent et supplient, lesdits habitants, Sa Majesté de vouloir faire réunion de toutes les petites justices seigneuriales dans un chef-lieu, pour éviter la lenteur et la longueur des procès qui existent actuellement, à défaut d'officiers non exacts à tenir leurs audiences, lesquels officiers ne posséderont qu'une seule charge, et que ceux qui se trouvent aujourd'hui en avoir plusieurs, seront obligés d'opter, dans le délai qu'il plaira à la nation arbitrer aux États généraux.

5° Observent à Sa Majesté qu'il règne un abus inconcevable dans une grande partie des universités de son royaume, qui, pour argent, admettent de petits particuliers sans science, sans talent, au degré d'avocat, lesquels trompent le public en lui donnant des conseils que leur incapacité ne leur permet pas de donner, et le jettent dans des procès dont il est ordinairement la dupe ; ce qui même déshonore et avilit l'état respectable des avocats de mérite.

6° Demandent, lesdits habitants, à Sa Majesté, que dans les lieux où il lui plaira d'établir des chefs-lieux, il y soit construit des auditoires décents et honnêtes, et que les audiences ne se tiennent point, comme ci-devant, soit dans des maisons particulières, soit dans des cabarets, ainsi qu'il en est actuellement ; comme aussi que les prisons desdits chefs-lieux soient construites de manière à ne pas faire perdre la vie à ceux qui ont le malheur d'y être enfermés.

7° Demandent aussi, lesdits habitants, à Sa Majesté, la suppression des huissiers-priseurs, lesquels, par leurs voyages exorbitants, absorbent la majeure partie des ventes qu'ils font, au point que si c'est pour des mineurs il ne reste plus rien.

8° Demandent à Sa Majesté, lesdits habitants, que toutes lettres de sursis, ou cession de biens, soient abolis, et que tous les endroits privilégiés servant de retraite aux banqueroutiers soient supprimés et leurs procès faits ; attendu que ces facilités gênent considérablement le commerce en fermant la bourse de gens qui craignent de perdre leur argent.

9° Supplient, lesdits habitants, Sa Majesté, de vouloir bien supprimer aussi les aides et gabelles, rendre en conséquence le sel et le tabac marchands, que l'on puisse user à volonté des salines du royaume, cultiver et faire des plantations de tabac.

10° Demandent, lesdits habitants, la suppression des droits de franc-fief, et que les impôts qu'il plaira à Sa Majesté d'établir soient perçus en nature sur tous les héritages indistinctement, même sur les bois, le tout pour servir à Sa Majesté d'équivalent pour subvenir aux besoins de l'État.

11° Demandent aussi, lesdits habitants, que toutes les charges vénales soient supprimées et remboursées par la nation au taux de la première finance, et qu'elles ne soient données à l'avenir qu'au vrai mérite et à la science, sans distinction de naissance.

12° Demandent aussi, lesdits habitants, que les juges des chefs-lieux, dont il est question ci-dessus, connoîtront de toute espèce d'instances, même en ce qui concerne la matière des eaux et forêts, affaires consulaires et toutes autres généralement, et qu'ils jugeront souverainement jusqu'à un certain taux, qu'il plaira à la nation de fixer, attendu qu'il arrive que pour de très petites sommes, soit par méchanceté, soit que l'on n'ait rien à perdre, on interjette des appels abusifs qui deviennent très coûteux aux demandeurs.

13° Demandent et supplient, lesdits habitants, Sa Majesté, que dans les villes où se trouvent des hôpitaux et maisons rentées, les administrateurs aient à rendre compte de leurs recettes et dépenses, tous les ans, devant les juges dudit chef-lieu, et que les reliquats de compte ne soient prêtés à intérêts aux particuliers, mais versés dans un coffre, à l'effet de subvenir aux besoins et calamités des paroisses du ressort, qui n'arrivent que trop souvent, tels que les grêles, les gelées, les inondations, les incendies et autres malheurs.

14° Demandent, lesdits habitants, que les impôts qui seront fixés nécessaires pour les besoins de l'État, soient levés à cet effet par un receveur dans chaque chef-lieu, lequel sera tenu de verser directement sa recette dans le coffre du trésorier général de la province, pour être par lui déposés directement dans les coffres de Sa Majesté, ce qui produira un grand avantage dans les finances.

15° Demandent, lesdits habitants, que les milices soient supprimées, attendu qu'il en coûte considérablement aux provinces pour la levée d'icelles, et que, d'un autre côté, elles dérangent souvent de malheureux laboureurs et veuves, et leur enlèvent la ressource de leur maison ; qu'en conséquence, il soit formé des régiments provinciaux qui seront levés et recrutés volontairement, aux frais de la nation.

16° Demandent aussi, lesdits habitants, que la noblesse et le clergé contribuent, avec le Tiers-Etat, aux impôts et subsides qu'il plaira à Sa Majesté de fixer, par égale portion, et que chacun paye suivant ses possessions.

17° Observent, lesdits habitants, qu'ils ne possèdent pas de biens communaux, qu'ils n'ont ni bois, ni forêts dans leur climat, que leur chapelle n'a aucun revenu, et que pour leurs nécessités de bois de chauffage et de bâtisse ils sont forcés d'aller au loin et de l'acheter bien cher, et ont encore beaucoup de peine, avec leur argent, d'en avoir, attendu que les maîtres de forges des environs, ainsi que les marchands de bois pour la province de Paris, accaparent tout.

18° Demandent, lesdits habitants, que tous les poids et mesures et ceux de l'arpentage soient égaux dans tout le royaume, ce qui évitera une infinité de contestations, qui entraînent après elles des procès considérables, qui ruinent les familles.

19° Observent, lesdits habitants, que la route nouvellement pratiquée sur leur terrain, pour conduire de Clamecy à la Charité, et qui n'est pas encore faite en dixième partie, leur enlève une quantité prodigieuse de leur meilleur terrain sans aucun dédommagement, et que néanmoins ils sont tenus et forcés de payer et acquitter toutes les rentes tant seigneuriales que particulières dont lesdits héritages étoient grevés.

20° Demandent, lesdits habitants, que tout particulier roturier n'ait point à se servir de la lettre D, afin que l'on puisse distinguer la noblesse d'avec la roture, et même sous les peines qu'il plaira à la nation d'arbitrer.

21° Demandent et supplient, lesdits habitants, qu'il soit fait réforme dans les postes aux lettres et voyageurs, attendu qu'il en coûte excessivement à tous gens d'affaires du royaume, et qu'il est possible, à moins de frais et moins d'employés, d'en faire l'administration.

22° Demandent, lesdits habitants, qu'il soit fait un tarif général pour tout le royaume, des frais qui seront attribués aux officiers de justice et même aux huissiers, comme aussi que les codes civil et criminel soient révisés, et qu'il en soit retranché quantité de formalités qui occasionnent dans les instances des procédures inutiles.

Supplient, lesdits habitants, Sa Majesté de vouloir bien être favorable dans leurs remontrances, et prient M. le premier ministre de vouloir présenter pour eux les vœux et la reconnoissance la plus sincère desdits habitants pour leur prince et toute la famille royale, qui ne cessera d'être gravée dans leurs cœurs et ceux de toute leur postérité à toute éternité.

Signé : Cloizeau. — Jean Truchot. — Jean Fournerat. — Pierre Droit. — N. Truchot. — Merlé. — Bonnot.

Nous, soussigné, certifions avoir coté et paraphé le présent cahier, par première et dernière page, ce 20 mars 1789.

S.-G. LACASNE (ancien praticien faisant fonction).

VILLENEUVE-SAINT-SALVE.

DOLÉANCES *de la communauté de Villeneuve-Saint-Salve.*

Cejourd'huy, dimanche 22 mars 1789, les habitants de la paroisse de Villeneuve-Saint-Salve, assemblés pour rédiger le cahier de doléances,

Remontrent :

Que leur cure, à la nomination du chapitre d'Auxerre, n'est point assez dotée pour la subsistance d'un curé, qu'ils l'ont vue dans tous les temps abandonnée, et les fabriciens, pendant nombre d'années, occupés, tous les samedis et veilles des fêtes, à aller chercher un prêtre pour leur venir dire la messe, parce que le revenu de cette cure n'a jamais monté plus haut que 250 à 300 livres, et consiste dans la totalité des dîmes sur un sol sablonneux, et le reste en bois. Les dîmes s'appauvrissent tous les ans par les plantations en bois que les bourgeois d'Auxerre, propriétaires de la plus grande partie, font continuellement. Cette soustraction de dîmes, jointe au prix des denrées, qui augmente tous les ans, ont contraint le titulaire actuel à abandonner son presbytère et son ménage, où il s'endettait, pour se mettre en pension au château de la Resle, à un quart de lieue de son église, ce qui est fatigant pour lui et incommode pour ses paroissiens. Leur vœu est donc qu'on fasse un sort à leur curé au moins égal à celui des curés à portion congrue, qui le fixeroit parmi eux. Ils désireroient, comme tout le reste du peuple, que le clergé étant assez riche, on voulût bien jeter les yeux sur l'indigence des curés, à qui 700 livres ne suffisent point, relativement à l'augmentation des denrées, et qu'on les dotât de manière qu'ils fussent en état de soulager les pauvres de leur paroisse, surtout dans leurs maladies, et de faire gratuitement toutes les fonctions de leur ministère. Tel est le vœu général du peuple et du nôtre en particulier ;

Que la paroisse, consistant en autant d'écarts que de maisons, qu'il leur est impossible d'avoir aucun accès les uns aux autres, à raison de ce que les chemins sont barrés par des fossés par l'avidité de certains bourgeois qui s'emparent de tout, ce qui empêche l'administration des sacrements. Lorsque quelque particulier s'avise de se plaindre et forme des réclamations en justice, il est bientôt traduit au *committimus*. Les grevés, par suite de leur indigence, sont obligés de tout abandonner et de tout perdre ;

Qu'ils sont écrasés par les impositions de toute espèce ; qu'on ne peut même les soulager qu'en faisant payer à leur décharge tous les propriétaires exempts jusqu'ici ;

Qu'ils payent le sel 12 sols 9 deniers la livre ; que le tenir à un prix si haut, c'est vouloir les empêcher de profiter des avantages qu'ils pourroient tirer de cette denrée de première utilité pour les cultivateurs ;

Que s'ils payent la corvée, les routes, les canaux étant pour l'avantage de tout le monde, il leur paroit juste que tout le monde paye indistinctement ;

Qu'il n'y a point de secours certains pour les pauvres malades, et qu'on ne réprime pas assez les courses et les quêtes de mille gens qui se disent pauvres, et ne sont tels qu'à cause de leur fainéantise et de leur libertinage ;

Que les milices, dans la forme actuelle, sont un rude impôt pour les campagnes ;

Que les frais de perception, d'impositions, qui sont énormes, sont à la charge du peuple, et en pure perte pour l'État ;

Que le renouvellement des terriers, qui ne sont d'utilité qu'aux seigneurs, forme un impôt considérable sur les censitaires. Les arrêts, qui fixent les droits des commissaires, sont la plupart ignorés dans les campagnes, et ceux-ci prélèvent toujours des taxes arbitraires ;

Que la suppression des charges d'huissier-priseur devient indispensable, à raison de leurs vexations.

Lesdits habitants supplient les États généraux de vouloir bien prendre ces doléances en considération, et leur rendre la justice qu'ils attendent de leur sagesse et de leur humanité.

Fait et arrêté par nous, soussignés, les jour et an susdits.
Signé : **Gui d'Amour**. — **C. Truchy**. — **Nicolas Rimbert**. — **Jean Rimbert**. — **François Pique**. — **Edme Darlot**.
Paraphé *ne varietur* :
Blanvillain.

VINCELLES.

Cahier *des plaintes, doléances et remontrances de la communauté de Vincelles, pour être présenté au Roy, dans les États généraux, par Messieurs les commissaires qui seront nommés en l'assemblée générale du bailliage d'Auxerre, et chargés de supplier très humblement Sa Majesté d'écouter favorablement et passer en sanction :*

1° Que les suffrages, dans les États généraux, soient pris par tête et non par ordre, et que dans les assemblées provinciales il y ait égalité de suffrages pour le Tiers-État à celui des deux autres ordres, lesquelles opinions aussi prises par tête ;

2° La suppression des vingtièmes, capitation, tailles et accessoires, et des 10 sols par livre imposés sur le tout ;

3° La suppression des aides et gabelles, régie ruineuse, source de procès et triple l'impôt ;

4° Pour remplacer ces impôts, il en soit mis un seul sur tous les biens-fonds, à proportion de leurs produits ;

5° Que la noblesse et le clergé, possédant au moins les deux tiers des biens-fonds, seront compris également dans cet impôt. L'affranchissement de leurs biens est l'injustice la plus criante faite au Tiers-Ordre, et diminue journellement les revenus de l'État ;

6° Que l'impôt soit payé en l'endroit où le bien est situé ; l'imposition sera plus juste et l'État moins trompé ;

7° Qu'il y ait pareillement un impôt industriel suivant la faculté de chaque artiste et commerçant. Il est de la plus grande justice que chaque individu vienne à concourir au bien de l'État ; le cultivateur non compris dans cet impôt ;

9° Suppression de tous les agents intermédiaires pour la perception des impôts, parce qu'ils les quadruplent. Les collecteurs doivent porter leur argent à la ville, et à la ville directement au trésor royal ;

10° La suppression des solidaires pour les impositions : ruine pour les campagnes ;

11° L'anéantissement de toutes banalités, corvées, droits de retenue, toutes espèces de servitudes, et généralement de tous les droits seigneuriaux, esclavage, source inépuisable de procès, ruine des communautés et occasions continuelles d'inimitiés entre les seigneurs et leurs vassaux : tous les biens également affranchis, l'impôt plus juste ;

12° Qu'après les États généraux, il soit pourvu à l'indemnité des droits seigneuriaux établis, en justifiant par les seigneurs de leur constitution ;

13° Que l'entretien des ponts et chaussées soit également supporté par tous les ordres, étant plus utiles aux riches qu'aux pauvres ;

14° La suppression des dîmes onéreuses aux peuples, nuisibles à l'État, source de procès, et qui diminuent les impositions ;

15° Que toutes les provinces de France ne faisant qu'un royaume, il n'y ait non plus qu'une même loi, même coutume et même manière d'administrer la justice, cela moins embarrassant pour les jurisconsultes et éviteroit bien des procès ;

16° Qu'il n'y ait également qu'un même poids et même mesure ;

17° Suppression de toutes juridictions d'attribution, comme eaux et forêts, élections, greniers à sel, étant trop à charge au public ;

18° Toutes justices seigneuriales supprimées ; la grande quantité de procureurs qui y sont admis dévorent les gens de la campagne et excitent les procès plutôt que de les assoupir ;

19° Qu'il soit établi des justices royales en premier ressort, qui auront, pour les gros endroits, trois lieues d'arrondissement, et deux pour les moindres ;

20° Point d'épices aux juges et la taxe des procureurs réduite ;

21° Que dans les justices où il n'y auroit que deux lieues d'arrondissement, il ne pourra y avoir que six procureurs, et, dans les plus gros endroits, à proportion ;

22° Que tous procureurs soient tenus, sous des peines portées, de remettre les pièces aux parties aussitôt le payement de leurs frais fait ; le défaut de ce faire, quoique d'obligation, cause la perte des titres de famille et occasionne de faire payer plusieurs fois les mêmes frais ;

23° Que les procureurs, en aucun droit, ne pourront avoir charge de notaire et de contrôleur, cela étant suspect ;

24° Que pour maintenir le bon ordre, il soit établi un juge de police dans chaque paroisse ; qu'il y soit résidant ; qu'il y ait la juridiction de la police, faire créer des tuteurs aux pupilles, recevoir le serment des gardes, et de juger les dommages ;

25° Suppresssion des notaires subalternes, le plus souvent sans principes, leurs actes sujets à beaucoup de procès, leurs minutes mal conservées, et toujours plus coûteux que les notaires royaux ;

26° Suppression des charges des huissiers-priseurs, consommant les biens des pupilles, des débiteurs et souvent des créanciers ;

27° Que les droits des commissaires à terrier soient réduits suivant l'ancien usage, étant ruineux pour le peuple ;

28° Que le sel soit libre et commerçable par tout le royaume ;

29° Que les élections des maires et échevins soient libres et faites au scrutin par tous les habitants, de trois ans en trois ans ;

30° Droit aux habitants de la campagne de tout le comté d'Auxerre, de concourir à la nomination qui doit se faire, de députés, qui seront nommés pour les assemblées provinciales de Bourgogne ;

31° Droit aussi d'être élu député comme tous les autres habitants de la province en cas de capacité ;

32° Droit de demander compte de l'administration, de l'examiner et de la réformer, s'il est nécessaire ;

33° Que les pâtures des communes, envahies par les seigneurs par empire, surprise, ou même à titre d'échange, non exécutée de la part des seigneurs, soient restituées aux communautés, les peuples ne pouvant faire les élèves qu'ils désirent, à cause de la cherté des bestiaux ;

34° Que les adjudications des ventes et ouvrages qui se font aux eaux et forêts, même celles qui se font par les intendants, soient faites dans les communautés, sans frais, en présence du juge de police ; que l'argent en provenant soit déposé ès-mains d'un des principaux des habitants nommé dans une assemblée à cet effet, pour être réparti aux objets à quoi il auroit été destiné ;

35° Suppression des droits du pont de Joigny, n'affectant particulièrement que la Bourgogne, étant remboursé plus qu'au triple par l'impôt exorbitant qui se perçoit sur les vins qui passent dessus comme dessous, très coûteux à cause de l'obligation de prendre d'autres routes pour l'éviter ;

36° L'établissement des écoles gratis dans les paroisses où il n'y en a point ; que les revenus en soient pris sur les biens du clergé ;

37° L'entretien des églises et des presbytères à la charge des bénéficiers. Les biens du clergé doivent frayer à tous ces objets ;

38° Les droits casuels des curés supprimés ; ces droits sont une arme contre leurs paroissiens et portent scandale dans la religion ;

39° Porter les revenus des curés de campagne à 1,200 livres au moins, pour les mettre à portée de soulager les malheureux ;

40° Prendre, pour compléter cette dotation, sur les revenus des évêques ; ils sont assez riches pour y pourvoir ;

41° Suppression des abbayes et prieurés commendataires, inutiles à l'Église ; ils rendront des millions au Roy et le mettront à portée de soulager ses peuples ;

42° Supprimer toutes les petites maisons de moines, ne laisser que les grandes, établir des hôpitaux dans celles supprimées pour le soulagement des campagnes ; point de discipline dans ces maisons, on ne l'observe que dans les grandes ;

43° Que les abbés claustraux n'ayent, dans les revenus de la maison, qu'une portion égale à chacun des revenus ; ils vivront plus régulièrement ;

44° Supprimer les annates, les bulles et les dispenses qu'on obtient en cour de Rome, qui coûtent des millions perdus pour l'État ; les évêques de France peuvent donner toutes les dispenses gratis ;

45° Supprimer la mendicité des ordres religieux ; cela est honteux et méprisable pour la religion ; les autres ordres sont assez riches pour y suppléer ;

46° Demander que dans les villes il y ait des greniers d'abondance, où on puisse, dans le temps de disette, avoir le bled à un prix modéré ;

47° Permission, aux gens de la campagne, de tuer, dans leurs héritages, les pigeons et le gibier, dans les temps qu'ils ravagent leurs biens ;

48° Que toutes les rentes perpétuelles et non rachetables, même celles dues aux gens de main-morte, soient remboursables au denier 20 ; la multitude des solidarités ruine les familles : permis de remplacer ;

49° Que les députés du bailliage d'Auxerre ne pourront s'occuper, aux États généraux, des impôts qui seroient proposés, qu'après qu'il aura été fait droit aux plaintes et doléances du Tiers-État.

Signé : G. Truchon. — Edme Villain. — Joseph Chevrier. — G. Truchon. — J. Jodon. — Rapineau. — Bieize dit Lesté, — P. Guesnard. — Esprit Truchon. — D. Blaut. — Abdon Truchon. — Houdin. — Mogey. — Charles Illin. — Sébastien Durand. — Dauthereau. — E. Guenard.

TRUCHON (syndic). — BENN.

Paraphé *ne varietur*, au désir de M. le Grand-Bailly d'Auxerre.
BENN. GAILLARD.

VINCELOTTES.

CAHIER *de doléances, plaintes et remontrances pour la communauté de Vincelottes, pour être présenté au Roy par Messieurs les commissaires, qui seront nommés en l'assemblée générale, et par-devant M. le Bailly du bailliage d'Auxerre, qui tiendra le 25 mars 1789, chargés de supplier très humblement Sa Majesté d'écouter favorablement nos plaintes.*

1° Demande la réunion de cette communauté au comté d'Auxerre, comme elle étoit il y a environ 110 ans ;

2° L'imposition territoriale, comme la plus juste imposition qu'on puisse faire, pour tenir lieu de vingtièmes, capitation et tailles, et autres impositions de ce nom ;

3° L'extinction de toute banalité et corvée, étant trop gênant pour les habitants et dispendieux pour les seigneurs ;

4° L'abolition universelle des droits de retenue, étant des droits empiétés depuis l'affranchissement ;

5° Que le droit de 3 livres, avec les 10 sols pour livre, qui se paye par muid de vin au pont de Joigny, soit aboli, ayant été remboursé plus que du triple, ce qui fatigue particulièrement la Bourgogne et les marchands du bas, qui y font peu de provisions en vins ;

6° Demander que les 10 sols pour livre qui se payent sur toute espèce de droits, que cette imposition soit réunie à l'imposition territoriale ;

7° Que les justices des eaux et forêts soient supprimées, attendu qu'ils sont maîtres absolus de conclure et de faire adjuger des amendes, le plus souvent sans que les communautés en ayent connaissance ; que pour les adjudications des ventes et ouvrages des communautés, qu'ils font en leur juridiction, avec des frais énormes, l'argent reste dans leurs mains ; qu'on ne peut l'avoir qu'avec bien des mesures et protections ; qu'ils profitent de l'intérêt des fonds ; que cette juridiction doit être remplacée par les ordinaires des lieux, et les ventes et adjudications en soient faites dans les places publiques de chaque endroit, en présence des ordinaires et sans frais ;

8° La réformation des huissiers-priseurs, qui sont, dans les campagnes, la ruine de la veuve et de l'orphelin, qui bien souvent ne trouvent pas de quoi payer leurs droits prétendus ;

9° Qu'il soit permis de faire le remboursement des rentes non rachetables dues aux gens de main-morte ; c'est une cause de frais, attendu quelquefois que pour une rente de 15 sols et 20 sols au plus, on se trouve plus de 20 à 30 solidaires, et que pour en renouveler les titres, il est absolument nécessaire de les assigner tous, ce qui occasionne bien des frais et ruine des personnes qui n'ont quelquefois pas de pain à donner à leurs enfants, et qui sont liés dans ces sortes de rentes ;

10° Que dans les États généraux du royaume, le Tiers-État ait autant de députés que les ordres du clergé et de la noblesse réunis ensemble, et que les voix ne soient pas prises par ordre, mais par tête, et que chacun des trois ordres paye à proportion de ses propriétés et facultés ; à l'effet de quoi ils seront tenus de fournir des déclarations sincères et véritables, sous telle peine qu'il appartiendra contre ceux qui auront fourni de fausses déclarations ;

11° Que les poids et mesures soient uniformes et les mêmes dans toute l'étendue du royaume;

12° Suppression des aides et gabelles, source de procès.

Signé : P. Prevost. — Bardout. — Edme Hader. — Cuffault. — N. Blandet. — Bardin. — Adry. — Dupuinieu. — J.-B. Boullé. — Edme Pailliard. — Pierre Luzeau. — Boullé. — J.-B. Bardou. — Jean Petit. — S. Boullé. — N. Blandet. — E. Boullé. — C. Bardout. — Thomas Bardout. — L. Bardout. — Nicolas Petit. — Jean Cuffault fils. — Edme Jeannieau. — E.-L. Bardout l'ainé. — T. Bardout. — Edme-P. Cottin. — Germain Château. — Boullé. — Hadery. Martin Foudriat. — Jean Veret. — E. Veret. — Mignerat. — Rojot (procureur fiscal). — G. Richard, — Zacharie Veret. — Edme Bardout. — J. Cordié. — A. Foudriat. — G. Veret. — S. Boullé. — Jean-Martin Boullé. — J. Guinier.

Coté et paraphé *ne varietur* par nous, bailly de Vincelottes, soussigné, le 21 mars 1789, au désir de notre procès-verbal dudit jour.

MATHERAT. ROJOT (greffier).

VOUTENAY.

CAHIER *des doléances et remontrances qu'a l'honneur de faire la communauté de Voutenay à Sa Majesté, en conséquence de son règlement du 24 janvier dernier et de la lettre du 7 février dernier, concernant les États généraux.*

Les habitants de la paroisse de Voutenay ont l'honneur d'observer à Sa Majesté que leur communauté est composée de 80 feux ; que la situation du pays est dans un fonds dont le territoire est on ne peut plus borné, aride et pierreux, qui ne produit presqu'aucune espèce de grains que dans les années humides, ce qui met la majeure partie des habitants dans une pauvreté extrême ; leur territoire n'étant pas dans le cas de les nourrir le quart de l'année, obligés d'ailleurs de payer la dîme ecclésiastique à raison de 12 gerbes l'une pour les grains, et de 16 feuillettes l'une pour le vin.

Les habitants observent que leur paroisse avoisine la rivière de Cure, et que le peu de bon terrain est proche de cette rivière qui, à chaque instant, déborde et emporte la superficie de la terre et les prive de récoltes.

Ils observent, en outre, comme leur territoire est en partie en côte, lorsqu'il vient des pluies abondantes, toutes les terres sont enlevées par des ravins que l'eau y forme et submerge les vallons, qui sont totalement perdus, ainsi que les chemins qui deviennent à chaque instant impraticables.

Le territoire de Voutenay contient, au plus, un demi-quart de lieue de diamètre, et, comme il a été ci-devant observé, d'un terrain le plus ingrat, éloigné de tout commerce, privé de la grande route à plus de deux lieues, mais proche la rivière, qui détruit tout lorsqu'elle déborde, chargée de 1,500 livres de tailles et 700 livres de dixièmes et vingtièmes, que leur pauvreté ne permet pas d'acquitter, de manière qu'il y a toujours, malgré la vigilance du receveur particulier des finances, deux années en arrière. Les habitants sont vexés et ruinés par l'exercice du chef de garnison, deux jours par mois, qui, par les frais, doublent les impositions, dont ils demandent ardemment la suppression.

Les habitants de Voutenay ont l'honneur d'observer, en troisième lieu, que les aides et gabelles sont encore pour eux ce qu'il y a de plus onéreux, par les procès injustes que leur font les commis. La majeure partie de leurs vignes est située sur un territoire voisin dépendant d'une autre élection. Ils sont obligés, pour le transport de leur vendange, de prendre des congés, dont les droits sont fixés au caprice des employés, ce qui leur forme un double emploi, étant obligés de payer un second congé lors de la vente de leurs vins. Si la misère et le manque d'argent forcent quelqu'un de charroyer sa vendange ou son vin sans être muni d'un congé, et qu'il soit surpris, il est sur-le-champ mis à contribution par ces commis inhumains et avides, qui, sous la menace d'un gros procès, et par des voies injustes, les amènent à des accommodements toujours très ruineux, qu'ils tournent le plus souvent à leur profit, et s'engraissent ainsi sourdement des dépouilles des misérables.

Tout semble contribuer à la perte des malheureux et du Tiers-État en général, lui qui est le mobile de tout, qui fournit, pour ainsi dire, seul, tout ce qui est nécessaire à l'État, particulièrement les habitants des campagnes qui, le plus souvent, sont réduits à manger un morceau de pain sec, étant hors d'état de se procurer une livre de sel à cause de sa cherté et des vexations qui leur sont faites pour leurs impositions, dont la répartition est toujours mal faite, et que le pauvre particulier est obligé de payer sans qu'on lui permette de dire ses raisons.

Les habitants de Voutenay remontrent qu'ils sont banaux, et en demandent l'abolition. Voilà pourquoi : que l'eau soit haute ou basse, comme ils sont voisins de plusieurs villages qui ne sont point sujets à la banalité, ces gens-là sont toujours préférés, et les pauvres habitants de Voutenay ne peuvent moudre qu'à la volonté de celui qui tient le moulin, et perdent fort souvent leurs grains ; au lieu qu'ayant la liberté d'aller moudre en tous lieux, ils conserveroient leurs farines comme font les autres personnes non soumises à cette banalité.

Les habitants de Voutenay observent que le sel et le tabac sont d'une cherté considérable dans leur climat. Ils payent la livre de sel 14 sols, et la livre de tabac 4 livres. Surtout pour la cherté du sel, quantité de pauvres misérables mangent en partie tout sans sel. En conséquence, ils implorent la bienfaisance de Sa Majesté, pour que la diminution de ces deux objets leur soit faite.

Tous les biens du royaume ne doivent-ils pas être égaux ? Ne doivent-ils pas être sujets aux mêmes droits et aux mêmes impositions, et ne doivent-ils pas tous contribuer aux besoins de l'État ?

Pourquoi ceux possédés par la noblesse, qui forment une très grosse partie, et dans les meilleurs fonds, ne seroient-ils pas sujets, comme ceux du Tiers-État ? Si la noblesse a acquis ce glorieux titre au service de Sa Majesté, n'est-elle pas suffisamment dédommagée par l'honneur et le rang qu'elle occupe, et par les marques distinctives dont elle est décorée ? Il seroit donc de justice que tous ces biens contribuassent au besoin de l'État, et vinssent au secours du malheureux qui, depuis si longtemps, fournit, par ses travaux et ses secours, tout ce qui est nécessaire à l'État, puisqu'il ne lui reste qu'une extrême pauvreté dans laquelle cette nécessité l'a réduit.

Le clergé, cette partie du monde la plus intéressée et la plus avide, qui possède presque franchement la majeure et la meilleure partie des biens du royaume, n'est-il pas dans le cas de contribuer aux besoins de l'État, lui dont les revenus, dans presque tous les endroits, excèdent ceux de la Couronne, qui, non contént de ce qu'il possède, oseroit créer, s'il étoit possible, de nouveaux bénéfices, qui emploie toutes les ruses possibles pour tirer la quintessence de toutes ses possessions, et opprime ses vassaux pour le recouvrement de ses droits, sans jamais les dédommager des malheurs qu'ils ont pu essuyer dans le courant de l'année.

Les moines, cette troupe légère et fainéante, engraissée dans la mollesse, dont les revenus sont immenses, qui, pour l'ordinaire, ont plus pour un seul individu que tout un village entier, qui possèdent tous leurs biens sans rien payer, qui, loin de secourir les malheureux, thésaurisent et employent toutes les voies possibles pour se procurer les aisances de la vie, ne sont-ils pas dans le cas de fournir, comme tous les autres, aux besoins de l'État. La majeure partie de ces communautés, qui ne sont d'aucune utilité, ne sont-elles pas dans le cas d'être supprimées, leurs trésors versés dans les coffres de Sa Majesté ?

Les officiers des maîtrises particulières des eaux et forêts, ces sangsues de toutes les communautés, qui s'érigent en vice-roys dans les campagnes, les oppriment par des amendes et restitutions, dont la majeure partie est distribuée entr'eux ; cette juridiction, absolument inutile et nuisible, dont les fonctions pourroient être remplies par les juges ordinaires, tant des villes que des campagnes, avec plus de justice et moins de frais, ne devroit-elle pas être supprimée ?

La nouvelle création des charges d'huissiers-priseurs, qui pillent impunément la veuve et l'orphelin, qui se font payer à raison de 50 sols par lieue, non compris leurs vacations, sont des charges absolument contraires au bien public. Il arrive pour l'ordinaire que dans les campagnes les meubles ne sont pas suffisants pour payer leurs transports et vacations, ce qui en fait demander la suppression,

La communauté de Voutenay a l'honneur d'observer à Sa Majesté qu'elle vendit, il y a environ 30 ans, la réserve de ses bois, dont la coupe a produit 45,000 livres ; qu'une partie a été employée à la réparation de leur église, nouvelle construction d'un presbytère, réparation d'un petit pont d'une arche sur un ruisseau et d'un grand pont, sur leur rivière, de quatre arches ; que depuis ce temps il est resté entre les mains du receveur des deniers communaux, nommé Fabure, la somme de 8,400 livres, dont elle n'a pu avoir de compte jusqu'à présent, ce qui est un objet essentiel pour la communauté, vu la pauvreté dans laquelle elle se trouve et ses besoins d'argent. La communauté observe qu'elle a été obligée de vendre la superficie de 60 arpents de bois pour retrouver cette somme de 8,400 livres et payer l'adjudicataire des ouvrages ci-devant énoncés. Pourquoi Sa Majesté est très humblement suppliée d'ordonner qu'il leur sera fait compte du reliquat de cette somme.

C'est à la faveur de toutes ces observations et doléances, que Sa Majesté est très humblement suppliée de vouloir bien accorder la suppression des tailles et vingtièmes, des aides et gabelles, et de toutes autres choses demandées, réformer les abus qui se commettent tous les jours, tant dans la manière dont leurs impositions sont faites que dans la répartition. Pour dédommager Sa Majesté du revenu que toutes ces choses peuvent produire, d'établir, aux lieu et place, une dîme royale qui sera perçue sur tous les fonds, terres, prés, bois, vignes. Ceux de la noblesse, comme ceux du clergé et du Tiers-État, y seront également tenus. Et ne cessera, cette communauté, d'adresser ses vœux au ciel pour la santé et la conservation de Sa Majesté.

Signé : Joublin. — Piault. — E. Huot. — Leuvreau. — E. Charlot. — Amiot. — Leblanc. — E. Dupré, — A. Chamois. — S. Joublin. — Sautreau. — Bourgeois. — A. Charlot.

Paraphé *ne varietur*.

Ruineau (ancien praticien, faisant fonction de juge).

Ici se termine la série des cahiers que possède la Société des Sciences. Elle est loin de comprendre toutes les paroisses qui concoururent à la rédaction du cahier général. Que sont devenus les cahiers qui nous manquent, ont-ils disparu depuis leur dépôt au greffe du bailliage, ou n'y furent-ils jamais déposés ? Je l'ignore. En voici le relevé, d'après la liste générale de toutes les paroisses ressortissant du bailliage et présidial d'Auxerre, que j'ai trouvé dans un petit almanach édité en cette ville en 1774 :

Alligny, Bagneau, Cessy-les-Bois, Château-Neuf, Diet, Calmery, Corvol-d'Embernard, Corvol-l'Orgueilleux, Cône, Couloutre, Courcelles, Cours, Dampierre-sur-Bonny, Donzy, Esseré-les-Reigny, Lasselle, Marcy, Mienne, Neuvy, Perreuse, Pougny, Poigny, Saint-Amand-en-Puysaie, Sainte-Colombe-des-Bois, Saint-Laurent-l'Abbaye, Saint-Loup-des-Bois, Saint-Malo, Saint-Martin-sur-Ocre, Saint-Pierre-du-Mont, Sully-Vergère, Saint-Verain, Trucy-l'Orgueilleux, Varzy.

TABLE ALPHABÉTIQUE DES CAHIERS

	Pages.		Pages.
Accolay	21	Chassy	119
Annay	23	Châtel-Censoir	124
Andryes	25	Chatenay-le-Bas	131
Appoigny	27	Chevannes	134
Arcy-sur-Cure	28	Chemilly	136
Argenou	31	Chichery-la-Ville	142
Arquian	33	Chitry	145
Asnières	37	Coulanges-la-Vineuse	148
Asquins-sous-Vézelay	40	Coulanges-sur-Yonne	150
Augy	43	Coulangeron	160
Auxerre	46	Courson	162
Avigneau	57	Crain	171
Bailly	60	Cravant	173
Bassou	62	Dampierre	182
Bazarnes	65	Diges	182
Beaumont	67	Dracy	185
Beauvoir	72	Druyes-les-Belles-Fontaines	189
Bessy	74	Egleny	191
Billy	76	Entrains	193
Bitry	85	Epineau-les-Voves	196
Blannay	88	Escamps	198
Bleigny	89	Escolives	204
Bouy	91	Etais	205
Branches	95	Festigny	207
Brosses	101	Fleury	211
Breugnon	103	Fontaines	222
Chamoux	105	Fontenailles	227
Champlemy	106	Fontenay-sous-Fouronne	229
Champs-sur-Yonne	109	Fontenoy	231
Charbuy	111	Fouronne	232
Charentenay	116	Givry	233
Charmoy	117	Gurgy	236

	Pages.		Pages.
Gy-l'Évêque	240	Quenncs	374
Héry	243	Rouvray	375
Irancy	250	Sacy	377
Joux-la-Ville	253	Saint-Andelain	380
Jussy	258	Saint-Cyr-les-Colons	382
La Chapelle-Saint-André	264	Saint-Cyr-les-Entrains	385
Lain	266	Sainte-Colombe-en-Puisaye	387
Lainsecq	267	Sainte-Pallaye	389
Lalande	269	Saint-Bris et Goix	392
La Villotte	271	Saint-Georges	397
Levis	274	Sainpuits	399
Leugny	275	Saints-en-Puisaye	400
Lindry	277	Saint-Martin-du-Pré	401
Lucy-sur-Cure	281	Saint-Martin-sur-Père	406
Lucy-sur-Yonne	288	Saint Maurice-le-Viel	407
Mailly-le-Château	295	Saint-Maurice-Thizouailles	407
Mailly-la-Ville	308	Saint-Moré	408
Menesteraux	312	Saint-Père-sous-Vézelay	410
Menou	315	Saint-Sauveur	412
Merry-la-Vallée	317	Sementron	414
Merry-Sec	320	Sery	416
Merry-sur-Yonne	322	Sougères	420
Migé	326	Thury	424
Molème	327	Tingy	427
Monéteau-le-Petit	328	Toucy	433
Monéteau-le-Grand	331	Trucy-sur-Yonne	437
Montigny-le-Roi	333	Treigny	440
Montillot	337	Val-de-Mercy	443
Monffy	339	Vaux-sur-Yonne	445
Moulins-sur-Ouanne	340	Venoy	447
Oisy	344	Vermenton	448
Ouaine	345	Vézelay	457
Oudan	348	Villefargeau	462
Parly	350	Villemer	465
Perrigny-la-Resle	359	Villiers-le-Sec	467
Perrigny-sur-Beaulche	359	Villeneuve-Saint-Salve	471
Poilly	361	Vincelles	473
Pourrain	363	Vincelottes	477
Précy-le-Sec	369	Voutenay	478
Prégilbert	373		

TABLE ANALYTIQUE

DES VŒUX EXPRIMÉS DANS LES CAHIERS DES PAROISSES.

ABBÉS COMMENDATAIRES rentés ou non (suppression des) : Arquian, 35. — Rouy, 93. — Vincelles, 476.

ADMINISTRATION FINANCIÈRE (établissement d'une nouvelle) : Billy, 83. — Bitry, 87. — Bouy, 93. — Coulanges-s-Yonne, 150. — Diges, 183. — Lindry, 278. — Mailly-le-Château, 301. — Oisy, 344. — Parly, 353. — Rouvray, 377. — Vermenton, 430.

AGRICULTURE (encouragements à donner à l') : Auxerre, 52. — Bassou, 64. — Charmoy, 119. — Chassy, 123. — Epineau-les-Voves, 197. — Gurgy, 238.

AIDES (voir impôt des).

AIDES (suppression des tribunaux des) : Billy, 83. — Coulanges-sur-Yonne, 151. — Mailly-la-Ville, 311.

ANNATES et Bénéfices consistoriaux (suppression des) : Auxerre, 53. — Jussy, 260. — Vincelles, 476.

APANAGES des princes du sang (révision des) : Festigny, 209.

ARRÊTS du conseil seront sans valeur s'ils ne sont sanctionnés par les cours supérieures : Festigny, 210.

ARMÉE (réduction en temps de paix de l') : Escamps, 208. — Festigny, 209.

ASQUINS-SOUS-VÉZELAY. Les habitants demandent à prélever ce qu'ils paient pour l'entrée de leurs vins dans cette ville, 42.

ARPENTAGE (défense de vendre un bien avant qu'il soit procédé à son) : Chichery-la-Ville, 144.

ASSEMBLÉE départementale à Auxerre (établissement d'une) : Bailly, 60. — Coulanges-la-Vineuse, 148. — Migé, 326. — Val-de-Mercy, 443.

ATELIERS de charité (création d') : Bailly, 61. — Coulanges-la-Vineuse, 149. — Val-de-Mercy, 444.

AVOCATS : que les universités exigent d'eux des garanties plus sérieuses de capacité : Merry-Sec, 408.

BAILLIAGE ROYAL à Vézelay (demande d'établissement d'un) : Saint-Père-sous-Vézelay, 411. — Vézelay, 461.

BAILLIAGE : vœu des habitants de Vermenton pour qu'il en soit établi un dans leur ville, 456.

BANQUEROUTES (mesures de rigueur à prendre pour diminuer le nombre des) : Arquian, 35. — Auxerre, 49. — Bouy, 93. — Champleny, 108. — Champs-sur-Yonne, 110. — Coulanges-sur-Yonne, 151. — Entrains, 195. — Escolives, 204. — Festigny, 210. — Fontenay-sous-Fouronne, 230. — Lucy-sur-Cure, 286. — Lucy-sur-Yonne, 290. — Ménesteraux,

313. — Menou, 317. — Thury, 426. — Treigny, 442. — Vaux, 446. — Venoy, 448. — Villiers-le-Sec, 469.

BÉNÉFICES ECCLÉSIASTIQUES (qu'il n'en soit jamais confié plus d'un à la même personne): Mailly-le-Château, 297. — Parly, 358.

BIENS COMMUNAUX usurpés (restitution des) : Asnières, 38. — Asquins-sous-Vézelay, 42. — Festigny, 208. — Fontaines, 224. — Mailly-le-Château, 304.— Mailly-la-Ville, 310.— Merry-sur-Yonne, 325. — Monéteau-le-Grand, 332. Rouvray, 376.— Sainte-Colombe-en-Puysaie, 388. — Thury, 427. — Trucy-sur-Yonne, 439. — Treigny, 441. — Venoy, 447. — Vincelles, 475.

BIENS DE MAIN MORTE (demander la validité des ventes opérées depuis trente ans des) : Saint-Sauveur, 414.

BOIS-MORT (demande de reconnaitre aux habitants le droit de ramasser le) : Crain, 173.

BRIENNE (de) et de Calonne (qu'il soit formé par les Etats généraux une commission pour faire le procès aux sieurs) : Treigny, 441.

BUISSONNIER (plaintes contre l'agent de la ville de Paris appelé le) : Monéteau-le-Grand, 332.

CABARET (que défense soit faite aux domiciliés d'aller au) : Bassou, 64.

CAHIER GÉNÉRAL du bailliage d'Auxerre (demande d'impression du) : Festigny, 207.

CAPITATION (voir impôt de la).

CASUEL des curés (suppression du) : Arquian, 35. — Bassou, 63. — Beaumont, 69. — Blannay, 89. — Bouy, 94. — Chemilly, 140. — Chitry, 147. — Festigny, 208. — Fontenay, 231. — Héry, 248. — Jussy, 262. — Mailly-le-Château, 296. — Monéteau-le-Petit, 331.— Montigny-le-Roi, 335. — Rouvray, 376. — Saints-en-Puysaie, 400. — Saint-Sauveur, 414. — Thury, 426. — Vincelles, 475.

CENTIÈME DENIER (voir impôt du).

CHAPITRES de campagne (réunion des petits) : Mailly-le-Château, 297.

CHARGES et Fonctions publiques devront être accessibles à tous sans aucun égard à la naissance : Annay (Nièvre), 24. — Argenou, 31. — Bitry, 86. — Charmoy, 119. — Châtel-Censoir, 126. — Coulanges-sur-Yonne, 152. — Dracy, 187. — Lucy-sur-Yonne, 289. — Menestraux, 312. — Merry-sur-Yonne, 324. — Saint-Martin-du-Pré, 405. — Saint-Sauveur, 413. — Toucy, 436. — Treigny, 441.

CHASSE (réforme à opérer dans la législation sur la) : Auxerre, 50. — Bailly, 61. — Bassou, 63. — Charmoy, 118. — Cravant, 179. — Epineau-les-Voves, 196. — Gy-l'Evêque, 242. — Jussy, 260. — Lalande, 271. — Levis, 275. — Montigny-le-Roi, 334. — Sainte-Colombe-en-Puysaie, 388. Sementron, 416. — Thury, 426. — Treigny, 441.

CHATELET de Paris (suppression du scel au) : Auxerre, 50.

CHIENS de berger (qu'il soit permis de conduire en liberté les) : Chassy, 123. — Fontenoy, 231. — Gurgy, 240. — Levis, 275. — Moulins-sur-Ouanne, 343. — Poilly, 362 — Sementron, 416.

CLERGÉ demande que l'administration des biens du clergé soit enlevée à ses membres : Parly, 353.

CLERGÉ (propositions différentes pour l'emploi des biens du) : Arcy-sur-Cure, 29.— Auxerre, 51. — Festigny, 209. — Fontaines, 225. — Lucy-sur-Cure, 287. — Lucy-sur-Yonne, 290. — Mailly-le-Château, 297. — Mailly-la-Ville, 308. — Champlémy, 108. — Parly, 358. — Sacy, 378. — Saint-Martin-du-Pré, 406. — Sery, 418 et 420. — Thury, 426. — Vermenton, 453. — Vincelles, 476.

CLERGÉ (mesures à prendre pour l'acquittement de la dette du) : Billy, 81.

CODIFICATIONS des ordonnances touchant les droits fiscaux, la

TABLE ANALYTIQUE.

chasse et les droits seigneuriaux : Montigny-le-Roi, 334.

COLLECTEURS des impôts sont ruinés par les avances qu'ils sont obligés de faire : Gurgy, 237.

COLOMBIERS et Volières, leur suppression ou leur fermeture pendant certaines époques de l'année : Appoigny, 27. — Bassou, 64. — Bazarne, 66. — Bleigny-le-Carreau, 90. — Branches, 100. — Chitry-la-Ville, 143. — Entrains, 195. — Fontenoy, 231. — Fouronne, 232. — Lain, 266. — Lalande, 271. — Levis, 275. — Leugny, 276. — Monéteau-le-Petit, 329. — Monéteau-le-Grand, 332. — Montigny-le-Roi, 334. — Moulins-sur-Ouanne, 343. — Poilly, 362. — Sainte-Colombe-en-Puysaie, 383. — Sainte-Pallaye, 390. — Saint-Georges, 398. — Saints-en-Puysaie, 400. — Saint-Sauveur, 413.

COMMERCE (mesures à prendre pour favoriser le) : Annay (Nièvre), 24. — Argenou, 32. — Auxerre, 53. — Bitry, 86. — Champleny, 108. — Châtel-Censoir, 127. — Dracy, 189. — Epineau-les-Voves, 197. — Sacy, 378.

COMMERCE, qu'il soit défendu d'acheter et revendre des marchandises le même jour de foire : Lucy-sur-Cure, 286.

COMMISSION extraordinaire, demande qu'il en soit créé une pour faire rendre compte aux gens ayant manié les deniers publics : Escamps, 202. — Festigny, 209. — Merry-sur-Yonne, 324.

COMMISSION intermédiaire à établir pendant la vacance des Etats généraux : Auxerre, 47. — Bitry, 87. — Coulanges-sur-Yonne, 150. — La Villotte, 272. — Sainte Colombe-en-Puysaie, 388. — Saint-Martin-du-Pré, 402. — Treigny, 441.

COMMITTIMUS (suppression du privilège de) : Auxerre, 50. — Chitry, 147. — Coulanges-la-Vineuse, 149. — Fontenoy, 231. — Gy-l'Evêque, 242. — Lucy-sur-Yonne, 288 et 294. — Migé, 326. — Saint-Sauveur, 413. —

Val-de-Mercy, 444. — Villeneuve-Saint-Salve, 472.

COMTÉ D'AUXERRE (demande de réunion de la paroisse au) : Champs, 110. — Charentenay, 116. — Chitry, 146. — Escolives, 204. — Irancy, 251. — Vaux, 445. — Vincelottes, 477.

COMMUNAUTÉS RELIGIEUSES, les réformer et en diminuer le nombre : Annay, 24. — Arcy-sur-Cure, 29. — Argenou, 32. — Auxerre, 52. — Bitry, 86. — Coulanges-sur-Yonne, 152. — Lindry, 279. — Sacy, 378. — Vincelles, 476.

CONCILES NATIONAUX et provinciaux, synodes (réunion périodique de) : Auxerre, 53. — Lucy-sur-Cure, 287.

CONDAMNÉS (suppression du préjugé d'infamie à l'égard des parents des) : Chevannes, 135.

CONFISCATION (abolition de la) : Auxerre, 49.

CONFRÉRIES RELIGIEUSES (suppression des) : Arquian, 36. — Bony, 94.

CONSEIL (qu'il soit donné aux accusés un) : Coulanges-sur-Yonne, 151. — Escolives, 205. — Thury, 425.

CONTROLE des actes (modération et détermination exacte des droits de) : Annay (Nièvre), 23. — Auxerre, 55. — Beauvoir, 74. — Billy, 84. — Champlémy, 108. — Chassy, 122. — Chitry, 147. — Druyes, 189. — Entrains, 195. — Escolives, 204. — Héry, 245. — Jussy, 259. — Lucy-sur-Yonne, 291. — Monéteau-le-Petit, 329. — Monéteau-le-Grand, 332. — Oudan, 349. — Poilly, 361. — Pourrain, 366. — Rouvray, 375. — Saint-Cyr-les-Colons, 384. — Sainte-Colombe-en-Puysaie, 388. — Saint-Bris, 393. — Saint-Martin-du-Pré, 404. — Sery, 419. — Thury, 425. — Trucy-sur-Yonne, 438. — Treigny, 441. — Venoy, 448. — Vézelay, 460.

CONTROLE des actes (convertir en un droit unique et uniforme tous les droits de) : Arcy-sur-Cure, 29.

CONTROLE des actes (suppression du) : Champs, 110. — Chemilly, 141.— Coulanges-sur-Yonne, 153. — Festigny, 208. — Fontaines, 220. — Fontenoy, 231. — Migé, 326. — Perrigny, 360. — Vaux, 446. — Villemer, 466.

CONTROLE des actes (demande du rétablissement dans la ville de Cravant du bureau du) : 179. — Même demande pour Thury, 426.

CONTROLE des actes (que les actes des notaires de Paris soient assujettis au) : Entrains, 195.

COURTIER JAUGEUR d'Appoigny (suppression du) : Cravant, 175.

CORVÉE (devra être supportée par les trois ordres) : Arquian, 34. — Bailly, 61. — Bouy, 92. — Brosses, 102. — Coulanges-la-Vineuse, 149. — Escolives, 204. — Gurgy, 239. — Héry, 246. — Pourrain, 365. — Rouvray, 375. — Saint-Cyr-les-Colons, 384. — Sementron, 415.— Sougères, 423. — Thury, 425. — Tingy, 431. — Vézelay, 458.— Villeneuve-Saint-Salve, 472. — Vincelles, 474.

CORVÉES en nature ou en argent pour les routes (attribution aux paroisses pour l'entretien de leurs chemins d'une partie des) : Annay, 24. — Arquian, 35. — Beaumont, 69. — Bitry, 87. — Bouy, 93. — Châtenay-le-Bas, 132. — Chemilly, 140. — Dracy, 186. — Gurgy, 239. — Lalande, 270. — Levis, 274. — Leugny, 276. — Lindry, 279. — Menou, 316. — Monéteau-le-Petit, 328. — Pourrain, 366. — Rouvray, 375. — Sementron, 415. — Thury. 425. Toucy, 434.

CORVÉES (abolition des) : Andryes, 25. — Auxerre, 50. — Auxerre, 54. — Beauvoir, 74. — Blannay, 88. — Breugnon, 104.—Champlemy, 107.—Chitry, 147. — Crain, 173. — Diges, 183. — Entrains, 194. — Etais, 206.— Gy-l'Evêque, 241. — Jussy, 259. — Lainsecq, 268. — La Villotte, 272. — Lucy-sur-Yonne, 291. — Merry-la-Vallée, 318. — Merry-sur-Yonne, 324. — Montigny-le-Roi, 335. — Saint-Cyr-les-Entrains, 386. — Treigny, 441. — Venoy, 448. — Villefargeau, 463.

CURÉS de paroisse (amélioration du sort des) : Annay (Nièvre), 24. —Arcy-sur-Cure, 29.—Argenou, 32. — Arquian. 35. — Auxerre, 53. — Bitry, 86. — Bouy, 93. — Brosses, 102. — Châtel-Censoir, 128. — Crain, 173. — Givry, 235. — Gurgy. 238. — Héry, 248. — Jussy, 262. — Levis, 274. — Mailly-la-Ville, 308.— Monéteau-le-Petit, 331, Montigny-le-Roi, 335.— Moulins-sur-Ouanne, 341. — Perrigny, 360. — Sacy, 378. — Saint-Martin-du-Pré, 402.—Sery, 418.— Thury, 426.— Villeneuve-Saint-Salve, 472. — Vincelles, 475.

CURÉS (code général à établir pour les) : Arquian, 36. — Bouy, 94. — Mailly-le-Château, 297.

CURÉS (suppression de la quête qu'ils font après les récoltes) : Chitry, 147.

CURÉS ne pourront être curés et seigneurs de leur paroisse : Branches, 100.

CURÉS seront tenus de se faire remplacer par un desservant s'ils veulent s'absenter plus de deux jours : Menou, 317.

CURÉS, qu'il leur soit défendu de plaider sans autorisation du supérieur ecclésiastique et du magistrat de la province : Saint-Martin-du-Pré, 403.

DE (que défense soit faite aux roturiers de faire précéder leur nom de la particule) : Ménesteraux, 314.— Villiers-le-Sec, 470.

DÉPUTÉS aux États généraux; qu'ils soient pris moitié dans la partie de Bourgogne, moitié dans la généralité d'Orléans : Sementron, 415.

DÉPUTÉS aux États généraux, qu'ils soient pris dans différentes paroisses et hors la dépendance des seigneurs : Saint-Martin-du-Pré, 401.

DETTE NATIONALE (déclarer que la nation est chargée de l'acquittement de la) : Auxerre, 48.

TABLE ANALYTIQUE. 489

DETTE NATIONALE et Impôts répartis et acquittés par les États provinciaux de chaque province : Andryes, 25. — Breugnon, 103. — Entrains, 194. — Étais, 205. — Eestigny, 210. — Lainsecq, 267. — Oisy, 344. — Saint-Cyr-les-Entrains, 386.

DIME ECCLÉSIASTIQUE, que les gros décimateurs en soient privés s'ils ne réparent le chœur de leurs églises : Villemer, 465.

DIME ECCLÉSIASTIQUE (demande de diminution de la) : Andryes, 26. — Héry, 249.

DIME ECCLÉSIASTIQUE (suppression de la) : Arquian, 35. — Blannay, 89. — Bouy, 93. — Coulanges-sur-Yonne, 152. — Epineau-les-Voves, 197.—Jussy, 262. — Lucy-sur-Yonne, 290. — Mailly-le-Château, 296.—Mailly-la-Ville, 308. — Monéteau-le-Grand, 332. — Moulins-sur-Ouanne, 341. — Parly, 355. — Sery, 418.— Thury, 426. — Vincelles, 474.

DISPENSES en cour de Rome (suppression des demandes de) : Auxerre, 53.

DISPENSES pour mariage (supprimer les) : Héry, 248.

DISPENSES pour mariage, les accorder gratuitement : Sery, 418. — Trucy-sur-Yonne, 438.

DON GRATUIT (révocation du) : Lucy-sur-Yonne, 291. — Thury, 425.

DONZY (protestation par la ville d'Auxerre du vote à Nevers de la baronnie de) : 46.

DROIT COUTUMIER (réforme du) : Chassy, 121.

DROITS DOMANIAUX aliénés, reprise par le roi des) : Annay (Nièvre), 23. — Argenou, 32. — Auxerre, 51. — Bitry. 87. — Saint-Cyr-les-Colons, 383. — Venoy, 448.

DROITS PASCAL (abolition du droit perçu par les curés sous le nom de) : Arquian, 35.—Bouy, 94.

DROITS SEIGNEURIAUX (faire une révision complète des) : Héry, 246. — Lalande, 271. — Levis, 275. — Montigny-le-Roi, 334. — Poilly, 361.

DROITS SEIGNEURIAUX et Servitudes féodales (suppression ou réduction des) : Arcy-sur-Cure, 30.— Bassou, 63. — Bazarne, 66. Blannay, 88.— Champlemy, 107. — Charmoy, 118.— Chassy, 121. — Châtel-Censoir, 128. — Châtenay-le-Bas, 133. — Coulanges-sur-Yonne, 153. — Courson, 155 et 169.—Cravant, 175.— Druyes, 190. — Epineau-les-Voves, 196. Escamps, 202. — Escolives, 205. — Festigny, 208. — Fleury, 220. — Fontaines, 225. — Lucy-sur-Yonne, 288 et 290.— Menou, 316. — Merry-la-Vallée, 320.— Merry-sur-Yonne, 321. — Oudan, 350.— Parly, 354. — Rouvray, 376. — Sainte-Pallaye, 391. — Saint-Bris, 393. — Saints-en-Puysaie, 400. — Saint-Martin-du-Pré, 403. Saint-Martin-sur-Ocre, 407. — Saint-Moré, 409. — Saint-Sauveur, 413. — Sementron, 445. — Vermenton, 450. — Villemer, 465. — Vincelles, 473. — Vincelottes, 477. — Voutenay, 480.

DUCHÉS-PAIRIES ne seront plus érigées à l'avenir : Auxerre, 50.

ECCLÉSIASTIQUES séculiers et réguliers : diminution de leurs revenus ; fixation d'un minimum : Arquian, 35. — Bouy, 93. — Mailly-le-Château, 297. — Merry-la-Vallée, 319. — Parly, 358. — Vincelles, 475.

ÉCHANGE (suppression des droits d') : Chassy, 123. — Églény, 192. — Poilly, 362. — Saint-Martin-sur-Ocre, 406. — Villemer, 466.

ÉCOLE GRATUITE (établissement dans chaque paroisse d'une) : Accolay, 22. — Bazarnes, 66. — Beaumont, 70. — Chemilly, 139. — Prégilbert, 373. — Sainte-Colombe-en-Puysaie, 388. — Sainte-Pallaye, 389. — Trucy-sur-Yonne, 483. — Vermenton, 454. — Vincelles, 475.

ÉCOLE (aviser aux moyens de trouver de bons maîtres d') : Sery, 420. — Treigny, 442.

ÉCOLES DE CHARITÉ (établissement dans les paroisses pauvres d') : Val-de-Mercy, 444.

ÉCU du pont de Joigny (suppression des droits de rivière et notamment de celui appelé l') : Accolay, 22. — Bassou, 63. — Charmoy, 119. — Chassy, 121. — Chitry, 147. — Cravant, 175. — Épineau-les-Voves, 196. — Saint-Bris, 394. — Vermenton, 455. — Villemer, 466. — Vincelles, 475. Vincelottes, 477.

ÉDIT du roi, d'août 1779, concernant les clôtures de Bourgogne et échanges (maintien de l') : Merry-sur-Yonne, 325.

ÉDUCATION NATIONALE (qu'il soit formé pour les écoles publiques un cours d') : Treigny, 442.

ÉGLISES ET PRESBYTÈRES ; que la charge de leur entretien ne soit plus supportée par les paroisses et communautés : Auxerre, 53. — Bassou, 63. — Charmoy, 118. — Chassy, 121. — Chemilly, 139. — Cravant, 177. — Épineau-les-Voves, 196. — Héry, 248. — Jussy, 260. — Mailly-la-Ville, 308. — Menesteraux, 315. — Poilly, 361 et 362. — Rouvray, 376. — Saint-Martin-du-Pré, 403. — Villemer, 464. — Vincelles, 475.

ÉLECTION (suppression des tribunaux d') : Arcy-sur-Cure, 29. — Bazarnes, 66. — Billy, 83. — Breugnon, 104. — Coulanges-sur-Yonne, 151. — Entrains, 195. — Étais, 206. — Lainsecq, 268. — Mailly-la-Ville, 311. — Pourrain, 364. — Prégilbert, 373.

ÉLECTION DE CLAMECY (maintenir dans le ressort de la généralité d'Orléans l') : Champlemy, 107. — Billy, 84. — La Chapelle-Saint-André, 265.

ÉLECTION DE CLAMECY (prendre des députés aux États dans l') : Breugnon, 103. — Entrains, 193. — Étais, 205. — Lainsecq, 267. — Saint-Cyr-les-Entrains, 386.

EMPLOIS MILITAIRES ; supprimer ceux qui sont inutiles et en verser les traitements dans la caisse de l'ordre de Saint-Louis : Lucy-sur-Yonne, 290.

ESCLAVAGE et Traite des nègres (abolition de l') : Lucy-sur-Yonne, 288.

ÉTANGS et Marais voisins des habitations (dessèchement des) : Sainte-Colombe-en-Puysaie, 388. — Treigny, 441.

ÉTATS GÉNÉRAUX ; le vote y aura lieu par tête et non par ordres ; il en sera de même aux États provinciaux : Arcy-sur-Cure, 28. — Arquian, 34. — Auxerre, 47. — Bailly, 61. — Bassou, 65. — Bazarnes, 66. — Billy, 82. — Bitry, 87. — Blannay, 89. — Bouy, 92. — Breugnon, 103. — Champlemy, 107. — Champs-sur-Yonne, 109. — Charmoy, 119. — Coulanges-la-Vineuse, 149. — Diges, 184. — Druyes, 190. — Entrains, 193. — Épineau-les-Voves, 197. — Escolives, 204. — Étais, 205. — Festigny, 207. — Gy-l'Évêque, 249. — Jussy, 263. — La Chapelle-Saint-André, 265. — Lainsecq, 268. — Lucy-sur-Yonne, 282. — Mailly-la-Ville, 309. — Menou, 317. — Migé, 326. — Monéteau-le-Petit, 328. — Monéteau-le-Grand, 332. — Montigny-le-Roy, 336. — Oudan, 349. — Perrigny, 360. — Prégilbert, 373. — Saint-Cyr-les-Colons, 383. — Saint-Cyr-les-Entrains, 386. — Sainte-Colombe-en-Puysaie, 387. — Saints-en-Puysaie, 400. — Saint-Martin-du-Pré, 401. — Saint-Père-sous-Vézelay, 410. — Saint-Sauveur, 412 — Thury, 424. — Trucy-sur-Yonne, 438. — Val-de-Mercy, 444. — Vaux, 445. — Vermenton, 449. — Vézelay, 458. — Vincelles, 473. — Vincelottes, 478.

ÉTATS GÉNÉRAUX ; le Tiers y sera appelé en nombre égal à celui des deux ordres privilégiés : Accolay, 21. — Arcy-sur-Cure, 28. — Auxerre, 47. — Champlemy, 107. — Champs, 109. — Coulanges-sur-Yonne, 150. — Cravant, 181. — Diges, 182. — Gurgy, 239. — Mailly-la-Ville, 309. — Monéteau-le-Petit, 329. — Perrigny, 360. — Prégilbert, 373. — Saint-Cyr-les-Colons, 381. — Sainte-Colombe-en-Puysaie, 387. — Saint-Père-sous-Vézelay, 410. — Saint-Sauveur, 412. — Sery, 417. — Thury, 424. — Trucy-sur-Yonne, 438. — Treigny, 440. — Vaux, 445. — Vermenton, 450. — Vincelottes, 478.

ÉTATS GÉNÉRAUX (réunion périodique des) : Annay (Nièvre), 24. — Argenou, 32. — Arquian, 34. — Auxerre, 47. — Billy, 82. — Bitry, 87. — Bouy, 92. — Champlemy, 108. — Champs sur-Yonne, 109. — Charmoy, 119. — Chastenay-le Bas, 131. — Coulanges-sur-Yonne, 150. — Diges, 182. — Dracy, 188. — Épineau-les-Voves, 197. — Festigny, 207. — Jussy, 264. — Lalande, 269. — Levis, 274. — Lucy-sur-Cure, 282. — Lucy-sur-Yonne, 289. — Monéteau-le-Petit, 328. — Perrigny-sur-Baulche, 360. — Saint Bris, 396. — Saint-Martin-du-Pré, 402. — Sementron, 414. — Tingy, 432. — Toucy, 437. — Vaux, 445. Vermenton, 450.

ÉTATS GÉNÉRAUX ; les décisions seront prises à la majorité des deux tiers des voix : Jussy, 263.

ÉTATS GÉNÉRAUX de 1789 devront laisser à l'assemblée suivante le soin de faire des lois définitives : Lucy-sur-Cure, 286.

ÉTATS PROVINCIAUX (établissement d') : Bazarnes, 66. — Bitry, 87. — Bouy, 92. — Brosses, 102. — Breugnon, 103. — Champlémy, 107. — Charbuy, 114. — Chassy, 120. — Châtel-Censoir, 126. — Chastenay-le-Bas, 132. — Coulanges-sur-Yonne, 152. — Cravant, 181. — Dracy, 187. — Entrains, 194. — Étais, 206. — Festigny, 208 et 209. — Fontaines, 223. — Givry, 235. — La Chapelle-Saint-André, 265. — Lainsecq, 268. — Lalande, 269. — La Villotte, 272. — Lucy-sur-Yonne, 289. — Menou, 317. — Montillot, 337. — Oisy, 344. — Prégilbert, 373. — Saint-Cyr-les-Entrains, 386. — Sainte-Colombe-en-Puysaie, 387. — Saint-Martin-du-Pré, 401. — Toucy, 435. — Treigny, 440. — Vaux, 445. - Villemer, 467.

ÉTATS PROVINCIAUX de Bourgogne (réformes à opérer dans les) : Auxerre, 48. — Bailly, 60. — Chemilly, 138. — Chitry, 147. — Coulanges-la-Vineuse, 148. — Cravant, 174. — Cravant, 181. — Mailly le-Château, 295. — Migé, 326. — Monéteau-le-Petit, 328 et 329. — Montigny-le-Roi, 336. — Perrigny, 360. — Saint-Cyr les-Colons, 383. — Sainte-Pallaye, 390. — Saint-Bris, 393. — Sery, 418. — Val-de-Mercy, 443. — Vincelles, 475.

ÉTUDES ecclésiastiques (amélioration des) : Menesteraux, 315.

ÉVÊQUES et autres bénéficiaires seront tenus à la résidence : Arquian, 35. Auxerre, 53. — Mailly-le-Château, 297. Thury, 426.

ÉVOCATION au Conseil (abolition des) : Festigny, 210.

FOIRES franches et marchés (établissement de) : Joux-la-Ville, 257. — Thury, 426.

FOIRES franches ; qu'il en soit établi une par chaque 6,000 habitants dans toutes les paroisses : Treigny, 442.

FOIRES ; qu'elles soient franches de tous droits : Entrains, 194. — Lalande, 271. — Leugny, 276. — Saint-Sauveur, 413.

FORÊTS (règlement à faire pour isoler les grandes routes des) : Cravant, 179.

FRANC-FIEF (abolition du droit de) : Auxerre, 54. — Entrains, 195. — Fontaines, 226. — Fontenoy, 231. — Jussy, 259. — Lucy-sur-Yonne, 290. — Menesteraux, 312. — Oudan, 349. — Saint-Martin-du-Pré, 404. — Villiers-le-Sec, 469.

GABELLE (diminution de l'impôt de la) : Auxerre, 56. — Beaumont, 69. — Chamoux, 105. — Fontenailles, 227. — Héry, 245. — Merry-Sec, 321. — Monéteau-le-Petit, 331. — Saint-Père-sous-Vézelay, 411. — Villeneuve-Saint-Salves, 472.

GABELLES (suppression des) : Accolay, 21. — Annay (Nièvre),

23. — Andryes, 25. — Appoigny, 27. — Arcy-sur Cure, 29. — Argenou, 31. — Arquian, 35. — Asnières, 40. — Asquins-sous-Vézelay, 41. — Avigneau, 60, — Bailly, 61. — Bassou, 63. — Bazarnes, 66. — Billy, 81. — Bitry, 86. — Blannay, 89. — Bleigny-le-Carreau, 89. — Bouy, 93. — Brosses, 102. — Breugnon, 104. — Champs-sur-Yonne, 110. — Charbuy, 113. — Charentenay, 116. — Chassy, 121. — Châtel-Censoir, 126. — Chastenay-le-Bas, 133. — Chemilly, 140. — Chichery-la-Ville, 143 et 144. — Chitry, 147. — Coulanges-la-Vineuse, 149. — Coulanges-sur-Yonne, 153. — Coulangeron, 161. — Courson, 170. — Crain, 173. — Cravant, 175. — Diges, 183. — Dracy, 186. — Druyes, 189. — Entrains, 194. — Épineau-les-Voves, 196. — Escamps, 203. — Étais, 206. — Festigny, 208. — Fontaines, 223. — Fontenay-sous-Fouronnes, 230. — Fontenoy, 231. — Givry, 235. — Gurgy, 238. — Jussy, 259. — La Chapelle-Saint-André, 265. — Lainsecq, 268. — Lalande, 270. — La Villotte, 272. — Levis, 274. — Lindry, 279. — Lucy-sur-Cure, 285. — Lucy-sur-Yonne, 291. — Mailly-le-Château, 301. — Mailly-la-Ville, 308. — Menesteraux, 314. — Menou, 316. — Merry-la-Vallée, 319. — Merry-sur-Yonne, 323. — Migé, 326. — Montigny-le Roi, 336. — Montillot, 337. — Oudan, 349. — Parly, 354 et 355. — Perrigny, 360. — Poilly, 361. — Pourrain, 365. — Précy-le-Sec, 372. — Rouvray, 376. — Saint-Andelain, 382. — Saint-Cyr-les-Colons, 383. — Saint-Cyr-les-Entrains, 386. — Sainte-Colombe-en-Puysaie, 387. — Saint-Bris, 393. — Saint-Georges, 398. — Saint-Martin-du-Pré, 404. — Saint-Martin-sur-Ocre, 406. — Saint Moré, 409. — Sementron, 416. — Sery, 417. — Sougères, 422. — Tingy, 429. — Toucy, 434. — Treigny, 441. — Val-de-Mercy, 444. — Vaux, 445. — Venoy, 447. — Vézelay, 460. — Villemer, 464. — Villiers-le-Sec, 469. — Vincelles, 473. — Vincelottes, 478. — Voutenay, 480.

GARDES-CHASSE (se montrer plus sévère dans le choix des) : Gurgy, 240. — Venoy, 447.

GARDES de chasse, de pêche ou de bois ne devront plus être crus sur leur seule affirmation, ni armés de fusils : Chemilly, 139. — Héry, 246. — Rouvray, 376. — Sery, 417. — Trucy-sur-Yonne, 438.

GARDE des princes du sang (suppression de la) : Festigny, 208.

GÉNÉRALITÉ de Paris (vœu tendant à ce que la paroisse soit maintenue dans le ressort de la) : Asquins-sous-Vézelay, 42.

GERBES de blé (qu'il soit permis, comme par le passé, de lier avec des liens de bois les) : Andryes, 26. — Druyes, 190. — Saint-Martin-du-Pré, 405.

GIBIER ; plaintes au sujet des dégâts causés par le gibier ; mesures à prendre pour y remédier : Appoigny, 28. — Beaumont, 69. — Branches, 100. — Chemilly, 139. — Jussy, 260. — Lain, 266. — Levis, 275. — Monéteau-le-Petit, 329. — Sementron, 416. — Sougères, 421. — Thury, 427. — Villemer, 467. — Vincelles, 476.

GRACES et pensions ; supprimer l'arbitraire dans leur obtention ; qu'elles soient la récompense de longs services : Auxerre, 51. — Châtel Censoir, 127. — Coulanges-sur-Yonne, 150. — Diges, 184. — Festigny, 209. — Saint-Martin-du-Pré, 405. — Vermenton, 451.

GRENIERS D'ABONDANCE (établissement de) : Dracy, 189. — Épineau-les-Voves, 197. — Toucy, 437. — Vincelles, 476.

GRENIER à sel (suppression du tribunal du) : Billy, 83. — Breugnon, 104. — Coulanges-sur-Yonne, 151. — Entrains, 195. — Étais, 206. — Lainsecq, 268. — Mailly-la-Ville, 311. — Parly, 356. — Saint-Cyr-les-Entrains, 386.

GROS MANQUANT, vulgairement dit trop bu (suppression comme odieuse et vexatoire du droit de) : Branches, 100. — Gy l'Évêque,

TABLE ANALYTIQUE. 493

241. — Irancy, 251. — Jussy, 259.

HISTOIRE de la paroisse (relation de faits intéressant l') : Asquins-sous-Vézelay, État de ruine de la chapelle Saint-Jean, 42. — Lucy-sur-Cure, Tableau affreux de la famine de 1771-72, 285. — Mailly-le-Château, Détails historiques donnés à l'appui de la demande en restitution des biens de son hôpital, 306. — Mailly-la-Ville, Accident arrivé par suite de la destruction de son pont sur l'Yonne, 309. — Monéteau-le-Petit, Fondation de sa chapelle aujourd'hui en tête du pont suspendu, 330. — Sacy, Relation d'un orage terrible survenu le jour de la Saint-Jean 1781, 379. — Saint-Bris, Émigration de ses habitants à Paris ; ses démêlés avec son seigneur Deschamps de Charmelieu, 394.

HOPITAL d'Auxerre ; qu'on y entretienne 20 lits d'hommes et 10 de femmes spécialement pour les campagnes : Montigny-le-Roi, 336.

HOPITAUX dans les campagnes (établissement d') : Accolay, 22. — Bazarnes, 66. — Joux-la-Ville, 257. — Lucy-sur-Cure, 287. — Prégilbert, 373. — Sacy, 378. — Sainte-Pallaye, 390. — Vermenton, 453.

HOPITAUX ; qu'ils soient tenus de rendre compte annuellement de leurs recettes et dépenses : Menesteraux, 315. — Villiers-le-Sec, 469.

HOTEL-DIEU (établissement à Vermenton d'un) : Vermenton, 456.

HUISSIERS (réduction des salaires des) : Moulins-sur-Ouanne, 342. — Villiers-le-Sec, 471.

HUISSIERS-PRISEURS (réformes à introduire dans l'exercice des charges d') : Andryes, 25. — Druyes, 189. — Menou, 317. — Oisy, 345.

HUISSIERS-PRISEURS (suppression des charges d') : Appoigny, 27. — Arcy-sur-Cure, 30. — Arquian, 35. — Asquins-sous-Vézelay, 41. — Auxerre, 50. — Avigneau, 59. — Bailly, 61. — Bassou, 64. — Bazarnes, 66. — Beaumont, 71. — Beauvoir, 73. — Billy, 84. — Bleigny-le-Carreau, 90. — Bouy, 93. — Branches, 101. — Brosses, 102. — Champlémy, 108. — Champs-sur-Yonne, 110. — Charbuy, 113. — Charentenay, 117. — Chassy, 122. — Châtel-Censoir, 127. — Chastenay-le-Bas, 133. — Chevannes, 135. — Chemilly, 140. — Chichery-la-Ville, 144. — Chitry, 147. — Coulanges-la-Vineuse, 149. — Coulanges-sur-Yonne, 152. — Coulangeron, 161. — Courson, 164. — Crain, 173. — Cravant, 178. — Diges, 183. — Dracy, 188. — Églény, 192. — Entrains, 195. — Escamps, 203. — Escolives, 204. — Étais, 206. — Festigny, 208. — Fontaines, 225. — Fontenailles, 227. — Fontenay-sous-Fouronnes, 230. — Givry, 235. — Gurgy, 239. — Gy-l'Évêque, 242. — Jussy, 259. — Lainsecq, 268. — Lalande, 270. — La Villotte, 272. — Levis, 275. — Leugny, 276. — Lindry, 280. — Lucy-sur-Cure, 286. — Lucy-sur-Yonne, 292. — Mailly-le-Château, 298. — Mailly-la-Ville, 310. — Menesteraux, 314. — Merry-la-Vallée, 319. — Merry-Sec, 321. — Merry-sur-Yonne, 323. — Migé, 326. — Monéteau-le-Petit, 329. — Monéteau-le-Grand, 332. — Montigny-le-Roi, 335. — Montillot, 338. — Moulins-sur-Ouanne, 341. — Oudan, 350. — Parly, 358. — Perrigny, 360. — Poilly, 361. — Pourrain, 367. — Précy-le-Sec, 372. — Prégilbert, 372. — Quennes, 374. — Sacy, 378. — Saint-Cyr-les-Colons, 384. — Sainte-Colombe-en-Puysaie, 388. — Sainte-Pallaye, 391. — Saint-Bris, 393. — Saint-Georges, 399. — Saints-en-Puysaie, 400. — Saint-Martin-du-Pre, 405. — Saint-Martin-sur-Ocre, 406. — Saint-Sauveur, 414. — Sementron, 415. — Sery, 419. — Sougères, 423. — Thury, 426. — Tingy, 430. — Toucy, 436. — Trucy-sur-Yonne, 438. — Treigny, 441. — Val-de-Mercy, 444. — Vaux, 446. — Venoy, 447. — Vermenton, 455. — Vézelay, 461.

— Villefargeau, 463. — Villemer, 467. — Villiers-le-Sec, 468. — Villeneuve-Saint-Salves, 472. — Vincelles, 475. — Vincelottes, 477. — Voutenay, 481.

HYPOTHÈQUES (augmentation du nombre des receveurs des) : Coulanges-sur-Yonne, 152.

HYPOTHÈQUES (modifications à faire subir à l'édit de 1771 concernant les) : Lucy-sur-Yonne, 294.

IMPOT (égalité de tous les ordres devant l') : Appoigny, 27. — Arcy-sur-Cure, 28. — Arquian, 34. — Asquins-sous-Vezelay, 41. — Auxerre, 47. — Bailly, 61. — Bazarne, 66. — Beaumont, 68. — Beauvoir, 73. — Billy, 82. — Bitry, 87. — Bleigny-le-Carreau, 90. — Bouy, 92. — Chamoux, 105. — Champlemy, 107. — Champs-sur-Yonne, 110. — Charbuy, 113. Charentenay, 117. — Chassy, 120. — Châtel-Censoir, 126. — Chatenay-le-Bas, 132. — Chevannes, 134. — Chemilly, 137. — Chichery-la-Ville, 142. — Chitry, 147. — Coulange-la-Vineuse, 149. — Coulangeron, 161. — Courson, 162. — Crain, 172. — Cravant, 174. — Diges, 183. — Dracy, 187. — Druyes, 189. — Egleny, 191. — Entrains, 194. — Escamps, 199. — Escolives, 204. — Etais, 205. — Fontaines, 223. — Fontenailles, 227. — Fontenay-sous-Fouronne, 229. — Fontenoy, 231. — Héry, 243. — Irancy, 251. — Joux-la-Ville, 255. — La Chapelle-Saint-André, 265. — Lainsecq, 267. — Lalande, 270. — Levis, 274. — Leugny, 276. — Lindry, 278. — Lucy-sur-Cure, 284. — Lucy-sur-Yonne, 290. — Mailly-la-Ville, 308. — Menesteraux, 312. — Menou, 316. — Merry-Sec, 320. — Merry-sur-Yonne, 323. — Migé, 326. — Monéteau-le-Petit, 329. — Montigny-le-Roi, 333. — Moulins-sur-Ouanne, 342. — Oisy, 344. — Oudan, 349. — Parly, 352. — Perrigny, 360. — Poilly, 361. — Pourrain, 368. — Précy-le-Sec, 371. — Prégilbert, 373. — Rouvray, 375. — Sacy, 377. — Saint-Adelain, 381. — Saint-Cyr-les-Entrains, 386. —

Sainte-Pallaye, 389. — Saint-Bris, 397. — Saint-Georges, 398. — Saints-en-Puisaye, 400. — Saint-Martin-du-Pré, 403. — Saint-Père-sous-Vézelay, 410. — Saint-Sauveur, 412. — Sementron, 415. — Sery, 417. — Thury, 424. — Tingy, 429 et 431. — Trucy-sur-Yonne, 438. — Treigny, 441. — Val-de-Mercy, 444. — Vaux, 445. — Venoy, 447. — Vermenton, 451. — Vézelay, 458. — Villemer, 464. — Villiers-le-Sec, 469 et 470. — Villeneuve-Saint-Salves, 472. — Vincelles, 473. — Voutenay, 480.

IMPOT TERRITORIAL (établissement d'un): Accolay, 21. — Appoigny, 27. — Bailly, 61. — Bassou, 64. — Brosses, 102. — Champlemy, 108. — Charentenay, 116 — Charmoy, 119. — Châtel-Censoir, 127. — Chevannes, 134. — Chemilly, 138. — Chitry, 147. — Coulanges-la-Vineuse, 149. — Diges, 183. — Epineau-les-Voves, 197. — Etais, 206. — Fontaines, 223. — Fontenailles, 227. — Fontenoy, 231. — Gurgy, 237. — Gy-l'Évêque, 241. — Irancy, 250. — Lainsecq, 268. — La Villotte, 272. — Lucy-sur-Cure, 282. — Lucy-sur-Yonne, 292. — Mailly-la Ville, 308. — Merry-Sec, 320. — Migé, 326. — Montillot, 337. — Perrigny, 360. — Sacy, 377. — Saint-Andelain, 382. — Saints-en-Puisaye, 400. — Saint-Sauveur, 412. — Toucy, 435. — Val-de-Mercy, 444. — Vaux, 445. — Venoy, 447. — Vermenton, 451. — Villefargeau, 463. — Vincelles, 473. — Vincelottes, 477.

IMPOT TERRITORIAL à percevoir en nature (établissement d'un) : Andryes, 26. — Chichery-la-Ville, 143. — Coulanges-sur-Yonne, 154. — Druyes, 189. — Escamps, 202. — Festigny, 210. — Menestereaux, 314. — Saint-Cyr-les-Entrains, 386. — Saint-Martin-du-Pré, 403. — Vaux, 445. Villiers-le-Sec, 469.

IMPOT UNIQUE (conversion de tous les impôts en un) : Annay (Nièvre), 24. — Argenou, 32. — Arquian, 34. — Asquins-sous-Vézelay, 41. — Avigneau, 59. —

Bazarne, 66 — Beaumont, 68.— Beauvoir, 73. — Billy, 82. — Bitry, 87. — Bouy, 92. — Chamoux, 105. — Crain, 172. — Héry, 249. — Jussy, 259. — Lindry, 278. — Lucy-sur-Yonne, 302. — Menou, 316. — Merry la-Vallée, 318. — Merry-sur-Yonne, 323. — Monéteau-le-Petit, 328. — Montigny-le-Roi, 333. — Oisy, 344. — Parly, 352. — Poilly, 361. — Prégilbert, 373. — Saint-Cyr-les-Colons, 383. — Sainte-Pallaye, 380. — Saint-Georges, 398. — Sery, 417. — Vézelay, 458.

IMPOT GÉNÉRAL qui serait qualifié *dime royale* (établissement d'un) : Précy-le-Sec, 372. — Saint-Moré, 409. — Saint-Père-sous-Vézelay, 410. — Villemer, 464. — Voutenay, 482.

IMPOT dit Subvention royale (conversion de tous les impôts en un) : Chassy, 120. — Saint-Martin-sur-Ocre, 406.

IMPOT (répartition par les communautés de l') : Bazarne, 66. — Beauvoir, 73. — Bessy, 76. — Charbuy, 114. — Diges, 183. — Dracy, 187. — Egleny, 191. — Escolives, 204. — Irancy, 252. — Joux-la-Ville, 257. — Lalande, 270. — La Villotte, 272. — Lindry, 278. — Lucy-sur-Yonne, 302. — Monéteau-le-Petit, 328. — Parly, 352. — Pourrain, 364. — Prégilbert, 373. — Saint-Martin-du-Pré, 403. — Tingy, 432. — Toucy, 435. — Vermenton, 452. Vézelay, 458.

IMPOTS (réformes à opérer dans la rentrée des) : Bassou, 64. — Blannay, 88. — Champs-sur-Yonne, 110. — Charmoy, 118. — Chassy, 122. — Chevannes, 134. — Courson, 163. — Epineau les-Voves, 197. — Escamps, 202. — Héry, 244. — Lucy-sur-Cure, 284. — Lucy-sur-Yonne, 302. — Merry-la-Vallée, 318. — Monéteau-le-Grand, 332. — Montillot, 337. — Oudan, 349. — Parly, 351. — Pourrain, 364. — Précy-le Sec, 370. — Rouvray, 377. — Saint-Cyr-les Colons, 384. — Sainte-Colombe-en-Puisaye, 388. — Saint-Père-sous-Vézelay, 411. — Thury, 427. — Venoy, 447. —
Vézelay, 459. — Villiers-le-Sec, 469. — Vincelles, 473. — Voutenay, 479.

IMPOTS et Lois seront sans valeur s'ils ne sont votés par les États : Arquian, 34. — Auxerre, 47. — Bouy, 92. — Champs, 109. — Diges, 184. — Dracy, 186. — Fontaines, 223. — Lucy-sur-Cure, 282. — Lucy-sur-Yonne, 289 et 290. — Saint-Bris, 396. — Toucy, 435. — Vaux, 445. — Vermenton, 450.

IMPOT PERSONNEL (établissement d'un) : Bailly, 61. — Charentenay, 116. — Coulange-la-Vineuse, 149. — Diges, 183. — Druyes, 189. — Gy-l'Évêque, 242. — Irancy, 251. — Perrigny, 360. — Saints-en-Puisaye, 400. — Saint-Sauveur, 412. — Val-de-Mercy, 444. — Vaux, 445. — Villemer, 464.

IMPOTS ne seront consentis qu'après le redressement de tous les abus : Entrains, 194. — Escolives, 205. — Etais, 206. — Lainsecq, 268. — Lucy-sur-Yonne, 290 et 291. — Oisy, 345. — Vincelles, 476.

IMPOT (affectation spéciale et invariable de chaque) : Diges, 184.

IMPOT ne peut être voté qu'à temps : Champs-sur-Yonne, 109. — Lucy-sur-Yonne, 292.

IMPOT (qu'il soit plus uniforme et payé sans abonnement) : Charbuy, 113. — Châtel-Censoir, 129.

IMPOT sur les choses de luxe (augmentation de l') : Bassou, 64. Epineau-les-Voves, 197. — Merry-Sec, 321.

IMPOT des Aides (suppression de l') : Accolay, 21. — Annay (Nièvre) 23. — Andryes, 25. — Appoigny, 27. — Arcy-sur-Cure, 29. — Ar genou, 31. — Arquian, 35. — Asnières, 40. — Asquins-sous-Vézelay, 41. — Avigneau, 60. — Bassou, 63. — Bazarne, 66. — Beauvoir, 73. — Bessy, 73. — Billy, 81. — Bitry, 86. — Blannay, 89. — Bleigny-le-Carreau, 89. — Bouy, 93. — Branches, 100. — Brosses, 102. — Breugnon, 104. — Chamoux, 105. — Champs-sur-

Yonne, 110. — Charbuy, 113. — Charentenay, 116. — Charmoy, 118. — Chassy, 119. — Châtel-Censoir, 126. — Chatenay-le-Bas, 133. — Chevannes, 134. — Chemilly, 141. — Chitry, 146. — Coulanges-s.-Y., 153. — Coulangeron, 161. — Cravant, 175. — Diges, 184. — Dracy, 186. — Druyes, 189. — Egleny, 191. — Entrains, 194. — Epineau-les-Voves, 196. — Escamps, 203. — Escolives, 204. — Etais, 206. — Festigny, 208. — Fontaines, 223. — Fontenoy, 231. Givry, 235. — Gy-l'Évêque, 241. — Héry, 245. — Jussy, 259. — La Chapelle-Saint-André, 265. — Lainsecq, 268. — Lalande, 270. — La Villotte, 272. — Levis, 275. — Lindry, 279. — Lucy-sur-Cure, 285. — Lucy-sur-Yonne, 291. — Mailly-le-Château, 301. — Menestereaux, 314. — Menou, 316. — Merry-la-Vallée, 319. — Merry-Sec, 321. — Merry-sur-Yonne, 323. — Molesme, 327. — Monéteau-le-Grand, 332. — Montigny-le-Roi, 335. — Montillot, 337. — Moulins-sur-Ouanne, 342. — Ouaine, 347. — Oudan, 349. — Parly, 354. — Poilly, 361. — Pourrain, 365. — Précy-le-Sec, 372. — Prégilbert, 373. — Quennes, 374. — Rouvray, 375. — Sacy, 379. — Saint-Andelain, 382. — Saint-Cyr-les-Colons, 383. — Saint-Cyr-les-Entrains, 386. — Sainte-Colombe-en-Puisaye, 387. — Saint-Bris, 393. — Saint-Martin-du-Pré, 484. — Saint-Martin-sur-Ocre, 406. — Saint-Moré, 409. — Saint-Père-sous-Vézelay, 411. — Sery, 417. — Sougères, 422. — Thury, 425. — Tingy, 429. — Toucy, 434. — Trucy-sur-Yonne, 438. — Treigny, 441. — Vaux, 445. — Vermenton, 451. — Vézelay, 459, — Villemer, 464. — Villiers-le-Sec, 469. — Vincelles, 473. — Vincelottes, 478. — Voutenay, 479.

IMPOT de la Capitation (suppression de l') : Auxerre, 54. — Chassy, 119. — Fontaines, 223. — Gy-l'Évêque, 241. — La Villotte, 272. Merry-la-Vallée, 318. — Monéteau-le-Grand, 332. — Vincelles, 473.

IMPOT de Capitation (établissement d'un nouvel) : Lucy-sur-Cure, 234.

IMPOT du centième-denier (suppression de l') : Auxerre, 55. — Chassy, 122. — Poilly, 361. — Villemer, 466.

IMPOTS sur les cuirs, fers, amidons, papier (abolition des) : Auxerre, 55. — Héry, 245. — La Villotte, 272. — Lucy-sur-Cure, 285. — Rouvray, 376. — Thury, 425.

IMPOT du Timbre (diminution de l') : Villemer, 466.

IMPOT des Vingtièmes (réformes à opérer dans l') : Branches, 101. — Chassy, 119. — Gurgy, 237.

IMPOT des Vingtièmes (suppression de l') : Fontaines, 223. — Gy-l'Évêque, 241. — Jussy, 259. — Lucy-sur-Cure, 285. — Merry-la-Vallée, 318. — Monéteau-le-Grand, 332. — Précy-le-Sec, 372. — Saint-Cyr-les-Colons, 383. — Saint-Martin-sur-Ocre, 406. — Saint-Moré, 409. — Villemer, 464. — Vincelles, 473.

IMPOT sur l'Industrie (suppression de l') : Auxerre, 54. — La Villotte, 272. — Merry-la-Vallée, 318.

IMPOT sur l'Industrie et les Arts et Métiers lucratifs (établissement d'un) : Accolay, 21. — Escamps, 202. — Festigny, 210. — Fontaines, 223, — Joux-la-Ville, 257. — Lucy-sur-Cure, 286. — Mailly-la-Ville, 308. — Saint-Cyr-les-Colons, 383. — Vermenton, 452. — Villemer, 464. — Vincelles, 473.

INSTRUCTION qu'elle soit gratuite et uniforme dans tout le royaume : Auxerre, 52.

INTENDANTS de Province (suppression des) : Givry, 225. — Monéteau-le-Petit, 328. — Sacy, 278. — Sery, 419. — Trucy-sur-Yonne, 438. — Vaux. 445.

INTENDANTS, leur défendre de connaitre des droits du roi : Festigny, 210.

JUGES ; devront motiver leurs arrêts : Festigny, 210.

JUGES de paix ou conciliateurs

TABLE ANALYTIQUE.   497

soient créés, sans l'avis desquels on ne puisse plaider : Moulins-sur-Ouanne, 342. — Rouvray, 380.

JURIDICTION ordinaire ; reconnaître sa compétence à l'égard des procès intentés par les communautés : Arcy-sur-Cure, 29.

JURIDICTIONS royales ; qu'on étende leur compétence, l'étendue de leurs arrondissements et qu'on en crée de nouvelles : Auxerre, 49. — Chassy, 121. — Épineau-les-Voves, 196. — Fontaines, 225. — Lucy-sur-Yonne, 293. — Mailly-le-Château, 299. — Menesteraux, 313. — Mouffy, 339. — Ouaine, 348. — Saint-Martin-du-Pré, 402. — Thury, 426. — Vincelles, 474.

JUSTICE civile et criminelle (établissement pour tout le royaume d'un code uniforme de) : Arquian, 36. — Auxerre, 49. — Brosses, 102. — Champlemy, 108. — Châtel-Censoir, 129. — Chevannes, 135. — Coulanges-sur-Yonne, 151. — Escamps, 203. — Escolives, 205. — Festigny, 210. — Fontaines, 226. — Fontenoy, 231. — Givry, 236. — Héry, 247. — La Chapelle-Saint-André, 265. — Lucy-sur-Yonne, 294. — Merry-sur-Yonne, 324. — Montillot, 338. — Saint-Cyr-les-Colons, 384. — Sainte-Colombe-en-Puysaie, 387. — Saints-en Puysaie, 400. — Saint-Sauveur, 413. — Thury, 425. — Villiers-le-Sec, 471. — Vincelles, 474.

JUSTICE (gratuité de la) : Crain, 173. — Lucy-sur-Yonne, 293. — Saint-Sauveur, 412. — Treigny, 442. — Vincelles, 474.

JUSTICES CONSULAIRES (augmenter le nombre des) : Lucy-sur-Yonne, 293.

JUSTICES CONSULAIRES (réformes à opérer dans les) : Beaumont, 68. — Chemilly, 137. — Druyes, 190. — Gurgy, 239. — Montigny-le-Roi, 335.

JUSTICES CONSULAIRES (suppressions des) : Arcy-sur-Cure, 29. — Diges, 184. — Entrains, 195. — Menesteraux, 313. — Villiers-le-Sec, 469.

JUSTICES SEIGNEURIALES (maintien des) : Champs-sur-Yonne, 111. — Perrigny, 300. — Vaux, 446.

JUSTICES SEIGNEURIALES (inamovibilité des officiers des) : Andryes, 25. — Druyes, 190. — Thury, 426. — Treigny, 442.

JUSTICES SEIGNEURIALES (fixation de la compétence des) : Arquian, 36. — Bouy, 94. — Champs, 111. — Oudan, 349. — Sainte-Colombe-en-Puysaie, 388. — Treigny, 442.

JUSTICES SEIGNEURIALES (réformes à opérer dans les : Chemilly, 137. — Fontaines, 225. — Menesteraux, 314. — Menou, 316. — Quennes, 374. — Sainte-Pallaye, 391. — Saint-Sauveur, 412. — Sougères, 421.

JUSTICES SEIGNEURIALES (suppression des) : Arcy-sur-Cure — Asquins-sous-Vézelay, 42. — Bassou, 62. — Charmoy, 117. — Cravant, 177. — Entrains, 194. — Épineau-les-Voves, 196. — Fleury, 220. — Gy-l'Évêque, 242. — Héry, 249. — Jussy, 260. — Lucy-sur-Yonne, 293. — Parly, 356. — Rouvray, 375. — Saint-Martin-du-Pré, 402. — Vermenton, 456. — Vincelles, 474.

JUSTICES SUBALTERNES (réunion des) : Annay (Nièvre), 23. — Argenou, 31. — Arquian, 36. — Bitry, 86. — Bouy, 94. — Courson, 166. — Fontenailles, 227. — Fontenoy, 231. — Gurgy, 238. — Lalande, 270. — Levis, 274. — Leugny, 277. — Lindry, 281. — Mailly-le-Château, 298. — Menesteraux, 313. — Merry-sur-Yonne, 324. — Montigny-le-Roi, 334. — Oudan, 349. — Saints-en-Puysaie, 400. — Thury, 426. — Villemer, 465. — Villiers-le-Sec, 468.

LETTRES de cachet (respect de la liberté individuelle, abolition des) : Auxerre, 47. — Coulanges-sur-Yonne, 151. — Diges, 183. — Festigny, 208. — Fontaines, 223. — Lucy-sur-Yonne, 288. — Sainte-

Colombe-en-Puysaie, 388. — Saint-Bris, 397. — Treigny, 441. — Vermenton, 454.

LIBRE PARCOURS (suppression du) : Thury, 426.

LIVRES nuisant à la religion catholique (interdiction en France et défense d'imprimer des) : Épineau-les-Voves, 197.

LOGEMENT des gens de guerre; doit être supporté par tous les citoyens : Auxerre, 54.

LOIS civiles et criminelles, eaux et forêts (réforme des) : Treigny, 441.

LOIS ; les changer tous les 50 ans pour les mettre en harmonie avec les mœurs : Thury, 425.

LOIS et Ordonnances; seront publiées par les municipalités et déposées dans leur greffe : Saint-Sauveur, 412.

LOIS et Ordonnances ; seront, après publication, déposées dans les coffres de la fabrique paroissiale : Escolives, 204.

LOIS et Ordonnances ; seront lues et expliquées en chaire par le curé : Héry : 249.

LOTERIES (suppression des) : Auxerre, 52.

MAIRES et Échevins (élection des charges de) : Vézelay, 462. — Vincelles, 475.

MAISONS ROYALES (aliénation d'un certain nombre de) : Festigny, 209.

MAISONS du roi et de la reine (suppression d'une partie des) : Festigny, 208.

MAITRISES et Jurandes (abolition des) : Annay (Nièvre), 24. — Argenou, 32. — Bitry, 86. — La Villotte, 272.

MAITRISES des eaux et forêts (demandes en restitution par les paroisses de sommes dues par les) : Andryes, 26. — Courson, 164. — Gurgy, 237. — Précy-le-Sec, 372. — Rouvray, 380. — 482.

MAITRISES des eaux et forêts (suppression des): Arcy-sur-Cure, 29. — Bazarnes, 66. — Billy, 83. — Breugnon, 104. — Charentenay, 117. — Châtel-Censoir, 128. — Coulanges-sur-Yonne, 151. — Druyes, 190. — Entrains, 195. — Étais, 206. — Fontenay-sous-Fouronnes, 230. — Irancy, 252. — La Chapelle-Saint-André, 265. — Lainsecq, 268. — Lucy-sur-Yonne, 294. — Mailly-la-Ville, 311. — Menou, 316. — Merry-la-Vallée, 318. — Merry-sur-Yonne, 323. — Migé, 327. — Oudan, 350. — Précy-le-Sec, 372. — Sacy, 378. — Saint-Cyr-les-Entrains, 386. — Sery, 419. — Thury, 426. — Tingy, 430. — Trucy-sur-Yonne, 438. — Villemer, 466. — Vincelottes, 477. — Voutenay, 481.

MARÉCHAUSSÉE (augmentation de la) : Entrains, 194. — Lucy-sur-Yonne, 294.

MARÉCHAUSSÉE (demande d'une sous-brigade de) : Courson, 168.

MÉDECINS de campagne ; que leur nombre soit augmenté, et qu'ils soient subventionnés pour exercer gratuitement : Arcy-sur-Cure, 29. — Beaumont, 70. — Branches, 101. — Courson, 169. — Fleury, 221. — Merry-sur-Yonne, 325. — Gurgy, 238. — Montigny-le-Roi, 336. — Sainte-Pallaye, 390. — Saint-Martin-du-Pré, 406. — Trucy-sur-Yonne, 438.

MÉDECINS et Chirurgie (augmenter la capacité des médecins par des études plus sérieuses de) : Auxerre, 52. — Courson, 168. — Épineau-les-Voves, 197. — Menesteraux, 313. — Saint Martin-du-Pré, 405.

MENDICITÉ (mesures à prendre pour arriver à la suppression de la) : Arquian, 36. — Bouy, 94. — Charbuy, 114. — Chichery-la-Ville, 143. — Gy-l'Évêque, 242. — Héry, 248. — Coulanges-sur-Yonne, 152. — Jussy, 262. — Lindry, 280. — Merry-sur-Yonne, 325. — Val-de-Mercy, 444. — Villeneuve-Saint-Salves, 472.

MESSAGERIES royales (suppression des) : Vermenton, 455.

MESURES; qu'elles soient étalonnées et déposées au greffe des municipalités : Thury, 427.

MILICES provinciales (n'effectuer que dans les cas de besoins urgents la levée des) : Églény, 192.

MILICES provinciales (réformes à opérer dans l'institution des) : Fontenailles, 229. — Fouronnes, 232. — Gy-l'Évêque, 242. — Héry, 246. — Jussy, 261. — Lain, 267. — Merry-Sec, 321. — Merry-sur-Yonne, 324. — Mouffy, 839. — Pourrain, 366. — Rouvray, 377. — Tingy, 431. — Venoy, 447.

MILICE provinciale (abolition de la) : Andryes, 25. — Auxerre, 55. — Breugnon, 101. — Charbuy, 114. — Chemilly, 141. — Coulanges-sur-Yonne, 152. — Étais, 206. — Festigny, 208. — Fleury, 219. — Fontenoy, 231. — Lainsecq, 268. — Lindry, 280. — Menesteraux, 314. — Saint-Cyr-les-Entrains, 386. — Saints-en-Puysaie, 400. — Saint-Martin-du-Pré, 404. — Thury, 427. — Villemer, 466. — Villiers-le-Sec, 470.

MINAGE (abolition des droits de) : Champlemy, 107. — Lalande, 271. — Saint-Sauveur, 413.

MINISTRES (décréter la responsabilité des) : Dracy, 186. — Lucy-sur-Yonne, 289. — Sainte-Colombe-en-Puysaie, 388. — Toucy, 435.

MOULINS SUR-OUANNE (plaintes spéciales contre le seigneur de) : Moulins-sur-Ouanne, 342.

NOBLESSE ne devra plus être héréditaire ni acquise à prix d'argent : Auxerre, 48. — Héry, 244. Saint-Bris, 397.

NOTAIRES SEIGNEURIAUX (suppression des) : Lindry, 281. — Parly, 356. — Pourrain, 367. — Saint-Martin-du-Pré, 405. — Vincelles, 474.

NOURRICES pauvres de la campagne (qu'il soit donné des secours aux) : Merry-sur-Yonne, 325.

OBITS et Fondations (réduction des droits payés aux curés pour) : Arquian, 36. — Bouy, 94.

OCTROI de Paris (réduction des droits d'entrée des vins à l') : Cravant, 174. — Vermenton, 455.

OCTROI de Paris (suppression des droits sur les vins perçus par l') : Accolay, 22.

OFFICIERS MUNICIPAUX (que les communautés soient maitresses du choix de leurs) : Lucy-sur-Yonne, 290.

ORDRES de l'État (maintien des trois) : Fontaines, 223.

ORDRE de Malte (prise de possession par l'État des biens de l') : Parly, 358.

ORDRES MENDIANTS (suppression des) : Annay (Nièvre) 24. — La Chapelle-Saint-André, 265. — Merry-la-Vallée, 320. — Vincelles, 476.

ORDRES RELIGIEUX rentés, chapitres cathédraux, collégiales (suppression des) : Entrains, 195.

PACAGE dans les bois (extension du droit de) : Lalande, 271. — Merry-sur-Yonne, 325. — Treigny, 442.

PACAGE dans les bois seigneuriaux (maintien du) : Monéteau-le-Petit, 331. — Montigny-le-Roi, 334.

PACAGE (qu'il soit libre dans les prairies après la récolte) : Fontenoy, 231. — Venoy, 448.

PARLEMENT (création dans chaque province d'un) : Festigny, 210.

PARLEMENTS (diminution de la compétence et du ressort des) : Sainte-Colombe-en-Puysaie, 388. — Treigny, 441.

PAULETTE (abolition du droit de) : Lucy-sur-Yonne, 293.

PÉAGES barrières provinciales (suppression des) : Accolay, 22. — Annay (Nièvre) 23. — Arcy-sur-Cure, 29. — Argenou, 31. — Auxerre, 55. — Bitry, 86. — Branches, 100. — Charentenay, 117. — Chassy, 121. — Coulange-sur-Yonne, 152. — Epineau-les-

Voves, 196. — Escamps, 203. — Lucy-sur-Cure, 285. — Mailly-le-Château, 301. — Merry-sur-Yonne, 324. — Monéteau-le-Grand, 332. — Sainte-Colombe-en-Puysaie, 387. — Saint-Georges, 398. — Treigny, 441. — Vermenton, 451.

PÊCHE dans l'Yonne (demande par les habitants de Trucy-sur-Yonne d'être maintenus dans leur droit de), 439.

PEINES INFAMANTES. Abolition des peines infamantes pour délits commis en matière d'eaux et forêts : Treigny, 442.

PEINES, les appliquer uniformément sans distinction de condition : Auxerre, 49. — Coulange-sur-Yonne, 151. — Saint-Bris, 397.

POIDS et MESURES (loi établissant l'uniformité des) : Bazarne, 67. — Chichery-la-Ville, 144. — Coulange-sur-Yonne, 152 — Lucy-sur-Yonne, 294. — Menestereaux, 313. — Migé, 327. — Saint-Bris, 394. — Villiers-le-Sec, 470. — Vincelles, 474. — Vincelottes, 478.

· POLICE dans les campagnes (établissement d'une bonne): Bassou, 62. — Bouy, 94. — Charmoy, 118. — Epineau-les-Voves, 196. — Fleury, 219. — Fontaines, 225. — Gurgy, 239. — Mailly-le-Château, 300. — Montillot, 338. — Saint-Martin-du-Pré, 402. — Sougères, 422. — Vincelles, 474.

PONTS et CHAUSSÉES (réduction du nombre des ingénieurs des) : Merry-sur-Yonne, 324.

PONTS et CHAUSSÉES (suppression du corps des) : Festigny, 208.

POPULATION (mesures à prendre pour favoriser le développement de la) : Dracy, 189. — Toucy, 437.

PORT d'Armes (exécution rigoureuse des ordonnances concernant le) : Montigny-le-Roi, 334.

PORTS de Lettres (réduction du prix des) : Cravant, 180. — Villiers-le-Sec, 470.

POSTE aux Chevaux (réformes à opérer dans le service de la) : Menestereaux, 315. — Villiers-le-Sec, 470.

POSTES (sûretés à établir pour le secret des) : Auxerre, 48.

POUVOIR ROYAL (maintien dans son intégrité du) : Bouy, 91. — Lucy-sur-Cure, 282.

PRESBYTÈRES (demande d'une loi réglant l'étendue des charges des paroisses pour l'entretien des) : Pourrain, 367.

PRESSE (liberté de la) : Lucy-sur-Yonne, 289.

PRÉSIDENCE du Tiers-Etat aux États généraux (conférer au directeur général des finances la) : Champlemy, 107.

PRÊT à Intérêts (suppression de la loi qui défend les) : Auxerre, 51.

PRÉVOTÉS ROYALES (établissement de) : Bassou, 63. — Charmoy, 118. — Cravant, 178. — Lucy-sur-Yonne, 293. — Parly, 357.

PRÉVOTS des Marchands (supprimer la juridiction des) : Lucy-sur-Yonne, 294.

PRISONS (amélioration à apporter au régime des) : Jussy, 260. — Lucy-sur-Yonne, 294.

PROCEDURE civile et criminelle (demande ayant pour objet la réforme et la simplification de la) : Accolay, 22. — Annay, 23. — Appoigny, 27. — Bailly, 61. — Beaumont, 67. — Bessy, 76. — Billy, 84. — Bitry, 86. — Brosses, 102. — Breugnon, 104. — Champlemy, 108. — Charbuy, 115. — Charentenay, 117. — Chassy, 128. — Chitry, 147. — Coulange-la-Vineuse, 148. — Coulange-sur-Yonne, 151. — Cravant, 178. — Dracy, 187. — Escamps, 203. — Etais, 206. — Givry, 236. — Gy-l'Évêque, 242. — Héry, 247. — Jussy, 260. — Lainsecq, 268. — Lindry, 280. — Mailly-le-Château, 300. — Migé, 327. — Monéteau-le-Grand, 332. — Montillot, 338. — Moulins-s-Ouanne, 342. — Oisy, 345. — Poilly, 362. St-Cyr-les-Colons, 386. — Sainte-

TABLE ANALYTIQUE.

Pallaye, 391. — Saint-Martin-du-Pré, 402. — Sery, 418. — Thury, 425. — Toucy, 436. — Val-de-Mercy, 444. — Vermenton, 454.

PROCÈS de peu d'importance devraient être déférés aux municipalités : Moulins-s-Ouanne, 342.

PROCÈS (ne seront engagés sans avoir prévenu la municipalité.)

PROCUREURS, ne pourront jamais être en même temps notaires ou contrôleurs. — Vincelles, 474.

RECEVEURS GÉNÉRAUX des finances (suppression des): Billy, 83. — Festigny, 208. — Givry, 235. — Montillot, 337.

RECEVEURS PARTICULIERS des finances (suppression des): Bassou, 64. — Champs-s.-Yonne, 110. — Charmoy, 119. — Chemilly, 141. — Epineau-les-Voves, 197. — Festigny, 208. — Givry, 235. — Montillot, 337.

RÉCOMPENSES MILITAIRES. Vœu qu'elles ne soient accordées qu'au mérite seul : Saint-Martin-du-Pré, 406.

RÉGIME MUNICIPAL (institution dans les paroisses du) : Menou, 316. — Saint-Sauveur, 413.

RENTES PERPÉTUELLES (droit de racheter les) : Auxerre, 51. — Charentenay, 117. — Charmoy, 118. — Chassy, 121. — Chichery-la-Ville, 144. — Coulanges-sur-Yonne, 153. — Courson, 167. — Lucy-sur-Yonne, 290. — Poilly, 361. — Saint-Georges, 398. — Saint-Martin-du-Pré, 403.-- Saint-Martin-sur-Ocre, 407.— Villemer, 465. — Vincelles, 476. — Vincelottes, 477.

ROUTE de Clamecy à La Charité achèvement de la) : Oudan, 349.

ROUTE de Paris à Lyon, demande des habitants de Précy-le-Sec de de la rétablir traversant leur paroisse comme autrefois, 369.

ROUTE d'Orléans (parachèvement de la) : Cravant, 180. — Ouaine, 347.

ROUTES ou Chemins communiquant de paroisse à paroisse seront à la charge des paroisses :

Lainsecq, 269. — Migé, 327. — Treigny, 442.

ROUTES, poursuivre leur achèvement : La Villotte, 273.

ROUTES, qu'elles soient entretenues par la province : Montigny-le-Roi, 335.

ROUTES (que leur entretien soit à la charge des possesseurs de voitures : Chichery-la-Ville, 143. — Sainte-Colombe-en-Puysaie, 389.

ROUTES (réduction de la largeur des routes) : Festigny, 209. — Sainte-Colombe-en-Puysaie, 389. — Treigny, 442.

ROUVRAY, vœu d'être établi en paroisse, 376.

SAGES-FEMMES (établissement d'écoles de) : Accolay, 22. — Bazarne, 66. — Epineau-les-Voves, 197. — Sainte-Colombe-en-Puysaie, 388. — Treigny, 442.

SAGES-FEMMES (établissement dans les campagnes de) : Arcy-sur-Cure, 29. — Beaumont, 80. — Branches, 101. — Fleury, 221. — Montigny-le-Roi, 336. — Prégilbert, 373. — Sainte-Pallaye, 390. — Saint-Martin-du-Pré, 406. — Val-de-Mercy, 444.

SAINT-CYR-LES-ENTRAINS demande à être maintenu dans la pairie de Donzy, l'élection de Clamecy et la généralité d'Orléans, 385.

SEL (liberté du commerce du) : Arquian, 35. — Billy, 81.— Chemilly, 140. — La Chapelle-Saint-André, 265. — Lucy-sur-Yonne, 291. — Menestereaux, 314. — Menou, 316. — Saint-Georges, 398. — Saint-Martin-du-Pré, 404. — Sery, 417. — Sougères, 423.— Thury, 425.— Trucy-sur-Yonne, 438. — Villemer, 466. — Villiers-le-Sec, 469. — Vincelles, 475.

SEL demande de l'acheter à un autre grenier qu'à celui ordonné: Courson, 170. — Monéteau-le-Grand, 332. — Venoy, 447.

SERMENT en Justice (suppression du) : Chichery-la-Ville. 143.

SERVICE MILITAIRE (admission

des roturiers à tous les grades dans le) : Auxerre, 48.

TABACS (liberté de commerce des): Arquian, 35. — Billy, 81. — Chemilly, 142. — Chitry, 147. — La Chapelle-Saint-André, 265. — Lucy-sur-Yonne, 291. — Menestereaux, 314. — Menou, 316. — Saint-Georges, 398. — Saint-Martin-du-Pré, 404. — Sery, 417. — Sougères, 423. — Thury, 425. — Trucy-sur-Yonne, 438. — Villemer, 466. — Villiers-le-Sec, 469.

TABAC à priser, qu'il ne soit plus vendu rapé, mais en carottes. Plaintes contre sa mauvaise qualité : Auxerre, 56. — Entrains, 195. — Etais, 206. — Lainsecq, 268. — Saint-Cyr-les-Entrains, 387. — Saint-Père-sous-Vézelay, 411. — Sougères, 422. — Venoy, 447. — Vézelay, 460. — Villemer, 466.

TABAC, qu'il ne soit plus acheté à l'étranger mais fourni exclusivement par le sol français : Saint-Cyr-les-Colons, 383.

TAILLE (suppression de la) : Andryes, 25. — Auxerre, 54. — Breugnon, 104. — Champlemy, 108. — Chassy, 119 — Chemilly, 137. — Entrains, 194. — Etais, 206. — Fontaines, 223. — Gy-l'Évêque, 241. — Jussy, 259. — Lainsecq, 268. — Lalande, 270. — La Villotte, 272. — Levis, 274. — Lucy-sur-Yonne, 291. — Merry-la-Vallée, 318. — Monéteau-le-Grand, 332. — Précy-le-Sec, 372. — Saint-Cyr-les-Colons, 383. — Saint-Cyr-les-Entrains, 386. — Saint-Martin-sur-Ocre, 406. — Saint-Moré, 409. — Villemer, 464. Vincelles, 473.

TERRIER (diminution des droits des commissaires à) : Appoigny, 27. — Auxerre, 50. — Beaumont, 70. — Champlemy, 108. — Charmoy, 118. — Chassy, 122. — Chitry, 147. — Diges, 184. — Druyes, 190 — Escolives, 204. — Lucy-sur-Yonne, 292. — Montigny-le-Roi, 335. — Poilly, 361. — Saint-Cyr-les-Colons, 384. — Saint-Bris, 393. — Saint-Martin-du-Pré, 404. — Saint-Sauveur, 413. — Vaux, 446. — Vincelles, 475.

TERRIERS (mettre à la charge des seigneurs la confection des): Fontenoy, 231. — Gurgy, 239. — Héry, 246. — Leugny, 277. — Saints-en-Puysaie, 400.

TERRIER (suppression des commissaires à) : Arcy sur-Cure, 30. — Avigneau, 60. — Bailly, 61. — Chemilly, 141. — Entrains, 195. — Escamps, 203. — Monéteau-le-Petit, 330. — Perrigny, 360.

TIERS-ÉTAT (ne sera soumis à aucun usage humiliant et distinctif) : Auxerre, 47. — Cravant, 181. — Jussy, 264.

TIERS-ÉTAT continuera de siéger seul si les deux ordres privilégiés ne veulent voter par tête : Auxerre, 47. — Cravant, 181. — Saint-Martin-du-Pré, 401.

TIMBRE (pour remplacer les droits d'aides, doubler le prix du) : Ouaine, 347.

TIMBRE (suppression de l'impôt du) : Festigny, 207. — Fontaines, 226. — Fontenoy, 231. — Héry, 247.

TIMBRE (uniformité dans tout le royaume de l'impôt du) : Lucy-sur Yonne, 294. — Mailly-le-Château, 301.

TRAVAUX PUBLICS (cessation dans un but d'économie de tous les) : Festigny, 209.

TRIAGE. Restitution par les seigneurs des triages indûment faits par eux : Givry, 236.

TRIBUNAUX d'exception (suppression de tous les) : La Chapelle-Saint-André, 265. — Lucy sur-Yonne, 293. — Montigny-le-Roi, 334. — Parly, 359. — Sainte-Colombe-en-Puysaie, 387. — Saint-Martin-du-Pré, 402.—Saint-Père-sous-Vézelay, 411. — Treigny, 441. — Vincelles, 474.

TROUPEAUX, qu'il soit défendu aux seigneurs d'avoir des troupeaux séparés de ceux des paroisses : Sainte-Pallaye, 391. — Villemer, 465.

USURIERS (édicter des peines très rigoureuses contre les) : Festigny, 210. — Menestereaux, 315.

VICAIRE (demande d'un) : Beaumont, 70.— Gurgy, 238. — Joux-la-Ville, 256. — Poilly, 362.

VILLIERS-LE-SEC. La communauté dépendant une année de Cuncy, l'autre année de Saint-Pierre-du-Mont, demande à être érigée en paroisse, 468.

VINGTIÈMES (voir impôt des).

VOITURES de luxe et laquais (impôt à mettre sur les) : Auxerre, 56. — Escamps, 201,

VÉNALITÉ des charges de magistrature et autres (abolition de la): Annay (Nièvre), 23. — Argenou, 31. — Bitry, 86. — Coulange-sur-Yonne, 151. — Jussy, 260. — Lindry, 281. — Lucy-sur-Yonne, 293. — Oudan, 349. — Sainte-Colombe-en-Puysaie, 388. — Saint-Sauveur, 412. — Treigny, 442. — Villiers-le-Sec, 469.

VÉTÉRINAIRES (établissement dans chaque province d'une école de) : Sainte-Colombe-en-Puysaie, 389. — Treigny, 442.

VÉTÉRINAIRES (établissement dans les campagnes de) : Arcy-sur-Cure, 29. — Fontenailles, 227. — Merry-Sec, 321. — Thury, 427.

VÉZELAY, qu'il y ait un bureau d'élection à Vézelay correspondant directement avec l'assemblée provinciale de l'Isle-de-France: Saint-Père-sous-Vézelay, 410. — Vezelay, 458 et 461.

AUXERRE. — IMPRIMERIE DE GEORGES ROUILLÉ.

www.ingramcontent.com/pod-product-compliance
Lightning Source LLC
Chambersburg PA
CBHW071706230426
43670CB00008B/921